Lucent's

बाल विकास एवं शिक्षाशास्त्र

लेखिका

डॉ. डेजी कुमारी

dezy@lucentpublication.com

ध्यान दें :

प्रत्येक प्रामाणिक पुस्तक के आवरण पृष्ठ पर 3-D Hologram लगा है। 3–D Hologram के निचले भाग को Scratch करने पर Lucent Publication (Green Colour में) दिखेगा।

Hologram के बीच में QR Code है, इसे Sure Assure (Mobile App) से Decode कर प्रामाणिकता की जाँच करें।

Sure Assure (Mobile App) से Decode करने पर :

Company Name	:	Lucent Publication
Email	:	info@lucentpublication.com
Website	:	http://www.lucentpublication.com
Mobile	:	+919934016609
Address	:	New Bypass Road, Ashochak, Patna, Bihar-800 030

दिखेगा।

Lucent **Publication**

New Bypass Road, Ashochak

Patna-800 030 (Bihar)

★ प्रकाशक : लूसेंट पब्लिकेशन
न्यू बाइपास रोड, आशोचक
पटना – 800 030 (बिहार)
मो० : 09934016609
दूरभाष : 0612-2344915, 2344916

★ विपणन ऑफिस : 07766913350, 07766913352, 07766913353, 07542026097

★ I S B N : 978–93–84761–00–4

★ Mail at : info@lucentpublication.com
Web : www.lucentpublication.com

★ प्रथम संस्करण : 2014
अष्ठम् संस्करण : 2025

★ मूल्य : **₹ 180.00**

Disclaimer: *Despite having taken all possible precautions during editing/ proofing to make this book free from error/s, but it may be possible that some may be left. Reader's discretion is required.*

★ मुद्रक : जय हिंद प्रेस, पटना–20

ध्यान दें :

प्रत्येक प्रामाणिक पुस्तक के आवरण पृष्ठ पर 3-D Hologram लगा है। 3–D Hologram के निचले भाग को Scratch करने पर Lucent Publication (Green Colour में) दिखेगा।
Hologram के बीच में QR Code है, इसे Sure Assure (Mobile App) से Decode कर प्रामाणिकता की जाँच करें।

Sure Assure (Mobile App) से Decode करने पर :

Company Name : Lucent Publication
Email : info@lucentpublication.com
Website : http://www.lucentpublication.com
Mobile : +919934016609
Address : New Bypass Road, Ashochak, Patna, Bihar-800 030
दिखेगा।

प्रस्तावना

प्रस्तुत पुस्तक *'बाल विकास एवं शिक्षाशास्त्र'* प्रतियोगी परीक्षाओं *(CTET, तथा सभी राज्यों के शिक्षक पात्रता परीक्षा TET)* में बाल विकास एवं शिक्षाशास्त्र से पूछे जा रहे प्रश्नों के आधार पर तैयार की गई है। आजकल सभी शिक्षक पात्रता परीक्षा (TET) में बाल विकास एवं शिक्षाशास्त्र से 30 प्रश्न पूछे जाते हैं। इसलिए इस पुस्तक में नवीनतम पाठ्यक्रम पर आधारित तथ्यों का संकलन आसान भाषा में किया गया है ताकि परीक्षार्थियों को बाल विकास एवं शिक्षाशास्त्र की तैयारी करने में कठिनाई न हो।

हमें उम्मीद है कि हमारा प्रयास छात्रों की सफलता में सहायक सिद्ध होगी। पुस्तक में किसी भी प्रकार के सुधार के लिए पाठकों का सुझाव सादर आमंत्रित है।

डॉ. डेजी कुमारी

विषय-सूची

★★★

1

शिक्षा मनोविज्ञान एवं अधिगम

शिक्षा मनोविज्ञान
Educational Psychology

➢ स्किन्नर *(Skinner)*, ''शिक्षा मनोविज्ञान, मनोविज्ञान की वह शाखा है जो सीखने और सिखाने की प्रक्रिया का अध्ययन करती है।''

➢ जेम्स ड्रीवर *(James Drever)* के अनुसार, ''शिक्षा मनोविज्ञान प्रयुक्त मनोविज्ञान की एक ऐसी शाखा है जो शिक्षा में मनोवैज्ञानिक नियमों एवं परिणामों के उपयोग से तथा साथ-ही-साथ शिक्षा की समस्याओं के मनोवैज्ञानिक अध्ययन से संबंधित होती है।''

➢ सैन्ट्रोक *(Santrock)* के अनुसार, ''शिक्षा मनोविज्ञान, मनोविज्ञान की ऐसी शाखा है जो शैक्षिक परिस्थितियों में शिक्षण एवं अधिगम के बोध में विभिन्नता दिखलाता है।''

➢ शिक्षा मनोविज्ञान, मनोविज्ञान की एक प्रयुक्त शाखा है। अर्थात मनोविज्ञान नियमों, सिद्धांतों एवं तथ्यों का उपयोग शिक्षा के क्षेत्र में करके बालकों एवं वयस्कों के सर्वांगीण विकास में मदद करता है।

➢ शिक्षा मनोविज्ञान, बालकों के मानसिक *(Mental)*, शारीरिक एवं नैतिक क्षमताओं को निर्धारित करके तदनुसार उचित शिक्षा की व्यवस्था करने में सहायता पहुँचाता है। साथ हीं बालकों के मानसिक, शारीरिक एवं नैतिक समस्याओं का समाधान करने में मनोवैज्ञानिक नियमों एवं सिद्धातों का खुलकर प्रयोग करता है।

➢ शिक्षा मनोविज्ञान बालकों की विभिन्न क्षमताओं का सिर्फ मापन ही नहीं करता, बल्कि उनके समुचित विकास एवं अनुकूल शिक्षा के लिए एक तरह का परामर्श भी देता है। बालकों की क्षमता के अनुकूल किस प्रकार की शिक्षा उनके लिए उपयोगी होगी, इसका भी निर्धारण शिक्षा मनोविज्ञान ही करता है।

शिक्षा मनोविज्ञान के उद्देश्य
Aims or Objectives of Educational Psychology

शिक्षा मनोविज्ञान का एक प्रमुख उद्देश्य शिक्षकों को शिक्षा-संबंधी आवश्यक मनोवैज्ञानिक तथ्यों से अवगत कराकर उनके कार्यों में सहायता प्रदान करता है, जिससे वे शिक्षार्थियों को विकास के पथ पर निर्देशित कर सकें। शिक्षा मनोविज्ञान के विशिष्ट उद्देश्य निम्नलिखित हैं—

1. शिक्षकों की सहायता करना *(To Help The Teachers)*—शिक्षा मनोविज्ञान का प्रमुख उद्देश्य शिक्षकों को अपने कार्यों में मदद करना होता है। इस संदर्भ में शिक्षा मनोविज्ञान के उद्देश्यों को इस प्रकार समझाया जा सकता है—

★ शिक्षा मनोविज्ञान शिक्षकों में शैक्षिक समस्याओं *(Educational Problems)* के प्रति उचित मनोवृत्ति उत्पन्न करने में मदद करता है।

- ★ शिक्षा मनोविज्ञान शिक्षकों को शिक्षार्थियों के व्यवहारों में समुचित परिवर्तन के लिए एक वातावरण तैयार करने में मदद करता है।
- ★ शिक्षा मनोविज्ञान शिक्षार्थियों के व्यवहारों को सहानुभूतिपूर्वक समझने में मदद करता है।
- ★ शिक्षार्थियों की कमजोरियों तथा असफलताओं को समझने तथा उनके उपचार संबंधी सिफारिशें करने में शिक्षकों को शिक्षा मनोविज्ञान काफी मदद करता है।
- ★ शिक्षा मनोविज्ञान द्वारा शिक्षक उन सामग्रियों को सही-सही ढ़ग से संगठित कर पाते हैं जिनको उन्हें शिक्षार्थियों को देना होता है।
- ★ शिक्षकों को अपनी सही भूमिका निभाने में शिक्षा मनोविज्ञान विशेष रूप से मदद करता है।
- ★ बालकों के बीच वैयक्तिक विभिन्नता को ध्यान में रखकर निर्देशन कार्यक्रम बनाने में शिक्षा मनोविज्ञान शिक्षकों की काफी मदद करता है।
- ★ इसके मनोविज्ञान के द्वारा शिक्षक अपनी सीमाओं को खुलकर समझ पाते हैं तथा उनके निदान संबंधी कदम उठाने को तत्पर हो जाते हैं।

2. उचित निर्देशन देना
3. उचित पाठ्यक्रम बनाना
4. उचित व्यावसायिक निर्देशन प्रदान करना
5. उचित अध्यापन विधि प्रस्तुत करना
6. स्कूल के अधिकारियों एवं प्रशासकों की मदद करना
7. शिक्षार्थियों के व्यक्तित्व का सर्वांगीण विकास करना
8. अभिभावकों का मार्गदर्शन करना
9. मूल्यांकन की उचित विधियों को प्रस्तुत करना
10. शारीरिक शिक्षा प्रदान करना
11. समूह गतिकी को समझने में मदद करना

शिक्षा मनोविज्ञान का महत्व

Significance of Educational Psychology

1. छात्रों में बाल विकास की विभिन्न अवस्था की विशेषताओं को समझने में।
2. कक्षा के शिक्षण के स्वरूप को समझने में—शिक्षक शिक्षण करते समय न केवल अपने ज्ञान भंडार को बल्कि छात्रों की क्षमताओं को तथा उनके व्यक्तित्वशील गुणों को भी ध्यान में रखते हैं। इससे शिक्षण स्तर की उत्कृष्टता में पर्याप्त वृद्धि आती है और शिक्षा मनोविज्ञान की महत्ता बढ़ती है।
3. शिक्षार्थियों की समस्याओं को समझने में—शिक्षा मनोविज्ञान शिक्षार्थियों की समस्याओं के कारणों का पता लगाते हैं और समस्या की पहचान हो जाने के बाद उन्हें उचित शैक्षिक निर्देशन एवं परामर्शन से समस्याओं को दूर करते हैं, तथा शिक्षा के स्तर में पर्याप्त सुधार ला पाते हैं।

4. शिक्षार्थियों के वैयक्तिक विभिन्नता को समझने में—शिक्षार्थियों में क्षमता, अभिक्षमता, मनोवृत्ति, शीलगुण आदि के आधार पर भिन्नताएँ होती हैं। इससे कक्षा में कुछ समस्याएँ उत्पन्न हो जाती हैं। शिक्षा मनोविज्ञान वैयक्तिक विभिन्नता के मूल तत्वों से अवगत कराकर शिक्षक को इन समस्याओं से निबटने में काफी मदद करता है।
5. शिक्षार्थियों में धनात्मक मनोवृत्ति के विकास में जब शिक्षार्थियों में उत्तम मानसिक स्वास्थ्य विकसित होता है, तो वे पाठ के प्रति, शिक्षकों के प्रति, अपने साथियों के प्रति एक धनात्मक मनोवृत्ति विकसित कर लेते हैं।
6. प्रभावी शिक्षण विधियों की पहचान में
7. पाठ्यक्रम के निर्माण में
8. समूह गतिकी को समझने में
9. अपवादात्मक बच्चों की शिक्षा के लिए मार्गदर्शक प्रदान करने में
10. शोधकार्य में—शोध का परिणाम है कि नए-नए शिक्षण विधियाँ, नए-नए शिक्षण उपकरण, श्रव्य-दृष्टि सहायता आदि का प्रयोग कक्षा में पठन-पाठन में किया जा रहा है।

परीक्षोपयोगी तथ्य

➢ शिक्षा व्यक्तिकरण एवं समाजीकरण की वह प्रक्रिया है, जिसमें शिक्षार्थी के सर्वांगीण विकास पर बल डाला जाता है।

➢ शिक्षा मनोविज्ञान, मनोविज्ञान की एक प्रयुक्त शाखा है, जो सिखाने-सीखने की प्रक्रिया का अध्ययन करती है। शिक्षा मनोविज्ञान शिक्षा में मनोवैज्ञानिक नियमों एवं परिणामों का उपयोग कर शिक्षा की समस्या का समाधान करने की कोशिश करता है।

➢ आधुनिक शिक्षा मनोविज्ञान के इतिहास में एल. थॉर्नडाइक तथा जे. एम. कैटेल *(J. M. Cattell)* के नाम विशेष रूप से उल्लेखनीय है।

➢ शिक्षा मनोविज्ञान का कार्यक्षेत्र काफी विस्तृत है। इसमें शिक्षार्थी *(Learner)*, सीखने की प्रक्रिया का स्वरूप *(Nature)*, सीखने की परिस्थिति *(Learning Situation)*, मापन एवं मूल्यांकन *(Measurement & Evaluation)*, निर्देशन तथा मानसिक स्वास्थ्य आदि का विशेष रूप से अध्ययन कर शिक्षा को अर्थपूर्ण एवं लाभप्रद बनाने की कोशिश की जाती है।

वस्तुनिष्ठ प्रश्न

1. शिक्षा मनोविज्ञान की दृष्टि से निम्न में से कौन-सा कथन सत्य है?
   (a) बच्चे अपने ज्ञान का सृजन स्वयं करते हैं
   (b) विद्यालय में आने से पहले बच्चों को कोई पूर्व ज्ञान नहीं होता है
   (c) अधिगम प्रक्रिया में बच्चों को कष्ट होता है
   (d) बच्चे यथावत वही सीखते हैं, जो उन्हें पढ़ाया जाता है *(Utt TET–2011)*

2. बच्चों में नैतिकता की स्थापना के लिए सर्वोत्तम मार्ग है—
(a) उन्हें धार्मिक पुस्तक पढ़ाना
(b) शिक्षक का आदर्श रूप में व्यवहार करना
(c) उनका मूल्य शिक्षा पर मूल्यांकन करना
(d) उन्हें प्रातःकालीन सभा में उपदेश देना *(Utt TET–2011)*

3. शिक्षा का अति महत्वपूर्ण उद्देश्य है—
(a) आजीविका कमाना *(To Earn Livelihood)*
(b) बच्चे का सर्वांगीण विकास *(Holistic Development of Child)*
(c) पढ़ना एवं लिखना सीखना
(d) बौद्धिक विकास *(Intellectual Development)* *(Utt TET–2011)*

4. बाल मनोविज्ञान के आधार पर कौन-सा कथन सर्वोत्तम है ?
(a) सारे बच्चे एक जैसे होते हैं (b) प्रत्येक बच्चा विशिष्ट होता है
(c) कुछ बच्चे विशिष्ट होते हैं (d) कुछ बच्चे एक जैसे होते हैं *(Utt TET–2011)*

5. "मनोविज्ञान, शिक्षा का आधारभूत विज्ञान है।" यह किसने कहा है ?
(a) बी एन झा *(B. N. Jha)* (b) स्किनर *(Skinner)*
(c) डेविस *(Devis)* (d) वुडवर्थ *(Woodworth)* *(BTET–2011)*

6. आधुनिक मनोविज्ञान का अर्थ है—
(a) मन का अध्ययन (b) आत्मा का अध्ययन
(c) शरीर का अध्ययन (d) व्यवहार का अध्ययन *(BTET–2011)*

7. शिक्षा मनोविज्ञान की उत्पत्ति का वर्ष कौन-सा माना जाता है ?
(a) 1947 (b) 1920 (c) 1940 (d) 1900 *(BTET–2011)*

8. उपनयन संस्कार किस शिक्षाकाल में किया जाता था ?
(a) वैदिक काल (b) बौद्ध काल
(c) मुगल काल (d) इनमें से कोई नहीं *(BTET–2011)*

9. शिक्षा मनोविज्ञान का संबंध किससे नहीं है ?
(a) मानव व्यवहार का अध्ययन (b) मानसिक प्रक्रियाओं का अध्ययन
(c) सीखने के तरीकों का अध्ययन (d) संचार माध्यमों का अध्ययन *(BTET–2011)*

10. परिवार एक साधन है—
(a) अनौपचारिक शिक्षा का *(Informal Education)*
(b) औपचारिक शिक्षा का *(Formal Education)*
(c) दूरस्थ शिक्षा का *(Distance Education)*
(d) गैर-औपचारिक शिक्षा का *(Non-Formal Education)* *(UPTET–2011)*

11. शिक्षा का उद्देश्य होना चाहिए—
(a) विद्यार्थियों में व्यावसायिक कुशलता का विकास करना
(b) विद्यार्थियों में सामाजिक जागरुकता तैयार करना
(c) विद्यार्थियों को परीक्षा के लिए तैयार करना
(d) व्यावहारिक जीवन के लिए विद्यार्थियों को तैयार करना *(UPTET–2011)*

12. मानव विकास किन दोनों योगदान का परिणाम है ?

(a) अभिभावक एवं अध्यापक का
(b) सामाजिक एवं सांस्कृतिक कारकों का
(c) वंशक्रम एवं वातावरण का
(d) उपरोक्त में से कोई नहीं

13. मानव विकास कुछ विशेष सिद्धांतों पर आधारित है। निम्नलिखित में से कौन-सा मानव विकास का सिद्धांत नहीं है ?

(a) आनुक्रमिकता *(Sequentiality)*
(b) सामान्य से विशिष्ट *(General to Specific)*
(c) प्रतिवर्ती *(Reversible)*
(d) निरंतरता *(Continuity)* *(CTET–2011)*

14. एक शिक्षक को अपने विद्यार्थियों की क्षमताओं को समझने का प्रयास करना चाहिए। निम्नलिखित में से कौन-सा क्षेत्र इस उद्देश्य के साथ संबद्ध है—

(a) शिक्षा समाजशास्त्र *(Education Sociology)*
(b) सामाजिक दर्शन *(Social Philosophy)*
(c) मीडिया मनोविज्ञान *(Media Psychology)*
(d) शिक्षा मनोविज्ञान *(Education Psychology)* *(CTET–2011)*

15. शिक्षा मनुष्य में अंतर्निहित क्षमता का परिपूर्णता में विकास करते हैं। यह कथन किसका है ?

(a) स्वामी विवेकानंद
(b) स्किनर *(Skinner)*
(c) पेस्टॉलॉजी *(Pestology)*
(d) रविंद्रनाथ टैगोर *(CgTET–2011)*

16. विवेचनात्मक शिक्षाशास्त्र का यह दृढ़ विश्वास है कि—

(a) एक शिक्षक को हमेशा कक्षा-कक्ष के अनुदेशन का नेतृत्व करना चाहिए
(b) शिक्षार्थियों को स्वतंत्र रूप से तर्क नहीं करनी चाहिए
(c) बच्चे स्कूल से बाहर क्या सीखते हैं, यह अप्रासंगिक है
(d) शिक्षार्थियों के अनुभव और प्रत्यक्षण *(Perception)* महत्वपूर्ण होते हैं *(CTET–2012)*

17. निम्नलिखित में से कौन-सा सत्य है ?

(a) शिक्षक द्वारा प्रश्न पूछना संज्ञानात्मक विकास में बाधक है
(b) विकास और सीखना दोनों सामाजिक-सांस्कृतिक संदर्भों से अप्रभावित रहते हैं
(c) शिक्षार्थी एक निश्चित तरीके से सीखते हैं
(d) खेलना, संज्ञान और सामाजिक दक्षता के लिए सार्थक है *(CTET–2013)*

18. मानव विकास .... है।

(a) मात्रात्मक
(b) गुणात्मक
(c) कुछ सीमा तक अमापनीय
(d) a और b *(CTET–2014)*

19. प्रचलित योजनाओं में नई जानकारी जोड़ने को किस नाम से जाना जाता है ?

(a) समायोजन
(b) साम्यधारण
(c) आत्मसात्करण
(d) संगठन *(CTET–2015)*

20. बच्चों को अपने अध्ययन में प्रयास करने हेतु प्रोत्साहित करने के लिए शिक्षकों को .... की आवश्यकता होती है।

(a) अन्य बच्चों के साथ तुलना करने (b) बच्चे को प्रेरित करने
(c) बच्चे को डाँटने (d) बच्चे को नियंत्रण में रखने

(CTET–2015)

21. एक प्रभावी कक्षा में—

(a) बच्चे हमेशा उत्सुक और तैयार रहते हैं, क्योंकि शिक्षक उनकी प्रत्यास्मरण योग्यता का आकलन करने के लिए नियमित रूप से परीक्षा लेता रहता है
(b) बच्चे शिक्षक से डरते हैं, क्योंकि वह मौखिक और शारीरिक दंड का प्रयोग करता है
(c) बच्चे शिक्षक का सम्मान नहीं करते हैं और जैसा उन्हें अच्छा लगता है वैसा ही करते हैं
(d) बच्चे अपने अधिगम को सुगम बनाने के लिए मार्गदर्शन एवं सहयोग हेतु शिक्षक से सहायता लेते हैं *(CTET–2015)*

22. ज्ञान के एक बड़े असम्बद्ध भाग को प्रस्तुत करना—

(a) शिक्षिका के कार्य को कठिन और शिक्षार्थियों के कार्य को आसान बनायेगा
(b) शिक्षार्थियों के लिए अवधारणात्मक समक्ष को प्राप्त करने को कठिन बनायेगा
(c) शिक्षार्थियों के लिए प्रत्यास्मरण को आसान बनायेगा
(d) अपने तरीके से जानकारी को व्यवस्थित करने में शिक्षार्थियों की सहायता करेगा

(CTET–2015)

23. ''मनोविज्ञान ने सर्वप्रथम अपनी आत्मा का परित्याग किया, फिर अपने मन का और फिर अपनी चेतना का, अभी वह एक प्रकार के व्यवहार को संजोये हैं'' कथन था—

(a) टिचनर का (b) वुंट का (c) वुडवर्थ का (d) मैक्डूगल का

(UPTET–2016)

24. वह विज्ञान, जो संख्यात्मक प्रदत्त को एकत्र करने, विभाजित करने, प्रस्तुत करने, तुलना करने और व्याख्या करने की विधि से सम्बन्धित है, कहलाता है—

(a) सांख्यिकी (b) गणित (c) ज्यामिति (d) सम्भाव्यता

(UPTET-II–2017)

25. निम्न में से कौन-सी शिक्षा मनोविज्ञान की सर्वाधिक व्यक्तिनिष्ठ विधि है?

(a) अर्न्तदर्शन *(Introspection)* (b) बर्हिदर्शन *(Extrospection)*
(c) अवलोकन *(Observation)* (d) प्रयोगीकरण *(Experimentation)*

(UPTET-II–2017)

26. शिक्षा मनोविज्ञान की विषय-वस्तु निम्न में से किन मुख्य कारकों के ओत-प्रोत घूमती है?

(a) शिक्षार्थी एवं अधिगम अनुभव (b) शिक्षक एवं अधिगम प्रक्रिया
(c) अधिगम परिस्थितियाँ (d) सभी विकल्प सही है *(HTET-I–2017)*

27. शिक्षा मनोविज्ञान अधिक बल देता है—

(a) शिक्षक केंद्रित शिक्षा पर (b) छात्र केंद्रित शिक्षा पर
(c) पाठ्यचर्चा केंद्रित शिक्षा पर (d) विद्यालय केंद्रित शिक्षा पर

(HTET-I–2017)

28. मनोविज्ञानशाला, उत्तर प्रदेश कहाँ स्थित है ?

(a) लखनऊ (b) इलाहाबाद

(c) आगरा (d) वाराणसी *(UPPET-II–2018)*

29. संरचनावादी उपागम बताता है कि ......, ज्ञान की संरचना के लिए अत्यन्त आवश्यक है।

(a) विद्यार्थी का पूर्वाज्ञान (b) अनुबंधन

(c) दंड (d) यंत्रवत् याद करना *(CTET-II–2019)*

30. निम्न में से कौन शिक्षाशास्त्रीय पद्धति एक संरचनावादी कक्षा के लिए उपयुक्त नहीं है ?

(a) बहुआयामी परिप्रेक्ष्यों को प्रोत्साहन (b) सामूहिक सहयोगिता

(c) वेधन व दोहराव (d) प्रयोगात्मकता *(CTET–2022)*

उत्तरमाला															
1.	(a)	2.	(b)	3.	(b)	4.	(b)	5.	(b)	6.	(d)	7.	(d)	8.	(a)
9.	(d)	10.	(a)	11.	(d)	12.	(c)	13.	(c)	14.	(d)	15.	(a)	16.	(d)
17.	(d)	18.	(d)	19.	(c)	20.	(b)	21.	(d)	22.	(b)	23.	(c)	24.	(a)
25.	(a)	26.	(d)	27.	(b)	28.	(b)	29.	(a)	30.	(c)				

★★★

2 विकास की अवधारणा एवं इसका अधिगम से संबंध

विकास
Development

- विकास एक सार्वभौमिक *(Universal)* प्रक्रिया है, जो जन्म से लेकर जीवनपर्यन्त तक अविराम होता रहता है। विकास केवल शारीरिक वृद्धि की ओर ही संकेत नहीं करता बल्कि इसके अंतर्गत वे सभी शारीरिक, मानसिक, सामाजिक और संवेगात्मक परिवर्तन सम्मिलित रहते हैं जो गर्भकाल से लेकर मृत्युपर्यन्त तक निरंतर प्राणी में प्रकट होते रहते हैं।
- विकास को *'क्रमिक परिवर्तनों की शृंखला'* भी कहा जाता है। इसके परिणामस्वरूप व्यक्ति में नवीन विशेषताओं का उदय होता है तथा पुरानी विशेषताओं की समाप्ति हो जाती है। प्रौढ़ावस्था में पहुँचकर मनुष्य स्वयं को जिन गुणों से संपन्न पाता है वे विकास की प्रक्रिया के ही परिणाम होते हैं।
- हरलॉक *(Hurlock)* के अनुसार, *"विकास केवल अभिवृद्धि तक ही सीमित नहीं है वरन् वह 'व्यवस्थित' तथा 'समनुगत' (Coherent Pattern) परिवर्तन है, जिसमें कि प्रौढ़ावस्था के लक्ष्य की ओर परिवर्तनों का प्रगतिशील क्रम निहित रहता है, जिसके परिणामस्वरूप व्यक्ति में नवीन विशेषताएँ व योग्यताएँ प्रकट होती हैं।"*

  'व्यवस्थित' *(Orderly)* शब्द का तात्पर्य यह है कि विकास की प्रक्रिया में होनेवाले परिवर्तनों में कोई-न-कोई क्रम अवश्य होता है और आगे वाले परिवर्तन पूर्व परिवर्तन पर आधारित होता है। 'समनुगत' *(Coherent Pattern)* शब्द का अर्थ है परिवर्तन संबंधविहीन नहीं होते हैं उनमें आपस में परस्पर संबंध होता है।
- मुनरो *(Munro)* के अनुसार, *"विकास परिवर्तन-शृखंला की वह अवस्था है जिसमें बच्चा भ्रूणावस्था से लेकर प्रौढ़ावस्था तक गुजरता है, विकास कहलाता है।"*
- विकास की प्रक्रिया में होनेवाले परिवर्तन वंशानुक्रम से प्राप्त गुणों तथा वातावरण दोनों का ही परिणाम होता है। विकास की प्रक्रिया में होनेवाले शारीरिक परिवर्तनों को आसानी से देखा जा सकता है किन्तु अन्य दिशाओं में होनेवाले परिवर्तनों को समझने में समय लग सकता है।

विकास के रूप
Forms of Development

विकास की प्रक्रिया चार प्रकार के होते हैं—

(a) **आकार में परिवर्तन** *(Change in Size)*: शारीरिक विकास-क्रम में निरंतर शरीर के आकार में परिवर्तन होता रहता है। आकार में होनेवाले परिवर्तनों को आसानी से देखा जा सकता है। शारीरिक विकास-क्रम में आयु-वृद्धि के साथ-साथ शरीर के आकार व भार में निरंतर परिवर्तन होता रहता है।

(b) अनुपात में परिवर्तन *(Change in Proportion)*: विकास-क्रम में पहले आकारों में परिवर्तन होता है लेकिन यह परिवर्तन आनुपातिक होता है। प्राणी के शरीर के सभी अंग विकसित नहीं होते हैं और न ही उनमें एक साथ परिपक्वता आती है। अतः सभी अंगों के विकास का एक निश्चित अनुपात नहीं होता है।

उदाहरण—शैशवावस्था में बालक स्वकेंद्रित होता है जबकि बाल्यावस्था के आते-आते वह अपने आस-पास के वातावरण तथा व्यक्तियों में रुचि लेने लगता है।

(c) पुरानी रूपरेखा में परिवर्तन *(Disappearance of Old Features)*: प्राणी के विकास-क्रम में नवीन विशेषताओं का उदय होने से पूर्व पुरानी विशेषताओं का लोप होता रहता है। उदाहरण—बचपन के बालों और दाँतों का समाप्त हो जाना बचपन की अस्पष्ट ध्वनियाँ, खिसकना, घुटनों के बल चलना, रोना, चिल्लाना इत्यादि गुण समाप्त हो जाते हैं।

(d) नये गुणों की प्राप्ति *(Aquisition of New Features)*: विकास-क्रम में जहाँ एक तरफ पुरानी रूपरेखा में परिवर्तन होता है वहीं उसका स्थान नये गुण प्राप्त कर लेते हैं। जैसे कि स्थायी दाँत निकलना, स्पष्ट उच्चारण करना, उछलना-कूदना और भागने-दौड़ने की क्षमताओं का विकास इत्यादि विकास-क्रम में नये गुण के रूप में प्राप्त होते हैं।

विकास के सिद्धांत
Principles of Development

विकास सार्वभौमिक तथा निरंतर चलती रहनेवाली क्रिया है, लेकिन प्रत्येक प्राणी का विकास निश्चित नियमों के आधार पर ही होता है। इन नियमों के आधार पर अनेक शारीरिक व मानसिक क्रियाएँ विकसित होती रहती हैं। विकास के कुछ प्रमुख नियम निम्नलिखित हैं—

1. विकास का एक निश्चित प्रतिरूप होता है *(Development Follows a Certain Pattern)*: मनुष्य का शारीरिक विकास दो दिशाओं में होता है—मस्तकाधोमुखी दिशा तथा निकट दूर दिशा।

➢ मस्तकाधोमुखी विकास क्रम *(Cephalocaudal Development Sequence)* में शारीरिक विकास 'सिर से पैर की ओर' होता है। भ्रूणावस्था से लेकर बाद की सभी अवस्थाओं में विकास का यही क्रम रहता है।

➢ निकट दूर विकास क्रम *(Proximodistal Development Sequence)* में शारीरिक विकास पहले केंद्रीय भागों में प्रारंभ होता है तत्पश्चात केंद्र से दूर के भागों में होता है। उदाहरण के लिए पेट और धड़ में क्रियाशीलता जल्दी आती है।

2. विकास सामान्य से विशेष की ओर होता है *(Development Proceeds form General to Specific)*: विकास-क्रम में कोई भी बालक पहले सामान्य क्रियाएँ करता है तत्पश्चात् विशेष क्रियाओं की ओर अग्रसर होता है। विकास का यह नियम शारीरिक, मानसिक, संवेगात्मक, सामाजिक सभी प्रकार के विकास पर लागू होता है।

3. विकास अवस्थाओं के अनुसार होता है *(Development Proceeds by Stages)*: सामान्य रूप से देखने पर ऐसा लगता है कि बालक का विकास रुक-रुक कर हो रहा

है परंतु वास्तव में ऐसा नहीं होता है। उदाहरण के लिए जब बालक के दूध के दाँत निकलते हैं तो ऐसा लगता है कि एकाएक निकल आये परंतु नींव गर्भावस्था के पाँचवें माह में पड़ जाती है और 5-6 माह में आते हैं।

4. विकास में व्यक्तिगत विभेद सदैव स्थिर रहते हैं *(Individual Differences Remain Constant in Development)*: प्रत्येक बालक की विकास दर तथा स्वरूपों में व्यक्तिगत विभिन्नता पायी जाती है। उदाहरण के लिए, जिस बालक में शारीरिक क्रियाएँ जल्दी उत्पन्न होती हैं वह शीघ्रता से बोलने भी लगता है जिससे उसके भीतर सामाजिकता का विकास तेजी से होता है। इसके विपरीत जिन बालकों के शारीरिक विकास की गति मंद होती है उनमें मानसिक तथा अन्य प्रकार का विकास भी देर से होता है।

अतः प्रत्येक बालक में शारीरिक व मानसिक योग्यताओं की मात्रा भिन्न-भिन्न होती है। इस कारण समान आयु के दो बालक व्यवहार में समानता नहीं रखते हैं।

5. विकास की गति में तीव्रता व मंदता पायी जाती है *(Development Proceeds in a Spiral Fashion)*: किसी भी प्राणी का विकास सदैव एक ही गति से आगे नहीं बढ़ता है, उसमें निरंतर उतार-चढ़ाव होते रहते हैं। उदाहरण के लिए—विकास की अवस्था में यह गति तीव्र रहती है उसके बाद में मंद पड़ जाती है।

6. विकास में विभिन्न स्वरूप परस्पर संबंधित होते हैं *(Various Forms are Inter-Related in Development)*

7. विकास परिपक्वता और शिक्षण का परिणाम होता है *(Development Results from Maturation and Learning)*: बालक का विकास चाहे शारीरिक हो या मानसिक वह परिपक्वता व शिक्षण दोनों का परिणाम होता है।

➢ 'परिपक्वता' से तात्पर्य व्यक्ति के वंशानुक्रम द्वारा शारीरिक गुणों का विकास है। बालक के भीतर स्वतंत्र रूप से एक ऐसी क्रिया चलती रहती है, जिसके कारण उसका शारीरिक अंग अपने-आप परिपक्व हो जाता है। उसके लिए वातावरण से सहायता नहीं लेनी पड़ती है।

➢ शिक्षण और अभ्यास परिपक्वता के विकास में सहायता प्रदान करते हैं। यह सीखने के लिए परिपक्व आधार तैयार करते हैं और सीखने के द्वारा बालक के व्यवहार में प्रगतिशील परिवर्तन आते हैं।

8. विकास एक अविराम प्रक्रिया है *(Development is Continuous Process)*: विकास एक अविराम प्रक्रिया है, प्राणी के जीवन में यह निरंतर चलती रहती है। उदाहरण के लिए—शारीरिक विकास गर्भावस्था से लेकर परिपक्वावस्था तक निरंतर चलता रहता है परंतु आगे चलकर वह उठने-बैठने, चलने-फिरने और दौड़ने-भागने की क्रियाएँ करने लगता है।

विकास को प्रभावित करने वाले कारक
Factors Affecting of Development

बालक के विकास को प्रभावित करने वाले कारक निम्नलिखित है—

1. वंशानुक्रम *(Heredity)*: डिकमेयर *(Dinkmeyer, 1965)* के अनुसार, "वंशानुगत कारक वे जन्मजात विशेषताएँ हैं जो बालक में जन्म के समय से ही पायी जाती हैं। प्राणी के विकास में वंशानुगत शक्तियाँ प्रधान तत्व होने के कारण प्राणी के मौलिक स्वभाव और उनके जीवन-चक्र की गति को नियन्त्रित करती हैं।"

- ➢ प्राणी का रंग, रूप, लंबाई, अन्य शारीरिक विशेषताएँ, बुद्धि, तर्क, स्मृति तथा अन्य मानसिक योग्यताओं का निर्धारण वंशानुक्रम द्वारा ही होता है।
- ➢ माता के रज तथा पिता के वीर्य-कणों में बालक का वंशानुक्रम निहित होता है। गर्भाधान के समय जीन *(Genes)* भिन्न-भिन्न प्रकार से संयुक्त होते हैं। ये जीन ही वंशानुक्रम के वाहक हैं। अतः एक ही माता-पिता की संतानों में भिन्नता दिखायी देती है, यह भिन्नता का नियम *(Law of Variation)* है।
- ➢ प्रतिगमन के नियम *(Law of Regression)* के अनुसार, प्रतिभाशाली माता-पिता की संतानें दुर्बल-बुद्धि के भी हो सकते हैं।

2. वातावरण *(Environment)*: वातावरण में वे सभी बाह्य शक्तियाँ, प्रभाव, परिस्थितियाँ आदि सम्मिलित हैं, जो प्राणी के व्यवहार, शारीरिक और मानसिक विकास को प्रभावित करती हैं। अन्य क्षेत्रों के वातावरण की अपेक्षा बालक के घर का वातावरण उसके विकास को सर्वाधिक महत्वपूर्ण ढंग से प्रभावित करता है।

3. आहार *(Nutrition)*: माँ का आहार गर्भकालीन अवस्था से लेकर जन्म के उपरांत तक शिशु के विकास को प्रभावित करता है। आहार की मात्रा की अपेक्षा आहार में विद्यमान तत्व बालक के विकास को अधिक महत्वपूर्ण ढंग से प्रभावित करता है।

4. रोग *(Disease)*: शारीरिक बीमारियाँ भी बालक के शारीरिक और मानसिक विकास को महत्वपूर्ण ढंग से प्रभावित करती हैं। बाल्यावस्था में यदि कोई बालक अधिक दिनों तक बीमार रहता है तो उसका शारीरिक और मानसिक विकास अवरुद्ध हो जाता है।

5. अंतःस्रावी ग्रन्थियाँ *(Endocrine Glands)*: बालक के अंदर पायी जानेवाली ग्रन्थियों से जो स्राव निकलते हैं, वे बालक के शारीरिक और मानसिक विकास तथा व्यवहार को महत्वपूर्ण ढंग से प्रभावित करते हैं।

- ➢ पैराथॉयराइड ग्रन्थि से जो स्राव निकलता है उस पर हड्डियों तथा दाँतों का विकास निर्भर करता है। बालक के संवेगात्मक व्यवहार और शांति को भी इस ग्रंथ का स्राव प्रभावित करता है।
- ➢ बालक की लंबाई का संबंध थॉयराइड ग्रन्थि के स्राव से होता है। पुरुषत्व के लक्षणों (जैसे—दाढ़ी, मूँछें और पुरुष जैसी आवाजें) तथा स्त्रीत्व के लक्षणों का विकास जनन ग्रंथियों *(Gonad Glands)* पर निर्भर करता है।

6. बुद्धि *(Intelligence)*: बालक का बुद्धि भी एक महत्वपूर्ण कारक है, जो बालक के शारीरिक और मानसिक विकास को प्रत्यक्ष या अप्रत्यक्ष रूप से प्रभावित करता है। तीव्र बुद्धि वाले बालकों का विकास मंद बुद्धि वाले बालकों की अपेक्षा तीव्र गति से होता है। दुर्बल बुद्धि वाले बालकों में बुद्धि का विकास तीव्र बुद्धि वाले बालकों की अपेक्षा मंद गति से होता है तथा विभिन्न विकास-प्रतिमान अपेक्षाकृत अधिक आयु-स्तरों पर पूर्ण होते हैं।

7. यौन *(Sex)*: यौन-भेदों का भी शारीरिक और मानसिक विकास पर प्रभाव पड़ता है। जन्म के समय लड़कियाँ लड़कों की अपेक्षा कम लंबी उत्पन्न होती हैं परंतु वयःसंधि अवस्था के प्रारंभ होते ही लड़कियों में परिपक्वता के लक्षण लड़कों की अपेक्षा शीघ्र विकसित होने लगता है। लड़कों की अपेक्षा लड़कियों का मानसिक विकास भी कुछ पहले पूर्ण हो जाता है।

विकास की विभिन्न अवस्थाएँ
Stages of Development

विभिन्न वैज्ञानिकों ने विकास की अवस्थाओं को अलग-अलग प्रकार से वर्गीकृत किया है। ये अवस्थाएँ इस प्रकार हैं—

➢ रॉस के अनुसार : विकास की अवस्थाएँ निम्नलिखित हैं—

(a) शैशवावस्था	—	1 – 3 वर्ष
(b) पूर्व-बाल्यावस्था	—	3 – 6 वर्ष
(c) उत्तर-बाल्यावस्था	—	6 – 12 वर्ष
(d) किशोरावस्था	—	12 – 18 वर्ष

➢ बाल विकास और बाल अध्ययन की दृष्टि से हरलॉक के द्वारा किया गया वर्गीकरण सामान्य माना गया है। इनके अनुसार विकास की अवस्थाएँ निम्नलिखित हैं—

1. गर्भावस्था	—	गर्भाधान से जन्म तक
2. शैशवावस्था	—	जन्म से दो सप्ताह तक
3. बचपनावस्था	—	तीसरे सप्ताह से दो वर्ष तक
4. पूर्व-बाल्यावस्था	—	तीसरे वर्ष से छह वर्ष तक
5. उत्तर-बाल्यावस्था	—	सातवें वर्ष से बारह वर्ष तक
6. वयःसंधि	—	बारह वर्ष से चौदह वर्ष तक
7. पूर्व-किशोरावस्था	—	तेरह से सतरह वर्ष तक
8. उत्तर-किशोरावस्था	—	अठारह से इक्कीस वर्ष तक
9. प्रौढ़ावस्था	—	इक्कीस से चालीस वर्ष तक
10. मध्यावस्था	—	इकतालीस से साठ वर्ष तक
11. वृद्धावस्था	—	साठ वर्ष के बाद

➢ इस प्रकार वैज्ञानिकों ने विकास को विभिन्न अवस्थाओं में विभक्त किया है।

1. गर्भकालीन अवस्था *(Prenatal Period)* : यह अवस्था गर्भाधान से जन्म के समय तक मानी जाती है। इस अवस्था की प्रमुख विशेषताएँ निम्नलिखित हैं—

➢ इस अवस्था में विकास की गति अन्य अवस्थाओं से तीव्र होती है।

➢ समस्त रचना, भार और आकार में वृद्धि तथा आकृतियों का निर्माण इसी अवस्था में होता है।

➢ इस अवस्था में होनेवाले परिवर्तन मुख्यतः शारीरिक ही होते हैं।

2. शैशवावस्था *(Infancy)* : जन्म से लेकर 15 दिन की अवस्था को शैशवास्था कहा जाता है। इस अवस्था को 'समायोजन' *(Adjustment)* की अवस्था भी कहा जाता है। उसकी उचित देखभाल के द्वारा नये वातावरण के साथ समायोजन माता-पिता द्वारा किया जाता है।

3. बचपनावस्था *(Babyhood)* : यह अवस्था दो सप्ताह से होकर दो वर्ष तक चलती है। यह अवस्था दूसरों पर निर्भर होने की होती है।

संवेगात्मक विकास की दृष्टि से इस अवस्था में बच्चे के भीतर लगभग सभी प्रमुख संवेग जैसे—प्रसन्नता, क्रोध, हर्ष, प्रेम, घृणा आदि विकसित हो जाते हैं। यह अवस्था संवेग-प्रधान होती है।

4. बाल्यावस्था *(Childhood)*: यह अवस्था शारीरिक एवं मानसिक विकास की दृष्टि से महत्वपूर्ण होती है। अध्ययन की दृष्टि से इसे दो भागों में बाँटा गया है—

(a) पूर्व-बाल्यावस्था *(Early Childhood)*: 2 से 6 वर्ष
(b) उत्तर-बाल्यावस्था *(Late Childood)*: 7 से 12 वर्ष

➢ इस अवस्था में बालकों में 'जिज्ञासु' *(Curiosity)* प्रवृति अधिक हो जाती है, जिससे वह अपने माता-पिता शिक्षकों से तरह-तरह के सवाल करता है।

➢ बाल्यावस्था में बालकों में 'समूह-प्रवृति' *(Gregariousness)* का विकास होता है। बच्चे साथियों के साथ रहना और खेलना अधिक पसंद करते हैं।

5. वयःसंधि *(Puberty)*: वयःसंधि बाल्यावस्था और किशोरावस्था को मिलाने में सेतु का कार्य करती है। यह अवस्था बहुत कम समय की होती है लेकिन शारीरिक विकास की दृष्टि से यह महत्वपूर्ण अवस्था है।

➢ इस अवस्था की प्रमुख विशेषता है यौन अंगों की परिपक्वता का विकास। बालिकाओं में यह अवस्था सामान्यतः 11 से 13 वर्ष के बीच प्रांरभ हो जाती है और बालकों में 12 से 13 वर्ष के बीच।

6. किशोरावस्था *(Adolescence)*: यह अवस्था 13 वर्ष से प्रारंभ होकर 21 वर्ष तक चलती है। इस अवस्था को अध्ययन की दृष्टि से दो भागों में बाँटा गया है—

(a) पूर्व-किशोरावस्था *(Early Adolescence)* (13-16 वर्ष)
(b) उत्तर-किशोरावस्था *(Late Adolescence)* (17-21 वर्ष)

➢ इस अवस्था में बालकों में समस्या की अधिकता, कल्पना की अधिकता और सामाजिक अस्थिरता होती है। इस समय किशोरों को शारीरिक एवं मानसिक समायोजन में अनेक कठिनाइयों का सामना करना पड़ता है। शारीरिक और मानसिक परिवर्तन के फलस्वरूप उनके संवेगात्मक, सामाजिक और नैतिक जीवन का स्वरूप परिवर्तित हो जाता है।

7. प्रौढ़ावस्था *(Adulthood)*: किशोरावस्था के पश्चात 21 से 40 वर्षों की अवस्था प्रौढ़ावस्था कहलाती है। इस अवस्था में व्यक्ति अपने जीवन के लक्ष्यों को पाने की कोशिश करता है। यह पारिवारिक जीवन में प्रवेश की अवस्था है।

8. मध्यावस्था *(Middle Age)*: 41 से 60 वर्ष की आयु को मध्यावस्था माना गया है। इस अवस्था में प्राणी के अंदर शारीरिक व मानसिक परिवर्तन होते हैं। इस समय व्यक्ति सुख-शांति व प्रतिष्ठा से जीने की कामना करता है। सामाजिक संबंधों के प्रति भी मनोवृत्तियाँ दृढ़ हो जाती हैं।

9. वृद्धावस्था *(Old Age)*: जीवन की अंतिम अवस्था वृद्धावस्था है, जो 60 वर्ष से प्रारंभ होकर जीवन के अंत समय तक मानी जाती है। यह अवस्था 'ह्रास' की अवस्था होती है। इस अवस्था में शारीरिक व मानसिक क्षमताओं का ह्रास होने लगता है। स्मरण-शक्ति कम होने लगती है।

परीक्षोपयोगी तथ्य

➢ विकास गर्भाधान से लेकर जीवनपर्यन्त तक चलता है।

➢ विकास में होनेवाले परिवर्तन शारीरिक, सामाजिक, मानसिक और संवेगात्मक होते हैं।

➢ विकास में होनेवाले परिवर्तन गुणात्मक होते हैं।

- विकास-क्रम प्राणी को परिपक्वावस्था प्रदान करता है।
- विकास परिपक्वता और परिवर्तनों की शृंखला है।
- विकास को क्रमिक परिवर्तनों की शृंखला कहा जाता है। इसके फलस्वरूप व्यक्ति में नवीन विशेषताओं का उदय होता है और पुरानी विशेषताओं की समाप्ति हो जाती है।
- विकास में होनेवाले परिवर्तन रचनात्मक और विनाशात्मक दोनों प्रकार के होते हैं।
- प्रारंभिक अवस्था में होनेवाले परिवर्तन रचनात्मक *(Constructive)* होते हैं। उत्तरार्द्ध में होनेवाले परिवर्तन विनाशात्मक *(Destructive)* होते हैं।
- रचनात्मक परिवर्तन प्राणी में परिपक्वता लाते हैं और विनाशात्मक परिवर्तन उसे वृद्धावस्था *(Maturity)* की ओर ले जाते हैं।
- मानव का शारीरिक विकास दो दिशाओं में होता है मस्तकाधोमुखी विकास और निकट दूर विकास क्रम।
- मस्तकाधोमुखी विकास सिर से पैर की ओर होता है।
- भ्रूणावस्था में पहले सिर का विकास होता है बाद में धड़ तथा निचले भागों का विकास होता है।
- निकट दूर विकास-क्रम में शारीरिक विकास पहले केन्द्रीय भागों में प्रारंभ होता है इसके बाद केन्द्र से दूर के भागों में होता है।
- विकास-क्रम में कोई भी बालक पहले सामान्य क्रिया करता है इसके बाद विशेष क्रिया की ओर अग्रसर होता है।
- प्रत्येक बालक की विकास-दर तथा प्रतिमानों में व्यक्तिगत भिन्नता *(Individual Difference)* पायी जाती है।
- शरीर के विभिन्न अंगों के विकास की गति समान नहीं होती है।
- विकास परिपक्वता और शिक्षण दोनों का परिणाम होता है।
- बालक के विकास में पोषण महत्वपूर्ण भूमिका निभाता है। संतुलित और पौष्टिक भोजन *(प्रोटीन, वसा, खनिज-लवण, विटामिन)* शारीरिक व मानसिक विकास में सहायक होता है।
- बालक के विकास को प्रभावित करनेवाले तत्व हैं—पोषण *(Nutrition)*, बुद्धि *(Intelligence)*, यौन *(Sex)*, अन्तःस्रावी ग्रन्थियाँ *(Endocrine Glands)*, प्रजाति *(Race)*, रोग एवं चोट *(Disease and Injuries)*, घर का वातावरण *(Family Environment)*, पास-पड़ोस का वातावरण *(Neighbourhood Environment)*, विद्यालय का वातावरण *(School Environment)*, सांस्कृतिक वातावरण *(Cultural Environment)* तथा शुद्ध वायु एवं प्रकाश *(Fresh Air and Light)*।
- शैशवावस्था शिशु के 'समायोजन की अवस्था' कहलाती है, क्योंकि इस अवस्था में शिशु गर्भाशय के आन्तरिक वातावरण से निकलकर बाह्य वातावरण के साथ समायोजन का प्रयास करता है।
- विकास के क्रम में शैशवावस्था की मुख्य विशेषताएँ हैं—अपरिपक्वता, पराश्रितता *(Dependency)*, संवेगशीलता *(Emotionality)*, व्यक्तिगत भिन्नता *(Individual Differences)* इत्यादि।

- बचपनावस्था की विशेषताएँ होती हैं— खतरनाक अवस्था *(Dangerous Stage)*, अजीबोगरीब अवस्था *(Critical Stage)*, आत्मनिर्भरता की अवस्था *(Period of Independency)*, उत्तरोत्तर वृद्धि और विकास *(Gradual Growth and Development)*, पुनरावृत्ति की प्रवृत्ति *(Tendency of Repetition)*, आत्मकेन्द्रित *(Self Centered)* और स्वप्रेमी, नैतिकता का अभाव *(Lack of Morality)*, अनुकरण की प्रवृत्ति *(Tendency of Imitation)*, मानसिक प्रक्रियाओं के विकास में तीव्रता, सामाजिक भावना का उदय *(Development of Social Felling)*।
- पूर्व बाल्यावस्था को तीव्र विकास की अवस्था, स्कूल पूर्व की अवस्था, समूह पूर्व की अवस्था और जिज्ञासु प्रवृति की अवस्था कही जाती है।
- पूर्व बाल्यावस्था में बालक अपनी क्रियाओं में हस्तक्षेप करना पसन्द नहीं करता है, विद्रोह की भावना की प्रवृति पायी जाती है। वह स्वतंत्र रूप से अपने अनुसार कार्य करना चाहता है।
- विकास के क्रम में उत्तर बाल्यावस्था को प्रारम्भिक स्कूल की आयु *(Elementary School Age)*, चुस्ती की आयु *(Smart Age)*, गन्दी आयु *(Dirty Age)*, समूह आयु *(Gang Age)*, सारस अवस्था और नैतिक विकास की आयु *(Age of Morality)* इत्यादि की अवस्था कहा जाता है।
- विकास के क्रम में किशोरावस्था को सुनहरी अवस्था कहा जाता है।
- किशोरावस्था की प्रमुख विशेषताएँ हैं—
  - यह परिवर्तन की अवस्था है।
  - इस अवस्था में 'विषमलिंगी भावना' का विकास होता है।
  - इस अवस्था में बालक में कल्पना की प्रधानता होती है।
  - यह तनाव और परेशानी की अवस्था है।
  - यह पूर्ण वृद्धि की अवस्था कहलाती है।
  - यह आत्मनिर्भरता और व्यवसाय चुनने की अवस्था होती है।
- वृद्धि गर्भावस्था से प्रौढ़ावस्था तक चलती है।
- वृद्धि में होनेवाले परिवर्तन शारीरिक होते हैं।
- वृद्धि के दौरान होनेवाले परिवर्तन मात्रात्मक होते हैं।
- वृद्धि में होनेवाले परिवर्तन रचनात्मक होते हैं।
- विकास कभी नहीं समाप्त होने वाली प्रक्रिया है, यह निरन्तरता के सिद्धान्त से सम्बन्धित है।
- विकास एवं वृद्धि के मनोवैज्ञानिक सिद्धान्त के अनुसार निम्न कक्षाओं में शिक्षण खेल विधि पर आधारित होती है।
- विकास में वृद्धि का तात्पर्य है बालकों में सीखने, स्मरण तथा तर्क इत्यादि की क्षमता में वृद्धि होना।
- गर्भ में बालक को विकसित होने में 280 दिन लगता है।
- नवजात शिशु का भार 7 पाउण्ड होता है।

- हरलॉक के अनुसार, "विकास के परिणामस्वरूप नवीन विशेषताएँ और नवीन योग्यताएँ प्रकट होती हैं।"
- मैकडूगल ने मूल प्रवृतियों को चौदह प्रकार से वर्गीकृत किया है।
- डम्बिल के अनुसार, "किसी दूसरी वस्तु की अपेक्षा एक वस्तु पर चेतना का केंद्रीकरण अवधान है।"
- हॉल का सिद्धांत किशोरों के मनोविज्ञान से संबंधित व्याख्या करता है। इसके अंतर्गत 12 से 21 वर्ष तक की आयु के किशोरों की शारीरिक, मानसिक, व्यक्तिगत व सामाजिक क्रियाओं व व्यवहारों का अध्ययन किया जाता है। किशोरावस्था मानव जीवन की सबसे महत्वपूर्ण अवस्था होती है, क्योंकि इस अवस्था में मनुष्य में क्रांतिकारी परिवर्तन जन्म लेते हैं।
- शिक्षा मनोविज्ञान एक ऐसा विज्ञान है, जो प्राणियों के व्यवहार एवं मानसिक तथा दैहिक प्रक्रियाओं का अध्ययन करता है, जिसका बाल केंद्रित शिक्षा में महत्वपूर्ण स्थान है। शिक्षा मनोविज्ञान की सहायता से बाल केंद्रित शिक्षा के अंतर्गत बालकों के व्यवहार के परिमार्जन के लिए तथा शैक्षिक परिस्थितियों में व्यवहार का अध्ययन के लिए विशेष सहायता ली जाती है।
- बाल मनोविज्ञान एक प्रकार का वैज्ञानिक अध्ययन है, जिसमें बालक के जन्म के पूर्व काल *(गर्भावस्था)* से लेकर उसकी किशोरावस्था तक का अध्ययन किया जाता है, जिसमें बालकों के व्यवहार, स्थितियों, समस्याओं के साथ-साथ उन सभी कारणों का भी अध्ययन किया जाता है, जिसका प्रभाव बालक के व्यवहार एवं विकास पर पड़ता है।
- जॉन बी वॉटसन व्यवहारवादी मनोविज्ञान विचार धारा के प्रवर्त्तक माने जाते हैं। वॉटसन का कथन है—"मुझे नवजात शिशु दे दो। मैं उसे डॉक्टर, वकील, चोर या जो चाहूँ बना सकता हूँ।" अधिगम, अभिप्रेरणा तथा पुर्नबलन पर विशेष ध्यान केंद्रित रहना व्यवहारवादियों की प्रमुख विशेषता है।
- विकास की किशोरावस्था में बुद्धि का विकास अधिकतम होता है। इस अवस्था में विकास से संबंधित प्रमुख विशेषताएँ निम्नलिखित हैं—मानसिक योग्यताएँ, कल्पना शक्ति, भाषा एवं रूचि/अभिरूचियों का विकास।
- शारीरिक वृद्धि एवं विकास को अभिवृद्धि *(Growth)*कहा जाता है, क्योंकि अभिवृद्धि एक निश्चित समय एवं एक निश्चित सीमा तक चलती है तथा शारीरिक विकास एक निश्चित समय व सीमा के अंतर्गत होता है।
- वृद्धि तथा विकास की प्रक्रिया को स्पष्ट करने के लिए मनोवैज्ञानिक द्वारा अनेक सिद्धांतों का प्रतिपादन किया गया। जैसे—
  - फ्रॉयड का मनोलैंगिक विकास सिद्धांत
  - पियाजे का संज्ञानात्मक विकास सिद्धांत
  - एरिक्सन का मनो-सामाजिक विकास सिद्धांत
  - चोमस्की का भाषा विकास सिद्धांत
  - कोहलबर्ग का नैतिक विकास सिद्धांत

वस्तुनिष्ठ प्रश्न

1. ''विकास कभी न समाप्त होनेवाली प्रक्रिया है।'' यह विचार किससे संबंधित है?
   (a) अंत:संबंध का सिद्धांत *(Principle of Interrlelation)*
   (b) निरंतरता का सिद्धांत *(Principle of Continuity)*
   (c) एकीकरण का सिद्धांत *(Principle of Integration)*
   (d) अंत:क्रिया का सिद्धांत *(Principle of Interaction)* *(CTET– 2011)*

2. निचली कक्षाओं में शिक्षण की खेल-पद्धति मूल रूप से आधारित है—
   (a) शारीरिक शिक्षा कार्यक्रम के सिद्धांतों पर
   (b) शिक्षण-पद्धतियों के सिद्धांतों पर
   (c) विकास एवं वृद्धि के मनोवैज्ञानिक सिद्धांतों पर
   (d) शिक्षण के समाजशास्त्रीय सिद्धांतों पर *(CTET–2011, UPTET–2011)*

3. अवधारणाओं का विकास *(Development of Concepts)* मुख्य रूप से .... का हिस्सा है।
   (a) बौद्धिक विकास (b) शारीरिक विकास
   (c) सामाजिक विकास (d) संवेगात्मक विकास *(CTET–2011)*

4. व्यक्तिगत शिक्षार्थी एक-दूसरे से .... में भिन्न होते हैं।
   (a) विकास की दर (b) विकास-क्रम
   (c) विकास की सामान्य क्षमता (d) वृद्धि एवं विकास के सिद्धांत *(CTET–2011)*

5. व्यक्तिगत शिक्षार्थी *(Individual Learner)* एक-दूसरे से .... में भिन्न होते हैं।
   (a) विकास की दर *(Rate of Development)*
   (b) विकास-क्रम *(Sequence of Development)*
   (c) विकास की सामान्य क्षमता *(General Capacity of Development)*
   (d) वृद्धि एवं विकास के सिद्धांतों *(Principles of Growth and Development)* *(CTET-2011)*

6. मानवीय मूल्यों, जो प्रकृति में सार्वत्रिक हैं, के विकास का अर्थ है—
   (a) मतारोपण *(Indoctrination)* (b) अंगीकरण *(Adoption)*
   (c) अनुकरण *(Imitation)* (d) अभिव्यक्ति *(Manifestation)* *(UPTET–2011)*

7. निम्न में से किस स्तर में बच्चे अपने समकक्षी वर्ग के सक्रिय सदस्य बनते हैं?
   (a) किशोरावस्था (b) वयस्कावस्था
   (c) प्राक् बाल्यावस्था (d) बाल्यावस्था *(UPTET–2011)*

8. बचपन के साम्प्रतिक दृष्टिकोण *(Current View)* की मान्यता है—
   (a) बहुत तरीके से बच्चे वयस्कों के बराबर होते हैं
   (b) बच्चों को युवा प्राप्त वयस्कों के रूप में सबसे अच्छा माना जाता है
   (c) बचपन आधारित रूप से 'प्रतीक्षा अवधि' *(Waiting Period)* है
   (d) बचपन वृद्धि एवं परिवर्तन की एक अनूठी अवधि है *(UPTET–2011)*

9. शिक्षक को ज्ञान होना चाहिए—

(a) अध्यापन विषय का
(b) बाल मनोविज्ञान का
(c) शिक्षा संहिता का *(Education Code)*
(d) अध्यापन विषय एवं बाल-मनोविज्ञान का *(UPTET–2011)*

10. शिक्षक एवं विद्यार्थी के मध्य संबंध होना चाहिए—

(a) स्नेह का (b) विश्वास का (c) सम्मान का (d) ये सभी *(UPTET–2011)*

11. विकास के संदर्भ में निम्न में से कौन-सा कथन सत्य नहीं है—

(a) विकास की प्रत्येक अवस्था में अपने खतरे हैं
(b) विकास उकसाने/बढ़ावा *(Stimulation)* देने से नहीं होता है
(c) विकास सांस्कृतिक परिवर्तनों से प्रभावित होता है
(d) विकास की प्रत्येक अवस्था की अपनी विशेषताएँ होती हैं *(RTET–2011)*

12. निम्न में से कौन-सा विकासात्मक कार्य उत्तर बाल्यावस्था के लिए उपयुक्त नहीं है ?

(a) सामान्य खेलों के लिए आवश्यक शारीरिक कुशलताएँ सीखना
(b) पुरुषोचित या स्त्रियोचित सामाजिक भूमिकाओं को प्राप्त करना
(c) वैयक्तिक आत्मनिर्भरता प्राप्त करना
(d) अपने हमउम्र बालकों के साथ रहना सीखना *(RTET–2011)*

13. विकास का अर्थ है—

(a) परिवर्तनों की उत्तरोत्तर शृंखला *(Progressive Changes)*
(b) अभिप्रेरणा के फलस्वरूप होनेवाले परिवर्तनों की उत्तरोत्तर शृंखला
(c) अभिप्रेरणा एवं अनुभव के फलस्वरूप होनेवाले परिवर्तनों की उत्तरोत्तर शृंखला
(d) परिपक्वता *(Maturation)* एवं अनुभव के फलस्वरूप होनेवाले परिवर्तनों की शृंखला *(RTET–2011)*

14. 'खिलौनों की आयु' *(Toy Age)* कहा जाता है—

(a) पूर्व-बाल्यावस्था को (b) उत्तर-बाल्यावस्था को
(c) शैशवावस्था को (d) ये सभी *(RTET–2011)*

15. निम्न में से कौन-सी पूर्व-बाल्यावस्था की विशेषता नहीं है ?

(a) दल/समूह में रहने की अवस्था *(Pre Gang Age)*
(b) अनुकरण करने की अवस्था *(Imitative Age)*
(c) प्रश्न करने की अवस्था *(Questioning Age)*
(d) खेलने की अवस्था *(Play Age)* *(RTET–2011)*

16. उत्तर-बाल्यावस्था में बालक भौतिक वस्तुओं *(Goods)* के किस आवश्यक तत्व में परिवर्तन समझने लगते हैं ?

(a) द्रव्यमान (b) द्रव्यमान और संख्या
(c) संख्या (d) द्रव्यमान, संख्या और क्षेत्र *(RTET–2011)*

17. मानव विकास किन दोनों के योगदान का परिणाम है?
(a) अभिभावक एवं अध्यापक का
(b) सामाजिक एवं सांस्कृतिक कारकों का
(c) वंशक्रम एवं वातावरण का
(d) इनमें से कोई नहीं *(RTET-2011)*

18. निम्न में से कौन-सा कथन विकास के बारे में सत्य नहीं है?
(a) विकास अंतःक्रिया का फल है
(b) विकास एक व्यवस्थित शृंखला का अनुगामी है
(c) विकास एक व्यक्तिगत प्रक्रिया है
(d) विकास विशिष्ट से सामान्य की ओर होता है *(RTET–2011)*

19. निम्न में कौन-सा कथन सही नहीं है?
(a) आवश्यकता वंचना की शारीरिक अवस्था नहीं है
(b) अंतर्नोद आवश्यकता का मनोवैज्ञानिक परिणाम है
(c) आवश्यकता एवं अंतर्नोद समान नहीं है, बल्कि समानांतर है
(d) मूल प्रवृतियाँ आंतरिक जैविक बल हैं *(RTET-2011)*

20. क्रियात्मक अनुसंधान *(Action Research)* का उद्देश्य है—
(a) नवीन ज्ञान की खोज
(b) शैक्षिक परिस्थितियों में व्यवहार विज्ञान का विकास
(c) विद्यालय तथा कक्षा की शैक्षिक कार्य-प्रणाली में सुधार लाना
(d) उपरोक्त सभी *(RTET-2011)*

21. शर्म तथा गर्व *(Shame and Proud)* जैसी भावना का विकास किस अवस्था में होता है?
(a) शैशवावस्था
(b) बाल्यावस्था
(c) किशोरावस्था
(d) वृद्धावस्था *(CgTET–2011)*

22. शैशवावस्था की मुख्य विशेषता क्या नहीं है?
(a) सीखने की प्रक्रिया में तीव्रता
(b) जिज्ञासा की प्रवृत्ति *(Tendency of Curiosity)*
(c) चिन्तन प्रक्रिया *(Thinking Process)*
(d) अनुकरण द्वारा सीखने की प्रवृत्ति *(CgTET–2011)*

23. किस मनोवैज्ञानिक के अनुसार, "विकास एक सतत और धीमी प्रक्रिया है?
(a) कोलेस्नीक *(Kolesnick)*
(b) पियाजे *(Piaget)*
(c) स्किनर *(Skinner)*
(d) हरलॉक *(Hurlock)* *(CgTET–2011)*

24. बाल्यावस्था अवस्था होती है—
(a) 5 वर्ष तक
(b) 12 वर्ष तक
(c) 21 वर्ष तक
(d) कोई भी नहीं *(CgTET–2011)*

25. विकास में वृद्धि से तात्पर्य है—
(a) ज्ञान में वृद्धि
(b) संवेग में वृद्धि
(c) वजन में वृद्धि
(d) आकार, सोच, समझ-कौशलों में वृद्धि *(CgTET–2011)*

26. परिपक्वता का संबंध है—
(a) विकास (b) बुद्धि (c) सृजनात्मकता (d) रुचि
(CgTET–2011)

27. तनाव और क्रोध *(Tension and Anger)* की अवस्था है—
(a) शैशवावस्था (b) किशोरावस्था (c) बाल्यावस्था (d) वृद्धावस्था
(CgTET–2011)

28. एक 13 वर्षीय बालक बात-बात में अपने बड़ों से झगड़ा करने लगता है और हमेशा स्वयं को सही साबित करने की कोशिश करता है। वह विकास की किस अवस्था में है?
(a) प्रारंभिक बाल्यावस्था (b) किशोरावस्था
(c) युवावस्था (d) बाल्यावस्था *(CgTET–2011)*

29. एक बच्चे की वृद्धि और विकास के अध्ययन की सर्वाधिक अच्छी विधि कौन-सी है?
(a) मनोविश्लेषण विधि *(Psychoanalytic Method)*
(b) तुलनात्मक विधि *(Comparative Method)*
(c) विकासीय विधि *(Developmental Method)*
(d) सांख्यिकी विधि *(Statistical Method)* *(PTET–2011)*

30. बच्चे के विकास के शिरस्थ सिद्धांत *(Cephalocaudal Principle)* के अनुसार निम्न में से सत्य कथन है—
(a) विकास सिर से पैर की ओर होता है
(b) विकास पैर से सिर की ओर होता है
(c) विकास मध्य भाग से परिधि *(Periphery)* की ओर होता है
(d) उपरोक्त में से कोई नहीं *(PTET–2011)*

31. विकास के परिप्रेक्ष्य में समय के साथ होनेवाले परिवर्तनों में निम्न में क्या शामिल है?
(a) रूप *(Form)* (b) दर *(Rate)*
(c) अनुक्रम *(Sequence)* (d) ये सभी *(PTET–2011)*

32. गर्भ में बालक को विकसित होने में कितने दिन लगते हैं?
(a) 150 (b) 280 (c) 390 (d) 460
(BTET–2011)

33. नवजात शिशु का भार होता है—
(a) 6 पाउंड (b) 7 पाउंड (c) 8 पाउंड (d) 9 पाउंड
(BTET-2011)

34. निम्नलिखित में से कौन-सा विकास का सिद्धांत नहीं है?
(a) विकास लंबवत न होकर वृत्ताकार होता है
(b) विकास क्रमबद्ध होता है
(c) विकास निरंतर होता है
(d) विकास मशीनी प्रक्रिया है *(BTET–2011)*

35. वृद्धि को प्रभावित करने वाला कारक है—
(a) पर्यावरण (b) स्वास्थ्य (c) आहार (d) ये सभी
(BTET–2011)

36. विकास शुरू होता है—
(a) उत्तर बाल्यावस्था से (b) प्रसवपूर्ण अवस्था से
(c) शैशवावस्था से (d) पूर्व बाल्यावस्था से *(CTET–2012)*

37. संकल्पनाओं की व्यवस्थित प्रस्तुति *(Systematic Presentation of Concepts)* विकास के निम्नलिखित किन सिद्धांतों के साथ संबंधित हो सकती है?
(a) विकास के परिणामस्वरूप वृद्धि होती है
(b) विकास विषमजातीयता से स्वायत्तता की ओर अग्रसर होता है
(c) विद्यार्थी विभिन्न दरों पर विकसित होते हैं
(d) विकास सापेक्ष रूप से क्रमिक होता है *(CTET–2012)*

38. निम्नलिखित में से कौन-सा विकास का सिद्धांत है?
(a) विकास की सभी प्रक्रियाएँ अंतःसंबंधित *(Inter Connective)* नहीं है
(b) सभी का विकास-दर समान नहीं होता है
(c) विकास हमेशा रेखीय *(Linear)* होता है
(d) यह निरंतर चलने वाली प्रक्रिया नहीं है *(CTET–2012)*

39. नर्सरी कक्षा से शुरुआत करने के लिए कौन-सी विषय-वस्तु सबसे अच्छी है?
(a) मेरा परिवार (b) मेरा प्रिय मित्र
(c) मेरा पड़ोस (d) मेरा विद्यालय *(CTET–2012)*

40. माँ-बाप के साये से बाहर निकल अपने साथी बालकों की संगत को पसंद करना संबंधित है—
(a) किशोरावस्था से (b) पूर्व किशोरावस्था से
(c) उत्तर-बाल्यावस्था से (d) शैशवावस्था से *(UPTET–2012)*

41. विकास का वही संबंध परिपक्वता से है जो उद्दीपन का .... से।
(a) परिवर्तन *(Change)* (b) प्रतिक्रिया *(Reaction)*
(c) प्रयास *(Try)* (d) परिणाम *(Result)* *(UPTET–2012)*

42. निम्न में से कौन-सा कथन बच्चे के विकास में परिवेश की भूमिका का समर्थन करता है?
(a) कुछ शिक्षार्थी सूचनाओं का जल्दी प्रक्रमण करते हैं जबकि उसी कक्षा के अन्य विद्यार्थी ऐसा नहीं कर पाते
(b) पिछली कुछ दशाब्दियों में बुद्धि-लब्धांक परीक्षा में शिक्षार्थियों के औसत प्रदर्शन में लगातार वृद्धि हुई है
(c) एकसमान जुड़वाँ बच्चे जिनका लालन-पालन भिन्न घरों में हुआ है, उनकी बुद्धि-लब्धि 0.75 के समान उच्च है
(d) शारीरिक रूप से स्वस्थ बच्चे अक्सर नैतिक रूप में अच्छे पाये जाते हैं *(CTET–2013)*

43. विकास के किस काल को "अत्यधिक दबाव और तनाव का काल" कहा गया है?
(a) किशोरावस्था (b) प्रौढ़ावस्था
(c) मध्यावस्था (d) वृद्धावस्था *(UPTET–2013)*

44. पूर्व विद्यालय में पहली बार आया बच्चा मुक्त रूप से चिल्लाता है। दो वर्ष पश्चात् वही बच्चा जब प्रारम्भिक विद्यालय में पहली बार आता है तो अपना तनाव चिल्लाकर व्यक्त नहीं करता अपितु उसके कंधे व गर्दन की पेशियाँ तन जाती हैं। उसके इस व्यावहारिक परिवर्तन का क्या सैद्धान्तिक आधार हो सकता है?

(a) विभेद व एकीकरण विकास के लक्षण हैं
(b) विकास क्रमिक प्रकार से होता है
(c) विकास निरन्तरीय होता है
(d) अलग-अलग लोगों में विकास भी भिन्न रूप से होता है *(CTET–2014)*

45. शिक्षण का विकासात्मक परिप्रेक्ष्य शिक्षकों से यह माँग करता है कि वे—

(a) इस प्रकार का अधिगम उपलब्ध कराएँ जिसका परिणाम केवल संज्ञानात्मक क्षेत्र के विकास में हो
(b) कठोर अनुशासन बनाए रखने वाले बनें, क्योंकि बच्चे अक्सर प्रयोग करते हैं
(c) विकासात्मक कारकों के ज्ञान के अनुसार अनुदेशन युक्तियों का अनुकूलन करें
(d) विभिन्न विकासात्मक अवस्था वाले बच्चों के साथ समान रूप से व्यवहार करें *(CTET–2014)*

46. निम्नलिखित में से कौन प्रारम्भिक बाल्यावस्था अवधि के दौरान उन भूमिकाओं एवं व्यवहारों के बारे में जानकारी प्रदान करते हैं जो एक समूह में स्वीकार्य हैं?

(a) भाई-बहन एवं अध्यापक (b) अध्यापक एवं साथी
(c) साथी एवं माता-पिता (d) माता-पिता एवं भाई-बहन *(CTET–2015)*

47. निम्नलिखित में से कौन-सा आयु समूह परवर्ती बाल्यावस्था श्रेणी के अंतर्गत आता है?

(a) 11 से 18 वर्ष (b) 18 से 24 वर्ष
(c) जन्म से 6 वर्ष (d) 6 से 11 वर्ष *(CTET–2015)*

48. शिक्षण का विकासात्मक परिप्रेक्ष्य शिक्षकों से यह माँग करता है कि वे—

(a) कठोर अनुशासन बनाए रखने वाले बनें क्योंकि बच्चे अक्सर प्रयोग करते हैं
(b) विकासात्मक कारकों के ज्ञान के अनुसार अनुदेशन युक्तियों का अनुकूलन करें
(c) विभिन्न विकासात्मक अवस्था वाले बच्चों के साथ समान रूप से व्यवहार करें
(d) इस प्रकार का अधिगम उपलब्ध कराएँ जिसका परिणाम केवल संज्ञानात्मक क्षेत्र के विकास में हो *(CTET–2015)*

49. शैशवकाल की अवधि है—

(a) जन्म से 1 वर्ष तक (b) जन्म से 2 वर्ष तक
(c) जन्म से 3 वर्ष तक (d) 2 से 3 वर्ष तक *(CTET–2015)*

50. विकास .... से .... की ओर बढ़ता है।

(a) सामान्य, विशिष्ट (b) जटिल, कठिन
(c) विशिष्ट, सामान्य (d) साधारण, आसान

51. जब वयस्क सहयोग से सामंजस्य कर लेते हैं, तो वे बच्चे के वर्तमान स्तर के प्रदर्शन को संभावित क्षमता के स्तर के प्रदर्शन की तरफ प्रगति क्रम को सुगम बनाते हैं, इसे कहा जाता है—

(a) समीपस्थ विकास (b) सहयोग देना

(c) सहभागी अधिगम (d) सहयोगात्मक अधिगम *(CTET–2015)*

52. मध्य बाल्यावस्था में भाषा .... के बजाय .... अधिक है।

(a) अहंकेंद्रित, समाजीकृत (b) समाजीकृत, अहंकेंद्रित

(c) जीववादी, समाजीकृत (d) परिपक्व, अपरिपक्व *(CTET–2015)*

53. निम्नलिखित में से कौन-सा कथन विकास और अधिगम के बीच संबंध को सर्वश्रेष्ठ रूप में जोड़ता है?

(a) अधिगम विकास के पीछे रहता है

(b) अधिगम और विकास समानार्थक/पारिभाषिक शब्द हैं

(c) अधिगम और विकास एक जटिल तरीके से अंतःसंबंधित हैं

(d) विकास अधिगम से स्वतंत्र है *(CTET–2015)*

54. इनमें से कौन-सा विकास का एक सिद्धांत नहीं है?

(a) विकास केवल संस्कृति से शासित और निर्धारित होता है

(b) विकास जीवनपर्यंत होता है

(c) विकास वंशानुक्रम और पर्यावरण दोनों से प्रभावित होता है

(d) विकास संशोधनयोग्य होता है *(CTET–2015)*

55. निम्न में से एक प्राथमिक स्तर के शिक्षक के लिए सबसे महत्वपूर्ण गुण है?

(a) शिक्षण विधियों में सक्षमता और विषय का ज्ञान

(b) उच्च मानक भाषा में पढ़ाने की क्षमता

(c) पढ़ाने की उत्सुकता

(d) धैर्य और लगन *(UTET-I–2015)*

56. निम्नलिखित में से कौन-सा विकास का सिद्धांत है?

(a) यह निरंतर चलने वाली प्रक्रिया नहीं है

(b) विकास की सभी प्रक्रियाएँ अंतःसंबंधित नहीं है

(c) सभी की विकास दर समान नहीं होती है

(d) विकास हमेशा रेखीय होता है *(UTET-I–2015)*

57. यदि विद्यार्थी पाठ में रूचि न लेते प्रतीत हों, तो शिक्षक को चाहिए कि वह—

(a) शिक्षण विधि बदल दे

(b) दृश्य-श्रव्य सामग्री को प्रयोग में लाकर पाठ को रूचिकर बनाए

(c) कक्षा से चला जाए

(d) कक्षा में कोई अन्य कार्य प्रारंभ करे *(UTET-I–2015)*

58. बच्चे के विकास के सिद्धान्तों को समझना शिक्षक की सहायता करता है—

(a) शिक्षार्थियों की भिन्न अधिगम शैलियों को प्रभावी रूप से संबोधित करने में

(b) शिक्षार्थी के सामाजिक स्तर को पहचानने में

(c) शिक्षार्थी की आर्थिक पृष्ठभूमि को पहचानने में
(d) शिक्षार्थियों को क्यों पढ़ना चाहिए—यह औचित्य स्थापित करने में *(UTET-I–2015)*

59. निम्नलिखित में से कौन-सा वृद्धि और विकास के सिद्धांतों से संबंधित नहीं है?
(a) निरंतरता का सिद्धांत (b) वर्गीकरण का सिद्धांत
(c) समन्वय का सिद्धांत (d) वैयक्तिकता का सिद्धांत *(UPTET-I–2015)*

60. विकास की गति एक व्यक्ति से दूसरे में भिन्न होती है, किन्तु यह एक .... नमूने का अनुगमन करती है।
(a) अव्यवस्थित (b) अप्रत्याशित
(c) क्रमबद्ध और व्यवस्थित (d) एड़ी-से-चोटी *(CTET–2016)*

61. विकास के लिए निम्नलिखित में से कौन सा एक उचित है?
(a) 'सामाजिक-सांस्कृतिक संदर्भ' विकास में एक महत्वपूर्ण भूमिका का निर्वाह करता है
(b) विकास एकल आयामी है
(c) विकास पृथक होता है
(d) विकास जन्म के साथ प्रारंभ होता है और समाप्त होता है *(CTET–2016)*

62. विकास के बारे में निम्नलिखित में से कौन-सा एक कथन सही है?
(a) विकास जन्म से किशोरावस्था तक आगे की ओर बढ़ता है और फिर पीछे की ओर
(b) विकासात्मक परिवर्तन एक सीधी रेखा में आगे जाते हैं
(c) विकास भिन्न व्यक्तियों में भिन्न गति से होता है
(d) विकास जन्म से किशोरावस्था तक बहुत तीव्र गति से होता है और उसके बाद रुक जाता है *(CTET–2016)*

63. मध्य बचपन अवधि है—
(a) 10 वर्ष के बाद (b) जन्म से 2 वर्ष
(c) 2 वर्ष से 6 वर्ष (d) 6 वर्ष से 11 वर्ष *(CTET–2016)*

64. मनोलैंगिक विकास में सुप्तावस्था *(Latency period)* का वर्ष अंतराल संबंधित है—
(a) 2-5 वर्षों का (b) 6 से यौवन तक
(c) 18-20 वर्षों का (d) 20-22 वर्षों का *(UPTET–2016)*

65. निम्न में से कौन-सा विकास का सिद्धांत नहीं है?
(a) अनुकूलित प्रत्यावर्तन का सिद्धांत (b) निरंतर विकास का सिद्धांत
(c) परस्पर संबंध का सिद्धांत (d) समान प्रतिमान का सिद्धांत *(UPTET-I–2017)*

66. "विकास के परिणामस्वरूप नवीन विशेषताएँ और नवीन योग्यताएँ प्रकट होती हैं।" यह कथन किसने दिया है?
(a) गोसेल (b) हरलॉक
(c) मेरेडिथ (d) डगलस और हॉलैंड *(UPTET-I–2017)*

67. निम्नलिखित में से कौन-सा कथन सही नहीं है ?
(a) वृद्धि एवं विकास दो अलग आयाम है
(b) वृद्धि जीवनपर्यंत चलती है
(c) वृद्धि विकास की प्रक्रिया का ही एक भाग है
(d) विकास सतत् प्रक्रिया है *(HTET-I–2017)*

68. इनमें से किनका नाम 'सुजननशास्त्र के पिता' से जुड़ा हुआ है ?
(a) क्रो एवं क्रो (b) गाल्टन (c) रॉस (d) वुडवर्थ
(UPTET-I–2017)

69. .... के अलावा, निम्नलिखित कारणों से खेल युवा बच्चों के विकास में एक महत्वपूर्ण भूमिका निभाता है।
(a) वे अपने शरीर पर निपुणता प्राप्त करते हैं
(b) यह उनकी इंद्रियों को उत्तेजित करता है
(c) यह समय बिताने का एक सुखद तरीका है
(d) वे नये कौशल हासिल करते हैं और सीखते हैं कि उन्हें कब उपयोग किया जाए
(CTET-I–2018)

70. शरीर के केंद्रीय भाग से परिधियों या अग्रांगों की ओर विकास दर्शाता है—
(a) मध्य बाह्य विकास के सिद्धांतों को (b) सोपानीय विकास के सिद्धांतों को
(c) विकिरणीय विकास के सिद्धांतों को (d) विकेंद्रीकृत विकास के सिद्धांतों को
(CTET-II–2018)

71. निम्न में से कौन-सी बाद की बाल्यावस्था के बौद्धिक विकास की विशेषता नहीं है ?
(a) विज्ञान की काल्पनिक कथाओं में अधिक रूचि
(b) बढ़ती हुई तार्किक शक्ति
(c) भविष्य की योजना की सूझ-बूझ
(d) काल्पनिक भयों का अन्त *(UPTET-I–2018)*

72. गिरोह अवस्था किस आयु-वर्ग एवं विलम्ब-विकास से संबंधित है ?
(a) 3-6 वर्ष एवं भाषा (b) 8-10 वर्ष एवं समाजीकरण
(c) 16-19 वर्ष एवं नैतिकता (d) 16-19 वर्ष एवं संज्ञानात्मक
(UPTET-I–2018)

73. निम्न में कौन-सा फ्लैण्डर की अन्तःक्रिया विश्लेषण प्रणाली से संबंधित नहीं है ?
(a) छात्र कथन *(Student talk)* (b) अभिभावक कथन *(Guardian talk)*
(c) शिक्षक कथन *(Teacher talk)* (d) मौन *(Silence)* *(UPPET-II–2018)*

74. निम्न में से कौन-सी बाल्यावस्था की एक विशेषता नहीं है ?
(a) सामूहिक की प्रबलता (b) जिज्ञासा की कमी
(c) अभिवृद्धि में स्थिरता (d) समूह एवं खलों में सहभागिता
(UPPET-II–2018)

75. निम्न में से कौन-सा वृद्धि और विकास का प्रथम चरण है ?
(a) शारीरिक विकास (b) सामाजिक विकास
(c) नैतिक विकास (d) मानसिक विकास *(UPPET-II–2018)*

76. निम्नलिखित में से कौन-सा कथन बालक विकास के सिद्धान्तों के बारे में गलत है?
(a) विकास एक निश्चित और पूर्व अनुमानित प्रारूप से होता है
(b) विकास आनुवंशिकी और वातावरण का उत्पाद *(परिणाम)* है
(c) सभी व्यक्ति उनके विकास में समान होते हैं
(d) विकास समाकलन के सिद्धांत पर कार्य करता है *(HTET Level-III–2019)*

77. चालक विकास की दर में व्यक्तिगत विविधताएँ होती हैं, फिर भी चालक विकास का क्रम .... से .... तक है।
(a) शीर्षगामी; अधोगामी
(b) अधोगामी ; शीर्षगामी
(c) अपरिष्कृत *(स्थूल)* चालक विकास; परिष्कृत *(सूक्ष्म)* चालक विकास
(d) परिष्कृत *(सूक्ष्म)* चालक विकास; अपरिष्कृत *(स्थूल)* चालक विकास
(CTET-I–2019)

78. वह अवधि जो वयस्कता के संक्रमण की पहल करती है, उसे क्या कहते हैं?
(a) किशोरावस्था (b) मध्य बाल्यावस्था
(c) पूर्व क्रियात्मक अवधि (d) बाल्यावस्था की समाप्ति
(CTET-I–2019)

79. निम्नलिखित में से कौन विकास के व्यापक आयामों का सही पहचान करता है?
(a) शारीरिक, संज्ञानात्मक, सामाजिक और संवेगात्मक
(b) संवेगात्मक, बौद्धिक, आध्यात्मिक एवं स्व
(c) शारीरिक, व्यक्तित्व, आध्यात्मिक एवं संवेगात्मक
(d) सामाजिक, शारीरिक, व्यक्तित्व एवं स्व *(CTET-I–2019)*

80. निम्नलिखित में से कौन-सा विकास का सिद्धांत नहीं है?
(a) व्यक्ति अलग-अलग गति से विकास करते हैं
(b) विकास तुलनात्मक रूप से क्रमिक होता है
(c) विकास समय के साथ धीरे-धीरे घटित होता है
(d) विकास की सटीक गति एवं प्रकृति जन्म के समय ही निर्धारित हो जाती है
(CTET-I–2019)

81. निम्नलिखित कथनों में से कौन-सा विकास एवं अधिगम के बीच संबंध को सही तरीके से सूचित करता है?
(a) विकास एवं अधिगम संबंधित नहीं है
(b) अधिगम विकास का ध्यान किए बिना घटित होता है
(c) अधिगम की दर विकास की दर से काफी अधिक होती है
(d) विकास एवं अधिगम अंतःसंबंधित और अंतःनिर्भर होते हैं *(CTET-II–2019)*

82. निम्नलिखित में से कौन-सा विकास का सिद्धांत नहीं है?
(a) विकास जीवनपर्यन्त होता है
(b) विकास परिवर्त्य होता है
(c) विकास आनुवंशिकता एवं पर्यावरण दोनों के द्वारा प्रभावित होता है
(d) विकास सार्वभौमिक है तथा सांस्कृतिक संदर्भ इसे प्रभावित नहीं करते
(CTET-I–2019)

83. बाल्यावस्था की अवधारणा से क्या अभिप्राय है?
(a) यह विभिन्न सांस्कृतिक संदर्भों में सार्वभौम रूप से समान है
(b) समकालीन सामाजिक-संरचनावादी मनोवैज्ञानिकों के अनुसार यह एक सामाजिक संरचना है
(c) यह है कि बच्चे दुष्ट रूप में पैदा होते हैं और उन्हें सभ्य बनाना होता है
(d) यह कि बच्चे शून्य से शुरुआत करते हैं और उनके गुण पूरी तरह से परिवेश के द्वारा निर्धारित किए जाते हैं *(CTET-II–2019)*

84. निम्नलिखित में से कौन-सी 'मध्य बाल्यावस्था' की विशेषता है?
(a) शारीरिक वृद्धि एवं विकास बहुत तेज गति से होता है
(b) अमूर्त रूप से सोचने तथा वैज्ञानिक तर्क का प्रयोग करने की योग्यता विकसित होती है
(c) बच्चे तार्किक एवं मूर्त रूप से सोचना प्रारंभ कर देते हैं
(d) अधिगम मुख्य रूप से संवेदी एवं चालक गतिविधियों द्वारा घटित होता है *(CTET-II–2019)*

85. विकास की किस अवस्था को कोल तथा ब्रुस ने ''संवेगात्मक विकास का अनोखा'' काल कहा है?
(a) बाल्यावस्था (b) शैशवावस्था
(c) किशोरावस्था (d) प्रौढ़ावस्था *(UPTET-I–2020)*

86. कक्षा में छात्रों को प्रश्न पूछने के लिए—
(a) प्रेरित करना चाहिए (b) हतोत्साहित करना चाहिए
(c) अनुमति नहीं देनी चाहिए (d) रोक देना चाहिए *(UPTET-I–2020)*

87. ''विकास कभी न समाप्त होने वाली प्रक्रिया है।'' यह कथन विकास के किस सिद्धान्त से सम्बन्धित है?
(a) एकीकरण का सिद्धान्त (b) अन्तःक्रिया का सिद्धान्त
(c) निरन्तरता का सिद्धान्त (d) अन्तःसम्बन्ध का सिद्धान्त *(UPTET-I–2020)*

88. बच्चे की वृद्धि मुख्यतः सम्बन्धित है—
(a) सामाजिक विकास से (b) शारीरिक विकास से
(c) नैतिक विकास से (d) भावात्मक विकास से *(UPTET-I–2020)*

89. पाठ्य सहगामी क्रियाएँ मुख्यतः सम्बन्धित हैं—
(a) छात्रों के सर्वांगीण विकास से (b) शैक्षिक संस्थानों के विकास से
(c) छात्रों के मानसिक विकास से (d) छात्रों के वृत्तिक विकास से *(UPTET-I–2020)*

90. मानव विकास का प्रारम्भ होता है—
(a) पूर्व बाल्यावस्था से (b) गर्भावस्था से
(c) शैशवावस्था से (d) उत्तर-बाल्यावस्था से *(UPTET-I–2020)*

91. निम्न में से कौन-सा कथन सत्य नहीं है?
(a) सीखना व्यवहार परिवर्तन की एक प्रक्रिया है
(b) शिक्षा एक लक्ष्य उन्मुख प्रक्रिया है

(c) विकास एक मात्रात्मक प्रक्रिया है

(d) वृद्धि एक जैविक प्रक्रिया है *(UPTET-II–2020)*

92. एक प्राथमिक कक्षाकक्ष में एक शिक्षक को क्या करना चाहिए?

(a) केवल उदाहरण देने चाहिए

(b) केवल गैर-उदाहरण देने चाहिए

(c) उदाहरण एवं गैर उदाहरण दोनों देना चाहिए

(d) उदाहरण एवं गैर उदाहरण दोनों नहीं देना चाहिए *(CTET-II–2020)*

93. विकास के संदर्भ में निम्न में से कौन-सा कथन सही है?

(a) विकास की दर सभी संस्कृतियों में सभी के लिए समान होती है

(b) विकास केवल विद्यालय में होनेवाले अधिगम से ही होता है

(c) विकास केवल बाल्यावस्था के दौरान से ही होता है

(d) विकास बहुआयामी होता है *(CTET-I–2021)*

94. जन्म से किशोरावस्था तक बच्चों में विकास किस क्रम में होता है?

(a) सांवेदिक, मूर्त, अमूर्त (b) अमूर्त, सांवेदिक, मूर्त

(c) मूर्त, अमूर्त, सांवेदिक (d) अमूर्त, मूर्त, सांवेदिक *(CTET-I–2021)*

95. बाल्यावस्था की अवधि में विकास—

(a) धीमी गति से होता है एवं उसे मापा नहीं जा सकता

(b) बहुस्तरीय और मिश्रित होता है

(c) में केवल परिमाणात्मक परिवर्तन होते हैं

(d) अनियमित और असंबद्ध होता है *(CTET-I–2021)*

96. विकास के विषय में निम्नलिखित में से कौन-सा कथन सही है?

(a) बच्चों के विकास में बहुत सी सांस्कृतिक विविधताएँ होती हैं

(b) संसार में सभी बच्चों का विकास एक ही क्रम में और सुनिश्चित समय से होता है

(c) विकास सुरुचिपूर्ण, सुव्यवस्थित समूह की अवस्थाओं में पूर्वनिश्चित आनुवंशिक घटकों के कारण होता है

(d) विकास एक सरल और एक दिशीय प्रक्रिया है *(CTET-II–2021)*

97. निम्नलिखित में से मध्य बाल्यावस्था की अवधि का मुख्य प्रमाण चिह्न कौन-सा है?

(a) प्रतीकात्मक-खेल का उभरना

(b) तर्कसंगत विचारों का विकास जो कि प्राकृतिक रूप से मूर्त हैं

(c) पेशीय कौशल और समग्र शारीरिक वृद्धि का तेजी से विकास

(d) वैज्ञानिक तर्क और अमूर्त रूप से सोचने की क्षमता का विकास *(CTET-II–2021)*

98. निम्नलिखित में से कौन-सा कथन, व्यक्ति के विकास की प्रक्रिया के बारे में सही है?

(a) विकास की प्रक्रिया एकदिशीय होती है

(b) यह केवल व्यक्ति की आनुवंशिकता से प्रभावित होता है

(c) विकास की प्रक्रिया में सांस्कृतिक विविधताएँ होती हैं

(d) विकास केवल वातावरणीय कारकों द्वारा निर्धारित होता है *(CTET–2022)*

99. विकास का चरणीय सिद्धांत निम्नलिखित नियमों में से किस पर स्पष्ट रूप से जोर देता है?

(a) विकास की निरन्तरता
(b) विकास की अनिरन्तरता
(c) विकास को प्रभावित करने वाले सांस्कृतिक कारक
(d) विकास प्रक्रिया सम्बंधित वातावरणीय कारक *(CTET–2022)*

100. इनमें से कौन-सा विकास का सिद्धांत नहीं है?
(a) विकास एकधारणीय और एक-आयामी होता है
(b) विकास ऊपर से नीचे और केन्द्र से बाहर की ओर होता है
(c) विकास आनुवंशिकता और सम्पोषण से प्रभावित होता है
(d) विकास सामाजिक-सांस्कृतिक परिपेक्ष में होता है *(CTET–2022)*

101. शीर्षगामी सिद्धांत विकास के किस क्षेत्र पर लागू होता है?
(a) गामक विकास (b) भाषा विकास
(c) संज्ञानात्मक विकास (d) नैतिक विकास *(CTET–2022)*

102. विकास .... है।
(a) एक-आयामी (b) एक दिशीय
(c) में बदलाव किया जा सकता
(d) आनुवंशिकता द्वारा पूर्ण रूप से पूर्व निर्धारित *(CTET–2022)*

103. विकास के किस क्षेत्र का संबंध बौद्धिक सामर्थ्यों जैसे कि ध्यान, स्मृति, समस्या समाधान कल्पना और रचना करने से है?
(a) संवेगात्मक क्षेत्र (b) संज्ञानात्मक क्षेत्र
(c) सामाजिक क्षेत्र (d) शारीरिक क्षेत्र *(CTET–2022)*

104. सना ने अपनी कमीज का बटन बंद करने व कलम पकड़ना सीखने से पहले गिलास और बोतल पकड़ना सीख लिया है। यह उदाहरण किस ओर संकेत करता है?
(a) विकास एक आयामी है (b) विकास की दशा शीर्षगामी है
(c) विकास की दशा अधोगामी है (d) विकास का क्रम अनिश्चित है *(CTET-2022)*

105. विकास के संदर्भ में निम्नलिखित में से कौन-सा कथन सही है?
(a) विकास के विभिन्न पहलू एक-दूसरे से स्वतंत्र होते हैं
(b) विकास एक असतत् प्रक्रिया है
(c) विकास चक्रय तरीके से होता है, रैखिक नहीं
(d) विकास विशिष्ट से सामान्य की ओर बढ़ता है *(CTET 2024)*

106. अभिकथन (A) : जबकि कुछ बच्चे 12 महीने की आयु में बड़बड़ाना और 2 शब्दों का वाक्य बोलना शुरू कर देते हैं, अन्य 20 महीने की आयु तक ऐसा नहीं करते हैं।
कारण (R) : विकासात्मक प्रतिमान केवल सांकेतिक है और व्यक्तिगत बच्चों का विकास काफी भिन्न हो सकता है।
कूट :
(a) A और R दोनों गलत है
(b) A और R दोनों सही हैं तथा A की R सही व्याख्या करता है
(c) A और R दोनों सही हैं, परन्तु A की R सही व्याख्या नहीं करता है
(d) A सही है, किन्तु R गलत है *(CTET 2024)*

107. विकास के क्रम में बच्चे सूक्ष्म पेशीय कौशल से पहले सकल पेशीय कौशल विकसित करते हैं। यह दर्शाता है कि विकास—

(a) अराजक (b) शीर्षगामी
(c) रेखीय (d) समीप दूराभिमुख *(CTET 2024)*

108. प्रारम्भिक बाल्यावस्था में वृद्धि .... और सोच .... है, जबकि मध्य बाल्यावस्था में वृद्धि ..... और सोच .... है।

(a) धीमी, कुछ हद तक आत्मकेन्द्रित, स्थिर है, तार्किक
(b) स्थिर है, कुछ हद तक आत्मकेन्द्रित, धीमी, तार्किक
(c) स्थिर है, तार्किक, धीमी, आत्मकेन्द्रित
(d) धीमी, तार्किक, स्थिर है, आत्मकेन्द्रित *(CTET 2023)*

109. निम्नलिखित में से कौन-सा स्थूल गति कौशल है?

(a) बुनाई
(b) तैरना
(c) एक कागज पर वृत्त को रूपरेखा के अनुसार काटना
(d) एक कागज पर एक बड़े आयत को रूपरेखा के अनुसार काटना *(CTET 2023)*

110. भौतिक वृद्धि और विकास, विकास के ..... और ..... सिद्धान्तों का पालन करते हैं।

(a) एकीकरण (सरल से जटिल), विभेदीकरण (जटिल से सरल)
(b) शीर्षगामी (अवरोही), समीपस्थ (आन्तरिक से बाहरी)
(c) समीपस्थ (अवरोही), शीर्षगामी (आन्तरिक से बाहरी)
(d) विभेदीकरण (सरल से जटिल), एकीकरण (जटिल से सरल) *(CTET 2023)*

उत्तरमाला

1.	(b)	2.	(c)	3.	(a)	4.	(a)	5.	(a)	6.	(d)	7.	(a)	8.	(d)
9.	(d)	10.	(d)	11.	(b)	12.	(b)	13.	(d)	14.	(a)	15.	(d)	16.	(d)
17.	(c)	18.	(d)	19.	(a)	20.	(c)	21.	(b)	22.	(c)	23.	(c)	24.	(b)
25.	(d)	26.	(a)	27.	(b)	28.	(b)	29.	(c)	30.	(a)	31.	(d)	32.	(b)
33.	(b)	34.	(d)	35.	(d)	36.	(b)	37.	(d)	38.	(b)	39.	(a)	40.	(b)
41.	(b)	42.	(b)	43.	(a)	44.	(a)	45.	(c)	46.	(d)	47.	(d)	48.	(b)
49.	(b)	50.	(a)	51.	(b)	52.	(b)	53.	(c)	54.	(a)	55.	(d)	56.	(c)
57.	(a)	58.	(a)	59.	(b)	60.	(c)	61.	(a)	62.	(c)	63.	(d)	64.	(b)
65.	(a)	66.	(b)	67.	(a)	68.	(b)	69.	(c)	70.	(a)	71.	(c)	72.	(c)
73.	(b)	74.	(b)	75.	(a)	76.	(c)	77.	(c)	78.	(a)	79.	(a)	80.	(d)
81.	(d)	82.	(d)	83.	(b)	84.	(c)	85.	(a)	86.	(a)	87.	(c)	88.	(b)
89.	(a)	90.	(b)	91.	(c)	92.	(c)	93.	(d)	94.	(a)	95.	(b)	96.	(a)
97.	(b)	98.	(c)	99.	(b)	100.	(a)	101.	(a)	102.	(c)	103.	(b)	104.	(c)
105.	(c)	106.	(c)	107.	(d)	108.	(b)	109.	(b)	110.	(b)				

★★★

3

बाल विकास के सिद्धांत

बाल विकास *(Child Developmet)*: बाल विकास का अध्ययन करने के लिए 'विकासात्मक मनोविज्ञान' की एक अलग शाखा बनायी गयी, जो बालकों के व्यवहारों का अध्ययन गर्भावस्था से होकर मृत्युपर्यंत करती है। परंतु वर्तमान समय में इसे 'बाल विकास' *(Child Development)* में परिवर्तित कर दिया गया।

➢ हरलॉक *(Hurlock)* ने इस संबंध में कहा है कि *"बाल मनोविज्ञान का नाम बाल विकास इसलिए रखा गया क्योंकि विकास के अंतर्गत अब बालक के विकास के समस्त पहलुओं पर ध्यान केंद्रित किया जाता है, किसी एक पक्ष पर नहीं।"*

➢ विभिन्न विद्वानों ने बाल विकास को निम्न प्रकार से परिभाषित किया है—

क्रो और क्रो *(Crow & Crow, 1958)* के अनुसार, *"बाल मनोविज्ञान वह वैज्ञानिक अध्ययन है जो व्यक्ति के विकास का अध्ययन गर्भकाल के प्रारंभ से किशोरावस्था की प्रारंभिक अवस्था तक करता है।"*

➢ जेम्स ड्रेवर (*James Drever,* 1968) के अनुसार, *"बाल मनोविज्ञान मनोविज्ञान की वह शाखा है जिसमें जन्म से परिपक्वावस्था तक विकसित हो रहे मानव का अध्ययन किया जाता है।"*

➢ आइजनेक (*Eysenek,* 1972) के अनुसार, "बाल मनोविज्ञान का संबंध बालक में मनोवैज्ञानिक प्रक्रियाओं के विकास से है। गर्भकालीन अवस्था, जन्म, शैशवावस्था, बाल्यावस्था, किशोरावस्था और परिपक्वावस्था तक के बालक की मनोवैज्ञानिक विकास प्रक्रियाओं का अध्ययन किया जाता है।"

➢ हरलॉक (*Hurlock,* 1978) के अनुसार, "बाल विकास मनोविज्ञान की वह शाखा है जो गर्भाधान से लेकर मृत्युपर्यंत तक मनुष्य के विकास की विभिन्न अवस्थाओं में होनेवाले परिवर्तनों का अध्ययन करता है।"

➢ उपर्युक्त परिभाषाओं से यह स्पष्ट होता है कि बाल विकास बाल मनोविज्ञान की ही एक शाखा है जो बालकों के विकास, व्यवहार, विकास को प्रभावित करनेवाले विभिन्न तथ्यों का अध्ययन करता है।

बाल मनोविज्ञान तथा बाल विकास में अंतर यह है कि बाल मनोविज्ञान बालक की क्षमताओं का अध्ययन करता है जबकि बाल विकास क्षमताओं के विकास की दशा का अध्ययन करता है।

➢ बाल मनोविज्ञान दो शब्दों से मिलकर बना है। बाल + मनोविज्ञान। 'बाल' का अर्थ है बालक अर्थात् वह प्राणी जो प्रौढ़ की श्रेणी में नहीं आया हो, उसे बालक की श्रेणी में रखा जाता है। मनोविज्ञान से अभिप्राय मन के विज्ञान से है। अतः बाल मनोविज्ञान से तात्पर्य विज्ञान की उस शाखा से है जो बालकों के मन व्यवहारों का अध्ययन गर्भावस्था से लेकर किशोरावस्था तक करता है।

बाल विकास की प्रकृति
Nature of Child Development

बाल विकास की प्रकृति निम्नलिखित है—

1. मनोविज्ञान की एक विशिष्ट शाखा के रूप में बाल विकास *(Child Development as a Special Branch of Psychology)*: मनोविज्ञान में विभिन्न प्रकार के प्राणियों के व्यवहार का वैज्ञानिक अध्ययन किया जाता है। व्यवहार में कई प्रकार, कई पक्ष *(Aspects)* तथा कई आयाम *(Dimensions)* होते हैं।

➢ बाल विकास मनोविज्ञान की एक महत्वपूर्ण, उपयोगी तथा समाज और राष्ट्र के लिए कल्याणकारी शाखा है। मनोविज्ञान की शाखा में केवल मानव-व्यवहार का अध्ययन किया जाता है। गर्भकालीन अवस्था से लेकर युवावस्था तक के विकासशील मानव के व्यवहार का अध्ययन किया जाता है।

➢ इस अवस्था में मानव-व्यवहार के विकास तथा विभिन्न आयु-स्तरों पर भी विशिष्ट व्यवहारों का अध्ययन किया जाता है। यहाँ विकास का अर्थ है—मानव की जैविक संरचना *(Biological Structure)* तथा मनोवैज्ञानिक प्रक्रियाओं *(Psychological Processes)* में होनेवाले क्रमिक परिवर्तन।

2. मनोविज्ञान में विशिष्ट उपागम के रूप में बाल विकास विषय *(Child Development as a Special Approach in Psychology)*: मानव व्यवहारों के अध्ययन के लिए बाल विकास में कई विशिष्ट उपागम या विचार-पद्धतियों का उपयोग किया जाता है। ये उपागम निम्नलिखित हैं—

(a) प्रयोगात्मक उपागम *(Experimental Approach)*: इस उपागम के द्वारा बाल विकास की विभिन्न समस्याओं के अध्ययन में कार्य-कारण संबंध *(Cause & Effect Relationship)* को जानने का प्रयास किया जाता है।

➢ इस उपागम के द्वारा एक विशिष्ट व्यवहार किस परिस्थिति में उत्पन्न होता है या एक परिस्थिति-विशेष में व्यक्ति किस प्रकार के व्यवहार की अभिव्यक्ति करेगा, यह अध्ययन किया जा सकता है।

(b) दैहिक उपागम *(Physiological Approach)*: नाड़ी संस्थान *(Nervous System)* प्राणी के शरीर की संपूर्ण क्रियाओं को नियंत्रित करता है। ये क्रियाएँ शारीरिक भी हो सकती हैं और मनोवैज्ञानिक भी।

➢ शारीरिक वृद्धि, विकास और स्वास्थ्य मुख्यतः हार्मोन्स और ग्रंथियों की क्रियाशीलता से संबंधित होता है। बाल विकास को दैहिकशास्त्र *(Physiology)* के ज्ञान के द्वारा भी समझा जा सकता है, क्योंकि जैविक आत्म *(Biological Self)* तथा मानसिक आत्म *(Psychic Self)* एक-दूसरे से घनिष्ठ रूप से संबंधित होते हैं।

➢ गर्भकालीन शिशु और शिशुओं के व्यवहार से संबंधित समस्याओं का समाधान मुख्य रूप से इस उपागम द्वारा प्रस्तुत किया जाता है।

(c) विकासात्मक उपागम *(Developmental Approach)*: बाल विकास की समस्याओं के अध्ययन के लिए विकासात्मक उपागम भी अपनाया जाता है। इस उपागम को अपनाने का मुख्य कारण यह है कि जब बालक एक नयी विकास अवस्था में पहुँचता है तब उसमें कुछ नई रुचियों, कुछ नई अभिवृत्तियों, कुछ नये लक्षणों, कुछ नये

शील-गुणों का एक विशिष्ट समूह *(Cluster)* निर्मित होता है। इस प्रकार के विशिष्ट समूह कई अवस्थाओं में देखे जा सकते हैं। विकासात्मक उपागम *(Approach)* के द्वारा विकास की मात्रा, गति और विकास की विशिष्टताओं आदि की जानकारी अलग-अलग तथा सम्पूर्ण रूप में होती है।

(d) व्यक्तित्व-संबंधी उपागम *(Personality Approach)*: किसी बालक का व्यवहार उस बालक के किसी-न-किसी पहलू को अभिव्यक्त करता है। जन्म से ही व्यक्तित्व का निर्माण प्रारंभ हो जाता है। भिन्न-भिन्न व्यक्तित्व वाले व्यक्तियों का व्यवहार भी भिन्न-भिन्न होता है।

➢ व्यक्तित्व के शीलगुणों *(Traits)* की स्थिरता व्यक्तियों के समायोजन, अभिवृत्तियों और आदतों आदि के निर्माण से संबंधित होता है।

➢ अतः व्यक्तित्व के शील-गुणों के आधार पर व्यक्ति के समायोजन, अभिवृतियों और आदतों आदि के संबंध में भविष्यवाणी की जा सकती है।

(e) एक विशिष्ट अध्ययन प्रणाली के रूप में बाल विकास *(Child Development as a Special Study Approach)*: बाल विकास बाल मनोविज्ञान का ही एक विकसित रूप है, जिसकी अपनी विशिष्ट अध्ययन-प्रणाली है। बाल विकास की विकासात्मक प्रकृति वाली समस्याओं का अध्यन दो प्रणालियों द्वारा किया जाता है। पहली समकालीन अध्ययन-प्रणाली है तथा दूसरी दीर्घकालीन अध्ययन प्रणाली।

बाल विकास के क्षेत्र
Scope of Child Development

बाल विकास के क्षेत्र के अंतर्गत निम्नलिखित तथ्यों का अध्ययन किया जाता है—

1. बाल विकास की विभिन्न अवस्थाओं का अध्ययन *(Study of Various Stages of Development)*: बालक के जीवन-प्रसार में अनेक अवस्थाएँ होती हैं। जैसे—गर्भकालीन अवस्था, शैशवावस्था, बचपनावस्था, बाल्यावस्था, वयःसंधि और किशोरावस्था। इन सभी अवस्थाओं का विस्तृत अध्ययन बाल विकास के अंतर्गत किया जाता है।

2. बाल विकास के विभिन्न पहलुओं का अध्ययन *(Study of Various Aspects of Child Development)*: इसके अंतर्गत विकास के विभिन्न पहलुओं जैसे—शारीरिक विकास, मानसिक विकास, संवेगात्मक विकास, सामाजिक विकास, क्रियात्मक विकास, भाषा विकास, नैतिक विकास, चारित्रिक विकास और व्यक्तित्व विकास सभी का विस्तारपूर्वक अध्ययन किया जाता है।

3. बाल विकास को प्रभावित करनेवाले तत्वों का अध्ययन *(Study of Various Factors Effecting Child Development)*: बाल विकास उन सभी तत्वों का अध्ययन करता है जो बालक के विकास को प्रत्यक्ष या अप्रत्यक्ष रूप से प्रभावित करते हैं। बालक के विकास पर मुख्य रूप से वंश-परम्परा, वातावरण, परिपक्वता और शिक्षण का प्रभाव पड़ता है।

4. बालकों की विभिन्न असमान्यताओं का अध्ययन *(Study of Various Abnormalities of Children)*: बाल विकास के अंतर्गत बालकों के जीवन-विकास-क्रम में होनेवाली असामान्यताओं और विकृतियों का अध्ययन किया जाता है। जैसे—असंतुलित व्यवहारों, मानसिक विकारों, बौद्धिक दुर्बलताओं तथा बाल-अपराध के कारणों को जानने का प्रयास करता है और समाधान हेतु उपाय भी बताता है।

5. मानसिक स्वास्थ्य विज्ञान का अध्ययन *(Study of Mental Hygiene)*: मनोचिकित्सा बाल मनोविज्ञान और बाल विकास की ही देन है।

6. बाल-व्यवहारों और अंतःक्रियाओं का अध्ययन *(Study of Child Behaviours and Interactions)*: बाल विकास, विकास की विभिन्न अवस्थाओं में होनेवाली बालक की विभिन्न अंतःक्रियाओं का अध्ययन कर यह जानने का प्रयास करता है कि ये क्रियाएँ कौन-सी हैं और इनसे बालकों के व्यवहार में क्या परिवर्तन होते हैं? ये परिवर्तन समायोजन में सहायक हैं या बाधक।

➢ विभिन्न आयु स्तरों पर बालक अपने समायोजन के लिए अपने संपर्क में आनेवाले व्यक्तियों जैसे—परिवार के लोग, पड़ोसी, अध्यापक, खेल के साथी और समाज में सभी परिचितों के साथ अंतःक्रियाएँ करता रहता है।

7. बालकों की रुचियों का अध्ययन *(Study of Childhood Interests)*: बाल विकास बालकों की रुचियों का अध्ययन कर उन्हें शैक्षिक और व्यावसायिक निर्देशन प्रदान करता है।

8. बालकों की विभिन्न मानसिक प्रक्रियाओं का अध्ययन *(Study of Various Mental Processes of Children)*: बाल विकास बालकों के बौद्धिक विकास की विभिन्न मानसिक प्रक्रियाओं जैसे—अधिगम, कल्पना, चिंतन, तर्क, स्मृति तथा प्रत्यक्षीकरण इत्यादि का अध्ययन करता है।

9. बालकों की वैयक्तिक विभिन्नताओं का अध्ययन *(Study of Individual Differences of Children)*: बाल विकास बालकों का शारीरिक और मानसिक स्तर पर वैयक्तिक विभिन्नताओं का अध्ययन करता है। शारीरिक विकास में कुछ बालक अधिक लंबे, कुछ नाटे तथा कुछ सामान्य लंबाई के होते हैं। इसी प्रकार मानसिक विकास में कुछ प्रतिभाशाली, कुछ सामान्य और कुछ मंद बुद्धि के होते हैं। इसी प्रकार कुछ बालक सामाजिक तथा बहिर्मुखी होते हैं जबकि कुछ अंतर्मुखी।

10. बालकों में व्यक्तित्व का मूल्यांकन *(Evaluation of Children's Personality)*: बाल विकास के अंतर्गत बालकों की विभिन्न शारीरिक और मानसिक योग्यताओं का मापन व मूल्यांकन किया जाता है।

11. बालक-अभिभावक संबंधों का अध्ययन *(Study of Parent-Child Relationship)*: बालकों के व्यक्तित्व-निर्धारण और समुचित विकास में माता-पिता का महत्वपूर्ण योगदान होता है। जिन बालकों के संबंध अपने माता-पिता के साथ अच्छे नहीं हाते हैं वे अक्सर कुसमायोजित और अपराधी प्रवृत्ति के हो जाते हैं।

➢ बाल विकास, बालक अभिभावक संबंधों के निर्धारक तत्वों तथा समस्याओं और उनके निराकरण का अध्ययन कर माता-पिता तथा बालकों के बीच अच्छे संबंध विकसित करने का प्रयास करता है, जिससे बालक परिवार, समाज व राष्ट्र के अच्छे नागरिक के रूप में विकसित हो सकें।

बाल विकास के संबंध में परंपरागत विश्वास
Traditional Belief in Relation to Child Development

बाल विकास के संबंध में प्रचलित परंपरागत विश्वास निम्नलिखित हैं—

1. बाल्यावस्था के संबंध में : माता-पिता में बालकों के संबंध में भ्रम यह है कि *"बालक प्रौढ़ व्यक्ति का ही लघु रूप है।"* इस भ्रम के कारण माता-पिता अपने बालकों से यह उम्मीद करते हैं कि वे बाल्यावस्था में ही वयस्कों के समान सभी व्यवहार करने लगें।

- ➢ बालक जब अपने माता की उम्मीद को पूरा करने में असमर्थ रहते हैं तो उन्हें दंड दिया जाता है उनकी आलोचना और अपमान किया जाता है। इससे बच्चों के मन पर बुरा प्रभाव पड़ता है, वे हीन भावना के शिकार हो जाते हैं और आत्मविश्वास खो देते हैं, जिससे उनका व्यक्तित्व विकास अवरुद्ध हो जाता है।
- ➢ मनोवैज्ञानिकों के अनुसार, *"बालक ही प्रौढ़ बनता है"*, किन्तु बाल्यावस्था में वह प्रौढ़ों के समान परिपक्व नहीं होता है।

2. बालकों के जन्म के संबंध में : बालकों के जन्म के संबंध में भी कुछ धारणाएँ प्रमुख हैं। जैसे—कुछ लोग मानते हैं कि शुभ नक्षत्र में पैदा होनेवाला बच्चा भाग्यशाली होता है और उसका जीवन स्वयं के लिए तथा परिवार के लिए मंगलकारी होता है। इस प्रकार जो बच्चा अशुभ नक्षत्र में पैदा होता है वह अमंगलकारी होता है तथा उसका जीवन परिवार तथा स्वयं के लिए कष्टप्रद होता है।

- ➢ प्रसिद्ध शिक्षाशास्त्री मैडम **मारिया मांटेसरी** के अनुसार, 'बालक में सच्ची शक्ति का निवास होता है तथा उसकी मुस्कुराहट ही सामाजिक प्रेम व उल्लास की आधारशिला है।'

3. वंशानुक्रम के संबंध में : वंशानुक्रम के संबंध में एक प्रचलित अवधारणा यह है कि *"जैसे माता-पिता होते हैं वैसे ही संतान भी बनती है।"* यदि माता-पिता शिक्षित, अच्छे संस्कारों से युक्त तथा बुद्धिमान हैं, तो संतानें भी सभ्य तथा अच्छे संस्कारों से युक्त होंगी। यदि माता-पिता निरक्षर तथा दुराचारी हैं तो उनकी संतानें भी मूर्ख और दुराचारी बनेंगी।

- ➢ **वुडवर्थ** *(Woodworth)* के अनुसार, "आनुवंशिकता और वातावरण का संबंध जोड़ के समान नहीं बल्कि गुणनफल के समान है।"
- ➢ **गैरेट** *(Garrett)* के अनुसार, *आनुवंशिकता और वातावरण एक-दूसरे को सहयोग देने वाले प्रभाव हैं और दोनों ही बालक की सफलता के लिए अनिवार्य हैं।"*

4. गर्भकालीन प्रभावों के संबंध में : कुछ लोगों की यह अवधारणा होती है कि गर्भवती माँ की विभिन्न क्रियाएँ जैसे—भोजन, परंपरागत उपचार, झाड़-फूँक तथा सामाजिक रीति-रिवाज और परंपरा गर्भस्थ शिशु के विकास को प्रभावित करती हैं।

- ➢ **कॉट, डगलस, स्मिथ और बैगिन के शब्दों में,** "इस संसार में पैदा होनेवाला प्रत्येक बालक भगवान का एक नया विचार है तथा सदैव तरोताजा रहने एवं चमकने वाली संभावना है।"

5. यौन-भेद के संबंध में : आदिकाल से ही स्त्री को कमजोर और पुरुष को शक्तिशाली माना जाता है। धार्मिक ग्रंथ भी पुत्री की तुलना में पुत्र-जन्म की श्रेष्ठता को इसलिए अधिक मानते हैं कि पुत्र माता-पिता को मोक्ष की प्राप्ति करायेगा। कुछ माता-पिता बालक और बालिकाओं में भेद मानते हैं वे बालकों को अधिक सुविधाएँ व लाड़-प्यार देते हैं और बालिकाओं को कम। माता-पिता की यह भावना बालिकाओं में हीन भावना का विकास करती है और उनके विकास को अवरुद्ध करती है।

- ➢ **फ्रॉबेल** का मानना है कि *"बालक स्वयं विकासोन्मुख होनेवाला मानव-पौधा है।"*

बाल अध्ययन विधियाँ

1. **क्रमबद्ध चरित्र-लेखन विधि** *(Systematic Biographical Method)* : इस विधि का प्रयोग अनेक प्राचीन मनोवैज्ञानिकों *(W. Preyer, K. C. Moore, D. R. Major, G. S. Gall, V. N. Dearrbor)* ने किया है। प्रेयर (1882) ने इस विधि का प्रयोग क्रमबद्ध तरीके से किया। उसने अपने ही बालक का चरित्र-लेखन *(Biography)* तैयार किया। यह चरित्र-लेखन जन्म से तीन वर्ष की अवस्था का था।

➢ प्रेयर ने चरित्र-लेखन द्वारा यह जानने का प्रयास कि जन्म के समय कौन-कौन-सी प्राकृतिक क्रियाएँ पायी जाती हैं। ध्वनि और प्रकाश के प्रति बालक कब प्रथम बार अनुक्रिया करता है तथा उसकी ज्ञानेन्द्रियों का विकास किस प्रकार हुआ? अतः इस विधि से बालक के जीवन और व्यवहार की अनेक विशेषताओं का ज्ञान प्राप्त किया जा सकता है।

➢ इस विधि से अध्ययनकर्ता बालक के व्यवहार का प्रतिदिन निरीक्षण करता है और निरीक्षण के आधार पर व्यवहार की विशेषताओं को क्रमबद्ध ढंग से नोट करके एक रिकॉर्ड तैयार करता है। यह रिकॉर्ड चरित्र-लेखन *(Biography)* कहलाता है। इस रिकॉर्ड का विश्लेषण करके बालक के व्यवहार के क्रमिक विकास का अध्ययन किया जाता है।

क्रमबद्ध चरित्र-लेखन विधि के दोष

(a) इस विधि में बालक के व्यवहार का अध्ययन प्रतिदिन करना होता है, अतः इसका उपयोग उस अवस्था में ठीक हो सकता है जब एक अध्ययनकर्ता बालक के साथ ही रहे। यह एक कठिन कार्य है।

(b) अध्ययनकर्ता बालक के अधिक संपर्क में रहने से बालक के मधुर भावों और क्रियाओं से प्रभावित हो सकता है। इस अवस्था में एकत्रित रिकॉर्ड पक्षपातपूर्ण हो सकता है।

(c) बालकों के प्रति स्नेह-भाव के कारण अक्सर अध्ययनकर्ता बालक के गुणों का अति-अंकन *(Over-Estimation)* करता है।

(d) इस विधि द्वारा अध्ययन में अधिक समय व्यय होता है।

(e) इस विधि की कोई प्रामाणिक प्रक्रिया विधि नहीं है।

2. **निरीक्षण विधि** *(Observation Method)* :

➢ यंग (Young, 1954) के अनुसार, ''निरीक्षण नेत्रों द्वारा सावधानी से किये गये अध्ययन को सामूहिक व्यवहार, जटिल सामाजिक संस्थाओं और किसी पूर्ण वस्तु को बनाने वाली पृथक इकाइयों का निरीक्षण करने के लिए एक विधि के रूप में उपयोग किया जा सकता है।''

➢ मौसर (*Moser,* 1958) के अनुसार, ''निरीक्षण को उचित रूप से वैज्ञानिक पूछताछ की श्रेष्ठ विधि कहा जा सकता है। ठोस अर्थ में— निरीक्षण में कानों और वाणी की अपेक्षा नेत्रों का उपयोग होता है।''

➢ गुडे तथा हाट (*Goode & Hatt,* 1964) के अनुसार, ''विज्ञान निरीक्षण से प्रारंभ होता है और अपने तथ्यों की पुष्टि के लिए अंत में निरीक्षण का सहारा लेता है।''

- इस विधि का उपयोग छोटे बच्चों और शिशुओं की समस्याओं के समाधान के लिए किया जाता है। बाल मनोविज्ञान की समस्याओं के अध्ययन में इस विधि का सर्वप्रथम उपयोग जर्मनी में हुआ।
- अमेरिका में वाटसन *(Watson)* ने इस विधि का उपयोग बालकों के प्राथमिक संवेगों के अध्ययन में किया।
- गेसेल *(Gesell)* ने इस विधि में 'मूविंग पिक्चर कैमरा' का उपयोग किया और व्यवहार चित्रों के विश्लेषण से बालकों के व्यवहार के संबंध में शुद्ध परिणाम प्राप्त किये। इस अध्ययन में उन्होंने एकतरफा दिखायी देने वाला पर्दा *(One Way Vision Screens)* का उपयोग किया।
- इनके द्वारा सिर्फ निरीक्षक बालक को देखते हैं, बालक निरीक्षक को नहीं। निरीक्षण विधि में इस प्रकार एकतरफा दिखायी देनेवाले कैमरे का उपयोग निरीक्षण-कक्ष में किया जाता है।

निरीक्षण विधि के पद
Steps of Observation Method

(a) उपयुक्त योजना : निरीक्षण विधि द्वारा अध्ययन करने से पहले निरीक्षणकर्ता को अध्ययन व्यवहार और समस्या के संबंध में उपयुक्त योजना बना लेनी चाहिए। यह निश्चय कर लेना चाहिए कि किन लोगों का निरीक्षण करना है और किस प्रकार के व्यवहार का निरीक्षण करना है। निरीक्षण के लिए क्षेत्र, समय, उपकरण आदि के संबंध में पहले ही योजना बना लेनी चाहिए। पहले योजना बना लेने से यह सुनियोजित हो जाता है और इससे शुद्ध आँकड़े के संकलन में सहायता मिलती है।

(b) व्यवहार का निरीक्षण : निरीक्षण करते समय निरीक्षणकर्ता व्यवहार के उन पक्षों का निरीक्षण अधिक ध्यान से करता है, जो उसकी अध्ययन समस्या से संबंधित हैं एवं पूर्व योजना के अनुसार हैं। वह निरीक्षणों के साथ-साथ विभिन्न उपकरणों की सहायता से व्यवहार को भी नोट करता है।

(c) व्यवहार को नोट करना : निरीक्षणकर्ता व्यवहार को नोट करने के लिए भी उपकरणों का उपयोग करता है। जैसे—मूवी कैमरे के उपयोग से किसी भी प्रकार के व्यवहार के निरीक्षण को सरलता से नोट किया जा सकता है, व्यवहार से संबंधित संवादों को टेपरिकॉर्डर की सहायता से नोट किया जा सकता है।

(d) विश्लेषण : समस्या से संबंधित व्यवहारों के निरीक्षणों को नोट करने के बाद अध्ययनकर्ता प्राप्त निरीक्षणों को यदि संभव होता है तो अंकों में बदलता है और प्राप्त अंकों की सूची बनाने का कार्य करता है और फिर विभिन्न सांख्यिकीय विधियों के आधार पर आँकड़ों का विश्लेषण करता है।

(e) व्याख्या और सामान्यीकरण : निरीक्षण व्यवहार का विश्लेषण करने के पश्चात व्यवहार की व्याख्या की जाती है। यदि संभव होता है तो व्यवहार की व्याख्या विभिन्न सिद्धांतों के आधार पर की जाती है अथवा व्यवहार के कारणों पर प्रकाश डालने का प्रयास किया जाता है। समान्य रूप में देखा जाता है कि नमूना *(Sample)* से प्राप्त परिणाम कहाँ तक सामान्य जनसंख्या पर लागू होते हैं।

निरीक्षण विधि के प्रकार

Types of Observation Method

(a) सरल अथवा अनियंत्रित निरीक्षण विधि *(Simple or Uncontrolled Observation Method)*: यंग के अनुसार, "अनियंत्रित निरीक्षण में हमें वास्तविक जीवन परिस्थितियों की सूक्ष्म परीक्षा करनी होती है जिसमें विशुद्धता के यंत्रों के प्रयोग का या निरीक्षित घटना की सत्यता की जाँच का कोई प्रयास नहीं किया जाता है"। जब किसी घटना का निरीक्षण प्राकृतिक परिस्थितियों में किया जाय तथा प्राकृतिक परिस्थितियों पर कोई बाह्य दबाव न डाला जाये तो इस प्रकार के निरीक्षण को अनियंत्रित निरीक्षण कहते हैं।

(b) व्यवस्थित अथवा नियंत्रित निरीक्षण विधि *(Systematic or Controlled Observation Method)*: जब निरीक्षणकर्ता और घटना दोनों पर नियंत्रण करके अध्ययन किया जाये तो इस प्रकार की निरीक्षण विधि को व्यवस्थित निरीक्षण विधि कहते हैं।

(c) सहभागी निरीक्षण विधि *(Participant Observation Method)*: इस विधि में निरीक्षणकर्ता जिस समूह के व्यक्तियों के व्यवहार का निरीक्षण करना चाहता है वह उस समूह में जाकर एक सदस्य के रूप में घुल-मिल जाता है और फिर उनके व्यवहार का अध्ययन करता है। इस विधि द्वारा छोटे समूहों का अध्ययन सरलता से किया जा सकता है।

निरीक्षण विधि का महत्व

Importance of Observation Method

(a) निरीक्षण विधि का उपयोग उस समय अधिक होता है जब किसी अध्ययनकर्ता को इस विधि के आधार पर परिकल्पनाएँ *(Hypothesis)* बनानी हो।

(b) इस विधि की सहायता से पारस्परिक संबंधों का अध्ययन करना सरल होता है।

(c) अन्य विधियों की अपेक्षा यह एक सरल विधि है।

(d) इस विधि द्वारा प्राप्त परिणाम अधिक विश्वसनीय होता है।

(e) नियंत्रित और वैज्ञानिक निरीक्षणों द्वारा प्राप्त परिणाम वस्तुनिष्ठ होता है, क्योंकि इस विधि का उपयोग जब वैज्ञानिक तरीके से किया जाता है तब व्यवहार संबंधी 'क्या', 'कैसे' और 'क्यों' इत्यादि प्रश्नों का निश्चित उत्तर प्राप्त होता है।

(f) इस विधि में समस्याओं का अध्ययन वैज्ञानिक निरीक्षणों द्वारा किया जाता है, जिसके कारण प्राप्त परिणाम विश्वसनीय, शुद्ध और सार्वभौमिक *(Universal)* होते हैं।

3. प्रयोगात्मक विधि *(Experimental Method)*: यह विधि पूर्ण रूप से वैज्ञानिक विधि है। बालकों की प्रेरणा, परिपक्वता, अधिगम, अनुबंधन, विभेदीकरण तथा संवेगात्मक अनुक्रियाओं इत्यादि से संबंधित समस्याओं का अध्ययन इस विधि द्वारा किया गया है।

➢ जहोदा के अनुसार, *"प्रयोग परिकल्पना के परीक्षण की एक विधि है।"*

➢ फेस्टिंगर के अनुसार, *"प्रयोग का मूल आधार स्वतंत्र चर में परिवर्तन करने से परतंत्र चर पर पड़ने वाले प्रभाव का अध्ययन करना है।"*

➢ इस विधि में दो प्रकार के चर होते हैं—स्वतंत्र चर और आश्रित चर।

प्रयोगात्मक विधि के चरण
Steps of Experimental Method

प्रयोगात्मक विधि के चरण निम्नलिखित हैं—

(a) समस्या *(Problem)*: किसी भी प्रयोग को करने से पहले आवश्यक है कि कोई समस्या हो। टाउनसेंड *(Townsend)* के अनुसार, *''समस्या तो समाधान के लिए एक प्रस्तावित प्रश्न है।''*

(b) संबंधित साहित्य का अध्ययन और उपकल्पना निर्माण: समस्या को चुनने और उसके कथन के बाद प्रयोगकर्ता जिस समस्या को चुनता है उस समस्या से संबंधित साहित्य का अध्ययन करता है।

➢ साहित्य अध्ययन के द्वारा प्रयोगकर्ता यह जानने का प्रयास करता है कि अब तक समस्या पर कितने व्यक्तियों ने क्या-क्या प्रयोगात्मक अध्ययन किये हैं और उन्हें क्या और कितने विश्वसनीय प्रमाण प्राप्त हुए हैं।

➢ टाउनसेण्ड के अनुसार, ''परिकल्पना अनुसंधान समस्या के लिए एक प्रस्तावित उत्तर है।''

➢ मैक्गुइगन के अनुसार ''परिकल्पना दो या अधिक चरों के कार्यक्षम संबंधों का परीक्षण करने योग्य कथन है।''

➢ उपकल्पना बना लेने से प्रयोगकर्ता के प्रयोग की समस्या सुनिश्चित होती है।

(c) प्रयोज्य *(Subject)*: उपकल्पना निर्धारण के बाद प्रयोज्यों का चयन किया जाता है। प्रयोज्य से अभिप्राय उनलोगों से है जिन पर प्रयोग किया जाना है। एक प्रयोग में इनकी संख्या एक भी हो सकती है और अधिक भी हो सकती है। प्रायः एक से अधिक ही होती है।

(d) चर और प्रयोगात्मक अभिकल्प *(Variables and Design of the Experiment)*: करलिंगर के अनुसार, ''चर वह गुण है जिसके विभिन्न मूल्य हो सकते हैं। उदाहरण के लिए—प्रकाश, ध्वनि, तापक्रम, शोरगुल इत्यादि किसी-न-किसी प्रकार के चर हैं।''

➢ टाउनसेंड *(Townsend)* के अनुसार, *''आश्रित चर वह कारक है जो प्रयोग द्वारा स्वतंत्र चर के प्रदर्शन पर प्रदर्शित हो, हटाने पर अदृश्य हो तथा मात्रा में परिवर्तन होने पर परिवर्तित हो जाये।''*

(e) उपकरण तथा सामग्री *(Apparatus and Materials)*: अध्ययनकर्ता प्रयोग में जिन उपकरणों का उपयोग करता है उनका संक्षेप में विवरण देता है। यदि प्रयोग के लिए वह किसी नये उपकरण को विकसित करता है तो वह उसका विस्तृत वर्णन देता है।

(f) नियंत्रण *(Controls)*: समस्या से संबंधित साहित्य का अध्ययन करके तथा विशेषज्ञों की राह और अपने अनुभव के आधार पर वह यह निश्चित करता है कि समस्या को कौन-कौन-से कारक अथवा चर प्रभावित कर रहे हैं। समस्या को प्रभावित करने वाले कारक कई क्षेत्रों से संबंधित हो सकते हैं; जैसे—प्रयोज्यों से संबंधित कारक, वातावरण संबंधी कारक, उपकरण से संबंधित कारक इत्यादि।

(g) निर्देश तथा विधि *(Instructions and Procedure)*: नियंत्रण को निश्चित कर लेने के बाद प्रयोगकर्ता प्रयोज्यों अथवा प्रयोज्य के लिए निर्देश निश्चित करता है कि प्रयोज्य के प्रयोग से संबंधित कार्य लेने के लिए क्या-क्या निर्देश देने हैं।

(h) परिणाम *(Results)*: पूर्व-निश्चित प्रयोग के अनुसार आँकड़ों का संग्रह *(Collection)* करने के बाद आँकड़ों का वर्गीकरण करके सूची बनाने का कार्य करते हैं, फिर प्रयोग अभिकल्प *(Design)* के अनुसार उच्च सांख्यिकीय विधियों द्वारा आँकड़ों का विश्लेषण करते हैं और सांख्यिकीय विश्लेषण के आधार पर परिणाम ज्ञात कर लेते हैं।

(i) व्याख्या तथा सामान्यीकरण *(Discussion and Generalisation)* : आँकड़ों के आधार पर प्राप्त परिणामों की व्याख्या करने से पूर्व सर्वप्रथम प्राप्त परिणामों के आधार पर परिकल्पना की जाँच करते हैं और निष्कर्ष निकाल लेते हैं। फिर अपने निष्कर्षों की व्याख्या विभिन्न सिद्धान्तों के आधार पर करते हैं।

प्रयोगात्मक विधि की उपयोगिता
Importance of Experimental Method

(a) कार्य और कारण संबंधों *(Cause and Effect Relations)* का अध्ययन इस विधि द्वारा जितनी शुद्धता से किया जाता है, उतना दूसरी विधि द्वारा नहीं किया जा सकता है।

(b) यह विधि अन्य विधियों की अपेक्षा अधिक शुद्ध और संक्षिप्त है, क्योंकि इसमें एक व्यवहार को प्रभावित करने वाले अनेक कारकों को नियंत्रित कर कार्य और कारण के प्रभाव का अध्ययन किया जाता है।

(c) यह विधि परिकल्पना के परीक्षण की श्रेष्ठ विधि है।

(d) अन्य विधियों की अपेक्षा यह सर्वाधिक वैज्ञानिक विधि *(Most Scientific Method)* है।

(e) इस विधि द्वारा अध्ययन के आधार पर प्राप्त परिणाम विश्वसनीय, वैध तथा सार्वभौमिक होते हैं।

4. समकालीन एवं दीर्घकालीन अध्ययन प्रणालियाँ
Cross-Sectional and Longitudinal Approaches

बाल मनोविज्ञान की विकासात्मक समस्याओं का अध्ययन करने के लिए इन विधियों द्वारा दो प्रणालियों का उपयोग करते हैं—समकालीन प्रणाली एवं दीर्घकालीन प्रणाली।

समकालीन अध्ययन प्रणाली *(Cross-Sectional Approach)*: इस अध्ययन प्रणाली में व्यवहार के विभिन्न पहलुओं के विकास के अध्ययन में सर्वप्रथम भिन्न-भिन्न अवस्था के बालकों के समूहों को आदर्श विधियों की सहायता से चुना जाता है। फिर अध्ययन समस्या से संबंधित शारीरिक व मानसिक योग्यता वाले विकास के क्रमों का इन विभिन्न स्तर के बालकों में निरीक्षण किया जाता है। अंत में आँकड़ों के औसत मानों के आधार पर विकास के क्रम को ज्ञात कर लिया जाता है।

➢ उदाहरण के लिए, यदि हम अध्ययन करना चाहते हैं कि भाषा का विकास किस प्रकार होता है तो सर्वप्रथम भिन्न-भिन्न आयु-स्तर के बालकों को चुनना होगा।

समकालीन अध्ययन प्रणाली की उपयोगिता

इस प्रणाली की महत्वपूर्ण विशेषताएँ निम्नलिखित हैं—

(a) इस प्रणाली द्वारा अध्ययनकर्त्ता बालक के संपूर्ण जीवन में घटित होनेवाले विकासात्मक परिवर्तनों का अध्ययन कम समय और कम खर्च में कर सकता है।

(b) इस प्रणाली में अध्ययनकर्ता को विकासात्मक परिवर्तनों का वर्षों तक इंतजार नहीं करना पड़ता है।

(c) इस प्रणाली में विभिन्न आयु-स्तर के बालकों के क्रमिक विकास का तुलनात्मक अध्ययन भी संभव है।

(d) इस प्रणाली में अध्ययनकर्ता को किसी भी अगली *(Next)* विकास की अवस्था का वर्षों तक इंतजार नहीं करना पड़ता है।

दीर्घकालीन अध्ययन प्रणाली *(Longitudinal Approach)*: इस प्रणाली में एक ही आयु-स्तर के बालक समूह को चुना जाता है, फिर समूह के बालकों की आयु के बढ़ने के साथ-साथ उनकी मानसिक और शारीरिक योग्यताओं के विकास-क्रम का निरीक्षण और मापन किया जाता है और अंत में इस प्रकार प्राप्त आँकड़ों के आधार पर विकास-क्रम को ज्ञात कर लिया जाता है।

➢ इस प्रणाली की सहायता से शारीरिक ऊँचाई, शारीरिक वजन, बुद्धिलब्धि, भाषा का विकास, सामाजिक और संवेगात्मक विकास इत्यादि से संबंधित समस्याओं का अध्ययन किया जाता है।

➢ उदाहरण के लिए—यदि हम बालकों में भाषा के विकास का अध्ययन करना चाहते हैं, तो एक वर्ष की आयु के केवल 100 बच्चे को चुनकर प्रत्येक 6 महीने पश्चात उनके भाषा-विकास का निरीक्षण और मापन करेंगे।

दीर्घकालीन अध्ययन प्रणाली के उपयोग

(a) इस विधि में बच्चों के एक ही समूह का अध्ययन चलता रहता है, अतः इस प्रणाली में नमूने त्रुटियों *(Sampling Errors)* की संभावना नहीं रहती है और न ही प्रतिदर्श की समस्या रहती है।

(b) इस प्रणाली की सहायता से व्यक्तिगत स्तर पर प्रत्येक बालक का अध्ययन होता रहता है और समूह स्तर पर भी अध्ययन होता रहता है।

(c) इस विधि में विकास प्रक्रियाओं का अनुमानात्मक ज्ञान प्राप्त न होकर शुद्ध ज्ञान प्राप्त होता है।

(d) विकास प्रक्रियाओं के संबंध का अध्ययन करना अपेक्षाकृत सरल होता है।

(e) बालक के व्यवहार विकास पर पड़ने वाले सामाजिक-सांस्कृतिक या वातावरण संबंधी परिवर्तनों के प्रभाव का अध्ययन इस प्रणाली द्वारा किया जा सकता है।

(f) किसी निश्चित अवधि में बालक के विकास के गुण तथा मात्रा आदि का ज्ञान भी इस प्रणाली द्वारा प्राप्त किया जा सकता है।

5. साक्षात्कार विधि *(Interview Method)*: मनोविज्ञान में साक्षात्कार विधि का उपयोग बहुत दिनों से होता रहा है। आधुनिक युग में इस विधि का महत्व दिन-प्रतिदिन बढ़ता जा रहा है। इस विधि में साक्षात्कारकर्ता और सूचनादाता दोनों ही आमने-सामने बैठते हैं तथा साक्षात्कारकर्ता सूचनादाता से अध्ययन-समस्या के संबंध में सूचना प्राप्त करने का प्रयास करता है।

➢ आइजनेक के अनुसार, "साक्षात्कार वह साधन है जिसके द्वारा मौखिक अथवा लिखित सूचना प्राप्त की जाती है।"

साक्षात्कार विधि के प्रकार
Type of Interview Method

(a) प्रामाणिक साक्षात्कार विधि *(Standardized or Structured Interview Method)*: साक्षात्कार की इस विधि द्वारा अध्ययन करते समय अध्ययन समस्या के संबंध में विभिन्न प्रकार के प्रश्न पहले से ही तैयार कर लिये जाते हैं। अध्ययन इकाइयों से पूर्व निश्चित क्रम के अनुसार ही प्रश्नों को उसी क्रम में पूछा जाता है।

(b) अप्रामाणिक साक्षात्कार विधि *(Unstructured or Uncontrolled Interview Method)*: अप्रामाणिक साक्षात्कार में अध्ययन समस्या के संबंध में प्रश्न पहले से ही तैयार नहीं किये जाते हैं और न ही प्रश्नों की संख्या निश्चित होती है। अध्ययनकर्ता अध्ययन समस्या के संबंध में कोई भी प्रश्न पूछने के लिए स्वतंत्र होता है।

➢ अप्रामाणिक साक्षात्कार विधि अधिक विश्वसनीय नहीं होती है फिर भी इस विधि द्वारा प्रयोज्य *(Subject)* को समझने का अधिक अवसर रहता है, क्योंकि इसमें प्रश्न किसी भी प्रकार के पूछ सकते हैं।

साक्षात्कार विधि का महत्व
Importance of Interview Method

(a) ऐसे वस्तु जिन्हें हम देख नहीं सकते हैं उनका अध्ययन साक्षात्कार विधि द्वारा किया जा सकता है।

(b) बाल मनोविज्ञान की ऐसी घटनाएँ जिनका वैयक्तिक रूप से निरीक्षण नहीं कर सकते हैं। ऐसी घटनाओं का अध्ययन इस विधि द्वारा किया जा सकता है।

(c) इस विधि में यदि अध्ययनकर्ता प्रशिक्षित होता है और उपयुक्त नियंत्रण के साथ दिये हुए सामग्री एकत्र करता है, तो उससे विश्वसनीय परिणाम प्राप्त होते हैं।

6. प्रश्नावली विधि *(Questionnaire Method)*: मनोविज्ञान के क्षेत्र में जब अध्ययन इकाइयों का क्षेत्र विस्तृत होता है तथा सूचनादाताओं की संख्या अधिक होती है, तब इस विधि का प्रयोग किया जाता है।

➢ गुडे तथा हाट के अनुसार, *"प्रश्नावली एक प्रकार का उत्तर प्राप्त करने का साधन है, जिसका स्वरूप ऐसा होता है कि उत्तरदाता उसकी पूर्ति स्वयं करता है।"*

➢ प्रश्नावली तैयार करते समय निम्नलिखित तथ्यों का ध्यान रखना चाहिए:
- ★ प्रश्नावली का आकार या प्रश्नों की संख्या बहुत अधिक नहीं होनी चाहिए।
- ★ प्रश्न लंबे और कठिन नहीं होने चाहिए।
- ★ प्रश्न स्पष्ट होने चाहिए।
- ★ प्रश्न, प्रश्नावली में पहले सरल फिर कठिन होने चाहिए।
- ★ रुचिपूर्ण या ध्यान आकर्षित करने वाले प्रश्न होने चाहिए।

प्रश्नावली विधि के प्रकार
Types of Questionnaire Method

(a) अप्रतिबंधित प्रश्नावली *(Open Questionnaire)*: यह प्रश्नावली वह है जिसमें सूचनादाता पर कोई प्रतिबंध नहीं होता है और वह खुलकर उत्तर दे सकता है उदाहरण के लिए—आपके विद्यालय की क्या-क्या सीमाएँ हैं?

आपके विद्यालय में किन-किन परिवर्तनों की तुरन्त आवश्यकता है?

(b) प्रतिबंधित प्रश्नावली *(Closed Questionnaire)*: ऐसी प्रश्नावली जिसमें सूचनादाता के किसी चीज के जवाब पर प्रतिबंध होता है। उसे केवल चुने हुए उत्तरों में से ही उत्तर देना होता है। उदाहरण के लिए :

➢ शिक्षक से भय लगता है? हाँ/नहीं

(c) चित्र प्रश्नावली *(Pictorial Questionnaire)*: इस प्रकार की प्रश्नावली में प्रश्न चित्रों के रूप में होते हैं।

प्रश्नावली विधि की उपयोगिताएँ *(Advantages of Questionnaire Method)*: इस विधि की उपयोगिता निम्न प्रकार से है। इस विधि द्वारा कम खर्च और कम समय में अधिक-से-अधिक अध्ययन किया जा सकता है; क्योंकि प्रश्नावली एक साथ कई प्रयोज्यों को भरने के लिए की जा सकती है।

7. परीक्षण विधियाँ या मनोमिति विधियाँ
Test Methods or Psychometric Methods

➢ बैस्ट के अनुसार, *"मनोवैज्ञानिक परीक्षण एक उपकरण है जिसे व्यवहार के किसी पक्ष के मापन एवं गणना के लिए तैयार किया जाता है।"*

➢ मनोवैज्ञानिक परीक्षण वह उपकरण है जिसे विशेषज्ञ वैज्ञानिक ढंग से तैयार करते हैं और जिसकी सहायता से व्यवहार के कुछ पहलुओं का मापन करते हैं।

➢ मनोवैज्ञानिक परीक्षणों *(Psychological Tests)* के द्वारा भी व्यक्तियों के व्यवहार के विभिन्न पहलुओं को मापा जाता है। वह परीक्षण मानकीकृत *(Standardized)*, वस्तुनिष्ठ *(Objective)* विश्वसनीय *(Reliable)* तथा वैध *(Valid)* होते हैं।

8. वैयक्तिक इतिहास विधि
Case History Method

बीसेंज तथा बीसेंज *(Besange & Besange)* के अनुसार, "वैयक्तिक इतिहास अध्ययन विधि एक प्रकार की गुणात्मक व्याख्या है, जिसमें एक व्यक्ति, एक परिस्थिति या एक संस्था का अति सावधानी से पूर्ण अध्ययन किया जाता है।"

➢ शॉ *(Shaw)* के अनुसार, *"वैयक्तिक इतिहास विधि एक विधि, एक संस्था, एक समुदाय या समूह हो सकता है जिसे अध्ययन की इकाई माना जाता है।"*

➢ यह विधि मानव-व्यवहार का उसके संपूर्ण ढाँचे में अध्ययन तथा उपकल्पनाओं के निर्माण में सहायक वैयक्तिक परिस्थितियों के विश्लेषण एवं तुलना से संबंधित है।

वैयक्तिक इतिहास विधि के लाभ
Advantages of Case History Method

इस विधि के लाभ निम्नलिखित हैं—

➢ इस विधि द्वारा जब समस्या का अध्ययन किया जाता है, जो गहन अध्ययन के आधार पर सामान्यीकरण सरलता से किया जा सकता है।

➢ इस विधि की सहायता से विचलित तथ्यों को ढूँढा जा सकता है।

➢ इस विधि द्वारा अध्ययन में समस्या के संबंध में विस्तृत जानकारी प्राप्त होती है।

समाजमिति विधि *(Sociometric Method)*: ब्रानफेनब्रेनर *(Bronfenbrenner)* के अनुसार, ''समूह में व्यक्तियों के मध्य सीमा और स्वीकृति एवं अस्वीकृति को माप कर सामाजिक स्थिति, ढाँचों के विकास को ज्ञात करने, वर्णन करने और मूल्यांकन करने की एक विधि है।''

- इस विधि के द्वारा एक समूह के सदस्यों के बीच पायी जाने वाली स्वीकृति और अस्वीकृति, आकर्षण और विकर्षण को मापा जाता है। इस विधि का उपयोग समाज मनोविज्ञान में और बाल मनोविज्ञान में अत्यधिक किया जाता है।

प्रक्षेपण विधियाँ *(Projective Technique)*: प्रक्षेपण शब्द का उपयोग मनोविज्ञान में दो अर्थों में हुआ है। इस शब्द का प्रथम उपयोग मानसिक मनोरचनाओं के रूप में हुआ है। इस शब्द का द्वितीय उपयोग प्रक्षेपण विधियों के रूप में हुआ है। प्रक्षेपण शब्द का मानसिक मनोरचनाओं के रूप में उपयोग का श्रेय फ्रायड को है।

प्रक्षेपण विधि के उपयोग

(a) इन विधियों के द्वारा बालकों में समझ तथा अचेतन *(Unconscious)* की अभिप्रेरणाओं और व्यक्तित्व-संरचना का अध्ययन किया जा सकता है।

(b) इन अध्ययन विधियों के द्वारा व्यक्ति के संवेगों, अभिप्रेरणाओं, अनुभवों, विचारों और अभिवृतियों का अध्ययन विश्वसनीय ढंग से किया जा सकता है।

(c) इन विधियों की सहायता से अचेतन स्तर तथा आंतरिक विचारों, भावनाओं और ग्रंथियों का अध्ययन किया जा सकता है।

(d) इन विधियों का उपयोग सामान्य तथा असामान्य दोनों प्रकार के व्यक्तित्व पर किया जा सकता है।

(e) इन विधियों की सहायता से व्यक्ति के संपूर्ण व्यक्तित्व को सामान्य विश्वसनीयता के साथ समझा जा सकता है।

परीक्षोपयोगी तथ्य

- बाल मनोविज्ञान, मनोविज्ञान की वह शाखा है जो प्राणी के विकास का अध्ययन जन्म से परिपक्वावस्था तक करती है।
- बाल विकास व्यवहारों का विज्ञान है जो बालक के व्यवहार का अध्ययन गर्भावस्था से मृत्युपर्यन्त करता है।
- बाल मनोविज्ञान बालक की क्षमताओं का अध्ययन करता है।
- बाल विकास 'क्षमताओं के विकास की दशा' का अध्ययन करता है।
- बाल विकास विकास-क्रम की सभी अवस्थाओं जैसे बाल्यावस्था, शारीरिक, मानसिक, सामाजिक, संवेगात्मक बौद्धिक इत्यादि का अध्ययन करता है।
- बाल विकास के अंतर्गत बाल विकास को प्रभावित, करनेवाले तत्वों का अध्ययन किया जाता है। जैसे—परिपक्वता और शिक्षण, वंशानुक्रम और वातावरण।
- बाल विकास के अंतर्गत बालकों के जीवन विकास क्रम में होनेवाली असामान्यताओं और विकृतियों का अध्ययन किया जाता है।
- बाल विकास और बाल मनोविज्ञान की देन मनोचिकित्सा है।

- बाल विकास बालकों की रुचियों का अध्ययन कर उन्हें शैक्षिक और व्यावसायिक निर्देशन प्रदान करता है।
- बाल विकास बालकों के बौद्धिक विकास की विभिन्न मानसिक प्रक्रियाओं जैसे अधिगम, कल्पना, चिंतन, तर्क, स्मृति तथा प्रत्यक्षीकरण इत्यादि का अध्ययन करता है।
- बाल विकास के अन्तर्गत बालकों की विभिन्न शारीरिक और मानसिक योग्यताओं का मापन व मूल्यांकन किया जाता है।

वस्तुनिष्ठ प्रश्न

1. प्राथमिक स्तर पर एक शिक्षक में निम्न में से किसे सबसे महत्वपूर्ण विशेषता मानना चाहिए?
(a) पढ़ाने की उत्सुकता
(b) धैर्य और दृढ़ता
(c) शिक्षण-पद्धतियों *(Teaching Methods)* और विषयों के ज्ञान में दक्षता
(d) अति मानक भाषा *(Excess Standard Language)* में पढ़ाने में दक्षता *(Skill)*
(CTET–2011)

2. प्रत्येक शिक्षार्थी स्वयं में विशिष्ट *(Unique)* है। इसका अर्थ है कि—
(a) शिक्षार्थियों में न तो कोई समान विशेषताएँ होती हैं और न ही उनके लक्ष्य समान होते हैं
(b) सभी शिक्षार्थियों के लिए एकसमान पाठ्यचर्या संभव नहीं है
(c) एक विषमरूपी कक्षा *(Heterogenous Classroom)* में शिक्षार्थियों की क्षमताओं को विकसित करना असंभव है
(d) कोई भी दो शिक्षार्थी अपनी योग्यताओं, रुचियों और प्रतिभाओं में एकसमान नहीं होते *(CTET-2011)*

3. शिक्षक एवं विद्यार्थी के मध्य संबंध होना चाहिए—
(a) स्नेह का (b) विश्वास का (c) सम्मान का (d) ये सभी
(Utt TET–2011)

4. एक अच्छा अध्यापक विद्यार्थियों के मध्य बढ़ावा देता है—
(a) प्रतियोगिता *(Competition)* की भावना को
(b) सहयोग *(Co-operation)* की भावना को
(c) प्रतिद्वन्द्विता *(Rivalry)* की भावना को
(d) तटस्थता *(Neutrality)* की भावना को *(Utt TET–2011)*

5. शिवानी द्वारा पूछे गये एक प्रश्न का उत्तर शिक्षक तत्काल नहीं दे सकता है शिक्षक की प्रतिक्रिया क्या होनी चाहिए?
(a) शिक्षक द्वारा शिवानी को चुप करा देना चहिए
(b) शिक्षक द्वारा शिवानी का ध्यान बँटा देना चाहिए
(c) शिक्षक को कहना चाहिए, मैं नहीं जानता हूँ
(d) शिक्षक द्वारा इस प्रश्न का सही उत्तर बाद में समझकर देना चाहिए
(Utt TET–2011)

6. बच्चों की जिज्ञासा *(Curiosity)* शांत करनी चाहिए—
(a) जब शिक्षक फुर्सत में हो
(b) जब विद्यार्थी फुर्सत में हो
(c) कुछ समय के पश्चात्
(d) तत्काल जब विद्यार्थी द्वारा जिज्ञासा की गई है *(Utt TET–2011)*

7. शिक्षक को ज्ञान होना चाहिए—
(a) अध्यापन विषय *(Teaching Subject)* का
(b) बाल मनोविज्ञान *(Child Psychology)* का
(c) शिक्षा संहिता *(Education Code)* का
(d) अध्यापन विषय एवं बाल मनोविज्ञान का *(Utt TET–2011)*

8. बालक का विकास परिणाम है—
(a) वंशानुक्रम का
(b) वातावरण का
(c) वंशानुक्रम तथा वातावरण की अंतःप्रक्रिया का
(d) आर्थिक कारकों का *(CgTET–2011)*

9. विद्यालयों में श्रम की स्फूर्ति का विकास करने के लिए—
(a) शिक्षक अपने ही श्रम में प्रवृत्ति दिखायेगा
(b) शिक्षक श्रम के महत्व पर व्याख्यान करेगा
(c) समय-समय पर विद्यार्थियों को श्रम करने का अवसर देना पड़ेगा
(d) विद्यार्थियों को श्रम करनेवाले लोगों का उदाहरण देना पड़ेगा *(UPTET–2011)*

10. बाल विकास की परिभाषा का अध्ययन-क्षेत्र है, जो—
(a) मानवीय सामर्थ्यों *(Human Abilities)* में परिवर्तन का परीक्षण करता है
(b) जीवन-अवधि के दौरान व्यवहार की व्याख्या ढूँढेगा
(c) बच्चों की वयस्क तथा वरिष्ठ नागरिकों के साथ तुलना करेगा
(d) किसी बच्चे के संज्ञानात्मक सामाजिक तथा दूसरे सामर्थ्यों के क्रमिक विकास के लिए उत्तरदायी होगा *(UPTET–2011)*

11. प्राथमिक शिक्षक के लिए बाल मनोविज्ञान का ज्ञान आवश्यक है, क्योंकि—
(a) यह बच्चों को अनुशासित बनाने में सहायता करता है
(b) परीक्षा के परिणाम में उन्नति होती है
(c) यह बच्चों को अभिप्रेरित करने के लिए सुविधाजनक तरीका बन जाता है
(d) यह बच्चों के व्यवहार को समझाने में शिक्षक की सहायता करता है *(UPTET–2011)*

12. अपने विद्यार्थियों को समझने के लिए एक शिक्षक में अच्छी जानकारी होनी चाहिए—
(a) बाल मनोविज्ञान की
(b) बच्चों को समझने की प्रवृत्ति की *(Inclination Towards Understanding Children)*
(c) विषय-वस्तु के प्रति विद्यार्थियों के मत की
(d) उपरोक्त सभी की *(UPTET–2011)*

13. मनोचित्रण *(Mind Mapping)* का संदर्भ है—
(a) अर्थग्राह्यता *(Comprehension)* को बढ़ाने की एक तकनीक
(b) जोखिम भरे कार्य के लिए कर्म-योजना
(c) मन का चित्र खींचना
(d) मन के कार्य का अन्वेषण *(UPTET–2011)*

14. मनोवैज्ञानिक के अनुसार बाल विकास की कौन-सी अवस्था सबसे जटिल व कठिन है?
(a) शैशवावस्था (b) किशोरावस्था
(c) बाल्यावस्था (d) इनमें से कोई नहीं *(BTET–2011)*

15. एक *P.T. (Play)* शिक्षक क्रिकेट के खेल में अपने शिक्षार्थियों के क्षेत्ररक्षण को सुधारना चाहता है। निम्न में से कौन-सी युक्ति शिक्षार्थियों को अपना लक्ष्य प्राप्त करने में सर्वाधिक सहायक है?
(a) शिक्षार्थियों को क्षेत्ररक्षण *(Fielding)* का अधिक अभ्यास करवाना
(b) शिक्षार्थियों को यह बताना कि क्षेत्ररक्षण सीखना उनके लिए किस प्रकार महत्वपूर्ण है
(c) बेहतर क्षेत्ररक्षण और सफलता की दर के पीछे के तर्क को स्पष्ट करना
(d) क्षेत्ररक्षण को प्रदर्शित करना और शिक्षार्थी अवलोकन करना *(CTET–2013)*

16. इनमें से कौन-सा बाल-विकास का एक सिद्धांत है?
(a) विकास परिपक्वन तथा अनुभव के बीच अन्योन्यक्रिया की वजह से घटित होता है
(b) विकास प्रत्येक बच्चे की गति का सही ढंग से अनुमान लगा सकता है
(c) अनुभव विकास का एकमात्र निर्धारक है
(d) विकास प्रबलन तथा दण्ड के द्वारा सुनिश्चित किया जाता है *(CTET–2015)*

17. निम्नलिखित में से कौन-सा बाल विकास का एक सिद्धांत नहीं है?
(a) सभी विकास एक क्रम का पालन करते हैं
(b) विकास के सभी क्षेत्र महत्वपूर्ण हैं
(c) सभी विकास परिपक्वन तथा अनुभव की अंतःक्रिया का परिणाम होते हैं
(d) सभी विकास तथा अधिगम एक समान गति से आगे बढ़ते हैं *(CTET–2015)*

18. अपनी कक्षा के बच्चों को उनकी अपनी अवधारणाओं को बदलने में आप किस प्रकार सहायता करेंगे?
(a) यदि बच्चों की अवधारणाएँ ग़लत हों तो उन्हें दंड देकर
(b) तथ्यात्मक जानकारी देकर
(c) अवधारणाओं के बारे में बच्चों को अपनी समझ को व्यक्त करने का अवसर देकर
(d) बच्चों को सूचनाएँ लिखाकर उन्हें याद करने को कहकर *(CTET–2015)*

19. बाल मनोविज्ञान का क्षेत्र है—
(a) केवल शैशवावस्था की विशेषताओं का अध्ययन
(b) केवल गर्भावस्था की विशेषताओं का अध्ययन
(c) केवल बाल्यावस्था की विशेषताओं का अध्ययन
(d) गर्भावस्था से किशोरावस्था की विशेषताओं का अध्ययन *(UPTET-I–2015)*

20. वह अवस्था जो कि माता के 21वें गुणसूत्र जोड़े के अलग न हो पाने के कारण होती है, कहलाती है—

(a) डाउन्स सिंड्रोम (b) क्लीनफेल्टर सिंड्रोम

(c) टर्नर सिंड्रोम (d) विल्सन सिंड्रोम *(UPTET-I–2015)*

21. तनाव को कम करने के अप्रत्यक्ष ढंग कहलाते हैं—

(a) समस्या समाधान विधि (b) रक्षात्मक यांत्रिकता

(c) व्यक्तिगत विधि (d) इनमें से कोई नहीं *(RTET-I–2016)*

22. सूझ या अन्तर्दृष्टि के सिद्धान्त का प्रतिपादन किसने किया है?

(a) थॉर्नडाइक (b) गेस्टाल्टवादी मनोवैज्ञानिक

(c) हेगार्टी (d) स्किनर *(UPTET-II–2017)*

23. निम्नलिखित में से किस मनोवैज्ञानिक ने किशोरावस्था को परिभाषित किया कि ''किशोरावस्था वह काल *(अवधि)* है, जिसमें बालक और बालिकाएँ मानसिक, संवेगात्मक, सामाजिक और शारीरिक रूप से बाल्यावस्था से प्रौढ़ावस्था की ओर जाते हैं?

(a) ए. टी. जरशिल्ड (b) इ. बी. हरलॉक

(c) आई. पी. डेविस (d) एच. सोरेनसन

(HTET Level-III–2019)

24. निम्नलिखित में से कौन-सा कथन विकास के 'समीप-दूराभिमुख' सिद्धांत का प्रतिनिधित्व करता है?

(a) विकास बहु-दिशात्मक और बहु आयामी होता है

(b) अलग-अलग संस्कृतियों में रहने वाले हमशक्ल जुड़वाँ अलग-अलग दरों से विकसित हो सकते हैं

(c) मोतियों को धागे में पिरोने से पहले बच्चे गेंद को पकड़ने की क्षमता विकसित करते हैं

(d) बच्चों में खड़े होने से पहले बैठने की क्षमता का विकास होता है *(CTET 2024)*

उत्तरमाला

1.	(b)	**2.**	(d)	**3.**	(d)	**4.**	(b)	**5.**	(d)	**6.**	(d)	**7.**	(d)	**8.**	(c)
9.	(c)	**10.**	(d)	**11.**	(d)	**12.**	(d)	**13.**	(d)	**14.**	(b)	**15.**	(a)	**16.**	(a)
17.	(d)	**18.**	(b)	**19.**	(d)	**20.**	(a)	**21.**	(b)	**22.**	(b)	**23.**	(a)	**24.**	(c)

★★★

4

आनुवंशिकता तथा वातावरण का प्रभाव

परिचय
Introduction

➢ प्राचीनकाल के विद्वानों का यह मत था कि बीज के अनुसार वृक्ष और फल उत्पन्न होते हैं अर्थात् माता-पिता के अनुसार ही उसकी संतान होती है *(Like Begets Like)*। आधुनिक काल में, विशेष रूप से व्यवहारवादियों ने वातावरण को महत्व दिया है।

➢ वाटसन *(J. B. Watson, 1920)* का विचार है कि ''वातावरण के प्रभाव से शिशु को डॉक्टर, वकील, कलाकार, नेता आदि कुछ भी बनाया जा सकता है, भले ही शिशु का आनुवंशिकी कुछ भी रहा हो तथा एक समाज के व्यक्ति शारीरिक और मानसिक दृष्टि से असमान होते हैं।''

➢ इन असमानताओं या विभिन्नताओं का कारण कुछ मनोवैज्ञानिकों के अनुसार वंशानुक्रम है तथा अन्य के अनुसार, भिन्नताओं का कारण वातावरण है।

➢ विज्ञान के क्षेत्र में इन अध्ययनों का आरंभ डार्विन तथा मनोविज्ञान के क्षेत्र में इन अध्ययनों का आरंभ गाल्टन ने किया। जहाँ एक ओर कुछ मनोवैज्ञानिक वंशानुक्रम को महत्व देते हैं और कुछ वातावरण को, वहीं दूसरी ओर दोनों वर्ग के विद्वान एक-दूसरे के विचारों का खंडन भी करते रहे हैं। पीटरसन *(Peterson)* (1948) के अनुसार, ''व्यक्ति को उसके माता-पिता के द्वारा उसके पूर्वजों से जो प्रभाव *(Stock)* प्राप्त होता है, वही उसका वंशानुक्रम है।''

➢ वुडवर्थ और मारिक्वस (1956) के अनुसार, ''वंशानुक्रम में वे सभी कारक आ जाते हैं, जो व्यक्ति में जीवन आरंभ के समय उपस्थित होते हैं, जन्म के समय नहीं, वरन् गर्भाधान के समय अर्थात् जन्म से लगभग 9 माह पूर्व उपस्थित होते हैं।''

➢ डिंकमेयर *(Dinkmeyer, 1965)* के अनुसार, ''वंशानुगत कारक वे जन्मजात विशेषताएँ हैं जो बालक में जन्म के समय से पायी जाती हैं।'' माता के रज और पिता के वीर्य-कणों में बालकों का वंशानुक्रम निहित होता है। गर्भाधान के समय जीन *(Genes)* भिन्न प्रकार से संयुक्त होते हैं। अतः एक ही माता-पिता की संतानों में भिन्नता दिखायी देती है। यह भिन्नता का नियम *(Law of Variation)* है। प्रत्यागमन के नियम *(Law of Regression)* के अनुसार, प्रतिभाशाली माता-पिता की संतानें दुर्बल-बुद्धि की भी हो सकती हैं।

बालकों के विकास में आनुवंशिकता तथा वातावरण का महत्व
Importance of Heredity and Environment in Development of Children

व्यक्ति के व्यवहार के निर्धारण में आनुवंशिकता *(Heredity)* तथा वातावरण *(Environment)* के तुलनात्मक महत्व *(Relative Importance)* को दिखाने के लिए मनोवैज्ञानिक ने निम्नांकित दो तरह के अध्ययन *(Studies)* किये हैं—

1. जुड़वाँ बच्चों का अध्ययन *(Studies of Twin Children)*

2. पोष्य बच्चों का अध्ययन *(Studies of Foster Children)*

1. जुड़वाँ बच्चों का अध्ययन *(Studies of Twin Children)*: जुड़वाँ बच्चे *(Twin Children)* दो तरह के होते हैं—एकांकी जुड़वाँ बच्चे *(Identical Twin Children)* तथा भ्रात्रीय जुड़वाँ बच्चे *(Fraternal Twin Children)* एकांकी जुड़वाँ बच्चों की आनुवंशिकता *(Heredity)* बिल्कुल ही समरूप *(Identical)* होती है, क्योंकि ऐसे बच्चे का जन्म माँ के एक अंडाणु *(Ovum)* के गर्भित होने के फलस्वरूप होता है। कोशिका-विभाजन *(Cell Divison)* के दौरान एक ही गर्भित अंडाणु किसी कारण से दो स्वतंत्र भागों में बँटकर दो बच्चे को जन्म देता है। ऐसे बच्चे या तो दोनों लड़का या दोनों ही लड़की होते हैं।

➢ भ्रात्रीय जुड़वाँ बच्चों का जन्म इसलिए हो पाता है कि माँ के दो अंडाणु *(Ovum)* एक ही साथ पिता के दो अलग-अलग शुक्राणु *(Sperm)* द्वारा गर्भित हो जाते हैं। स्वभावतः ऐसे जुड़वाँ बच्चों की आनुवंशिकता समान या समरूप नहीं होती है, क्योंकि इसमें दो अलग-अलग गर्भित अंडाणु होते हैं। ऐसे बच्चों का यौन *(Sex)* कुछ भी हो सकता है अर्थात् एक लड़का तथा एक लड़की या दोनों लड़का या दोनों लड़की।

➢ मनोवैज्ञानिकों ने आनुवंशिकता तथा वातावरण के तुलनात्मक महत्व को दिखाने के लिए जुड़वाँ बच्चों पर अध्ययन किया; जो इस प्रकार है—

(a) **एकांकी जुड़वाँ बच्चे जिनका पालन-पोषण एक समान वातावरण में हुआ है : गेसेल** तथा **थॉम्प्सन** *(Gesell and Thompson, 1929)* ने इस पर अध्ययन किया। इन्होंने अध्ययन के आधार पर यह निष्कर्ष दिया कि व्यक्तित्व का निर्धारण वातावरण की समानता तथा आनुवंशिकता की समानता दोनों के आधार पर होता है।

(b) **एकांकी जुड़वाँ बच्चे जिनका पालन-पोषण अलग-अलग वातावरण में हुआ है :** यह अध्ययन मनोवैज्ञानिक न्यूमैन, फ्रीमैन तथा हालजिंगर *(Newman, Freeman & Holzinger, 1937)* ने किया। इन्होंने अध्ययन के आधार पर यह निष्कर्ष निकाला कि व्यक्तित्व कुछ तो आनुवंशिकता द्वारा तथा कुछ वातावरण द्वारा निर्धारित होता है। अतः व्यक्तित्व आनुवंशिकता तथा वातावरण दोनों की अंतः क्रिया *(Interaction)* द्वारा निर्धारित होता है।

2. पोष्य बच्चों का अध्ययन *(Studies of Foster Children)*: मनोवैज्ञानिकों ने पोष्य बच्चों का अध्ययन करके वातावरण तथा आनुवंशिकता (*Heredity*) के तुलनात्मक महत्व का अध्ययन किया है। इस अध्ययन के द्वारा मनोवैज्ञानिकों ने दो प्रश्नों का उत्तर देने का प्रयास किया है—

★ क्या पोष्य बच्चों के व्यवहार में अपने वास्तविक माता-पिता के व्यवहार से अधिक समानता होती है?

★ यदि अनुकूल वातावरण में ऐसे बच्चों को रखकर पाला-पोसा जाय तो क्या उनके कुछ खास गुणों, जैसे—बुद्धि *(Intelligence)* आदि में परिवर्तन आता है?

➢ पहले प्रश्न के संबंध में मनोवैज्ञानिक बर्क्स *(Burks, 1928)*, स्कील्स (Skeels, 1938) और स्कोडक *(Skodak, 1939)* ने किया। इन सभी मनोवैज्ञानिक के अध्ययन के बाद यह निष्कर्ष निकाला गया कि बुद्धि के निर्धारण में वातावरण तथा आनुवंशिकता दोनों का महत्व है, न कि किसी एक का।

- दूसरे प्रश्न के संदर्भ में, मनोवैज्ञानिकों ने कुछ अध्ययन करके यह दिखा दिया कि पोष्य बच्चे *(Foster Children)* को कुछ अनुकूल वातावरण *(Favourable Environment)* मिलने पर उनकी बुद्धि के स्तर में थोड़ी-सी वृद्धि होती है।
- एच. ई. गैरेट *(H. E. Garrett, 1960)* का विचार है कि "यह निश्चित है कि वंशानुक्रम और वातावरण एक-दूसरे को सहयोग देनेवाले प्रभाव या कारक हैं तथा दोनों ही बालक की सफलता के लिए आवश्यक हैं।"
- आर. एस. वुडवर्थ *(R. S. Woodworth, 1956)* का कथन है कि "व्यक्ति के जीवन और विकास पर प्रभाव डालने वाली प्रत्येक बात वंशानुक्रम और वातावरण के क्षेत्र में आ जाती है, परंतु ये बातें इतने पेचीदा ढंग से संयुक्त होती हैं कि प्रायः वंशानुक्रम और वातावरण के प्रभावों में अंतर करना कठिन हो जाता है।"
- अतः बालक के व्यक्तित्व और व्यवहार को समझने में वातावरण और वंशानुक्रम की पारस्परिक अंतःक्रियाओं *(Interactions)* तथा इन प्रभावों से संबंधित कारकों की अंतःक्रियाओं को समझना आवश्यक है। वंशानुक्रम एक निर्धारक कारक है तथा वातावरण एक सामान्य शक्त या कारक है। ये दोनों ही कारक एक-दूसरे के पूरक हैं।

आनुवंशिकता के नियम
Law of Heredity

- आनुवंशिकता की क्रियाविधि *(Mechanisms)* का वर्णन करने के लिए जोहान ग्रिगर मेंडल *(Johan Gregor Mendel)* ने महत्वपूर्ण कार्य किया। उन्होंने विभिन्न तरह के मटरों (*Peas*) को संकरित *(Crossing)* कर आनुवंशिकता के आधारभूत नियमों *(Cardinal Principles)* का प्रतिपादन किया।
- मेंडल ने अपने विस्तृत प्रयोगों के परिणाम को 1866 में प्रकाशित किया, लेकिन कई कारणों से उनके प्रयोगों की ओर 1900 ई. तक लोगों का ध्यान बहुत नहीं गया।
- 1900 ई. में ही तीन शोधकर्ता *(Researcher)* नीदरलैंड, आस्ट्रिया तथा जर्मनी में स्वतंत्र रूप से प्रयोग कर उसी परिणाम पर पहुँचे, जिस पर मेंडल 34 साल पहले पहुँच चुके थे। इन तीन शोधकर्ताओं ने मेंडल के नियम को वैध ठहराया और उन्हें आनुवंशिकता का आधारभूत नियम *(Cardinal Principle or Law of Heredity)* की संज्ञा दी।
- मेंडल के इस आनुवंशिकता में दो नियम सम्मिलित हैं:
  (a) पृथक्करण का सिद्धांत *(Principle of Segregation)*
  (b) स्वतंत्र छँटायी का सिद्धांत *(Principle of Independent Assortment)*
- पृथक्करण का सिद्धांत *(Principle of Segregation)* यह बताता है कि जो गुण पहली संकर पीढ़ी *(First Hybrid Generation)* में दबा रहता है या छिपा रहता है, वे समाप्त नहीं हो जाते, बल्कि बाद की संकर पीढ़ी के कुछ सदस्यों में दिखायी देते हैं।
- पृथक्करण के सिद्धांत में उनका कहना था कि दबे हुए गुण अन्य गुणों के साथ मिलकर अपना अस्तित्व नहीं खो देते हैं, बल्कि एक पीढ़ी से दूसरी पीढ़ी फिर दूसरी पीढ़ी से तीसरी पीढ़ी तक अपने मूल रूप में अलग अस्तित्व *(Segregated Existence)* बनाये रखते हैं।

➢ मानव शिशुओं में पृथक्करण के सिद्धांत का क्रियान्वयन स्पष्ट रूप से होता पाया गया है। विशेष रूप से आनुवंशिक रोग *(Genetic Disease)* में इस सिद्धांत की क्रियान्वयनता देखने को मिलती है।

➢ स्वतंत्र छँटायी का सिद्धांत *(Principle of Independent Assortment)* यह बताता है कि किसी एक आनुवंशिक गुण *(Genetic Treat)* का वितरण दूसरे आनुवंशिक गुण के वितरण से प्रभावित नहीं होता, अर्थात् स्वतंत्र होता है। जैसे—मेंडल ने अपने प्रयोग में पाया कि मटर के पौधे के फूल का रंग मटर के फली *(Pods)* के आकार, डंठल की लंबाई इत्यादि गुणों से स्वतंत्र (*Independent*) होता है।

व्यक्तियों की आनुवंशिकता के संबंध में निम्नलिखित बिन्दु महत्वपूर्ण हैं—

(a) बालक की आनुवंशिकता में सिर्फ उसके माता-पिता की देन नहीं होती, बल्कि बालक की आनुवंशिकता का आधा भाग माता-पिता से, एक-चौथाई भाग दादा-दादी से, नाना-नानी से, शेष भाग परदादा-परदादी, परनाना-परनानी इत्यादि से मिलता है। अर्थात् एक शिशु पूर्णतः अपने माता-पिता पर ही निर्भर नहीं करता, अपने पूर्वजों के गुणों को अपने में कुछ हद तक सम्मिलित किये रहता है।

(b) क्रोमोजोम्स सदा जोड़े में रहते हैं। क्रोमोजोम्स में जीन भी जोड़े में होते हैं। इन्हीं जीन के आधार पर शिशुओं के गुणों का निर्धारण होता है।

(c) किसी भी नवजात शिशु को 23 क्रोमोजोम्स माता से तथा 23 क्रोमोजोम्स पिता से मिलते हैं। इस तरह कुल 46 क्रोमोजोम्स बालक या नवजात शिशु में होते हैं। इनमें 22 जोड़े यानी 44 क्रोमोजोम्स बालक या बालिका में आकार एवं विस्तार में समान होते हैं। इन्हें ऑटोजोम्स *(Autosomes)* कहा जाता है।

23वाँ जोड़ा यौन क्रोमोजोम्स *(Sex Chromosomes)* होता है, जो बालिका में समान अर्थात् XX होता है, परंतु बालक में भिन्न अर्थात् XY होता है। Y क्रोमोजोम्स X क्रोमोजोम्स की अपेक्षा छोटा होता है तथा इसमें X क्रोमोजोम्स की तुलना में कम जीन होते हैं। मानव में शिशु के यौन (*Sex*) का निर्धारण पिता द्वारा होता है न कि माता द्वारा।

आनुवंशिकता तथा वातावरण का बालकों की शिक्षा के लिए महत्व
Importance of Heredity and Environment for Education of Children

➢ बालकों की शिक्षा में आनुवंशिकता *(Heredity)* तथा वातावरण (*Environment)* दोनों की महत्वपूर्ण भूमिका होती है। शिक्षा का उद्देश्य बच्चों में शारीरिक, मानसिक, सांवेगिक, नैतिक तथा चारित्रिक विकास करना है।

➢ इन उद्देश्यों की पूर्ति करने के लिए आनुवंशिकता और वातावरण दोनों पहलू महत्वपूर्ण हैं; जैसे—अगर बालक की आनुवंशिकता काफी अच्छी है परंतु उसे अच्छा वातावरण नहीं मिल पाया है, तो उसका शैक्षिक विकास *(Educational Development)* ठीक से नहीं हो पायेगा। यदि बालक आनुवंशिकता के दृष्टिकोण से निम्न तथा पिछड़ा हुआ है, परंतु उसे यदि एक अच्छे, वातावरण, जैसे अच्छे स्कूल में शिक्षा-दीक्षा दी जाये तो तुलनात्मक दृष्टिकोण से उसका विकास भी उतना श्रेष्ठ नहीं होगा।

➢ कुछ प्राकृतिक प्रवृतियाँ ऐसी हैं जिनका वातावरण के माध्यम द्वारा काफी हद तक विकास नहीं किया जा सकता। जैसे—कितना भी हम शैक्षिक वातावरण को उन्नत

क्यों न कर दें, सभी बालक को वैज्ञानिक, इंजीनियर, डॉक्टर, चित्रकार, प्रशासक नहीं बनाया जा सकता है।

बालकों की आनुवंशिकता तथा वातावरण का शिक्षकों के लिए महत्व

➢ शिक्षकों के लिए बालकों की आनुवंशिकता तथा वातावरण की जानकारी रखना महत्वपूर्ण है। जागरूक एवं अच्छे शिक्षकों को लिए यह आवश्यक होता है कि वे बालकों की आनुवंशिकता एवं अन्य जैविक गुणों *(Biological Traits)* से परिचित हो जाये तथा उनके घर, परिवार एवं सामाजिक वातावरण, जिसमें वे रहते हैं उससे भलीभाँति अवगत हो जाएँ। उससे बालकों के बौद्धिक विकास, समायोजन तथा अनुशासन संबंधी समस्याओं को शिक्षक स्वयं हल कर सकने में समर्थ हो जायेंगे। उदाहरणस्वरूप—

★ एक बालक स्कूल में इसलिए दुर्व्यवहार *(Misbehave)* कर सकता है क्योंकि उसमें एक असामान्य ग्रंथीय अवस्था *(Abnormal Glandular Condition)* हो सकता है या वह इसलिए भी दुर्व्यवहार कर सकता है क्योंकि वह एक ऐसे परिवार से आता है जहाँ अच्छा तौर-तरीका कभी सिखाया ही नहीं गया हो।

★ वर्ग में एक बालक कुछ सीखने में इसलिए असमर्थ हो सकता है क्योंकि उसमें उपयुक्त विटामिन की मात्रा पर्याप्त नहीं है या वह ढंग से सीखने के लिए प्रेरित भी नहीं हो सकता है।

★ यदि शिक्षक को बालक की आनुवंशिकता एवं जैविक पृष्ठभूमि का ज्ञान हो तथा साथ-ही-साथ यदि वह पारिवारिक एवं सामाजिक वातावरण से भली-भाँति परिचित हो, तो वह इससे स्वयं ही शिक्षार्थियों की कई समस्याओं का समाधान आसानी से कर सकता है।

★ ब्लेयर, जोन्स तथा सिम्पसन *(Blair, Jones & Simpson, 1965)* ने इस संबंध में कहा है—"बालकों को समझने के लिए शिक्षक (a) उन्हें एक जैविक प्राणी जिनकी अपनी आवश्यकताएँ एवं लक्ष्य होते हैं, के रूप में निश्चित रूप से समझें तथा (b) उनके सामाजिक एवं मनोवैज्ञानिक वातावरण को पहचानें जिनका वे एक हिस्सा हैं।"

➢ शिक्षक को बालकों की कुछ मूल प्रवृत्तियों के बारे में उनके आनुवंशिक तथ्यों से पता चलता है। इससे शिक्षक को बालकों में वांछनीय प्रवृत्तियों *(Desired Tendencies)* के विकास के लिए तथा अवांछनीय प्रवृतियों *(Undesired Tendencies)* को समाप्त कर उसके प्रभाव से बचाने में मदद मिलती है।

➢ शिक्षक विद्यालय में विभिन्न प्रकार के शैक्षिक कार्यक्रमों का आयोजन करके शैक्षिक वातावरण को उन्नत बना सकते हैं, जिसका प्रभाव बालकों के समन्वित विकास पर अनुकूल पड़ सकता है।

आनुवंशिकी/वंशानुक्रम के प्रचलित सिद्धांत

★ बीजकोष की निरंतरता का सिद्धांत
★ समानता का सिद्धांत
★ प्रत्यागमन का सिद्धांत
★ अर्जित गुणों के संक्रमण का सिद्धांत
★ मेंडल का सिद्धांत

बालक पर आनुवंशिकी/वंशानुक्रम का प्रभाव

- ★ मूल शक्तियों पर प्रभाव
- ★ प्रजाति की श्रेष्ठता पर प्रभाव
- ★ सामाजिक स्थिति पर प्रभाव
- ★ महानता पर प्रभाव
- ★ शारीरिक लक्षणों पर प्रभाव
- ★ व्यावसायिक योग्यता पर प्रभाव
- ★ चरित्र पर प्रभाव
- ★ वृद्धि पर प्रभाव

परीक्षोपयोगी तथ्य

- ➢ आनुवंशिकता से तात्पर्य शारीरिक एवं मानसिक गुणों के संचरण *(Transmission)* से होता है, जो माता-पिता से बच्चों में जीन के माध्यम से प्रवेश करता है।
- ➢ वातावरण *(Environment)* का तात्पर्य व्यक्ति में उन सभी तरह की उत्तेजनाओं *(Stimulations)* से होता है जो गर्भधारण से मृत्यु तक उसे प्रभावित करती है।
- ➢ 1950 ई. में विशेषज्ञों द्वारा यह पता लगाया कि जीन में मुख्य रूप से दो जैविक अणु *(Organic Molecule)* होते हैं, जिन्हें *DNA (Deoxyribonucleic Acid)* तथा *RNA (Ribonucleic Acid)* कहा जाता है।
- ➢ जीन द्वारा आनुवंशिक गुणों का संचरण होता है।
- ➢ मानव जीवन की शुरुआत एक गर्भित अंडाणु *(Fertilised egg)* से होती है। एक गर्भित अंडाणु में क्रोमोजोम्स के 23 जोड़े होते हैं अर्थात् मनुष्य संयुक्त कोशिका में कुल 46 गुणसूत्र होते हैं। इस 46 क्रोमोजोम्स में 23 क्रोमोजोम्स माँ से तथा 23 क्रोमोजोम्स पिता से मिलता है।
- ➢ क्रोमोजोम्स में एक ही विशेष संरचना *(Structure)* होती है, जिसे जीन *(Gene)* कहा जाता है। इसी जीन द्वारा माता-पिता या अपने पुरखों के गुण अपने शिशुओं में आते हैं।
- ➢ बालकों की शिक्षा में आनुवंशिकता एवं वातावरण का महत्वपूर्ण स्थान है। बालकों की आनुवंशिकता एवं वातावरण से अच्छी तरह परिचित होने पर शिक्षक बालकों के बौद्धिक विकास, समायोजन तथा अनुशासन संबंधी समस्याओं को हल करने में समर्थ रहते हैं।
- ➢ आनुवंशिकता का नियम *(Law of Heredity) (जिसे मेण्डल ने अपने शोध के आधार पर प्रतिपादित किया था)* से यह पता चलता है कि एक पीढ़ी से दूसरी पीढ़ी में व्यक्तियों में गुणों में विभिन्नता क्यों और कैसे होती है?
- ➢ मानव व्यक्तित्व आनुवंशिकता और वातावरण की अंतःक्रिया का परिणाम है।
- ➢ व्यक्तित्व एवं बुद्धि में वंशानुक्रम की महत्वपूर्ण भूमिका है।
- ➢ 'सुजननशास्त्र का पिता' फ्रांसिस गाल्टन को कहा जाता है। उन्होंने 1883 ई. में सुजननिकी शब्द का पहली बार प्रयोग किया। सुजननशास्त्र में मानव के आनुवंशिक गुणों में सुधार से संबंधी अध्ययन किया जाता है।
- ➢ डाउन सिंड्रोम एक आनुवंशिक या क्रोमोसोम जनित विकार है, जो शरीर में क्रोमोजोम्स का एक अतिरिक्त जोड़ा बन जाने से होती है, जिससे शिशु के शरीर में क्रोमोसोम की संख्या बढ़कर 47 हो जाती है, जिसके फलस्वरूप शारीरिक विकास और मस्तिष्क के विकास की गति अवरूध हो जाती है।

वस्तुनिष्ठ प्रश्न

1. व्यक्ति एवं बुद्धि में वंशानुक्रम की—
(a) नाममात्र की भूमिका है (b) महत्वपूर्ण भूमिका है
(c) अपूर्वानुमेय भूमिका है (d) आकर्षक भूमिका है *(RTET–2011)*

2. आनुवंशिकता को .... सामाजिक संरचना माना जाता है।
(a) गौण *(Secondary)* (b) गत्यात्मक *(Dynamic)*
(c) स्थिर *(Static)* (d) प्राथमिक *(Primary)* *(CTET–2011)*

3. आपकी कक्षा में एक छात्र देर से आता है। आप—
(a) उसके अभिभावकों को सूचित करेंगे
(b) उसे दंड देंगे *(Punish Him)*
(c) कारण जानने की चेष्टा करेंगे *(Try to Know the Reason)*
(d) उस पर कोई ध्यान नहीं देंगे *(UPTET–2011)*

4. विद्यार्थी में अवांछित व्यवहार *(Undesirable Behaviour)* को परिवर्तन करने में सबसे प्रभावी पद्धति है—
(a) विद्यार्थी को दंड देना
(b) अभिभावकों के ध्यान में इसे लाना
(c) अवांछित व्यवहार के कारणों को ढूँढना एवं उपचार का प्रबंधन करना
(d) इसकी उपेक्षा करना *(UPTET–2011)*

5. किसी विद्यार्थी की सबसे महत्वपूर्ण विशेषता है—
(a) उत्तरादायित्व की अनुभूति *(Sense of Responsibility)*
(b) ईमानदारी *(Honesty)*
(c) सहभागिता *(Co-operation)*
(d) आज्ञाकारिता *(Obedience)* *(UPTET–2011)*

6. माता-पिता से वंशजों में स्थानांतरित होनेवाले लक्षणों को कहा जाता है—
(a) पर्यावरण (b) जीन
(c) आनुवंशिकता (d) होम्योस्टैसिस *(Homestasis)* *(PTET–2011)*

7. वह प्रक्रिया जिसके द्वारा माता-पिता यह अनुमान लगाते हैं कि उनके बच्चे में सभी सकारात्मक गुण हैं क्योंकि एक गुण सकारात्मक है, कहलाता है—
(a) परिवेश का प्रभाव *(Halo Effect)*
(b) हावथोर्न का प्रभाव *(Hawthorne Effect)*
(c) प्रभाव का नियम *(Law of Effect)*
(d) प्रतिलोम परिवेश का प्रभाव *(PTET–2011)*

8. किसी भी बालक के मानसिक रूप से अस्वस्थ होने का कारण है—
(a) परिवार का वातावरण (b) कक्षा का वातावरण
(c) पास-पड़ोस का वातावरण (d) उपरोक्त सभी *(BTET–2011)*

9. बालक में अपराधी प्रवृत्ति के विकसित होने का मुख्य कारण है—
(a) परिवार का वातावरण (b) अनुशासनहीनता
(c) आर्थिक अभाव (d) दोषपूर्ण पाठ्यक्रम *(BTET–2011)*

10. प्राथमिक कक्षा में सकारात्मक वातावरण *(Positive Environment)* निर्मित करने के लिए एक शिक्षक को—
(a) समूह-गतिविधियों *(Group Activities)* के दौरान समाजमिति *(Sociometry)* के आधार पर उन्हें समूह बनाने की अनुमति देनी चाहिए
(b) सकारात्मक अंत *(Positive Ending)* वाली कहानियाँ सुनानी चाहिए
(c) सुबह प्रत्येक बच्चे को अभिवादन करना चाहिए
(d) विभेद *(Discrimination)* नहीं करना चाहिए और प्रत्येक बच्चे के लिए समान लक्ष्य सुनिश्चित करने चाहिए *(CTET–2012)*

11. निम्नलिखित में से कौन-सा मुख्य रूप से आनुवंशिकता संबंधी कारक है?
(a) आँखों का रंग
(b) सामाजिक गतिविधियों में भागीदारिता
(c) समकक्ष व्यक्तियों के समूह के प्रति अभिवृति
(d) चिंतन पैटर्न *(CTET–2012)*

12. निम्नलिखित में से .... के अतिरिक्त सभी वातावरणीय कारक विकास को आकार देते हैं।
(a) पौष्टिक की गुणवत्ता (b) संस्कृति
(c) शिक्षा की गुणात्मकता (d) शारीरिक गठन *(CTET–2012)*

13. एकल अभिभावक *(Single Parent)* वाले बच्चों को पढ़ाते समय शिक्षक को—
(a) स्थिर और एकरूप वातावरण उपलब्ध कराना चाहिए
(b) इस तथ्य को अनदेखा करना चाहिए और ऐसे बच्चे के साथ अन्य बच्चों के समान व्यवहार करना चाहिए
(c) इस प्रकार के बच्चे के साथ भिन्न प्रकार से व्यवहार करना चाहिए
(d) ऐसे बच्चे को कम गृह-कार्य *(Home-work)* देना चाहिए *(CTET–2012)*

14. बच्चे के विकास में आनुवंशिकता और वातावरण की भूमिका के बारे में निम्नलिखित में से कौन-सा सत्य है?
(a) आनुवंशिकता और वातावरण दोनों एक बच्चे के विकास में 50-50% योगदान रखते हैं
(b) समवयस्कों और पित्रेक *(Genes)* का सापेक्ष योगदान योगात्मक नहीं होता
(c) आनुवंशिकता और वातावरण एक साथ परिचालित नहीं होते
(d) सहज रुझान *(Propensity)* वातावरण से संबंधित है जबकि वास्तविक विकास के लिए आनुवंशिकता जरूरी है *(CTET–2013)*

15. व्यक्तित्व एवं बुद्धि में वंशानुक्रम की—
(a) नाममात्र की भूमिका है (b) महत्वपूर्ण भूमिका है
(c) अपूर्वानुमेय भूमिका है (d) आकर्षक भूमिका है *(UPTET–2013)*

16. निम्नलिखित में कौन-सा कथन सत्य है?
(a) विद्यालयीकरण का बुद्धि पर कोई प्रभाव नहीं पड़ता
(b) आनुवंशिक बनावट व्यक्ति की, परिवेश की गुणवत्ता के प्रति, प्रत्युरात्मकता को प्रभावित करती है
(c) गोद लिये गये बच्चों का वही बुद्धि लब्धांक होता है, जो गोद लिये गये उनके सहोदर भाई-बहनों का होता है
(d) अनुभव मस्तिष्क के विकास को प्रभावित नहीं करता *(CTET–2014)*

17. प्रकृति पोषण विवाद निम्नलिखित में से किससे संबंधित है?
(a) आनुवंशिकी एवं वातावरण (b) व्यवहार एवं वातावरण
(c) वातावरण एवं जीव विज्ञान (d) वातावरण एवं पालन-पोषण
(CTET–2014)

18. शिक्षार्थियों को सबसे कम प्रतिबंधित विद्यालय वातावरण में रखने के माध्यम से, विद्यालय—
(a) दूसरे बच्चों को संवेदनशील बनाता है कि वे अलाभान्वित बच्चों को दबाएँ नहीं और उन्हें नीचा न दिखाएँ
(b) लड़कियों और अलाभान्वित वर्गों के लिए शैक्षिक अवसरों को समान करता है
(c) वंचित वर्ग के बच्चों के जीवन को सामान्य करता है, जो इन बच्चों के समुदायों और अभिभावकों के साथ विद्यालय के संबंध को बढ़ा रहा है
(d) विज्ञान मेला और प्रश्नोत्तरी जैसी गतिविधियों में अलाभान्वित वर्ग के बच्चों को भागीदार बनाता है *(CTET–2014)*

19. अनुसंधान से पता चला है कि विद्यालय में अनेक स्तरों पर विभेदीकरण पाया जाता है। उच्च प्राथमिक स्तर पर इनमें से कौन-सा विभेदीकरण का उदाहरण नहीं है?
(a) बहुत से अध्यापक पढ़ाने के लिए केवल व्याख्यान विधि का प्रयोग करते हैं
(b) अध्यापकों की निम्न सामाजिक-आर्थिक परिवेश से आये बच्चों से बहुत कम अपेक्षाएँ होती है
(c) मध्याह्न भोजन के दौरान दलित बच्चों को अलग बैठाया जाता है
(d) लड़कियों को गणित तथा विज्ञान विषयों को लेने के लिए प्रोत्साहित नहीं किया जाता है *(CTET–2015)*

20. 'प्राकृतिक पोषण' विवाद में 'प्रकृति' से क्या अभिप्राय है?
(a) हमारे आस-पास का वातावरण
(b) जैविकीय विशिष्टताएँ या वंशानुक्रम सूचनाएँ
(c) एक व्यक्ति की मूल वृत्ति
(d) भौतिक और सामाजिक संसार की जटिल शक्तियाँ *(CTET–2015)*

21. बच्चे उसी वातावरण में सीख सकते हैं जहाँ—
(a) उनके अनुभवों एवं भावनाओं को उचित स्थान मिले
(b) उन्हें खेलने का मौका मिले
(c) उन्हें मित्र बनाने का मौका मिले
(d) कड़ा अनुशासन हो *(UTET-I–2015)*

22. संप्रत्यय निर्माण का प्रथम सोपान है—

(a) सामान्यीकरण (b) विभेदीकरण

(c) प्रत्यक्षीकरण (d) पृथक्करण *(UPTET-I–2015)*

23. निम्नलिखित में से कौन-सा एक सही क्रम है ?

(a) अंडाणु-शुक्राणु, ब्लास्टोसिस्ट, युग्मनज

(b) ब्लास्टोसिस्ट, अंडाणु-शुक्राणु, युग्मनज

(c) ब्लास्टोसिस्ट, युग्मनज, अंडाणु-शुक्राणु

(d) अंडाणु-शुक्राणु, युग्मनज, ब्लास्टोसिस्ट *(UPTET-I–2015)*

24. व्यवहारवादी .... ने कहा है, 'मुझे नवजात शिशु दे दो। मैं उसे डॉक्टर, वकील, चोर या जो चाहूँ बना सकता हूँ।

(a) फ्रीमैन (b) न्यूमैन

(c) वॉटसन (d) होलजिंगर *(UPTET-I–2015)*

25. ''किसी व्यक्ति को आकार देने में वातावरण व घटकों की कोई भूमिका नहीं होती, क्योंकि प्रत्येक व्यक्ति की वृद्धि उसकी आनुवंशिक संरचना से निर्धारित होती है।'' यह कथन—

(a) ठीक नहीं है, क्योंकि बहुत से शोध यह सिद्ध करते हैं कि विकास में वातावरण का बड़ा प्रभाव पड़ सकता है

(b) ठीक है, क्योंकि किसी व्यक्ति की आनुवंशिक संरचना प्रबल होती है

(c) ठीक है, क्योंकि बहुत से शोध यह सिद्ध करते हैं कि आनुवंशिक पदार्थ ही व्यक्ति के विकास की भविष्यवाणी करता है

(d) ठीक नहीं है, क्योंकि वातावरण के घटक किसी व्यक्ति की वृद्धि और विकास में कम योगदान करते हैं *(CTET–2016)*

26. ''वातावरण वह बाहरी शक्ति है, जो हमें प्रभावित करती हैं।'' किसने कहा था ?

(a) वुडवर्थ (b) रॉस

(c) एनास्टसी (d) इनमें से कोई नहीं *(RTET-I–2016)*

27. निम्न में से कौन-सा वंशानुक्रम का नियम नहीं है ?

(a) समानता (b) भिन्नता

(c) प्रत्यागमन (d) अभिप्रेरणा *(RTET-I–2016)*

28. सामान्य पुरुष में XY गुणसूत्र होते हैं जबकि सामान्य महिला में .... होते हैं।

(a) XX गुणसूत्र (b) XYY गुणसूत्र

(c) XXX गुणसूत्र (d) X गुणसूत्र *(UPTET–2016)*

29. .... के अनुसार ''बालक का विकास आनुवंशिकता तथा वातावरण का गुणनफल है।''

(a) वुडवर्थ (b) गैरेट (c) हॉलैंड (d) थार्नडाइक *(UPTET–2016)*

30. प्रत्ययों का बनते रहना एक .... प्रक्रिया है।

(a) विषम (b) अनियमित

(c) सामाजिक (d) संचयी *(UPTET–2016)*

31. .... जन्मजात वैयक्तिक गुणों का योगफल है।
(a) समानता (b) निरन्तरता
(c) वंशानुक्रम (d) युयुत्सा *(Pugnacity)* *(UPTET–2016)*

32. सामान्य संयुक्त कोशिका में गुणसूत्रों के जोड़े होते हैं—
(a) 22 (b) 23
(c) 24 (d) उपर्युक्त में से कोई नहीं
(UPTET-I–2017)

33. ऐलबर्ट बण्डूरा निम्न में से किससे सम्बन्धित है?
(a) सामाजिक अधिगम सिद्धान्त (b) व्यवहारवादी सिद्धान्त
(c) संज्ञानात्मक विकास का सिद्धान्त (d) मनोलैंगिक विकास *(UPTET-II–2017)*

34. निम्नलिखित में से कौन-से पर्यावरणीय कारक व्यक्तित्व को प्रभावित करते हैं?
(a) सामाजिक कारक (b) सांस्कृतिक कारक
(c) आर्थिक कारक (d) सभी विकल्प सही है *(HTET-I–2017)*

35. आनुवंशिकता और पर्यावरण की भूमिका के बारे में निम्नलिखित में से कौन-सा कथन सत्य है?
(a) विकास के कुछ पहलू आनुवंशिकता और कुछ अन्य पर्यावरण से अधिक प्रभावित होते हैं
(b) सीखने और प्रदर्शन करने की एक बच्चे की क्षमता जीनों द्वारा पूरी तरह से निर्धारित की जाती है
(c) अच्छी देखभाल और पौष्टिक आहार बच्चे के किसी भी जन्मजात विकार को दूर कर सकता है
(d) पर्यावरण केवल बच्चे के भाषा-विकास में महत्वपूर्ण भूमिका निभाता है
(CTET-I–2018)

36. अग्रिम व्यवस्थापक प्रतिमान किस परिवार से संबंधित है?
(a) सामाजिक अन्तःक्रिया (b) सूचना प्रक्रियाकरण
(c) वैयक्तिक (d) व्यवहार परिमार्जन *(UPTET-I–2018)*

37. छात्रों में सही व्यवहार के प्रशिक्षण हेतु क्या महत्वपूर्ण है?
(a) प्रशंसा (b) दण्ड
(c) पुरस्कार (d) सही व्यवहार का प्रस्तुतीकरण
(UPPET-II–2018)

38. एक बालक का आहार, उसकी लम्बाई कितनी होगी, इसको प्रभावित करता है और यहाँ तक कि बालक कितने प्रभावी तरीके से चिन्तन करेगा एवं समस्याओं का समाधान करेगा, इसे भी प्रभावित करता है। इस उदाहरण में विकास मुख्यतः प्रभावित होता है—
(a) आनुवंशिकी द्वारा
(b) वातावरण द्वारा
(c) प्रारम्भिक और बाद के अनुभवों द्वारा
(d) सततता *(निरन्तरता)* द्वारा *(HTET Level-III–2019)*

39. निम्नलिखित में से कौन-सा एक संरचनात्मक परिवेश के साथ अनुकूल नहीं हो सकता है ?

(a) विद्यार्थियों को जटिल, सार्थक एवं समस्या आधारित गतिविधियों में लगे रहने के लिए लगातार अवसर प्रदान किए जाते हैं

(b) विद्यार्थी सहयोगात्मक तरीके से कार्य करते हैं तथा आपस में कार्य-केंद्रित वार्ता में लगे रहने के लिए सहयोग दिया जाता है

(c) शिक्षक प्रमुख प्रकरणों के संबंध में विद्यार्थियों के विचारों एवं अनुभवों को प्राप्त करते हैं तथा उनके वर्तमान ज्ञान की पुनर्संरचना या विस्तृत करने के लिए शिक्षण अधिगम की योजना बनाते हैं

(d) अध्यापक विशिष्ट सत्रावसान मूल्यांकन रणनीतियों को लागू करते हैं तथा प्रक्रियाओं के बजाय प्रदर्शन पर फीडबैक देते हैं *(CTET-II–2019)*

40. मानव विकास के संदर्भ में आनुवंशिकता तथा पर्यावरण की भूमिका के बारे में निम्नलिखित कथनों में से कौन-सा सही है ?

(a) वैयक्तिक विभिन्नताओं का एकमात्र कारण आनुवंशिकता है

(b) परिवेशीय प्रभावपूर्ण रूप से एक व्यक्ति के विकास को निर्धारित करते हैं

(c) मानव-विकास को न तो आनुवंशिकता और न ही पर्यावरण प्रभावित करते हैं

(d) आनुवंशिकता एवं पर्यावरण दोनों एक जटिल पारस्परिक क्रिया के रूप में मानव विकास को प्रभावित करते हैं *(CTET-II–2019)*

41. इनमें से कौन-सा पूर्णतः आनुवंशिकी द्वारा पूर्व निर्धारित होता है ?

(a) मित्रों का चयन (b) आँखों का रंग

(c) शैक्षणिक सफलता (d) शिक्षा में रुचि *(CTET–2022)*

42. बच्चों का विकास इनमें से किसका परिणाम है ?

(a) केवल आनुवंशिकता का

(b) केवल वातावरण का

(c) विद्यालय और शिक्षा का

(d) आनुवंशिकता और वातावरण के बीच परस्पर अंतःक्रिया का *(CTET–2022)*

43. बच्चे —

(a) अनियन्त्रित पैदा होते हैं और उन्हें सामाजिक होने की आवश्यकता होती है।

(b) इस दुनिया में आनुवंशिक कोड के साथ आते हैं, जो उनकी नियती तय करते हैं।

(c) उस सामाजिक सांस्कृतिक संदर्भ से बहुत प्रभावित होते हैं, जिसमें वे बड़े होते हैं।

(d) इस संसार में 'खाली स्लेट' या 'कोरी पट्टी' के रूप में आते हैं। *(CTET 2024)*

44. आनुवंशिकता पूरी तरह से एक व्यक्ति के/की का निर्धारण करती है।

i. सेक्स ii. जेण्डर

iii. शैक्षणिक सफलता iv. सीखने की शैली

(a) ii, iii और iv (b) केवल i

(c) केवल ii (d) i, iii और iv

(CTET 2024)

45. अभिकथन (A) : बच्चों द्वारा बचपन अलग-अलग संस्कृतियों में अलग-अलग तरह से अनुभव किया जाता है।

कारण (R) : बच्चों का विकास सार्वभौमिक है।

कूट :

(a) A और R दोनों सही हैं तथा R, A की सही व्याख्या करता है

(b) A और R दोनों सही हैं परन्तु R, A की सही व्याख्या नहीं करता है

(c) A सही है किन्तु R गलत है

(d) A और R दोनों गलत हैं *(CTET 2024)*

46. अभिकथन (A) : शिक्षकों को सार्थक वातावरण बनाना चाहिए, जिसमें सभी बच्चों की सक्रिय भागीदारी और संलग्नता हो।

कारण (R) : सभी बच्चे आंतरिक रूप से सीखने के लिए प्रेरित होते हैं और सीखने में सक्षम होते हैं।

कूट :

(a) A और R दोनों गलत हैं

(b) A सही है किन्तु R गलत है

(c) A और R दोनों सही हैं तथा R, A की सही व्याख्या करता है

(d) A और R दोनों सही हैं, परन्तु R, A की सही व्याख्या नहीं करता है *(CTET 2023)*

उत्तरमाला															
1.	(a)	2.	(c)	3.	(c)	4.	(c)	5.	(d)	6.	(c)	7.	(a)	8.	(d)
9.	(a)	10.	(d)	11.	(a)	12.	(d)	13.	(b)	14.	(b)	15.	(a)	16.	(b)
17.	(c)	18.	(a)	19.	(a)	20.	(b)	21.	(a)	22.	(c)	23.	(d)	24.	(c)
25.	(a)	26.	(b)	27.	(d)	28.	(a)	29.	(a)	30.	(d)	31.	(c)	32.	(b)
33.	(a)	34.	(d)	35.	(a)	36.	(b)	37.	(d)	38.	(b)	39.	(d)	40.	(d)
41.	(b)	42.	(d)	43.	(c)	44.	(b)	45.	(c)	46.	(c)				

★★★

5

समाजीकरण की प्रक्रियाएँ

- मनुष्य एक सामाजिक प्राणी है। जन्म के समय शिशु न सामाजिक *(Social)* होता है और न ही असामाजिक *(Anti Social),* बल्कि वह समाज के प्रति उदासीन होता है। आयु बढ़ने के साथ-साथ वह सामाजिक गुणों से सुशोभित होता जाता है और कुछ ही वर्षों बाद वह सामाजिक प्राणी कहलाने लगता है।
- बालक सामाजिक गुणों को सामाजिक विकास की अवस्थाओं के अनुसार ग्रहण करता है।
- प्रारम्भ में बालक में सामाजिक विकास तीव्र गति से होता है, फिर धीमी गति से होता है। समय और परिस्थितियों के अनुसार उसमें परिवर्तन होता रहता है और सामाजिक विकास एक निश्चित दिशा की ओर बढ़ता जाता है। समाजीकरण की प्रक्रिया *(Socialization Processes)* निरन्तर चलती रहती है।
- चाइल्ड *(Chield 1954)* के अनुसार—*''सामाजिक विकास वह प्रक्रिया है जिसके द्वारा व्यक्ति में उसके समूह मानकों के अनुसार वास्तविक व्यवहार का विकास होता है।''*
- सारे व टेलफोर्ड *(Sare & Taleford)* के अनुसार, *''समाजीकरण की प्रक्रिया शिशु के दूसरे व्यक्तियों के साथ प्रथम सम्पर्क से आरम्भ होती है, और आजीवन चलती रहती है।''*
- हरलॉक *(Hurlock)* के अनुसार, *''सामाजिक विकास का अर्थ उस योग्यता को अर्जित करना है जिसके द्वारा सामाजिक प्रत्याशाओं के अनुसार व्यवहार किया जा सके।''*

  ''कोई भी बालक सामाजिक पैदा नहीं होता। वह दूसरों के होते हुए भी अकेला होता है। वह समाज में दूसरों के सम्पर्क में आकर समायोजन की प्रक्रिया सीखता है। इसलिए समाजीकरण की प्रक्रिया बालक के सामाजिक विकास के लिए अत्यन्त महत्वपूर्ण होती है।''
- रॉस *(Ross)* के अनुसार, *''सहयोग करनेवालों में 'हम' की भावना का विकास और उनके साथ काम करने की क्षमता का विकास एवं संकल्प समाजीकरण कहलाता है।''*
- सोरेनसन *(Sorenson)* के अनुसार, *''सामाजिक अभिवृद्धि और विकास का अर्थ है अपनी और दूसरों की उन्नति के लिए योग्यता की वृद्धि।''*

  समाजीकरण की प्रक्रिया में तीन प्रक्रियाएँ सम्मिलित हैं—

1. समाज द्वारा मान्य व्यवहार का विकास करना। प्रत्येक समूह के व्यवहार संबंधी कुछ मानक *(Norms)* होते हैं। बच्चे यदि इन्हीं व्यवहार मानकों का अधिगम करते हैं तो उनका व्यवहार समाज द्वारा मान्य होता है।

2. समाज द्वारा मान्य व्यवहारों के अनुसार क्रियाएँ करना। उदाहरण के लिए विद्यार्थियों, अध्यापकों, माता और पिता आदि सबके लिए कुछ निश्चित कार्य होते हैं, इनको इन्हीं के अनुसार व्यवहार करना होता है।
3. सामाजिक अभिवृत्तियों का विकास करना। इन अभिवृत्तियों के विकास के कारण ही बालक सामाजिक कार्यक्रमों, समाज के अन्य व्यक्तियों को पसन्द करता है।

➢ जब किसी व्यक्ति में उपर्युक्त तीन बातें पायी जाती हैं तो वह व्यक्ति अपने सामाजिक जीवन में सफलता प्राप्त करता है।

सामाजिक विकास की विशेषताएँ
Characteristics of Social Development

सामाजिक विकास की विशेषताएँ निम्नलिखित हैं—

1. सामाजिक प्रतिक्रियाएँ ही सामाजिक विकास का प्रारम्भिक चरण है।

2. बालक खेल के माध्यम से समूह में अपनी सामाजिक प्रतिक्रियाएँ करता है।

3. सामाजिक प्रतिक्रियाओं में सामाजिक सदस्यों के साथ अपने विचारों का आदान-प्रदान करता है।

4. अपना सहयोग देकर तथा दूसरों से सहयोग लेकर कोई भी व्यक्ति बड़े से बड़ा कार्य कर सकता है।

5. समाज की सीमा में प्रवेश करके प्रतिस्पर्धा का विकास बालकों में होता है।

6. सामाजिक विकास के साथ बालक में सहयोग और सहानुभूति जैसे सामाजिक व्यवहार विकसित होते हैं।

7. कभी-कभी निषेधात्मक *(Negative)* अवस्था में बालक तर्क भी करने लगते हैं; ऐसे करके बालक अपने सम्मान की रक्षा करते हैं।

8. बालक समाज व समूहों के आदर्शों, रीति-रिवाजों, परम्पराओं, लोकाचार तथा धार्मिक रीति-रिवाजों को सीखता है। सामाजिक अन्तःक्रियाएँ करना भी सामाजिक विकास के साथ-साथ सीखता है।

9. सामाजिक विकास द्वारा ही बालक में अहं *(Ego)* भाव विकसित होता है।

विभिन्न अवस्थाओं में समाजीकरण की प्रक्रिया *(Socialization Process in Different Stages)*: बालक में जन्म के बाद उसकी विभिन्न अवस्थाओं में सामाजिक विकास भिन्न-भिन्न ढंग से होता है। जो इस प्रकार है—

1. शैशवावस्था में सामाजिक विकास *(Social Development in Infancy)*: हरलॉक *(Hurlock)* के अनुसार सामाजिक विकास निम्न क्रम में होता है—

1 महीना—मानव और अन्य ध्वनियों में अंतर समझना।

2 महीना—मानव-ध्वनि को पहचानना और व्यक्तियों का मुस्कान के साथ स्वागत करना।

3 महीना—अपनी माता को पहचानना और उससे दूर होने पर दुःखी होना।

4 महीना—व्यक्तियों के चेहरों को पहचानना।

5 महीना—प्यार या क्रोध की आवाज समझना।

6 और 7 महीना—परिचितों का मुस्कान के साथ स्वागत करना।

8 से 9 महीना—अपनी ही परछायीं के साथ खेलना तथा उसे चूमना।

24 महीना—बड़ों के विभिन्न कार्यों में हाथ बँटाने का प्रयास करना।

इस काल में बालक की सामाजिक विकास संबंधी विशेषताएँ निम्नलिखित हैं—

- ★ सामाजिक खेल का विकास
- ★ माता-पिता पर आश्रित
- ★ स्पर्धा की भावना
- ★ सामाजिक स्वीकृति
- ★ स्वयं केन्द्रित बालक
- ★ मैत्री और सहयोग

2. बाल्यावस्था में सामाजिक विकास *(Social Development in Childhood)*: इस आयु-वर्ग में बालक के सामाजिक विकास के कई महत्वपूर्ण पहलू देखने को मिलते हैं। बालक में कई सामाजिक परिवर्तन आ जाते हैं। ये इस प्रकार हैं—

- ★ सहयोग की भावना का विकास
- ★ दूसरों से स्नेह की अपेक्षा
- ★ छोटे समूहों में खेलना
- ★ आदतों का निर्माण
- ★ सामाजिक सूझ का विकास
- ★ प्रिय कार्यों में रुचि
- ★ मित्रों का चुनाव

हरलॉक *(Hurlock)* के अनुसार, बाल्यावस्था में बालक का सामाजिक विकास निम्न क्रम में होता है—

- ★ लगभग 6 वर्ष की आयु में बालक प्राथमिक विद्यालय में प्रवेश करता है। वह एक नये वातावरण में अनुकूलन करना, सामाजिक कार्यों में भाग लेना और नये मित्र बनाना सीखता है।
- ★ अनुकूलन करने के उपरान्त बालक के व्यवहार में उन्नति और परिवर्तन आरम्भ हो जाता है। फलस्वरूप उसमें स्वतन्त्रता, सहायता और उत्तरदायित्व के गुणों का विकास होने लगता है।
- ★ विद्यालय में बालक किसी-न-किसी समूह का सदस्य हो जाता है। यह समूह उसके वस्त्रों के रूपों, खेल के प्रकारों और उचित-अनुचित के आदर्शों को निर्धारित करती है। इस प्रकार, बालक के सामाजिक विकास को एक नवीन दिशा प्राप्त होती है।
- ★ टोली या समूह में बालक में अनेक सामाजिक गुणों का विकास होता है।

➢ क्रो एवं क्रो *(Crow & Crow)* के अनुसार, *"इस अवस्था में बालक अपने शिक्षक का सम्मान तो करता है, पर उसका परिहास करने की अपनी प्रवृत्ति का दमन नहीं कर पाता है।"*

3. किशोरावस्था में सामाजिक विकास *(Social Development in Adolescence)*: क्रो एवं क्रो *(Crow & Crow)* के अनुसार—*"जब बालक 13 या 14 वर्ष की आयु में प्रवेश करता है तब उसके प्रति दूसरों के और दूसरों के प्रति उसके कुछ दृष्टिकोण से उसके अनुभवों में एक सामाजिक संबंधों में परिवर्तन होने लगता है।"* इस *परिवर्तन के कारण उसके सामाजिक विकास का स्वरूप निम्नांकित होता है—*

1. बालकों और बालिकाओं में एक-दूसरे के प्रति बहुत आकर्षण उत्पन्न होता है। अतः वे अपनी सर्वोत्तम वेश-भूषा और बनाव-शृंगार में अपने को एक-दूसरे के समक्ष प्रस्तुत करते हैं।
2. बालक और बालिकाएँ दोनों अपने-अपने समूहों का निर्माण करते हैं। इन समूहों का मुख्य उद्देश्य होता है—मनोरंजन जैसे पर्यटन, पिकनिक, नृत्य, संगीत इत्यादि।
3. कुछ बालक और बालिकाएँ किसी भी समूह के सदस्य नहीं बनते हैं वे उनसे अलग रहकर अपने या विभिन्न लिंग के व्यक्ति से घनिष्ठता स्थापित कर लेते हैं और उसी के साथ अपना समय व्यतीत करते हैं।
4. बालकों में अपने समूह के प्रति अत्यधिक भक्ति होती है। वे उसके द्वारा स्वीकृत वेश-भूषा, आचार-विचार, व्यवहार आदि को अपना आदर्श बनाते हैं।
5. समूह की सदस्यता के कारण उनमें नेतृत्व, उत्साह, सहानुभूति, सद्भावना आदि सामाजिक गुणों का विकास होता है।
6. इस अवस्था में बालकों और बालिकाओं का अपने माता-पिता से किसी-न-किसी बात पर संघर्ष या मतभेद हो जाता है।
7. किशोर बालक अपने भावी व्यवसाय का चुनाव करने के लिए सदैव चिन्तित रहता है। इस कार्य में उसकी सफलता या असफलता उसके सामाजिक विकास को निश्चित रूप से प्रभावित करती है।
8. किशोर बालक और बालिकाएँ सदैव किसी-न-किसी चिन्ता या समस्या में उलझे रहते हैं; जैसे—धन, प्रेम, विवाह, कक्षा में प्रगति, पारिवारिक जीवन इत्यादि। ये समस्याएँ उनके सामाजिक विकास की गति को तीव्र या मन्द, उचित या अनुचित दिशा प्रदान करती है।

विभिन्न अवस्थाओं में कुछ विशिष्ट सामाजिक क्रियाएँ

Some Special Social Behaviours of Different Stages

1. बचपनावस्था की विशिष्ट सामाजिक व्यवहार

व्यवहार/क्रियाएँ	उम्र
ध्यानाकर्षण *(Attention Seeking)*	1 वर्ष 6 महीने
अनुकरण *(Imitation)*	1 वर्ष
पराश्रितता *(Dependency)*	0 – 2 वर्ष
लज्जाशीलता *(Shyness)*	1 – 2 वर्ष
ईर्ष्या *(Rivalry)*	1 वर्ष
सहयोग *(Co-operation)*	1 – 1 वर्ष 6 महीने
स्व-प्रेमी *(Self-Centered)*	1 वर्ष
निषेधात्मक प्रवृत्ति *(Negativism)*	1 – 1 वर्ष 6 महीने

2. पूर्व-बाल्यावस्था के कुछ प्रमुख सामाजिक व्यवहार

खेल *(Play)*	2 – 5 वर्ष
अनुकरण *(Imitation)*	3 – 4 वर्ष
निषेधात्मक *(Negativism)*	2 – 5 वर्ष
झगड़ा तथा मार-पीट *(Quarrel and Aggression)*	
सहयोग और सहानुभूति *(Co-operation and Sympathy)*	
चिढ़ाना व तंग करना *(Teasing)*	
आक्रामकता *(Aggression)*	
ईर्ष्या *(Rivalry)*	
प्रतियोगिता *(Competition)*	
मित्रता *(Friendship)*	

3. उत्तर-बाल्यावस्था में सामाजिक विकास

सामुदायिकता *(Gregariousness)*	सहयोग *(Co-operation)*
समूह भक्ति *(Group Loyalty)*	सहानुभूति *(Sympathy)*
मित्रता *(Friendship)*	खेल *(Play)*
यौन-विरोध *(Sex Antagonism)*	सहिष्णुता *(Tolerance)*
नेतृत्व *(Leadership)*	प्रतियोगिता एवं स्पर्धा *(Competition and Rivalry)*

4. किशोरावस्था में सामाजिक विकास

समूह का सदस्य होना	स्पर्धा और प्रतियोगिता
सामाजिक संबंधों की स्थापना	नेतृत्व *(Leadership)*
सामाजिक रुचियों का विकास	मित्रता *(Friendship)*
सामाजिक चेतना का विकास	सामाजिक परिपक्वता *(Social Maturity)*
पारिवारिक संबंधों में सुधार	

सामाजिक विकास की कसौटियाँ
Criteria of Social Development

बालक के सामाजिक विकास को विभिन्न कसौटियों के आधार पर मापा जा सकता है—

1. सामाजिक समायोजन *(Social Adjustment)*: जिन बालकों का समायोजन जितना अच्छा होता है उन बालकों का सामाजिक विकास भी उतना ही अच्छा होता है। विभिन्न सामाजिक परिस्थितियों और व्यक्तियों के साथ बालक का समायोजन जितना ही अच्छा होगा उसका सामाजिक विकास भी उतना ही अच्छा होगा।

2. सामाजिक अनुरूपता *(Social Conformity)*: इसका अर्थ है समाज के मानकों, आदर्शों और मूल्यों के अनुरूप व्यवहार करना। बालकों के व्यवहार में सामाजिक अनुरूपता जितनी ही अधिक होती है उन बालकों का सामाजिक विकास उतना ही अच्छा होता है। सामाजिक विकास और सामाजिक अनुरूपता में धनात्मक सह-संबंध है।

3. सामाजिक परिपक्वता *(Social Maturity)*: समाज के मूल्यों, नियमों, अभिवृत्तियों और सामाजिक व्यवहार, रीति, प्रथाओं और परम्पराओं तथा सामाजिक कार्य आदि की परिपक्वता यदि एक व्यक्ति में समाज की इच्छाओं के अनुसार विकसित हो चुके हैं तो वह व्यक्ति समाज की दृष्टि से पूर्ण रूप से सामाजिक प्रौढ़ता रखता है। सामाजिक परिपक्वता का विकास धीरे-धीरे आयु के साथ-साथ होता है।

4. सामाजिक अन्तःक्रियाएँ *(Social Interactions)*: सामाजिक अन्तःक्रियाओं का अर्थ है दो या दो से अधिक व्यक्तियों के मध्य पारस्परिक क्रियाएँ। सहयोग, सहानुभूति, व्यवस्थापन, समीकरण आदि कुछ संगठनात्मक प्रकार की सामाजिक अन्तःक्रियाएँ हैं। इसी प्रकार से तनाव, संघर्ष आदि कुछ विघटनात्मक प्रकार की सामाजिक अन्तःक्रियाएँ हैं। बालक में सामाजिक विकास जितना ही अधिक होता है उसमें संगठनात्मक सामाजिक अन्तःक्रियाएँ उतनी ही अधिक होती हैं।

5. सामाजिक कार्यक्रमों में भाग लेना *(Social Participation)*: बालक दूसरों के साथ खेलने, बातचीत करने और घूमने में अपनी रुचि लगभग $1\frac{1}{2}$ वर्ष की अवस्था से ही प्रदर्शित करने लग जाता है। 5-6 वर्ष की अवस्था में सामाजिक कार्यक्रमों में भाग लेने का महत्व उसकी समझ में आने लगता है। दूसरे बच्चों के साथ सामूहिक खेलों से समाज के अनेक नियमों और मूल्यों को सीखता है तथा अनेक सामाजिक कौशलों को भी सीखता है।

➢ बालक को सामाजिक कार्यक्रमों में भाग लेने के जितने ही अधिक अवसर प्राप्त होते हैं, इन अवसरों से वह उतना ही अधिक लाभ उठाता है तथा उस बालक का सामाजिक विकास उतना ही अच्छा माना जाता है।

सामाजिक परिपक्वता की अध्ययन विधि
Learning Method of Social Maturity

वाइनलैंड सामाजिक परिपक्वता माप *(The Vineland Social Maturity Scale)*

➢ डॉ. एडलर डोल ने सामाजिक परिपक्वता का मापन करने के लिए इस विधि का निर्माण किया है। वाइनलैंड सामाजिक परिपक्वता माप को प्रमाणीकृत कर लिया गया है तथा इसका प्रयोग भिन्न अवस्था के बालकों के सामाजिक व्यवहार का मापन करने के लिए किया जाता है।

➢ डॉ. डोल ने इस माप के अन्तर्गत 117 सामाजिक क्रियाओं को रखा है, जिनका संबंध जन्म से लेकर किशोरावस्था तक है।

सामाजिक विकास को प्रभावित करने वाले कारक
Factors Influencing Social Development

स्किनर व हैरीमन के शब्दों में—*"वातावरण और संगठित सामाजिक साधनों के कुछ ऐसे विशेष कारक हैं जिनका बालक के सामाजिक विकास की दशा पर निश्चित और विशिष्ट प्रभाव पड़ता है।"*

1. वंशानुक्रम *(Heredity)*: कुछ मनोवैज्ञानिकों का मत है कि बालक के सामाजिक विकास पर वंशानुक्रम का कुछ सीमा तक प्रभाव पड़ता है। इनकी पुष्टि में क्रो एवं क्रो ने लिखा है—*"शिशु की पहली मुस्कान या उनका कोई विशिष्ट व्यवहार वंशानुक्रम से उत्पन्न होनेवाला हो सकता है।"*

2. शारीरिक व मानसिक विकास : स्वस्थ और अधिक विकसित मस्तिष्क वाले बालक का सामाजिक विकास अस्वस्थ और कम विकसित मस्तिष्क वाले बालक की अपेक्षा अधिक होता है।

3. संवेगात्मक विकास *(Emotional Development)*: बालकों की संवेगात्मकता उनके सामाजिक विकास को प्रभावित करती है। जो बालक विनोदप्रिय और हँसमुख होते हैं उनके दोस्त और साथी समूहों की संख्या अधिक होती है। इस प्रकार के बालकों में सामाजिक विकास भी अन्य प्रकार के बालकों की अपेक्षा अधिक मात्रा में पाया जाता है।

4. पारिवारिक वातावरण *(Family Environment)* : परिवार ही वह स्थान है, जहाँ सबसे पहले बालक का समाजीकरण होता है परिवार के बड़े लोगों का जैसा व्यवहार और आचरण होता है, बालक वैसा ही आचरण और व्यवहार करने का प्रयत्न करता है।

5. आर्थिक स्थिति *(Economic Status)* : माता-पिता की आर्थिक स्थिति का बालक के सामाजिक विकास पर उचित या अनुचित प्रभाव पड़ता है। उदाहरणार्थ, धार्मिक माता-पिता के बालक अच्छे पड़ोस में रहते हैं, अच्छे व्यक्तियों से मिलते-जुलते हैं और अच्छे विद्यालयों में शिक्षा प्राप्त करते हैं। स्वाभाविक रूप से ऐसे बालकों का सामाजिक विकास उन बालकों से कहीं अधिक उत्तम होता है जिन्हें निर्धन माता-पिता की संतान होने के कारण उपयुक्त सुविधाएँ नहीं मिलती हैं।

6. पालन-पोषण की विधि *(Methods of Nurture)* : अभिभावक के द्वारा बालक के पालन-पोषण की विधि उसके सामाजिक विकास पर बहुत गहरा प्रभाव डालती है। जैसे—समानता के आधार पर पाला जानेवाला बालक कहीं भी हीनता का अनुभव नहीं करता है और लाड़ से पाला जाने वाला बालक दूसरे बालकों से दूर रहना पसन्द करता है। अतः दोनों का सामाजिक विकास दो विभिन्न दिशाओं में होता है।

7. पड़ोस और विद्यालय *(Neighbourhood and School)* : बालक के सामाजिक विकास के दृष्टिकोण से परिवार के बाद विद्यालय का स्थान सबसे अधिक महत्वपूर्ण है। यदि विद्यालय का वातावरण जनतंत्रीय है तो बालक का सामाजिक विकास अविराम गति से उत्तम रूप ग्रहण करता चलता है। इसके विपरीत, यदि विद्यालय का वातावरण एकतन्त्रीय सिद्धान्तों के अनुसार दण्ड और दमन पर आधारित है तो बालक का सामाजिक विकास कुण्ठित हो जाता है।

8. मनोरंजन *(Recreation)* : जिन बालकों को अच्छे मनोरंजन के जितने अधिक अवसर प्राप्त होते हैं उनका सामाजिक विकास उतना ही अधिक अच्छा होता है। स्वस्थ, खेल, नाटक, सिनेमा, सर्कस, सैर पार्टियों में जाना आदि बच्चों का मनोरंजन करते हैं। मनोरंजन से बालक स्वस्थ व प्रसन्न रहता है।

9. समूह या टोली *(Groups)* : बालक के समूह के साथी अधिक हैं तो सामाजिक विकास तीव्रता से होता है, क्योंकि समूह के बीच ही बालक विभिन्न सामाजिक मूल्यों व सामाजिक स्वरूपों को सीखता है।

10. संस्कृति *(Culture)* : मानव की संस्कृति पर प्रत्यक्ष या अप्रत्यक्ष रूप से उसके सामाजिक व्यवहार का प्रभाव पड़ता है, जिसके बीच वह प्रारंभ से पलता और बड़ा होता है। भारतीय व पाश्चात्य संस्कृति में पर्याप्त अंतर है। कोई भी समाज अपने सदस्यों से

अपनी संस्कृति के विरुद्ध कार्य करने की अपेक्षा नहीं रखता है। अतः सामाजिक प्राणी होने के नाते संस्कृति के अनुसार ही सामाजिक व्यवहारों को किया जाता है।

11. लिंग *(Sex)*: लिंग-भेद सामाजिक व्यवहारों में भिन्नता पैदा करते हैं। प्रायः लड़कों को प्रारम्भ से अधिक स्वतंत्रता मिलने के कारण वे अधिक क्रोधी-झगड़ालू होते हैं, जबकि लड़कियाँ सहनशील होती हैं। बालिकाओं में बालकों की अपेक्षा सहनशक्ति, सहिष्णुता, सहानुभूति और त्याग की सामाजिक प्रतिक्रियाएँ अधिक होती हैं।

12. वृद्धि *(Growth)*: सामाजिक विकास विभिन्न आयु-स्तरों पर वृद्धि के अनुसार अलग-अलग होता है। प्रारम्भ में बच्चा पूरी तरह दूसरों पर निर्भर होता है। परन्तु उम्र के साथ-साथ वह आत्मनिर्भर होता जाता है। वह स्वयं समाज में नेतृत्व करने योग्य हो जाता है तथा उत्तरोत्तर वृद्धि सामाजिक विकास में परिपक्वता लाती है।

13. भाषा विकास *(Language Development)*: भाषा एक माध्यम है, जिसके द्वारा बालक अपनी बातों, विचारों आदि का आदान-प्रदान दूसरों से करते हैं। भाषा के उचित प्रयोग से बालक अपना सामाजिक दायरा बढ़ा सकते हैं।

14. हीनता की भावना *(Inferiority Complex)*: प्रायः जिन बालकों में हीनता की भावना अधिक मात्रा में पायी जाती है उनमें सामाजिक विकास कम गति से होता है। वे बालक दूसरों से मिलना-जुलना पसन्द नहीं करते हैं। अपनी हीनता की भावना के कारण उनमें आत्मविश्वास भी कम हो जाता है जिससे उन्हें अपना सामाजिक दायरा बनाने में कठिनाई होती है।

15. व्यक्तित्व विकास *(Personality Development)*: बालकों का व्यक्तित्व भी उसके सामाजिक विकास को प्रभावित करता है। प्रत्येक बालक के व्यक्तित्व का निर्माण अलग ढंग से होता है। कुछ बालक बहिर्मुखी तथा कुछ अन्तर्मुखी होते हैं। बहिर्मुखी बालकों का सामाजिक दायरा बड़ा होता है। वे प्रसन्न एवं मिलनसार होते हैं, जिससे वे समाज में लोकप्रिय हो जाते हैं। इससे उनमें आत्मविश्वास की भावना बढ़ जाती है।

16. सामाजिक व्यवस्था *(Social System)*: सामाजिक व्यवस्था बालक के सामाजिक विकास को एक निश्चित रूप और दिशा प्रदान करती है। समाज के कार्य, आदर्श और प्रतिमान बालक के दृष्टिकोण का निर्माण करते हैं। यही कारण है कि ग्राम और नगर, जनतंत्र और तानाशाही में बालक का सामाजिक विकास विभिन्न प्रकार से होता है।

परीक्षोपयोगी तथ्य

- समाजीकरण वह प्रक्रिया है जिसके द्वारा व्यक्ति उसके समूह मानकों *(Norms)* के अनुसार वास्तविक व्यवहार का विकास करता है।
- सामाजिक विकास का अर्थ उस योग्यता को अर्जित करना है जिसके द्वारा सामाजिक प्रत्याशाओं *(Expectation)* के अनुसार व्यवहार किया जा सके।
- समाजीकरण में तीन प्रक्रियाएँ सम्मिलित हैं— (a) वह प्रक्रिया जिससे बालक में समाज द्वारा मान्य व्यवहार का विकास होता है। (b) बालक समाज में मान्य रोल्स सीखता है। (c) सामाजिक अभिवृत्तियों का विकास।

- सामाजिक प्रौढ़ता *(Social Maturity)* का अर्थ है—समाज के मूल्यों, नियमों, अभिवृत्तियों और सामाजिक व्यवहार तथा सामाजिक रोल्स आदि की प्रौढ़ता।
- बहिर्मुखी व्यक्तियों में सामाजिक प्रौढ़ता अन्तर्मुखी व्यक्तियों की अपेक्षा अधिक पायी जाती है।
- सामाजिक अनुरूपता *(Social Conformity)* का अर्थ है समाज के मानकों *(Norms)* आदर्शों तथा मूल्यों इत्यादि के अनुरूप व्यवहार करना।
- सामाजिक विकास और सामाजिक अनुरूपता में धनात्मक सह-संबंध है।
- बालक में विभिन्न सामाजिक परिस्थितियों और व्यक्तियों के साथ बालक का समायोजन जितना अच्छा होगा, उसका सामाजिक विकास भी उतना ही अच्छा होगा।
- सामाजिक अन्तःक्रिया का अभिप्राय है दो या दो से अधिक व्यक्तियों के मध्य पारस्परिक क्रियाएँ।
- संगठनात्मक सामाजिक अन्तःक्रियाएँ हैं—सहयोग, सहानुभूति, व्यवस्थापन, सात्मीकरण इत्यादि।
- विघटनात्मक सामाजिक अन्तःक्रियाएँ हैं तनाव, संघर्ष इत्यादि।
- बालक का सामाजिक विकास उतना अधिक अच्छा माना जाता है जितना ही अधिक वह सामाजिक कार्यक्रमों में भाग लेता है।
- बचपनावस्था *(Babyhood)* में बालकों में होनेवाली सामाजिक अनुक्रियाएँ हैं—अनुकरण *(Imitation)*, आश्रितता *(Dependency)*, ईर्ष्या *(Rivalry)*, सहयोग *(Co-operation)*, शर्माहट *(Shyness)*, ध्यान आकर्षित करना *(Attention Seeking)*, अवरोधी व्यवहार *(Resistant Behaviour)*।
- पूर्व बाल्यावस्था *(Early Childhood)* में होनेवाली सामाजिक अनुक्रियाएँ हैं—आक्रामकता झगड़ा *(Quarreling)*, चिढ़ना *(Teasing)*, निषेधात्मक व्यवहार *(Negative Behaviour)*, सहयोग *(Co-operation)*, ईर्ष्या *(Rivalry)*, उदारता *(Generosity)*, सामाजिक अनुमोदन की इच्छा, आश्रितता *(Dependency)*, बालकों में मित्रता, सहानुभूति *(Sympathy)*।
- उत्तर बाल्यावस्था *(Late Childhood)* में होनेवाली सामाजिक अनुक्रियाएँ हैं—सामाजिक अनुमोदन *(Social Approval)*, सुझाव ग्रहणशीलता *(Suggestibility)*, स्पर्धा और प्रतियोगिता *(Rivalry and Competition)*, खेल *(Sports)*, पक्षपात और सामाजिक विभेदीकरण *(Prejudice and Social Discrimination)*, उत्तरदायित्व *(Responsibility)*, सामाजिक सूझ *(Social Insight)*, यौन विरोधी भाव *(Sex Antagonism)*।
- सामाजिक विकास को प्रभावित करनेवाले कारक हैं—शारीरिक बनावट और स्वास्थ्य, परिवार, पड़ोस और वातावरण, मनोरंजन *(Recreation)*, व्यक्तित्व, संवर्द्धन अभिप्रेरक, संवेगात्मक विकास, हीनता की भावना, साथी समूह।
- किशोरावस्था में बालकों में होनेवाले सामाजिक परिवर्तन हैं— साथियों के समूह का प्रभाव, सामाजिक व्यवहार में परिवर्तन, नया सामाजिक समूहन, दोस्तों में चयन का नया मूल्य, सामाजिक स्वीकृति में नया मूल्य इत्यादि।

- ब्रोनफेनब्रेन्नर *(Bronfrenbrenner)* ने पारिस्थितिपरक सिद्धांत *(Ecological Theory)* की व्याख्या बच्चे के विकास के सामाजिक संदर्भ *(Social Context)* में किया है। इस सिद्धांत के अनुसार पर्यावरणी तल के पाँच स्तर होते हैं—लघुमंडल *(Micro System)*, मध्यमंडल *(Mesosystem)*, बाह्यमंडल *(Exosystem)*, वृहत्तमंडल *(Macrosystem)*, घटनामंडल *(Chromosystem)*।
- इरिक्सन का मनोसामाजिक सिद्धांत में पूरे जीवन-अवधि में विकास को आठ अवस्थाओं में बाँटा गया है।
- सामाजिक विकास में शिक्षकों की भूमिका काफी अधिक है, क्योंकि शिक्षकगण बालकों के सामाजिक विकास को सीधे प्रभावित करते हैं।
- समाजीकरण वह प्रक्रिया है जिससे बच्चे और वयस्क सीखते हैं परिवार से, विद्यालय से और श्रेष्ठ जनों से।
- फ्रेडरिक फ्रोबेल ने शिक्षा की किण्डरगार्टेन पद्धति का प्रतिपादन किया। किण्डरगार्टेन छोटे बच्चों के लिए शिक्षा का एक रूप है, जो घरेलू शिक्षा से बदलकर अधिक औपचारिक शिक्षा में संक्रमित हो गया है। इस पद्धति के माध्यम से बच्चों को रचनात्मक खेल और सामाजिक बातचीत के माध्यम से ज्ञान दिया जाता है, और उनमें बुनियादी कुशलताओं का विकास किया जाता है।
- फ्रोबेल ने प्री स्कूल शिक्षा का पहला संस्थान खोला, जिसे किण्डरगार्टेन नाम दिया।

वस्तुनिष्ट प्रश्न

1. निम्न में से कौन-सा बच्चे की सामाजिक-मनोवैज्ञानिक आवश्यकताओं के साथ संबंध नहीं है?
(a) सामाजिक अनुमोदन *(Social Approval)* अथवा सराहना की आवश्यकता
(b) संवेगात्मक सुरक्षा की आवश्यकता
(c) शरीर से अपशिष्ट पदार्थों का नियमित रूप से बाहर निकलना
(d) सान्निध्य की आवश्यकता *(Need for Company)* *(CTET–2011)*

2. सबसे अधिक गहन और जटिल समाजीकरण *(Intense and Crucial Socialization)* होता है—
(a) किशोरावस्था के दौरान (b) पूर्व-बाल्यावस्था के दौरान
(c) प्रौढ़ावस्था के दौरान (d) व्यक्ति के पूरे जीवन में *(CTET–2011)*

3. निम्नलिखित में से कौन-सी संस्था सामाजिक परंपराओं के हस्तांतरण में सबसे अधिक योगदान करती है?
(a) परिवार (b) विद्यालय
(c) पड़ोस (d) इनमें से कोई नहीं *(BTET–2011)*

4. 'समाजमिति तकनीक' *(Sociomatric Technique)* का प्रयोग किया जाता है—
(a) आर्थिक स्तर की जाँच में (b) समाज के सर्वेक्षण में
(c) समाजीकरण की जाँच में (d) उपरोक्त सभी *(BTET–2011)*

5. समाजीकरण वह प्रक्रिया है जिससे बच्चे और वयस्क सीखते हैं—
(a) परिवार से (b) विद्यालय से
(c) साथियों *(Peers)* से (d) इन सभी से *(PTET–2011)*

6. सहयोगात्मक रणनीति *(Coping Strategy)* की किस श्रेणी में महिलाएँ निम्न से संबंधित नहीं होतीं ?
(a) स्वीकार्यता (b) प्रतिरोध (c) क्रांति (d) अनुकूलन *(PTET–2011)*

7. एक शिक्षक विद्यार्थियों में सामाजिक मूल्यों को विकसित कर सकता है—
(a) महान व्यक्तियों के बारे में बोलकर
(b) अनुशासन की अनुभूति को विकसित कर
(c) आदर्श रूप से बर्ताव कर
(d) उन्हें अच्छी कहानियाँ सुनाकर *(UPTET–2011)*

8. सामाजिक-आर्थिक मुद्दों से जूझ रहे उन बच्चों को जिनकी प्रतिभा प्रभावित हो सकती है को .... सहायता करता है।
(a) स्व-अधिगम मॉडल *(Autonomous Learning Model)*
(b) विभेदित निर्देश *(Differential Instruction)*
(c) पाठ्य-चर्चा का विस्तार *(Curriculum Extension)*
(d) संज्ञानात्मक वर्गीकरण *(Cognitive Taxonomy)* *(CgTET–2011)*

9. शिक्षा के संदर्भ में, समाजीकरण से तात्पर्य है—
(a) सामाजिक मानदंडों का सदैव अनुपालन करना
(b) अपने सामाजिक मानदंड बनाना
(c) समाज में बड़ों का सम्मान करना
(d) सामाजिक वातावरण में अनुकूलन और समायोजन *(CTET–2012)*

10. शिक्षकों को यह सलाह दी जाती है कि वे अपने शिक्षार्थियों को सामूहिक गतिविधियों में शामिल करें, क्योंकि सीखने को सुगम बनाने के अतिरिक्त, ये .... में भी सहायता करती हैं।
(a) दुश्चिता (b) समाजीकरण (c) मूल्य द्वंद्व (d) आक्रामकता *(CTET–2012)*

11. शिक्षकों को यह सलाह दी जाती है कि वे अपने शिक्षार्थियों को सामूहिक गतिविधियों में शामिल करें क्योंकि सीखने को सुगम बनाने के अतिरिक्त, ये .... में भी सहायता करती है।
(a) दुश्चिंता (b) समाजीकरण (c) आक्रामकता (d) मूल्य द्वंद्व *(CTET–2012)*

12. ''जब कभी दो या अधिक व्यक्ति एक साथ मिलते हैं और एक-दूसरे को प्रभावित करते हैं, तो वे एक सामाजिक समूह का निर्माण करते हैं'', यह कथन—
(a) आंशिक रूप से सत्य है (b) सत्य है
(c) कदाचित सत्य है (d) असत्य है *(UPTET–2012)*

13. बच्चों के सामाजिक विकास में .... का विशेष महत्व है।
(a) खेल (b) बाल साहित्य (c) दिनचर्या (d) संचार माध्यम
(UPTET–2012)

14. समाजीकरण है—
(a) सामाजिक मानदंडों *(Social Norms)* में परिवर्तन
(b) शिक्षक एवं पढ़ाये गये के बीच संबंध
(c) समाज के आधुनिकीकरण की प्रक्रिया
(d) समाज के मानदंडों के साथ अनुकूलन *(CTET–2013)*

15. निम्न में से किसका मिलान उचित है?
(a) शारीरिक विकास-वातावरण (b) संज्ञानात्मक विकास-परिपक्वता
(c) सामाजिक विकास-वातावरण (d) संवेगात्मक विकास-परिपक्वता
(CTET–2013)

16. समाजीकरण में सम्मिलित हैं— सांस्कृतिक संचरण *(Cultural Transmission* और ....
(a) विद्रोहियों को निरुत्साहित करना
(b) व्यक्ति का व्यक्तित्व विकास करना
(c) बच्चों को लेबलों में समायोजित करना
(d) संवेगात्मक समर्थन उपलब्ध करना *(CTET–2013)*

17. कर्टलेविन के अनुसार समूह में जो परिवर्तन होते हैं, उन्हें ....।
(a) परस्परता कहते हैं (b) रचनात्मकता कहते हैं
(c) गतिशीलता कहते हैं (d) संगति कहते हैं *(UPTET–2013)*

18. निम्नलिखित में से कौन-सा वाइगोट्स्की के सामाजिक-सांस्कृतिक सिद्धांत पर आधारित है?
(a) अन्तर्दृष्टिपूर्ण अधिगम (b) संस्कृति-निरपेक्ष संज्ञानात्मक विकास
(c) पारस्परिक शिक्षण (d) सक्रिय अनुकूलन *(CTET–2014)*

19. निम्न में से कौन-सी समाजीकरण की निष्क्रिय एजेन्सी है?
(a) स्वास्थ्य क्लब (b) परिवार
(c) ईको क्लब (d) सार्वजनिक पुस्तकालय *(CTET–2014)*

20. आप एक शिक्षिका/शिक्षक के रूप में 'रैगिंग और धमकाने' के सख्त विरोधी हैं तथा इस संदर्भ में विद्यालय में पोस्टर लगवाते हैं तथा समिति बनवाते हैं। आपसे जुड़ने वाले किशोर जो इस विचार के दृढ़ विश्वासी है, निम्नलिखित में से किस स्तर पर होंगे?
(a) सामाजिक व्यवस्था बनाए रखने वाला स्तर
(b) पारम्परिक स्तर
(c) पूर्व-पारम्परिक स्तर
(d) उत्तर पारम्परिक स्तर *(CTET–2014)*

21. निम्नलिखित में से कौन-सा सूक्ष्म गतिक कौशल का उदाहरण है?
(a) चढ़ना (b) फुदकना (c) दौड़ना (d) लिखना
(UTET-I–2015)

22. मनोसामाजिक सिद्धान्त निम्नलिखित में से किस पर बल देता है?

(a) क्रियाप्रसूत अनुबंधन (b) उद्दीपन व प्रतिक्रिया

(c) लिंगीय व प्रसुप्ति स्तर (d) उद्यम के मुकाबले में हीनता स्तर

(CTET–2014)

23. एल्बर्ट बैंड्यूरा के सामाजिक अधिगम सिद्धांत के अनुसार निम्न में से कौन-सा सही है?

(a) खेल अनिवार्य है और उसे विद्यालय में प्राथमिकता दी जानी चाहिए

(b) बच्चों के सीखने के लिए प्रतिरूपण एक मुख्य तरीका है

(c) अनसुलझा संकट बच्चे को नुकसान पहुँचा सकता है

(d) संज्ञानात्मक विकास सामाजिक विकास से स्वतंत्र है *(CTET–2014)*

24. बच्चों को शाब्दिक या गैर-शाब्दिक दण्ड देने का परिणाम होता है—

(a) उन्हें कार्य करने के लिए प्रेरित करना

(b) बच्चे की छवि की सुरक्षा करना

(c) उनके अंकों में सुधार करना

(d) उनके स्वयं के प्रति आवधारणा को नष्ट करना *(CTET–2015)*

25. निम्नलिखित में से कौन-सा बच्चों के समाजीकरण के प्रगतिशील मॉडल के संदर्भ में सही नहीं है?

(a) समूह कार्य में सक्रिय सहभागिता तथा सामाजिक कौशलों को सीखना

(b) बच्चे विद्यालय में बताई गई बातों को स्वीकार करते हैं चाहे उनकी सामाजिक पृष्ठभूमि कुछ भी हो

(c) कक्षा में प्रजातंत्र के लिए स्थान होना चाहिए

(d) सामाजीकरण सामाजिक नियमों का अधिग्रहण है *(CTET–2015)*

26. मनोसामाजिक सिद्धांत निम्नलिखित में से किस पर बल देता है?

(a) उद्दीपन व प्रतिक्रिया (b) लिंगीय व प्रसुप्ति स्तर

(c) उद्यम के मुकाबले में हीनता स्तर (d) क्रिया प्रसूत अनुबंधन *(CTET–2015)*

27. आप एक शिक्षिका/शिक्षक के रूप में 'रैगिंग और धमकाने' के सख्त विरोधी हैं तथा इस संदर्भ में विद्यालय में पोस्टर लगवाते हैं तथा समिति बनवाते हैं। आपसे जुड़ने वाले किशोर जो इस विचार के दृढ़ विश्वासी है निम्नलिखित में से किस स्तर पर होंगे?

(a) पारंपरिक (b) पूर्व पारंपरिक

(c) उत्तर पारम्परिक (d) सामाजिक व्यवस्था बनाये रखने वाला

(CTET–2015)

28. समाजीकरण एक प्रक्रिया है—

(a) मूल्यों, विश्वासों तथा अपेक्षाओं को अर्जित करने की

(b) मित्रों के साथ सामाजिक बनने की

(c) घुलने-मिलने तथा समायोजन की

(d) एक समाज की संस्कृति की आलोचना करना सीखने की *(CTET–2015)*

29. 'जन-संचार माध्यम समाजीकरण का एक महत्वपूर्ण माध्यम बनता जा रहा है।'' नीचे दिए गए कथनों में से कौन-सा सबसे उपयुक्त कथन है?
(a) संचार माध्यम पदार्थों के विज्ञापन और विक्रय के लिए एक अच्छा माध्यम है
(b) समाजीकरण केवल माता-पिता और परिवार के द्वारा किया जाता है
(c) जन-संचार माध्यमों की पहुँच बढ़ रही है और जन-संचार माध्यम अभिवृत्तियों मूल्यों और विश्वासों को प्रभावित करता है
(d) बच्चे संचार माध्यमों के साथ प्रत्यक्ष रूप से अंतःक्रिया नहीं कर सकते हैं
(CTET–2015)

30. निम्नलिखित में से कौन-सा समाजीकरण का एक प्रमुख कारक है?
(a) परिवार (b) कम्प्यूटर (c) आनुवंशिकता (d) राजनीतिक दल
(CTET–2015)

31. समाजीकरण की प्रक्रिया में शामिल नहीं है—
(a) आनुवंशिक संचरण
(b) एक संस्कृति की रीतियों और मानदंडों को सीखना
(c) कौशलों का अर्जन
(d) मूल्यों और विश्वासों का अर्जन *(CTET–2015)*

32. शिक्षा के संदर्भ में समाजीकरण से तात्पर्य है—
(a) सामाजिक वातावरण में अनुकूलन और समायोजन
(b) सामाजिक मानदंडों का सदैव अनुपालन करना
(c) अपने सामाजिक मानदंड बनाना
(d) समाज में बड़ों का सम्मान करना *(UTET-I–2015)*

33. नर्सरी कक्षा में शुरुआत करने के लिए कौन-सी विषय वस्तु सबसे अच्छी है?
(a) मेरा प्रिय मित्र (b) मेरा पड़ोस (c) मेरा परिवार (d) मेरा विद्यालय
(UTET-I–2015)

34. कक्षा में शिक्षार्थियों से कहा गया कि वे अपने समाज के लिए क्या कर सकते हैं इसे दर्शाने के लिए एक नोटबुक में अपने कार्य की विविध शिल्पकृतियों को संयोजित करें। यह किस प्रकार की गतिविधि है?
(a) पोर्टफोलियो आकलन (b) निबंधात्मक आकलन
(c) घटनावृत अभिलेख (d) समस्या समाधान आकलन
(CTET–2014)

35. एक शिक्षक, विद्यार्थियों में सामाजिक मूल्यों को विकसित कर सकता है—
(a) अनुशासन की अनुभूति को विकसित कर
(b) आदर्श रूप से बर्ताव कर
(c) महान व्यक्तियों के बारे में बोलकर
(d) उन्हें अच्छी कहानियाँ सुनाकर *(UTET-I–2015)*

36. बच्चे के समाजीकरण में परिवार .... भूमिका निभाता है।
(a) रोमांचकारी (b) मुख्य (c) गौण (d) कम महत्वपूर्ण
(CTET–2016)

37. प्राथमिक स्तर पर बच्चों के लिए संगीत, कहानी कहने, नाटक, कला, शिल्प, खेल आदि जैसी गतिविधियों का संचालन—
(a) सप्ताह में एक बार होना चाहिए
(b) प्रत्येक विषय के साथ सम्मिलित होना चाहिए
(c) अलग से संचालित करना चाहिए
(d) अतिरिक्त समय में कराया जाना चाहिए *(UTET-I–2015)*

38. .... एक प्रक्रिया है, जिसके माध्यम से मानव शिशु समाज के सक्रिय सदस्य के रूप में निष्पादन करने के लिए आवश्यक कौशलों का अर्जन करना प्रारंभ करता है।
(a) विकास (b) समाजीकरण (c) सीखना (d) परिपक्वता *(CTET–2016)*

39. विकास के मनोसामाजिक सिद्धांत का प्रतिपादन .... ने किया था।
(a) इरिक्सन (b) फ्रयाड (c) कोहलर (d) वाटसन *(UPTET–2016)*

40. बच्चों के सामाजिक विकास को प्रभावित करने वाले कारक हैं—
(a) आर्थिक तत्व (b) सामाजिक परिवेशजन्य तत्व
(c) शारीरिक तत्व (d) वंशानुगत तत्व *(UPTET-I–2017)*

41. ''किसी दूसरी वस्तु की अपेक्षा एक वस्तु पर चेतना का केंद्रीकरण अवधान है'' यह कथन है?
(a) डम्बिल का (b) रॉस का (c) मन का (d) मैक्डूगल का *(UPTET-I–2017)*

42. निम्नलिखित में से कौन-सा उत्तर बाल्यावस्था का लक्षण है?
(a) हठी (b) समय की संकल्पना
(c) सामाजिक संकल्पना (d) वीरपूजा *(HTET-I–2017)*

43. विद्यालयों में सह-पाठ्येत्तर गतिविधियाँ क्यों आयोजित की जानी चाहिए?
(a) ये संस्था की प्रसिद्धी में सहायक हैं
(b) ये छात्र के समग्र विकास में सहायक हैं
(c) ये शुल्क लेने को न्यायोचित ठहराने में सहायक हैं
(d) ये उन विद्यार्थियों के लिए महत्वपूर्ण है, जो अध्ययन में रूचि नहीं रखते *(HTET-I–2017)*

44. वह अवस्था जब बालक अपने अभिभावकों के साथ कम आनंदित होता है, संबंधित है उसके—
(a) शारीरिक विकास से (b) मानसिक विकास से
(c) भाषा विकास से (d) सामाजिक विकास से *(HTET-I–2017)*

45. निम्नलिखित में से कौन-सी कार्य सूचक क्रिया भावात्मक पक्ष की नहीं है?
(a) स्वीकारना (b) आज्ञा पालन (c) फर्क करना (d) प्रभावित करना *(HTET-I–2017)*

46. निम्नलिखित में कौन प्राथमिक समाजीकरण माध्यम है?
(a) परिवार (b) विद्यालय (c) सरकार (d) मीडिया *(CTET-I–2019)*

47. जब आप एक शिक्षक समूह से जुड़ जाते हैं और अपने समूह के अन्य लोगों की ही तरह पोशाक धारण करने लगते हैं, तो आप प्रदर्शन कर रहे होते हैं—
(a) समूह निर्देश – अनुपालन का (b) समूह की अनुरूपता का
(c) समूह की पहचान का (d) समूह आज्ञाकारिता का
(CTET-II–2018)

48. 'पुरुष और महिला की भूमिकाओं का निर्धारण समाज करता है।'' यह कथन बताता है कि—
(a) लैंगिकता एक अंर्तज्ञानी अवतरण है (b) लैंगिकता एक सामाजिक अवतरण है
(c) लैंगिकता एक अंतर्निहित अवतरण है (d) लैंगिकता एक आनुवंशिक प्रतिभा है
(CTET-II–2018)

49. निम्न में से सामाजिक मूल्य कौन-सा है?
(a) प्राथमिक लक्ष्य (b) मूल प्रवृत्ति
(c) सहायतापरक व्यवहार (d) आक्रामकता की आवश्यकता
(UPTET-I–2018)

50. किसी भी नयी भाषा को सीखने के लिए कहाँ से प्रारम्भ किया जाना चाहिए?
(a) वाक्यों के निर्माण से (b) शब्दों के निर्माण से
(c) अक्षरों व शब्दों के मध्य साहचर्य से (d) उपर्युक्त में से कोई नहीं
(UPTET-I–2018)

51. किंडरगार्टन विधि *(Kindergarten Method)* का प्रतिपादन किसने किया?
(a) फ्रोबेल *(Froebel)* (b) मॉन्टेसरी *(Montessori)*
(c) कुक *(Cook)* (d) डाल्टन *(Dalton)* *(UPPET-II–2018)*

52. ब्रोतफेनब्रेन्नर की पारिस्थितिकी सिद्धान्त के अनुसार, विद्यार्थी का परिवार, साथी और विद्यालय आदि उसके विकास को प्रभावित करते हैं और ये सम्बन्ध रखते हैं—
(a) काल तन्त्र से (b) सूक्ष्म तन्त्र से (c) वृहत तन्त्र से (d) बाह्य तन्त्र से
(HTET Level-III–2019)

53. स्कूल बच्चों के समाजीकरण की एक ऐसी समस्या है, जहाँ—
(a) प्रमुख स्थान स्कूल की गतिविधियों का होता है
(b) प्रमुख स्थान स्कूल के शिक्षकों का होता है
(c) प्रमुख स्थान स्कूली बच्चों का होता है
(d) प्रमुख स्थान स्कूल की दिनचर्या का होता है *(CTET-II–2018)*

54. निम्नलिखित में से कौन-सा द्वितीयक समाजीकरण एजेन्सी का उदाहरण है?
(a) परिवार एवं पास-पड़ोस (b) परिवार एवं मीडिया
(c) विद्यालय एवं मीडिया (d) मीडिया एवं पास-पड़ोस
(CTET-I–2019)

55. वह प्रक्रिया जिसके द्वारा बच्चे आदतों, कौशलों, मूल्यों तथा अभिप्रेरणा को विकसित करते हैं और जो उन्हें समाज का जिम्मेदार एवं क्रियाशील सदस्य बनाती है, उसे क्या कहा जाता है?
(a) समाजीकरण (b) समावेशन
(c) मुख्य धारा से जुड़ना (d) विभेदीकरण *(CTET-II–2019)*

56. आपकी कक्षा के एक विद्यार्थी को विभिन्न स्रोतों से बार-बार यह बताया गया है कि उसके सामाजिक वर्ग के लोग शैक्षिक क्षेत्र में निम्न स्तरीय प्रदर्शन करते हैं। इस रूढ़िवादिता एवं परिणामिक रूढ़िवादी आशंका के प्रभाव को कम करने के लिए एक शिक्षक को क्या पहल करना चाहिए?
(a) इस प्रकार के सरोकारों को अनदेखा करना चाहिए
(b) विभिन्न सामाजिक वर्गों के विद्यार्थियों के बीच प्रतियोगिता आयोजित करनी चाहिए
(c) विद्यार्थी से पढ़ाई छोड़कर किसी अन्य क्षेत्र में शामिल होने के लिए सलाह देनी चाहिए
(d) विभिन्न सामाजिक वर्गों के रोल मॉडल से संबंधित कहानियों एवं उदाहरणों को प्रस्तुत करना चाहिए *(CTET-II–2019)*

57. परिवार एवं पास-पड़ोस, बच्चों के समाजीकरण की—
(a) मनोवैज्ञानिक एजेंसियाँ हैं (b) प्राथमिक एजेंसियाँ हैं
(c) मध्य एजेंसियाँ हैं (d) द्वितीयक एजेंसियाँ हैं *(CTET-II–2019)*

58. बच्चों के समाजीकरण के संदर्भ में निम्न में से कौन-सा कथन सही है?
(a) विद्यालय समाजीकरण का एक द्वितीयक कारक है और परिवार समाजीकरण का एक प्राथमिक कारक है
(b) विद्यालय समाजीकरण का एक प्राथमिक कारक है और समकक्षी समाजीकरण के द्वितीयक कारक है
(c) समकक्षी समाजीकरण के प्राथमिक कारक है और परिवार समाजीकरण का एक द्वितीयक कारक है
(d) परिवार एवं जन-संचार दोनों समाजीकरण के द्वितीयक कारक हैं *(CTET-I–2021)*

59. बच्चों के समाजीकरण में विद्यालय—
(a) की कोई भूमिका नहीं है (b) की बहुत कम भूमिका है
(c) प्राथमिक कारक है (d) द्वितीयक कारक है *(CTET-II–2021)*

60. परिवार में आरंभ होने वाली वह प्रक्रिया जिसमें बच्चे अपनी व्यक्तिगत पहचान जानना शुरू करते हैं, भाषा सीखते हैं और आरंभिक संज्ञानात्मक कौशल विकसित करते हैं, क्या कहलाती है?
(a) प्रारंभिक समाजीकरण (b) द्वितीय समाजीकरण
(c) प्रच्छन्न अव्यूक समाजीकरण (d) सक्रिय समाजीकरण *(CTET–2022)*

61. सीखने की वह प्रक्रिया क्या कहलाती है जिसमें बच्चे स्कूल जैसी सामाजिक संस्थाओं में प्रवेश करके सीखते हैं?
(a) परिपक्वता (b) निष्क्रिय समाजीकरण
(c) प्राथमिक समाजीकरण (d) द्वितीयक समाजीकरण *(CTET–2022)*

62. निम्न में से कौन-सा कारक सामाजीकरण का प्राथमिक कारक नहीं है?
(a) परिवार (b) अड़ोस-पड़ोस
(c) समकक्षी (d) सरकार *(CTET–2022)*

63. ऐसे बच्चे जिन्होंने बहुत कम आयु से गम्भीर (मानव) सामाजिक अभाव का अनुभव किया है, सामान्यतः उनके विकास में देरी या बाधा उत्पन्न होती है और पुनर्वास के बावजूद विकास के कुछ क्षेत्रों में सुधार अधीनस्थ होने की सम्भावना है। यह अवधि जिसमें विकास पर्यावरणीय समर्थन से महत्वपूर्ण रूप से प्रभावित है, कहलाती है।

(a) संवेदनशील अवधि (b) निगमनात्मक अवधि

(c) सहज काल (d) मूल काल *(CTET 2024)*

64. अभिकथन (A) : शिक्षकों और साथियों जैसे अधिक जानकार अन्य लोगों के साथ बातचीत शिक्षार्थियों को उनकी समझ और कौशल विकसित करने में सहायता करने के लिए आवश्यक समर्थन और मार्गदर्शन प्रदान कर सकती है।

कारण (R) : सामाजिक सम्पर्क सीखने और विकास का एक प्रमुख छटक है।

कूट :

(a) A और R दोनों गलत हैं

(b) A सही है, परन्तु R गलत है

(c) A और R दोनों सही हैं तथा R, A की सही व्याख्या करता है

(d) A और R दोनों सही हैं, परन्तु R, A की सही व्याख्या नहीं करता है

(CTET 2024)

65. शैशवावस्था में समाजीकरण की ..... संस्थाएँ प्रमुख रूप से महत्वपूर्ण हैं, जबकि प्रारम्भिक बाल्यावस्था में समाजीकरण की .... संस्थाएँ भी महत्वपूर्ण हो जाती हैं?

(a) तृतीयक, माध्यमिक (b) प्राथमिक, माध्यमिक

(c) माध्यमिक, प्राथमिक (d) माध्यमिक, तृतीयक *(CTET 2024)*

उत्तरमाला

1.	(c)	2.	(a)	3.	(a)	4.	(c)	5.	(d)	6.	(b)	7.	(c)	8.	(a)
9.	(d)	10.	(b)	11.	(b)	12.	(b)	13.	(a)	14.	(d)	15.	(c)	16.	(b)
17.	(c)	18.	(c)	19.	(d)	20.	(d)	21.	(d)	22.	(d)	23.	(b)	24.	(d)
25.	(b)	26.	(c)	27.	(c)	28.	(a)	29.	(c)	30.	(a)	31.	(a)	32.	(a)
33.	(c)	34.	(a)	35.	(b)	36.	(d)	37.	(b)	38.	(b)	39.	(a)	40.	(b)
41.	(a)	42.	(a)	43.	(b)	44.	(d)	45.	(c)	46.	(a)	47.	(b)	48.	(b)
49.	(c)	50.	(c)	51.	(a)	52.	(b)	53.	(c)	54.	(c)	55.	(a)	56.	(d)
57.	(b)	58.	(a)	59.	(d)	60.	(a)	61.	(d)	62.	(d)	63.	(d)	64.	(c)
65.	(b)														

★★★

6

पियाजे, कोहलबर्ग एवं वाइगोट्स्की

पियाजे का सिद्धान्त
The Theory of Piaget

पियाजे के अध्ययनों का आधुनिक बाल-विकास विषय पर अधिक प्रभाव पड़ा है। उसने मनोवैज्ञानिकों का ध्यान विकास की अवस्थाओं तथा संज्ञान की महत्व की ओर आकर्षित किया है। पियाजे के सिद्धान्त के कुछ प्रमुख विचार निम्नलिखित हैं—

1. निर्माण और खोज *(Construction & Invention)*: बच्चे उन व्यवहारों और विचारों की समय-समय पर खोज और निर्माण करते रहते हैं, जिन व्यवहारों और विचारों का उन्होंने कभी पहले प्रत्यक्ष नहीं किया होता है। पियाजे का विचार है कि ज्ञानात्मक विकास केवल नकल *(Copying)* न होकर खोज *(Invention)* पर आधारित है। नवीनता या खोज *(Novelty or Invention)* को उद्दीपक-अनुक्रिया सामान्यीकरण के आधार पर नहीं समझाया जा सकता है। उदाहरण के लिए एक चार साल का बालक यदि भिन्न-भिन्न आकार के प्यालों को प्रथम बार क्रमानुसार लगा देता है, तो यह उसके बौद्धिक वृद्धि की खोज और निर्माण से सम्बन्धित है।

2. कार्य-क्रिया का अर्जन *(Acquisition of Operation)*: ऑपरेशन का तात्पर्य उस विशिष्ट प्रकार के मानसिक कार्य *(Mental Routine)* से है जिसकी मुख्य विशेषता उत्क्रमणशीलता *(Reversibility)* है। पियाजे के अनुसार, जब तक बालक किशोरावस्था तक नहीं पहुँच जाता है तब तक वह भिन्न-भिन्न विकास-अवस्थाओं में भिन्न-भिन्न वर्गों के ऑपरेशन्स का अर्जन करता रहता है। एक विकास अवस्था से दूसरी विकास अवस्था में पदार्पण के लिए निम्न दो सिद्धान्त आवश्यक है—

(a) सात्मीकरण *(Assimilation)*: सात्मीकरण का अर्थ है—बालक में उपस्थित विचार में किसी नये विचार *(Idea)* या वस्तु का समावेश हो जाना। पियाजे का विचार *(Idea)* का अर्थ बालक के प्रत्यक्षात्मक-गत्यात्मक समन्वय *(Perceptual Motor Coordinations)* से है। प्रत्येक बालक में प्रत्येक आयु-स्तर पर कुछ-न-कुछ क्रियाओं या ऑपरेशन्स के सेट विद्यमान होते हैं। इन पुराने ऑपरेशन्स में नये विचार या क्रियाओं का समावेश हो जाता है।

(b) व्यवस्थापन तथा संतुलन स्थापित करना *(Accommodation and Equilibration)*: व्यवस्थापन का अर्थ नयी वस्तु या विचार के साथ समायोजन करना है या अपने विचारों और क्रियाओं को नये विचारों और वस्तुओं में फिट करना है। बालकों में बौद्धिक वृद्धि जैसे-जैसे बढ़ती है वैसे-वैसे वह नयी परिस्थितियों के साथ समायोजन करना सीखता है। मानसिक वृद्धि में सात्मीकरण और व्यवस्थापन में उपस्थित अथवा उत्पन्न तनाव का हल *(Resolution)* निहित होता है।

➢ बालक हर समय नयी घटनाओं या समस्याओं के साथ अपने को व्यवस्थापित करता रहता है, जिससे उसका बौद्धिक विकास परिपक्वता की ओर अग्रसर होता है। इस प्रकार का व्यवस्थापन संतुलन *(Equilibration)* कहलाता है।

3. क्रमिक विकासात्मक अवस्थाएँ *(Sequential Development Stages)* : पियाजे ने विकास की चार मुख्य अवस्थाओं का वर्णन किया है—

(a) संवेदी-पेशीय अवस्था *(Sensory-Motor Period)* : यह जन्म से चौबीस महीने तक की अवस्था है। इस आयु में उसकी बुद्धि उसके कार्यों द्वारा व्यक्त होती है। उदाहरण के लिए—चादर पर बैठा बालक चादर पर पड़े दूर खिलौने को प्राप्त करने के लिए चादर को खींचकर खिलौना प्राप्त कर लेता है।

➢ पियाजे के अनुसार यह एक बौद्धिक कार्य है। पियाजे ने सेन्सोरीमोटर अवस्था को पुनः निम्न छह अवस्थाओं में विभाजित किया है।

★ प्रतिवर्त्त क्रियाएँ *(Reflex Activities)*: यह जन्म से एक माह तक की अवस्था है।

★ प्रमुख वृत्तीय प्रतिक्रियाएँ *(Primary Circular Reactions)*: यह एक से तीन माह तक की अवस्था है।

★ गौण वृत्तीय प्रतिक्रियाएँ *(Secondary Circular Reactions)*: यह चार से छह माह तक की अवस्था है।

★ गौण प्रतिक्रियाओं का समन्वय *(Co-ordination of Secondary Reactions)*: यह सात से दस माह तक की अवस्था है।

★ तृतीय वृत्तीय प्रतिक्रियाएँ *(Tertiary Circular Reactions)* : यह ग्यारह से अठारह माह तक की अवस्था है।

★ अन्तिम अवस्था *(Final Stage of this period)*: यह अवस्था वह है जो बालक लगभग चौबीस माह की आयु में प्राप्त करता है।

(b) पूर्व-संक्रियात्मक अवस्था *(Pre-Operational Period)*: यह दो से सात वर्ष तक की अवस्था है। इस अवस्था में वह नयी सूचनाओं और अनुभवों का संग्रह करता है। वह पहली अवस्था की अपेक्षा अधिक समस्याओं का समाधान करने योग्य हो जाता है। इस अवस्था में उसमें आत्मकेन्द्रिता *(Egocentricity)* का विकास होता है। इस अवधि के अन्त तक जब बालक में कुछ सामाजिक विकास उन्नत हो जाता है तब उसकी यह आत्मकेन्द्रिता कुछ कम होने लग जाती है।

➢ पियाजे का विचार है कि छह वर्ष से कम आयु के बालकों में संज्ञानात्मक परिपक्वता का अभाव पाया जाता है। इस अभाव के कारण वह परम्परागत समस्याओं को तभी सीख पाते हैं जब उन्हें कुछ शिक्षण प्रशिक्षण दिये जाते हैं।

(c) ठोस संक्रियात्मक अवस्था *(Concrete Operational Period)* : यह अवस्था सात से ग्यारह वर्ष तक की अवस्था है। इस अवस्था में वह यह विश्वास करने लगता है कि लंबाई, भार तथा अंक आदि स्थिर रहते हैं। वह अनेक कार्यों की मानसिक प्रतिभा प्रस्तुत कर सकता है। वह किसी पूर्व और उसके अंश के संबंध में तर्क कर सकता है।

पियाजे द्वारा वर्णित विकासात्मक अवस्थाएँ एवं उससे सम्बन्धित उपलब्धियाँ

क्र.	अवस्था तथा सन्निकट आयु	विचार	तत्संबन्धित उपलब्धियाँ
1.	संवेदी-पेशीय अवस्था *(0–2 वर्ष)*	संवेदी पेशीय विचार	पूर्व-शाब्दिक, गतियों की पुनरावृति, प्रयत्न, मूल व्यवहार का आरम्भ, वस्तु स्थापित जीवत्वारोपण
2.	पूर्व-संक्रियात्मक अवस्था *(2–7 वर्ष)*	परिक्रमणात्मक विचार, अन्तः-प्रज्ञात्मक विचार	अहंकेन्द्रिता, नकल करने की प्रवृत्ति, प्रत्यक्षात्मक तार्किक कल्पनात्मक खेल, अस्थिर अनौपचारिक तार्किकता
3.	ठोस संक्रियात्मक अवस्था *(7–11 वर्ष)*	आगमनात्मक विचार	अहंकेन्द्रिता, व्याख्या या स्पष्टीकरण, संरक्षण व परिरक्षण, क्रमबद्धता निर्मित करना, रूपान्तरण, वर्गीकरण, अति काल्पनिकता इत्यादि।
4.	औपचारिक संक्रियात्मक अवस्था *(11 वर्ष व उससे अधिक)*	निगमनात्मक विचार	तर्क का अनुप्रयोग करना, निष्कर्ष निकालना, शाब्दिक परिकल्पना, आदर्शात्मक चिन्तन, दूसरों के साथ जुड़कर कार्य करना, समानुपातिकता प्रसम्भाव्यतावादी एवं संयोजकीय तार्किकता, अनौपचारिक संबंध

(d) **औपचारिक संक्रियात्मक अवस्था** *(Formal Operational Period)*: यह अवस्था ग्यारह वर्ष से प्रौढ़ावस्था तक की अवस्था है। इस अवस्था में वह परिकल्पनात्मक ढंग से समस्याओं पर विचार कर सकता है। वह अनेक ऑपरेशन को संगठित कर उच्च स्तर के ऑपरेशन का निर्माण कर सकता है और विभिन्न प्रकार की समस्याओं के समाधान के लिए अमूर्त्त नियमों का निर्माण कर सकता है।

पियाजे द्वारा प्रतिपादित संज्ञानात्मक विकास की अवस्थाएँ

क्र.	अवस्था	सन्निकट आयु	विशेषताएँ
1.	संवेदी-प्रेरक	0–2 वर्ष	शिशु संवेदी अनुभवों का शारीरिक क्रियाओं के साथ समन्वय करते हुए संसार का अन्वेषण करता है।
2.	पूर्व-संक्रियात्मक	2–7 वर्ष	प्रतीकात्मक विचार विकसित होते हैं, वस्तु स्थायित्व उत्पन्न होता है, बच्चा वस्तु के विभिन्न भौतिक गुणों को समन्वित नहीं कर पाता है।
3.	ठोस संक्रियात्मक	7–11 वर्ष	बच्चा ठोस घटनाओं के संबंध में युक्तिसंगत तर्क कर सकता है और वस्तुओं को विभिन्न समूहों में वर्गीकृत कर सकता है। वस्तुओं की मानस प्रतिमाओं पर प्रतिवर्तनीय मानसिक संक्रियाएँ करने में सक्षम होता है।
4.	औपचारिक संक्रियात्मक	11–15 वर्ष	किशोर तर्क का अनुप्रयोग अधिक अमूर्त्त रूप से कर सकते हैं, परिकल्पनात्मक चिन्तन विकसित होते हैं।

लॉरेंस कोहलबर्ग का सिद्धांत
Lawrance Kohlberg's Theory

लॉरेंस कोहलबर्ग ने 10 से 16 वर्ष के बच्चों से प्राप्त तथ्यों का विश्लेषण करके सिद्धांत प्रतिपादित किया। कोहलबर्ग के अनुसार जब बालकों को नैतिक संघर्षों का सामना करना पड़ता है तो उनकी तार्किकता अधिक महत्वपूर्ण होती है न कि अन्तिम निर्णय। कोहलबर्ग ने धारणा बनायी कि बालक अपनी विकास की अवस्था में तीन स्तरों से गुजरकर अपनी नैतिक तार्किकता की योग्यताओं को विकसित कर पाते हैं। जो निम्नलिखित है—

(a) प्राक्रूढ़िगत नैतिकता का स्तर *(Level of Preconventional Level)*: यह अवस्था 4 वर्ष से लेकर 10 वर्ष की आयु तक होती है। इस अवस्था में नैतिक तर्कणा *(Moral Reasoning)* दूसरे लोगों के मानकों *(Standards)* से निर्धारित होता है, न कि सही तथा गलत के अपने आंतरीकृत मानकों *(Internalized Standards)* के द्वारा। बच्चे यहाँ किसी भी व्यवहार को अच्छा या बुरा, उसके भौतिक परिणामों के आधार पर कहते हैं। इसके अंतर्गत दो अवस्थाएँ होती हैं—

(i) दंड एवं आज्ञाकारिता उन्मुखता *(Punishment and Obedience Orientation)*: इस अवस्था के बच्चों में दंड से दूर रहने का अभिप्रेरण अधिक मजबूत होता है। इस अवस्था में बच्चे प्रतिष्ठित या शक्तिशाली व्यक्ति, प्रायः माता-पिता के प्रति सम्मान दिखलाता है ताकि उसे दंड नहीं मिल सके। किसी भी कार्य या व्यवहार की नैतिकता को यहाँ व्यक्ति उसके भौतिक परिणामों के रूप में परिभाषित करता है।

(ii) साधनात्मक सापेक्षवादी उन्मुखता *(Instrumental Relativist Orientation)*: इस अवस्था में यद्यपि बच्चे पारस्परिकता तथा सहभागिता के स्पष्ट सबूत प्रदान करते हैं। यह छलयोजित *(Manipulative)* तथा आत्म-परिपूरक पारस्परिकता *(Self-Serving Reciprocity)* होती है न कि सही अर्थ में न्याय, उदारता, सहानुभूति पर आधारित है। यहाँ अदला-बदली *(Bartering)* का भाव मजबूत होता है।

(b) रूढ़िगत नैतिकता का स्तर *(Level of Conventional Morality)*: यह अवस्था 10 से 13 साल की होती है जहाँ बच्चे दूसरों के मानकों *(Standards)* को अपने में आंतरीकृत कर लेता है तथा उन मानकों के अनुसार सही तथा गलत का निर्णय करता है।

➢ इस स्तर पर बच्चे उन सभी क्रियाओं को सही समझता है जिससे दूसरों की मदद होती है तथा दूसरे लोग उसे अनुमोदित करते हैं या जो समाज के नियमों के अनुकूल होता है। इसकी अवस्थाएँ *(Stages)* इस प्रकार हैं—

उत्तम लड़का-अच्छी लड़की की उन्मुखता *(Good Boy-Nice Girl Orientation)*: इस अवस्था में बच्चों में स्वीकृति पाने तथा अस्वीकृति *(Disapproval)* से दूर रहने का अभिप्रेरण तीव्र होता है।

(c) उत्तररूढ़िगत नैतिकता का स्तर *(Level of Post Conventional Morality)*: इस अवस्था में बच्चों में नैतिक आचरण पूर्णतः आंतरिक नियंत्रण *(Internal Control)* में होता है। यह नैतिकता का सबसे उच्च स्तर *(Highest Level)* होता है और इसमें

नैतिकता *(True Morality)* का ज्ञान बच्चों में होता है। इसके तहत दो अवस्थाएँ *(Stages)* होती हैं, जो इस प्रकार हैं—

(i) सामाजिक अनुबंध उन्मुखता *(Social Contract Orientation)*: इस अवस्था में बच्चे या किशोर उन वैयक्तिक आधार *(Individual Rights)* तथा नियमों का आदर करते हैं, जो प्रजातांत्रिक रूप से *(Democratically)* मान्य होता है। वे यहाँ लोगों के कल्याण तथा बहुसंख्यकों के इच्छाओं का तर्कसंगत महत्व देते हैं। यहाँ बच्चे यह विश्वास करते हैं कि समाज का उत्तम कल्याण तब होता है जब उसके सदस्य समाज के नियमों का आदरपूर्वक पालन करते हैं।

(ii) सार्वत्रिक नीतिपरक सिद्धांत उन्मुखता *(Universal Ethical Principle Orientation)*: इस अवस्था में बच्चों में अपने नैतिक नियमों *(Ethical Principles)* को प्रोत्साहित करने तथा आत्म-निंदा *(Self-Condemnation)* से बचने का अभिप्रेरण तीव्र होता है। यह उच्चतम सामाजिक स्तर का उच्चतम अवस्था *(Highest Stage)* होता है, जहाँ किशोरों में सार्वत्रिक नैतिक नियम *(Universal Ethical Principles)* की नैतिकता बरकरार रहती है।

➢ यहाँ किशोर दूसरों के विचारों तथा नैतिक प्रतिबंधों *(Legal Restrictions)* से स्वतंत्र होकर अपने आंतरिक मानकों *(Internal Standards)* के अनुरूप व्यवहार करता है।

कोहलबर्ग के सिद्धांत की सीमाएँ *(Limitation of Kohlberg Theory)*: कोहलबर्ग द्वारा प्रतिपादित सिद्धांत की सीमाएँ निम्नलिखित हैं—

(i) इस सिद्धांत की सबसे प्रमुख सीमा है कि इसमें वास्तविक व्यवहार की अवस्था की अपेक्षा तार्किकता पर अधिक ध्यान दिया गया है।

(ii) यह एक सामान्य अन्वेषण है इसमें प्रत्येक अवस्था के बालक के आस-पास जब प्रेक्षक न हो तो वे अपने सम-आयु वर्ग की नकल करते हैं या उन्हें उत्तर बताते हैं या प्रेक्षक प्रत्येक बालक को ईमानदारी से व्यवहार करने के लिए प्रोत्साहित करता है और बेईमानी से व्यवहार करने वाले कुछ बालकों को हतोत्साहित कर सकता है। यह दर्शाता है कि एक बालक का नैतिक व्यवहार बहुत कमजोर हो सकता है।

(iii) कोहलबर्ग का सिद्धांत वास्तव में बहुत सीमित है क्योंकि बालक विभिन्न अवस्थाओं में अपने नैतिक निर्णयों के लिए काफी सीखते हैं लेकिन उनके कार्यों में विभिन्नता होती है। भारतीय दार्शनिक तथा शिक्षाशास्त्रियों का विश्वास है कि मूल्य व्यक्ति का एक अंग होना चाहिए, उसकी तार्किकता तथा निर्णय-निर्माण ऐसा हो कि वह अपने मूल्यों के साथ खुश रह सके।

वाइगोट्स्की के विकास का सिद्धांत
Vygostsky Development Theory

वाइगोट्स्की के सिद्धांत के अनुसार बच्चों के संज्ञानात्मक विकास में सामाजिक कारकों *(Social Factors)* एवं भाषा *(Language)* का महत्वपूर्ण स्थान है। इसलिए वाइगोट्स्की के संज्ञानात्मक विकास के सिद्धांत को सामाजिक-सांस्कृतिक सिद्धांत भी कहा जाता है।

- वाइगोट्स्की के अनुसार, वास्तव में संज्ञानात्मक विकास एक अंतर्वैयक्तिक सामाजिक परिस्थिति *(Interpersonal Social Context)* में संपन्न होता है, जिसमें बच्चों को अपने वास्तविक विकास के स्तर *(Level of Actual Development) (अर्थात् जहाँ तक वे बिना किसी मदद के अपने ही कोई कार्य कर सकते हैं)* से अलग तथा उनके संभाव्य विकास के स्तर *(Level of Potential Development) (अर्थात् जिसे वे सार्थक एवं महत्वपूर्ण व्यक्तियों की सहायता से प्राप्त करने में सक्षम हैं)* के तरफ ले जाने की कोशिश की जाती है। इन दोनों स्तरों के बीच के अंतर को वाइगोट्स्की ने समीपस्थ विकास का क्षेत्र *(Zone of Proximal Development or ZPD)* कहा है।
- समीपस्थ विकास का क्षेत्र से तात्पर्य बच्चों के लिए एक ऐसे कठिन कार्यों की दूरी *(Range)* से होता है, जिसे वह अकेले नहीं कर सकता है लेकिन अन्य वयस्कों तथा कुशल सहयोगियों *(Skilled Peers)* की मदद से उसे किया जा सकता है।
- वाइगोट्स्की ने संज्ञानात्मक विकास में बच्चों की भाषा एवं चिन्तन को भी महत्वपूर्ण साधन बतलाया है। इनका मत है कि छोटे बच्चों द्वारा भाषा का उपयोग सिर्फ सामाजिक संचार *(Social Communication)* के लिए नहीं किया जाता है बल्कि इसका उपयोग वे लोग अपने व्यवहार को नियोजित एवं निदेशित करने के लिए भी करते हैं। जब आत्म-नियमन *(Self-Regulation)* के लिए भाषा का उपयोग किया जाता है, तो इसे आंतरिक भाषण *(Inner Speech)* या निजी भाषण *(Private Speech)* कहा जाता है।

वाइगोट्स्की के निकट विकास क्षेत्र (ZPD) में खेल का महत्व

- वाइगोट्स्की का मत था कि खेल बच्चों को अपने व्यवहार पर नियंत्रण की क्षमता देने वाला मानसिक उपकरण है। खेल में जो कल्पित स्थितियाँ खड़ी की जाती हैं, वे बच्चे के व्यवहार को एक खास तरह से नियंत्रित करने वाली और दिशा देने वाली प्रथम बाधाएँ हैं। खेल व्यवहार को संगठित करता है।
- विकास में खेल के महत्व के बारे में वाइगोट्स्की का दृष्टिकोण समन्वयकारी था। इनका मत था कि खेल संज्ञानात्मक, भावात्मक और सामाजिक विकास को बढ़ावा देता है।
- खेल के विकास संज्ञानात्मक और सामाजिक विकास के अलावा स्कूल संबंधी कौशलों को भी लाभ पहुँचाते हैं। अधिगम की अन्य गतिविधियों की अपेक्षा खेल के दौरान बच्चों के मानसिक कौशल उच्चतर स्तर पर होते हैं। वाइगोट्स्की ने इसे निकट विकास क्षेत्र *(ZPD)* के उच्चतर स्तर की तरह पहचाना है। वाइगोट्स्की के अनुसार खेल विकास को तीन प्रकार से प्रभावित करता है—

  (a) खेल-कार्यों और वस्तुओं को विचार से अलग करने का काम करता है।

  (b) खेल आत्मनियन्त्रण के विकास में सहायक होता है।

  (c) खेल बच्चे के निकट विकास क्षेत्र का निर्माण करता है।

निकट विकास क्षेत्र (ZPD) के निर्माण में खेल का महत्व

वाइगोट्स्की का मत था कि 'खेल' बच्चों के लिए निकट विकास क्षेत्र का निर्माण भी करता है। इस संबंध में कुछ महत्वपूर्ण तथ्य निम्नलिखित हैं—

➢ वाइगोट्स्की के अनुसार अधिगम तथा अन्य गतिविधियों की अपेक्षा खेल में की गई नयी विकासमान दक्षताएँ पहले प्रकट होती हैं। अतः चार साल की उम्र में बालक की आगामी सम्भावनाओं की भविष्यवाणी के लिए खेल जितना उपयुक्त है उतना अक्षर पहचानने जैसी अकादमिक गतिविधियाँ नहीं।

➢ खेल में विकास की सारी प्रवृत्तियाँ सारभूत रूप से मौजूद होती हैं। इसमें बालक अपने सामान्य स्तर से ऊपर छलांग लगाने को तत्पर रहता है।

➢ खेलने के लिए बालक जिस मानसिक प्रक्रिया में संलग्न *(Attached)* होता है वह निकट विकास क्षेत्र की रचना करती है। बच्चा निकट विकास क्षेत्र के उच्चतर स्तर पर काम कर सके इसके लिए कल्पित स्थितियों से प्राप्त भूमिकाएँ नियम तथा प्रेरणा सहायक सिद्ध होते हैं।

परीक्षोपयोगी तथ्य

➢ जीन पियाजे *(Jean Piaget)* ने बालकों के संज्ञानात्मक विकास *(Cognitive Development)* को चार अवस्थाओं में बाँटा है—

संवेदी-पेशीय अवस्था *(Sensory Motor Stage)*: *(जन्म से 24 महीने)*

प्राक्संक्रियात्मक अवस्था *(Preoperational Stage)*: *(2 वर्ष से 7 वर्ष)*

ठोस संक्रियात्मक की अवस्था *(Stage of Concrete Operation)*: *(7 वर्ष से 12 वर्ष)*

औपचारिक संक्रियात्मक अवस्था *(Stage of Formal Operation)*: *(12 वर्ष से वयस्कावस्था)*

➢ पियाजे के सिद्धांत के संप्रत्ययों *(Concepts)* में अनुकूलन *(Adaptation)*, संरक्षण *(Conservation)*, साम्यधारण *(Equilibration)*, स्कीम्स *(Schemes)*, स्कीमा *(Schema)* तथा विकेंद्रण *(Decentring)* प्रमुख हैं।

➢ पियाजे ने संवेदी पेशीय अवस्था को छह उप-अवस्थाओं में विभाजित किया है—

प्रतिवर्त क्रियाओं की अवस्था *(Stage of Reflex Activities)* — जन्म से 30 दिन

प्रमुख वृत्तीय प्रतिक्रियाओं की अवस्था — 1 महीने से 4 महीने

गौण वृत्तीय प्रतिक्रियाओं की अवस्था — 4 महीने से 8 महीने

गौण स्कीमैटा के समन्वय की अवस्था — 8 महीने से 12 महीने

तृतीय वृतीय प्रतिक्रियाओं की अवस्था — 12 महीने से 18 महीने

मानसिक संयोग द्वारा नये साधनों की खोज की अवस्था — 18 महीने से 24 महीने

➢ पियाजे ने प्राक्संक्रियात्मक अवस्था को दो भागों में बाँटा है— प्राक्संप्रत्ययात्मक अवधि *(Preconceptual Period)* तथा अंतर्दर्शी अवधि *(Intuitive Period)*।

➢ प्राक्संप्रत्ययात्मक अवधि *(Preconceptual Period)* 2 वर्ष से 4 वर्ष की होती है। इस अवस्था में बालक सूचकता *(Signifiers)* विकसित कर लेते हैं।

➢ अन्तर्दर्शी अवधि *(Intuitive Period)* 4 वर्ष से 7 वर्ष की होती है। इस अवधि में बालकों का चिंतन एवं तर्कणा *(Reasoning)* पहले से अधिक परिपक्व *(Mature)* हो जाते हैं।

➢ ठोस संक्रिया की अवस्था *(Stage of Concerte Operation)* 7 वर्ष से 12 वर्ष तक होती है। इस अवस्था में बालक ठोस वस्तुओं के आधार पर आसानी से मानसिक संक्रियाएँ *(Mental Operations)* करके समस्या का समाधान कर लेता है।

➢ औपचारिक संक्रिया की अवस्था *(Stage of Formal Operations)* 11 वर्ष से प्रारंभ होकर वयस्कावस्था *(Adulthood)* तक चलती है।

➢ कोहलबर्ग के अनुसार नैतिक विकास की तीन मुख्य अवस्थाएँ होती हैं और इन अवस्थाओं का क्रम निश्चित होता है। ये अवस्थाएँ हैं—

★ प्राक्रूढ़िगत नैतिकता का स्तर *(4 वर्ष से 10 वर्ष)*

★ रूढ़िगत नैतिकता का स्तर *(10 वर्ष से 13 वर्ष)*

★ उत्तररूढ़िगत नैतिकता का स्तर

➢ प्राक्रूढ़िगत नैतिकता स्तर में नैतिक तर्कणा *(Moral Reasoning)* दूसरे लोगों के मानकों *(Standards)* से निर्धारित होता है। बच्चे किसी व्यवहार को अच्छा या बुरा उसके भौतिक परिणामों के आधार पर करते हैं।

➢ रूढ़िगत नैतिकता स्तर में बच्चे उन सभी क्रियाओं को सही समझता है जिससे दूसरों की मदद होती है तथा दूसरे लोग उसे अनुमोदित करते हैं या जो समाज के नियमों के अनुकूल होता है।

➢ उत्तररूढ़िगत नैतिकता स्तर में बच्चों में नैतिक आचरण पूर्णतः आंतरिक नियंत्रण *(Internal Control)* में होता है। यह नैतिकता का सबसे उच्च स्तर *(Highest Level)* होता है और इसमें नैतिकता का ज्ञान बच्चों में होता है।

➢ वाइगोट्स्की *(Vygotsky)* ने बच्चों के संज्ञानात्मक विकास में सामाजिक कारकों एवं भाषा को महत्वपूर्ण बतलाया है।

➢ वाइगोट्स्की के संज्ञानात्मक विकास के सिद्धांत को सामाजिक-सांस्कृतिक सिद्धांत *(Socio-Cultural Theory)* भी कहा जाता है।

➢ वाइगोट्स्की ने वास्तविक विकास के स्तर तथा संभाव्य विकास के स्तर के बीच के अंतर को समीपस्थ विकास का क्षेत्र *(ZPD)* कहा है।

वस्तुनिष्ट प्रश्न

1. पियाजे *(Piaget)* के अनुसार, निम्नलिखित में से कौन-सी अवस्था है जिसमें बच्चा अमूर्त्त संकल्पनाओं के विषय में तार्किक चिंतन करना आरंभ करता है?
   (a) मूर्त-संक्रियात्मक अवस्था *(Concrete Operational Stage) (07-11 वर्ष)*
   (b) औपचारिक-संक्रियात्मक अवस्था *(Formal Operational Stage) (11 वर्ष एवं ऊपर)*
   (c) संवेदी-प्रेरक अवस्था *(Sensory Operational Stage) (जन्म से 02 वर्ष)*
   (d) पूर्व-संक्रियात्मक अवस्था *(Pre Operational Stage) (02-07 वर्ष)*
   (CTET–2011)

2. ''बच्चे दुनिया के बारे में अपनी समझ का सृजन करते हैं।'' इसका श्रेय .... को जाता है।
   (a) पियाजे *(Piaget)*
   (b) पावलॉव *(Pavlov)*
   (c) कोहलबर्ग *(Kohlberg)*
   (d) स्किनर *(Skinner)* *(CTET–2011)*
3. पियाजे के अनुसार विकास की पहली अवस्था के दौरान बच्चा .... सबसे बेहतर सीखता है।
   (a) निष्क्रिय *(Neutral)* शब्दों को समझने के द्वारा
   (b) अमूर्त्त तरीके से चिन्तन द्वारा *(By Thinking in an Abstract Fashion)*
   (c) भाषा के नये अर्जित ज्ञान के अनुप्रयोग द्वारा
   (d) इंद्रियों के प्रयोग द्वारा *(By Using the Senses)* *(CTET–2011)*
4. बच्चों में बौद्धिक विकास *(Intellectual Development)* की चार विशिष्ट अवस्थाओं की पहचान की गई—
   (a) कोहलबर्ग *(Kohlberg)* द्वारा
   (b) इरिक्सन *(Erikson)* द्वारा
   (c) स्किनर *(Skinner)* द्वारा
   (d) पियाजे *(Piaget)* द्वारा *(CTET, UPTET–2011)*
5. वह अवस्था जब बच्चा तार्किक रूप से वस्तुओं व घटनाओं के विषय में चिंतन प्रारंभ करता है—
   (a) संवेदी-प्रेरक अवस्था *(Sensory Operational Stage)*
   (b) औपचारिक-संक्रियात्मक अवस्था *(Formal Operational Stage)*
   (c) पूर्व-संक्रियात्मक अवस्था *(Pre Operational Stage)*
   (d) मूर्त-संक्रियात्मक अवस्था *(Concrete Operational Stage)* *(CTET, UPTET–2011)*
6. बच्चों के संज्ञानात्मक विकास *(Cognitive Development)* को सबसे अच्छे तरीके से कहाँ परिभाषित किया जा सकता है?
   (a) खेल के मैदान में *(Playground)*
   (b) विद्यालय एवं कक्षा में *(School & Class)*
   (c) गृह में *(Home)*
   (d) ऑडिटोरियम में *(Auditorium)* *(UPTET–2011)*
7. एक सामान्य 12 वर्ष की आयु के बच्चे में सबसे अधिक होना संभव है—
   (a) कुल प्रेरक समन्वय *(Motor Co-ordination)* में कठिनाई
   (b) वयस्कों को खुश करने के बारे में दुश्चिंता *(Anxiety)* की अनुभूति
   (c) अब और यहाँ में उसकी रुचियों को सीमित करना
   (d) समकक्षी के अनुमोदन *(Peer Approval)* के लिए बेचैनी *(UPTET–2011)*
8. निम्न में से कौन पियाजे के अनुसार बौद्धिक विकास *(Intellectual Development)* का निर्धारक तत्व नहीं है?
   (a) सामाजिक संचरण *(Social Transmission)*
   (b) अनुभव *(Feeling)*
   (c) संतुलीकरण *(Balance)*
   (d) इनमें से कोई नहीं *(RTET–2011)*

9. बालकों की सोच अमूर्त्तता की अपेक्षा मूर्त अनुभवों एवं प्रत्ययों से होती है। यह अवस्था है—

(a) 7 से 12 वर्ष तक (b) 12 वर्ष से वयस्क तक
(c) 2 से 7 वर्ष तक (d) जन्म से 2 वर्ष तक

(RTET–2011; BTET–2011)

10. निम्न में से कौन पियाजे के अनुसार बौद्धिक विकास का निर्धारक तत्व नहीं है?

(a) सामाजिक संचरण (b) अनुभव
(c) संतुलनीकरण (d) इनमें से कोई नहीं *(RTET-2011)*

11. पियाजे के संज्ञानात्मक विकास सिद्धांत के अनुसार संवेदी क्रियात्मक अवस्था *(Sensory Operational Stage)* होती है—

(a) जन्म से 2 वर्ष (b) 2 से 7 वर्ष (c) 7 से 11 वर्ष (d) 11 से 16 वर्ष

(CgTET–2011)

12. पियाजे के अनुसार संज्ञानात्मक बाल विकास की कितनी अवस्थाएँ हैं?

(a) 3 अवस्थाएँ (b) 4 अवस्थाएँ (c) 5 अवस्थाएँ (d) 6 अवस्थाएँ

(CgTET–2011)

13. लॉरेंस कोहलबर्ग विकास के क्षेत्र में शोध के लिए जाने जाते हैं—

(a) संज्ञानात्मक (b) शारीरिक
(c) नैतिक (d) गामक *(Motor)* *(CgTET–2011)*

14. पियाजे के अनुसार बच्चा अमूर्त्त स्तर पर चिंतन, बौद्धिक क्रियाएँ और समस्या-समाधान किस अवस्था में करने लगता है?

(a) पूर्व-संक्रियात्मक अवस्था *(2-7 वर्ष)*
(b) मूर्त संक्रियात्मक अवस्था *(7-11 वर्ष)*
(c) औपचारिक संक्रियात्मक अवस्था *(11-16 वर्ष)*
(d) संवेदी पेशीय अवस्था *(0-2 वर्ष)* *(CgTET–2011; BTET–2011)*

15. वाइगोट्स्की *(Vygotsky)* ने बाल विकास के बारे में कहा कि—

(a) यह संस्कृति के आनुवंशिकी के कारण होता है
(b) यह सामाजिक अंतर्क्रियाओं के कारण होता है
(c) औपचारिक शिक्षा का उत्पाद होता है
(d) यह समावेशन और समायोजन *(Assimilation & Accomodation)* का परिणाम होता है

(PTET–2011)

16. "घटना और वस्तुओं के बारे में एक बच्चा तार्किक रूप से सोच सकता है", पियाजे के चरणों के संबंध में सही कथन है—

(a) सेंसरी तंत्रिका-तंत्र *(Sensory Nervous System)*
(b) प्रारंभिक संचालन प्रक्रिया *(Pre Operational Process)*
(c) मूर्त संचालन प्रक्रिया *(Concrete Operational Process)*
(d) औपचारिक संचालन प्रक्रिया *(Formal Operational Process)* *(PTET– 2011)*

17. निम्नलिखित में से कौन असतत चर का उदाहरण नहीं है—

(a) आयु (b) लिंग (c) वैवाहिक (d) आवासीय स्थान

(PTET–2011)

18. वाइगोट्स्की बच्चों को सीखने में निम्नलिखित में से किस कारक की महत्वपूर्ण भूमिका पर बल देते हैं?

(a) सामाजिक (b) आनुवंशिक (c) नैतिक (d) शारीरिक

(CTET–2012)

19. पियाजे के संज्ञानात्मक विकास के चरणों के अनुसार इंद्रिय-गामक (संवेदी-प्रेरक) अवस्था किसके साथ संबंधित है?

(a) सामाजिक मुद्दों से सरोकार *(Concerns About Social Issues)*

(b) अनुकरण *(Imitation)* स्मृति और मानसिक निरूपण *(Mental Representation)*

(c) तार्किक रूप से समस्या समाधान की योग्यता

(d) विकल्पों के निर्वचन और विश्लेषण करने की योगयता *(CTET–2012)*

20. कोहलबर्ग के अनुसार, शिक्षक बच्चों में नैतिक मूल्य का विकास कर सकता है—

(a) ''कैसे व्यवहार किया जाना चाहिए'' इस पर कठोर निर्देश देकर

(b) धार्मिक शिक्षा को महत्व देकर

(c) व्यवहार के स्पष्ट नियम बनाकर

(d) नैतिक मुद्दों पर आधारित चर्चाओं में उन्हें शामिल करके *(CTET–2012)*

21. वाइगोट्स्की के सिद्धांत का निहितार्थ है—

(a) प्रारंभिक व्याख्या के बाद कठिन सवालों को हल करने में बच्चे की सहायता न करना

(b) बच्चे उन बच्चों की संगति में श्रेष्ठतम रूप से सीख सकते हैं जिनका बुद्धि लब्धांक *(IQ)* उनके बुद्धि लब्धांक *(IQ)* से कम होता है

(c) सहयोगात्मक समस्या समाधान *(Collaborative Problem Solving)*

(d) प्रत्येक विद्यार्थी को व्यक्तिगत रूप से दत्त कार्य देना *(CTET–2012)*

22. पियाजे के अधिगम के संज्ञानात्मक सिद्धांत के अनुसार, वह प्रक्रिया जिसके द्वारा संज्ञानात्मक संरचना को संशोधित किया जाता है .... कहलाती है।

(a) प्रत्यक्षण (b) समायोजन (c) समावेशन (d) स्कीमा

(CTET–2012)

23. कोहलबर्ग के अनुसार सही और गलत प्रश्नों के बारे में निर्णय लेने में शामिल चिंतन प्रक्रिया को कहा जाता है—

(a) सहयोग की नैतिकता (b) नैतिक तर्कणा

(c) नैतिक यथार्थवाद (d) नैतिक दुविधा *(CTET–2012)*

24. पियाजे के अनुसार संज्ञानात्मक विकास के किस चरण पर बच्चा 'वस्तु स्था.ित्व' को प्रदर्शित करता है?

(a) मूर्त संक्रियात्मक चरण (b) औपचारिक संक्रियात्मक चरण

(c) संवेदीप्रेरक चरण (d) पूर्व-संक्रियात्मक चरण *(CTET–2012)*

25. लॉरेंस कोहलबर्ग के द्वारा प्रस्तावित निम्नलिखित चरणों में से प्राथमिक विद्यालयों के बच्चे किन चरणों का अनुसरण करते हैं?

(A) आज्ञापालन और दंड-उन्मुखीकरण *(Obedience & Punishment Orientation)*

(B) वैयक्तिकता और विनिमय *(Individualism & Exchange)*

(C) अच्छे अंतःवैयक्तिक संबंध

(D) सामाजिक अनुबंध *(Social Contract)* और व्यक्तिगत अधिकार

(a) B और A (b) B और D

(c) A और D (d) A और C *(CTET–2012)*

26. पियाजे मुख्यतः .... के क्षेत्र में योगदान के लिए जाने जाते हैं।

(a) भाषा विकास (b) संज्ञानात्मक विकास

(c) नैतिक विकास (d) सामाजिक विकास *(UPTET–2012)*

27. कोहलबर्ग का विकास सिद्धांत निम्न में से किससे संबंधित है?

(a) भाषा विकास (b) संज्ञानात्मक विकास

(c) नैतिक विकास (d) सामाजिक विकास *(UPTET–2012)*

28. एक शिक्षिका अपने शिक्षार्थियों की इस रूप में मदद करना चाहती है कि वे एक स्थिति की अनेक दृष्टिकोणों से सराहना कर सके। वह विभिन्न समूहों में एक स्थिति पर विवाद करने के अनेक अवसर उपलब्ध कराती है। वाइगोट्स्की के परिप्रेक्ष्य के अनुसार उसके शिक्षार्थी विभिन्न दृष्टिकोणों को .... करेंगे और अपने तरीके से उस स्थिति के अनेक परिप्रेक्ष्य विकसित करेंगे।

(a) तर्कसंगत *(Rationalize)* (b) आत्मसात *(Internalize)*

(c) निर्माण *(Construct)* (d) संक्रियाकरण *(Operationalize)*

(CTET–2013)

29. करनैल सिंह कानूनी कार्यवाही तथा खर्चों के बावजूद आय कर *(Income Tax)* नहीं देते। वे सोचते हैं कि वे एक भ्रष्ट सरकार को समर्थन नहीं दे सकते, जो अनावश्यक बाँधों के निर्माण पर लाखों रुपये खर्च करती हैं। वे संभवतः कोहलबर्ग के नैतिक विकास की किस अवस्था में हैं?

(a) परंपरागत (b) पश्च-परंपरागत

(c) पूर्व परंपरागत (d) परा-परंपरागत *(CTET–2013)*

30. एक शिक्षिका अपनी कक्षा से कहती है, 'सभी प्रकार के प्रदत्त' कार्यों *(Assignments)* का निर्माण इस प्रकार किया गया है कि प्रत्येक विद्यार्थी अधिक प्रभावशाली ढंग से सीख सके, अतः सभी विद्यार्थी बिना किसी अन्य की सहायता से अपना कार्य पूर्ण करें। वह कोहलबर्ग के किस नैतिक विकास के चरण की ओर संकेत दे रही है?

(a) पूर्व औपचारिक चरण 2 – वैयक्तिकता और विनिमय

(b) औपचारिक चरण 4 – कानून और व्यवस्था

(c) पर-औपचारिक चरण 5 – सामाजिक संविदा

(d) पूर्व-औपचारिक चरण 1 – दण्ड परिवर्जन *(CTET–2014)*

31. वाइगोट्स्की के सिद्धांत में, विकास के निम्नलिखित में से कौन-से पहलू की उपेक्षा होती है?

(a) सामाजिक (b) सांस्कृतिक

(c) जैविक (d) भाषायी *(CTET–2014)*

32. एक वर्ष तक के शिशु जब आँख, कान व हाथों से सोचते हैं, तो निम्नलिखित में से कौन-सा स्तर शामिल होता है ?
(a) मूर्त संक्रियात्मक स्तर (b) पूर्व संक्रियात्मक स्तर
(c) इन्द्रियजनित गामक स्तर (d) अमूर्त संक्रियात्मक स्तर *(CTET–2014)*

33. रिया कक्षा में पिकनिक तय करने हेतु रिषभ से सहमत नहीं है। वह सोचती है कि बहुमत के अनुकूल बनाने के लिए नियमों का संशोधन किया जा सकता है। यह सहपाठी विरोध, पियाजे के अनुसार निम्नलिखित में से किससे संबंधित है ?
(a) विषमांग नैतिकता (b) संज्ञानात्मक अपरिपक्वता
(c) प्रतिक्रिया (d) सहयोग की नैतिकता *(CTET–2014)*

34. वाइगोट्स्की के सामाजिक-सांस्कृतिक सिद्धांत के अनुसार—
(a) स्व-निर्देशित वाक् सहयोग का निम्नतम स्तर है
(b) संस्कृति और भाषा विकास में महत्वपूर्ण भूमिका निभाते हैं
(c) बच्चे अलग क्षेत्र में चिंतन करते हैं और वे पूर्ण परिप्रेक्ष्य नहीं लेते
(d) यदि निम्न आयु पर अमूर्त सामग्री को प्रस्तुत किया जाय तो बच्चे अमूर्त तरीके से चिंतन करते हैं। *(CTET–2014)*

35. यह तथ्य कि बच्चों को सांस्कृतिक रूप से प्रासंगिक ज्ञान की आवश्यकता होती है, निम्नलिखित में से किस व्यक्ति से संबंधित है ?
(a) लैव वाइगोत्सकी (b) चार्ल्स डार्विन
(c) बी. एफ. स्किनर (d) यूरी ब्रोनफेनब्रेनर *(CTET–2014)*

36. वाइगोट्स्की के सामाजिक-सांस्कृतिक सिद्धांत के अनुसार—
(a) संस्कृति और भाषा विकास में महत्वपूर्ण भूमिका निभाते हैं
(b) बच्चे अलग क्षेत्र में चिंतन करते हैं और वे पूर्ण परिप्रेक्ष्य नहीं लेते
(c) यदि निम्न आयु पर अमूर्त सामग्री को प्रस्तुत किया जाये तो बच्चे अमूर्त तरीके से चिंतन करते हैं
(d) स्व-निर्देशित वाक् सहयोग का निम्नतम स्तर है *(CTET–2014)*

37. लॉरेन्स कोहलबर्ग के सिद्धांत में कौन-सा स्तर नैतिकता की अनुपस्थिति को सही अर्थ में सूचित करता है ?
(a) स्तर-III (b) स्तर-IV (c) स्तर-I (d) स्तर-II
(CTET–2015)

38. यह तथ्य कि बच्चों को सांस्कृतिक रूप से प्रासंगिक ज्ञान की आवश्यकता होती है। निम्नलिखित में से किस व्यक्ति से संबंधित है ?
(a) चार्ल्स डार्विन (b) बी. एफ. स्किनर
(c) यूरी ब्रोनफैनब्रैनर (d) लैव वाइगोट्स्की *(CTET–2015)*

39. वाइगोट्स्की के अनुसार, समीपस्थ विकास का क्षेत्र है—
(a) अध्यापिका के द्वारा दिये गये सहयोग की सीमा निर्धारित करना
(b) बच्ची अपने आप क्या कर सकती है जिसका आकलन नहीं किया जा सकता है

(c) बच्चे के द्वारा स्वतंत्र रूप से किये जा सकने वाले तथा सहायता के साथ करने वाले कार्य के बीच अंतर
(d) बच्चे को अपना सामर्थ्य प्राप्त करने के लिए उपलब्ध कराये गये सहयोग की मात्रा एवं प्रकृति *(CTET–2015)*

40. कोहलबर्ग के सिद्धांत की एक प्रमुख आलोचना क्या है?
(a) कोहलबर्ग ने बिना किसी अनुभूति मूलक आधार का सिद्धांत प्रस्तुत किया
(b) कोहलबर्ग ने नैतिक विकास की स्पष्ट अवस्थाओं का उल्लेख नहीं किया
(c) कोहलबर्ग ने प्रस्ताव दिया कि नैतिक तार्किकता विकासात्मक है
(d) कोहलबर्ग ने पुरुषों एवं महिलाओं की नैतिक तार्किकता में सांस्कृतिक विभिन्नताओं को महत्व नहीं दिया *(CTET–2015)*

41. वाइगोट्स्की तथा पियाजे के परिप्रेक्ष्यों में एक प्रमुख विभिन्नता है—
(a) व्यवहारवादी सिद्धांतों की उनकी आलोचना
(b) ज्ञान के सक्रिय निर्माताओं के रूप में बच्चों की संकल्पना
(c) भाषा एवं चिंतन के बारे में उनके दृष्टिकोण
(d) बच्चों को एक पालन-पोषण का परिवेश उपलब्ध कराने की भूमिका *(CTET–2015)*

42. बच्चों के बारे में निम्नलिखित कथनों में से किस कथन से वाइगोत्स्की सहमत होते?
(a) बच्चे समवयस्कों और वयस्कों के साथ सामाजिक अंतःक्रियाओं के माध्यम से सीखते हैं
(b) बच्चे तब सीखते हैं जब उनके लिए आकर्षक पुरस्कार निर्धारित किए जाएँ
(c) बच्चों के चिंतन को तब समझा जा सकता है जब प्रयोगशाला में पशुओं पर प्रयोग किए जाएँ
(d) बच्चे जन्म से शैतान होते हैं और उन्हें दंड देकर नियंत्रित करना चाहिए *(CTET–2015)*

43. 'मानसिक संरचनाएँ जो चिन्तन के निर्माण प्रखंड हैं'—इसके लिए पियाजे ने किस शब्द/पद का प्रयोग किया है?
(a) परिपक्वन प्रखंड (b) स्कीमा *(अवधारणाएँ)*
(c) विकास के क्षेत्र (d) जीन *(CTET–2015)*

44. वाइगोट्स्की के अनुसार बच्चे स्वयं से क्यों बोलते हैं?
(a) बच्चे स्वभाव से बहुत बातूनी होते हैं
(b) बच्चे अहंकेंद्रित होते हैं
(c) बच्चे अपने कार्य को दिशा देने के लिए बोलते हैं
(d) बच्चे अपने प्रति वयस्कों का ध्यान आकर्षित करने के लिए बोलते हैं *(CTET–2015)*

45. एक बच्चा तर्क प्रस्तुत करता है—'आप यह मेरे लिए करें और मैं वह आपके लिए करूँगा।' यह बच्चा कोहलबर्ग की नैतिक तर्कणा की किस अवस्था के अंतर्गत आयेगा?

(a) सामाजिक-अनुबंध अभिमुखीकरण
(b) सहायक उद्देश्य अभिमुखीकरण
(c) दण्ड और आज्ञापालन अभिमुखीकरण
(d) 'अच्छा लड़का-अच्छी लड़की' अभिमुखीकरण *(CTET–2015)*

46. निम्नलिखित कथनों में से कौन-सा वाइगोट्स्की के द्वारा प्रस्तावित विकास तथा अधिगम के बीच संबंध का सर्वश्रेष्ठ रूप में सार प्रस्तुत करता है?
(a) विकास अधिगम से स्वाधीन है
(b) अधिगम एवं विकास समानांतर प्रक्रियाएँ हैं
(c) विकास प्रक्रिया, अधिगम प्रक्रिया से पीछे रह जाती है
(d) विकास अधिगम का समानार्थक है *(CTET–2015)*

47. कोहलबर्ग के अनुसार, शिक्षक बच्चों में नैतिक मूल्यों का विकास कर सकता है—
(a) नैतिक मुद्दों पर आधारित चर्चाओं में उन्हें शामिल करके
(b) "कैसे व्यवहार किया जाना चाहिए" इस पर कठोर निर्देश देकर
(c) धार्मिक शिक्षा को महत्व देकर
(d) व्यवहार के स्पष्ट नियम बनाकर *(UTET-I–2015)*

48. कोलबर्ग के अनुसार, किस अवस्था में नैतिकता बाह्य कारकों द्वारा निर्धारित होती है?
(a) पूर्व पारंपरिक अवस्था (b) पारंपरिक अवस्था
(c) पश्चात पारंपरिक अवस्था (d) उपरोक्त में से कोई नहीं
(UPTET-I–2015)

49. .... के विचार से बच्चे सक्रिय ज्ञान-निर्माता तथा नन्हें वैज्ञानिक हैं, जो संसार के बारे में अपने सिद्धान्त की रचना करते हैं।
(a) पैवलॉव (b) युंग *(Yung)* (c) पियाजे (d) स्किनर
(CTET–2016)

50. निम्नलिखित में से कौन-सा एक सही मिलान वाला जोड़ा है?
(a) औपचारिक संक्रियात्मक बच्चा अनुकरण प्रारम्भ, कल्पनापरक खेल
(b) शैशवावस्था तर्क का अनुप्रयोग और अनुमान लगाने में सक्षम
(c) पूर्वसंक्रियात्मक बच्चा निगमनात्मक विचार
(d) मूर्त संक्रियात्मक बच्चा संधारण एवं वर्गीकरण करने योग्य *(CTET–2016)*

51. एक बच्चा कहता है, "धूप में कपड़े जल्दी सूख जाते हैं।" वह ..... की समझ को प्रदर्शित कर रही है।
(a) अहंकेन्द्रित चिन्तन (b) कार्य-करण
(c) विपर्यय चिन्तन (d) प्रतीकात्मक विचार *(CTET–2016)*

52. पियाजे के अनुसार, बच्चों का चिन्तन वयस्कों से .... में भिन्न होता है बजाय .... के।
(a) आकार, मूर्तपरकता (b) प्रकार, मात्रा
(c) आकार, किस्म (d) मात्रा, प्रकार *(CTET–2016)*

53. वाइगोट्स्की के अनुसार, बच्चे सीखते हैं—
(a) परिपक्व होने से
(b) अनुकरण से
(c) वयस्कों और समवयस्कों के साथ परस्पर क्रिया से
(d) जब पुनर्बलन प्रदान किया जाता है *(CTET–2016)*

54. कोहलबर्ग ने प्रस्तुत किए हैं—
(a) शारीरिक विकास के चरण (b) संवेगात्मक विकास के चरण
(c) नैतिक विकास के चरण (d) संज्ञानात्मक विकास के चरण *(CTET–2016)*

55. पियाजे के अनुसार, विकास को प्रभावित करने में निम्नलिखित कारकों में से किसकी महत्वपूर्ण भूमिका होती है?
(a) पुनर्बलन (b) भाषा
(c) भौतिक विश्व के साथ अनुभव (d) अनुकरण *(CTET–2016)*

56. पूर्व-संक्रियात्मक काल में आने वाली संज्ञानात्मक योग्यता है—
(a) अभिकल्पनात्मक निष्कर्ष चिन्तन
(b) अमूर्त चिन्तन की योग्यता
(c) लक्ष्य-उद्दिष्ट व्यवहार की योग्यता
(d) दूसरे के दृष्टिकोण को समझने की योग्यता *(CTET–2016)*

57. वाइगोट्स्की की संस्तुति के अनुसार, बच्चों की 'व्यक्तिगत वाक्' की संकल्पना—
(a) प्रदर्शित करती है कि बच्चे बुद्धू होते हैं इसलिए उन्हें प्रौढ़ों के निर्देशन की आवश्यकता होती है
(b) स्पष्ट करती है कि बच्चे अहं-केन्द्रित होते हैं
(c) प्रदर्शित करती है कि बच्चे अपने-आप से प्यार करते हैं
(d) स्पष्ट करती है कि बच्चे अपने ही कार्यों के निर्देशन के लिए भाषा का उपयोग करते हैं *(CTET–2016)*

58. वाइगोट्स्की के अनुसार, सीखने को पृथक नहीं किया जा सकता—
(a) अवबोधन और अवधनात्मक प्रक्रियाओं से
(b) उसके सामाजिक संदर्भ से
(c) पुनर्बलन से
(d) व्यवहार में मापने योग्य परिवर्तन से *(CTET–2016)*

59. पियाजे तथा वाइगोट्स्की के अनुसार, एक रचनात्मक कक्षा-कक्ष में अधिगम—
(a) शिक्षक द्वारा पुनर्बलन किया जाता है
(b) शिक्षार्थियों द्वारा स्वयं सृजित किया जाता है, जो एक सक्रिय भूमिका निभाते हैं
(c) शिक्षक द्वारा लिखवाया जाता है तथा शिक्षार्थी निष्क्रिय प्राप्तकर्ता होते हैं
(d) उद्दीपक तथा अनुक्रिया के जोड़ से होता है *(CTET–2016)*

60. निम्नलिखित में से कौन बालक में नैतिक मूल्यों के विकास में महत्वपूर्ण भूमिका निभाता है?

(a) प्रार्थना सभा (b) सही समाजीकरण

(c) बुद्धि (d) सभी विकल्प सही हैं *(HTET-I–2017)*

61. पियाजे के सिद्धान्त के अनुसार प्राक्संक्रियात्मक अवस्था की अवधि क्या है?

(a) जन्म से दो साल (b) दो से सात साल

(c) चार से आठ साल (d) पाँच से आठ साल *(UPTET-I–2018)*

62. निम्नलिखित में से कौन-सी पूर्व-संक्रियात्मक विचार की एक सीमा नहीं है?

(a) ध्यान केंद्रित करने की प्रवृत्ति (b) प्रतीकात्मक विचार का विकास

(c) अहंमन्यता (d) अनुत्क्रमणीयता *(CTET I–2018)*

63. कोहलबर्ग के सिद्धांत के योगदान के रूप में निम्नलिखित में से किसे माना जा सकता है?

(a) उनके सिद्धांत ने संज्ञानात्मक परिपक्वता और नैतिक परिपक्वता के बीच एक सहयोग का समर्थन किया है

(b) इस सिद्धांत में विस्तृत परीक्षण प्रक्रियाएँ हैं

(c) यह नैतिक तर्क और कारवाई के बीच एक स्पष्ट संबंध स्थापित करता है

(d) उनका विश्वास है कि बच्चे नैतिक दार्शनिक है *(CTET I–2018)*

64. निकटवर्ती विकास का क्षेत्र संदर्भित करता है—

(a) उस चरण को, जब अधिकतम विकास संभव है

(b) उस विकासात्मक चरण को, जब बच्चा सीखने की पूरी जिम्मेदारी लेता है

(c) एक संदर्भ की, जिसमें बच्चे सहयोग के सही स्तर के साथ कोई कार्य लगभग स्वयं कर सकते हैं

(d) उस सीखने के बिंदू को, जब सहयोग वापस लिया जा सकता है *(CTET I–2018)*

65. जब बच्चे प्राप्त की गई सूचनाओं की व्याख्या करने के लिए अपने अनुभवों के आधार पर सोचते हैं, तो उसे .... कहा जाता है।

(a) अमूर्त सोच (b) मूर्त सोच

(c) प्रतिक्रियावादी सोच (d) सृजनात्मक सोच *(CTET-II–2018)*

66. किसी वस्तु के स्थायित्व की अवधारणा पियाजे के विकास के .... चरण में प्राप्त हो जाती है।

(a) मूर्त परिचालन (b) औपचारिक परिचालन

(c) संवेदी-गामक (d) पूर्व-परिचालन *(CTET-II–2018)*

67. निम्नलिखित में से कौन-सा कथन पियाजे के सिद्धांत के अनुसार कहा नहीं जा सकता?

(a) विकास गुणात्मक चरणों में होता है

(b) बच्चे अपनी दुनिया के बारे में ज्ञान का निर्माण और उपयोग करते हैं

(c) निरंतर अभ्यास से अधिगम होता है

(d) बच्चे अपने पर्यावरण पर क्रिया करते हैं *(CTET I–2018)*

68. पियाजे के अनुसार, निम्नलिखित में से कौन-सी विशेषता बालकों के औपचारिक क्रियात्मक अवस्था से सम्बन्धित नहीं है?

(a) परिकल्पनात्मक–निगमनात्मक तर्कना (b) आदर्शवादी तर्कना
(c) स्थानिक तर्कना (d) अमूत तर्कना *(HTET Level-III–2019)*

69. वाइगोट्स्की के अनुसार, कार्य करने की वह सीमा जो बालक अकेले के लिए बहुत कठिन हो, परन्तु प्रौढ़ और अधिक कुशल साथी की सहायता से करना सम्भव हो, कहलाती है—
(a) स्कैफोल्डिंग (b) अन्तःव्यक्तिनिष्ठता
(c) निर्देशित सहभागिता (d) आसन्न विकास क्षेत्र
(HTET Level-III–2019)

70. कोहलबर्ग के सिद्धान्त में किस स्तर पर नैतिक विकास बाह्य मानकों पर आधारित नहीं होकर आन्तरीकरण पर आधारित होता है?
(a) पूर्व-प्रचलन स्तर (b) प्रचलन स्तर
(c) पश्च प्रचलन स्तर (d) आपसी अंतर्वैयक्तिक स्तर
(HTET Level-III–2019)

71. जीन पियाजे के अनुसार, बच्चे—
(a) ज्ञान को सक्रिय रूप से संचारित करते हैं, जैसे-जैसे वे दुनिया में व्यवहार कौशल का प्रयोग करते हैं तथा अन्वेषण करते हैं
(b) प्रेक्षणात्मक अधिगम की प्रक्रिया का अनुसरण करते हुए दूसरों का अवलोकन करके सीखते हैं
(c) को उद्दीपन–अनुक्रिया संबंधों के सावधानीपूर्ण नियंत्रण के द्वारा एक विशेष तरीके से व्यवहार करने के लिए अनुबंधित किया जा सकता है
(d) को पुरस्कार एवं दण्ड के सिद्धांतों का प्रयोग करते हुए विशिष्ट तरीके से व्यवहार करना एवं सीखना सिखाया जा सकता है *(CTET-I–2019)*

72. मौखिक संवाद जो बच्चे अपने आप से करते हैं उन्हें लेव वाइगोट्स्की क्या कहते हैं?
(a) अहंकेंद्रित वार्ता (b) व्यक्तिगत वार्ता
(c) भ्रांत वार्ता (d) समस्यात्मक वार्ता *(CTET-I–2019)*

73. जीन पियाजे के सिद्धांत का प्रमुख प्रस्ताव है कि—
(a) बच्चों की सोच वयस्कों से निम्न होती है
(b) बच्चों की सोच वयस्कों से बेहतर होती है
(c) बच्चों की सोच मात्रात्मक रूप में वयस्कों से भिन्न होती है
(d) बच्चों की सोच गुणात्मक रूप में वयस्कों से भिन्न होती है *(CTET-I–2019)*

74. लेव वाइगोट्स्की के अनुसार अधिगम—
(a) एक सामाजिक गतिविधि है (b) एक व्यक्तिगत गतिविधि है
(c) एक निष्क्रिय गतिविधि है (d) एक अनुबंधित गतिविधि है
(CTET-I–2019)

75. निम्नलिखित वर्णन को पढ़िए तथा कोहलबर्ग के नैतिक तर्क की अवस्था को पहचानिए।
वर्णन : अंतःकरण के स्वचयनित नैतिक सिद्धांतों के द्वारा सही कार्य परिभाषित किया जाता है जो कानून एवं सामाजिक समझौते पर ध्यान दिए बिना सम्पूर्ण मानवता के लिए वैध होता है।

(a) यंत्रीय उद्देश्य अभिविन्यास
(b) सामाजिक–अनुबंधन अभिविन्यास
(c) सामाजिक–क्रमव्यवस्थित अभिविन्यास
(d) सार्वभौम नैतिक सिद्धांत अभिविन्यास *(CTET-II–2019)*

76. निम्नलिखित में से कौन-सा मूर्त क्रियात्मक अवस्था के प्रमुख कौशलों में से एक है?
(a) सजीवात्मक चिंतन (b) सुरक्षित रखने की योग्यता
(c) परिकल्पित निगमनात्मक तर्क (d) द्वितीयक वर्तुल प्रतिक्रियाएँ
(CTET-II–2019)

77. जीन पियाजे एवं लेव वाइगोट्स्की जैसे संरचनावादी अधिगम को किस रूप में देखते हैं?
(a) कौशलों का अर्जन
(b) प्रतिक्रियाओं का अनुबंधन
(c) निष्क्रिय आवृत्तीय प्रक्रिया
(d) सक्रिय विनियोजन से अर्थ-निर्माण की प्रक्रिया *(CTET-II–2019)*

78. पियाजे के अनुसार, विशिष्ट मनोवैज्ञानिक संरचनाएँ *(अनुभव से सही अर्थ निकालने के व्यवस्थित तरीके)* को क्या कहा जाता है?
(a) मानसिक उपकरण (b) स्कीमा
(c) प्रतिमान (d) मानसिक मैप *(CTET-II–2019)*

79. ''एक उचित प्रश्न/सुझाव के द्वारा बच्ची की समझ को उस बिन्दु से बहुत आगे ले जाया जा सकता है जिस पर वह अकेले पहुँच सकती है।''
निम्नलिखित में से कौन-सी संरचना उपरोक्त कथन को प्रकाशित करती है?
(a) समीपस्थ/निकटस्थ विकास का क्षेत्र (b) साम्यधारण
(c) संरक्षण (d) बुद्धि *(CTET-II–2019)*

80. लेव वाइगोट्स्की के अनुसार, आधारभूत मानसिक क्षमताओं को मुख्य रूप से किसके द्वारा उच्चतर संज्ञानात्मक प्रक्रियाओं में बदला जाता है?
(a) पुरस्कार एवं दण्ड (b) सामाजिक पारस्परिक क्रिया
(c) उद्दीपन-अनुक्रिया संबंध (d) अनुकूलन एवं संघटन *(CTET-II–2019)*

81. निम्नलिखित में से कौन-सी लॉरेंस कोहलबर्ग के द्वारा प्रस्तावित नैतिक विकास की एक अवस्था है?
(a) प्रसुप्ति अवस्था (b) सामाजिक अनुबंध अभिविन्यास
(c) मूर्त संक्रियात्मक अवस्था (d) उद्योग बनाम अधीनता अवस्था
(CTET-I–2019)

82. निम्नलिखित में से किस मनोवैज्ञानिक ने बच्चों को ज्ञान के सक्रिय जिज्ञासु के रूप में देखते हुए उनके चिंतन पर सामाजिक एवं सांस्कृतिक विषय वस्तुओं के प्रभाव को महत्व दिया?
(a) जॉन बी. वाट्सन (b) लेव वाइगोट्स्की
(c) जीन पियाजे (d) लॉरेंस कोहलबर्ग *(CTET-I–2019)*

83. जिग-सॉ पहेली को करते समय 5 वर्ष की नज्मा स्वयं से कहती है, 'नीला टुकड़ा कहाँ है? नहीं यह वाला नहीं, गाढ़े रंगवाला जिससे यह जूता पूरा बन जाएगा'। इस प्रकार की वार्ता को वाइगोट्स्की किस तरह संबोधित करते हैं?

(a) व्यक्तिगत वार्ता (b) जोर से बोलना

(c) पाड़ *(ढाँचा)* (d) आत्मकेन्द्रित वार्ता *(CTET-I–2019)*

84. निम्नलिखित व्यवहारों में से कौन-सा जीन पियाजे के द्वारा प्रस्तावित 'मूर्त संक्रियात्मक अवस्था' को विशेषित करता है?

(a) परिकल्पित–निगमनात्मक तर्क; साध्यात्मक विचार

(b) संरक्षण; कक्षा समावेशन

(c) अस्थगित अनुकरण : पदार्थ स्थायित्व

(d) प्रतीकात्मक खेल : विचारों की अनुत्क्रमणीयता *(CTET-I–2019)*

85. नूर विद्यालय में अपना लंच बॉक्स लाना भूल गई तथा यह कहते हुए तान्या से उसका लंच साझा करने के लिए कहा, ''तुम्हें आज अपना लंच मेरे साथ साझा करना चाहिए क्योंकि कल मैंने तुम्हारे साथ अपना लंच साझा किया था।''
लॉरेंस कोहलबर्ग ने नैतिक विकास के सिद्धांत के अनुसार नूर का कथन .... अभिविन्यास प्रारूप को .... अवस्था पर दर्शाता है।

(a) कानून एवं व्यवस्था; पश्च परम्परागत

(b) आज्ञापालन ; पूर्व परम्परागत

(c) अच्छा होना ; परम्परागत

(d) आदान-प्रदान ; परम्परागत *(CTET-II–2019)*

86. वाइगोट्स्की के अनुसार, जब एक वयस्क बच्चे के निष्पादन के वर्तमान स्तर को सहयोग द्वारा विस्तारित करता है तो इसे क्या कहते हैं?

(a) खोजपूर्ण अधिगम (b) समीपस्थ विकास का क्षेत्र

(c) पाड़ *(ढाँचा)* (d) अंतःव्यक्तिनिष्ठता *(CTET-II–2019)*

87. जीन पियाजे के संज्ञानात्मक विकास के सिद्धांत के अनुसार, परिकल्पित निगमनात्मक तर्क किस अवधि में विकसित होता है?

(a) संवेदी चालक अवस्था (b) पूर्व संक्रियात्मक अवस्था

(c) मूर्त संक्रियात्मक अवस्था (d) अमूर्त संक्रियात्मक अवस्था

(CTET-II–2019)

88. ....के अनुसार, बच्चों के चिंतन के बारे में सामाजिक प्रक्रियाओं तथा सांस्कृतिक संदर्भ के प्रभाव को समझना आवश्यक है।

(a) लॉरेंस कोहलबर्ग (b) जीन पियाजे

(c) लेव वाइगोट्स्की (d) अलबर्ट बैन्डुरा *(CTET-II–2019)*

89. पियाजे के संज्ञानात्मक विकास के सिद्धांत से निहितार्थ निकालते हुए एक ग्रेड 6-8 के शिक्षक को अपनी कक्षा में क्या करना चाहिए?

(a) तार्किक बहस के प्रयोग को हतोत्साहित करना चाहिए

(b) ऐसी समस्याएँ प्रस्तुत करनी चाहिए जिसमें तर्क आधारित समाधान की आवश्यकता होती है

(c) एक अवधारणा को पढ़ाने के लिए केवल मूर्त सामग्रियों का प्रयोग करना चाहिए
(d) केवल निर्धारित पाठ्यक्रम पर निर्भर रहना चाहिए *(CTET-II–2019)*

90. एक बच्चा तर्क प्रस्तुत करता है कि हिंज को दवाई की चोरी नहीं करनी चाहिए *(वह दवाई जो उसकी पत्नी की जान बचाने के लिए जरूरी है)*, क्योंकि यदि वह ऐसा करता है तो वह पकड़ा जाएगा और जेल भेज दिया जाएगा। कोहलबर्ग के अनुसार, वह बच्चा नैतिक समझ की किस अवस्था के अंतर्गत आता है?
(a) यंत्रीय, उद्देश्य अभिविन्यास (b) सामाजिक-क्रम नियंत्रक अभिविन्यास
(c) दण्ड एवं आज्ञापालन अभिविन्यास (d) सार्वभौम नैतिक सिद्धांत अभिविन्यास
(CTET-I–2020)

91. ब्रुनर की प्रतिबिम्बात्मक अवस्था पियाजे के संज्ञानात्मक विकास की किस अवस्था से मिलती-जुलती है?
(a) औपचारिक संक्रियात्मक अवस्था (b) संवेगात्मक गामक अवस्था
(c) मूर्त संक्रियात्मक अवस्था (d) पूर्व संक्रियात्मक अवस्था
(UPTET-II–2020)

92. एक गतिविधि के दौरान छात्रों को संघर्ष करते देख एक अध्यापिका बच्चों को संकेत और इशारे जैसे–'क्या, क्यों, कैसे' प्रदान करने का फैसला लेती है। लेव वाइगोट्स्की के सिद्धांत के अनुसार, अध्यापिका की यह योजना–
(a) बच्चों को अधिगम के लिए अनुत्प्रेरित/निष्प्रेरित करेगी
(b) अधिगम के लिए पाड़/आधारभूत संरचना का काम करेगी
(c) छात्रों में प्रत्याहार/निकास प्रवृत्तियाँ पैदा करेगी
(d) अधिगम की प्रक्रिया में अर्थहीन होगी *(CTET-I–2021)*

93. लॉरेंस कोहलबर्ग के सिद्धांत के अनुसार, "किसी कार्य को इसलिए करना, क्योंकि दूसरे इसे स्वीकृति देते हैं", नैतिक विकास के .... चरण को दर्शाता है।
(a) प्रथा-पूर्व (b) प्रथागत
(c) उत्तर-प्रथागत (d) अमूर्त-संक्रियात्मक *(CTET-I–2021)*

94. लेव वाइगोट्स्की का सामाजिक-सांस्कृतिक परिप्रेक्ष्य, अधिगम प्रक्रिया में .... के महत्व पर जोर देता है।
(a) सांस्कृतिक उपकरणों (b) गुणारोपण
(c) अभिप्रेरणा (d) संतुलीकरण *(CTET-I–2021)*

95. जीन पियाजे अपने संज्ञानात्मक विकास के सिद्धांत में संज्ञानात्मक संरचनाओं को .... के रूप में वर्णित करते हैं।
(a) मनोवैज्ञानिक उपकरणों (b) उद्दीपक-अनुक्रिया संबंध
(c) विकास का समीपस्थ क्षेत्र (d) स्कीमा/मनोबंध *(CTET-I–2021)*

96. जीन पियाजे के संज्ञानात्मक विकास के सिद्धांत में पूर्व-संक्रियात्मक अवस्था में विकास का मुख्य गुण क्या होता है?
(a) अमूर्त सोच का विकास (b) विचार/सोच में केंद्रीकरण
(c) परिकल्पित-निगमनात्मक सोच
(d) संरक्षण और पदार्थों को क्रमबद्ध करने की क्षमता *(CTET-I–2021)*

97. एक कार्य के दौरान सायना स्वयं से बात कर रही है कि वह कार्य पर किस प्रकार प्रगति कर सकती है। लेव वाइगोट्स्की के भाषा और चिंतन/सोच के बारे में दिये गये विचारों के अनुसार, इस तरह का 'व्यक्तिगत वाक्' क्या दर्शाता है?

(a) संज्ञानात्मक अपरिपक्वता (b) स्वःनियमन

(c) आत्म-केन्द्रिता (d) मनोवैज्ञानिक विकार *(CTET-I–2021)*

98. जीन पियाजे के अनुसार अमूर्त संक्रियात्मक अवस्था में—

(a) परिकल्पित निगमनात्मक तर्क और प्रतिज्ञप्ति चिंतन करने में समर्थ हैं

(b) केंद्रीकरण और अनुत्क्रमणीय सोच से आबद्ध हैं

(c) संरक्षण, वर्गीकरण व श्रेणीबद्धता करने में सक्षम नहीं हैं

(d) प्रतीकात्म और सांकेतिक खेलों में भाग लेना प्रारंभ करते हैं *(CTET-I–2021)*

99. 'निकटस्थ विकास का क्षेत्र' *(Zone of proximal development)* क्या है?

(a) बच्चों के वर्तमान स्तर पर स्वतंत्र प्रदर्शन और वयस्क व अधिक कौशल वाले समकक्षियों की सहायता से बच्चे द्वारा उपार्जित किए जाने वाले प्रदर्शन के मध्य का क्षेत्र है

(b) विभिन्न प्रकार के कार्य जो कि अपनी आयु के अनुसार बच्चे को करने चाहिए परन्तु वह नहीं कर सकती है

(c) वह प्रक्रिया जिसमें शुरू में विभिन्न समझ वाले दो व्यक्ति समान पर पहुँचते हैं

(d) वह प्रक्रिया जिसमें बच्चे समाज के वयस्क सदस्यों द्वारा निर्धारित विधि से कार्य करते हैं *(CTET-II–2021)*

100. लॉरेंस कोहलबर्ग की नैतिक विकास के सिद्धांत के अनुसार व्यक्ति किस अवस्था में है जब विश्वास करता है कि वर्तमान सामाजिक प्रणाली को सक्रियतापूर्वक बनाए रखने से धनात्मक मानवीय संबंध और सामाजिक वर्ग सुरक्षित रहता है?

(a) दंड और आज्ञापालन अभिविन्यास

(b) सामाजिक-क्रम व्यवस्था अभिविन्यास

(c) यंगीय उद्देश्य अभिविन्यास

(d) सार्वभौमिक नैतिक सिद्धांत अभिविन्यास *(CTET-II–2021)*

101. लेव वाइगोट्स्की के अनुसार—

(a) बच्चों के संज्ञानात्मक विकास में भाषा की एक महत्वपूर्ण भूमिका है

(b) बच्चे 'भाषा अधिग्रहण यंत्र' द्वारा भाषा सीखते हैं

(c) बच्चों का संज्ञानात्मक विकास चरणों में होता है

(d) स्कीमा के परिपक्वन से बच्चों में संज्ञानात्मक विकास अग्रसर होता है *(CTET-II–2021)*

102. किस मनोवैज्ञानिक के अनुसार बच्चों के संज्ञानात्मक विकास में 'सांस्कृतिक उपकरण' एक महत्वपूर्ण भूमिका निभाते हैं?

(a) लेव वाइगोट्स्की (b) जीन पियाजे

(c) अल्बर्ट बन्डुरा (d) बी.एफ. स्किनर *(CTET-II–2021)*

103. निम्नलिखित में से किस मनोवैज्ञानिक ने प्रस्तावित किया है कि बच्चों का चिंतन गुणात्मक रूप से वयस्कों की अपेक्षा अलग होता है?

(a) जीन पियाजे (b) लेव वाइगोट्स्की

(c) हावर्ड गार्डनर (d) लॉरेंस कोहलबर्ग *(CTET-II–2021)*

104. जीन पियाजे के अनुसार पूर्व-संक्रियात्मक चरण में बच्चे निम्न में से क्या कर पाते हैं?

(a) प्रतिलोमिक चिंतन (b) प्रतीकात्मक खेल

(c) अनुक्रमिक वर्गीकरण (d) संरक्षण *(CTET-II–2022)*

105. एक छोटी बालिका प्रतीकात्मक खेल कर पाती है पर अभी दूसरे व्यक्ति का दृष्टिकोण नहीं समझ पाती है और वह अपनी पकड़ से बाहर की घटनाओं की वजह से आसानी से परेशान हो जाती है। जीन पियाजे द्वारा सुझाए चरणों में से कौन-सा चरण इस बालिका के वर्तमान स्तर को अंकित करता है?

(a) संवेदी-गामक (b) पूर्व-संक्रियात्मक

(c) मूर्त संक्रियात्मक (d) औपचारिक संक्रियात्मक

(CTET–2022)

106. निम्न में से कौन-सा अभिलक्षण कोहलबर्ग के नैतिक विकास मॉडल में सम्मिलित है?

(a) नैतिक विकास के चरणों का स्वरूप सार्वभौमिक होता है

(b) नैतिक चिंतन के विकास में निरंतरता होती है

(c) नैतिक विकास एक क्रमिक प्रक्रिया नहीं है; यह सम्पूर्ण रूप से वातावरणीय कारकों पर निर्भर है

(d) नैतिक विकास मुख्यतः सांस्कृतिक मूल्यों पर निर्भर है *(CTET-II–2022)*

107. लेव वाइगोट्स्की के अनुसार, निम्न में से किसके लिए 'समीपस्थ विकास क्षेत्र' का इस्तेमाल करना चाहिए?

(a) अध्यापन और मूल्यांकन (b) केवल अध्यापन

(c) केवल मूल्यांकन (d) प्रवाही बौद्धिकता की पहचान

(CTET–2022)

108. एक विशिष्ट संप्रत्यय को पढ़ाने हेतु एक अध्यापिका बच्चे को आधा हल किया हुआ उदाहरण देती है। लेव वाइगोट्स्की के अनुसार अध्यापिका किस रणनीति का इस्तेमाल कर रही है?

(a) अवलोकन अधिगम (b) पाड़

(c) द्वंद्वात्मक अधिगम (d) अनुकूलन *(CTET–2022)*

109. लॉरेंस कोहलबर्ग के सिद्धांत के अनुसार किस चरण पर नैतिक चिन्तन शुरुआती सामाजिक परिपेक्ष पर आधारित होता है?

(a) पूर्व पारंपरिक चरण (b) पारंपरिक चरण

(c) उत्तर पारंपरिक चरण (d) दूरस्त पारंपरिक चरण *(CTET–2022)*

110. पियाजे के सैद्धान्तिक दृष्टिकोण से नई सूचनाओं को अपने मौजूदा ज्ञान में शामिल करने को क्या कहते है?

(a) समायोजन (b) समाजीकरण

(c) आत्मसात्करण (d) संगठन *(CTET–2022)*

111. कौन-सा कथन लेव वाइगोट्स्की के मूल सिद्धांत को सही मायने में दर्शाता है ?

(a) अधिगम एक अन्तर्मन प्रक्रिया है

(b) अधिगम एक सामाजिक प्रक्रिया है

(c) अधिगम उत्पतिमूलक क्रमादेश है

(d) अधिगम एक अक्रमबद्ध प्रक्रिया है जिसके चार चरण हैं *(CTET–2022)*

112. कोहलबर्ग के नैतिक विकास सिद्धांत में दूसरे स्तर "पारंपरिक नैतिकता" की तीसरी अवस्था को क्या कहा जाता है ?

(a) आज्ञापालक और दण्ड अभिविन्यास

(b) 'अच्छा लड़का' अच्छी लड़की अभिविन्यास

(c) कानून और आदेशपालन अभिविन्यास

(d) सामाजिक समझौते और व्यक्तिगत आधार अभिविन्यास *(CTET–2022)*

113. जीन पियाजे के सिद्धांत में वर्तमान स्कीमा द्वारा परिवेश को समझ पाने की असमर्थता के कारण एक नए स्कीम की रचना क्या कहलाती है ?

(a) समायोजन (b) आत्मसातीकरण

(c) अनुकूलन (d) संगठन *(CTET–2022)*

114. पियाजे के अनुसार कौन-सा संप्रत्यय कार्यरूप सूचना को संगठित और प्रतिपादित करता है ?

(a) व्याख्यात्मक प्रतिदर्शक (b) स्कीमा

(c) अग्रिम संगठन (d) संवेदी मुद्रक *(CTET–2022)*

115. रश्मि अपनी कक्षा में विद्यार्थियों के सीखने की क्षमता को ध्यान में रखकर विभिन्न प्रकार के कार्यकलापों का उपयोग करती है और सहपाठियों द्वारा अधिगम को बढ़ावा देने के लिए समूह भी बनाती है। निम्नलिखित में से कौन-सा इसका समर्थन करता है ?

(a) सिंमड फ्रॉयड का मनो-वैश्लेषिक *(Psycho-analytic)* सिद्धांत

(b) लेव वाइगोट्स्की का सामाजिक सांस्कृतिक सिद्धांत

(c) लॉरेंस कोहलबर्ग का नैतिक विकास का सिद्धांत

(d) बी.एफ. स्किनर का व्यवहारवादी सिद्धांत *(CTET–2022)*

116. वाइगोट्स्की के सिद्धांत के अनुसार निजी संवाद

(a) बच्चे के आत्मकेंद्रीयता का द्योतक है

(b) बच्चों के क्रियाकलापों और व्यवहारों का अवरोधक है

(c) जटिल कार्य करते समय बच्चे को उसके व्यवहार संचालन में सहायता देता है

(d) यह संकेत देता है कि संज्ञान कभी भी आंतरिक नहीं होता *(CTET–2022)*

117. 'हाइन्स की दुविधा' पर बच्चों की प्रतिक्रिया के आधार पर लॉरेंस कोहलबर्ग ने किस विकास की विभिन्न अवस्थाओं को प्रतिपादित किया है ?

(a) नैतिक विकास (b) सामाजिक विकास

(c) मनोवैज्ञानिक विकास (d) व्यक्तिगत विकास *(CTET–2022)*

118. लेव वाइगोट्स्की के संज्ञानात्मक विकास के सिद्धांत को .... कहा जाता है क्योंकि वे तर्क देते हैं कि बच्चों का सीखना संदर्भ में होता है।

(a) मनोगतिशील (b) मनोलैंगिक

(c) सामाजिक-सांस्कृतिक (d) व्यवहारात्मक *(CTET–2022)*

119. जब कोई अध्यापिका किसी विद्यार्थी को उसके विकास के निकटस्थ क्षेत्र पर पहुँचाने के लिए सहायता को उसके निष्पादन के वर्तमान स्तर के अनुरूप ढालती है, तो अध्यापिका किस नीति का प्रयोग कर रही है?

(a) सहयोगात्मक-अधिगम का प्रयोग

(b) अंतर पक्षता का प्रदर्शन

(c) पाड़

(d) विद्यार्थी में संज्ञानात्मक द्वंद्व पैदा करना *(CTET–2022)*

120. वायगोत्स्की के अनुसार, बच्चे स्वंय से बात करते हैं।

(a) विचार और आत्म नियमन में सहायता के लिए

(b) आत्म-सुदृढ़ीकरण प्रदान करने के लिए जब वयस्क उन्हें अनदेखा कर रहे हों

(c) क्योंकि वे आत्मकेन्द्रित होते हैं

(d) क्योंकि उनकी सोच अतार्किक है *(CTET 2024)*

121. वायागेत्स्की के सीखने और विकास के सिद्धांत के अनुसार, निम्नलिखित में से कौन-सा आलम्बन का उदाहरण है?

(a) किसी कार्य को छोटे चरणों में तोड़ना और आवश्यकतानुसार सहायता प्रदान करना

(b) अभिप्रेरणा के रूप में एक छात्र को उनके काम के लिए एक श्रेणी प्रदान करना

(c) एक छात्र को पढ़ने का कार्य देना और उन्हें स्वतंत्र रूप से सवालों के जबाव देने के लिए कहना

(d) एक छात्र को एक कौशल का प्रदर्शन करना और उन्हें फिर अपने दम पर महारत हासिल करना *(CTET 2024)*

122. लॉरेंस कोहलबर्ग ने तर्क दिया है कि—

(a) बच्चों में नैतिक विकास निरंतर रूप से होता है

(b) बच्चों के नैतिक तर्क में सांस्कृतिक अंतर होते हैं

(c) नैतिक विकास क्रमिक चरणों में होता है

(d) बच्चों के नैतिक तर्क में लिंग भेद होते हैं *(CTET 2024)*

123. कोहलवर्ग के नैतिक विकास के किस चरण में व्यक्ति का नैतिक व्यवहार मुख्य रूप से इस मानसिकता पर निर्भर करता है। ''लोग मेरे बारे में क्या सोचते हैं'' ?

(a) उत्तर-पारम्परिक (b) गैर-पारम्परिक

(c) पूर्व-पारम्परिक (d) पारम्परिक *(CTET 2024)*

124. जीन पियाजे के अनुसार एक बच्चा जो सरल गणितीय उत्क्रमण जैसे $4 + 5 = 9$ तो $9 - 5 = 4$ के पीछे के तर्क को समझना असमर्थ है, इसका कारण है

(a) जीववादी सोच (b) अपरिवर्तनीयता

(c) आत्मकेन्द्रीयता (d) अवधारणात्मक केन्द्रीकरण *(CTET 2024)*

125. **अभिकथन (A) :** शिक्षकों द्वारा प्रदान किया गया आलम्बन बच्चे को सीखने की प्रक्रिया में बाधा डालता है।

कारण (R) : लेव वायगोत्सकी ने प्रस्तवित किया कि बच्चे स्वतंत्र रूप से पर्यावरण पर कार्य करके और उसमें हेर-फेर करके सीखते हैं।

कूट :

(a) A सही है, किन्तु R गलत है
(b) A और R दोनों गलत है
(c) A और R दोनों सही हैं तथा R, A की सही व्याख्या करता है
(d) A और R दोनों सही हैं, परन्तु R, A की सही व्याख्या नहीं करता है *(CTET 2024)*

126. जीन पियाजे के अनुसार, निम्नलिखित में कौन-सी क्षमताएँ पूर्व-संक्रियात्मक अवस्था की विशेषता है?

(a) प्रतीकात्मक खेल और जीववाद (b) वर्गीकरण और क्रमबद्धता
(c) संरक्षण और अमूर्त चिन्तन (d) नकल और प्रतिवर्तीता *(CTET 2024)*

127. लेव वायगोत्सकी के अनुसार, बच्चे अपने स्वयं के व्यवहार को किस प्रकार नियमित करते हैं?

(a) खुद को पुर्नबलन के उपयोग द्वारा (b) अनुकूलन की प्रक्रियाएँ द्वारा
(c) आत्मवाक् के प्रयोग द्वारा (d) सन्तुलीकरण की प्रक्रिया द्वारा *(CTET 2024)*

128. लेव वायगोल्सकी के सिद्धांत के अनुसार, छात्रों के सीखने के अनुभव को बेहतर बनाने के लिए निम्नलिखित में से कौन-सा एक अनुशसित दृष्टिकोण है?

(a) छात्रों को ऐसा कार्य प्रदान करना, जिससे वे व्यक्तिगत रूप से प्रबन्धित और पूरा कर सके
(b) छात्रों को ऐसा कार्य प्रदान करना जो उनकी समाज के वर्तमान स्तर से पूरी तरह असम्बन्धित हो
(c) छात्रों के वर्तमान स्तर पर आधारित उनको उचित समर्थन और मागदर्शन के साथ कार्य प्रदान करना
(d) छात्रों को कोई सहायता नहीं देना और उन्हें अपने दम पर संघर्ष करने के लिए छोड़ देना *(CTET 2024)*

129. हेंज की दुविधा को पेश किए जाने पर, अरुणिमा तर्क देती है 'कानून इन परिस्थितियों के लिए स्थापित नहीं किया गया था। इस स्थिति में दवा लेना वास्तव में सही नहीं है, लेकिन यह उचित है।' लॉरेंज कोहलवर्ग के सिद्धांत के अनुसार, अरुणिमा नैतिक विकास की कौन-सी अवस्था है?

(a) यान्त्रिक उद्देश्य व विनिमय
(b) सामाजिक सरोकार और विवेक
(c) नैतिकता का विरोधाभास, व्यक्तिगत अधिकार व लोकतान्त्रिकता
(d) दंड की ओर उन्मुखीकरण और आज्ञाकारिता स्वीकृत कानून *(CTET 2024)*

130. लेव वायगोत्सकी प्रस्तावित करते हैं कि ..... बच्चों में स्व-नियमन के लिए महत्वपूर्ण है।

(a) असन्तुलन (b) निजी वाक् (c) अनुकूलन (d) संगठन *(CTET 2024)*

131. अभिकथन (A) : लॉरेंस कोहलवर्ग के नैतिक विकास सिद्धांत में बच्चे कार्यों को उनके परिणाम के आधार पर अच्छा या बुरा समझाने से इस समझ पर पहुँचते हैं कि नियम और कानून नम्य हैं और बदले जा सकते हैं।

कारण (R) : लॉरेंस कोहलवर्ग का तर्क है कि नैतिक विकास क्रमिक रूप से चरणों में होता है।

कूट :

(a) A और R दोनों सत्य हैं तथा R, A की सही व्याख्या करता है

(b) A और R दोनों सत्य हैं, परन्तु R, A की सही व्याख्या नहीं करता है

(c) A सत्य है किन्तु R गलत है

(d) A और R दोनों गलत हैं *(CTET 2024)*

132. कोहलवर्ग के नैतिक विकास सिद्धांत के अनुसार किस स्तर पर बच्चे आत्मकेन्द्रित होते हैं और किसी कार्य को करने में अपना ही लाभ देखते हैं?

(a) पहले स्तर के पहले चरण में (b) पहले स्तर के दूसरे चरण में

(c) दूसरे स्तर के तीसरे चरण में (d) तीसरे स्तर के पांचवें चरण में

(CTET 2024)

133. समीपस्थ सिद्धांत कहलाता है कि शैशवावस्था में—

(a) अंग हाथों और पैरों की तुलना में तेजी से बढ़ते रहते हैं

(b) विकास सिर से पाँव तक होती है

(c) भाषा का विकास तेजी से होता है क्योंकि वह विकास के लिए संवेदनशील अवधि है

(d) सूक्ष्म गतिक कौशल के विकास के साथ शारीरिक विकास तेजी से होता है *(CTET 2024)*

134. लेव वायगोत्सकी के अनुसार—

(a) सामाजिक कारक भाषा विकास को प्रभावित करते हैं, परन्तु संज्ञानात्मक विकास को नहीं

(b) संज्ञानात्मक विकास, भाषा विकास को सुगम बनाता है

(c) भाषा विकास और संज्ञानात्मक विकास एक-दूसरे से स्वतंत्र रूप से विकसित होते हैं

(d) भाषा विकास, संज्ञानात्मक विकास को सुगम बनाता है *(CTET 2023)*

135. लॉरेंज कोहलबर्ग के नैतिक तर्क के किस स्तर पर बच्चे आमतौर पर मानते हैं कि लोगों को समाज की अपेक्षाओं पर खरा उतरना चाहिए और अच्छे तरीकों से व्यवहार करना चाहिए।

(a) उत्तर-संक्रियात्मक स्तर (b) पूर्व-पारम्परिक स्तर

(c) पारम्परिक स्तर (d) पूर्व-संक्रियात्मक स्तर *(CTET 2023)*

136. कैरल गिलिगन ने कोहलबर्ग के नैतिक विकास के सिद्धांत की आलोचना की है।

(a) सामाजिक संज्ञानात्मक दृष्टिकोण से

(b) नारीवादी दृष्टिकोण से

(c) आनुवंशिक कारकों को पर्याप्त महत्व न देने पर

(d) केस अध्ययन को अनुसंधान पद्धति के रूप में उपयोग करने के लिए

(CTET 2023)

137. जीन पियाजे के अनुसार, पूर्व संक्रियात्मक चिन्तन की मुख्य विशेषताओं में से एक... है, जो किसी स्थिति के एक पहलू पर ध्यान केन्द्रित करने और दूसरों की उपेक्षा करने की प्रवृत्ति को सन्दर्भित करता है।
(a) कारण-परिणाम का विश्लेषण (b) केन्द्रीयन
(c) विकेन्द्रीयन (d) पारगमन *(CTET 2023)*

138. लेव वायगोत्सकी के सिद्धांत के अनुसार, आन्तरिक वाक्
(a) बच्चों के लिए काल्पनिक दोस्त के साथ सम्प्रेषण करने का एक तरीका है
(b) संज्ञानात्मक अपरिपक्वता का प्रतीक है
(c) विकासात्मक देरी का संकेत है
(d) बच्चों के लिए अपनी सोच को नियन्त्रित करने का तरीका है *(CTET 2023)*

139. चार वर्ष की अर्पणा कहती है कि एक बटन जिन्दा है, क्योंकि यह उसकी शर्ट को एक साथ बाँधने में सहायता करता है। जीन पियाजे के अनुसार उसकी सोच की विशेषता है—
(a) पारगमनात्मक तर्क (b) जीववादी चिन्तन
(c) केन्द्रीयन (d) परिकल्पित-निगमनात्मक चिन्तन *(CTET 2023)*

140. लेव वायगोत्सकी के अनुसार ...... बच्चों के संकल्पनात्मक योग्यताओं के विकास में महत्वपूर्ण भूमिका निभाता है।
(a) मूर्त पुरस्कार (b) सहकर्मी सहयोग
(c) सामाजिक अलगाव (d) मानकीकृत पाठ्यक्रम *(CTET 2023)*

उत्तरमाला

1. (b)	2. (a)	3. (d)	4. (d)	5. (d)	6. (b)	7. (d)	8. (a)
9. (a)	10. (a)	11. (a)	12. (b)	13. (c)	14. (c)	15. (b)	16. (c)
17. (a)	18. (a)	19. (b)	20. (d)	21. (c)	22. (c)	23. (b)	24. (d)
25. (a)	26. (b)	27. (c)	28. (b)	29. (b)	30. (b)	31. (c)	32. (c)
33. (d)	34. (b)	35. (a)	36. (a)	37. (c)	38. (d)	39. (c)	40. (d)
41. (c)	42. (a)	43. (b)	44. (c)	45. (b)	46. (c)	47. (a)	48. (a)
49. (c)	50. (d)	51. (b)	52. (b)	53. (c)	54. (c)	55. (c)	56. (c)
57. (b)	58. (b)	59. (b)	60. (d)	61. (b)	62. (b)	63. (a)	64. (c)
65. (b)	66. (c)	67. (c)	68. (c)	69. (d)	70. (c)	71. (a)	72. (b)
73. (d)	74. (a)	75. (d)	76. (b)	77. (d)	78. (b)	79. (a)	80. (b)
81. (b)	82. (b)	83. (a)	84. (b)	85. (d)	86. (c)	87. (d)	88. (c)
89. (b)	90. (c)	91. (d)	92. (b)	93. (b)	94. (a)	95. (d)	96. (b)
97. (b)	98. (a)	99. (a)	100. (b)	101. (a)	102. (a)	103. (b)	104. (b)
105. (b)	106. (a)	107. (a)	108. (b)	109. (b)	110. (c)	111. (b)	112. (b)
113. (a)	114. (b)	115. (b)	116. (c)	117. (a)	118. (c)	119. (c)	120. (a)
121. (a)	122. (c)	123. (d)	124. (b)	125. (b)	126. (a)	127. (c)	128. (c)
129. (c)	130. (b)	131. (a)	132. (b)	133. (a)	134. (d)	135. (c)	136. (b)
137. (b)	138. (d)	139. (b)	140. (b)				

★★★

7

बाल-केन्द्रित तथा प्रगतिशील शिक्षा

बाल-केन्द्रित शिक्षा

Child-Centred Education

- बाल-केन्द्रित शिक्षा के अन्तर्गत उन्हीं शिक्षण विधियों को प्रयोग में लाया जाता है जो बालकों के सीखने की प्रक्रिया, महत्वपूर्ण कारक, लाभदायक व हानिकारक दशाएँ, रुकावटें, सीखने के वक्र तथा प्रशिक्षण इत्यादि तत्वों को सम्मिलित करती हैं तथा मनोवैज्ञानिक विश्लेषण पर आधारित होती हैं।
- बाल-केन्द्रित शिक्षा का श्रेय शिक्षा मनोविज्ञान को दिया जाता है जिसका उद्देश्य बालक के मनोविज्ञान को समझते हुए शिक्षण की व्यवस्था करना तथा उसकी अधिगम सम्बन्धी कठिनाइयों को दूर करना है।
- वर्ष 1919 में प्रगतिशील शिक्षा सुधारकों ने *(कोलम्बिया विश्वविद्यालय)* बालकों के हितों के लिए सीखने की प्रक्रिया के केन्द्र में बालक को रखने पर बल दिया अर्थात् अधिगम प्रक्रिया में केन्द्रीय स्थान बालक को दिया जाता है।
- भारत में गिजभाई बधेका *(गुजरात)* ने डॉ. मारिया मॉण्टेसरी के शैक्षिक विचारों एवं विधियों से प्रभावित होकर बाल शिक्षा को एक नया आयाम *(Dimension)* प्रदान किया। उन्होंने 1920 ई० में बाल मन्दिर नामक संस्था की स्थापना की, जिसका केन्द्र-बिन्दु उन्होंने बालक को रखा।
- बाल-केन्द्रित शिक्षा के अन्तर्गत बालक की शारीरिक और मानसिक योग्यताओं के विकास के आधार पर अध्ययन किया जाता है तथा बालक के व्यवहार और व्यक्तित्व में असामान्यता के लक्षण होने पर बौद्धिक दुर्बलता, समस्यात्मक बालक, रोगी बालक, अपराधी बालक इत्यादि का निदान किया जाता है।
- मनोविज्ञान के ज्ञान के अभाव में शिक्षक मार-पीट के द्वारा इन दोषों को दूर करने का प्रयास करता है, परन्तु बालकों को समझने वाला शिक्षक यह जानता है कि इन दोषों का आधार उनकी शारीरिक, सामाजिक अथवा मनोवैज्ञानिक आवश्यकताओं में ही कहीं-न-कहीं है। वैयक्तिक भिन्नता की अवधारणा ने शिक्षा और शिक्षण प्रक्रिया में व्यापक परिवर्तन किया है। इसी के कारण बाल-केन्द्रित शिक्षा का प्रचलन शुरू हुआ।

बाल-केन्द्रित शिक्षा के अन्तर्गत पाठ्यक्रम का स्वरूप : बाल-केन्द्रित पाठ्यक्रम में विद्यार्थी को शिक्षा-प्रक्रिया का केन्द्र-बिन्दु माना जाता है। बालक की रुचियों, आवश्यकताओं एवं योग्यताओं के आधार पर पाठ्यक्रम का निर्माण किया जाता है। बाल-केन्द्रित शिक्षा के अन्तर्गत पाठ्यक्रम का स्वरूप निम्नलिखित है—

★ पाठ्यक्रम पूर्वज्ञान पर आधारित होना चाहिए।
★ पाठ्यक्रम छात्रों की रुचि के अनुसार होना चाहिए।
★ पाठ्यक्रम लचीला होना चाहिए।
★ पाठ्यक्रम जीवनोपयोगी होना चाहिए।
★ वातावरण के अनुसार होना चाहिए।
★ पाठ्यक्रम राष्ट्रीय भावनाओं को विकसित करने वाला होना चाहिए।
★ पाठ्यक्रम समाज की आवश्यकता के अनुसार होना चाहिए।
★ पाठ्यक्रम बालकों के मानसिक स्तर के अनुसार होना चाहिए।
★ पाठ्यक्रम में व्यक्तिगत विभिन्नताओं को ध्यान रखना चाहिए।

प्रगतिशील शिक्षा
Progressive Education

जॉन डीवी *(John Dewey)* का प्रगतिशील शिक्षा की अवधारणा के विकास में विशेष योगदान रहा है। जॉन डीवी सं. रा. अमेरिका के एक मनोवैज्ञानिक थे। प्रगतिशील शिक्षा की अवधारणा इस प्रकार है—शिक्षा का एकमात्र उद्देश्य बालक की शक्तियों का विकास है।

➢ प्रगतिशील शिक्षा यह सूचना प्रदान करता है कि शिक्षा बालक के लिए है बालक शिक्षा के लिए नहीं, इसलिए शिक्षा के उद्देश्य से ऐसा वातावरण तैयार करना चाहिए, जिसमें प्रत्येक बालक को सामाजिक विकास का पर्याप्त अवसर मिले।

➢ प्रगतिशील शिक्षा का उद्देश्य जनतंत्रीय मूल्यों की स्थापना है। प्रगतिशील शिक्षा के अन्तर्गत बालक में जनतंत्रीय मूल्यों का विकास किया जाना चाहिए। शिक्षा के द्वारा हमें ऐसे समाज का निर्माण करना चाहिए जिसमें व्यक्ति-व्यक्ति में कोई भेद न हो, सभी पूर्ण स्वतंत्रता और सहयोग से काम करें।

➢ प्रत्येक मनुष्य को अपनी स्वाभाविक प्रवृत्तियों, इच्छाओं और आकांक्षाओं के अनुसार विकसित होने का अवसर मिले, सभी को समान अधिकार दिये जाएँ। ऐसा समाज तभी बन सकता है, जब व्यक्ति और समाज के हित में कोई मौलिक अन्तर न माना जाय। शिक्षा के द्वारा मनुष्य में परस्पर सहयोग और सामंजस्य की स्थापना होनी चाहिए।

➢ प्रगतिशील शिक्षा में शिक्षण-विधि को अधिक व्यावहारिक करने पर बल दिया जाता है।

➢ जॉन डीवी ने प्रगतिशील शिक्षा के अन्तर्गत शिक्षा में दो तत्वों को विशेष महत्वपूर्ण माना है—रुचि और प्रयास। अध्यापक को बालक की स्वाभाविक रुचियों को समझकर उसके लिए उपयोगी कार्यों की व्यवस्था करनी चाहिए। बालक को स्वयं कार्यक्रम बनाने का अवसर दिया जाना चाहिए।

➢ डीवी के शिक्षा पद्धति संबंधी स्वयं कार्यक्रम के विचारों के आधार पर प्रोजेक्ट प्रणाली का जन्म हुआ। इसके अन्तर्गत बालक को ऐसे काम दिये जाने चाहिए, जिनसे उनमें स्फूर्ति, आत्मविश्वास, आत्मनिर्भरता और मौलिकता का विकास हो।

➢ प्रगतिशील शिक्षा में शिक्षक को भी महत्वपूर्ण स्थान दिया गया है। इसके अनुसार शिक्षक समाज का सेवक है। उसे विद्यालय में ऐसा वातावरण निर्माण करना पड़ता है, जिसमें पलकर बालक के सामाजिक व्यक्तित्व का विकास हो सके और वह जनतंत्र के योग्य नागरिक बन सके।

- डीवी ने शिक्षक को समाज में ईश्वर के प्रतिनिधि की संज्ञा दिया है। विद्यालय में स्वतंत्रता और समानता के मूल्य को बनाये रखने के लिए शिक्षक को अपने को बालकों से बड़ा नहीं समझना चाहिए। शिक्षकों को आज्ञाओं और उपदेशों के द्वारा अपने विचारों और प्रवृत्तियों का भार बालकों पर देने का प्रयास नहीं करना चाहिए।
- बालक को प्रत्यक्ष रूप से उपदेश न देकर उसे सामाजिक परिवेश दिया जाना चाहिए और उसके सामने ऐसे उदाहरण प्रस्तुत किये जाने चाहिए कि उसमें आत्मानुशासन उत्पन्न हो और वह सही अर्थों में सामाजिक प्राणी बने।
- आधुनिक शिक्षा में वैज्ञानिक सामाजिक प्रवृत्ति प्रगतिशील शिक्षा का योगदान है। प्रगतिशील शिक्षा के सिद्धांतों के अनुरूप ही आजकल शिक्षा को अनिवार्य और सार्वभौमिक बनाने पर जोर दिया जाता है। शिक्षा का लक्ष्य व्यक्तित्व का विकास है और प्रत्येक व्यक्ति को उसके व्यक्तित्व का विकास करने के लिए शिक्षा प्राप्त करने का अवसर दिया जाना चाहिए।

परीक्षोपयोगी तथ्य

- बाल-केन्द्रित शिक्षा का उद्देश्य बालक के मनोविज्ञान को समझते हुए शिक्षण की व्यवस्था करना तथा उसकी अधिगम संबंधी कठिनाइयों को दूर करना है।
- बाल केन्द्रित शिक्षा के अंतर्गत बालक की शारीरिक और मानसिक योग्यताओं के विकास के आधार पर अध्ययन किया जाता है।
- बाल केन्द्रित पाठ्यक्रम में बालक की रुचियों, आवश्यकताओं एवं योग्यताओं के आधार पर पाठ्यक्रम का निर्माण किया जाता है।
- प्रगतिशील शिक्षा का उद्देश्य बालकों में शिक्षा के माध्यम से जनतंत्रीय मूल्यों की स्थापना करना है।
- जॉन डीवी का प्रगतिशील शिक्षा के विकास में सराहनीय योगदान है। इन्होंने प्रगतिशील शिक्षा में दो तत्वों को विशेष महत्वपूर्ण माना है—रुचि और प्रयास।

वस्तुनिष्ठ प्रश्न

1. कृतिका अक्सर घर में ज्यादा बात नहीं करती, लेकिन विद्यालय में वह काफी बात करती है। यह दर्शाता है कि—

(a) विद्यालय हर समय बच्चों को खूब बात करने का अवसर देता है
(b) शिक्षकों की यह माँग होती है कि बच्चे विद्यालय में खूब बातें करें
(c) कृतिका का अपना घर बिल्कुल पसंद नहीं है
(d) उसके विचारों को विद्यालय में मान्यता मिलती है *(CTET–2011)*

2. छोटे शिक्षार्थियों में निम्नलिखित में से कौन-सा लक्षण 'पठन-कठिनाई' *(Reading Difficulty)* का नहीं है?

(a) पठन-गति और प्रवाह *(Reading Speed & Fluency)* में कठिनाई
(b) शब्दों और विचारों को समझने में कठिनाई
(c) सुसंगत वर्तनी *(Spelling Consistency)* में कठिनाई
(d) वर्ण एवं शब्द-पहचान में कठिनाई *(CTET–2011)*

3. कक्षा में जो विद्यार्थी प्रश्न पूछते हैं उन्हें—

(a) कक्षा के बाद शिक्षक से मिलने की सलाह दी जाए

(b) कक्षा चर्चा में भाग लेने के लिए प्रोत्साहित किया जाना चाहिए

(c) लगातार प्रश्न पूछने के लिए प्रोत्साहित करना चाहिए

(d) स्वतंत्र रूप से उत्तर ढूँढने के लिए प्रोत्साहित करना चाहिए *(UPTET–2011)*

4. निम्नलिखित में से कौन-सी प्रगतिशील शिक्षा *(Progressive Education)* की विशेषता है ?

(a) समय-सारणी और बैठने की व्यवस्था में लचीलापन *(Flexible)*

(b) केवल प्रस्तावित पाठ्य-पुस्तकों पर आधारित अनुदेश

(c) परीक्षाओं में अच्छे अंक प्राप्त करने पर बल

(d) बार-बार ली जानेवाली परीक्षाएँ *(CTET–2012)*

5. छोटे शिक्षार्थियों को कक्षा-कक्ष में समवयस्कों के साथ अंतःक्रिया करने के लिए प्रोत्साहित करना चाहिए, जिससे—

(a) शिक्षक कक्षा-कक्ष को बेहतर तरीकों से नियंत्रित कर सकें

(b) वे एक-दूसरे से प्रश्नों के उत्तर सीख सकें

(c) पाठ्यक्रम को बहुत जल्दी पूरा किया जा सके

(d) वे पढ़ने के दौरान सामाजिक कौशल सीख सकें *(CTET–2012)*

6. जब बच्चा कार्य करते हुए उबने लगता है तो यह इस बात का संकेत है कि—

(a) बच्चे को अनुशासित करने की जरूरत है

(b) संभवतः कार्य यांत्रिक रूप से *(Mechanically)* बार-बार हो रहा है

(c) बच्चा बुद्धिमान नहीं है

(d) बच्चे में सीखने की योग्यता नहीं है *(CTET–2012)*

7. विद्यालय में नियमित उपस्थिति के लिए वंचित बच्चों को प्रोत्साहित करने का निम्नलिखित में से कौन-सा तरीका सर्वाधिक उपयुक्त होगा ?

(a) बच्चों को विद्यालय आने की अनुमति न देने को कानूनन दंडनीय अपराध बनाया जाये

(b) विद्यालय द्वारा बच्चों को एकत्रित करनेवाले एक व्यक्ति को नियुक्त किया जाए, जो प्रतिदिन घरों में बच्चों को लेकर आये

(c) बच्चों को आकर्षित करने के लिए प्रतिदिन ₹ 5 देना

(d) आवासीय विद्यालय खोलना *(CTET–2012)*

8. विद्यार्थियों से प्रतिक्रिया प्राप्त करने का आदर्श 'प्रतीक्षा समय' *(Waiting Time)* .... के सही अनुपात में होना चाहिए।

(a) पिछले पाठों से प्रश्नों का उत्तर देने के लिए विद्यार्थियों द्वारा लिया गया समय

(b) वास्तविक जीवन में प्रश्न की प्रासंगिकता *(Relevance)*

(c) पाठ्य-चर्चा में प्रकरण विशेष के लिए आवंटित समय

(d) प्रश्न का कठिनाई स्तर *(CTET–2012)*

9. मोनिका, जो गणित की शिक्षिका है, राधिका से एक प्रश्न पूछती है। राधिका से कोई उत्तर न मिलने पर वह तुरंत मोहन से दूसरा प्रश्न पूछती है। जब उसे महसूस होता है कि मोहन उत्तर बताने में संघर्ष कर रहा है तो वह अपने प्रश्न के शब्दों को बदलती है। मोनिका की यह प्रवृति यह प्रर्दशित करती है कि वह—
(a) अपने सवाल के प्रति थोड़ा घबरा गई है
(b) मोहन का पक्ष लेकर लिंग भूमिकाओं में रूढ़िबद्धता को बढ़ावा दे रही है
(c) राधिका को किसी उलझनपूर्ण स्थिति में नहीं डालना चाह रही है
(d) इस तथ्य से पूर्णतः परिचित है कि राधिका सवालों के जवाब देने में योग्य नहीं है
(CTET–2012)

10. बच्चों द्वारा की जानेवाली त्रुटियों के संबंध में निम्नलिखित में से कौन-सा कथन सत्य है?
(a) एक शिक्षक को प्रत्येक त्रुटि पर ध्यान नहीं देना चाहिए अन्यथा पाठ्यक्रम पूरा नहीं होगा
(b) प्रत्येक त्रुटि को सुधारने में बहुत अधिक समय लगेगा तथा एक शिक्षक के लिए थकाने वाला होगा
(c) स्वयं बच्चों द्वारा त्रुटियों को सुधारा जा सकता है इसलिए शिक्षकों को उन्हें तुरन्त नहीं सुधारना चाहिए
(d) यदि एक शिक्षक कक्षा-कक्ष में सभी बच्चों की त्रुटियों को सुधारने योग्य नहीं है तो यह संकेत करता है कि शिक्षक-शिक्षा की व्यवस्था असफल है *(CTET–2012)*

11. जॉन डीवी *(John Dewey)* द्वारा समर्थित 'लैब विद्यालय' *(Lab School)* के उदाहरण हैं—
(a) पब्लिक विद्यालय (b) सामान्य विद्यालय
(c) फैक्टरी विद्यालय (d) प्रगतिशील विद्यालय *(CTET–2012)*

12. बाल-केंद्रित शिक्षा के समर्थन निम्नलिखित में से किस विचारक द्वारा किया गया है?
(a) एरिक इरिक्सन *(Erick Erickson)* (b) चार्ल्स डार्विन *(Charles Darwin)*
(c) बी एफ स्किनर *(B. F. Skinner)* (d) जॉन डीवी *(John Dewey)*
(CTET–2012)

13. शिक्षण से अधिगम पर बल देने वाला परिवर्तन हो सकता है—
(a) परीक्षा परिणामों पर केन्द्रित होकर (b) बाल केन्द्रित शिक्षा-पद्धति अपनाकर
(c) रटने *(Rote)* को प्रोत्साहित करके (d) अग्र शिक्षण की तकनीक अपनाकर
(CTET–2012)

14. एक बाल केंद्रित कक्षा में, बच्चे सामान्यतः सीखते हैं—
(a) वैयक्तिक और सामूहिक, दोनों रूपों में (b) मुख्य रूप से शिक्षक से
(c) वैयक्तिक रूप से (d) समूहों में *(CTET–2012)*

15. कक्षा में अनुशासन बनाये रखने के लिए सर्वाधिक प्रभावशाली उपाय क्या है?
(a) अनुशासनहीन छात्रों को कक्षा से बाहर निकाल देना
(b) शिक्षण को रोचक एवं व्यावहारिक बनाना
(c) छात्रों के अभिभावकों को सूचित करना
(d) अनुशासनहीन छात्रों को विशिष्ट सुविधाएँ प्रदान करना *(UPTET–2012)*

16. प्रगतिशील शिक्षा के संदर्भ में निम्नलिखित में से कौन-सा कथन जॉन डीवी के अनुसार समुचित है—

(a) कक्षा में विद्यार्थियों का निरीक्षण करना चाहिए न कि सुनना चाहिए

(b) कक्षा में प्रजातंत्र का कोई स्थान नहीं होना चाहिए

(c) विद्यार्थियों को स्वयं ही सामाजिक समस्याओं को सुलझाने में सक्षम होना चाहिए

(d) जिज्ञासा विद्यार्थियों के स्वभाव में अन्तर्निहित नहीं है। अपितु इसका कर्षण/संवर्धन करना चाहिए *(CTET–2014)*

17. प्रगतिशील शिक्षा निम्नलिखित में से किस कथन से संबंधित है?

(a) परीक्षा मानदण्ड-संदर्भित और बाह्य है

(b) शिक्षक सूचना और प्राधिकार के प्रवर्तक होते हैं

(c) ज्ञान प्रत्यक्ष अनुभव और सहयोग से उत्पन्न होता है

(d) अधिगम तथ्यों के एकत्रीकरण और कौशल में प्रवीणता के साथ सीधे मार्ग पर चलता है *(CTET–2014)*

18. शिक्षार्थियों के ज्ञान अर्जन में सहायता करने के क्रम में अध्यापकों को किस पर ध्यान केन्द्रित करना चाहिए?

(a) सुनिश्चित करना कि शिक्षार्थी सब कुछ याद करते हैं

(b) शिक्षार्थी के द्वारा प्राप्त किये गये अंकों/ग्रेडों पर

(c) शिक्षार्थी को सक्रिय सहभागिता के लिए शामिल करना

(d) शिक्षार्थी के द्वारा अधिगम की अवधारणाओं में कुशलता प्राप्त करना *(CTET–2015)*

19. बाल केंद्रित शिक्षा में शामिल है—

(a) बच्चों के लिए हस्तपरक गतिविधियाँ

(b) बच्चों का एक कोने में बैठना

(c) प्रतिबंधित परिवेश में अधिगम

(d) वे गतिविधियाँ जिनमें खेल शामिल नहीं होते *(CTET–2015)*

20. बाल-केंद्रित कक्षा की एक प्रमुख विशेषता है कि उसमें—

(a) शिक्षक के मार्गदर्शन से शिक्षार्थियों को अपनी स्वयं की समझ का निर्माण करने के लिए उत्तरदायी बनाया जाता है

(b) शिक्षक के द्वारा बल प्रयोग और मनोवैज्ञानिक नियंत्रण होता है, जो अधिगम पथ और बच्चों के व्यवहार को निर्धारित करता है

(c) शिक्षक बच्चों के लिए व्यवहार के समरूप तरीकों को निर्धारित करता है और जब वे उसका पालन करते हैं, तो उन्हें उपयुक्त पुरस्कार देता है

(d) शिक्षक की भूमिका ज्ञान को सीखने के लिए उसे प्रस्तुत करना है और शिक्षार्थियों का मानक मापदण्डों पर आकलन करना है *(CTET–2015)*

21. मनोविज्ञान का शिक्षा के क्षेत्र में सबसे बड़ा योगदान है—

(a) विषय केंद्रित शिक्षा (b) शिक्षक केंद्रित शिक्षा

(c) क्रिया केंद्रित शिक्षा (d) बाल केंद्रित शिक्षा *(UPTET-I–2015)*

22. बाल-केन्द्रित शिक्षाशास्त्र का अर्थ है—

(a) बच्चों को शिक्षक का अनुगमन और अनुकरण करने के लिए कहना
(b) बच्चों की अभिव्यक्ति और उनकी सक्रिय भागीदारी को महत्व देना
(c) बच्चों को पूर्ण रूप से स्वतंत्रता देना
(d) बच्चों को नैतिक शिक्षा देना *(CTET–2016)*

23. निम्नलिखित में से कौन-सी स्थिति बाल केन्द्रित कक्षा कक्ष को प्रदर्शित कर रही है ?

(a) एक कक्षा जिसमें पाठ्य-पुस्तक एकमात्र संसाधन होता है जिसका संदर्भ शिक्षिका देता है
(b) एक कक्षा जिसमें शिक्षार्थी समूहों में बैठे है और शिक्षिका बारी-बारी से प्रत्येक समूह में जा रही है
(c) एक कक्षा जिसमें शिक्षार्थियों का व्यवहार शिक्षिका द्वारा दिए जाने वाले पुरस्कार और दंड से संचालित होता हो
(d) एक कक्षा जिसमें शिक्षिका नोट लिखा देती है और शिक्षार्थियों से उन्हें याद करने को कहा जाता है *(CTET–2016)*

24. प्रगतिशील परिवारों में बच्चों में अपेक्षाकृत कौन-सा प्रेरक अधिक प्रबल होता है ?

(a) संबंधन (b) जिज्ञासा (c) उपलब्धि (d) आक्रामकता *(RTET-I–2016)*

25. निम्नलिखित में से कौन-सा विकल्प प्रगतिशील शिक्षा का सबसे अच्छा वर्णन करता है ?

(a) कर के सीखना, परियोजना विधि, सहयोग से सीखना
(b) थिमैटिक इकाइयाँ, नियमित इकाई परीक्षण, रैंकिंग
(c) व्यक्तिगत अधिगम, क्षमता समूह बनाना, छात्रों की लेबलिंग
(d) परियोजना विधि, क्षमता समूह बनाना, रैंकिंग *(CTET-I–2018)*

26. प्रगतिशील शिक्षा के बारे में निम्नलिखित में से कौन-सा कथन बताता है, शिक्षा स्वयं ही जीवन है ?

(a) स्कूल शिक्षा को यथासंभव लम्बे समय तक जारी रखना चाहिए
(b) स्कूलों की आवश्यकता नहीं है, बच्चे अपने जीवन के अनुभवों से सीख सकते हैं
(c) स्कूलों में शिक्षा सामाजिक और प्राकृतिक दुनिया को प्रतिबंधित करें
(d) जीवन सच्चा शिक्षक है *(CTET-I–2018)*

27. व्यक्तिगत शिक्षा कार्यक्रम की योजना .... के संदर्भ में बनायी जाती है।

(a) मुक्त विद्यालयी शिक्षा कार्यक्रम (b) ई-अधिगम शिक्षा कार्यक्रम
(c) विशेष शिक्षा कार्यक्रम (d) बाल केंद्रित शिक्षा कार्यक्रम *(CTET-II–2018)*

28. प्रगतिशील शिक्षा में बच्चों को किस तरह से देखा जाता है ?

(a) छोटे वयस्कों के रूप में (b) निष्क्रिय अनुकारकों के रूप में
(c) सक्रिय अन्वेषकों के रूप में (d) खाली स्लेटों के रूप में *(CTET-I–2019)*

29. निम्नलिखित में से कौन-सा प्रगतिशील शिक्षा की अवधारणा के बारे में प्रमुख है?
(a) पाठ्यपुस्तक केंद्रीय अधिगम
(b) प्रत्येक बच्चे की क्षमता एवं संभावना में विश्वास करना
(c) मानक निर्देश एवं मूल्यांकन
(d) बाह्य प्रेरणा तथा एकरूप मूल्यांकन मानदंड *(CTET-II–2019)*

30. छात्र केंद्रित शिक्षाशास्त्र की क्या विशेषता है?
(a) केवल पाठ्यपुस्तकों पर निर्भर होना (b) बच्चों के अनुभवों को प्राथमिकता देना
(c) यंत्रवत् याद करना
(d) योग्यता के आधार पर विद्यार्थियों को नामांकित करना तथा वर्गीकरण करना *(CTET-I–2019)*

31. एक प्रगतिशील कक्षा में—
(a) विद्यार्थियों के द्वारा ज्ञान की संरचना की जाती है
(b) विद्यार्थियों के द्वारा निष्क्रिय रूप से ज्ञान प्राप्त किया जाता है
(c) विद्यार्थियों के द्वारा ज्ञान को उसी रूप में दोहराया जाता है
(d) शिक्षक के निर्देशों के अनुसार विद्यार्थी के द्वारा ज्ञान का अनुस्मरण किया जाता है *(CTET-II–2019)*

32. शिक्षा में अवरोधन का तात्पर्य है—
(a) बालक का विद्यालय में न जाना (b) बालक का विद्यालय में प्रवेश न होना
(c) किसी बालक का एक वर्ष से अधिक समय तक एक ही कक्षा में रहना
(d) बालक द्वारा विद्यालय छोड़ देना *(UPTET-I–2020)*

33. एक प्रगतिशील कक्षा में—
(a) अध्यापक को अटल पाठ्यक्रम का पालन करना चाहिए
(b) विद्यार्थियों में प्रतिस्पर्द्धा पर बल देना चाहिए
(c) ज्ञान की संरचना के लिए प्रचुर मौके प्रदान करना चाहिए
(d) विद्यार्थियों को उनके अकादमिक अंकों के आधार पर नामांकित करना चाहिए *(CTET-I–2021)*

34. एक प्रगतिशील कक्षा में व्यक्तिगत विभिन्नताओं को किस प्रकार देखना चाहिए?
(a) अधिगम की प्रक्रिया में बाधा (b) अध्यापक के पक्ष पर असफलता
(c) योग्यता-आधारित समूह बनाने का मापदंड
(d) अध्यापन-अधिगम प्रक्रिया की परियोजना के लिए महत्वपूर्ण *(CTET-I–2021)*

35. एक प्रगतिशील कक्षा में शिक्षण-अधिगम प्रक्रिया के दौरान अधिगमकर्त्ताओं का मूल्यांकन—
(a) बच्चों के अधिगम में सहायक नहीं है
(b) बच्चों की अधिगम प्रक्रिया में रुकावट उत्पन्न करता है
(c) अभिभावकों को प्रतिपुष्टि देने के प्रयोजन से 'बेहद सफल', 'कम सफल' व 'असफल' विद्यार्थियों को पहचानने में सहायक होता है
(d) बेहद महत्वपूर्ण है, क्योंकि यह बच्चों की समझ की जानकारी देता है और अध्यापिका को अपने शिक्षा-शास्त्र पर विचारने में सहायक होता है *(CTET-II–2021)*

36. बाल-केंद्रित कक्षा वह है, जिसमें—
(a) अध्यापक केवल पाठ्यपुस्तक को ज्ञान के स्रोत के लिए उपयोग करता है
(b) अध्यापक, बच्चों को उनकी क्षमता के आधार पर वर्गीकृत करता है
(c) बच्चों के व्यवहार को निदेशित करने के लिए अध्यापक पुरस्कार और दंड का प्रयोग करता है
(d) अध्यापक लचीला है और प्रत्येक बच्चे की व्यक्तिगत आवश्यकताओं को पूरा करता है *(CTET-II–2021)*

37. निम्नलिखित में से कौन-सी अभिवृत्ति, एक प्रगतिशील कक्षीय माहौल के अनुसार है ?
(a) निर्णय निर्धारण में बच्चों की सहभागिता
(b) भय-मुक्त अधिगम वातावरण की संरचना
(c) विद्यार्थियों की व्यक्तिगत भिन्नताओं का ध्यान रखना
(d) अध्यापक द्वारा बाह्य-अनुशासन कायम करना *(CTET–2022)*

38. एक प्रगतिशील कक्षा में निम्न में से कौन-सी मूल्यांकन विधि का इस्तेमाल नहीं होता होगा ?
(a) अध्यापकों द्वारा मननशील जर्नल का इस्तेमाल
(b) स्व-मूल्यांकन एक समकक्षी मूल्यांकन
(c) केवल मानक-निर्देशित मूल्यांकन पर आश्रय
(d) विद्यार्थियों के पोर्टफोलियो तैयार करना *(CTET–2022)*

39. एक प्रगतिशील कक्षा में कौन-सा विकल्प सार्थक शिक्षण को बढ़ावा देने के लिए व्यक्तिगत अधिगम विधि का उदाहरण है ?
(a) निरंतर व्यक्तिगत प्रतियोगिताओं का आयोजन
(b) मौखिक दण्ड का प्रयोग
(c) एकरूपी मानकीकृत पाठ्यचर्या
(d) केवल 'अधिगम का मूल्यांकन' के स्थान पर 'अधिगम के लिए मूल्यांकन' पर बल देना *(CTET–2022)*

40. 'बाल केन्द्रित' कक्षा का सृजन कैसे किया जा सकता है ?
(a) शिक्षार्थियों को उनके निष्पादन के बारे में समय पर प्रतिपुष्टि देकर
(b) विद्यार्थियों को प्रश्न पूछने से हतोत्साहित करके और उन्हें निष्क्रिय रखकर
(c) बारम्बार परीक्षा लेकर और शिक्षार्थियों के बीच-बीच में भय की अवस्था में रखकर
(d) विद्यार्थियों में प्रतिस्पर्द्धा प्रोत्साहित करके *(CTET–2022)*

41. एक प्रगतिशील कक्षा में—
(a) शिक्षण पाठ्यपुस्तक केन्द्रित होता है
(b) योगात्मक परीक्षा पर बल दिया जाता है
(c) विद्यार्थी अध्ययन में सक्रिय भूमिका निभाते हैं
(d) अध्यापक दण्ड और पुरस्कार द्वारा छात्रों के शिक्षण को दिशा देता है *(CTET–2022)*

42. प्रगतिशील कक्षा में एक प्रभावी वातावरण का निर्माण करते समय निम्नलिखित में से किन बातों को ध्यान में रखना चाहिए ?

(i) अन्वेषण को प्रोत्साहित करने के लिए सामग्री को व्यवस्थित करने की विधि
(ii) जोखिम लेने में विद्यार्थियों की सहायता करने के तरीके
(iii) एक समान क्षमता वाले विद्यार्थियों को एक समूह में रखना
(iv) आकलन की भिन्न-भिन्न विधियाँ

(a) iv, i (b) ii, iv
(c) i, ii, iv (d) i, ii, iii, iv *(CTET–2022)*

43. निम्नलिखित में से कौन-सा कथन प्रगतिशील शिक्षा में शिक्षक की भूमिका का सबसे अच्छा वर्णन करता है ?

(a) शिक्षक बच्चों को स्वतंत्र रूप से कार्य करने के लिए उनके हाल पर छोड़ देते हैं
(b) शिक्षक ज्ञान के प्राथमिक स्त्रोत होते हैं
(c) शिक्षक एक सुविधाप्रदाता के रूप में कार्य करते है
(d) शिक्षक निर्धारित पाठ्यक्रम को 'ज्यों का त्यों' लागू करते हैं *(CTET–2024)*

44. निम्नलिखित में से कौन-सा प्रगतिशील शिक्षा का एक प्रमुख सिद्धांत है ?

(a) छात्रों के सीखने को मापने के लिए मानकीकृत परीक्षण सबसे अच्छा तरीका है
(b) छात्रों को अपने शिक्षकों से ज्ञान का निष्क्रिय प्राप्तकर्ता होना चाहिए
(c) सीसना प्रामाणिक कार्यों पर आधारित होना चाहिए
(d) पाठ्यचर्चा पूर्व निर्धारित और सार्वभौमिक होनी चाहिए *(CTET–2024)*

उत्तरमाला

1.	(d)	2.	(a)	3.	(b)	4.	(a)	5.	(d)	6.	(b)	7.	(d)	8.	(d)
9.	(b)	10.	(d)	11.	(d)	12.	(d)	13.	(b)	14.	(a)	15.	(b)	16.	(c)
17.	(c)	18.	(c)	19.	(a)	20.	(a)	21.	(d)	22.	(b)	23.	(b)	24.	(c)
25.	(a)	26.	(c)	27.	(d)	28.	(c)	29.	(b)	30.	(b)	31.	(a)	32.	(c)
33.	(c)	34.	(d)	35.	(d)	36.	(d)	37.	(c)	38.	(c)	39.	(d)	40.	(a)
41.	(c)	42.	(c)	43.	(c)	44.	(c)								

★★★

8

बुद्धि-निर्माण तथा बहुआयामी बुद्धि

बुद्धि *(Intelligence)*: वेश्लर *(Wechsler, 1939)* के अनुसार, "बुद्धि एक समुच्चय या सार्वजनिक क्षमता है, जिसके सहारे व्यक्ति उद्देश्यपूर्ण क्रिया करता है, विवेकशील चिंतन करता है तथा वातावरण के साथ प्रभावकारी ढंग से समायोजन करता है।"

➢ रॉबिन्सन तथा रॉबिन्सन *(Robinson & Robinson, 1965)* के अनुसार, "बुद्धि से तात्पर्य संज्ञानात्मक व्यवहारों *(Cognitive Behaviours)* के संपूर्ण वर्ग से होता है, जो व्यक्ति में सूझ-बूझ द्वारा समस्या-समाधान करने की क्षमताएँ, नयी परिस्थितियों के साथ समायोजन करने की क्षमताएँ, अमूर्त रूप से सोचने की क्षमता तथा अनुभवों से लाभ उठाने की क्षमता को दिखाता है।

➢ स्टोड्डार्ड *(Stoddard, 1941)* के अनुसार, "बुद्धि उन क्रियाओं को समझने की क्षमता है जिनकी विशेषताएँ हैं—कठिनता, जटिलता, अमूर्तता, मितव्ययिता, किसी लक्ष्य के प्रति अनुकूलनशीलता, सामाजिक मान *(Value)* और मौलिकता की उत्पत्ति और कुछ परिस्थिति में वैसी क्रियाओं को करना जो शक्ति की एकाग्रता तथा सांवेगिक कारकों का प्रतिरोध *(Resistance)* दिखाता है।"

➢ पी. ई. वर्नन *(P. E. Vernon, 1969)* बुद्धि संप्रत्यय के तीन अर्थ बतलाये हैं जो लोकप्रिय और आकर्षक दिखते हैं। ये अर्थ इस प्रकार हैं—

(a) जननिक क्षमता के रूप में बुद्धि *(Intelligence as Genetic Capacity)*: इस अर्थ में बुद्धि पूर्णतः वंशागत *(Inherited)* होती है। इसे हेब *(Hebb)* ने बुद्धि 'ए' *(Intelligence 'A')* कहा है, जो स्पष्टतः बुद्धि का एक जीनोटाइपिक *(Genotypic)* प्रकार है तथा इसमें बुद्धि को व्यक्ति का एक आनुवंशिक गुण माना जाता है।

(b) प्रेक्षित व्यवहार के रूप में बुद्धि *(Intelligence as Observed Behaviour)*: इस अर्थ में बुद्धि व्यक्ति के जीन एवं वातावरण की अंतःक्रिया *(Interaction)* का परिणाम होता है तथा जिस सीमा तक व्यक्ति बुद्धिमत्तापूर्ण ढंग से व्यवहार करता है, उस सीमा तक उसे बुद्धिमान समझा जाता है। बुद्धि का यह अर्थ फीनोटाइपिक *(Phenotypic)* प्रारूप का है। उसे हेब *(Hebb)* ने बुद्धि 'बी' *(Intelligence 'B')* कहा है।

(c) परीक्षण प्राप्तांक के रूप में बुद्धि *(Intelligence as a Test Score)*: इस अर्थ में बुद्धि की एक क्रियात्मक परिभाषा दी गई। इस अर्थ में बुद्धि वही है जो बुद्धि परीक्षण मापता है। इसे हेब *(Hebb)* ने बुद्धि 'सी' *(Intelligence 'C')* की संज्ञा दी है।

बुद्धि के प्रकार
Type of Intelligence

ई. एल. थॉर्नडाइक *(E. L. Thorndike)* ने बुद्धि के तीन प्रकार बताये हैं—

(i) सामाजिक बुद्धि *(Social Intelligence)*: सामाजिक बुद्धि से तात्पर्य वैसी सामान्य मानसिक क्षमता से होता है जिसके सहारे व्यक्ति अन्य व्यक्तियों को ठीक ढंग से समझता

है तथा व्यवहारकुशलता भी दिखाता है। ऐसे लोगों का सामाजिक संबंध *(Social Relationship)* अच्छा होता है।

- ➢ ड्रेवर एवं वालरस्टीन *(Drever & Wallerstein)* के अनुसार, *''सामाजिक बुद्धि, बुद्धि का एक प्रकार है जो किसी व्यक्ति में अन्य व्यक्तियों एवं सामाजिक संबंधों के प्रति व्यवहार में निहित होता है।''*
- ➢ जिन व्यक्तियों में सामाजिक बुद्धि होती है उनमें अन्य लोगों के साथ प्रभावपूर्ण ढंग से व्यवहार करने की क्षमता, अच्छा आचरण करने की क्षमता एवं समाज के अन्य लोगों से मिल-जुलकर सामाजिक कार्यों में हाथ बँटाने की क्षमता अधिक होती है। सामाजिक बुद्धि एक ऐसी बुद्धि है जो व्यक्ति को सामाजिक परिस्थितियों में समायोजित होने में मदद करती है।

(ii) अमूर्त बुद्धि *(Abstract Intelligence)*: अमूर्त विषयों के बारे में चिंतन करने की क्षमता को ही अमूर्त बुद्धि *(Abstract Intelligence)* कहा जाता है। ऐसी बुद्धि में व्यक्ति शब्द, प्रतीक तथा अन्य अमूर्त चीजों के सहारे अच्छे से चिंतन कर लेता है। इस प्रकार की क्षमता दार्शनिकों, कलाकारों, कहानीकारों आदि में अधिक होती है।

- ➢ टरमैन *(Terman)* के अनुसार, अमूर्त बुद्धि का महत्व छात्रों में विद्यमान अन्य दूसरे तरह की बुद्धि से अधिक होती है, अमूर्त बुद्धि को कुछ लोगों ने सैद्धान्तिक बुद्धि *(Theoretical Intelligence)* भी कहा है।
- ➢ जिन व्यक्तियों में अमूर्त बुद्धि अधिक होती है वे सफल कलाकार, पेंटर, गणितज्ञ एवं कहानीकार आदि बनते हैं।

(iii) मूर्त बुद्धि *(Concrete Intelligence)*: मूर्त बुद्धि से तात्पर्य वैसी मानसिक क्षमता से होता है जिसके सहारे व्यक्ति मूर्त या ठोस वस्तुओं के महत्व को समझता है, उनके बारे में सोचता है तथा अपनी इच्छा एवं आवश्यकतानुसार उनमें परिवर्तन लाकर उन्हें उपयोगी बनाता है। इसे व्यावहारिक बुद्धि *(Practical Intelligence)* भी कहा जाता है।

बुद्धिलब्धि
Intelligence Quotient

- ➢ बुद्धि मापने के लिए सबसे पहला बुद्धि परीक्षण बिने *(Binet)* तथा साइमन *(Simon)* ने 1905 में विकसित किया। इस परीक्षण में बुद्धि को मानसिक आयु *(Mental Age)* के रूप में मापकर अभिव्यक्त किया गया।
- ➢ 1916 ई० में बिने-साइमन परीक्षण का सबसे महत्वपूर्ण संशोधन टरमैन *(Terman)* ने स्टैंडफोर्ड विश्वविद्यालय में किया। इसी संशोधन में बुद्धिलब्धि *(IQ)* के संप्रत्यय *(Concept)* का जन्म हुआ और बुद्धि को मापने में मानसिक आयु की जगह बुद्धिलब्धि *(IQ)* का प्रयोग होने लगा।
- ➢ बुद्धिलब्धि *(IQ)* मानसिक आयु *(Mental Age)* तथा तैथिक आयु *(Chronological Age)* का एक ऐसा अनुपात है जिसमें 100 से गुणा कर प्राप्त किया जाता है। इसलिए इसे अनुपात बुद्धिलब्धि *(Ratio IQ)* भी कहा जाता है।

$$\text{बुद्धिलब्धि} = \frac{\text{मानसिक आयु}}{\text{तैथिक आयु}} \times 100$$

$$\left(IQ = \frac{MA}{CA} \times 100 \right)$$

जहाँ MA = मानसिक आयु, CA = तैथिक आयु

➢ मनोवैज्ञानिकों ने बुद्धिलब्धि के भिन्न-भिन्न मानों *(Values)* के अर्थ को स्पष्ट एवं वस्तुनिष्ठ करने लिए निम्नलिखित मान तथा उनके अर्थ दिये हैं—

➢ मनोवैज्ञानिक ने 25–30 वर्ष या इससे ऊपर की आयु के व्यक्ति के बुद्धि को मापने के लिए बुद्धि की जगह एक नयी धारणा *(Concept)* का प्रयोग किया, जिसे विचलन बुद्धिलब्धि *(Deviation IQ)* की संज्ञा दी गई है।

➢ विचलन बुद्धिलब्धि ज्ञात करने के लिए पहले मानक प्राप्तांक ज्ञात किया जाता है और फिर इस प्राप्तांक को एक मापनी *(Scale) (जिसका माध्य (Mean) 100 तथा मानक विचलन (Standard Deviation) 15 होता है)* में बदल दिया जाता है।

बुद्धिलब्धि के मान तथा उनके अर्थ

बुद्धिलब्धि के मान *(Value of IQ)*	अर्थ *(Meaning)*
140 या इससे अधिक	प्रतिभाशाली *(Genius)*
120 से 139 तक	अतिश्रेष्ठ *(Very Superior)*
110 से 119 तक	श्रेष्ठ *(Superior)*
90 से 109 तक	सामान्य *(Normal)*
88 से 89 तक	मन्द *(Dull)*
70 से 79 तक	सीमांत मन्दबुद्धि *(Borderline Feeble Minded)*
60 से 69 तक	मूढ़ बुद्धि *(Moron)*
20 से 59 तक	हीन बुद्धि *(Imbecile)*
20 या इससे कम बुद्धि	जड़ बुद्धि *(Idiot)*

उदाहरण के लिए, किसी व्यक्ति को एक बुद्धि परीक्षण पर 60 अंक प्राप्त हुए। उसी परीक्षण को उस व्यक्ति के समान उम्र के व्यक्तियों पर ($N = 100$) क्रियान्वयन करने पर माध्य = 30 तथा मानक विचलन = 10 प्राप्त हुआ।

मानक प्राप्तांक *(Standard Score)*: $\frac{X - \bar{X}}{15} = \frac{60 - 30}{15} = \frac{30}{15} = 2\sigma$

बुद्धि की माप
Measurement of Intelligence

➢ बुद्धि की माप बुद्धि परीक्षण *(Intelligence Test)* द्वारा की जाती है। सबसे पहला बुद्धि परीक्षण बिने *(Binet)* तथा साइमन *(Simon)* ने मिलकर 1905 में बनाया था। यह बुद्धि परीक्षण आनेवाले वर्षों में मनोवैज्ञानिकों के बीच काफी लोकप्रिय हुआ। इसमें भी कई मनोवैज्ञानिक द्वारा संशोधन किया गया।

➢ इस परीक्षण का सबसे महत्वपूर्ण संशोधन टरमैन *(Terman)* द्वारा 1916 में स्टैंडफोर्ड विश्वविद्यालय *(Standford University)* में किया गया। इस संशोधन में सबसे पहली बार बुद्धिलब्धि की धारणा का बुद्धि मापने के सूचक *(Index)* के रूप में प्रयोग किया।

➢ इसके बाद अनेक मनोवैज्ञानिकों जैसे वेश्लर *(Wechsler)*, अर्थर *(Arthur)*, कैटेल *(Cattell)*, रेवेन *(Raven)*, गुडएनफ *(Goodenough)* आदि मनोवैज्ञानिकों ने भी बुद्धि परीक्षण बनाकर बुद्धि मापन के क्षेत्र में महत्वपूर्ण योगदान दिया है। भारत में भी कई मनोवैज्ञानिकों ने बुद्धि परीक्षण का निर्माण किया है। इनमें डॉ. एस. जलोटा, डॉ. मोहनचंद्र जोशी, डॉ. एस. एस. मुहसिन आदि प्रमुख हैं। इनमें महत्वपूर्ण बुद्धि परीक्षण निम्नलिखित हैं—

1. बिने-साइमन परीक्षण *(Binet-Simon Test)*: इस परीक्षण का निर्माण बिने तथा साइमन ने फ्रेंच भाषा में 1905 में किया। यह एक प्रकार का वैयक्तिक बुद्धि परीक्षण *(Individual Intelligence Test)* है।

2. वेश्लर बुद्धि परीक्षण *(Wechsler Intelligence Test)*: वेश्लर ने बुद्धि मापने के दो नियम दिये। वयस्कों की बुद्धि मापने के लिए 1939 में एक मापक तैयार किया, जिसका नाम वेश्लर-वेलेब्यू मापनी रखा गया। इस परीक्षण में दो फार्म थे, दोनों में 10-10 उपपरीक्षण *(Subtest)* थे। 10 में 5 शाब्दिक मापनी *(Verbal Scale)* थे और 5 क्रियात्मक मापनी *(Performance Scale)* थे। इस परीक्षण का 1955 में संशोधन किया गया और इसका नाम वेश्लर वयस्क बुद्धि मापनी *(WAIS)* रखा गया। 1981 में इसमें फिर संशोधन कर इसका नाम *WAIS–R* रखा गया। इस परीक्षण में बुद्धि की माप तीन तरह की बुद्धिलब्धि *(IQ)* द्वारा होती है—

★ शाब्दिक मापनी का बुद्धिलब्धि *(IQ)*
★ क्रियात्मक मापनी का बुद्धिलब्धि *(IQ)*
★ सम्पूर्ण मापनी का बुद्धिलब्धि *(IQ)*

इसके अंतर्गत 16-64 वर्ष के व्यक्तियों की बुद्धि का मापन किया जाता है।

➢ वेश्लर ने बच्चों की बुद्धि मापने के लिए दूसरा परीक्षण 1949 में किया, जिसे 'वेश्लर' बुद्धि मापनी बच्चों के लिए *(WISC)* कहा गया। इस मापनी द्वारा 6-16 वर्ष तक के बच्चों की बुद्धि की माप की जाती है। इस परीक्षण का संशोधन 1974 में किया गया, इसे *WISC–R* कहा गया।

3. कैटेल संस्कृतिमुक्त बुद्धि परीक्षण *(Cattell Culture Free Intelligence Test)*: इस परीक्षण का निर्माण कैटेल *(Cattell)* ने किया है, जिसमें तीन मापक है—

मापक–*I* → 4 - 8 वर्ष के बच्चे तथा मानसिक दोष वाले वयस्क।

मापक–*II* → 8 - 13 वर्ष की आयुवाले बच्चे और औसत वयस्क के लिए।

मापक–*III* → हाई स्कूल के छात्रों, कॉलेज के छात्रों तथा 14 वर्ष से अधिक आयु वाले व्यक्तियों पर।

4. रैवेन्स प्रोग्रेसिव मैट्रिसेज *(Raven's Progressive Matrices)*: इस परीक्षण का निर्माण रैवेन *(Raven)* ने 1938 में किया था। इस परीक्षण के दो फार्म हैं—एक बच्चों के लिए तथा दूसरा वयस्कों के लिए। बच्चों के लिए प्रयोग होनेवाले फार्म को रंगीन प्रोग्रेसिव मैट्रिसेज *(Coloured Progressive Matrices)* कहा जाता है तथा वयस्कों के लिए प्रयोग होनेवाले मैट्रिसेज को स्टैण्डर्ड प्रोग्रेसिव मैट्रिसेज *(Standard Progressive Matrices)* कहा जाता है।

5. कुछ प्रमुख भारतीय बुद्धि परीक्षण *(Some Important Indian Intelligence Tests)*: बुद्धि मापने का प्रयास भारतीय मनोवैज्ञानिकों द्वारा भी काफी अधिक किया गया है। इनमें प्रमुख हैं— डॉ. एम. सी. जोशी द्वारा मानसिक योग्यता परीक्षण 1960, डॉ. प्रयाग मेहता द्वारा सामूहिक बुद्धि परीक्षण (1962), डॉ. आर. के. टंडन द्वारा सामूहिक मानसिक योग्यता परीक्षण (1971), प्रो. आर. के. ओझा तथा प्रो. राय चौधरी द्वारा वाचिक बुद्धि परीक्षण (1971), डॉ. एस. एस. जलोटा द्वारा मानसिक योग्यता की संशोधित सामूहिक परीक्षा (1972) तथा डॉ. एस. एस. मुहसिन द्वारा सामान्य बुद्धि परीक्षण।

बुद्धि परीक्षण के प्रकार
Type of Intelligence Test

मनोवैज्ञानिकों ने बुद्धि की माप के परीक्षण को दो कसौटी के आधार पर वर्गीकृत किया है—

1. क्रियान्वयन *(Administration)* के तरीकों *(Mode)* के आधार पर : क्रियान्वयन के तरीकों के आधार पर बुद्धि परीक्षण दो प्रकार का होता है। एक तो वे परीक्षण हैं जिनका क्रियान्वयन एक समय में एक ही व्यक्ति पर किया जा सकता है। इस प्रकार के बुद्धि परीक्षण को मनोवैज्ञानिकों ने वैयक्तिक बुद्धि परीक्षण की संज्ञा दी है। सबसे पहला वैयक्तिक बुद्धि परीक्षण बिने *(Binet)* तथा साइमन *(Simon)* द्वारा 1905 में विकसित किया गया है। इसे बिने-साइमन परीक्षण कहा जाता है।

➢ **कोह ब्लॉक डिजाइन परीक्षण** *(Koh Block Design Test)*, पास अलँग परीक्षण *(Pass Along Test)* तथा घन रचना परीक्षण *(Cube Construction Test)* भी वैयक्तिक बुद्धि परीक्षण के उदाहरण हैं।

➢ क्रियान्वयन के आधार पर दूसरे प्रकार के बुद्धि परीक्षण वे हैं जिनको एक समय में एक से अधिक व्यक्ति, अर्थात् जिनको व्यक्तियों के समूह में किया जा सकता है। इस प्रकार के परीक्षण को सामूहिक बुद्धि परीक्षण *(Group Intelligence Test)* की संज्ञा दी गई है। आर्मी अल्फा परीक्षण *(Army Alpha Test)* तथा आर्मी बीटा परीक्षण *(Army Beta Test)* इत्यादि सामूहिक बुद्धि परीक्षण के अंतर्गत आते हैं।

2. एकांशों *(Items)* के स्वरूप के आधार पर : बुद्धि परीक्षणों को एकांश के स्वरूप के आधार पर निम्नांकित चार भागों में बाँटा गया है—

(a) **शाब्दिक बुद्धि परीक्षण** *(Verbal Intelligence Test)*: ऐसे बुद्धि परीक्षण जिनमें लिखित शब्दों *(Words)* अर्थात् लिखित भाषा का प्रयोग निर्देश देने तथा परीक्षण के एकांशों या प्रश्नों में किया जाता है, शाब्दिक बुद्धि परीक्षण कहलाता है। श.ब्दिक बुद्धि परीक्षण को निम्नांकित दो भागों में बाँटा गया है—

★ **शाब्दिक वैयक्तिक बुद्धि परीक्षण** *(Verbal Individual Intelligence Test)*

★ **शाब्दिक समूह बुद्धि परीक्षण** *(Verbal Group Intelligence Test)*

(b) **अशाब्दिक बुद्धि परीक्षण** *(Non-Verbal Intelligence Test)*:

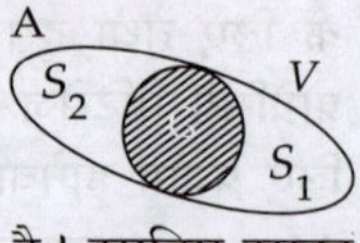

ऐसे बुद्धि परीक्षण जिसमें भाषा *(Language)* अर्थात शब्दों, वाक्यों तथा संख्या का प्रयोग निर्देश *(Instruction)* में निश्चित रूप से होता है, परन्तु उनके एकांशों *(Items)* में प्रयोग नहीं होता है। इसलिए इसका

प्रयोग छोटे बच्चों, कम पढ़े-लिखे व्यक्तियों तथा मानसिक रूप से मंदित बच्चों के लिए आसानी से किया जा सकता है।

(c) क्रियात्मक बुद्धि परीक्षण *(Performance Intelligence Test)*: फ्रीमैन *(Freeman)* के अनुसार, क्रियात्मक बुद्धि परीक्षण वैसे बुद्धि परीक्षण को कहा जाता है, जिनमें भाषा का प्रयोग निर्देश *(Instruction)* में भी हो सकता है या चित्राभिनय *(Pantomine)* तथा हाव-भाव *(Gesture)* द्वारा निर्देश देने पर भाषा का प्रयोग नहीं भी हो सकता है। क्रियात्मक बुद्धि परीक्षण की निम्नांकित तीन विशेषताएँ हैं—

★ इस परीक्षण के निर्देश में भाषा या संख्या का प्रयोग कभी होता है और कभी नहीं भी होता है।

★ इस परीक्षण के एकांश *(Items)* में भाषा का प्रयोग बिल्कुल ही नहीं होता।

★ इस परीक्षण में व्यक्ति के सामने वस्तुओं को वास्तविक रूप में उपस्थित किया जाता है और उसमें जोड़-तोड़ करना पड़ता है।

(d) अभाषायी बुद्धि परीक्षण *(Non-Language Intelligence Test)*: अभाषायी बुद्धि परीक्षण वैसे परीक्षण को कहा जाता है जिसमें भाषा का प्रयोग एकांश *(Items)* और निर्देश में नहीं होता है। प्रायः इस तरह के परीक्षण में निर्देश हाव-भाव *(Gesture)*, निर्देशन *(Demonstration)* तथा चित्राभिनय *(Pantomine)* द्वारा दिया जाता है। अभाषायी बुद्धि परीक्षण के निम्नांकित गुण हैं—

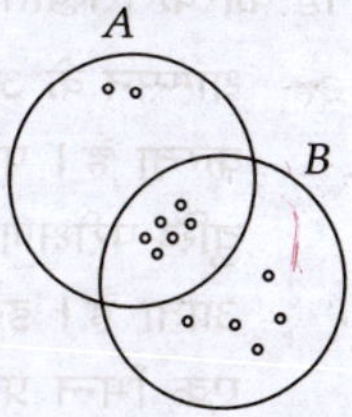

★ ऐसे परीक्षणों में निर्देश *(Instruction)* हाव-भाव *(Gesture)*, चित्राभिनय *(Pantomine)* तथा निर्देशन *(Demonstration)* द्वारा दिया जाता है, न कि किसी प्रकार की भाषा द्वारा।

★ इन परीक्षणों के एकांश में भाषा का प्रयोग बिल्कुल ही नहीं होता।

★ इन परीक्षणों के परीक्षार्थियों *(Testees)* को कुछ वस्तुएँ *(Objects)* जैसा कि क्रियात्मक बुद्धि परीक्षण में दिया जाता है, नहीं दिया जाता है।

बुद्धि के सिद्धान्त
Theories of Intelligence

1. एक-कारक सिद्धान्त *(Uni-factor Theory)*: इस सिद्धान्त का प्रतिपादन बिने *(Binet)* ने किया और इस सिद्धान्त का समर्थन तथा इसको आगे बढ़ाने का श्रेय टरमैन और स्टर्न जैसे मनोवैज्ञानिकों को है।

➢ इस सिद्धान्त के अनुसार बुद्धि को एक शक्ति या कारक के रूप में माना गया है। इन मनोवैज्ञानिकों के अनुसार बुद्धि, वह मानसिक शक्ति है जो व्यक्ति के समस्त मानसिक कार्यों का संचालन करती है और व्यक्ति के समस्त व्यवहारों को प्रभावित करती है। वर्तमान में इस सिद्धान्त को कोई नहीं मानता है।

2. द्वि-कारक सिद्धान्त *(Two-factor Theory)*: इस सिद्धान्त के प्रतिपादक स्पीयरमैन *(Spearman)* हैं। इनके अनुसार बुद्धि में दो प्रकार की मानसिक योग्यताओं की आवश्यकता होती है। प्रथम : सामान्य मानसिक योग्यता *(General Mental Ability–G)*, द्वितीय : विशिष्ट मानसिक योग्यता *(Specific Mental Ability–S)*।

➢ सामान्य योग्यता सभी प्रकार के मानसिक कार्यों में पायी जाती है, जबकि विशिष्ट मानसिक योग्यता केवल विशिष्ट कार्यों से ही सम्बन्धित होती है। प्रत्येक व्यक्ति में सामान्य योग्यता के अतिरिक्त कुछ-न-कुछ विशिष्ट योग्यताएँ पायी जाती हैं। एक व्यक्ति में एक विशिष्ट योग्यता भी हो सकती है और एक से अधिक विशिष्ट योग्यताएँ भी हो सकती हैं।

➢ दिये हुये चित्र में ओवरलैप करने वाला सम्पूर्ण क्षेत्र *G* कारक का प्रतिनिधित्व कर रहा है। शेष दोनों परीक्षणों का स्वतन्त्र क्षेत्र S_1 और S_2 द्वारा प्रदर्शित किया गया है। उपर्युक्त चित्र से यह स्पष्ट है कि विशिष्ट योग्यताएँ एक-दूसरे से स्वतंत्र होती हैं तथा सामान्य योग्यता की आवश्यकता भी इन विशिष्ट योग्यताओं में पड़ती है।

3. प्रतिदर्श *(नमूना)* सिद्धान्त *(Sampling Theory)*: इस सिद्धांत का प्रतिपादन थॉम्पसन *(Thompson)* ने किया। थॉम्पसन ने अपने प्रतिदर्श सिद्धांत का प्रतिपादन स्पीयरमैन के द्वि-कारक सिद्धांत के विरोध में किया।

➢ थॉम्पसन के अनुसार, व्यक्ति का बौद्धिक व्यवहार अनेक स्वतंत्र योग्यताओं पर निर्भर करता है। परन्तु, इन स्वतंत्र योग्यताओं का क्षेत्र सीमित होता है। यदि कोई एक बुद्धि-परीक्षण भरवाया जाये तो बौद्धिक तत्वों का एक विशिष्ट प्रतिदर्श ही सामने आता है। इसी प्रकार से यदि दूसरा परीक्षण भरवाया जाये तो बौद्धिक तत्वों का एक भिन्न प्रतिदर्श उस परीक्षण के सामने आयेगा।

➢ विभिन्न संज्ञानात्मक अथवा बौद्धिक परीक्षणों में जो धनात्मक सह-संबंध पाये जाते हैं वह विभिन्न प्रतिदर्शों के अथवा योग्यताओं के नमूने की ओवरलैपिंग से स्पष्ट होते हैं।

➢ चित्र में छोटे वृत्त विशिष्ट कारकों अथवा मानसिक योग्यताओं का प्रतिनिधित्व करते हैं, जबकि बड़े दोनों वृत्त दो परीक्षणों का प्रतिनिधित्व करते हैं। परीक्षण *A* से आठ विशिष्ट कारकों के प्रतिदर्श प्रदर्शित किये गये हैं, जबकि *B* से ग्यारह विशिष्ट कारकों के प्रतिदर्शों का प्रदर्शन किया गया है। चूँकि दोनों परीक्षणों में छह विशिष्ट कारक सामान्य हैं, अतः इनमें धनात्मक सह-संबंध है।

4. समूह-कारक सिद्धान्त *(Group Factor Theory)*: इस सिद्धान्त के प्रतिपादक थर्स्टन *(Thurston)* हैं। थर्स्टन का सिद्धान्त बुद्धि का एक महत्वपूर्ण और मात्रात्मक सिद्धान्त है। थर्स्टन ने अपने कारक विश्लेषण *(Factor Analysis)* के आधार पर निम्न 7 मौलिक मानसिक योग्यताओं का पता लगाया है—

(a) वाचिक भाषिक योग्यता *(Verbal Ability)*: यह वह योग्यता है जिसकी सहायता से व्यक्ति शाब्दिक विचारों को समझता और उनका उपयोग करता है।

(b) संख्यात्मक योग्यता *(Number Ability)*: यह वह योग्यता है जिसके द्वारा व्यक्ति साधारण गणितीय प्रकार्यों जैसे— जोड़ना, घटाना, गुणा, भाग आदि को करता है।

(c) वस्तु-प्रेक्षण योग्यता *(Spatial Ability)*: इस योग्यता के द्वारा व्यक्ति वस्तु प्रेक्षण करता है तथा वस्तु प्रेक्षण सम्बन्धों को समझता है, जैसे—ज्यामितीय समस्याओं में।

(d) प्रत्यक्षपरक योग्यता *(Perceptual Ability)*: इस योग्यता के द्वारा व्यक्ति वस्तुओं को शीघ्र पहचानता है तथा उनका शुद्ध प्रत्यक्षीकरण करता है। जैसे—पढ़ने के शब्दों को पहचानना।

(e) स्मृति योग्यता *(Memory Ability)* : इस योग्यता के द्वारा व्यक्ति अधिगम करता है तथा प्राप्त सूचना को धारण करता है।

(f) तार्किक योग्यता *(Reasoning Ability)*: इस योग्यता के द्वारा व्यक्ति अमूर्त संबंधों का प्रत्यक्षीकरण करता है तथा उनका उपयोग करता है।

(g) शाब्दिक योग्यता *(Word Ability)*: इस योग्यता के द्वारा शब्दों के संबंध में व्यक्ति चिन्तन करता है। थर्स्टन के बाद के अध्ययनों के आधार पर तर्कशक्ति में दो योग्यताएँ मानी गयी हैं—आगमन योग्यता *(Inductive Ability)* और निगमन योग्यता *(Deductive Ability)*।

5. गिलफोर्ड का सिद्धान्त *(Guilford's Theory)*: गिलफोर्ड *(Guilford)* ने बौद्धिक योग्यताओं के 5 मुख्य समूह बतलाये हैं—

(a) संज्ञान *(Cognition)*: इस बौद्धिक योग्यता में खोज, पुनर्खोज जैसी योग्यताएँ सम्मिलित हैं।

(b) अभिसारी चिंतन *(Convergent Thinking)*: यह वह बौद्धिक योग्यताएँ हैं जिसके द्वारा एक व्यक्ति प्राप्त सूचना का उपयोग इस प्रकार करता है कि उपयुक्त उत्तर दे सके।

(c) अपसारी चिंतन *(Divergent Thinking)*: इस बौद्धिक योग्यता के द्वारा व्यक्ति विभिन्न दिशाओं में चिन्तन करता है या खोज करता है।

(d) स्मृति *(Memory)*: इस बौद्धिक योग्यता के द्वारा व्यक्ति संज्ञान *(Cognition)* के द्वारा जो कुछ ग्रहण करता है, उसको धारण करता है।

(e) मूल्यांकन *(Evaluation)*: इस योग्यता के द्वारा व्यक्ति शुद्धता और उपयुक्तता आदि के संबंध में निर्णय लेता है।

6. पदानुक्रमिक सिद्धान्त *(Hierarchical Theory)*: इस सिद्धान्त के प्रतिपादक स्पीयरमैन के विचारों के समर्थक रहे हैं। इनमें वरनन *(Vernon)* का नाम प्रमुख है। इस सिद्धान्त में क्रमबद्धता के आधार पर सामान्य मानसिक योग्यता के दो मुख्य वर्ग बताये गये हैं—प्रथम वर्ग में बुद्धि के प्रायोगिक, शारीरिक कारक हैं तथा द्वितीय वर्ग में मौखिक, सांख्यिकी, शैक्षिक इत्यादि कारक हैं। इन कारकों के ओगे क्रम में विशिष्ट मानसिक योग्यताओं से सम्बन्धित कारक हैं। इन कारकों का सम्बन्ध विभिन्न ज्ञानात्मक क्रियाओं से है। यह सिद्धान्त भी कारक विश्लेषण *(Factor Analysis)* पर आधारित है।

7. कैरोल का त्रि-स्तरीय मॉडल *(Carroll's Three Stratum Model)*: जॉन बी. कैरोल *(John B Carroll)* ने बुद्धि का त्रिस्तरीय मॉडल विकसित किया। इस मॉडल के अनुसार मानसिक कौशल के तीन स्तर बतलाए गये हैं—सामान्य *(General)*, विस्तृत *(Broad)*, कौशल *(Mental Skills)*। यह एक समाकलनात्मक मॉडल है, जिसमें स्पीयरमैन *(Spearman)*, थर्स्टन *(Thurstone)* तथा कैटेल-हॉर्न के सिद्धातों के तत्वों को समन्वित किया गया है।

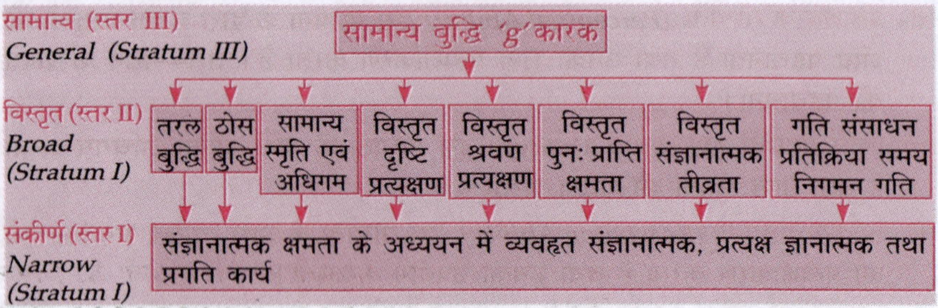

8. गार्डनर का बहुबुद्धि सिद्धांत *(Gardner's Theory of Multiple Intelligence)*: गार्डनर ने इस सिद्धांत में यह स्पष्ट किया कि बुद्धि का स्वरूप एकाकी *(Singular)* न होकर बहुकारकीय होता है। उनके इस सिद्धांत का आधार उनके द्वारा न्यूरोमनोविज्ञान *(Neuropsychology)* तथा मनोमितिक विधियों *(Psychometric Method)* के क्षेत्र में किये गये शोध हैं।

गार्डनर ने मुख्य रूप से सात प्रकार की बुद्धि का वर्णन किया। 1998 में उन्होंने इसमें 8वाँ प्रकार तथा 2000 में उन्होंने नौवाँ प्रकार जोड़ा। इस प्रकार वर्तमान में गार्डनर के अनुसार बुद्धि के 9 प्रकार हैं—

- ★ भाषाई बुद्धि *(Linguistic Intelligence)*
- ★ तार्किक गणितीय बुद्धि *(Logical Mathematical Intelligence)*
- ★ स्थानिक बुद्धि *(Spatial Intelligence)*
- ★ शारीरिक-गतिक बुद्धि *(Body-Kinesthetic Intelligence)*
- ★ सांगीतिक बुद्धि *(Musical Intelligence)*
- ★ व्यक्तिगत-आत्मन् बुद्धि *(Personal-Self Intelligence)*
- ★ व्यक्तिगत-अन्य बुद्धि *(Personal-others Intelligence)*
- ★ प्रकृतिवादी बुद्धि *(Naturalistic Intelligence)*
- ★ अस्तित्ववादी बुद्धि *(Existentialistic Intelligence)*

स्टर्नबर्ग का सिद्धांत *(Sternberg's Theory)*: स्टर्नबर्ग के अनुसार बुद्धि भिन्न-भिन्न प्रकार के मूल कौशल *(Basic Skills)* या घटक में बँटी होती है। प्रत्येक घटक के आधार पर व्यक्ति को कुछ विशेष सूचनाएँ मिलती हैं, जिनको वह संसाधित करता है उनकी विवेचना करता है और समस्या का समाधान करता है। स्टर्नबर्ग ने बुद्धि के त्रितंत्र का प्रतिपादन किया है। जो इस प्रकार है—

(a) विश्लेषणात्मक बुद्धि *(Analytical Intelligence)*: विश्लेषणात्मक बुद्धि से तात्पर्य किसी समस्या समाधान में समस्या को उसके विभिन्न अंशों या भागों में बाँटकर समाधान करने की क्षमता से होता है। इस ढंग की क्षमता का मापन बुद्धि परीक्षणों तथा शैक्षिक उपलब्धि परीक्षणों द्वारा होता है। इसे घटकीय बुद्धि भी कहा जाता है।

स्टर्नबर्ग के अनुसार विश्लेषणात्मक बुद्धि में सूचना संसाधन क्षमता के कई इकाई जैसे किसी सूचना को संचित करने की क्षमता, उसका प्रत्याह्वान करने की क्षमता, सूचनाओं को अंतरित करने की क्षमता, समस्याओं के बारे में निर्णय लेने की क्षमता, अमूर्त चिंतन करने की क्षमता तथा चिंतन को निष्पादन में बदलने की क्षमता सम्मिलित होती है।

(b) सर्जनात्मक बुद्धि *(Creative Intelligence)*: सर्जनात्मक बुद्धि को अनुभवजन्य बुद्धि भी कहा जाता है। सर्जनात्मक बुद्धि में वैसे मानसिक कौशल सम्मिलित होते हैं, जिनकी आवश्यकता नयी समस्याओं के समाधान में पड़ती है तथा व्यक्ति इसमें किसी समस्या के नये समाधान पर पहुँचने की कोशिश करता है। इस तरह की बुद्धि में बदलते पर्यावरण या संदर्भ के समय अनुकूलन करने की क्षमता सम्मिलित होती है।

(c) व्यावहारिक बुद्धि *(Practical Intelligence)*: इस प्रकार की बुद्धि को संदर्भात्मक बुद्धि भी कहा जाता है। इस तरह की बुद्धि में वैसी क्षमता सम्मिलित होती है, जिसके माध्यम से व्यक्ति अपनी जिंदगी में सूचनाओं को इस ढंग से उपयोग करने में सफल हो पाता है जिससे उसे अधिकाधिक लाभ हो पाता है। इस प्रकार की बुद्धि में व्यक्ति में अपने वातावरण को एक खास ढंग से मोड़ने की क्षमता तथा परिवर्तित परिस्थिति के साथ अपने-आप को ठीक ढंग से समायोजित करने की क्षमता इत्यादि सम्मिलित होती है।

बहुआयामी बुद्धि
Multidimensional Intelligence

➢ थर्स्टन एवं कैली नामक वैज्ञानिकों ने बताया कि बुद्धि का निर्माण प्राथमिक मानसिक योग्यताओं के द्वारा होता है।

➢ कैली के अनुसार, बुद्धि का निर्माण इन योग्यताओं से होता है—वाचिक योग्यता, गामक योग्यता, सांख्यिकी योग्यता, यान्त्रिक योग्यता, सामाजिक योग्यता, संगीतात्मक योग्यता, स्थानिक सम्बन्धों के साथ उचित ढंग से व्यवहार करने की योग्यता, रुचि और शारीरिक योग्यता।

➢ थर्स्टन का मत है कि बुद्धि इन प्राथमिक मानसिक योग्यताओं का समूह होता है—प्रत्यक्षीकरण संबंधी योग्यता, तार्किक व वाचिक योग्यता, सांख्यिकी योग्यता, स्थानिक या दृश्य योग्यता, समस्या-समाधान की योग्यता, स्मृति संबंधी योग्यता, आगमनात्मक योग्यता और निगमनात्मक योग्यता।

परीक्षोपयोगी तथ्य

➢ बुद्धि एक सामान्य मानसिक क्षमता *(General Mental Ability)* है। इसे कई तरह की क्षमताओं का एक संपूर्ण योग माना गया है जिसके सहारे व्यक्ति उद्देश्यपूर्ण क्रियाएँ करता है, विवेकशील चिंतन करता है तथा वातावरण के साथ प्रभावकारी ढंग से समायोजन करता है।

➢ थार्नडाइक ने बुद्धि के तीन प्रकार बतलाये हैं सामाजिक बुद्धि, मूर्त बुद्धि, अमूर्त बुद्धि।

➢ मनोवैज्ञानिकों ने बुद्धि की अभिव्यक्ति बुद्धिलब्धि या *IQ* के रूप में की है।

➢ मानसिक आयु *(Mental Age)* को तैथिक आयु *(Chronological Age)* से विभाजित करके उसमें 100 से गुणा करने के बाद जो मान *(Value)* प्राप्त होता है, उसे बुद्धिलब्धि कहा जाता है।

$$\text{बुद्धिलब्धि} = \frac{\text{मानसिक आयु}}{\text{तैथिक आयु}} \times 100$$

- बुद्धि की माप भिन्न-भिन्न तरह के परीक्षणों द्वारा की जाती है। इन परीक्षणों में विने-साइमन परीक्षण *(Binet-Simon Test)*, वेश्लर बुद्धि परीक्षण *(Wechsler Intelligence Test)*, कैटेल संस्कृति-मुक्त बुद्धि परीक्षण, रैवेन प्रोग्रेसिव मैट्रिसेज इत्यादि मुख्य हैं।
- मनोवैज्ञानिकों ने बुद्धि परीक्षणों को कई भागों में बाँटा है जिनमें प्रमुख है—
  - ★ शाब्दिक बुद्धि परीक्षण
  - ★ अशाब्दिक बुद्धि परीक्षण
  - ★ क्रियात्मक बुद्धि परीक्षण
  - ★ अभाषाई बुद्धि परीक्षण
- मनोवैज्ञानिकों ने बुद्धि के स्वरूप की व्याख्या करने के लिए दो तरह के प्रमुख सिद्धांतों का प्रतिपादन किया है कारक सिद्धांत तथा प्रक्रिया-प्रधान सिद्धांत।
- कारक सिद्धांत में स्पीयरमैन का सिद्धांत, थर्स्टन का सिद्धांत, थार्नडाइक एवं गिलफोर्ड का सिद्धांत तथा पदानुक्रमिक सिद्धांत को रखा गया है।
- प्रक्रिया-प्रधान सिद्धांत में पियाजे का सिद्धांत, स्टर्नबर्ग का सिद्धांत, जेन्सन का सिद्धांत प्रमुख है।
- बहुकारक सिद्धांत में थार्नडाइक एवं गिलफोर्ड के सिद्धांत को रखा गया है।
- पियाजे के अनुसार, ''बुद्धि एक ऐसी अनुकूली प्रक्रिया है जिसमें जैविक परिपक्वता का पारस्परिक प्रभाव तथा वातावरण के साथ की गई अंतःक्रिया, दोनों ही सम्मिलित होते हैं।''
- पियाजे का मत था कि बौद्धिक विकास संज्ञानात्मक प्रक्रियाओं पर निर्भर करता है जैसे—प्रकृति के नियम को समझना, व्याकरण के नियम को समझना तथा गणितीय नियमों को समझना इत्यादि।
- बुद्धि के तरल क्रिस्टलीय प्रतिमान में तरल बुद्धि से तात्पर्य ऐसी समस्याओं के समाधान करने की क्षमता से है, जिनके बारे में पहले से कोई ज्ञान न हो। जबकि क्रिस्टलीय बुद्धि कौशल, ज्ञान और अनुभव का उपयोग करने की क्षमता है। बुद्धि के तरल क्रिस्टलीय प्रतिमान का प्रतिपादन रेमंड कैटेल ने किया।
- डैनियल गोलमैन का संबंध संवेगात्मक बुद्धि से है। संवेगात्मक बुद्धि व्यक्तियों की अपनी और दूसरों की भावनाओं को पहचान करने की क्षमता है। इसके द्वारा कोई व्यक्ति भावनात्मक जानकारी का उपयोग सोच और व्यवहार के मार्गदर्शन के लिए करता है तथा वातावरण के अनुकूल होने के लिए भावनाओं को समायोजित करता है। वर्तमान समय में संवेगात्मक बुद्धि किसी व्यक्ति के ज्ञान, कौशल एवं योग्यता की महत्वपूर्ण सूचक बन गई है।
- स्टैनफोर्ड–विने परीक्षण बुद्धि का मापन करता है। यह संज्ञानात्मक क्षमता के पाँच कारकों–तरल तर्कशक्ति *(Fluid Reasoning)*, ज्ञान *(Knowledge)*, मात्रात्मक तर्कशक्ति *(Quantitative Reasoning)*, दृश्य-स्थानिक प्रसंस्करण *(Visual Spatial Processing)* तथा कार्य-स्मृति *(Working Memory)* का मापन करता है।
- वर्ष 1953 में प्रोफेसर चंद्रमोहन भाटिया द्वारा भाटिया बैटरी परीक्षण का प्रयोग व्यक्तिगत बुद्धि परीक्षण में किया गया था। इस बुद्धि परीक्षण के पाँच बौद्धिक

उप-परीक्षण क्रमशः कोहजब्लॉक टेस्ट, पास एलांग टेस्ट, आकृति निर्माण टेस्ट, तात्कालिक स्मृति टेस्ट एवं तस्वीर निर्माण टेस्ट हैं तथा यह 'भाटिया बैटरी ऑफ परफॉर्मेंस टेस्ट ऑफ इंटेलीजेंस' भी कहलाता है।

वस्तुनिष्ठ प्रश्न

1. निम्न में से कौन-सा बुद्धिमान बच्चे का लक्षण नहीं है—
(a) वह जो लंबे निबंधों को बहुत जल्दी रटने की क्षमता रखता है
(b) वह जो प्रवाहपूर्ण एवं उचित तरीके से संप्रेषण करने का क्षमता रखता है
(c) वह जो मूर्त रूप से सोचता रहता है
(d) वह जो नये परिवेश में स्वयं को समायोजित कर सकता है *(CTET–2011)*

2. एक बच्चे की मानसिक आयु *(Mental Age)* 12 वर्ष एवं वास्तविक आयु *(Chronological Age)* 10 वर्ष है, तो उसकी बुद्धिलब्धि क्या होगी?
(a) 110 (b) 100 (c) 120 (d) 83
(CgTET–2011)

3. एक बालक जिसकी बुद्धिलब्धि *(IQ)* 105 है उसे वर्गीकृत किया जायेगा—
(a) श्रेष्ठ बुद्धि *(Superior Intelligence)*
(b) सामान्य से अधिक बुद्धि *(Above Average Intelligence)*
(c) सामान्य बुद्धि *(Normal Intelligence)*
(d) मंद बुद्धि *(Dull Intelligence)* *(CgTET–2011)*

4. हावर्ड गार्नर द्वारा निम्न में से एक को छोड़कर बाकी सभी बुद्धि के प्रकार बताये गये हैं—
(a) भाषा (b) सृजनात्मकता
(c) अंतर्वैयक्तिक कौशल (d) अंतःवैयक्तिक संबंध *(CgTET–2011)*

5. बच्चे की बुद्धिलब्धि *(Intelligent Quotient or IQ)* 90 से 110 के मध्य है, वह है—
(a) सामान्य बुद्धि *(Average Intelligence)*
(b) प्रखर बुद्धि *(Very Superior Intelligence)*
(c) उत्कृष्ठ बुद्धि *(Superior Intelligence)*
(d) प्रतिभाशाली *(Genius)* *(Utt TET–2011)*

6. संक्षिप्त रूप PSRN जो कि विकास से संबंधित है, व्याख्या करता है—
(a) समस्या हल, तार्किकता व आंकिक क्षमता *(Problem Solving, Reasoning and Numeracy)*
(b) समस्या हल, संबंध और आंकिक क्षमता *(Problem Solving, Relationship and Numeracy)*
(c) बौद्धिक क्षमता, तार्किकता और आंकिक क्षमता *(Perceptual Skill, Reasoning and Numeracy)*
(d) बौद्धिक क्षमता, तार्किकता और अंक ज्ञान *(Perceptual Skill, Relationship and Numbers)* *(PTET–2011)*

7. गार्डनर ने सात बुद्धि का अधिमान निर्धारित किया, इनमें से कौन-सा नहीं है ?
(a) स्थान संबंधी बुद्धि *(Spatial Intelligence)*
(b) भावनात्मक बुद्धि *(Emotional Intelligence)*
(c) अंतर्वैयक्तिक बुद्धि *(Interpersonal Intelligence)*
(d) भाषात्मक बुद्धि *(Linguistic Intelligence)* *(PTET–2011)*

8. बुद्धि के संबंध में सही कथन क्या है ?
(a) समायोजन करने की क्षमता का नाम बुद्धि है
(b) सीखने की क्षमता का नाम बुद्धि है
(c) संक्षिप्त तार्किकता *(Abstract Reasoning)* की क्षमता का नाम बुद्धि है
(d) उपरोक्त सभी *(PTET–2011)*

9. निम्न सिद्धांतों में से कौन बच्चे के बौद्धिक विकास के 4 चरणों *(संवेदी चालक, पूर्व परिचालन, सुदृढ़ परिचालन एवं औपचारिक परिचालन)* को चिह्नित करता है ?
(a) एरिक्सन *(Erickson)* का मनोसामाजिक विकास सिद्धांत
(b) फ्रायड *(Freud)* का मानसिक-यौन विकास सिद्धांत
(c) जीन पियाजे *(J. Piaget)* का संज्ञानात्मक विकास सिद्धांत
(d) कोहलबर्ग *(Kohlberg)* का नैतिक विकास सिद्धांत *(PTET–2011)*

10. बुद्धि का कौन-सा सिद्धांत सामान्य बुद्धि *'G'* और विशिष्ट बुद्धि *'S'* की उपस्थिति का समर्थन करता है ?
(a) नियम प्रतिकूल सिद्धांत *(Anarchic Theory)*
(b) गिलफोर्ड *(Guilford)* के बुद्धि का सिद्धांत
(c) स्पीयरमैन *(Spearman)* का द्विखंड सिद्धांत
(d) वर्नोन *(Vernon)* का पदानुक्रम सिद्धांत *(PTET–2011)*

11. रमेश और अंकित की समान बुद्धिलब्धि 120 है। रमेश अंकित से दो वर्ष छोटा है। यदि अंकित की आयु 12 वर्ष हो, तो रमेश की मानसिक आयु होगी—
(a) 9 वर्ष (b) 10 वर्ष (c) 12 वर्ष (d) 14 वर्ष
(PTET–2011)

12. बुद्धिलब्धि *(IQ)* मापन के जन्मदाता हैं—
(a) स्टर्न *(Stern)* (b) बिने *(Binet)*
(c) टरमैन *(Terman)* (d) इनमें से कोई नहीं *(BTET–2011)*

13. जड़ बुद्धि वाले बालक का IQ *(बद्धिलब्धि)* कितनी होती है ?
(a) 11-120 (b) 81-110 (c) 71-80 (d) 71 से कम
(BTET–2011)

14. बुद्धि के बहुकारक सिद्धांत *(Multifactor Theory)* के प्रतिपादक हैं—
(a) मैक्डूगल *(Macdougal)* (b) टरमैन *(Terman)*
(c) थार्नडाइक *(Thorndike)* (d) बर्ट *(Bert)* *(BTET–2011)*

15. गिलफोर्ड ने 'अभिसारी चिन्तन' पद का प्रयोग किसके समान अर्थ में किया है ?
(a) बुद्धि (b) सृजनात्मकता
(c) बुद्धि एवं सृजनात्मकता (d) इनमें से कोई नहीं

16. बालक प्रसंगबोध परीक्षण 3 वर्ष से 10 वर्ष की आयु के बालकों के लिए बनाया गया है। इस परीक्षण में कार्ड में प्रतिस्थापित किये गये हैं—
(a) सजीव वस्तुओं के स्थान पर निर्जीव वस्तुओं को
(b) लोगों के स्थान पर जानवरों को
(c) पुरुषों के स्थान पर महिलाओं को
(d) वयस्क के स्थान पर बालकों को *(RTET–2011)*

17. रेवन का प्रोग्रेसिव मैट्रिसेज परीक्षण *(Raven's Progressive Matrices Test)*......... परीक्षण का उदाहरण है।
(a) अ-समूह बुद्धि-लब्धांक *(Intelligence Quotient)*
(b) व्यक्तित्व
(c) मौखिक बुद्धि लब्धांक *(Verbal IQ)*
(d) संस्कृतिमुक्त बुद्धि-लब्धांक *(Culturefree IQ)* *(CTET–2012)*

18. बुद्धि-लब्धांक *(IQ)* के आधार पर विभिन्न समूहों में विद्यार्थियों का वर्गीकरण उनकी स्व-गरिमा *(Self-Esteem)* को.........है और उनके शैक्षणिक निष्पादन *(Academic Performance)* को.........है।
(a) घटाता, घटाता (b) घटाता, प्रभावित नहीं करता
(c) बढ़ाता, घटाता (d) बढ़ाता, बढ़ाता *(CTET–2012)*

19. एक शिक्षिका अपने शिक्षार्थियों की विभिन्न अधिगम शैलियों को सन्तुष्ट करने के लिए वैविध्यपूर्ण कार्यों का उपयोग करती है। वह ...... से प्रभावित है।
(a) पियाजे के संज्ञानात्मक विकास के सिद्धांत
(b) कोहलबर्ग के नैतिक विकास के सिद्धांत
(c) गार्डनर के बहुबुद्धि सिद्धांत
(d) वाइगोट्स्की के सामाजिक-सांस्कृतिक सिद्धांत *(CTET–2012)*

20. बहुविध बुद्धि सिद्धांत के अनुसार सभी प्रकार के पशुओं, खनिजों और पेड़-पौधों को पहचानने और वर्गीकृत करने की योग्यता.........कहलाती है।
(a) तार्किक गणितीय बुद्धि (b) प्राकृतिक बुद्धि
(c) भाषिक बुद्धि (d) स्थानिक बुद्धि *(CTET–2012)*

21. ''अधिकांश व्यक्तियों की बुद्धि औसत होती है, बहुत कम लोग प्रतिभासम्पन्न होते हैं और बहुत कम व्यक्ति मंद-बुद्धि के होते हैं''। यह कथन.........के प्रतिस्थापित सिद्धांत पर आधारित है।
(a) बुद्धि और जातीय विभिन्नताओं (b) बुद्धि के वितरण
(c) बुद्धि की वृद्धि (d) बुद्धि और लैंगिक विभिन्नताओं
(CTET–2012)

22. बुद्धि एवं सृजनात्मकता *(Intelligence & Creativity)* में किस प्रकार का सह-संबंध पाया गया है?
(a) धनात्मक (b) ऋणात्मक (c) शून्य (d) ये सभी
(UPTET–2012)

23. भाटिया बैटरी *(Bhatia Battery)* का प्रयोग निम्न में से किसके परीक्षण हेतु किया जाता है ?
(a) व्यक्तित्व (b) बुद्धि (c) सृजनात्मकता (d) अभिवृति
(UPTET–2012)

24. निम्नलिखित में से कौन-सी बहुबुद्धि सिद्धांत *(Multi Intelligence Concept)* की आलोचना है ?
(a) बहुबुद्धि केवल 'प्रतिभाएँ' हैं, जो पूर्ण रूप से बुद्धि में विद्यमान रहती हैं
(b) बहुबद्धि शिक्षार्थियों को अपने रुझान *(Propensities)* को खोजने में मदद उपलब्ध कराती है
(c) यह व्यावहारिक बुद्धि पर आवश्यकता से अधिक बल देती है
(d) यह आनुभाविक साक्ष्यों *(Empirical Evidence)* को बिल्कुल भी समर्थन नहीं दे सकता
(CTET–2013)

25. छायांकित छात्र सामान्य वितरण *(Normal Distribution)* में उन शिक्षार्थियों को प्रदर्शित करता है जो .... में आते हैं।

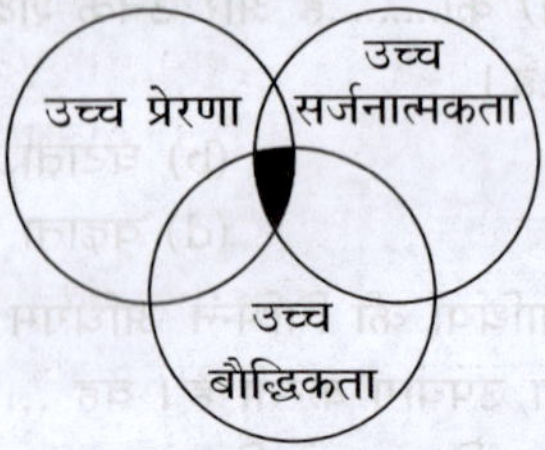

(a) $\sigma = 0$ पर (b) 2σ - 3σ के बीच
(c) 3σ के बाद (d) σ- 2σ के बीच *(CTET–2013)*

26. जो बुद्धि सिद्धांत बुद्धि में सम्मिलित मानसिक प्रक्रियाओं और बुद्धि द्वारा लिये जा सकने वाले विविध रूपों को शामिल करता है, वह है—
(a) स्पीयरमैन *(Spearman)* का 'जी' कारक
(b) स्टर्नबर्ग *(Sternberg)* का बुद्धिमता का त्रितंत्र सिद्धांत
(c) बुद्धि का सार्वेट *(Sarvant)* सिद्धांत
(d) थर्स्टन *(Thurston's)* की प्राथमिक मानसिक योग्यताएँ *(CTET–2013)*

27. मानव बुद्धि एवं विकास की समझ शिक्षक को......योग्य बनाती है।
(a) निष्पक्ष रूप से *(Unbiased Way)* अपने शिक्षण अभ्यास
(b) शिक्षण के समय शिक्षार्थियों के संवेगों पर नियंत्रण बनाये रखना
(c) विविध शिक्षार्थियों *(Diverse Learners)* के शिक्षण के बारे में स्पष्टता
(d) शिक्षार्थियों को यह बताना कि वे अपने जीवन को कैसे सुधार सकते हैं
(CTET-2013)

28. ....के अतिरिक्त बुद्धि के निम्नलिखित पक्षों को स्टर्नबर्ग के त्रितंत्र सिद्धांत में संबोधित किया गया है—
(a) संदर्भगत (b) अवयवभूत (c) सामाजिक (d) आनुभविक
(CTET-2013)

29. हावर्ड गार्डनर का बुद्धि का सिद्धांत............पर बल देता है।
(a) शिक्षार्थियों में अनुबंधित कौशलों *(Conditioning Skills)*
(b) सामान्य बुद्धि *(General Intelligence)*
(c) विद्यालय में आवश्यक समान योग्ताओं *(Common Abilities)*
(d) प्रत्येक व्यक्ति की विलक्षण योग्यताओं *(Unique Abilities)* *(CTET-2013)*

30. बुद्धिलब्धि के संबंध में क्या सत्य है ?
(a) बौद्धिक आयु से व्युत्क्रमी संबंधित
(b) कलानुक्रमिक आयु से प्रत्यक्षतः संबंधित
(c) कलानुक्रमिक आयु से व्युत्क्रमी संबंधित
(d) बौद्धिक तथा कलानुक्रमिक आयु दोनों से प्रत्यक्षतः संबंधित *(UPTET–2013)*

31. बुद्धि का तरल मोजेक मॉडल किसने दिया था ?
(a) कैटेल (b) गिलफोर्ड (c) थर्स्टन (d) स्पीयरमैन
(UPTET–2013)

32. चेस तथा कार्ड को निम्न में किसमें वर्गीकृत किया जा सकता है—
(a) लड़ाई वाले खेल (b) बौद्धिक खेल
(c) प्रायोगिक खेल (d) गतिमान खेल *(UPTET–2013)*

33. मनोवैज्ञानिक के अनुसार बुद्धि—
(a) सीखने की क्षमता है (b) अमूर्त चिंतन की योग्यता है
(c) या तो a या b (d) a और b दोनों *(UPTET–2013)*

34. बुद्धि के द्विखण्ड सिद्धान्त *(Two-Factor Theory of Intelligence)* का प्रतिपादन किसने किया ?
(a) स्पीयरमैन (b) थर्स्टन (c) गिलफोर्ड (d) गेने
(UPTET–2013)

35. निम्नलिखित में से कौन-सा आलोचनात्मक दृष्टिकोण 'बहु-बुद्धि सिद्धांत' से संबद्ध नहीं है ?
(a) इसका कोई अनुभवात्मक आधार नहीं है
(b) यह शोध आधारित नहीं है
(c) विभिन्न बुद्धियाँ भिन्न-भिन्न विद्यार्थियों के लिए विभिन्न पद्धतियों की माँग करती है
(d) प्रतिभाशाली विद्यार्थी प्रायः एक क्षेत्र में ही अपनी विशिष्टता का प्रदर्शन करते हैं
(CTET–2014)

36. 'बहु-बुद्धि सिद्धांत' को वैध नहीं माना जा सकता, क्योंकि—
(a) यह सर्वाधिक महत्वपूर्ण सामान्य बुद्धि *'G'* के अनुकूल नहीं है
(b) विशिष्ट परीक्षणों के अभाव में भिन्न बुद्धियों का मापन संभव नहीं है
(c) यह सभी सात बुद्धियों को समान महत्व नही देता है
(d) यह केवल अब्राहम मैसलो के जीवन-भर के सुदृढ़ अनुभवात्मक अध्ययन पर आधारित है *(CTET–2014)*

37. निम्न में से कौन-सा स्टर्नबर्ग का बुद्धि का त्रिस्तरीय सिद्धांत का एक रूप है?

(a) व्यावहारिक बुद्धि (b) प्रायोगिक बुद्धि

(c) संसाधनपूर्ण बुद्धि (d) गणितीय बुद्धि *(CTET–2014)*

38. किसने सबसे पहले बुद्धि परीक्षण का निर्माण किया?

(a) डेविड वेश्लर (b) एल्फ्रेड बिने

(c) चार्ल्स एडवर्ड स्पीयरमैन (d) रॉबर्ट स्टर्नबर्ग *(CTET–2014)*

39. बुद्धि की स्पीयरमैन परिभाषा में कारक 'G' है—

(a) वैश्विक बुद्धि (b) आनुवंशिक बुद्धि

(c) उत्पादक बुद्धि (d) सामान्य बुद्धि *(CTET–2014)*

40. 'बहुबुद्धि के सिद्धान्त' के संदर्भ में एयरफोर्स पायलट बनाने के लिए निम्नलिखित में से कौन सी बुद्धि की आवश्यकता है?

(a) अंतरा-वैयक्तिक (b) अंतः वैयक्तिक

(c) भाषिक (d) गतिक *(CTET–2014)*

41. इनमें से कौन-सा त्रितंत्रीय सिद्धांत में व्यावहारिक बुद्धि का अभिप्राय नहीं है?

(a) पर्यावरण का पुनर्निर्माण करना

(b) केवल अपने विषय में व्यावहारिक रूप से विचार करना

(c) इस प्रकार के पर्यावरण का चयन करना जिसमें आप सफल हो सकते हैं

(d) पर्यावरण के साथ अनुकूल करना *(CTET–2015)*

42. 'बहुबुद्धि के सिद्धांत' के संदर्भ में एयरफोर्स पायलट बनने के लिए निम्नलिखित में से कौन-सी बुद्धि की आवश्यकता है?

(a) अंतःवैयक्तिक (b) भाषिक

(c) गतिक (d) अंतर्वैयक्तिक *(CTET–2015)*

43. बुद्धि की स्पीयरमैन परिभाषा के कारक 'G' है—

(a) आनुवंशिक बुद्धि (b) उत्पादक बुद्धि

(c) सामान्य बुद्धि (d) वैश्विक बुद्धि *(CTET–2015)*

44. गार्डनर के बहुबुद्धि के सिद्धांत के अनुसार, वह कारक जो व्यक्ति के आत्मबोध हेतु सर्वाधिक योगदान देगा, वह हो सकता है—

(a) संगीतमय (b) अंतःवैयक्तिक

(c) आध्यात्मिक (d) भाषा विषयक *(CTET–2015)*

45. कक्षा-अध्यापक ने राघव को अपनी कक्षा में अपने की-बोर्ड पर स्वयं द्वारा तैयार किया गया मधुर संगीत बजाते हुए देखा। कक्षा-अध्यापक ने विचार किया कि राघव में .... बुद्धि उच्च स्तरीय थी।

(a) स्थानिक (b) शारीरिक-गतिबोधक

(c) संगीतमय (d) भाषायी *(CTET–2015)*

46. बच्चे—

(a) जिज्ञासु प्राणी होते हैं जो अपने चारों ओर के जगत को खोजने के लिए अपने ही तर्कों और क्षमताओं का उपयोग करते हैं

(b) चिंतन में वयस्कों की भाँति ही होते हैं और ज्यों-ज्यों वे बड़े होते हैं उनके चिंतन में गुणात्मक वृद्धि होती है

(c) खाली बरतन के समान होते हैं जिसमें बड़ों के द्वारा दिया गया ज्ञान भरा जाता है

(d) निष्क्रिय जीव होते हैं जो प्रदत्त सूचना को ज्यों-की-त्यों प्रतिलिपि के रूप में प्रस्तुत कर देते हैं *(CTET–2015)*

47. बुद्धि के बारे में निम्नलिखित में से कौन-सा कथन सर्वाधिक उपयुक्त है?

(a) बुद्धि मूलभूत रूप से स्नायुतंत्र-संबंधी कार्यप्रणाली है। उदाहरणार्थ—प्रक्रमण की गति, संवेदी-विभेद आदि

(b) बुद्धि विद्यालय में अच्छा प्रदर्शन करने की योग्यता है

(c) बुद्धि बहुआयामी है और इसमें कई पहलू निहित हैं

(d) बुद्धि को केवल मानकीकृत बुद्धिलब्धि परीक्षणों के आयोजन के द्वारा विश्वसनीय रूप से निर्धारित किया जा सकता है *(CTET–2015)*

48. विकास की किस अवस्था में बुद्धि का अधिकतम विकास होता है?

(a) बाल्यावस्था (b) शैशवावस्था
(c) किशोरावस्था (d) प्रौढ़ावस्था *(UPTET-I–2015)*

49. बुद्धि है—

(a) एक अकेला और जातीय विचार (b) दूसरों के अनुकरण करने की योग्यता
(c) एक विशिष्ट योग्यता (d) सामर्थ्यों का एक समुच्चय *(CTET–2016)*

50. औसत बुद्धि वाले बालकों की बुद्धि-लब्धि (I.Q.).... के बीच होगी।

(a) 50-59 (b) 70-89
(c) 90-109 (d) 110-129 *(UPTET–2016)*

51. स्पीयरमैन (1904) के अनुसार तर्क करने की क्षमता और समस्या समाधान करने की क्षमता कहलाती है—

(a) S कारक (b) G कारक
(c) विशिष्ट बुद्धि (d) सांस्कृतिक बुद्धि *(UPTET–2016)*

52. बुद्धि-लब्धि संप्रत्यय विकसित किया—

(a) बिने ने (b) रीड ने
(c) टरमैन ने (d) कैटेल ने *(RTET-I–2016)*

53. सामान्य तथा विशिष्ट कारक सिद्धांत का प्रतिपादन किया था—

(a) अल्फ्रेड बिने ने (b) स्पीयरमैन ने
(c) गिलफोर्ड ने (d) थर्स्टन ने *(RTET-I–2016)*

54. बुद्धि-लब्धि निकालने का सूत्र है—

(a) मानसिक आयु × वास्तविक आयु (b) $\frac{\text{वास्तविक आयु}}{\text{मानसिक आयु}}$

(c) $\frac{\text{मानसिक आयु}}{\text{वास्तविक आयु}} \times 100$ (d) वास्तविक आयु + मानसिक आयु

(I & II–2017)

55. बुद्धि के तरल क्रिस्टलीय प्रतिमान के प्रतिपादक कौन थे ?

(a) कैटेल (b) थार्नडाइक (c) वर्नन (d) स्किनर

(UPTET-I–2017)

56. गोलमैन निम्न में से किससे संबंधित हैं ?

(a) सामाजिक बुद्धि (b) संवेगात्मक बुद्धि

(c) आध्यात्मिक बुद्धि (d) सामान्य बुद्धि *(UPTET-I–2017)*

57. 'स्टैनफोर्ड-बिने परीक्षण' मापन करता है—

(a) व्यक्तित्व का (b) पढ़ने की दक्षता का

(c) बुद्धि का (d) उपर्युक्त में से कोई नहीं

(UPTET-I–2017)

58. बुद्धि के द्विकारक सिद्धांत का प्रतिपादन किसने किया ?

(a) थार्नडाइक (b) स्पीयरमैन (c) वर्नन (d) स्टर्न

(UPTET-I–2017)

59. पाँच वर्ष के मोहन की मानसिक आयु आठ वर्ष है। उसकी बुद्धि लब्धि कितनी है ?

(a) 150 (b) 160 (c) 140 (d) 135

(UPTET-II–2017)

60. कौन-सा बुद्धि लब्धि स्तर मन्दबुद्धि वाले बच्चों का प्रशिक्षणयोग्य बुद्धिलब्धि स्तर कहलाता है ?

(a) 70-79 (b) 50-69 (c) 36-49 (d) 35 एवं निम्न

(UPTET-II–2017)

61. निम्न में से कौन-सा बुद्धि का सिद्धांत नहीं है ?

(a) एक-तत्व सिद्धांत *(Unifactor Theory)*

(b) द्वि-तत्व सिद्धांत *(Two-factor Theory)*

(c) प्रत्यागमन का सिद्धांत *(Theory of Regression)*

(d) बहुतत्व सिद्धांत *(Multifactor Theory)* *(UPTET-II–2017)*

62. किस बुद्धि-लब्धि स्तर का बालक सामान्य बुद्धि वाला कहलाता है ?

(a) 70-79 (b) 80-89 (c) 90-109 (d) 110-119

(HTET-I–2017)

63. एकाधिक बुद्धिमानी का सिद्धांत कहता है कि—

(a) बुद्धि तेजी से बढ़ाई जा सकती है

(b) बुद्धि कई प्रकार की हो सकती है

(c) पेपर-पेंसिल परीक्षण सहायक नहीं है

(d) प्रभावी अध्यापन के द्वारा बुद्धि बढ़ाई जा सकती है *(CTET-I–2018)*

64. बुद्धि लब्धि या आई. क्यू. की अवधारणा दी गई थी—

(a) स्टर्न के द्वारा (b) टरमैन के द्वारा

(c) गैलटॉन के द्वारा (d) बिने के द्वारा *(CTET-II–2018)*

65. किसी भाषा के स्वीकृत ध्वनि संयोजनों को इसके नियमों के अंतर्गत बताया जाता है?

(a) वाक्यात्मक (b) विभक्ति विषयक

(c) ध्वनि-संबंधी (d) व्याकरणिक *(CTET-II–2018)*

66. बुद्धिमापन की भाटिया बैटरी परीक्षण है—

(a) 5 उप-परीक्षण (b) 8 उप-परीक्षण

(c) 4 उप-परीक्षण (d) 7 उप-परीक्षण *(UPPET-II–2018)*

67. गार्डनर के अनुसार, दूसरों के मूड *(मनोदशा)*, स्वभाव अभिप्रेरणाओं और इरादों को पहचानने और उपयुक्त अनुक्रिया करने की योग्यता कहलाती है—

(a) भाषिक बुद्धि

(b) दैहिक-गतिबोधक बुद्धि *(बॉडिली-काइनेस्थैटिक बुद्धि)*

(c) अंतर्वैयक्तिक बुद्धि

(d) अंतरावैयक्तिक बुद्धि *(HTET Level-III–2019)*

68. बुद्धि के बारे में निम्नलिखित कथनों में से कौन-सा सही है?

(a) बुद्धि अभिसारी रूप से सोचने की योग्यता है

(b) बुद्धि अनुभव के परिणाम के रूप में व्यवहार में एक अपेक्षाकृत स्थायी परिवर्तन है

(c) बुद्धि एक आनुवंशिक विशेषक है जिसमें मानसिक गतिविधियाँ जैसे स्मरण एवं तर्क शामिल होती हैं

(d) बुद्धि बहु-आयामी है जिसमें बुद्धि परीक्षणों के द्वारा पूर्ण रूप से परिमेय न की जाने वाली कई योग्यताएँ शामिल हैं *(CTET-I–2019)*

69. हार्वर्ड गार्डनर के बहु-बुद्धि सिद्धांत के अनुसार, निम्नलिखित विशेषताओं से युक्त एक व्यक्ति की बुद्धि को किस प्रकार से वर्गीकृत किया जा सकता है?
विशेषताएँ : "दूसरों की मनोदशा, स्वभाव, प्रेरणा तथा अभिप्राय को उचित तरीके से पता लगाने एवं प्रतिक्रिया करने की योग्यता।"

(a) प्रकृतिवादी (b) अंतरावैयक्तिक

(c) अंतर्वैयक्तिक (d) नैदानिक *(CTET-II–2019)*

70. निम्नलिखित कथनों में से कौन-सा बुद्धि के बारे में सही है?

(a) बुद्धि एक निश्चित योग्यता है जो जन्म के समय ही निर्धारित होती है

(b) बुद्धि को मानकीकृत परीक्षणों के प्रयोग से सटीक रूप से मापा एवं निर्धारित किया जा सकता है

(c) बुद्धि एक एकात्मक कारक तथा एक एकाकी विशेषक है

(d) बुद्धि बहु-आयामी है तथा जटिल योग्यताओं का एक समूह है *(CTET-I–2019)*

71. हावर्ड गार्डनर के बहु-बुद्धि सिद्धांत के अनुसार, 'तार्किक-गणितीय' बुद्धि वाले एक व्यक्ति की क्या विशेषताएँ हो सकती हैं?

(a) ध्वनि, ताल तथा शब्दों के अर्थ के प्रति संवेदनशीलता
(b) दृश्य-स्थानिक परिवेश को सटीक रूप से ग्रहण करने की योग्यता
(c) संगीतमय अभिव्यक्तियों के आवाज के स्तर, ताल एवं सौंदर्यपरक गुणों को उत्पन्न करने एवं प्रशंसा करने की योग्यता
(d) पैटर्न को खोजने की एवं तर्क की लम्बी शृंखला को हल करने की क्षमता और संवेदनशीलता *(CTET-II–2019)*

72. किसने बहुविमात्मक प्रज्ञा का प्रत्यय दिया?

(a) स्पीयरमैन (b) गोलमैन (c) गार्डनर (d) जॉन मेयर *(UPTET-I–2020)*

73. बहु-बुद्धि का सिद्धांत जोर देता है कि—

(a) बुद्धि-लब्धि केवल वस्तुनिष्ठ परीक्षणों द्वारा ही मापी जा सकती है
(b) एक आयाम में बुद्धिमता, अन्य सभी आयामों में बुद्धिमता निर्धारित करती है
(c) बुद्धिमता की विभिन्न दशाएँ हैं
(d) बुद्धिमता में कोई व्यक्तिगत विभिन्नताएँ नहीं होती हैं *(CTET-I–2021)*

74. हावर्ड गार्डनर के बहु-बुद्धि सिद्धांत के अनुसार निम्नलिखित में से कौन-सा जोड़ा बुद्धि के प्रकार और अंत-स्थिति अनुपालन संभावना के अनुसार सही है?

बुद्धि का प्रकार		अंत-स्थिति अनुपालन संभावना
(a) स्थानिक	–	मनोवैज्ञानिक
(b) अंतरावैयक्तिक	–	विक्रेता
(c) भाषिक	–	मूर्तिकार
(d) शारीरिक गति - संवेदनता	–	खिलाड़ी

(CTET-II–2021)

75. यह महत्वपूर्ण है कि कोई अध्यापक बच्चों को बुद्धि लब्धि के आधार पर स्थिर समूहों में पृथक ना करे, क्योंकि :—

(a) यह अध्यापक के लिए असुविधाजनक है
(b) यह विद्यालयों के लिए असुविधाजनक है
(c) यह बच्चों को एक-दूसरे के साथ अंतः सामूहिक प्रतिस्पर्द्धा नहीं करने देता
(d) बुद्धि-लब्धि संकल्पना स्थायी नहीं है और यह बच्चों को चिह्नित करने के लिए जिम्मेदार हो सकती है *(CTET-II–2022)*

76. हावर्ड गार्डनर के सिद्धांत के अनुसार, एक कक्षा में तरह-तरह की अध्यापन रणनीतियों का इस्तेमाल होना जरूरी है, क्योंकि—

(a) यह बहु-बौद्धिकता को निष्पादित करने में मददगार है
(b) यह सामान्य बौद्धिकता को बढ़ाने में मददगार है
(c) यह तारक विद्यार्थी बनाने में मद्‌दगार है
(d) यह व्यवहारिक बौद्धिकता के बढ़ाने में मद्‌दगार है *(CTET–2022)*

77. ध्वनि, लय और शब्दों के अर्थ के प्रति सचेतना किस बुद्धि के मूल है ?

(a) अंतर्वैयक्तिक (b) अंतरावैयक्तिक
(c) भाषिक (d) स्थानिक *(CTET–2022)*

78. निम्न में से किसने सामान्य बुद्धि के विचार को नकारा और बुद्धि को अनेक विशिष्ट संसाधन प्रक्रिया के पदों के रूप में परिभाषित किया है ?

(a) चार्ल्स स्पीयरमैन (b) एल्फ्रेड बिनेट
(c) थियोडोर साइमन (d) हावर्ड गार्डनर *(CTET–2022)*

79. ...... बुद्धि कौशल, उसी कौशल की ओर संकेत करता है जो कि दूसरों के मनोदशाओं, स्वभावों और आशयों को पहचानता है तथा उनपर उपयुक्त प्रतिक्रिया देता है।

(a) अंतर्वैयक्तिक (b) अंतरावैयक्तिक
(c) स्थानिक (d) तार्किक गणितीय *(CTET–2022)*

80. हावर्ड गार्डनर के अनुसार एक वैज्ञानिक .... बुद्ध का उच्च प्रदर्शन करेगा, जबकि एक मूर्तिकार में ...... बुद्धि की उच्चतम बुद्धिमता होगी।

(a) प्रकृतिवादी; स्थानिक (b) ट्रांस्डक्टिव; स्थानिक
(c) तार्किक गणितीय; गतिसंवेदी (d) स्थानिक; गतिसंवेदी *(CTET–2024)*

81. गणित मे अपने खराब अंकों के बारे में बात करते हुए अवि कहता है, ''मुझे अंकों की समझ नहीं है।'' अवि अपने प्रदर्शन का कारण किसकों ठहरा रहा है ?

(a) योग्यता का अभाव (b) किस्मत
(c) कार्य कठिनाई (d) कोशिश की कमी *(CTET–2024)*

82. 'हवाई गार्डनर' की दी गई बुद्धि, की अवधारणा का निहितार्थ है कि—

(a) बुद्धि केवल प्रयोगात्मक अधिगम से संबंधित है
(b) सभी लोग दुनिया को समान रूप से समझते और संसाधित करते हैं।
(c) अलग-अलग आयामों में लोगों की अलग-अलग योग्यताएँ होती है
(d) बुद्धि का केवल एक ही आयाम होता है *(CTET–2024)*

83. हावर्क गार्डनर के बहुबुद्धि सिद्धांत के अनुसार निम्नलिखित में से कौन-सा सेट बुद्धि और उसकी सम्बन्धित विशेषताओं के सही मेल का प्रतिनिधित्व करते हैं ?

(a) अन्तर्वैयक्तिक : दूसरों को समझने और उनके साथ संबंध स्थापित करने का कौशल
(b) तार्किक गणितीय : नृत्य या क्रीड़ा संबंधी क्षमताएँ
(c) संगीतमय : प्रदर्शन या रचना करने का कौशल
(d) स्थानिक : प्राकृतिक वातावरण के सराहना करने के कौशल *(CTET–2024)*

84. हॉवर्ड गार्डनर के अनुसार, एक दर्शनशास्त्री के पास .... प्रकार की बुद्धि और मूर्तिकार के पास .... प्रकार की बुद्धि की मात्रा अधिक होती है।

(a) भाषिक; अन्तर्वैयक्तिक (b) दिक्स्थान : अन्तःव्यक्ति
(c) अन्तःव्यक्तित, दिक्स्थान (d) अन्तर्वैयक्तिक, भाषिक *(CTET–2023)*

उत्तरमाला

1.	(a)	2.	(c)	3.	(c)	4.	(b)	5.	(a)	6.	(a)	7.	(b)	8.	(d)
9.	(c)	10.	(c)	11.	(c)	12.	(c)	13.	(d)	14.	(c)	15.	(d)	16.	(b)
17.	(d)	18.	(b)	19.	(c)	20.	(b)	21.	(b)	22.	(a)	23.	(b)	24.	(a)
25.	(c)	26.	(b)	27.	(c)	28.	(c)	29.	(d)	30.	(c)	31.	(a)	32.	(b)
33.	(d)	34.	(c)	35.	(d)	36.	(b)	37.	(a)	38.	(b)	39.	(d)	40.	(d)
41.	(b)	42.	(c)	43.	(c)	44.	(b)	45.	(c)	46.	(a)	47.	(c)	48.	(c)
49.	(d)	50.	(c)	51.	(b)	52.	(c)	53.	(b)	54.	(c)	55.	(a)	56.	(b)
57.	(c)	58.	(b)	59.	(b)	60.	(c)	61.	(c)	62.	(c)	63.	(b)	64.	(a)
65.	(c)	66.	(a)	67.	(c)	68.	(d)	69.	(c)	70.	(d)	71.	(d)	72.	(c)
73.	(c)	74.	(d)	75.	(d)	76.	(a)	77.	(c)	78.	(d)	79.	(a)	80.	(c)
81.	(a)	82.	(c)	83.	(c)	84.	(c)								

★★★

9

भाषा और विचार

➢ 'स्वीट' *(Sweet)* के अनुसार, ''भाषा, ध्वनियों द्वारा मानव के भावों की अभिव्यक्ति है।''

➢ हरलॉक *(Hurlock)* के अनुसार, ''भाषा में सम्प्रेषण *(विचारों का आदान-प्रदान)* के वे सभी साधन आते हैं, जिसमें विचारों और भावों को प्रतीकात्मक बना दिया जाता है, जिससे कि अपने विचारों और भावों को दूसरों से अर्थपूर्ण ढंग से कहा जा सके। लिखना, पढ़ना-बोलना, मुखात्मक अभिव्यक्ति, हाव-भाव संकेतों का प्रयोग तथा कलात्मक अभिव्यक्तियाँ आदि भाषा में ही सम्मिलित हैं।

➢ भाषा के माध्यम से ही व्यक्ति अपने विचारों का आदान-प्रदान कर सकता है। यदि भाषा का विकास न हो तो निश्चय ही व्यक्ति की मानसिक योग्यताओं का विकास जिस सामान्य ढंग से होता है उस ढंग से नहीं होगा।

➢ भाषा के माध्यम से विचारों को प्रकट करने पर उनमें स्पष्टता आ जाती है; अतः प्रत्येक बालक के विकास-क्रम में भाषा का विकास होना परम आवश्यक है।

भाषा विकास का महत्व
Importance of Language Development

भाषा के माध्यम से ही व्यक्ति अपने विचारों का आदान-प्रदान कर सकता है तथा व्यक्ति को सामाजिक, शारीरिक, मानसिक और शैक्षिक सभी क्षेत्रों में लाभ प्राप्त होता है। इसका महत्व निम्नलिखित है—

(a) सामाजिक संबंधों में भाषा का महत्व *(Importance of Language in Social Relations)*: भाषा के माध्यम से बालक अपनी बातों को दूसरे से कह सकता है तथा दूसरों की बात समझ भी सकता है तथा वाणी द्वारा वह सामाजिक मूल्यों, नियमों और आदर्शों आदि को सीखता है तथा समाज में समायोजन करने में सफल होता है।

➢ एलिस के अनुसार, ''भाषा वह प्राथमिक माध्यम है जिसके द्वारा व्यक्ति अपने समाज को प्रभावित करता है तथा समाज से प्रभावित होता है।''

(b) आत्म-मूल्यांकन में महत्व *(Importance in Self Evaluation)*: बालक जब अपने परिवार में होता है या अपने खेल के समूह में होता है अथवा अन्य किसी समूह में होता है, उस समय दूसरे लोग उसके संबंध में क्या बोलते हैं और किस प्रकार की मुखात्मक और शारीरिक अभिव्यक्ति करते हैं। इससे एक बालक सरलता से यह जान सकता है कि लोग उससे और उसकी वाणी से कितना प्रभावित हुए हैं।

(c) शैक्षिक उपलब्धि में महत्व *(Importance in Academic Achievement)*: बालक को कैसे बोलना है, क्या बोलना है, उसका शब्द-भण्डार कितना है, इन सभी बातों से उसकी शैक्षणिक उपलब्धियाँ प्रभावित होती हैं। जिनका शब्द-भण्डार बड़ा होता है उसका वाक्य-विन्यास तथा भाषा प्रस्तुतीकरण अच्छा होता है।

(d) **नेतृत्व के विकास में सहायक :** भाषा के माध्यम से कोई भी व्यक्ति अपने समूह का नेता बन सकता है। वह अपनी बात दूसरों को समझा सकता है तथा दूसरों की बात को सुन सकता है। विचारों को जो व्यक्ति कुशलतापूर्वक अभिव्यक्त कर लेते हैं, उनकी वाणी व्यक्तियों को अपनी ओर आकर्षित कर लेता है। अतः नेतृत्व-गुणों के विकास में भाषा सहयोग प्रदान करती है।

(e) **व्यक्ति विकास में सहायक :** भाषा व्यक्ति-विकास की आधारशिला है, जो बालक अपने विचारों का प्रकटीकरण सीमित, सन्तुलित तथा प्रभावशाली भाषा में करते हैं, वे जीवन में विकास की ओर बढ़ते हैं तथा उनका व्यक्तित्व भी प्रभावशाली होता है।

(f) **सामाजिक मूल्यांकन में महत्व** *(Importance in Social Evaluation)* **:** जिस प्रकार सामाजिक परिस्थितियों में बालक दूसरों की वाणी सुनकर अपना या आत्म-मूल्यांकन करता है, ठीक उसी प्रकार सामाजिक परिस्थितियों में एक बालक क्या बोलता है या क्या उसकी वाणी सम्बन्धित अभिव्यक्ति है, इस आधार पर उस बालक का मूल्यांकन समाज के अन्य व्यक्ति करते हैं।

भाषा विकास के सिद्धांत
Principle of Language Development

भाषा विकास के सिद्धांत निम्नलिखित हैं—

(a) **स्वर यंत्र की परिपक्वता** *(Maturation of Larynx)* **:** भाषा का विकास शरीर के अंग की परिपक्वता जैसे—स्वर-यंत्र, जीभ, गला और फेफड़ा इत्यादि पर निर्भर करता है। यह सभी अंग जब तक एक विशेष परिपक्वता स्तर पर नहीं पहुँचते हैं तब तक भाषा का सामान्य विकास संभव नहीं है। इन सभी अंगों के अतिरिक्त भाषा का विकास होंठ, दाँत, तालु और नाक के विकास पर भी निर्भर करता है।

इन अंगों की परिपक्वता के अतिरिक्त वातावरण संबंधी कारक भी भाषा के विकास को प्रभावित करते हैं। भाषा के विकास में वातावरण संबंधी कारकों में अनुकरण के अवसर एक महत्वपूर्ण कारक हैं।

(b) **अनुबंधन** *(Conditioning)* **:** अधिगम सिद्धान्तवादियों ने बालक में भाषा के विकास को उद्दीपक-अनुक्रिया (S-R) के बीच स्थापित साहचर्य के आधार पर समझाया है। इस दिशा में स्किनर *(Skinner)* का प्रयास अति सराहनीय है। स्किनर ने पुनर्बलन *(Reinforcement)* के आधार पर भाषा के विकास को समझाया। स्किनर का विचार है कि अन्य व्यवहार-कार्यों की तरह भाषा का विकास भी 'आपरेन्ट अनुबंधन' *(Operant Conditioning)* पर निर्भर करता है। इस सिद्धांत के अनुसार बालक द्वारा भाषा का अर्जित करना ध्वनि और ध्वनि-संयोजन *(Sound Combination)* के चयनात्मक पुनर्बलन *(Selective Reinforcement)* पर निर्भर करता है। स्किनर के अनुसार बालक स्वतः अनायास या अनुकरण के आधार पर बोलते हैं।

उद्दीपक-अनुक्रिया के बीच स्थापित साहचर्य के आधार पर भी बालक शब्दों का अधिगम करता है। अतः स्किनर के अनुसार बालक का शब्दों को सीखना आपरेन्ट अनुबंधन से अधिक सम्बन्धित है।

(c) **कोमस्की का सिद्धांत** *(Chomsky's Theory)* **:** कोमस्की *(Chomsky)* का विचार है कि बालक का शब्दों या भाषा का सीखना अनुकरण और पुनर्बलन पर आधारित

अवश्य है परन्तु अनुकरण और पुनर्बलन दोनों ही बालक द्वारा शब्दों को सीखने की प्रक्रिया को भली-भाँति स्पष्ट नहीं करते हैं। कोमस्की ने अपने सिद्धांत को निम्नलिखित मॉडल चित्र के द्वारा समझाया है—

Linguistic Data (Input) → *LAD (Processing)* → *The Ability to Understand & Produce Sentence (Output)*

"उपर्युक्त मॉडल के अनुसार बालक जो कुछ भी सुनता है उसे *Language Acquisition Device)* के द्वारा समझता है तथा उसे पुनरोत्पादित कर सकता है तथा नये शब्द भी बोल सकता है।

(d) सामाजिक अधिगम सिद्धांत *(Social Learning Theory)* : इस सिद्धांत के प्रतिपादकों में बन्डुरा *(Bandura)* का नाम प्रमुख है। इस सिद्धांत के समर्थकों का कहना है कि बालक भाषा के संबंध में जो कुछ भी सीखता है, वह मॉडल के व्यवहार के निरीक्षण और अनुकरण पर आधारित होता है। इस प्रकार का सीखना पुनर्बलन के साथ भी हो सकता है और पुनर्बलन की अनुपस्थिति में भी हो सकता है।

इन सिद्धांतवादियों का कहना है कि बिना किसी मॉडल के बच्चे शब्दों और भाषा की संरचना को नहीं सीख सकते हैं। बालक जिस वातावरण में रहते हैं, उसमें रहने वाले अन्य व्यक्ति जो भाषा और शब्द बोलते हैं, वह बच्चा सुनता रहता है। कई बार वह शब्दों का तुरंत अनुकरण नहीं कर पाते हैं। फिर भी वे शब्दों और भाषा के बारे में कुछ सूचना अवश्य ग्रहण करते हैं।

भाषा-विकास की अवस्थाएँ
Stages of Speech Development

बालकों में भाषा-विकास की कई अवस्थाएँ है, जो इस प्रकार है—

A. बोलने की तैयारी

(a) क्रन्दन *(Crying)* : शिशु के जन्म से ही क्रन्दन प्रारम्भ हो जाता है, जो उसकी भाषा का प्रारम्भिक रूप है। यदि बालक सामान्य रूप से रोता है तो रोने से उसकी आवश्यकता की पूर्ति होती है। साथ ही उसकी माँसपेशियों का अभ्यास भी हो जाता है। इस अभ्यास से उसकी माँसपेशियों की वृद्धि होती है और माँसपेशियों का समन्वय *(Co-ordination)* बढ़ता है। रोने से उनको अच्छी नींद आती है एवं उनकी भूख बढ़ती है।

➢ रोने से बच्चों का संवेगात्मक तनाव भी दूर होता है, परन्तु आवश्यकता से अधिक रोना बालक के लिए शारीरिक और मनोवैज्ञानिक दोनों रूप से हानिकारक होता है।

(b) बबलना *(Babbling)* : आयु बढ़ने के साथ-साथ बच्चों का क्रन्दन कुछ समय बबलाने में परिवर्तित हो जाता है। पहले महीने के अन्त से ही बच्चा कुछ सरल ध्वनियाँ निकालने या बोलने लगता है। छींकते समय, जम्हाई लेते समय, खाँसते समय, बालक कुछ जटिल ध्वनियाँ बोलता है। ये ध्वनियाँ कूइंग *(Cooing)* कहलाती हैं।

➢ बबलना बालकों में लगभग दो माह की आयु से प्रारम्भ होकर तेरह माह की अवस्था तक चलता है। बबलाने से बालकों के स्वर-यन्त्र की परिपक्वता को बल मिलता है। बालक आयु बढ़ने के साथ अधिक-से-अधिक ध्वनियाँ बोलने लगता है। बबलाने में बच्चा स्वरों को पहले और व्यंजनों को उनके साथ मिलाकर दुहराता है।

(c) हाव-भाव *(Gestures)*: बालकों द्वारा हाव-भाव का प्रदर्शन भाषा के पूरक के रूप में किया जाता है। बच्चों के हाव-भाव की उत्पत्ति बबलाने के साथ-साथ ही हो जाती है। बच्चा अपने हाव-भाव का प्रदर्शन, मुस्कुराकर, हाथ फैलाकर, अँगुली दिखाकर, मूक भाषा में करता है। अतः बच्चों के लिए हाव-भाव विचारों की अभिव्यक्ति का एक सुगम साधन है, जो शब्दों के स्थान पर प्रयुक्त किया जाता है।

B. वास्तविक भाषा की अभिव्यक्तियाँ

(a) आकलन शक्ति *(Comprehensive Power)*: बालकों की वह क्षमता जिसके द्वारा वह दूसरों की क्रियाओं तथा हाव-भाव का अनुकरण कर लेता है, 'आकलन शक्ति' कहलाती है। हरलॉक के अनुसार, बालक में आकलन शक्ति का विकास शब्दों के प्रयोग से पहले हो चुका होता है। प्रायः यह देखा गया है कि बालक उन वाक्यों को जल्दी सीखता है, जिनमें शब्दों के साथ-साथ कुछ हाव-भाव भी जुड़े होते हैं।

(b) उच्चारण *(Pronunciation)*: लगभग 1 वर्ष के बालकों में शब्दों के अनुसार उच्चारण की तत्परता *(Readiness)* एवं योग्यता आ जाती है। इस समय वह अनेक ऐसी सरल ध्वनियों को उच्चारित कर सकता है जिनका उच्चारण उसने पहले कभी नहीं किया था। यह वह अनुकरण द्वारा सीखता है।

(c) शब्द-भण्डार *(Vocabulary)*: बालक के शब्द-भण्डार में वृद्धि उसके आयु में वृद्धि के साथ-साथ होती है।

बालक का शब्द-भण्डार
Vocabulary of Child

बालक का शब्द भण्डार

विशिष्ट शब्दावली का रूप
- शिष्टाचार से सम्बन्धित शब्द-भण्डार *(Etiquette Vocabulary)*
- गुप्त शब्द भण्डार *(Secret Language)*
- अशिष्ट शब्द भण्डार *(Slang Vocabulary)*
- धन से सम्बन्धित भण्डार *(Money Vocabulary)*
- रंगों से सम्बन्धित भण्डार *(Colour Vocabulary)*
- संख्याओं से सम्बन्धित भण्डार *(Number Vocabulary)*
- समय संबंधी शब्द *(Time Vocabulary)*
- वाक्य-निर्माण *(Sentence Formation)*
- शुद्ध उच्चारण *(Correct Pronunciation)*

साधारण शब्द भण्डार

भाषा या वाणी शब्द *(Speech Defects)*
- शब्द-अर्थ से सम्बंधित दोष
- वाक्य-निर्माण में दोष
- उच्चारण में दोष *(Defects in Pronunciation)*

➢ थॉमसन तथा लिपसिट के अनुसार,

18 माह के बालक का शब्द-भण्डार	10 शब्द
2 वर्ष	272 शब्द

$2\frac{1}{2}$ वर्ष	450 शब्द
3 वर्ष	1000 शब्द
$3\frac{1}{2}$ वर्ष	1250 शब्द
4 वर्ष	1600 शब्द
$4\frac{1}{2}$ वर्ष	1900 शब्द
5 वर्ष	2100 शब्द
छठी कक्षा में पढ़ने वाले बालक का शब्द-भण्डार	50,000 शब्द
हाई स्कूल	80,000 शब्द

➢ बालकों की तुलना में बालिकाओं का शब्द-भण्डार अधिक होता है।

सामान्य भाषा या वाणी विकार
Some Common Speech Defects

➢ अधिकांशतः वाणी संबंधी विकार उन बच्चों में अधिक पाया जाता है जिनके पारिवारिक संबंध खराब होते हैं। उन बालकों की भाषा धीमी गति से व क्रमिक होता है। सामान्य भाषा में दोष निम्नलिखित प्रकार से होते हैं—

(a) भ्रष्ट उच्चारण *(Lisping)*: सामान्य वाणी दोषों में मुख्यतः भ्रष्ट उच्चारण-दोष पाया जाता है। मुख्य रूप से जबड़ों, दाँतों और होंठों की रचना ठीक न होने के कारण या परिवार के सदस्यों द्वारा भ्रष्ट उच्चारण करना या फिर शैशवावस्था में बच्चों द्वारा उच्चारित शब्द का माता-पिता द्वारा आनन्द लेना तथा भ्रष्ट उच्चारण को प्रोत्साहित करना इत्यादि भ्रष्ट उच्चारण-दोष को बढ़ावा देता है।

(b) अस्पष्ट उच्चारण *(Slurring)*: बच्चे जब शब्दों को अस्पष्ट बोलते हैं तो इस प्रकार का विकार भाषा विकार कहलाता है। लगभग 5 वर्ष की अवस्था तक बच्चा अस्पष्ट उच्चारण करता है लेकिन आयु बढ़ने के साथ-साथ इस प्रकार का विकार स्वयं ही दूर हो जाता है।

(c) तुतलाना *(Sluttering)*: वैज्ञानिकों का मानना है कि अधिकांश बालकों में यह भाषा-दोष $2\frac{1}{2}$ वर्ष की अवस्था से ही प्रारम्भ हो जाता है। बालकों का समायोजन जैसे-जैसे अच्छा होता है, उसका तुतलाना कम हो जाता है।

(d) हकलाना *(Stammering)*: वैज्ञानिकों का मानना है कि हकलाने का कारण भी बालकों का भय और घबराहट है। इसके अतिरिक्त स्वरयन्त्र, गला, जीभ, फेफड़ों तथा होंठ सभी का सन्तुलन ठीक न होने पर बालकों में यह दोष उत्पन्न हो जाता है। ट्रेविस के मतानुसार, हकलाने का कारण मस्तिष्क में श्रवण एवं वाक् केन्द्रों का विकृत हो जाना है।

(e) तीव्र अस्पष्ट वाणी *(Cluttering)*: बच्चे की वाणी तीव्र अस्पष्ट होती है। इसमें बच्चे के बोलने की गति तीव्र हो जाती है और साथ-साथ शब्द अस्पष्ट होते हैं। तीव्रता और अस्पष्ट होने के कारण बोलने वाले की भाषा कहीं-कहीं समझ में नहीं आती है।

भाषा-विकास को प्रभावित करने वाले कारक

Factors Affecting Language Development

भाषा-विकास में वैयक्तिक भिन्नता पायी जाती है। भाषा-विकास को प्रभावित करनेवाले कारक निम्नलिखित हैं—

(a) परिपक्वता *(Maturation)*: जिस प्रकार क्रियात्मक विकास के लिए शरीर के विभिन्न अंगों की परिपक्वता आवश्यक है। उसी प्रकार भाषा-विकास के लिए भी होंठ, जीभ, दाँत, फेफड़े, स्वरयंत्र और मस्तिष्क आदि की परिपक्वता आवश्यक है। मस्तिष्क में वाणी-केन्द्र का विशेष रूप से परिपक्व होना आवश्यक है। इन विभिन्न अंगों के परिपक्व होने पर ही बालक भाषा सीख सकता है।

(b) बुद्धि *(Intelligence)*: विभिन्न अध्ययन में यह देखा गया है कि जिन बच्चों की बुद्धिलब्धि उच्च होती है, उनका कम *IQ* वाले बालकों की अपेक्षा शब्द-भण्डार अधिक होता है। उच्च *IQ* वाले बालक शुद्ध और बड़े वाक्य भी बोलते हैं। अधिक बुद्धि वाले बालकों में शब्द-भण्डार एवं वाक्य-रचना की अधिक क्षमता और शुद्ध उच्चारण की क्षमता भी पायी जाती है।

(c) स्वास्थ्य *(Health)*: यदि बालक लंबी अवधि तक बीमार रहता है, विशेष रूप से दो वर्ष की आयु की अवधि तक तो उसके भाषा का विकास कमजोर स्वास्थ्य और अभ्यास न कर सकने के कारण पिछड़ जाता है। बीमार बालक में भाषा बोलने के लिए सीखने की प्रेरणा का अभाव भी पाया जाता है।

(d) यौन *(Sex)*: मैकनील का विचार है कि प्रत्येक आयु के बालक भाषा-विकास में बालिकाओं से पीछे रहते हैं। लड़कियों का शब्द-भण्डार, वाक्य में शब्दों की संख्या, शब्द-चयन और वाक्य-प्रयोग आदि में लड़कों से अच्छा होता है। लड़कियाँ लड़कों की अपेक्षा जल्दी बोलना सीखती हैं।

(e) सामाजिक अधिगम के अवसर *(Social Learning Opportunity)*: बालक को भाषा सीखने के लिए सामाजिक अवसर जितने ही अधिक प्राप्त होते हैं या जिन परिवार में बच्चे अधिक होते हैं, उन परिवार के बच्चे भाषा बोलना जल्दी सीख जाते हैं, क्योंकि दूसरे बच्चे को सुनकर उनका अनुकरण करने के अवसर अधिक प्राप्त होते हैं।

➢ जब परिवार में बच्चे न हों तो माता-पिता को चाहिए कि वे अपने बालक को पड़ोस के बच्चों के साथ खेलने का अवसर दें जिससे कि बच्चा दूसरे बच्चों का अनुकरण करके भाषा जल्दी सीख जाय।

(f) निर्देशन *(Guidance)*: बालकों की भाषा के विकास के लिए माता-पिता और अध्यापकों आदि का निर्देशन भी आवश्यक है। बालक की भाषा उतनी ही अच्छी विकसित होती है जितने अच्छे उसके सामने मॉडल प्रस्तुत किये जाते हैं।

(g) प्रेरणा *(Motivation)*: अभिभावकों को चाहिए कि वे बालकों को हमेशा सीखने के लिए प्रेरित करते रहें। अभिभावक को बालकों के रोने पर वह चीज उपलब्ध नहीं कराना चाहिए जिसके लिए वह रो रहा है तथा बालक यदि संकेत और हाव-भाव के प्रयोग में कोई चीज माँगे तो भी उपलब्ध न कराएँ, क्योंकि इस प्रकार बालक शब्दों को सीखने के लिए प्रेरित होंगे।

(h) सामाजिक-आर्थिक स्थिति *(Socio-Economic Status)* : ऐसे बालक जिसका सामाजिक-आर्थिक स्तर उच्च रहता है, निम्न सामाजिक-आर्थिक स्तर वाले बालकों की अपेक्षा भाषा-ज्ञान में आगे होता है। उच्च सामाजिक स्तर वाले बालक पहले बोलना, अधिक बोलना व अच्छा बोलना अपेक्षाकृत शीघ्र सीखते हैं।

(i) शारीरिक स्वास्थ्य व शरीर-रचना *(Physical Health and Body Structures)*: जो बच्चे स्वस्थ, निरोगी होते हैं उनका भावात्मक विकास शीघ्र होता है। शारीरिक रचना भी भाषा-विकास को प्रभावित करती है। शरीर रचना या शारीरिक रचना से अभिप्राय स्वरयंत्र, तालु, जीभ, दाँतों आदि की बनावट से है, क्योंकि ये अंश बोलने की क्रिया में भाग लेता है।

(j) व्यक्तिगत विभिन्नताएँ *(Individual Differences)*: जो बच्चे उत्साही होते हैं उनमें शान्त प्रकृति के बच्चों की अपेक्षा भाषा शीघ्र विकसित होती है।

(k) कई भाषाओं का प्रयोग *(Bilingualism)*: छोटे बच्चों के माता-पिता की भाषा यदि अलग-अलग हो, तो बच्चे में भाषा का विकास अवरुद्ध होकर मन्द गति से होता है।

(l) पारिवारिक संबंध *(Family Relationship)*: जिन बच्चों के पारिवारिक संबंध अच्छे नहीं होते हैं उनमें अनेक भाषा संबंधी दोष उत्पन्न हो जाते हैं। परिवार का आकार भी भाषा-विकार को प्रभावित करता है। जब परिवार का आकार छोटा होता है तब माता-पिता बालकों की ओर अधिक ध्यान देते हैं। फलस्वरूप उनमें भाषा का विकास शीघ्र होता है। परन्तु यदि माता-पिता ध्यान नहीं देते तो बच्चों में भाषा का विकास देर से होता है।

बालकों की भाषा में सुधार के सुझाव
Suggestions for Improving Children's Speech

बालकों की भाषा में सुधार के सुझाव निम्नलिखित हैं—

(a) बालकों को उसकी उम्र के बराबर के बच्चों में अक्सर रखना चाहिए और बच्चों को हमउम्र बच्चों से बात करने के लिए उत्साहित करना चाहिए।

(b) बच्चों की भाषा की ओर ध्यान आकर्षित कर उनमें भाषा के प्रति रुचि उत्पन्न करनी चाहिए।

(c) बच्चों की त्रुटिपूर्ण, दोषपूर्ण या विकारयुक्त वाणी की आलोचना नहीं करनी चाहिए, ताकि बच्चों में भाषा बोलने के प्रति आत्मविश्वास जागृत हो।

(d) बालकों को कठोर नियंत्रण में नहीं रखना चाहिए।

(e) जिन बालकों में भाषा-दोष हो उनका उपहास नहीं करना चाहिए।

(f) बालकों में अच्छी वाणी के विकास के लिए उनके सामने अच्छी भाषा का प्रयोग करना चाहिए ताकि बच्चे वाक्यों का अनुसरण करें।

भाषा सीखने के साधन

(a) अनुकरण *(Imitation)* (b) खेल *(Play)*
(c) कहानी सुनना *(Listening of Stories)*
(d) वार्त्तालाप तथा बातचीत *(Talking)* (e) प्रश्नोत्तर *(Question -Answer)*

विचार
Thought

भाषा-सम्प्रेषण के माध्यम से बालक नये भाव, दृष्टिकोण, सूचना, व्यवहार तथा कौशल आदि सीखाने का प्रयास करता है। यह प्रक्रिया तभी संभव होती है जब शिक्षक और बालक को उस भाषा का ज्ञान हो। सम्प्रेषण को समझने के बाद बालक अपनी अनुक्रिया विचार के रूप में व्यक्त करता है।

विचार के प्रकार

- **शाब्दिक विचार**
  - मौखिक विचार
  - दृष्टि-विचार
  - मौखिक दृष्टि-विचार
  - लिखित विचार
- **अशाब्दिक विचार**
  - शारीरिक भाषा
  - कूट भाषा

परीक्षोपयोगी तथ्य

- भाषा विकास से तात्पर्य एक ऐसी क्षमता से होती है जिसके द्वारा व्यक्ति अपने भावों, विचारों तथा इच्छाओं को दूसरे तक पहुँचाता है तथा दूसरों की इच्छाओं एवं भावों को ग्रहण करता है।
- मनोवैज्ञानिकों ने भाषा विकास के चरणों की व्याख्या मोटे तौर पर दो भागों में बाँटकर किया है—बोलने की तैयारी और वास्तविक भाषा की अभिव्यक्तियाँ।
- बोलने की तैयारी में क्रन्दन, बबलाना एवं हाव-भाव शामिल है।
- वास्तविक भाषा की अभिव्यक्ति में आकलन शक्ति, उच्चारण, शब्द-भण्डार इत्यादि शामिल है।
- शिक्षा मनोवैज्ञानिकों तथा विकासात्मक मनोवैज्ञानिकों के अनुसार भाषा विकास एक खास क्रम में होता है। इस क्रम का पहला चरण ध्वनि की पहचान तथा अंतिम चरण भाषा विकास की पूर्णावस्था है।
- बालकों के भाषा विकास कई कारणों से प्रभावित होते हैं जिनमें बुद्धि, स्वास्थ्य, यौन-भिन्नता, सामाजिक-आर्थिक स्तर, परिवार का आकार, बहुजन्म, एक से अधिक भाषा-उपयोग, साथियों के साथ संबंध तथा माता-पिता द्वारा प्रेरणा प्रधान है।
- बालकों में दो तरह के शब्दावली विकसित होते हैं—सामान्य शब्दावली तथा विशिष्ट शब्दावली।
- भाषा-विकास में घर पर माता-पिता द्वारा दी गई अनौपचारिक शिक्षा तथा स्कूल में शिक्षकों द्वारा दी गई अनौपचारिक शिक्षा का काफी महत्व होता है।
- बालक जिस माध्यम से अपने भावों, विचारों को अभिव्यक्त करता है, भाषा कहलाता है। विचारों के आदान-प्रदान का सर्वाधिक सरल, सहज व सार्थक माध्यम भाषा होती है।

➢ भाषा विकास के मुख्य सिद्धांत हैं—
- ★ अनुबंधन का सिद्धांत
- ★ अनुकरण का सिद्धांत
- ★ परिपक्वता का सिद्धांत

➢ भाषा विकास के लिए सबसे संवेदनशील समय प्रारंभिक बचपन का समय होता है, क्योंकि इसी काल में बालक दूसरों की भाषा सीखता है, तथा शब्द भंडार का निर्माण जैसी प्रक्रियाओं को आत्मसात करता है। बाल्यकाल में बालक जिज्ञासु प्रवृत्ति के कारण विभिन्न ऐसे प्रश्नों को पूछता है, जिनका उत्तर देना संभव नहीं होता।

वस्तुनिष्ठ प्रश्न

1. भारतीय समाज की बहुभाषिक विशेषता *(Multilingual Character)* को ...... के रूप में देखा जाना चाहिए।
(a) विद्यालयी जीवन को समृद्ध बनाने के संसाधन के रूप में
(b) विद्यार्थियों को सीखने के लिए अभिप्रेरित करने हेतु शिक्षक योग्यता की चुनौती के रूप में
(c) शिक्षार्थियों के लिए विद्यालयी जीवन को एक जटिल अनुभव के रूप में
(d) शिक्षण अधिगम प्रक्रिया के बाधा के रूप में *(CTET–2011)*

2. भारतीय समाज की बहुभाषिक विशेषता को........देखा जाना चाहिए।
(a) विद्यालयी जीवन को समृद्ध बनाने के संसाधन के रूप में
(b) विद्यार्थियों को सीखने के लिए अभिप्रेरित करने हेतु शिक्षक-योग्यता की चुनौती के रूप में
(c) शिक्षार्थियों के लिए विद्यालयी जीवन को एक जटिल अनुभव के रूप में बनाने के एक कारक के रूप में
(d) शिक्षण अधिगम प्रक्रिया में बाधा के रूप में *(CTET-2011)*

3. दूसरे वर्ष में अंत तक शिशु का शब्द-भंडार हो जाता है—
(a) 100 शब्द (b) 60 शब्द (c) 50 शब्द (d) 10 शब्द *(CgTET–2011)*

4. कौन-सा सीखना स्थायी होता है?
(a) रटकर *(By Rote)* (b) सुनकर *(By Listening)*
(c) समझकर *(By Understanding)* (d) देखकर *(By Seeing)* *(CgTET–2011)*

5. आप अनपढ़ *(Illiterate)* माता-पिता के बच्चों को अंग्रेजी सिखाना चाहते हैं—
(a) आप बच्चे से अंग्रेजी में बात करेंगे
(b) आप बच्चों को अंग्रेजी में बोलने के लिए बाध्य करेंगे
(c) आप बच्चे को मातृ-भाषा में बोलने से रोकेंगे
(d) आप उसे मातृ-भाषा की सहायता से अंग्रेजी सिखाने का प्रयास करेंगे *(Utt TET–2011)*

6. हिन्दी अक्षरों को बालक किस आयु में पहचानने लगते हैं?
(a) 3 वर्ष की आयु में (b) 4 वर्ष की आयु में
(c) 5 वर्ष की आयु में (d) 6 वर्ष की आयु में *(BTET–2011)*

7. जिन इच्छाओं की पूर्ति नहीं होती, उनका भंडारगृह निम्न में कौन-सा है?
(a) इदम् (b) अहम् (c) परम् अहम् (d) इदम् एवं अहम्

8. रक्षा-तंत्र बहुत सहायता करता है—
(a) हिंसा से निपटने में (b) दबाव से निपटने में
(c) थकान से निपटने में (d) अजनबियों से निपटने में *(RTET–2011)*

9. प्राथमिक स्तर पर *(At Primary Level)* मातृभाषा में शिक्षा देना बेहतर है, क्योंकि यह—
(a) बच्चों में आत्मविश्वास का विकास करेगा
(b) अधिगम को सरल बनायेगा
(c) बौद्धिक विकास में सहायता करेगा
(d) प्राकृतिक वातावरण में बच्चों को सीखने में सहायता करेगा *(UPTET–2011)*

10. श्यामपट्ट पर लिखते समय सबसे महवपूर्ण क्या है ?
(a) अच्छी लिखावट (b) लेखन में स्पष्टता
(c) बड़े अक्षरों में लिखना (d) छोटे अक्षरों में लिखना *(UPTET–2011)*

11. भाषा शिक्षण की प्रथम कक्षा किसे माना जाता है?
(a) पूर्व-प्राथमिक कक्ष से (b) प्ले-वे विद्यालय को
(c) घर को (d) ये सभी *(BTET–2011)*

12. एक विद्यार्थी कहता है— ''उसका दादा आया है।'' एक शिक्षक होने के नाते आपकी प्रतिक्रिया होनी चाहिए—
(a) ''दादा आया है'' की जगह पर 'दादाजी आये हैं' कहना चाहिए
(b) आप अपनी भाषा पर ध्यान दीजिए
(c) अच्छा, उसके दादाजी आये हैं
(d) बच्चे आप सही वाक्य नहीं बोल रहे हैं *(CTET–2012)*

13. ''मैडम चाय खाती हैं'' वाक्य—
(a) अर्थ-विज्ञान एवं वाक्य विन्यास दोनों की दृष्टि से गलत है
(b) वाक्य-विन्यास की दृष्टि से सही है लेकिन अर्थ-विज्ञान की दृष्टि से गलत है
(c) अर्थ-विज्ञान एवं वाक्य विन्यास दोनों की दृष्टि से सही है
(d) अर्थ-विज्ञान की दृष्टि से सही है लेकिन वाक्य-विन्यास की दृष्टि से गलत है *(CTET–2012)*

14. भाषा में अर्थ की सबसे छोटी इकाई..........है।
(a) स्वनिम *(Phoneme)* (b) संकेत प्रयोग विज्ञान *(Pragmatics)*
(c) वाक्य *(Sentence)* (d) रूपिम *(Morpheme)* *(CTET–2012)*

15. भाषा विकास में सहयोग करने का कौन-सा तरीका गलत है?
(a) बच्चे को बिना टोके प्रकरण पर बात करना
(b) उसकी अपनी भाषा के प्रयोग को अमान्य करना
(c) उसके प्रयोगों का समर्थन करना
(d) भाषा के प्रयोग के अवसर उपलब्ध कराना *(CTET–2013)*

16. थ, फ, च ध्वनियाँ हैं—
(a) स्वनिम *(Phonemes)* (b) रूपिम *(Morphemes)*
(c) लेखिम *(Graphemes)* (d) शब्दिम *(Lexemes)* *(CTET–2013)*

17. निम्नलिखित में से कौन-से युग्म होने की संभावना सबसे कम है?
(a) बच्चे भाषा के बारे में निश्चित ज्ञान के साथ प्रवेश करते हैं—कॉमस्की *(Chomsky)*
(b) भाषा विचार पर प्रारंभ में दो भिन्न गतिविधियाँ हैं —वाइगोट्स्की *(Vygotsky)*
(c) भाषा विचार पर आधारित है—पियाजे
(d) भाषा वातावरण में एक उद्दीपक *(Stimuli)*है—बी. एफ. स्किनर *(B. F. Skinner)*
(CTET–2013)

18. ध्वनि संबंधी जागरुकता निम्नलिखित में से किस क्षमता से संबंधित है?
(a) ध्वनि संरचना पर चिंतन करना व उसमें हेर-फेर करना
(b) सही-सही व धाराप्रवाह बोलना
(c) जानना, समझना व लिखना
(d) व्याकरण के नियमों में दक्ष होना *(CTET–2014)*

19. आजर्व तर्क देता है कि भाषा विकास व्यक्ति की नैसर्गिक प्रवृत्ति से प्रभावित होता है जबकि सोनाली महसूस करती है कि यह परिवेश से प्रभावित होता है। आजर्व और सोनाली के बीच यह चर्चा किस विषय में है?
(a) चुनौतीपूर्ण तथा संवेदनशील भावना
(b) स्थिरता तथा अस्थिरता पर बहस
(c) सतत तथा असतत अधिगम
(d) प्रकृति तथा पालन-पोषण पर वाद-विवाद *(CTET–2015)*

20. अध्यापिका ने एक कमेटी के प्रधान को 'सभापति' के स्थान पर 'सभाध्यक्ष' लिखा। यह संकेत करता है कि अध्यापिका—
(a) एक अधिक उपयुक्त परिभाषिक शब्द का पालन करती है
(b) भाषा पर अच्छा अधिकार रखती है
(c) एक लिंग मुक्त भाषा का प्रयोग कर रही है
(d) लिंग पूर्वाग्रह से ग्रस्त है *(CTET–2015)*

21. भारत में भाषिक विभिन्नता बहुत है। इस संदर्भ में विशेषकर कक्षा-I और कक्षा-II के प्राथमिक स्तर पर बहुभाषिक कक्षाओं के बारे में सर्वथा उपयुक्त कथन है—
(a) शिक्षार्थियों को अपनी मातृभाषा या स्थानीय भाषा का प्रयोग करने पर दंडित किया जाय
(b) विद्यालय में उन्हीं बच्चों को प्रवेश दिया जाए जिनकी मातृभाषा वही हो जो शिक्षा के लिए अपनाई जा रही हो

(c) शिक्षक को सभी भाषाओं का सम्मान करना चाहिए और सभी भाषाओं में अभिव्यक्ति के लिए बच्चों को प्रोत्साहित करना चाहिए

(d) जो बच्चे कक्षा में मातृभाषा का उपयोग करते हैं अध्यापक को उनकी अपेक्षा करनी चाहिए *(CTET–2015)*

22. भारत में बहुत से बच्चे, विशेषकर लड़कियाँ, विद्यालय में आने से पहले और विद्यालय से वापस जाने के बाद घर का काम करते हैं। आपके विचार से इस संदर्भ में एक शिक्षिका को गृहकार्य के बारे में क्या करना चाहिए ?

(a) शिक्षिका को सुनिश्चित करना चाहिए कि बच्चे अपना गृहकार्य पूरा करने के लिए सुबह जल्दी उठें और देर तक रुकें

(b) बच्चों के माता-पिता से उनके गृहकार्य को पूरा कराने के लिए ट्यूशन लगवाने के लिए कहिए

(c) उसे उन बच्चों को कठोर दंड देना चाहिए जो अपना गृहकार्य पूरा नहीं करते हैं

(d) शिक्षिका को ऐसा गृहकार्य देना चाहिए जो विद्यालय में कराए गए अधिगम को बच्चों के घरेलू जीवन से जोड़ता है *(CTET–2015)*

23. क्या बच्चे इसलिए भाषा अर्जित करते हैं, क्योंकि उनमें आनुवंशिक रूप से ऐसा करने की पूर्व प्रवृत्ति होती है या उनके माता-पिता प्रारंभिक अवस्था से ही उन्हें गहन रूप से सिखाते हैं। यह प्रश्न आवश्यक रूप से दर्शाता है—

(a) भाषा के विकास पर संज्ञान का प्रभाव

(b) प्रकृति और पोषण पर बहस

(c) बहुकारक योग्यता के रूप में विकास पर चर्चा

(d) क्या विकास एक सतत प्रक्रिया है या एक असतत प्रक्रिया *(CTET–2015)*

24. भारत में अधिकांश कक्षाएँ बहुभाषी होती हैं और इसे शिक्षक द्वारा ..... के रूप में देखा जाना चाहिए।

(a) समस्या (b) संसाधन (c) बाधा (d) परेशानी *(CTET–2016)*

25. भाषा विकास के लिए प्रारंभिक बचपन ...... काल है।

(a) अमहत्वपूर्ण (b) अतिसंवेदनशील (c) निरपेक्ष (d) कम महत्वपूर्ण *(CTET–2016)*

26. निम्नलिखित में से कौन-सा एक उदाहरण भाषिक बुद्धि वाले व्यक्ति को दर्शाता है ?

(a) तर्क की दीर्घ शृंखलाओं को सँभाल सकने की योग्यता

(b) शब्दों के अर्थ और क्रम तथा भाषा के विविध प्रयोगों के प्रति संवेदनशीलता

(c) स्वर, राग और सुर के प्रति संवेदनशीलता

(d) ध्यान देने और दूसरे से अंतर कर सकने की योग्यता *(CTET–2016)*

27. भाषा—

(a) विचार-प्रक्रिया का निर्धारण नहीं कर सकती

(b) विचार-प्रक्रिया को प्रभावित नहीं करती

(c) हमारी विचार-प्रक्रिया को पूरी तरह से नियंत्रित करती है

(d) हमारी विचार-प्रक्रिया को प्रभावित करती है *(CTET–2016)*

28. किस व्यवहारवादी का मानना है कि अन्य व्यवहारों की भाँति भाषा भी क्रिया-प्रसूत अनुबंधन द्वारा सीखी जाती है ?

(a) वाटसन (b) स्किनर (c) गथरी (d) थार्नडाइक
(UPTET–2016)

29. .... महीनों की आयु के बीच अधिकांश बच्चे शब्दों को मिलाकर छोटे-छोटे वाक्यों में बोलना शुरू कर देते हैं।
(a) 24 से 30 (b) 30 से 36 (c) 12 से 18 (d) 18 से 24
(CTET-II–2018)

30. एक छात्र पढ़ रहा है, उसका नाम लेकर किसी ने बुलाया। निम्न में से किस संवेदना द्वारा वह *(छात्र)* अपनी अनुक्रिया प्रकट करेगा?
(a) स्पर्श संवेदना (b) ध्वनि संवेदना (c) दृष्टि संवेदना (d) प्रत्यक्षण संवेदना
(UPTET-I–2018)

31. इनमें से कौन मनोवैज्ञानिक 'भाषा विकास' से संबद्ध है?
(a) बिने (b) कोमस्की (c) पैवलव (d) मास्लो
(UPTET-I–2018)

32. सम्भाषण में अर्थ की लघुतम इकाई है—
(a) रूपग्राम (b) पद (c) ध्वनिग्राम (d) शब्द
(UPPET-II–2018)

33. इस प्रकार बोलना अथवा लिखना जो दूसरों पर प्रभाव छोड़ दे, कहलाता है—
(a) भाषा का व्याकरण (b) भाषा का ध्वनिग्राम *(फोनीम)*
(c) भाषा का व्यावहारिक *(रूप)* (d) भाषा का रूपग्राम *(मॉरफीम)*
(HTET Level-III–2019)

34. निम्नलिखित रणनीतियों में से कौन-सी बच्चों में अर्थ निर्माण को बढ़ावा देगी?
(a) अन्वेषण एवं परिचर्चा (b) सूचनाओं का संचरण
(c) दंडात्मक साधनों का प्रयोग करना (d) एकरूप एवं मानकीकृत परीक्षण
(CTET-II–2019)

35. भाषा के अर्जन एवं विकास के लिए सर्वाधिक संवेदनशील अवधि कौन-सी है?
(a) जन्म-पूर्व अवधि (b) प्रारंभिक बाल्यावस्था
(c) मध्य बाल्यावस्था (d) किशोरावस्था *(CTET-I–2019)*

36. बच्चों को संकेत देना तथा आवश्यकता पड़ने पर सहयोग प्रदान करना, निम्नलिखित में से किसका उदाहरण है?
(a) प्रबलन (b) अनुबंधन (c) मॉडलिंग (d) पाड़ *(ढाँचा)*
(CTET-I–2019)

37. 'बोली जाने वाली भाषा' की सबसे छोटी इकाई है—
(a) अर्थविज्ञान (b) वाक्य विन्यास (c) ध्वनिग्राम (d) रूपग्राम
(UPTET-II–2020)

38. अध्यापकों को कक्षा में बहुभाषीयता को समझना चाहिए—
(a) एक गुण और साधन (b) एक रुकावट
(c) एक समस्या (d) एक व्यवस्थागत मुद्दा *(CTET-II–2021)*

39. 1.5 से 2.5 साल की उम्र के बच्चों द्वारा अक्सर उच्चरित 'द्वि-शब्दीय' उच्चारणों को क्या कहा जाता है?
(a) वाचन का अधि विस्तारण (b) तार प्रेषित वाचन
(c) नववाद (d) बकवाद *(CTET–2022)*

40. भाषा विकास के संदर्भ में 'संवेदनशील अवस्था' कौन-सी है?

(a) जन्मपूर्व का समय (b) प्रारंभिक अवस्था

(c) मध्य बचपन (d) गुणावस्था *(CTET–2022)*

41. अभिकथन (A) : शिक्षकों को कक्षा में प्रश्न पूछने पर ध्यान देना चाहिए और निर्देश देने की अपेक्षा उन्हें प्रश्न पूछने के लिए प्रोत्साहित करना चाहिए।

कारण (R) : बाल-केन्द्रित शिक्षाशास्त्र का अर्थ है कक्षा में बच्चों की आवाज को महत्व देना और उनकी प्रतियोगिता को सुनिश्चित करना।

सही विकल्प चुनें

(a) A और R दोनों गलत हैं

(b) A और R दोनों सही है तथा A की R सही व्याख्या करता है

(c) A और R दोनों सही हैं, परन्तु A की R सही व्याख्या नहीं करता है

(d) A सही है लेकिन R गलत है *(CTET–2024)*

42. प्राथमिक कक्षाओं में भाषा का विकास किस प्रकार संसाधित होता है?

(a) जब शिक्षक अमूर्त अवधाराणाओं को सन्दर्भित करने के लिए ठोस उदाहरणों का उपयोग करते हैं

(b) जब शिक्षक औपचारिक भाषा के प्रयोग पर जोर देते हैं और उसे लागू करते हैं

(c) जब शिक्षक बच्चों की मातृभाषा की अवहेलना और उपेक्षा करते हैं

(d) जब शिक्षक मूर्त वस्तुओं के बजाय संकेतों और प्रतीकों से शुरू करते हैं *(CTET–2024)*

43. निम्न में से कौन-से आलम्बन के उदाहरण हैं?

A. बोल कर सोंचो B. संकेत और इशारे

C. प्रश्न D. आधा हल किया हुआ उदाहरण

E. रटकर दोहराव

कूट :

(a) A,B (b) A,B,C (c) A,B,C,D (d) A,B,C,D,E *(CTET–2024)*

44. किस आयु में बच्चे शब्दों के खेल में शामिल हो सकते है और ऐसे चुटकुलों और पहेलियों को पसंद कर सकते हैं, जिनमें शब्दों का खेल शामिल हो?

(a) 12 वर्ष (b) 1 वर्ष (c) 3 वर्ष (d) 7 वर्ष *(CTET–2024)*

उत्तरमाला

1.	(a)	2.	(a)	3.	(a)	4.	(c)	5.	(d)	6.	(c)	7.	(a)	8.	(b)
9.	(d)	10.	(a)	11.	(a)	12.	(c)	13.	(b)	14.	(a)	15.	(b)	16.	(a)
17.	(d)	18.	(a)	19.	(d)	20.	(c)	21.	(c)	22.	(d)	23.	(a)	24.	(b)
25.	(b)	26.	(b)	27.	(c)	28.	(b)	29.	(d)	30.	(b)	31.	(b)	32.	(a)
33.	(c)	34.	(a)	35.	(b)	36.	(d)	37.	(d)	38.	(a)	39.	(b)	40.	(b)
41.	(b)	42.	(a)	43.	(c)	44.	(d)								

★★★

10

समाज निर्माण में लैंगिक मुद्दे

समाज-निर्माण में लिंग की भूमिका

जब बालक 13 या 14 वर्ष की आयु में प्रवेश करता है तब उसके प्रति दूसरों के और दूसरों के प्रति उसके कुछ दृष्टिकोण से उसके अनुभवों एवं सामाजिक संबंधों में परिवर्तन होने लगता है। इस परिवर्तन के कारण उसके सामाजिक विकास का स्वरूप निम्न होता है—

- बालक और बालिकाएँ दोनों अपने-अपने समूहों का निर्माण करते हैं। इन समूहों का मुख्य उद्देश्य होता है—मनोरंजन, जैसे पर्यटन पिकनिक, नृत्य, संगीत इत्यादि।
- बालक और बालिकाओं में एक-दूसरे के प्रति बहुत आकर्षण उत्पन्न होता जाता है। अतः वे अपनी सर्वोत्तम वेश-भूषा, बनाव-शृंगार और सज-धज में अपने को एक-दूसरे के समक्ष प्रस्तुत करते हैं।
- कुछ बालक और बालिकाएँ किसी भी समूह के सदस्य नहीं बनते हैं, वे उनसे अलग रहकर अपने या विभिन्न लिंग के व्यक्ति से घनिष्ठता स्थापित कर लेते हैं और उसी के साथ अपना समय व्यतीत करते हैं।
- बालकों में अपने समूह के प्रति अत्यधिक भक्ति होती है। वे उसके द्वारा स्वीकृत, वेश-भूषा, आचार-विचार, व्यवहार आदि को अपना आदर्श बनाते हैं।
- समूह की सदस्यता के कारण उनमें नेतृत्व, उत्साह, सहानुभूति, सद्भावना इत्यादि सामाजिक गुणों का विकास होता है।
- इस अवस्था में बालकों और बालिकाओं का अपने माता-पिता से किसी-न-किसी बात पर संघर्ष या मतभेद हो जाता है। यदि माता-पिता उनकी स्वतंत्रता का दमन करके, जीवन को अपने आदेशों की तरह ढालने का प्रयत्न करते हैं या इनके समक्ष नैतिक आदर्श प्रस्तुत करके उसका अनुकरण किये जाने पर बल देते हैं।
- किशोर बालक और बालिकाएँ अपने भावी व्यवसाय का चुनाव करने के लिए सदैव चिन्तित रहते हैं। इस कार्य में उसकी सफलता या असफलता उसके सामाजिक विकास को निश्चित रूप से प्रभावित करते हैं।
- किशोर बालक और बालिकाएँ सदैव किसी-न-किसी चिन्ता या समस्या में उलझे रहते हैं; जैसे—धन, प्रेम, विवाह, कक्षा में प्रगति, पारिवारिक जीवन इत्यादि। ये समस्याएँ उनके सामाजिक विकास की गति को तीव्र या मन्द, उचित या अनुचित दिशा प्रदान करती है।

लैंगिक भेद-भाव

अनेक शिक्षाविदों तथा मनोवैज्ञानिकों ने महिला तथा पुरुषों की उपलब्धि की तुलना को अपने अनुसंधान का विषय बनाया है। उन्होंने अपने प्रतिदर्श को दो भागों में विभाजित किया है—महिला और पुरुष। इन शोध के तथ्यों के अनुसार सामाजिक तथा शारीरिक आधार पर महिला और पुरुष में भिन्नता है।

➢ इस अनुसंधान का मुख्य लक्ष्य था महिला और पुरुष के भेद को लिंग-व्यवहार के द्वारा समुचित रूप में समझना। इस अनुसंधान का आधार मनोवैज्ञानिक या सामाजिक नहीं था। यह तथ्य इस धारणा को सिद्ध करते हैं कि शारीरिक बनावट के अनुसार दोनों की संवेगों में भी अंतर होता है।

➢ महिला और पुरुष वर्ग में सामान्य बुद्धि के संबंध में समानता पायी जाती है। इन वर्गों में भेद कुछ विशेष योग्यताओं या लक्षणों को लेकर है। औसतन पुरुषों में महिलाओं की तुलना में तर्क करने, वस्तुओं में समानता खोजने तथा सामान्य ज्ञान के क्षेत्र में कुछ श्रेष्ठता के संकेत मिलते हैं। लड़कियों में स्मरण शक्ति, भाषा तथा सौन्दर्य-बोध के गुण अधिक होते हैं।

➢ शोध से यह पता लगाया गया है कि छात्राओं का भाषायी विकास छात्रों की तुलना में अल्पायु से ही अधिक होता है। विद्यालयपूर्व आयु-वर्ग की बालिकाओं की शब्दावली इस आयु-वर्ग के बालकों की तुलना में अधिक सक्षम होती है। छात्राओं की पठन गति भी छात्रों से अधिक होती है।

➢ सामान्यतः दोनों वर्गों की बुद्धि अथवा शैक्षिक अभिक्षमता में इतना भेद नहीं होता है कि वे किसी दिये कार्य को असमान क्षमता से सम्पन्न न करें। इन तथ्यों के आधार पर यही निष्कर्ष निकलता है कि शैक्षिक कार्यक्रम तथा पाठ्यक्रम में अन्तर जन्मजात बौद्धिक स्तर के कारण नहीं होता है।

व्यक्तित्व के विषय में लैंगिक भेद

➢ व्यक्तित्व भिन्नता के कारण ही बौद्धिक आचरण, व्यवहार तथा उपलब्धि में अंतर आने लगता है। रुचि, आदत, पृष्ठभूमि, जीवन के उद्देश्य तथा बौद्धिक योग्यता में भिन्नता के कारण ही हर व्यक्ति आशानुकूल उपलब्धियों के लिए अपने आचरण का मार्ग खोज निकालता है।

➢ कुछ व्यक्ति अन्तर्मुखी तथा कुछ बहिर्मुखी आचरण के होते हैं। किसी को अधिगम की एक विधि अच्छी लगती है तो दूसरे को अन्य विधि। कुछ आक्रामक स्वभाव के होते हैं तो कुछ स्वभाव से विनम्र होते हैं। इस प्रकार के अबौद्धिक लक्षण तथा गुण उसके विकास तथा मानसिक योग्यताओं की अभिव्यक्ति को अलग-अलग दिशाओं में प्रभावित कर सकते हैं।

आयु के विषय में लैंगिक भेद

➢ अवस्था विकास के साथ ही बालक बालिकाओं में व्यक्तिगत रूप से, वर्गगत या समूहगत रूप से भेद परिलक्षित होते हैं। जैसे-जैसे अवस्था में विकास होता रहता है उसी प्रकार व्यक्ति में वातावरण से उत्पन्न जटिल समस्याओं के समाधान निकालने की क्षमता भी विकसित होने लगती है।

➢ बालक-बालिकाएँ जैसे ही शैशव अवस्था को पार कर प्रौढ़ावस्था तक पहुँचने लगते हैं उनका बौद्धिक विकास भी उसी के साथ-साथ विकसित होता चला जाता है। इसी प्रकार इनकी शारीरिक बनावट, तंत्रिका-तंत्र, मस्तिष्क तथा कार्य करने की क्षमता आयु के साथ-साथ विकसित होते रहते हैं।

➢ अतः आयु दोनों वर्गों में भेद का महत्वपूर्ण कारक है क्योंकि बालक-बालिकाओं में अनुभव का विकास उनकी बौद्धिक क्षमता को प्रभावित करता है।

जाति के विषय में लैंगिक मुद्दे

- विभिन्न जातियों के समूह पर किये गये शोध से यह ज्ञात होता है कि उच्च बौद्धिक मान्यता के क्षेत्रों, यथा—तर्क, अवधान, अन्तःदृष्टि, निर्णय-कुशलता में भेद परिलक्षित हुए हैं। आदिम जाति के लोगों में संवेदी तथा चालक अभिलक्षण *(Characteristic)* संवेदी अनुक्रिया में सूक्ष्मता तथा प्रत्यक्षण की सूक्ष्मता काफी अधिक थी।
- अमिश्रित जातियों पर मनोवैज्ञानिक अध्ययन करना बड़ा जटिल कार्य है। जब हम एक ही देश में रहने वाली दो जातियों का अध्ययन करते हैं उनका वर्गीकरण करना कठिन होता है। ऐसे समय में इनके सांस्कृतिक तथा सामाजिक प्रभाव का सम्मिश्रण इतना अधिक हो जाता है कि जातीय संबंधी प्राकृतिक गुणों को अलग कर पाना संभव नहीं है।
- मानसिक विकास का स्तर और क्रम वातावरण के प्रभाव तथा व्यक्ति की व्यक्तिगत योग्यताओं के आदान-प्रदान की विचित्र प्रक्रिया है। किसी क्षेत्र-विशेष का भौगोलिक वातावरण, जलवायु, रहन-सहन का ढंग, सांस्कृतिक वातावरण, व्यक्ति के लंबे जीवन को इतना अधिक प्रभावित करता है कि उसके प्रभाव की अलग से जाँच करना बहुत कठिन है।

शिक्षा में लैंगिक मुद्दे

- प्रायः समाज में लड़कियों की शिक्षा का विशेष महत्व नहीं दिया जाता है। लड़की को लड़के से भिन्न समझकर उसे निश्चित रूढ़िगत काम-धंधों में लगा दिया जाता है।
- शिक्षण के समय कुछ अध्यापक भी लड़कियों पर अवांछित *(Unwanted)* टिप्पणी करते हैं, जो शिक्षण की रीति-नीति के अनुकूल नहीं है। ऐसे अध्यापकों की यह धारणा होती है कि लड़कियों के लिए शिक्षा की व्यवस्था होनी चाहिए जो उन्हें सुगृहिणी तथा आदर्श माता बनाने में सहायक हो।
- बालक तथा बालिकाएँ कुछ क्षेत्रों या योग्यताओं में अवश्य भिन्न हैं, पर इन क्षेत्रों में ये एक-दूसरे से आगे भी निकल जाते हैं। इसी आधार पर जन्मजात योग्यताओं के अधिकतम विकास के लिए विशेष शिक्षण रीति-नीति अपनाने की जरूरत है तथा अभाव के क्षेत्रों को प्रबल करने के लिए विशेष पद्धतियों का आश्रय लेने की आवश्यकता है।
- एक अध्यापक को लैंगिक भेदभाव कम करने के लिए लिंग-भेद आधारित भावना के विरुद्ध बहादुरी वाला कदम उठाना होगा तथा लड़के-लड़कियों के बीच पाये जानेवाले वास्तविक भेदों को पहचानना होगा।
- लड़कियों के प्रति सामाजिक दृष्टिकोण लैंगिक भेद-भाव का दूसरा महत्वपूर्ण मुद्दा है।
- समाज के निम्न स्तर से आने वाली लड़कियों के सन्दर्भ में इस स्तर पर भेद की बुराई और भी अधिक है। समाज के निम्न स्तर पर रहने वाली जातियों में अनुसूचित जाति, अनुसूचित जनजाति तथा इसी प्रकार की अन्य अभावग्रस्त या सुविधाविहीन कई जातियाँ हैं। इन पर दो दोष आरोपित किये जाते हैं— (i) यह अभावग्रस्त परिवारों से सम्बन्धित है। (ii) यह आर्थिक दृष्टि से पिछड़ा और दलित है। ये दोनों शैक्षिक और सामाजिक दृष्टिकोण उनके सामाजिक उन्नति में बाधक होते हैं।

➢ आर्थिक दृष्टि से पिछड़े होने के कारण यह समुदाय अनुभव करते हैं कि लड़की की पढ़ाई पर किये जाने वाले खर्च की तुलना में उनके विवाह पर किये जानेवाले खर्च कहीं अधिक लाभप्रद और उपयोगी है।

➢ लड़कियों की शिक्षा से सम्बन्धित आर्थिक, शैक्षिक तथा सामाजिक पक्षों के विषय में चिन्तन करना अध्यापक के लिए अत्यन्त महत्वपूर्ण है। यद्यपि अनेक राज्य सरकारों ने लड़कियों की उचित शिक्षा के लिए अनेक कल्याणकारी योजनाओं का शुभारम्भ किया है फिर भी लड़कियों की एक बड़ी संख्या विद्यालय की चहारदीवारी में प्रवेश नहीं कर पायी है।

परीक्षोपयोगी तथ्य

➢ समाज के विकास में बालक एवं बालिकाओं की भूमिका महत्वपूर्ण होती है।

➢ अनेक शिक्षाविदों तथा मनोवैज्ञानिकों का मत है कि सामाजिक तथा शारीरिक आधार पर महिला और पुरुष में भिन्नता है।

➢ आयु में वृद्धि के साथ ही बालक-बालिकाओं में अनुभव का विकास उनकी बौद्धिक क्षमता को प्रभावित करता है।

➢ लैंगिक भेद लगभग सभी क्षेत्रों में विद्यमान है जैसे—व्यक्तित्व के विषय में, आयु के विषय में, जाति के विषय में, शिक्षा के विषय में। इन भेदभाव को कम करने के लिए अध्यापक को लिंग-भेद आधारित भावना के विरुद्ध साहसिक कदम उठाना होगा।

➢ लैंगिक असमानता का आधार स्त्री व पुरुष की जैविक बनावट ही नहीं, बल्कि इन दोनों के बारे में प्रचलित परंपरागत रूढ़िवादी विचार व सामाज़िक मान्यताएँ भी जिम्मेदार हैं। इसलिए कार्यों का बटवारा लैंगिक आधार पर नहीं होना चाहिए, बल्कि जहाँ लड़कियों को घर के बाहर के कार्यों को करने की आजादी हो, वहीं लड़कों के लिए भी यह आवश्यक है कि वे घरेलू कार्यों में अपना सहयोग प्रदान करें।

वस्तुनिष्ठ प्रश्न

1. ''पुरुष स्त्रियों की अपेक्षा ज्यादा बुद्धिमान होते हैं।'' यह कथन—
(a) सही हो सकता है
(b) लैंगिक पूर्वाग्रह को प्रदर्शित करता है
(c) बुद्धि के भिन्न पक्षों के लिए सही है
(d) सही है
(CTET–2011)

2. ''पुरुष स्त्रियों की अपेक्षा ज्यादा बुद्धिमान होते हैं।'' यह कथन—
(a) सही हो सकता है
(b) लैंगिक पूर्वाग्रह *(Gender Bias)* को प्रदर्शित करता है
(c) बुद्धि के भिन्न पक्षों के लिए सही है
(d) सही है
(CTET–2011)

3. बालिका शिक्षा को महत्ता देना उचित है, क्योंकि—
(a) बालिकाएँ बालकों से अधिक बुद्धिमती होती हैं
(b) बालिकाएँ बालकों से अल्पसंख्यक होती हैं

(c) अतीत में बालिकाओं को बुरी तरह से विभेदित किया जाता था
(d) किसी सामाजिक परिवर्तन के नेतृत्व में केवल बालिकाएँ ही समर्थ होती हैं *(UPTET–2011)*

4. निम्नलिखित में से कौन-सा कथन सत्य है?
(a) लड़के अधिक बुद्धिमान होते हैं
(b) लड़कियाँ अधिक बुद्धिमान होती है
(c) बुद्धि का लिंग के साथ संबंध नहीं है
(d) सामान्यतः लड़के लड़कियों से अधिक बुद्धिमान होते हैं *(Utt TET–2011)*

5. एक विद्यार्थी अपने समकक्ष व्यक्तियों के समूह के प्रति आक्रामक व्यवहार करता है और विद्यालय के मानदंडों को नहीं मानता। इस विद्यार्थी को.........में सहायता की आवश्यकता है।
(a) भावात्मक क्षेत्र *(Emotional Area)*
(b) उच्चस्तरीय चिंतन कौशल *(Higher Thinking Skills)*
(c) संज्ञानात्मक क्षेत्र
(d) मनोगत्यात्मक क्षेत्र *(CTET–2012)*

6. एक अच्छी पाठ्य-पुस्तक.........से बचती है।
(a) लैंगिक समानता (b) सामाजिक उत्तरदायित्व
(c) लैंगिक पूर्वाग्रह (d) लैंगिक संवेदनशीलता *(CTET–2012)*

7. कक्षा-कक्ष *(Class Room)* में शिक्षक और विद्यार्थी किस प्रकार जेंडर *(Gender)* को.........करते हैं। यह सीखने के वातावरण.........।
(a) रूपांतरित, को क्षुब्ध करता है *(Adopt, Perturbs)*
(b) परिभाषित, को कम प्रभावी बनाता है *(Define, Vitiates)*
(c) व्याख्यायित, पर कोई प्रभाव नहीं डालता *(Interpret, Does not Affect)*
(d) निर्मित, पर प्रभाव डालता है *(Construct, Impacts)* *(CTET–2012)*

8. विज्ञान के प्रयोगों में, सामान्यतः लड़के उपकरणों का नियंत्रण अपने हाथों में लेते हैं और लड़कियों से आँकड़ों को रिकॉर्ड करने अथवा बर्तन को धोने के लिए कहते हैं। यह प्रवृति दर्शाती है कि—
(a) पुरुष और स्त्री की रूढ़िबद्ध भूमिकाएँ विद्यालय में भी होती हैं
(b) लड़के उपकरणों को ज्यादा कुशलता से संभाल सकते हैं, क्योंकि वे इस प्रकार के कार्यों को करने में प्राकृतिक रूप से सक्षम होते हैं
(c) लड़कियाँ नाजुक होने के कारण वैसे काम करना पसंद करती हैं जिनमें ऊर्जा की खपत कम होती है
(d) लड़कियाँ बेहतरीन अवलोकनकर्ता होती है और बिना किसी गलती के आँकड़ों का रिकॉर्ड रखती हैं *(CTET–2012)*

9. राज्य स्तर की एक एकल-गायन प्रतियोगिता *(Solo Song Competition)* के लिए विद्यार्थियों को तैयार करते समय एक विद्यालय लड़कियों को वरीयता देता है। यह दर्शाता है—
(a) लैंगिक पूर्वाग्रह *(Gender Bias)*
(b) वैश्विक प्रवृतियाँ *(Global Trends)*

(c) प्रयोजनात्मक उपागम *(Pragmatic Approach)*

(d) प्रगतिशील चिंतन *(Progressive Thinking)* *(CTET–2012)*

10. मानव-व्यक्तित्व परिणाम है—

(a) केवल आनुवंशिकता का

(b) पालन-पोषण और शिक्षा का *(Upbringing and Education)*

(c) आनुवंशिकता और वातावरण की अंतःक्रिया का

(d) केवल वातावरण का *(CTET–2012)*

11. विद्यालय में लिंग-भेदभाव *(Gender Discrimination)* से बचने का सर्वोत्तम तरीका हो सकता है—

(a) पुरुष एवं महिला शिक्षकों को समान संख्या में भर्ती करना

(b) विद्यालय में लिंग-भेदभाव को दूर करने के लिए नियम बनाना और कड़ाई *(सख्ती)* से उसका पालन करवाना

(c) संगीत प्रतियोगिता के लिए लड़कियों की अपेक्षा अधिक लड़कों का चयन करना

(d) शिक्षक द्वारा उनके लिंग पक्षपातपूर्ण व्यवहारों का अधिसंज्ञान *(CTET–2012)*

12. पूर्वाग्रही किशोर/किशोरी अपनी .... के प्रति कठोर होंगे।

(a) समस्या (b) जीवन-शैली (c) संप्रत्यय (d) वास्तविकता *(UPTET–2012)*

13. कक्षा में जेंडर रूढ़िबद्धता *(Gender Stereotyping)* से बचने के लिए एक शिक्षक को—

(a) लड़कों को जोखिम उठाने और निर्भीक बनने के लिए प्रोत्साहित करना

(b) लड़के-लड़कियों को एक साथ अपारंपरिक भूमिकाओं में रखना चाहिए

(c) 'अच्छी लड़की'/'अच्छा लड़का' कहकर शिक्षार्थियों के कार्य की सराहना करनी चाहिए

(d) कुश्ती में भाग लेने के लिए लड़कियों को निरुत्साहित *(Wrestling)* करना *(CTET–2013)*

14. सामाजिक भूमिकाओं के कारण सौंपी गई विशिष्टताएँ ...... कहलाती हैं।

(a) जेंडर भूमिका अभिवृत्ति *(Gender Role Attitudes)*

(b) जेंडर भूमिका दबाव *(Strain)*

(c) जेंडर भूमिका रूढ़िबद्धता *(Stereotype)*

(d) जेंडर भूमिका नैदानिकी *(Diagnosticity)* *(CTET–2013)*

15. जब एक शिक्षक यह समझता है कि स्वभाविक रूप से लड़के गणित में लड़कियों से अच्छे हैं, यह दर्शाता है कि अध्यापक हैं—

(a) नीतिपरक (b) लिंग *(Gender)* पक्षपाती

(c) शिक्षाप्रद (d) सही दृष्टिकोण *(CTET–2015)*

16. कक्षा-कक्ष में लिंग *(Gender)* विभेद—

(a) शिक्षार्थियों के निष्पादन को प्रभावित नहीं करता है

(b) शिक्षार्थियों के ह्रासोन्मुख प्रयासों अथवा निष्पादन का कारण बन सकता है

(c) पुरुष शिक्षार्थियों के वृद्धि-उन्मुख प्रयासों अथवा निष्पादन का कारण बन सकता है

(d) महिला शिक्षकों की अपेक्षा पुरुष शिक्षकों के द्वारा अधिक किया जाता है *(CTET–2015)*

17. लड़कों एवं लड़कियों के विषय में कुछ कथन नीचे दिये गये हैं। आपके अनुसार इनमें से कौन-सा सही है ?

(a) लड़कों को घर से बाहर के कार्यों में सहायता करनी चाहिए
(b) लड़कों को घर के कार्यों में सहायता करनी चाहिए
(c) सभी लड़कों को विज्ञान तथा लड़कियों को गृह विज्ञान पढ़ाया जाना चाहिए
(d) लड़कियों को घर के कार्यों में सहायता करनी चाहिए *(CTET–2015)*

18. निम्नलिखित में से कौन-से समाज में लिंग समानता का मानदण्ड हो सकता है ?

(a) विद्यालय में पुरुष और महिला शिक्षकों की संख्या की तुलना
(b) कक्षा 12 में लड़कों और लड़कियों द्वारा समान संख्या में प्राप्त विशिष्ट योग्यता
(c) कक्षा 12 तक पहुँचने वाले लड़कों और लड़कियों की संख्या की तुलना
(d) क्या छात्राओं को विद्यालय से बाहर आयोजित प्रतियोगिताओं में भाग लेने की अनुमति दी जाती है *(CTET–2015)*

19. निम्नलिखित में से कौन-सा समाज में लिंग समानता का मानदण्ड हो सकता है ?

(a) क्या छात्राओं को विद्यालय से बाहर आयोजित प्रतियोगिताओं में भाग लेने की अनुमति दी जाती है
(b) विद्यालय में पुरुष और महिला शिक्षकों की संख्या की तुलना
(c) कक्षा में 12 लड़कों और लड़कियों द्वारा समान संख्या में प्राप्त विशिष्ट योग्यता
(d) कक्षा 12 तक पहुँचने वाले लड़कों और लड़कियों की संख्या में तुलना *(CTET–2014)*

20. लिंग *(Gender)* पक्षपात ...... की ओर संकेत करता है।

(a) स्त्रियोचित और पुरुषोचित विशेषताओं में सापेक्षिक रूप से स्वयं का बोध
(b) अपने शरीर-विज्ञान के कारण लड़कों और लड़कियों के बीच विभिन्नताओं की स्वीकृति
(c) सांस्कृतिक अभिवृत्तियों के कारण अपेक्षाओं पर आधारित लड़कों और लड़कियों से भिन्न व्यवहार करना
(d) आनुवंशिक विभिन्नताएँ जो लड़कों और लड़कियों में मौजूद हैं *(CTET–2015)*

21. बच्चे को छोड़कर अन्य सभी के द्वारा लिंग भूमिकाएँ ग्रहण करते हैं।

(a) मीडिया (b) समाजीकरण (c) संस्कृति (d) ट्यूशन

22. राज्य स्तर की एक एकल गायन प्रतियोगिता के लिए विद्यार्थियों को तैयार करते समय एक विद्यालय लड़कियों को वरीयता देता है। यह दर्शाता है—

(a) प्रगतिशील चिंतन (b) वैश्विक प्रवृतियाँ
(c) प्रयोजनात्मक उपागम (d) लैंगिक पूर्वाग्रह *(UTET-I–2015)*

23. प्रासंगिक अंतर्बोध परीक्षण *(T.A.T.)* का विकास .... द्वारा किया गया था।

(a) सायमंड (b) होल्ट्ज़मैन (c) मरे (d) बैलक *(UPTET-I–2015)*

24. शिशु का अधिकांश व्यवहार आधारित होता है—

(a) मूल प्रवृत्ति पर (b) नैतिकता पर (c) वास्तविकता पर (d) ध्यान *(UPTET-I–2015)*

25. निम्नलिखित में से किस एक जोड़े का मिलान ठीक हुआ है ?

(a) सामाजिक संविदा अभिविन्यास–किसी कार्य के भौतिक परिणाम निर्धारित करते हैं कि वह अच्छा है या बुरा

(b) दंड देना और आज्ञापालन अभिविन्यास-नियम तय नहीं है, किन्तु समाज के हित में बदले जा सकते हैं

(c) अच्छा लड़का व अच्छी लड़की अभिविन्यास-अच्छा बनकर कोई स्वीकृति प्राप्त करना है

(d) नियम और आदेश अभिविन्यास-मानवाधिकारों के मूल्य के आधार पर नैतिक सिद्धान्त स्वयं चुने जाते हैं *(CTET–2016)*

26. कक्षा VIII की एक पाठ्य-पुस्तक में इस प्रकार के चित्र हैं—शिक्षिका एवं घरेलु काम करने वाली के रूप में महिला, जबकि डॉक्टर एवं पाइलट के रूप में पुरुष। इस प्रकार के चित्रण से बढ़ सकती/सकता है—

(a) लिंग सशक्तीकरण (b) लिंग रूढ़िबद्धता

(c) लिंग भूमिका-निर्वाह खेल (d) लिंग स्थिरता *(CTET–2016)*

27. एक उभयलिंगी व्यक्तित्व—

(a) स्त्री लक्षणों वाले पुरुषों को संदर्भित करता है

(b) में आमतौर पर माने गए मर्दाना और स्त्री गुणों का समायोजन होता है

(c) में दृढ़ और अहंकारी होने की आदत है

(d) समाज में प्रचलित रूढ़िवादी लिंग भूमिकाओं का पालन करता है *(CTET-I–2018)*

28. इरिक्सन के अनुसार, जटिल समाज में किशोर-किशोरियाँ निम्नलिखित में से कौन-सी अवस्था का अनुभव अधिक करते हैं ?

(a) तादात्मय *(पहचान)* संकट (b) पहचान उपलब्धि

(c) पहचान विलम्बन (d) पहचान मोचन–निषेध *(फॉर-क्लोजर)*

(HTET Lower-III–2019)

29. खिलौने, पहनावे की वस्तुएँ, घरेलू सामग्रियाँ, व्यवसायों एवं रंगों को विशिष्ट लिंग के साथ संबंधित करना क्या प्रदर्शित करता है ?

(a) विकसित जेंडर पहचान (b) जेंडर रूढ़िवादिता

(c) जेंडर सिद्धांत (d) जेंडर प्रासंगिकता *CTET-I–2019)*

30. जेंडर—

(a) एक जैविक निर्धारक है (b) एक मनोवैज्ञानिक सत्ता है

(c) एक सामाजिक संरचना है (d) एक शारीरिक संरचना है

(CTET-I–2019)

31. समाचार-पत्रों से कहानियों एवं कतरनों का चयन करना एवं प्रस्तुत करना जो पुरुष एवं महिलाओं दोनों को गैर-परम्परागत भूमिकाओं में चित्रित करते हैं, निम्नलिखित में से किसके लिए एक प्रभावी रणनीति है ?

(a) लैंगिक/जेंडर पक्षपात को बढ़ाने के लिए

(b) लैंगिक/जेंडर स्थिरता को बढ़ाने के लिए

(c) रूढ़िवादी लैंगिक/जेंडर भूमिकाओं को प्रोत्साहन देने के लिए

(d) लैंगिक/जेंडर रूढ़ियों का सामना करने के लिए *(CTET-II–2019)*

32. निम्नलिखित में से कौन बच्चे के समाजीकरण में एक महत्वपूर्ण भूमिका अदा करते हैं ?

(i) मीडिया (ii) विद्यालय (iii) परिवार (iv) पास-पड़ोस

(a) (iii), (i) (b) (ii), (iii)
(c) (i), (iii), (iv) (d) (i), (ii), (iii), (iv) *(CTET-II–2019)*

33. अनेक शोध अध्ययनों से पता चलता है कि शिक्षक लड़कियों की अपेक्षा लड़कों से अधिक पारस्परिक क्रिया करते हैं। इसका सही विवेचना क्या है?
(a) लड़कियों की तुलना में लड़कों में शैक्षिक क्षमताएँ काफी अधिक होती हैं
(b) लड़कियों की तुलना में लड़कों को अधिक अवधान की आवश्यकता होती है
(c) यह शिक्षण में लिंग पक्षपात का एक उदाहरण है
(d) कक्षा में लड़कियों की तुलना में लड़कों को अधिक आसानी से नियंत्रित किया जा सकता है *(CTET-II–2019)*

34. कक्षा में परिचर्चा के दौरान एक शिक्षक प्रायः लड़कियों की तुलना में लड़कों पर अधिक ध्यान देता है। यह किसका उदाहरण है?
(a) जेंडर पक्षपात (b) जेंडर पहचान (c) जेंडर संबद्धता (d) जेंडर समरूपता *(CTET-I–2019)*

35. बच्चों में जेंडर रूढ़िवादिता एवं जेंडर–भूमिका अनुरूपता को कम करने के लिए निम्नलिखित में से कौन-सी पद्धति प्रभावशाली है?
(a) जेंडर–पक्षपात के बारे में परिचर्चा
(b) जेंडर विशिष्ट भूमिकाओं को महत्व देना
(c) जेंडर पृथक खेल समूह बनाना
(d) जेंडर पृथक बैठने की व्यवस्था करना *(CTET-I–2019)*

36. समाज में विभिन्न लिंगों के लिए उपयुक्त मानी जाने वाली प्रारूपिक विशेषताओं के बारे में जन सामान्य की अवधारणाओं को क्या कहते हैं?
(a) जेंडर विभेदीकरण (b) जेंडर भूमिकाएँ
(c) जेंडर पहचान (d) जेंडर रूढ़िवादिताएँ *(CTET-II–2019)*

37. हाल ही में पाठ्यचर्चा में ऐसी कहानियों को शामिल करने के लिए विवेकशील प्रयास किया गया है जिसमें पिता घर के कार्यों में लगा रहता है और माता साहसी गतिविधियों को करती है। यह कदम किसलिए महत्वपूर्ण है?
(a) यह जेंडर पक्षपात को सशक्त बनाता है
(b) यह जेंडर रूढ़िवादिता को समाप्त करता है
(c) यह जेंडर स्थिरता को प्रोत्साहित करता है
(d) यह जेंडर विभेदीकरण को बढ़ाता है *(CTET-II–2019)*

38. एक खेल क्रिया के दौरान चोट लगने पर रोहन रोने लगा। यह देखकर उसके पिता ने कहा, ''लड़कियों की तरह व्यवहार ना करो लड़के रोते नहीं हैं।'' पिता का यह कथन—
(a) लैंगिक रूढ़िवादिताओं को दर्शाता है
(b) लैंगिक रूढ़िवादिताओं को चुनौती देता है
(c) लैंगिक भेदभाव को कम करता है
(d) लैंगिक समानता को बढ़ावा देता *(CTET–2021)*

39. कक्षा में सभी लिंगों में जेंडर रूढ़िवादिता कम करने और विकास के विस्तार की संभावनाओं को बढ़ाने के लिए प्रभावशाली पद्धति कौन-सी है?
(a) लिंगों के जैविक अंतरों की उपेक्षा करना और उन्हें अस्वीकार करना
(b) समाज में चित्रित लिंग भूमिकाओं को प्रबल करना

(c) एक ही लिंग के योग्यता समूह बनाना
(d) क्रियाकलाप के लिए मिश्रित लिंग समूह बनाना और विचार विमर्श को प्रोत्साहित करना (CTET-II–2021)

40. ''पुरुष सामान्यतः दिमाग से सोचते हैं और महिलाएँ अपने हृदय से सोचती हैं। यह कथन क्या दर्शाता है?

(a) लैंगिक विभेदीकरण (b) लैंगिक रूढ़िवाद
(c) दोनों लिंगों के बीच आनुवंशिक भेद (d) लैंगिक स्थिरता (CTET–2022)

41. जेंडर रूढ़िवादिता को रोकने के लिए एक अध्यापक द्वारा कक्षा में प्रयोग की जाने वाली कौन-सी विधि उचित नहीं है?

(a) जेंडर पक्षपात को चुनौती देना
(b) कक्षा में बालक-बालिकाओं को अलग-अलग बैठाने की व्यवस्था करना
(c) जेंडर भेदभाव पर चर्चा करना
(d) ऐसे उदाहरणों का प्रयोग करना जिनमें लड़के और लड़कियाँ गैर-परम्परावादी भुमिकाओं में दिखाई दें। (CTET–2022)

42. लड़कियों को गुलाबी कपड़ों और गुड़ियों से जोड़ा जाता है और लड़कों को नीले कपड़ों एवं कारों से जोड़ा जाता है। यह किसको दर्शाता है?

(a) जेंडर निरंतरता (b) जेंडर सशक्तिकरण
(c) जेंडर विविधता (d) जेंडर रूढ़िवादिता (CTET–2022)

43. एक विद्यालय बैडमिंटन प्रतियोगिता के लिए विद्यार्थियों का चयन करते समय लड़कों को प्राथमिकता देता है और संगीत प्रतियोगिता के लिए लड़कियों को प्राथमिकता देता है। यह क्या सूचित करता है?

(a) लिंग स्थायित्व *(Gender Stability)*
(b) लिंग पहचान *(Gender Identity)*
(c) लिंग समानता *(Gender equity)*
(d) लिंग रूढ़िबद्धता *(Gender Stereotyping)* (CTET–2022)

44. अभिकथन (A) : शिक्षिका को अपनी कक्षा के लड़कों को खेलों में भाग लेने के लिए प्रोत्साहित करना चाहिए व लड़कियों को कक्षा अलंकरण के कार्य देने चाहिए।

कारण (R) : बच्चे मुख्य रूप से अन्तर्निहित जैविक विभिन्नताओं के कारण जेण्डर भूमिकाएँ ग्रहण करते हैं।

कूट :

(a) A सही है, किन्तु R गलत है
(b) A और R दोनों गलत हैं
(c) A और R दोनों सही हैं तथा R, A की सही व्याख्या करता है
(d) A और R दोनों सही हैं परन्तु R, A की सही व्याख्या नहीं करता है (CTET–2024)

45. विद्यालय में खेलने के समय, ऋषभ, एक 7 वर्षीय लड़के ने खेलने के लिए एक गुड़िया उठाई। उसके कुछ साथियों ने उसकी इस पसंद के खिलौने के लिए उसका मजाक उड़ाया। एक शिक्षिका जो अपने विद्यार्थियों में लैंगिक भूमिका के संदर्भ में

लचीलापन विकसित करना चाहता है, को इस स्थिति में निम्नलिखित में से कौन-सी प्रतिक्रिया देनी चाहिए?

(a) ऋषभ से बात करनी चाहिए कि गुड़िया लड़कियों के लिए उपयुक्त है और लड़कों को गुड़िया के साथ नहीं खेलना चाहिए
(b) ऋषभ से बात करनी चाहिए कि वह किसी और खिलौने के साथ खेले क्योंकि उसके दोस्तों को यह मंजूर नहीं है कि वह गुड़िया के साथ खेले
(c) ऋषभ को गुड़िया के साथ खेलने देना चाहिए और दूसरे बच्चों को कहना चाहिए कि वे भी अपनी पसंद का कोई खिलौना चुन सकते हैं
(d) बिना कुछ कहे गुड़िया को हटा देना चाहिए और ऋषभ को खेलने के लिए कार दे देनी चाहिए *(CTET–2024)*

46. जेण्डर के व्यवहार के बारे में पूर्वकल्पित सामान्यीकरण क्या कहलाता है?
(a) जेण्डर प्रारूप (b) जेण्डर रूढ़िवादिता
(c) जेण्डर भेदभाव (d) जेण्डर पहचान *(CTET–2024)*

47. कक्षा में खेल प्रतियोगिता में हिस्सा लेते समय तनुज अपने दोस्त से कहता है कि वह भाला फेंकने में हिस्सा लेगा और रस्सी कूदने में उसकी बहन हिस्सा ले सकती है, क्योंकि वह एक लड़की है और लड़कियाँ भाला नहीं फेंक सकतीं। यह ...... को प्रदर्शित करता है।
(a) लैंगिक सम्बन्धता (b) लैंगिक समानता
(c) लैंगिक समता (d) लैंगिक रूढ़िवादिता *(CTET–2024)*

48. **अभिकथन (A):** बहुत कम आयु में दुनिया भर में अधिकांश संस्कृतियों में लड़कियाँ गुड़िया को खिलौने के रूप में चुनती हैं, जबकि लड़के कारों के साथ खेलना पसंद करते हैं।

कारण (R): बच्चे किसी विशेष संस्कृति की अपेक्षाओं के आधार पर एक लड़के या लड़की के लिए क्या उपयुक्त माना जाता है, इसके बारे में जानकारी व्यवस्थित करते हैं और उसके अनुसार व्यवहार करते हैं।

कूट:
(a) A और R दोनों गलत हैं
(b) A और R दोनों सही हैं तथा R, A की सही व्याख्या करता है
(c) A और दोनों सही हैं परन्तु R, A की सही व्याख्या नहीं करता है
(d) A सही है, किन्तु R गलत है *(CTET–2024)*

उत्तरमाला

1.	(b)	2.	(b)	3.	(d)	4.	(c)	5.	(a)	6.	(c)	7.	(a)	8.	(a)
9.	(a)	10.	(c)	11.	(d)	12.	(a)	13.	(b)	14.	(c)	15.	(b)	16.	(b)
17.	(b)	18.	(c)	19.	(d)	20.	(c)	21.	(d)	22.	(d)	23.	(c)	24.	(a)
25.	(c)	26.	(c)	27.	(b)	28.	(a)	29.	(b)	30.	(c)	31.	(d)	32.	(d)
33.	(c)	34.	(a)	35.	(a)	36.	(★)	37.	(b)	38.	(a)	39.	(d)	40.	(b)
41.	(b)	42.	(d)	43.	(d)	44.	(b)	45.	(c)	46.	(b)	47.	(d)	48.	(b)

★★★

11

व्यक्तिगत विभिन्नताएँ

- वैयक्तिक भिन्नताओं का अध्ययन सर्वप्रथम गाल्टन *(Galton)* ने प्रारम्भ किया, इनके यह अध्ययन वैज्ञानिक थे।
- वैयक्तिक भिन्नताओं के ही कारण एक व्यक्ति हजारों रुपये रोज कमाता है और दूसरे केवल कुछ रुपये भी कमाने में असमर्थ होते हैं, क्योंकि प्रत्येक व्यक्ति की शारीरिक और मानसिक योग्यताएँ समान न होकर भिन्न-भिन्न होती हैं।
- स्किनर *(Skinner)* के अनुसार, "आजकल वैयक्तिक भिन्नताओं के अध्ययन में व्यक्ति के सम्पूर्ण व्यक्तित्व के किसी भी मापने योग्य पहलू को सम्मिलित किया जाता है।"
- जेम्स ड्रेवर के अनुसार, "एक समूह के सदस्यों में समूह के औसत से मानसिक या शारीरिक विशेषताओं का विचलन ही वैयक्तिक भिन्नताएँ हैं।"

वैयक्तिक भिन्नताओं का विस्तार

Range of Individual Differences

- वैयक्तिक भिन्नताओं के विस्तार से अभिप्राय है कि सर्वाधिक मात्रा में अच्छे कौशल वाले व्यक्ति तथा सबसे कम मात्रा में कौशल वाले व्यक्ति में कितना अंतर होता है। औद्योगिक मनोविज्ञान में वैयक्तिक भिन्नताओं के विचार का अभिप्राय है कि निम्न लक्षण वाले और श्रेष्ठ लक्षण वाले कर्मचारी में क्या अंतर है?
- हल *(Hull)* ने अपने एक अध्ययन में 107 हाई स्कूल के छात्रों को चुना। इनसे उसने 35 मानकीकृत परीक्षण भरवाए। परीक्षण के परिणामों के आधार पर उसने श्रेष्ठ कौशल वाले और निम्न कौशल वाले छात्रों को छाँटकर दो समूहों में विभाजित किये। निम्न कौशल वाले और श्रेष्ठ कौशल वाले छात्रों में इसे जो अनुपात प्राप्त हुए, वह इस प्रकार है— 1 : 1.2, 1 : 3, 1 : 5.2, 1 : 5.7, 1 : 7.6, 1 : 19 आदि। सभी परीक्षणों के आधार पर औसत अनुपात 1 : 5.2 प्राप्त हुआ।
- वेश्लर *(Wechsler)* ने अपने अध्ययनों के आधार पर यह अनुपात 2 : 1 का प्राप्त किया। वेश्लर ने अपने अध्ययनों में मानकीकृत मानसिक परीक्षणों का उपयोग किया। औद्योगिक मनोविज्ञान के क्षेत्र में श्रेष्ठ और निम्न में 2 : 1 का अनुपात माना जाता है।

वैयक्तिक विभिन्नता के प्रकार या क्षेत्र

Kinds or Areas of Individual Difference

व्यक्ति के जीवन के भिन्न-भिन्न क्षेत्रों में वैयक्तिक विभिन्नता *(Individual Difference)* पायी जाती है। अतः वैयक्तिक विभिन्नता के कई प्रकार हैं—

(a) शारीरिक विकास *(Physical Development)* : शारीरिक विकास में विभिन्नता एक ऐसी विभिन्नता है जिसका प्रत्येक व्यक्ति स्पष्ट रूप से प्रत्यक्षण कर सकता है। इसके लिए किसी विशेष उपकरण *(Apparatus)* या विशेष प्रशिक्षण की जरूरत नहीं होती है। एक ही उम्र के बालकों के शारीरिक विकास एवं परिपक्वता में स्पष्ट अंतर देखने को मिलता है। शिक्षकगण इस तरह के ज्ञान का विशेष फायदा शिक्षा के शिक्षण *(Classroom Teaching)* में उठा सकते हैं।

(b) मानसिक विकास *(Mental Development)* : वैयक्तिक विभिन्नता का दूसरा प्रमुख क्षेत्र मानसिक विकास है। फ्रीमैन तथा फ्लोरी *(Freeman & Flory)* द्वारा किये गये अध्ययन से यह स्पष्ट हो गया है कि स्कूल के छात्रों की बुद्धि का मापन करने में उनमें सामान्यता की विभिन्नता *(Difference of Normality)* पायी जाती है।

➢ कुछ ही ऐसे बच्चे होते हैं जो तेज बुद्धि के अर्थात जिनकी बुद्धिलब्धि *(IQ)* 120 या इससे ऊपर होती है और उसी ढंग से कुछ ही व्यक्ति ऐसे होते हैं जो मन्द बुद्धि के अर्थात जिनकी बुद्धि स्तर 90 से नीचे होती है। अधिकतर छात्रों की बुद्धिलब्धि 100 से 110 के बीच होती है।

(c) सांवेगिक विभिन्नता *(Emotional Differences)* : बालकों में सांवेगिक विभिन्नता पायी जाती है। कुछ बालकों में क्रोध, भय, डाह आदि जैसे संवेग अधिक होते हैं तो कुछ बालकों में इन संवेगों की कमी पायी जाती है। कुछ बालकों में स्नेह, प्यार आदि जैसे संवेग की प्रधानता होती है, तो कुछ बालकों में सहानुभूति तथा दूसरों की भलाई के भाव *(Altruism)* की प्रधानता होती है।

(d) सामाजिक विकास *(Social Development)* : सामाजिक विकास में भी बालकों में स्पष्ट विभिन्नता पायी जाती है। कुछ बालक अधिक संकोचशील होते हैं तो कुछ बालक साहसी एवं बहादुर होते हैं। कुछ बालक कक्षा के नेतृत्व को अपने दामन में समेटना पसंद करते हैं तो कुछ बालक इसे सिरदर्द समझकर अपना दामन छुड़ाना चाहते हैं। सामाजिक परिस्थिति समान रहने पर भी विभिन्न बालकों द्वारा विभिन्न तरह की सामाजिक प्रतिक्रियाएँ की जाती हैं।

(e) उपलब्धियों में अंतर *(Difference in Achievements)*: बालकों या छात्रों की उपलब्धियों में कई कारणों से विभिन्नता पायी जाती है। एक ही उम्र, एक ही बुद्धि एवं एक ही कक्षा में पढ़ने वाले छात्रों की शैक्षिक उपलब्धियाँ हमेशा समान नहीं होती हैं। कुछ ऐसे छात्र की शैक्षिक उपलब्धियाँ काफी अधिक होती हैं तो कुछ ऐसे छात्र की शैक्षिक उपलब्धियाँ काफी कम होती हैं, ऐसे छात्रों की शैक्षिक उपलब्धियों में अंतर का प्रमुख कारण उनकी अभिरुचि *(Interest)*, प्रेरणा *(Motivation)* तथा अभ्यास *(Practice)* में अंतर होता है।

(f) भाषा विकास *(Language Development)* : बालकों में वैयक्तिक विभिन्नता भाषा-विकास के क्षेत्र में भी पाया जाता है। समान उम्र के बालकों में भाषा समान रूप से विकसित नहीं होती है। कुछ बालकों में लिखने, बोलने तथा समझने की शक्ति अधिक विकसित होती है तो कुछ में कम होती है। इस कारण से भी समान उम्र एवं बुद्धि के बालकों की शैक्षिक उपलब्धि में अंतर हो जाता है।

(g) ज्ञानात्मक तथा क्रियात्मक क्षमताओं में अंतर *(Differences in Cognitive and Motor Capacities)*: कुछ छात्रों में क्रियात्मक नियंत्रण *(Motor Control)* तथा ज्ञानात्मक-क्रियात्मक समन्वय *(Cognitive-Motor Co-ordination)* की क्षमता अधिक होती है, जबकि कुछ छात्रों में ऐसी क्षमताएँ सामान्य होती हैं। इसका परिणाम यह होता है कि कुछ छात्र उन कार्यों में अधिक श्रेष्ठ होते हैं जिनमें ज्ञानात्मक-क्रियात्मक समन्वय की अधिकता होती है।

(h) व्यक्तित्व विभिन्नता *(Differences in Personality)*: बालकों के व्यक्तित्व में भी विभिन्नता पायी जाती है। कुछ बालक अन्तर्मुखी *(Introvert)* होते हैं तो कुछ बहिर्मुखी *(Extrovert)* होते हैं। कुछ में नेतृत्व संबंधी गुण अधिक होते हैं तो कुछ में अनुयायी बनने के गुण अधिक होते हैं।

(i) अभिरुचियों एवं अभिक्षमताओं में विभिन्नता *(Differences in Interests and Aptitudes)*: कुछ छात्रों की यांत्रिक अभिक्षमता *(Mechanical Aptitude)* अधिक विकसित होती है, तो कुछ छात्रों की संख्यात्मक अभिक्षमता *(Numerical Aptitude)* अधिक विकसित होती है। इस तरह छात्रों में विभिन्नता अभिक्षमता एवं अभिरुचि के आधार पर भी होता है।

वैयक्तिक विभिन्नता के कारण
Causes of Individual Difference

वैयक्तिक विभिन्नता के कारण निम्नलिखित हैं—

(a) आनुवंशिकता *(Heredity)*: वैयक्तिक विभिन्नता का एक प्रमुख कारण आनुवंशिकता होती है। बुद्धिमान एवं उत्तम शील-गुण वाले माता-पिता के बच्चों में भी उत्तम शीलगुण होते हैं तथा उनका भी बुद्धि-स्तर श्रेष्ठ होता है। मन्द बुद्धि वाले माता-पिता के बच्चों में भी वैसे ही गुण विकसित हो जाते हैं। इसका कारण स्पष्टतः आनुवंशिकता है।

(b) वातावरण *(Environment)* : वातावरण में भौतिक वातावरण *(Physical Environment)* तथा सामाजिक वातावरण *(Social Environment)* का प्रभाव वैयक्तिक विभिन्नता पर सर्वाधिक पड़ता है। जिस देश के भौतिक वातावरण में ठंड की प्रधानता होती है वहाँ के लोग अधिक फुर्तीले एवं गोरे होते हैं। दूसरी तरफ गर्म वातावरण के लोगों में आलसीपन अधिक होता है एवं उनका रंग भी श्याम होता है।

➢ उसी तरह यदि बालक ऐसे परिवार से आता है जिसे सामाजिक रूप से सबल कहा जाता है तो उसका आचरण, चरित्र एवं व्यक्तित्व, शीलगुण वैसे बालकों से भिन्न होता है जो सामाजिक रूप से दुर्बल परिवार से आते हैं।

(c) आर्थिक स्थिति एवं शिक्षा *(Economic Condition and Education)*: बालकों में विभिन्नता का एक कारण आर्थिक स्थिति है। आर्थिक स्थिति अच्छा नहीं होने से बालकों का शारीरिक स्वास्थ्य एवं मानसिक स्वास्थ्य दोनों ही प्रभावित हो जाता है। शिक्षा से बालकों में विभिन्नता आती है। शिक्षा से सिर्फ बालकों के ही व्यवहार में विभिन्नता नहीं आती है बल्कि वयस्कों के भी व्यवहार में विभिन्नता आती है।

(d) परिपक्वन *(Maturation)*: वैयक्तिक विभिन्नता का एक कारण परिपक्वन में अंतर है। कुछ बालक शारीरिक एवं मानसिक रूप से अधिक परिपक्व होते हैं तथा कुछ बालकों में शारीरिक एवं मानसिक परिपक्वन अपनी उम्र के अनुसार जितनी होनी चाहिए उतनी नहीं होती है।

(e) प्रजाति एवं राष्ट्रीयता *(Race and Nationality)*: वैयक्तिक विभिन्नता का एक प्रमुख कारण प्रजाति एवं राष्ट्रीयता है। विभिन्न प्रजाति के बालकों के शारीरिक, मानसिक, सामाजिक, संवेगात्मक विकास में कुछ-न-कुछ विभिन्नता अवश्य देखने को मिलती है। राष्ट्र के प्रभाव से भी बालकों की आदत, शीलगुण, चरित्र आदि में विभिन्नता पायी जाती है।

(f) लिंग *(Sex)*: वैयक्तिक विभिन्नता का एक प्रमुख स्रोत लिंग होता है। लड़के शारीरिक रूप से अधिक सबल एवं मजबूत होते हैं जबकि लड़कियाँ शारीरिक रूप से दुर्बल एवं मुलायम मांसपेशियों वाली होती हैं। लिंग-भिन्नता के कारण लड़के अधिक क्रोधी एवं आक्रामक स्वभाव के होते हैं जबकि लड़कियों में सहनशीलता ज्यादा होती है तथा उनमें क्रोध काफी कम होता है।

(g) आयु एवं बुद्धि *(Age and Intelligence)*: वैयक्तिक विभिन्नता का एक कारण व्यक्ति की आयु एवं बुद्धि है। जैसे-जैसे व्यक्ति की आयु बढ़ती जाती है उसका शारीरिक कद, भाषा-विकास, सामाजिक विकास एवं मानसिक विकास भी अधिक होता जाता है और स्पष्ट रूप से वैयक्तिक विभिन्नता पायी जाती है।

वैयक्तिक विभिन्नता के अध्ययन की विधियाँ

Methods of Studying Individual Differences

मनोवैज्ञानिकों ने वैयक्तिक विभिन्नता का अध्ययन करने के लिए कई विधियों का प्रतिपादन किया, जो इस प्रकार है—

(a) बुद्धि-परीक्षण *(Intelligence Test)*: बुद्धि के आधार पर बालकों में स्पष्ट विभिन्नता पायी जाती है। अतः बुद्धि मापकर बुद्धि के ख्याल से होनेवाली वैयक्तिक विभिन्नता को माप सकते हैं। मनोवैज्ञानिकों ने अनेक तरह के बुद्धि-परीक्षण का निर्माण किया है।

➢ सामान्यतः बुद्धि-परीक्षणों से प्राप्तांकों *(Scores)* के आधार पर बुद्धिलब्धि *(Intelligence Quotient)* ज्ञात करते हैं और इस बुद्धिलब्धि के आधार पर स्पष्ट रूप से हम बालकों की बौद्धिक विभिन्नता के अंतर का अध्ययन कर पाते हैं।

(b) अभिरुचि परीक्षण *(Interest Test)*: अभिरुचि परीक्षण के आधार पर भी बालकों की वैयक्तिक विभिन्नता का अध्ययन आसानी से किया जाता है। अभिरुचि के ख्याल से बालकों में काफी विभिन्नता पायी जाती है। कुछ बालकों की अभिरुचि कुछ खास-खास विषयों में अधिक होती है जबकि अन्य दूसरे विषयों में उनकी अभिरुचि कम होती है।

(c) उपलब्धि परीक्षण *(Achievement Test)*: बालक में वैयक्तिक विभिन्नता का एक प्रमुख स्रोत उपलब्धि, विशेषकर शैक्षिक उपलब्धि होती है। शैक्षिक उपलब्धि को मापकर हम वैयक्तिक विभिन्नता की मात्रा का अंदाज लगा सकते हैं।

मनोवैज्ञानिकों ने विभिन्न विषयों में शैक्षिक उपलब्धि की माप के लिए अलग-अलग परीक्षण बनाये हैं, जिनके आधार पर हम छात्रों में शैक्षिक उपलब्धि के ख्याल से होनेवाली विभिन्नता का मापन कर सकते हैं।

(d) व्यक्तित्व परीक्षण *(Personality Test)*: छात्रों के व्यक्तित्व शीलगुणों में स्पष्ट विभिन्नता होती है, जिसका अध्ययन विभिन्न तरह के व्यक्तित्व परीक्षणों के आधार पर आसानी से किया जाता है।

(e) संवेग परीक्षण *(Test of Emotion)*: बालकों की वैयक्तिक विभिन्नता का अध्ययन संवेग परीक्षण के आधार पर भी किया गया है। विशेष परीक्षणों एवं उपकरणों के माध्यम से बालकों की संवेगात्मकता के स्तर का मापन करके यह आसानी से सुनिश्चित किया जा सकता है कि कौन बालक संवेगात्मक रूप से अधिक स्थिर है तथा कौन बालक संवेगात्मक रूप से कम स्थिर है।

(f) अभिक्षमता परीक्षण *(Aptitude Test)*: मनोवैज्ञानिक ने कई तरह के अभिक्षमता परीक्षणों का निर्माण किया है। इन अभिक्षमता परीक्षणों के माध्यम से यह आसानी से सुनिश्चित कर लिया जाता है कि बालकों में अमुक अभिक्षमता के विचार से कितनी विभिन्नता है। इसका विशेष फायदा शिक्षकों को होता है। शिक्षक उसी के अनुसार बालकों के शिक्षण दिये जाने का स्तर तय करते हैं।

वैयक्तिक विभिन्नता के अध्ययन का शिक्षा में महत्व

Importance of Study of Individual Difference in Education

वैयक्तिक विभिन्नता के अध्ययन का शिक्षा में निम्नलिखित महत्व है—

(a) समूहीकरण या वर्गीकरण *(Grouping or Classification)*: उचित शिक्षा के लिए यह आवश्यक है कि छात्रों का अलग-अलग समूहीकरण या वर्गीकरण किया जाय। वर्तमान में छात्रों के बुद्धि के आधार पर समूहीकरण किया जाता है। इस प्रकार के समूह यदि बुद्धि के अलावा अन्य कारकों जैसे अभिरुचि *(Interest)*, अभिक्षमता *(Aptitude)* आदि के समरूप बना लिया जाता है, तो इस परिस्थिति में दी गई शिक्षा और अधिक उत्तम होगी।

(b) अध्यापन विधियाँ *(Methods of Teaching)*: शिक्षकों को चाहिए कि अध्यापन विधियों का चयन छात्र की श्रेणी के अनुसार करें। तीव्र बुद्धि के छात्रों को पढ़ाने की विधि कम बुद्धि के छात्रों को पढ़ाने की विधि से भिन्न होनी चाहिए।

(c) पाठ्यक्रम *(Curriculum)*: शिक्षकों को विभिन्न समूहों के छात्रों के लिए एक समान पाठ्यक्रम *(Curriculum)* नहीं बनाकर उस समूह की बुद्धि, अभिरुचि एवं अभिक्षमता *(Aptitude)* के अनुकूल पाठ्यक्रम तैयार करना चाहिए। इससे छात्रों को अधिक-से-अधिक लाभ होगा।

(d) गृह-कार्य का दिया जाना *(Assignment of Home Task)*: शिक्षक छात्रों को गृह-कार्य देते हैं। गृह-कार्य देते समय वैयक्तिक विभिन्नता का ज्ञान शिक्षक के लिए विशेष उपयोगी सिद्ध होता है। गृह-कार्य देते समय शिक्षक छात्र की बुद्धि, अभिक्षमता, रुझान का स्तर एवं उसकी घरेलू परिस्थितियों को यदि ध्यान में रखते हैं तो इससे शिक्षक ठीक मात्रा में गृह-कार्य छात्रों को दे पायेंगे।

(e) व्यवसाय संबंधी शिक्षा *(Vocational Guidance)*: सभी बालकों का रुझान विभिन्न तरह के व्यवसाय के प्रति समान नहीं रहता है। कोई छात्र किसी अमुक व्यवसाय को अधिक पसंद करता है तो दूसरे छात्र दूसरे तरह के व्यवसाय को अधिक पसंद करता है। इस वैयक्तिक विभिन्नता के आलोक *(Lustre)* में शिक्षकों को चाहिए कि वे छात्रों को शिक्षा दें।

(f) शारीरिक शिक्षा *(Physical Differences)*: शारीरिक विभिन्नता के अनुसार शिक्षकों को कक्षा में छात्रों के बैठने का स्थान सुनिश्चित करना चाहिए। छोटे कद तथा कम दिखाई एवं सुनाई देनेवाले छात्रों को कक्षा में अगले बेंच पर बैठने की व्यवस्था होनी चाहिए अन्यथा वे कक्षा में दी जानेवाली शिक्षा से अधिक लाभान्वित नहीं हो पायेंगे।

सामान्य प्रवृत्ति

(General Tendencies)

➢ सामान्य प्रवृत्ति एक ऐसी विधि है जिनके द्वारा अनेक विभिन्न प्रकार का व्यवहार जाग्रत किया जा सकता है। यह प्रवृत्ति नहीं है, ये प्रतिक्रियाएँ हैं, जिनको वे उत्पन्न करती है। मैक्डूगल ने सुझाव, अनुकरण और सहानुभूति को सामान्य प्रवृत्तियों *(General Innate Tendencies)* की संज्ञा दी है।

➢ मनोवैज्ञानिकों के अनुसार, सामान्य प्रवृत्तियाँ मुख्यतः चार प्रकार की हैं— (i) सुझाव *(Suggestion)*, (ii) अनुकरण *(Imitation)*, (iii) सहानुभूति *(Sympathy)* तथा (iv) खेल *(Play)*

➢ रॉस *(Ross)* ने आदत या जानी हुई बात को दोहराने की प्रवृत्ति'' *(The tedency to repeat the familiar)* को और डमविल *(Dumville)* ने 'सुख को खोजने और दुःख से बचने की प्रवृत्ति' *(The Tendency to seek pleasure and to avoid pain)* को सामान्य प्रवृत्ति में स्थान दिया है।

(i) सुझाव *(Suggestion)*—मैक्डूगल के अनुसार, सुझाव, संदेशवाहन की वह प्रक्रिया है, जिसके फलस्वरूप दिया गया संदेश उचित तार्किक आधार के बिना भी विश्वास के साथ स्वीकार कर लिया जाता है।

सुझाव के प्रकार *(Types of Suggestion)*

★ भाव-चालक सुझाव *(Ideo-Motor suggestion)*
★ प्रतिष्ठा सुझाव *(Prestige suggestion)*
★ आत्म सुझाव *(Auto suggestion)*
★ सामूहिक सुझाव *(Mass suggestion)*
★ प्रतिषेध सुझाव *(Contra suggestion)*
★ प्रत्यक्ष सुझाव *(Direct suggestion)*
★ अप्रत्यक्ष सुझाव *(Indirect suggestion)*
★ सकारात्मक सुझाव *(Positive suggestion)*
★ नकारात्मक सुझाव *(Negative suggestion)*

सुझाव का शिक्षा में महत्व *(Importance of suggestion in Education)*—बालक उसी प्रकार सीखता या कार्य करता और विश्वास करता है जैसा कि उसे सुझाव दिया जाता है। अतः सुझाव का बालक और शिक्षक दोनों के लिए विशेष महत्व है। यह दोनों की नाना प्रकार से सहायता करता है—

- ★ नए विचार प्रदान करने में सहायता
- ★ साहित्य शिक्षण में सहायता
- ★ वातावरण निर्माण में सहायता
- ★ विभिन्न विषयों के शिक्षण में सहायता
- ★ रुचियों के विकास में सहायता
- ★ मानसिक विकास में सहायता
- ★ चरित्र निर्माण में सहायता
- ★ व्यक्तित्व निर्माण में सहायता
- ★ अनुशासन में सहायता
- ★ गुरु शिष्य संबंध में सहायता

(ii) अनुकरण

(Imitation)

➢ अनुकरण का सामान्य अर्थ है—किसी कार्य या वस्तु की नकल करना।

➢ हेज *(Hayes)* के अनुसार, 'अनुकरण, सामाजिक सुझाव की उपजाति है। यह बाह्य क्रिया के लिए दिया एक विचार है जो प्राप्त करने के बाद क्रियान्वित किया जाता है।

अनुकरण के प्रकार *(Types of Imitation)*

मैक्डूगल ने 5 प्रकार के अनुकरण बताए हैं—

(i) सहज अनुकरण *(Sympathetic Imitation)*

(ii) भाव चालक अनुकरण *(Ideo Motor Imitation)*

(iii) विचारपूर्ण अनुकरण *(Deliberate Imitation)*

(iv) प्रतिरूप अनुकरण *(Image Imitation)*

(v) शिशुओं का अनुकरण *(Imitation of Infants)*।

(iii) सहानुभूति

(Sympathy)

➢ क्रो एवं क्रो के अनुसार, ''सहानुभूति एक प्रकार का संवेगात्मक प्रदर्शन है, जिसके द्वारा एक व्यक्ति अपने को दूसरे व्यक्ति की स्थिति में रखने का और उसके सुख या दुःख की भावनाओं का अनुभव करने का प्रयास करता है।

सहानुभूति के प्रकार *(Types of Sympathy)*

1. **सक्रिय सहानुभूति** *(Active sympathy)*—इस सहानुभूति में क्रियाशीलता होती है और हम दूसरे के लिए कुछ करने के लिए तैयार हो जाते हैं, उदाहरणार्थ—हम भूखे भिखारी को देखकर द्रवित हो जाते हैं और उसे भोजन देते हैं।

2. **निष्क्रिय सहानुभूति** *(Passive sympathy)*—इस सहानुभूति में क्रियाशीलता नहीं होती है। उदाहरणार्थ—हम दुःखी मनुष्य को देखते हैं पर उसकी सहायता नहीं करते हैं। हम उससे केवल सहानुभूति के दो चार शब्द कह देते हैं। इस प्रकार निष्क्रिय सहानुभूति मौखिक और कृत्रिम होती है।
3. **वैयक्तिक सहानुभूति** *(Personal sympathy)*—यह सहानुभूति एक व्यक्ति के द्वारा दूसरे व्यक्ति के प्रति दिखाई जाती है। उदाहरणार्थ-मुसीबत में फसी किसी बेवस स्त्री को देखकर लगभग सभी लोग उसके प्रति सहानुभूति व्यक्त करते हैं।
4. **सामूहिक सहानुभूति** *(Collective sympathy)*—यह सहानुभूति एक समूह के सब व्यक्तियों द्वारा कम या अधिक मात्रा में किसी घटना या परिस्थिति के प्रति व्यक्त की जाती है। उदाहरणार्थ—बाढ़ पीड़ितों की सहायता करते समय सामूहिक सहानुभूति अपने स्पष्ट रूप में दिखाई देती है।

➢ मैक्डूगल *(McDougall)* के अनुसार, शिक्षक की सहानुभूति बालकों के कार्य को शांतिमय बनाती है।

➢ झा *(Jha)* के अनुसार, शिक्षक सहानुभूति के द्वारा बालक को एक दूसरे से अपना संबंध समझने और फलस्वरूप सामाजिक समूह का सदस्य बनने में सहायता मिलता है। शिक्षक सहानुभूति के द्वारा बालकों का संवेगात्मक विकास कर सकता है।

➢ थालेस *(Thouless)* के अनुसार, शिक्षक बालकों में सहानुभूति का गुण उत्पन्न करके उनको सामाजिक जीवन में सफलता प्राप्त करने में सहायता दे सकता है।

➢ ड्रमोन्ड और मेलोन *(Drummond & Mellone)* के अनुसार,शिक्षक बालकों में सहानुभूति का विकास करके उनको नैतिक कार्यों की ओर प्रवृत्त कर सकता है।

➢ रॉस के अनुसार, शिक्षक के लिए सहानुभूति वह साधन है जिससे वह बालकों को एक दूसरे के निकट संपर्क में लाकर उसमें सामाजिक गुणों का विकास कर सकता है।

(iv) खेल
(Play)

➢ मैक्डूगल के अनुसार, ''खेल स्वयं अपने लिए की जाने वाली क्रिया है, या खेल का निरुद्देश्य क्रिया है, जिसका कोई लक्ष्य नहीं होता है।''

➢ क्रो एवं क्रो के अनुसार, ''खेल को उस क्रिया के रूप में परिभाषित की जा सकती है, जिसमें एक व्यक्ति उस समय व्यस्त होता है, जब वह उस कार्य को करने के लिए स्वतंत्र होता है, जिसे वह करना चाहता है।''

खेल की विशेषताएँ *(Characteristics of play)*

★ खेल एक जन्मजात और स्वाभाविक प्रवृत्ति है।
★ खेल स्वतंत्र और आत्मप्रेरित होता है ।
★ खेल, स्फूर्ति और आनंद प्रदान करता है।
★ खेल में कुछ सीमा तक रचनात्मकता होती है।
★ खेल का क्रिया के सिवा और कोई उद्देश्य नहीं होता है।
★ 'भाटिया *(Bhatia)* के अनुसार—खेल स्वयं के लिए खेला जाता है।

★ क्रो एवं क्रो के अनुसार—खेल बालक की संपूर्ण रुचि और ध्यान को केंद्रित कर लेता है।

★ ड्रेवर के अनुसार—खेल एक शारीरिक एवं मानसिक क्रिया है।

खेल के प्रकार *(Types of play)*

1. **परीक्षणात्मक खेल** *(Experimental Play)*—इस प्रकार के खेलों में बालक वस्तुओं को उलट पुलट कर देखता है या उनका परीक्षण करता है। इन खेलों का आधार जिज्ञासा की प्रवृत्ति है। ये खेल वैयक्तिक होते हैं।
2. **गतिशील खेल** *(Movement Play)*—इस प्रकार के खेलों में दौड़-भाग, उछल-कूद आदि आते हैं। ये खेल शरीर की गति का विकास करते हैं। ये वैयक्तिक और सामूहिक दोनों प्रकार के होते हैं।
3. **रचनात्मक खेल** *(Constructive Play)*—इस प्रकार के खेलों में बालक विभिन्न वस्तुओं का निर्माण और ध्वंस करता है। जैसे—रेत या मिट्टी के पहाड़, घर, टीले इत्यादि बनाना और बिगाड़ना। यह खेल वैयक्तिक और सामूहिक दोनों प्रकार के होते हैं।
4. लड़ाई के खेल (Fighting play)—इस प्रकार के खेलों में हार जीत के खेलों में स्थान दिया जाता है, जैसे–हॉकी, कबड्डी इत्यादि। यह खेल साधारणतः सामूहिक होते हैं।
5. **बौद्धिक खेल** *(Intellectual Play)*—इस प्रकार के खेलों का संबंध बुद्धि से होता है। जैसे—चौपड़, शतरंज, पहेलियाँ इत्यादि। यह वैयक्तिक और सामूहिक दोनों प्रकार के होते हैं।

खेल के सिद्धांत *(Theories of play)*

क्र.	खेल के सिद्धांत	प्रतिपादक
1.	अतिरिक्त शक्ति का सिद्धांत *(Surplus Energy Theory)*	शिलर *(Schiller)* और स्पेंसर।
2.	पूर्व अभिनय का सिद्धांत *(Anticipatory Theory)*	मालेब्रेन्क *(Malebranche)* और समर्थक कार्ल ग्रूस *(Karl Groos)*
3.	पुनरावृत्ति *(Recapitulation Theory)*	जी. स्टेनले हॉल *(G. Stanley Hall)*
4.	मूलप्रवृत्ति का सिद्धांत *(Instinct Theory)*	मैक्डूगल *(McDougall)*
5.	पुनर्प्राप्ति का सिद्धांत *(Recreation Theory)*	लैजरस *(Lazarus)* और पैट्रिक *(Patrick)*
6.	परिष्कार का सिद्धांत *(Catharsis Theory)*	—

➢ जॉन डीवी *(John Dewey)* ने खेल को जीवन मानकर 'जीवन की क्रियाशीलता' का सिद्धांत *(Theory of Life activity)* प्रतिपादित किया।

शिक्षा में खेल प्रणाली
(Playway in Education)

➢ 'खेल प्रणाली' का जन्मदाता फ्रोबेल *(Froebel)* माना जाता है, पर आधुनिक युग में हेनरी काल्डवेल कुक *(Henery Caldwell Cook)* संभवतः पहला व्यक्ति था जिसने बालक को शिक्षा देने के लिए इस प्रणाली का प्रबल समर्थन किया।

खेल विधि पर आधारित शिक्षण पद्धतियाँ

1. **किंडरगार्टेन पद्धति** *(Kindergarten Method)*—यह पद्धति जर्मन शिक्षाशास्त्री फ्रोबेल *(Froebel)* द्वारा प्रतिपादित की गई है। इस पद्धति में बालक को खेल, गीतों और उपहारों द्वारा शिक्षा दी जाती है। किंडरगार्टेन शब्द का तात्पर्य 'उद्यान' से है।
2. **मान्टेसरी पद्धति** *(Montessori Method)*—इस पद्धति की स्थापना इटली की डॉक्टर मारिया मांटेसरी ने की थी। इस पद्धति में बालक विभिन्न प्रकार के उपकरणों से खेलकर अक्षरों, अंकगणित, रेखागणित आदि का ज्ञान प्राप्त करता है।
3. **ह्यूरिस्टिक पद्धति** *(Heuristic Method)*—यह पद्धति आर्मस्ट्रांग द्वारा प्रतिपादित की गई है। इस विधि में बालक आरंभ से ही अनुसंधान एवं आविष्कार में लग जाते हैं।
4. **प्रोजेक्ट पद्धति** *(Project Method)*—इस विधि के प्रतिपादक क्लिपेट्रिक हैं। इस पद्धति में बालक किसी योजना को व्यक्तित्व या सामूहिक रूप में पूर्ण करता है। जैसे-माडल बनाना, अभिनय करना; कहानी पढ़ना या सुनना इत्यादि।

➢ जान डीवी प्रोजेक्ट पद्धति के प्रतिपादक हैं परंतु क्लिपैट्रिक द्वारा इसको प्रचलित करने के कारण इन्हें ही इस विधि का जनक माना जाता है।

5. **डाल्टन पद्धति** *(Dalton Method)*—इस पद्धति को विकसित करने का श्रेय श्रीमती पार्कहर्स्ट को दिया जाता है। सामाजिकता, स्वतंत्रता तथा व्यक्तिगत कार्य इस विधि के तीन मुख्य अंग हैं।
6. **बालचर प्रणाली**— इस प्रणाली को विकसित करने का श्रेय बेडेन पावेल को दिया जाता है।

व्यक्तित्व विकास में विभिन्न उपागम

मनोविश्लेषिक उपागम —मनोविश्लेषणात्मक उपागम का आरंभ फ्रायड ने किया। फ्रायड के अनुसार, प्रारंभिक बाल्यकाल में ही व्यक्ति का संपूर्ण भावी व्यक्तित्व निर्धारित हो जाता है।

मनोसामाजिक उपागम—एडलर के अनुसार मनुष्य का जीवन मात्र 'इड' *(Id)* तथा 'सुपर इगो' *(Super ego)* के बीच का संघर्ष मात्र नहीं है यह तो श्रेष्ठता प्राप्त करने के लिए एक सचेत संघर्ष है।

एरिक्सन के अनुसार, मानव व्यक्तित्व का विकास उसके जीवन की आठ संक्रामक अवस्थाओं की निरंतरता को ध्यान में रख कर समझाया जा सकता है।

जैव शारीरिक उपागम—हिप्पोक्रेटस/गेल, क्रैटश्यर, शैल्डन

जैव सामाजिक उपागम—आइसैक तथा कैटेल

सामाजिक अधिगम उपागम—कूली एवं स्किनर

मनोव्यक्तित्व उपागम—रोजर्स तथा मैस्लो

आध्यात्मिक उपागम—टैगोर, गाँधी अरविन्द

आनुवंशिकता उपागम—बैलर तथा चार्ल्स

परीक्षोपयोगी तथ्य

- वैयक्तिक विभिन्नता से तात्पर्य एक ऐसी मनोवैज्ञानिक घटना से होता है जो उन विशेषताओं या शीलगुणों पर बल डालता है जिनके आधार पर वैयक्तिक जीव भिन्न होते दिखाये जाते हैं।
- वैयक्तिक विभिन्नता को दो श्रेणी में रखा जा सकता है—व्यक्ति के अंदर विभिन्नताएँ तथा एक व्यक्ति से दूसरे व्यक्ति में विभिन्नता।
- वैयक्तिक विभिन्नता के महत्वपूर्ण क्षेत्र हैं—शारीरिक विकास, मानसिक विकास, सांवेगिक विभिन्नता, सामाजिक विभिन्नता, उपलब्धि में अंतर, भाषा-विकास, अभिरुचियों एवं अभिक्षमता में अंतर, यौन विभिन्नताएँ, व्यक्तित्व विभिन्नता तथा ज्ञानात्मक एवं क्रियात्मक क्षमताओं में अंतर।
- वैयक्तिक विभिन्नता के कई कारण हैं जिनमें आनुवंशिकता, वातावरण, प्रजाति एवं राष्ट्रीयता, आयु एवं बुद्धि, परिपक्वता, लिंग तथा आर्थिक स्थिति एवं शिक्षा प्रधान हैं।
- वैयक्तिक विभिन्नता के अध्ययन की विधि है—बुद्धि-परीक्षण, उपलब्धि परीक्षण, संवेग परीक्षण, अभिरुचि परीक्षण, अभिक्षमता परीक्षण एवं व्यक्तित्व परीक्षण।
- व्यक्तित्व विभिन्नताएँ एवं इसके प्रतिपादक इस प्रकार हैं—

व्यक्तित्व सिद्धांत	प्रतिपादक
मनोविश्लेषणात्मक सिद्धांत	सिंग्मंड फ्रायड
शरीर रचना सिद्धांत	शैल्डन
शीलगुण सिद्धांत	आलपोर्ट, कैटेल
मांग सिद्धांत	अब्राह्म मैस्लोने
परिस्थितिवाद सिद्धांत	गार्डनर मर्फी
अस्तित्ववादी सिद्धांत	कार्ल रोजर्स

वस्तुनिष्ठ प्रश्न

1. व्यक्तित्व विकास की अवस्था है—
(a) अधिगम एवं वृद्धि (b) व्यक्तिवृत्त अध्ययन
(c) उपचारात्मक अध्ययन (d) इनमें से कोई नहीं *(CgTET–2011)*

2. व्यक्तित्व *(Personality)* स्थायी समायोजन है—
(a) पर्यावरण के साथ (b) जीवन के साथ
(c) प्रकृति के साथ (d) ये सभी *(CgTET–2011)*

3. मैक्डूयूगल के अनुसार मूल प्रवृत्ति 'जिज्ञासा' का संबंध कौन-सा संवेग से है ?
(a) भय (b) घृणा (c) आश्चर्य (d) भूख
(CgTET–2011)

4. व्यक्तित्व विकास की अवस्था है—
(a) अधिगम एवं वृद्धि (b) व्यक्तिवृत्त अध्ययन
(c) उपचारात्मक अध्ययन (d) इनमें से कोई नहीं *(CgTET–2011)*

5. एक कक्षा में वैयक्तिक विभिन्नताओं के क्षेत्र हो सकते हैं—
(a) रुचियों के (b) सीखने के (c) चरित्र के (d) ये सभी
(CgTET–2011)।

6. शिक्षा में फ्रॉबेल का महत्वपूर्ण योगदान था.........का विकास।
(a) व्यावसायिक स्कूल (b) पब्लिक स्कूल
(c) किंडरगार्टन *(Kindergarten)* (d) लैटिन स्कूल *(CgTET–2011)*

7. मानव जाति में वे कौन-से वैयक्तिक विभिन्नता के निर्धारक तत्व होते हैं जो मानव जाति की विविधता को बताते हैं?
(a) पर्यावरण का अंतर
(b) आनुवंशिकता का अंतर
(c) आनुवंशिकता व पर्यावरण की अंतर्क्रिया
(d) उपरोक्त में से कोई नहीं *(PTET–2011)*

8. वैयक्तिक विभिन्नता के मिलन के संबंध में एक अध्यापक की भूमिका होनी चाहिए—
(a) व्यक्ति के दृष्टिकोण, अभिरुचि और योग्यता को जानने का प्रयास
(b) व्यक्ति आधारित पाठ्यक्रमों को उनकी आवश्यकता के अनुसार समझने की कोशिश
(c) उपरोक्त दोनों
(d) उपरोक्त में से कोई नहीं *(PTET–2011)*

9. शिक्षा का किण्डरगार्टेन पद्धति *(Kindergarten System)* का प्रतिपादन किया—
(a) टी.पी.नन ने (b) स्पेन्सर ने (c) फ्रोबेल ने (d) मॉण्टेसरी ने
(UPTET–2011)

10. चरित्र *(Character)* का विकास होता है—
(a) इच्छाशक्ति द्वारा (b) बर्ताव एवं व्यवहार द्वारा
(c) नैतिकता *(Morality)* द्वारा (d) उपर्युक्त सभी के द्वारा *(UPTET–2011)*

11. मैक्डूगल के अनुसार प्रत्येक मूल प्रवृत्ति मूल प्रवृत्ति से संबंध होता है—
(a) संज्ञान (b) संवेग (c) संवेदना (d) चिन्तन
(UPTET-II–2011)

12. कौन-सा सिद्धांत व्यक्त करता है कि मानव मस्तिष्क एक बर्फ की बड़ी चट्टान के समान है जो कि अधिकांशतः छिपी रहती है एवं उसमें चेतन के तीन स्तर हैं—
(a) गुण सिद्धांत *(Trait Theory)*
(b) प्रकार सिद्धांत *(Type Theory)*
(c) मनोविश्लेषणात्मक सिद्धांत *(Psychoanalytical Theory)*
(d) व्यवहारवाद सिद्धांत *(Behaviourist Theory)* *(RTET–2011)*

13. फ्रायड, पियाजे एवं अन्य मनोवैज्ञानिकों ने व्यक्तित्व विकास की विभिन्न अवस्थाओं के संदर्भ में व्याख्या की है। परंतु पियाजे ने—
(a) कहा कि विकास की अवस्थाएँ वातावरण से निर्धारित होती हैं
(b) कहा कि शैशवावस्था के अनुभव ही अधिक प्रभावित करते हैं, बाकी अवस्थाओं के सीमित प्रभाव होते हैं

(c) विभिन्न अवस्थाओं को समझाने के लिए संज्ञानात्मक बदलाव के बारे में कहा
(d) उपरोक्त में से कोई नहीं *(RTET–2011)*

14. सीमा हर पाठ को बहुत जल्दी सीख लेती है जबकि लीना उसे सीखने में ज्यादा समय लेती है। यह विकास के .... सिद्धांत को दर्शाता है।
(a) वैयक्तिक भिन्नता (b) अंतःसंबंध
(c) निरंतरता (d) सामान्य से विशिष्ट की ओर
(CTET–2012)

15. शिक्षार्थी वैयक्तिक भिन्नता *(Individual Differences)* प्रदर्शित करता है। अतः शिक्षक को—
(a) अधिगम की एकसमान गति पर बल देना चाहिए
(b) सीखने के विविध अनुभवों को उपलब्ध कराना चाहिए
(c) कठोर अनुशासन सुनिश्चित करना चाहिए
(d) परीक्षाओं की संख्या बढ़ा देनी चाहिए *(CTET–2012)*

16. सह-शैक्षणिक क्षेत्रों *(Coeducational Areas)* में निष्पादन *(Performance)* के आधार पर शैक्षणिक क्षेत्रों में निष्पादन के स्तर को बढ़ाने का औचित्य स्थापन किस आधार पर किया जा सकता है?
(a) यह वैयक्तिक भिन्नताओं को संतुष्ट करता है
(b) यह हाशियाकृत *(महत्वहीन)* विद्यार्थियों के लिए प्रतिपूरक भेदभाव की नीति का अनुगमन करता है
(c) यह सार्वभौमिक धारण *(Retention)* को सुनिश्चित करता है
(d) यह हाथ से किये जाने वाले श्रम के प्रति सम्मान विकसित करता है
(CTET–2012)

17. विद्यालयों को किसके लिए वैयक्तिक भिन्नताओं को पूरा करना चाहिए?
(a) वैयक्तिक शिक्षार्थी को विशिष्ट होने की अनुभूति कराने के लिए
(b) वैयक्तिक शिक्षार्थी के मध्य खाई को कम कराने के लिए
(c) शिक्षार्थियों के निष्पादन और योग्यताओं को समान करने के लिए
(d) यह समझने के लिए कि क्यों शिक्षार्थी सीखने के योग्य या अयोग्य है
(CTET–2013)

18. शिक्षार्थियों में वैयक्तिक भिन्नताओं को संबोधित करने के लिए एक विद्यालय किस प्रकार का सहयोग उपलब्ध करवा सकता है?
(a) सभी शिक्षार्थियों के लिए समान स्तर की पाठ्य-चर्चा का अनुगमन करना
(b) बाल-केंद्रित पाठ्यचर्या *(Child Centered Curriculum)* का पालन करना और शिक्षार्थियों को सीखने के अनेक अवसर उपलब्ध कराना
(c) शिक्षार्थियों में वैयक्तिक भिन्नताओं को समाप्त करने के लिए विद्यालयों में भेजना
(d) धीमी गति से सीखने वाले शिक्षार्थियों को विशेष विद्यालयों में भेजना
(CTET–2013)

19. 16–PF का प्रयोग किसके मापन हेतु किया जाता है?
(a) सृजनात्मकता (b) अभिरुचि (c) व्यक्तित्व (d) दबाव
(UPTET–2013)

20. थॉर्नडाइक के व्यक्तित्व के वर्गीकरण का आधार है—
(a) शारीरिक गठन और शक्ल-सूरत (b) रचनात्मकता और मौलिकता
(c) समायोजन और बुद्धि (d) चिंतन और कल्पना *(UPTET–2013)*

21. कक्षा में विद्यार्थियों के व्यक्तिगत विभेद—
(a) लाभकारी हैं, क्योंकि ये विद्यार्थियों की संज्ञानात्मक संरचनाओं को खोजने में अध्यापकों को प्रवृत्त करते हैं
(b) लाभकारी नहीं हैं, क्योंकि अध्यापकों को वैविध्यपूर्ण कक्षा को नियंत्रित करने की आवश्यकता है
(c) हानिकारक हैं, क्योंकि इनसे विद्यार्थियों में परस्पर द्वन्द्व उत्पन्न होते हैं
(d) अनुपयुक्त हैं, क्योंकि ये सर्वाधिक मन्द विद्यार्थी के स्तर तक पाठ्यचर्या के स्थानान्तरण की गति को कम करते हैं *(CTET–2014)*

22. वैयक्तिक अंतरों का ज्ञान शिक्षकों की मदद किसमें करता है?
(a) सभी शिक्षार्थियों की व्यक्तिगत आवश्यकताओं का आकलन करने और उसके अनुरूप उन्हें पढ़ाने में
(b) पिछड़े शिक्षार्थियों के साथ कठोर परिश्रम करने की निरर्थकता को समझने में, क्योंकि वे बाकी कक्षा के समान कभी नहीं हो सकते
(c) वैयक्तिक अंतरों को शिक्षार्थियों की असफलता की स्वीकृति एवं उत्तरदायी ठहराने में
(d) सभी शिक्षार्थियों को समान रूप से लाभ पहुँचाने के लिए अपनी प्रस्तुति-शैली को एकरूप बनाने में *(CTET–2014)*

23. वैयक्तिक अंतरों का ज्ञान शिक्षकों की मदद किसमें करता है?
(a) पिछड़े शिक्षार्थियों के साथ कठोर परिश्रम करने की निरर्थकता को समझने में, क्योंकि वे बाकी कक्षा के समान कभी नहीं हो सकते
(b) वैयक्तिक अंतरों को शिक्षार्थियों की असफलता की स्वीकृति एवं उत्तरदायी ठहराने में
(c) सभी शिक्षार्थियों को समान रूप से लाभ पहुँचाने के लिए अपनी प्रस्तुति शैली को एकरूप बनाने में
(d) सभी शिक्षार्थियों की व्यक्तिगत आवश्यकताओं का आकलन करने और उसके अनुरूप उन्हें पढ़ाने में *(CTET–2015)*

24. शिक्षार्थियों *(अधिगमकर्त्ता)* की वैयक्तिक विभिन्नताओं के संदर्भ में शिक्षिका को चाहिए—
(a) विविध प्रकार की अधिगम परिस्थितियों को उपलब्ध कराना
(b) निगमनात्मक पद्धति के आधार पर समस्याओं का समाधान करना
(c) कलन विधि *(Algorithm)* का अधिकतर प्रयोग करना
(d) याद करने के लिए शिक्षार्थियों को तथ्य उपलब्ध करना *(CTET–2015)*

25. मानव व्यक्तित्व परिणाम है—
(a) केवल आनुवंशिकता का
(b) पालन-पोषण और शिक्षा का

(c) आनुवंशिकता और वातावरण की अंतःक्रिया का
(d) केवल वातावरण का *(UTET-I–2015)*

26. शिक्षार्थी वैयक्तिक भिन्नता प्रदर्शित करते हैं। अतः शिक्षक को—
(a) अधिगम की एकसमान गति पर बल देना चाहिए
(b) कठोर अनुशासन सुनिश्चित करना चाहिए
(c) परीक्षाओं की संख्या बढ़ा देनी चाहिए
(d) सीखने के विविध अनुभवों को उपलब्ध कराना चाहिए *(UTET-I–2015)*

27. अंतर्मुखी, बर्हिमुखी तथा उभयमुखी व्यक्तित्व का वर्गीकरण .... द्वारा किया गया है।
(a) क्रेचनर (b) युंग (c) शैल्डन (d) स्प्रैंजर
(UPTET-I–2015)

28. फ्रॉयड के अनुसार, हमारे मूल्यों का आंतरिकीकरण .... में होता है।
(a) इदम *(Id)* (b) अहम *(Ego)*
(c) पराहम *(Super Ego)* (d) परिस्थितियों *(UPTET-I–2015)*

29. व्यक्तियों में एक-दूसरे से भिन्नता क्यों होती है?
(a) जन्मजात विशेषताओं के कारण
(b) वंशानुक्रम और वातावरण के बीच अन्योन्यक्रिया के कारण
(c) प्रत्येक व्यक्ति को उसके माता-पिता से जीनों का भिन्न समुच्चय प्राप्त होने के कारण
(d) वातावरण के प्रभाव के कारण *(CTET–2016)*

30. ..... के अनुसार इदम् *(ID)*, अहम् *(EGO)* तथा पराहम् *(Super ego)* व्यक्तित्व के तीन घटक हैं।
(a) बन्डुरा (b) युंग (c) एडलर (d) फ्रॉयड
(UPTET–2016)

31. निम्नलिखित में से कौन व्यक्तित्व का प्रक्षेपी परीक्षण नहीं है?
(a) रोर्शा स्याही धब्बा परीक्षण (b) T.A.T.
(c) शब्द साहचर्य परीक्षण (d) 16 P.F. परीक्षण *(UPTET–2016)*

32. पढ़ाते समय सामान्य कक्षा में अध्यापक का सर्वाधिक ध्यान किस मनोवैज्ञानिक तथ्य पर होना चाहिए?
(a) शिक्षण तकनीक (b) शारीरिक क्षमता
(c) वैयक्तिक विभिन्नता (d) पारिवारिक स्थिति *(UPTET–2016)*

33. ''व्यक्ति में उन मनोशारीरिक अवस्थाओं का गतिशील संगठन, जो उसके पर्यावरण के साथ अद्वितीय सामंजस्य निर्धारित करता है'', कहलाता है—
(a) व्यक्तित्व (b) समायोजन (c) संवेदना (d) चरित्र
(UPTET–2016)

34. बाह्य आभास के आधार पर व्यक्तिगत का वर्णन कहा जाता है—
(a) गहन दृष्टिकोण (b) सतही दृष्टिकोण
(c) मानकीय दृष्टिकोण (d) प्रेक्षणात्मक दृष्टिकोण *(RTET–I–2016)*

35. व्यक्तिगत भेद पाए जाते हैं—
(a) बुद्धि स्तरों में (b) अभिवृत्त में
(c) गतिवाही योग्यता में (d) ये सभी में *(RTET-I–2016)*

36. व्यक्तित्व का पहला प्रकारात्मक वर्गीकरण प्रस्तुत किया—
(a) मन ने (b) शैल्डन ने (c) हिप्पोक्रेटस ने (d) कैटेल ने
(RTET-I–2016)

37. अंतर्मुखी व्यक्तित्व एवं बहिर्मुखी व्यक्तित्व का वर्गीकरण किसने किया है ?
(a) फ्रॉयड (b) युंग (c) मन (d) आलपोर्ट
(UPTET-I–2017)

38. ग्रंथियों के आधार पर व्यक्तित्व के विभिन्न प्रकारों की चर्चा किसने की है ?
(a) क्रेशमर (b) युंग (c) कैनन (d) स्प्रैंजर
(UPTET-I–2017)

39. क्लाउड पिक्चर टेस्ट निम्न में से किसके मापन में प्रयुक्त होता है ?
(a) बुद्धि (b) व्यक्तित्व (c) अभिक्षमता (d) अभिरुचि
(UPTET-II–2017)

40. निम्न में से कौन-सा शेष से भिन्न है ?
(a) टी. ए. टी. *(TAT)* (b) 16 पी. एफ.
(c) रैवेन का परीक्षण (d) ड्रॉ. ए. मैन परीक्षण *(UPTET-II–2017)*

41. पूर्व अनुभव के आधार पर संवेदना को अर्थ प्रदान करना कहलाता है—
(a) संवेदना *(Sensation)* (b) प्रत्यक्षज्ञान *(Perception)*
(c) अभिप्रेरणा *(Motivation)* (d) कल्पना *(Imagination)*
(UPTET-II–2017)

42. रोशार्क इंकब्लॉट टेस्ट का प्रयोग निम्न में से किसके मापन हेतु किया जाता है ?
(a) व्यक्तित्व (b) बुद्धि (c) अभिरुचि (d) अभिक्षमता
(UPTET-II–2017)

43. मूल प्रवृत्ति की एक प्रमुख विशेषता है, जो पायी जाती है—
(a) केवल मनुष्यों में
(b) केवल बिल्लियों तथा चूहों में
(c) सभी प्राणियों में तथा यह जन्मजात व प्राकृतिक होती है
(d) केवल कलाकारों में *(UPTET-II–2017)*

44. क्रेशमर *(Kretschmer)* ने व्यक्ति को निम्न में से किस प्रमुख प्रकार में वर्गीकृत किया है ?
(a) वृशकाय *(दुर्बल)* (b) सुडौलकाय *(Athletic)*
(c) गोलकाय *(Pyknic)* (d) उपर्युक्त सभी *(UPTET-II–2017)*

45. टी. ई. टी. *(TET)* का उद्देश्य निम्न में से किसका मापन है ?
(a) बौद्धिक क्षमता (b) अभिक्षमता (c) अभिवृत्ति (d) मूल्य
(UPTET-II–2017)

46. निम्नलिखित में कौन-सा लक्षण अंतर्मुखी व्यक्तित्व का नहीं है ?
(a) आत्मकेंद्रित (b) रूढ़िवादी (c) सामाजिकता (d) दब्बू
(HTET-I–2017)

47. निम्न में से किसे व्यक्तित्व की नैतिकता वाली भुजा कहेंगे ?

(a) उपाह *(इड)* (b) आत्मा *(इगो)*

(c) पराह *(सुपर-इगो)* (d) इड तथा सुपरइगो *(HTET-I–2017)*

48. बालकों में व्यक्तिगत भिन्नता के लिए निम्न में से कौन-सा कारक जिम्मेदार है ?

(a) माता-पिता की मनोवृत्ति (b) बुद्धि

(c) नस्ल (d) स्थान *(HTET-I–2017)*

49. दिव्या अक्सर निर्देशित कार्यों को छोटे-छोटे लिंगों में विभाजित कर आसान बना लेती है। वह उपयोग करती है—

(a) उपलक्ष्य विश्लेषण विधि का (b) क्रियात्मक जड़ता नियामक विधि का

(c) कम करने की विधि का (d) द्वितीयक विस्तारण विधि का

(CTET-II–2018)

50. विकास में वैयक्तिक, विभिन्नता को समझने के लिए क्या महत्वपूर्ण है ?

(a) वंशागत विशेषताओं पर विचार करना जो प्रत्येक व्यक्ति को जीवन में विशेष शुरुआत देती है

(b) पर्यावरणीय कारकों पर विचार करना जो लोगों को प्रभावित करते हैं

(c) शरीर एवं दिमाग के परिपक्वन पर विचार करना

(d) वंशागत विशेषताओं के साथ-साथ पर्यावरणीय कारकों एवं उनकी पारस्परिक क्रिया पर विचार करना *(CTET-II–2019)*

51. वैयक्तिक विभिन्नताओं का प्राथमिक कारण क्या है ?

(a) लोगों के द्वारा माता-पिता से प्राप्त आनुवंशिक संकेत पद्धति *(कोड)*

(b) जन्मजात विशेषताएँ

(c) पर्यावरणीय प्रभाव

(d) आनुवंशिकता एवं पर्यावरण के बीच जटिल पारस्परिक क्रिया *(CTET-I–2019)*

52. कौन व्यक्तित्व के गुण सिद्धांत से संबंधित नहीं है ?

(a) फ्रॉयड (b) आइजनेक

(c) कैटल (d) आलपोर्ट *(UPTET-II–2020)*

53. एक चार-पाँच वर्ष के बालक में अपने पिता की अपेक्षा माता के प्रति अत्यधिक प्रेम की भावना विकसित हो जाती है। बालक के व्यवहार में होने वाले इस परिवर्तन को फ्रॉयड द्वारा क्या नाम दिया गया ?

(a) पराहम (b) इलेक्ट्रा कॉम्प्लेक्स

(c) ओडिप्स कॉम्प्लेक्स (d) नार्सीसिज्म *(UPTET-II–2020)*

54. निम्न में से कौन-सा व्यक्तित्व मापन की प्रक्षेपी तकनीकी है ?

(a) साक्षात्कार (b) अवलोकन

(c) निर्धारण मापनी (d) प्रासंगिक अन्तर्बोध परीक्षण

(UPTET-II–2020)

55. बच्चों के विकास की व्यक्तिगत विभिन्नताओं को किस पर प्रतिरोपित किया जा सकता है ?

(a) केवल आनुवंशिकता

(b) केवल पर्यावरण पर

(c) ना आनुवंशिकता पर ना पर्यावरण पर

(d) आनुवंशिकता एवं पर्यावरण की पारस्परिकता पर *(CTET-I–2021)*

56. निम्नलिखित में से कौन-सी विफलता के लिए आन्तरिक आरोपण का एक उदाहरण है—

(a) मुझे निम्न ग्रेड प्राप्त हुआ, क्योंकि शिक्षक कठोर तरीके से आँकते हैं

(b) मैं परीक्षा में फेल हो गया, क्योंकि मैने पर्याप्त पढ़ाई नहीं की

(c) शिक्षक के पक्षपाती होने के कारण मुझे अच्छे अंक नहीं मिले

(d) मैं परीक्षा में फेल हो गया, क्योंकि मेरा दोस्त मेरा ध्यान भटका रहे थे *(CTET–2023)*

उत्तरमाला

1.	(a)	**2.**	(d)	**3.**	(c)	**4.**	(a)	**5.**	(d)	**6.**	(c)	**7.**	(c)	**8.**	(c)
9.	(c)	**10.**	(d)	**11.**	(b)	**12.**	(c)	**13.**	(c)	**14.**	(a)	**15.**	(b)	**16.**	(a)
17.	(d)	**18.**	(b)	**19.**	(c)	**20.**	(d)	**21.**	(a)	**22.**	(a)	**23.**	(d)	**24.**	(a)
25.	(c)	**26.**	(d)	**27.**	(b)	**28.**	(c)	**29.**	(b)	**30.**	(d)	**31.**	(d)	**32.**	(c)
33.	(a)	**34.**	(b)	**35.**	(d)	**36.**	(c)	**37.**	(b)	**38.**	(c)	**39.**	(b)	**40.**	(c)
41.	(b)	**42.**	(a)	**43.**	(c)	**44.**	(d)	**45.**	(b)	**46.**	(c)	**47.**	(c)	**48.**	(b)
49.	(a)	**50.**	(d)	**51.**	(d)	**52.**	(a)	**53.**	(c)	**54.**	(d)	**55.**	(d)	**56.**	(b)

★★★

12

अभिरुचि/रुचि

ड्रेवर एवं वालरस्टीन *(Drever and Wallerstein)* के अनुसार, रुचि पद का प्रयोग सामान्यतः दो अर्थों में होता है—कार्यात्मक अर्थ *(Functional Meaning)* तथा संरचनात्मक अर्थ *(Structural Meaning)*। कार्यात्मक अर्थ में अभिरुचि का तात्पर्य एक ऐसे भाव की अनुभूति से होता है *(जिसे एक सार्थक अनुभूति कहा जाता है)* जो किसी वस्तु पर दिये जानेवाले ध्यान या कोई किये जानेवाले कार्य से संबंधित होता है।

➢ रिली *(Reilly)* के अनुसार, *अभिरुचि बालकों में एक प्रेरणात्मक बल के रूप में कार्य करता है, जिसके परिणामस्वरूप वह किसी वस्तु को अन्य वस्तुओं से अलग कर उस पर विशेष ध्यान देता है।*

अभिरुचि के प्रकार
Types of Interest

सुपर एवं क्राइटीस *(Super and Crities)* द्वारा अभिरुचि को निम्न प्रकार से वर्गीकृत किया गया है—

(a) व्यक्त अभिरुचि *(Expressed interest)* : व्यक्त अभिरुचि वैसी अभिरुचि को कहा जाता है जिसमें किसी एक क्रिया (*Activity*) की तुलना में व्यक्ति किसी दूसरी क्रिया को अधिक पसंद करने की स्पष्ट अभिव्यक्ति करता है। उदाहरण—शिक्षक द्वारा पूछने पर छात्र यदि स्पष्ट रूप से यह कहता है कि उसे संस्कृत एवं हिन्दी अन्य विषयों की तुलना में अधिक रुचिकर लगता है, तो यह व्यक्त अभिरुचि *(Expressed Interest)* का उदाहरण होगा।

(b) प्रकट अभिरुचि *(Manifest interest)* : प्रकट अभिरुचि से तात्पर्य वैसी अभिरुचि से होता है जिसकी अभिव्यक्ति व्यक्ति द्वारा स्वतः अपनी इच्छा से कोई काम करने से होती है उदाहरण—यदि कोई छात्र प्रायः खाली समय में क्रिकेट खेलता है, तो ऐसा कहा जाता है कि क्रिकेट में उसकी अभिरुचि है और यह अभिरुचि प्रकट अभिरुचि का उदाहरण होगा।

(c) आविष्कारिकात्मक अभिरुचि *(Inventoried interest)* : आविष्कारिकात्मक अभिरुचि वैसी अभिरुचि को कहा जाता है, जिसका ज्ञान मानक अभिरुचि आविष्कारिका *(Standard Interest Inventory)* का क्रियान्वयन करने के बाद पता चलता है।

➢ शिक्षाशास्त्रियों ने परीक्षित अभिरुचि *(Tested Interest)* का वर्णन बाद में किया।

➢ परीक्षित अभिरुचि *(Tested Interest)* : परीक्षित अभिरुचि से तात्पर्य वैसी अभिरुचि से होता है जिसकी झलक व्यक्ति की उपलब्धियों *(Achievement)* से होती है। उदाहरण के लिए—यदि किसी छात्र को गणित विषय में अधिक अंक मिलते हैं, तो ऐसा अनुमान लगाया जाता है कि गणित में उसकी अभिरुचि अधिक है।

स्कूलों में बालकों की अभिरुचि को प्रभावित करनेवाले कारक
Factors Influencing Children's Interest in School

रुचि को प्रभावित करनेवाले कारक निम्नलिखित हैं—

(a) प्रारंभिक विद्यालय की अनुभूतियाँ *(Early School Experiences)*: वैसे बालक जो शारीरिक एवं मानसिक रूप से स्कूल जाने के लिए तैयार रहते हैं, उन्हें विद्यालय में समायोजन *(Adjustment)* करने में काफी सफलता मिलती है। ऐसे बालकों में प्रारंभिक विद्यालय की अनुभूतियाँ *(Experiences)* आनंददायक होती है।

➢ जब बालक अपने माता-पिता या अभिभावक के मात्र दबाव से विद्यालय भेजे जाते हैं, अर्थात् जब बालक शारीरिक एवं मानसिक रूप से तैयार नहीं रहने के बावजूद स्कूल में भेज दिये जाते हैं तो उन्हें वहाँ समायोजन करने में काफी दिक्कत होती है और धीरे-धीरे उनकी शैक्षिक अभिरुचि घटती चली जाती है।

(b) माता-पिता का प्रभाव *(Parental Influences)*: माता-पिता का प्रभाव सामान्य रूप से विद्यालय के प्रति बालकों की मनोवृति पर पड़ता है।

(c) भाई-बहनों की मनोवृति *(Sibling Attitudes)*: यदि बड़े भाई-बहनों की मनोवृति किसी विषय या शिक्षक के प्रति प्रतिकूल होती है, तो इसका प्रभाव बालक पर भी पड़ता है। उनमें भी वैसे ही मनोवृत्ति और उसी के अनुरूप अभिरुचि (*Interest*) विकसित हो जाती है। ऐसे बालक भी उन विषयों या शिक्षकों के प्रति नापसंदगी दिखाना प्रारंभ कर देते हैं।

(d) साथी-संगी की मनोवृति *(Peers Attitude)* : बालकों की अभिरुचि उनके साथी-संगी की मनोवृति द्वारा भी प्रभावित होती है। जब बालकों के साथियों की मनोवृति किसी विषय के प्रति प्रतिकूल हो जाती है तो इसका प्रभाव बालक पर भी पड़ता है और उनमें वैसी ही अभिरुचि विकसित हो जाती है।

(e) शैक्षिक सफलता *(Academic Success)*: बालकों की अभिरुचि पर शैक्षिक सफलता का सीधा प्रभाव पड़ता है। यदि किसी बालक को स्कूल में लगातार शैक्षिक सफलता मिलती जाती है, तो इससे उसमें आत्मसंतोष उत्पन्न होता है और उसकी अभिरुचि शैक्षिक क्रियाकलाप एवं अध्ययन में अधिक बढ़ जाती है।

(f) कार्य के प्रति मनोवृति *(Attitude toward work)*: जिस वातावरण में बालक का पालन-पोषण होता है बालकों के कार्यों की रुचि भी उसी प्रकार के वातावरण में होती है।

(g) शिक्षक-छात्र *(Teacher–Pupil Relationship)*: बालक स्कूल में दी जानेवाली शिक्षा में कितनी अभिरुचि दिखाते हैं यह इस बात पर निर्भर करता है कि उनकी शिक्षकों के साथ व्यक्तिगत अनुभूतियाँ *(Personal Experience)* कैसी हैं। यदि उनकी व्यक्तिगत अनुभूतियाँ दुःखद हैं तो बालक की शैक्षिक अभिरुचि *(Educational Interest)* कम हो जायेगी।

(h) स्कूल का सांवेगिक वातावरण *(Emotional Climate of the School)*: स्कूल का सांवेगिक वातावरण, शिक्षकों की मनोवृति (*Attitudes*) एवं शिक्षकों द्वारा प्रतिपादित अनुशासन के नियमों से प्रभावित होता है। वैसे शिक्षक जो कक्षा में प्रजातांत्रिक

ढंग से *(Democratically)* बालकों को पढ़ाते हैं तथा आकर्षक एवं मनोरंजक ढंग से बालकों के साथ अनुक्रिया करते हैं, छात्रों में स्कूल एवं शिक्षा के प्रति अभिरुचि उत्पन्न करने में सफल होते हैं।

➢ यदि शिक्षक कक्षा में अधिकारवादी ढंग से *(Authoritatively)* या अत्याधुनिक ढंग से छात्रों के साथ व्यवहार करते हैं या उनके पढ़ाने का ढंग अधिक ही उबाऊ होता है। ऐसी स्थिति में छात्रों में शिक्षा के प्रति रुचि में कमी आ जाती है या ऐसे छात्र प्रायः स्कूल से अपने-आपको दूर रखने का कोई-न-कोई बहाना खोजते रहते हैं।

अभिरुचि का मापन
Measurement of Interest

अभिरुचि के मापन के दो तरीके सर्वाधिक लोकप्रिय हैं—

1. शिक्षक-निर्मित प्रविधियाँ *(Teacher-made Techniques)* : छात्रों की अभिरुचियों को मापने की कुछ ऐसी प्रविधियाँ *(Techniques)* हैं जिन्हें शिक्षकों द्वारा विशेष उद्देश्य से बनाया जाता है। यह विधि निम्नलिखित है—

(a) चिह्नांकन सूची *(Check List)* : चिह्नांकन सूची में शिक्षक विभिन्न शैक्षिक कार्यक्रम *(Educational Activities)* की एक सूची तैयार करते हैं। छात्रों को यह सूची इस निवेदन के साथ दे दिया जाता है कि जिन शैक्षिक क्रियाओं में उनकी अभिरुचि हो उनमें सही का चिह्न (✓) लगा दें।

➢ इससे शिक्षकों को छात्रों की सभी प्रमुख रुचि का कम समय में ही अच्छा ज्ञान हो जाता है। छात्रों की अभिरुचि मापने की यह सरल विधि है।

(b) श्रेणीकरण (*Ranking*) : इस विधि में शिक्षक विभिन्न तरह की शैक्षिक क्रियाओं की एक सूची तैयार करते हैं जो छात्रों को इस निवेदन के साथ देते हैं कि वे इन क्रियाओं को अपनी अभिरुचि के क्रम में श्रेणीकरण कर दें। 1 की कोटि (*Rank*) उस क्रिया को दें जिसमें उनकी रुचि सबसे अधिक हो, उससे कम पसंद की रुचि को 2 की कोटि दें और इस प्रकार अंतिम कोटि उसे दें जिसमें उनकी रुचि सबसे कम हो।

➢ श्रेणीकरण से पहले छात्रों की विशेष रुचि का पता चलता है। दूसरा, जब प्रत्येक क्रिया का प्रत्येक छात्र द्वारा दी गयी कोटि के द्वारा औसत कोटि (*Average Rank*) ज्ञात कर ली जाती है, तो इससे पूरी कक्षा के अधिमान *(Class Preferences)* का आसानी से मूल्यांकन हो जाता है।

(c) रेटिंग मापनी *(Rating Scales)* : इस विधि में प्रत्येक क्रिया पर छात्र अपनी पसंदगी एवं नापसंदगी की मात्रा को दी गयी मापनी *(Scale)* के बिन्दुओं में से किसी एक पर अपनी प्रतिक्रिया व्यक्त करके करते हैं। जैसे—

(A) पत्रिका पढ़ना—अत्यधिक पसंद—पसंद—तटस्थ—नापसंद—अत्यधिक नापसंद

(B) संगीत सुनना—अत्यधिक पसंद—पसंद—तटस्थ—नापसंद—अत्यधिक नापसंद

दिये गये उत्तर का विश्लेषण करके छात्रों की पसंदगी तथा नापसंदगी का पता किया जाता है। सामान्यतः विश्लेषण करने के लिए अत्यधिक पसंद, पसंद, तटस्थ नापसंद तथा अत्यधिक नापसंद के लिए क्रमशः 5, 4, 3, 2 एवं 1 का अंक दिया जाता है।

(d) स्वतंत्र अनुक्रिया प्रविधि *(Free Response Technique)* : इस विधि में शिक्षक छात्रों से कुछ ऐसे प्रश्न करते हैं जो उनकी आदत, शौक *(Hobby)* या उन क्रियाओं से संबंधित होते हैं जिनमें उनकी अभिरुचि अधिक होती है। यहाँ छात्र उन प्रश्नों की अभिव्यक्ति करने में अपनी इच्छानुसार शब्दों का प्रयोग करते हैं।

2. मानक अभिरुचि आविष्कारिका *(Standard Interest Inventory)* : अभिरुचि मापने के लिए विशेषज्ञों द्वारा लगभग 62 मानक अभिरुचि आविष्कारिका उपलब्ध कराये गये हैं। शिक्षा के दृष्टिकोण से तीन मानक अभिरुचि आविष्कारिका महत्वपूर्ण हैं—

(a) स्ट्राँग अभिरुचि आविष्कारिका *(Strong Interest Inventory or SII)* : इस आविष्कारिका का निर्माण ई. के. स्ट्राँग *(E K Strong)* द्वारा किया गया। इस आविष्कारिका के दो फार्म हैं—एक फार्म का प्रयोग पुरुषों की अभिरुचि मापने में किया जाता है और दूसरे फार्म का प्रयोग महिलाओं की रुचि मापने में किया जाता है। दोनों फार्म द्वारा उच्च विद्यालय, कॉलेज के छात्रों एवं वयस्कों की रुचि का मापन होता है।

➢ प्रत्येक फार्म में 400-400 एकांश हैं जिनके द्वारा व्यक्तियों की रुचि मूलतः विभिन्न स्कूल के विषयों, पेशा *(Occupation)*, विभिन्न तरह के मनोरंजन *(Amusements)* इत्यादि के प्रति मापी जाती है।

➢ SII में व्यक्तियों की अभिरुचि को मानक प्राप्तांक *(Standard Score)* यानी प्राप्तांक के रूप में व्यक्त किया जाता है।

➢ कैंपबेल *(Campbell)* के अनुसार यदि किसी छात्र या व्यक्ति का प्राप्तांक 57 या 58 से अधिक आता है, तो यह समझा जाता है कि उस व्यक्ति या छात्र की अभिरुचि उस विषय या क्षेत्र में एक सामान्य व्यक्ति की अभिरुचि से श्रेष्ठ है।

➢ SBIV के पुरुष फार्म का दो बार संशोधन हो चुका है—एक बार 1938 में दूसरी बार 1966 में। महिला फार्म का भी दो बार संशोधन हो चुका है—एक बार 1946 में और दूसरी बार 1969 में।

➢ 1974 में कैम्पबेल ने SBIV का संशोधित प्रारूप प्रस्तुत किया, जिसे स्ट्राँग कैंपबेल अभिरुचि आविष्कारिका कहा गया। इसमें 325 एकांश थे जिसके द्वारा पेशा *(Occupation)*, स्कूल विषय *(School Subjects)*, क्रियाएँ *(Activities)*, मनोरंजन *(Amusements)*, व्यक्तियों के प्रकार *(School Subjects)*, दो क्रियाओं के बीच वरीयता इत्यादि के प्रति अभिरुचि का मापन होता है।

(b) कुडर परीक्षण *(Kuder Tests)* : इस परीक्षण का निर्माण जी. एफ. कुडर द्वारा 1954 में तथा उसके बाद के भिन्न वर्षों में किया गया। विभिन्न वर्षों में कुडर *(Kuder)* ने अभिरुचि मापने के लिए कुल 4 परीक्षणों का निर्माण किया है। कुडर व्यक्तिगत अधिमान रिकॉर्ड *(Kuder Personal Preference Record)*, कुडर वोकेशनल इंटरेस्ट सर्वे, फार्म B तथा C *(Kuder Vocational Interest Survey)*, औकुपेशनल इंटरेस्ट सर्वे, फार्म डी तथा जेनरल इंटरेस्ट सर्वे।

➢ जेनरल इंटरेस्ट सर्वे द्वारा 10 विभिन्न क्षेत्रों में व्यक्तियों की अभिरुचि का मापन होता है—यांत्रिक *(Mechanical)*, वैज्ञानिक *(Scientific)*, लिपिक *(Clerical)*,

सामाजिक सेवा *(Social Service),* संगीत *(Musical),* साहित्यिक *(Literary),* कलात्मक (*Artistic),* परिकल्पनात्मक *(Computational),* बाहर (*Outdoors)* तथा प्रत्ययकारी (*Persuasive*)।

➢ औकुपेशनल इंटरेस्ट सर्वे, फार्म डी द्वारा 52 विभिन्न पेशाओं में व्यक्तियों की अभिरुचि मापी जाती है तथ फार्म डी द्वारा महिलाओं के लिए 57 विभिन्न पेशा में तथा पुरुषों के लिए 79 विभिन्न पेशा में रुचि मापी जाती है।

(c) माइनेसोटा वोकेशनल इंटरेस्ट इन्वेंट्री *(Minnesota Vocational Interest Inventory or MVII)*: इस परीक्षण का निर्माण 1965 में किया गया था तथा इसके द्वारा 21 पेशाओं में वैसे व्यक्तियों की अभिरुचि की माप की जाती है जिनमें कॉलेज की शिक्षा ठीक से नहीं हो पायी है जिनमें अर्द्ध-कौशल कार्य के प्रति उन्मुखता अधिक होती है।

अभिरुचि में शिक्षा का महत्व
Importance of Interest in Education

कक्षा में छात्रों की रुचि पठन-पाठन में बनाये रखने के लिए निम्नलिखित बातों का ध्यान रखना चाहिए—

(a) शिक्षकों को कक्षा में प्रजातंत्रात्मक माहौल बनाना चाहिए ताकि छात्र के मन में शिक्षक या स्कूल के प्रति किसी प्रकार का भय तथा संशय न रहे।

(b) शिक्षक को कक्षा में सरल भाषा या समझने योग्य भाषा का प्रयोग करना चाहिए ताकि शिक्षक की बातों को सुनने तथा समझने में छात्रों की रुचि बना रहे।

(c) शिक्षकों को कक्षा में छात्रों की रुचि बनाये रखने के लिए पढ़ाते समय चित्र मॉडल तथा श्रव्य-दृश्य उपकरणों का प्रयोग करना चाहिए।

(d) शिक्षकों को कक्षा में पठन-पाठन का स्तर छात्रों के बुद्धि-स्तर के अनुरूप रखना चाहिए।

(e) शिक्षकों को समय-समय पर छात्रों को गैर-शैक्षिक कार्यक्रम जैसे—खेल-कूद, वाद-विवाद, प्रतियोगिता तथा भ्रमण इत्यादि में भाग लेने के लिए प्रेरित करते रहना चाहिए।

(f) प्रत्येक शिक्षक को अभिरुचि के सिद्धांत का ज्ञान होना चाहिए।

परीक्षोपयोगी तथ्य

➢ अभिरुचि में व्यक्ति वस्तुओं या क्रियाओं का चयन करके उसे पसंद-नापसंद विमा में कोटिबद्ध करता है।

➢ अभिरुचि/रुचि *(Interest)* के कई प्रकार हैं जिनमें व्यक्त अभिरुचि *(Expressed Interest),* प्रकट अभिरुचि *(Manifest Interest)* तथा आविष्कारिकात्मक अभिरुचि *(Inventoried Interest)* प्रधान है।

➢ अभिरुचि को प्रभावित करनेवाले कारक हैं—प्रारंभिक विद्यालय की अनुभूतियाँ माता-पिता का प्रभाव, भाई-बहनों की मनोवृत्ति, साथी-संगी की मनोवृत्ति, शैक्षिक सफलता, कार्य के प्रति मनोवृत्ति, शिक्षक, छात्र तथा स्कूल का सांवेगिक वातावरण इत्यादि।

➤ अभिरुचि के मापन की दो विधि है—शिक्षक-निर्मित प्रविधियाँ *(Teacher Made Techniques)* तथा मानक अभिरुचि आविष्कारिका *(Standard Interest Inventories)*

➤ ध्यान को केंद्रित करने की आंतरिक दशा रूचि है, जिसमें व्यक्ति उन्हीं उद्दीपकों के प्रति अपना ध्यान केंद्रित करता है जिनमें उनकी रूचि होती है, जैसे—विद्यार्थियों की पुस्तकों के प्रति, संगीतज्ञ की संगीत के प्रति, खिलाड़ियों की खेल के प्रति। जिज्ञासा, प्रवृत्ति, आदत तथा अभ्यास के फलस्वरूप भी व्यक्ति की रूचि बन जाती है, तथा वे अपनी जिज्ञासा, आदत, अभ्यास से संबंधित उद्दीपकों के प्रति अधिक आकर्षक हो जाते हैं।

वस्तुनिष्ट प्रश्न

1. बच्चों की रुचि बनाये रखने के लिए आप कौन-सी विधि का चयन करेंगे?
(a) बच्चों को पढ़कर आने को कहेंगे और प्रश्न पूछेंगे
(b) स्वयं गतिविधि करेंगे तथा बच्चों को बतायेंगे
(c) आप गतिविधि में बच्चों को शामिल करेंगे
(d) बच्चों को स्वयं गतिविधि करने के लिए देंगे *(CgTET–2011)*

2. कक्षा में विद्यार्थियों की रुचि बनाये रखने के लिए एक शिक्षक को उचित है—
(a) श्यामपट्ट का प्रयोग करना (b) चर्चा करना
(c) कहानी कहना (d) प्रश्न पूछना *(UPTET–2011)*

3. विद्यालय से विद्यार्थियों के भाग जाने का कारण है—
(a) कक्षा-शिक्षण में रुचि का अभाव
(b) विद्यार्थियों के अध्ययन में रुचि का अभाव
(c) विद्यार्थियों को दंड नहीं देना
(d) समस्या के प्रति शिक्षकों की निर्दय अभिवृत्ति *(Callous Attitude)* *(UPTET–2011)*

4. निम्न में से कौन-सा रुचि के बारे में सत्य नहीं है?
(a) रुचियाँ जन्मजात और अर्जित दोनों होती हैं
(b) रुचियाँ समय के अनुसार बदलती रहती हैं
(c) रुचियाँ योग्यताओं एवं अभिक्षमताओं से संबंधित नहीं होती हैं
(d) रुचियाँ व्यवहार में आकर्षण एवं विकर्षण के प्रतिबिंब नहीं हैं *(RTET–2011)*

5. समान आयु के बच्चों में भी आकृति, योग्यता, स्वभाव, रुचि, प्रवृत्ति और अन्य बातों में बहुत अंतर होता है। इस संदर्भ में विद्यालय की क्या भूमिका है?
(a) सुनिश्चित करना कि शिक्षक मानकीकृत निर्देश और पाठ्यपुस्तकों का उपयोग करे
(b) सुनिश्चित करना कि सभी बच्चों का विकास एक ही प्रकार से हो
(c) सुनिश्चित करना कि प्रत्येक बच्चे को अपनी क्षमताओं के अनुसार विकास के अवसर मिलें
(d) बच्चों के आकलन के लिए नियामक मानक स्थापित करना *(CTET–2015)*

6. अवधान के आंतरिक अथवा व्यक्तिनिष्ठ निर्धारक हैं—

(a) रुचि, लक्ष्य, अभिवृत्ति (b) उद्दीपक, वस्तु, प्रविधि

(c) प्रकाश, ध्वनि, गंध (d) पुरस्कार, दंड, प्रोत्साहन

(UPTET-I–2015)

7. ध्यान को केंद्रित करने की आंतरिक दशा है—

(a) अवधि (b) नवीनता (c) रुचि (d) आकार

(UPTET-I–2015)

उत्तरमाला

1.	(d)	2.	(d)	3.	(d)	4.	(a)	5.	(c)	6.	(a)	7.	(c)

★★★

13

अभिक्षमता

➢ अभिक्षमता *(Aptitude)* एक महत्वपूर्ण पद है जिसका अर्थ किसी विशेष विषय या क्षेत्र में ज्ञान, अभिरुचि, कौशलता इत्यादि विकसित करने की क्षमता से होता है।

➢ अभिक्षमता किसी विषय या क्षेत्र में ज्ञान हासिल करने या सीखने की अंतःशक्ति (*Potential*) है।

➢ किसी छात्र की अभिक्षमता को जानकर शिक्षक आसानी से उसके भविष्य के निष्पादनों के बारे में पूर्वानुमान लगा सकते हैं।

➢ फ्रीमैन (*Freeman*) के अनुसार, "उन गुणों के संयोग जिनसे कुछ विशिष्ट ज्ञान एवं संगठित अनुक्रियाओं के सेट की कौशलता जैसे कोई भाषा बोलना, गायक बनना, यांत्रिक कार्य करना इत्यादि को सीखने की क्षमता का पता चलता है, अभिक्षमता कहा जाता है।

➢ टुकमैन *(Tuckman)* के अनुसार, "क्षमताओं एवं अन्य गुणों चाहे जन्मजात हों या अर्जित हों, का एक ऐसा संयोग जिससे व्यक्ति में सीखने की क्षमता या किसी खास क्षेत्र में निपुणता विकसित करने की क्षमता का पता चलता है, अभिक्षमता कहलाता है।

अभिक्षमता के मापन

Measurement of Aptitude

अभिक्षमता का मापन मानक परीक्षणों *(Standardised Test)* द्वारा किया जाता है। ऐसे परीक्षणों को अभिक्षमता परीक्षण *(Aptitude Test)* कहा जाता है। इसे दो भागों में विभाजित किया गया है—

(a) सामान्य अभिक्षमता परीक्षण *(General Aptitude Test)*: सामान्य अभिक्षमता परीक्षण वैसे परीक्षण को कहा जाता है जिसके द्वारा छात्रों के सभी विशिष्ट अभिक्षमताओं का मापन एक साथ किया जाता है। इसलिए इस परीक्षण को बहुअभिक्षमता परीक्षणमाला *(Multi-Aptitude Batteries)* भी कहा जाता है।

➢ बहुअभिक्षमता परीक्षणमाला विभिन्न प्रकार के हैं परंतु DAT *(Differential Aptitude Test)* और *GATB (General Aptitude Test Battery)* सर्वाधिक प्रचलित है।

➢ DAT द्वारा 8वीं कक्षा के पुरुष छात्र तथा महिला छात्रों की आठ तरह की अभिक्षमताओं का मापन होता है। इस प्रकार इसमें आठ अभिक्षमता परीक्षण *(Aptitude Tests)* हैं, जो इस प्रकार हैं—

★ शाब्दिक चिंतन *(Verbal Reasoning or VR)*

★ संख्यात्मक क्षमता *(Numerical Ability or NR)*

★ अमूर्त्त चिंतन *(Abstract Reasoning or AR)*
★ दैशिक संबंध *(Space Relations or SR)*
★ यांत्रिक चिंतन *(Mechanical Reasoning or MR)*
★ प्रत्यक्षज्ञानात्मक गति और परिशुद्धता *(Perceptual Speed & Accuracy or PSA)*
★ वर्तनी *(Spelling or SP)*
★ भाषा उपयोग *(Language Usage or LU)*

➢ DAT पूरे विश्व में लोकप्रिय है। इसी लोकप्रियता के परिणामस्वरूप DAT का हिन्दी भाषा में व्यानुकूलन *(Adaptation)* प्रो. जे. एम. ओझा द्वारा किया गया है, जो 'मानसायन' दिल्ली द्वारा प्रकाशित हुआ है।

➢ GATB द्वारा 9 अभिक्षमताओं *(Aptitudes)* का मापन 12 परीक्षणों द्वारा होता है। 12 में से 8 परीक्षण पेपर-पेंसिल परीक्षण *(Paper-Pencil Tests)* है तथा 4 परीक्षण ऐसे हैं जिनके क्रियान्वयन *(Administer)* करने के लिए उपकरण की जरूरत पड़ती है। इस प्रकार पूरी परीक्षणमाला का क्रियान्वयन करने में लगभग 2 घंटे 30 मिनट का समय लगता है।

➢ GATB द्वारा निम्नलिखित 9 अभिक्षमताओं को मापा जाता है—

1. बुद्धि *(Intelligence or G)* : इसके द्वारा तीन प्रकार की अभिक्षमताएँ मापी जाती हैं—शब्दावली *(Vocabulary)*, अंकगणितीय चिंतन *(Arithmetical Reasoning)* और त्रिविमीय स्पेस *(Tri–Dimensional Space)*।

2. शाब्दिक *(Verbal or V)* : इसके समानार्थक शब्द एवं विलोम शब्दों की शब्दावली से संबंधित ज्ञान की माप होती है।

3. संख्यात्मक *(Numerical or N)* : इससे परिकलन *(Computation)* एवं अंकगणितीय चिंतन *(Arithmetical Reasoning)* की माप होती है।

4. दैशिक *(Spatial or S)* : इसके द्वारा वस्तुओं को दो विमाओं में उपस्थित करके त्रिविमीय प्रत्यक्षण *(Tri-Dimensional Perception)* करने की क्षमता की माप की जाती है।

5. लिपिक प्रत्यक्षण *(Clerical Perception or Q)* : इसके द्वारा नामों के मिलान करने की क्षमता की माप होती है।

6. क्रियात्मक समन्वय *(Motor Co-ordination or K)* : इसके द्वारा विशिष्ट चिह्नों को कई वर्गों में सजाने की क्षमता की माप होती है।

7. अंगुली-निपुणता *(Finger Dexterity or F)* : इसके द्वारा मशीनों के वाशर एवं रिवेट (*Rivet*) को इकट्ठा करना तथा उसे बिखेरकर पुनः इकट्ठा करने की क्षमता की माप होती है।

8. हस्त-निपुणता *(Manual Dexterity or M)* : मशीन की खूँटियों तथा घुंडी (*Knob*) को घुमाने की क्षमता का मापन होता है।

9. आकार प्रत्यक्षण *(Form Perception or P)* : इसके द्वारा वस्तुओं के विभिन्न आकारों को स्पष्ट करने की क्षमता की माप होती है।

➢ GATB के सभी 9 प्राप्तांकों (*Scores*) को मानक प्राप्तांक *(Standard Score)* जिसका माध्य (*Mean*) = 100 तथा मानक विचलन *(Standard Deviation)* = 2 होता है, के रूप में अभिव्यक्त किया जाता है।

➢ DAT और GATB के अलावा अन्य बहुअभिक्षमता परीक्षणमालाएँ हैं—*FACT (Flangan Aptitude Classification Test), Guilford-Zimmerman Aptitude Survey, Multiple Aptitude Test तथा Academic Promise Test* इत्यादि।

(b) विशिष्ट अभिक्षमता परीक्षण *(Specific Aptitude Test)*: विशिष्ट अभिक्षमता परीक्षण ऐसे परीक्षण को कहा जाता है जिसके द्वारा किसी एक ही तरह की अभिक्षमता की माप की जाती है। इसे एककारक अभिक्षमता परीक्षण *(Unifactor Aptitude Test)* भी कहा जाता है। प्रमुख परीक्षण निम्नलिखित हैं—

1. *Minnesota Mechanical Assembly Test*: यह परीक्षण यांत्रिक अभिक्षमता को मापता है। इसे मिनेसोटा विश्वविद्यालय में 1930 में बनाया गया था।

2. *SRA Mechanical Aptitude Test*: यह परीक्षण भी यांत्रिक अभिक्षमता को ही मापता है। इस परीक्षण में 3 उपपरीक्षण है जो यांत्रिक अभिक्षमता के ही तीन विभिन्न पहलुओं को मापते हैं।

3. *Test Seashore Measure of Musical Talent*: यह परीक्षण छात्रों की संगीत अभिक्षमता मापने का सबसे पहला परीक्षण है। इसके द्वारा चौथे वर्ग के छात्रों से कॉलेज के छात्रों तक की संगीत अभिक्षमता का मापन होता है।

4. *Dark Musical Aptitude Test* : यह परीक्षण संगीत-अभिक्षमता को दो पहलुओं—संगीत स्मृति *(Musical Memory)* तथा लय (*Rhythm*) की माप करता है और इसका प्रयोग 8 वर्ष या ऊपर की आयु के छात्रों पर किया जाता है।

5. *Detroit Clerical Aptitude Test* : लिपिक अभिक्षमता मापने का यह एक प्रमुख परीक्षण है। जैसे—

★ हस्तलेखन, क्रियात्मक गति एवं शुद्धता
★ साधारण अंकगणित, साधारण वाणिज्यिक तथा व्यापारिक पदों का ज्ञान
★ जाँच करना, आनुवर्णिक क्रम से सजाना

6. *General Clerical Aptitude Test* : यह परीक्षण भी सिर्फ लिपिक अभिक्षमता को मापने का परीक्षण है—

अंकगणितीय समस्या
Arithmetic Problem

★ हिज्जे वर्तनी (*Spelling*)
★ शब्द का अर्थ *(Word Meaning)*
★ भाषा-प्रयोग जिसमें व्याकरण भी सम्मिलित हो।
★ पढ़कर समझना *(Reading Comprehension)*

7. *Scientific Aptitude Test for College Students (SATC)* : यह परीक्षण बिहार में स्वर्गीय ए. के. पी. सिन्हा एवं स्वर्गीय एल. एन. के. सिन्हा द्वारा निर्मित किया गया

है। इस परीक्षण द्वारा कॉलेज के छात्रों की वैज्ञानिक अभिक्षमता *(Scientific Aptitude)* को मापा जाता है।

शिक्षा में अभिक्षमता परीक्षण की उपयोगिता

Utility of Aptitude Tests in Education

शिक्षा के क्षेत्र में बुद्धि-परीक्षण के समान अभिक्षमता परीक्षण की उपयोगिता निम्नलिखित है—

(a) अभिक्षमता परीक्षण द्वारा छात्रों की समस्या का समाधान किया जाता है। जैसे—पठन अभिक्षमता परीक्षण *(Readiness Aptitude Test)* का प्रयोग कर शिक्षक आसानी से इस बात की पहचान कर लेते हैं कि किस छात्र में तथ्यों को पढ़ने एवं उसे समझने की अभिक्षमता की कमी है तथा किस छात्र में यह अभिक्षमता प्रचुर मात्रा में है।

(b) अभिक्षमता परीक्षण का प्रयोग शिक्षकों एवं स्कूल परामर्शदाताओं द्वारा कुछ विशेष क्षेत्रों जैसे कला, चिकित्साशास्त्र आदि में छात्रों को पुनर्निवेशन प्रदान करने के लिए किया जाता है।

(c) अभिक्षमता परीक्षण द्वारा अभिक्षमता का मापन करके शिक्षक उत्तम अंतःशक्ति *(Good Potential)* वाले छात्रों का चयन कर लेते हैं।

(d) अभिक्षमता परीक्षण के आधार पर शिक्षक भविष्य में अमुक विषय या क्षेत्र में छात्रों के निष्पादन के बारे में पूर्वानुमान लगा पाते हैं।

(e) अभिक्षमता परीक्षण का प्रयोग कर शिक्षक छात्रों का श्रेणीकरण कर पाते हैं तथा उसी के अनुसार उनका नियोजन करने में मदद मिलता है।

परीक्षोपयोगी तथ्य

- अभिक्षमता *(Aptitude)* से तात्पर्य किसी खास क्षेत्र या विषय में ज्ञान, अभिरुचि, कौशल इत्यादि विकसित करने की अंतःशक्ति है।
- अभिक्षमता के मापन में दो परीक्षण सर्वाधिक महत्वपूर्ण है—सामान्य अभिक्षमता परीक्षण *(General Aptitude Test)* तथा विशिष्ट अभिक्षमता परीक्षण *(Specific Aptitude Test)*।
- सामान्य अभिक्षमता परीक्षण को बहुअभिक्षमता परीक्षणमाला कहा जाता है। इनमें *DAT* एवं *GATB* सर्वाधिक प्रचलित हैं।
- विशिष्ट अभिक्षमता परीक्षण को एककारक अभिक्षमता परीक्षण कहा जाता है।

वस्तुनिष्ठ प्रश्न

1. पृथक-पृथक समजातीय समूहों के व्यक्तियों के प्रति बच्चों की अभिवृत्ति साधारणतया आधारित होती है—

(a) उनके अभिभावकों की अभिवृत्ति पर (b) उनमें समकक्षियों की अभिवृत्ति पर
(c) दूरदर्शन के प्रभाव पर (d) उनके सहोदरों की अभिवृत्ति पर

(UPTET–2011)

2. विद्यार्थियों की अभिवृत्तियों में परिवर्तन के लिए निम्न में से किस विधि का प्रयोग अध्यापक को नहीं करना चाहिए—

(a) दबाव से किसी बात या विचार के लिए राजी करना

(b) किसी विचार को दोहराना अथवा दृढ़तापूर्वक व्यवहार

(c) किसी प्रशंसनीय व्यक्ति के द्वारा समर्थन एवं स्वीकृति

(d) संदेश के साथ साहचर्य स्थापित करना *(RTET–2011)*

3. एक सशक्त विद्यालय अपने शिक्षकों में निम्नलिखित योग्यताओं में से सर्वाधिक बढ़ावा देगा—

(a) प्रतिस्पर्द्धात्मक अभिवृति *(Competitive Attitude)*

(b) परीक्षण करने की प्रवृति *(Tendency to Experiment)*

(c) स्मृति *(Memory)*

(d) अनुशासित स्वभाव *(Disciplined Nature)* *(CTET–2012)*

4. अपनी कक्षा के एक विद्यार्थी की प्रवृत्ति को यदि शिक्षक बदलना चाहता है, तो उसे—

(a) विद्यार्थी के साथ कड़ाई से पेश आना होगा

(b) कक्षा के अन्य विद्यार्थियों को उससे न जानने योग्य दूरी रखने के लिए कहना होगा

(c) उसके समूह के सभी सदस्यों की प्रवृत्ति बदलनी होगी

(d) विद्यार्थी को पढ़ने के प्रति प्रेरित करना होगा *(UPTET–2012)*

5. अभिवृति है—

(a) एक भावात्मक प्रवृति जो अनुभव के द्वारा संगठित होकर किसी मनोवैज्ञानिक वस्तु के प्रति पसंदगी या नापसंदगी के रूप में प्रतिक्रिया करती है

(b) एक ऐसी विशेषता जो व्यक्ति की योग्यता का परिचय है जिसे किसी प्रदत क्षेत्र में विशिष्ट् प्रशिक्षण, ज्ञान कौशल से सीखा जा सकता है

(c) व्यक्ति की अंगीभूत क्षमता जो कि विशिष्ट प्रकार की होती है

(d) उपर्युक्त में से कोई नहीं *(UPTET–2013)*

6. थर्स्टन तथा लिकर्ट *(Thurston and Likert)* निम्न में किसके मापन से संबंधित है?

(a) बुद्धि (b) अभिवृत्ति

(c) मूल्य (d) व्यक्तित्व *(UPTET–2013)*

7. मनोवैज्ञानिकों के अनुसार निम्नलिखित में से किस विधि द्वारा मूल-प्रवृतियों में परिवर्तन लाया जा सकता है?

(a) सहसंबंध (b) मार्गान्तरीकरण

(c) विलयन (d) नवीनीकरण *(UPTET–2016)*

8. निम्न में से कौन-सा एक उत्तम परीक्षण की विशेषताओं से भिन्न है?

(a) विश्वसनीयता *(Reliability)* (b) वैधता *(Validity)*

(c) वस्तुनिष्ठता *(Objectivity)* (d) अभिक्षमता *(Aptitude)*

(UPTET-II–2017)

9. शिक्षार्थी की अभिरूचि एवं अभिक्षमता के बारे में वैध एवं विश्वसनीय निष्कर्ष पर पहुँचने की विधि है—

(a) वस्तुनिष्ठ प्रेक्षण विधि (b) अन्तर्निरीक्षण विधि

(c) प्रयोगात्मक विधि (d) सभी विकल्प सही है *(HTET-I–2017)*

10. मानकीकृत परीक्षणों की आलोचनाओं में से एक यह है कि—

(a) वे मुख्य रूप से मुख्यधारा की संस्कृति का प्रतिनिधित्व करते हैं और इसलिए पक्षपाती हैं।

(b) उनकी भाषा को समझना मुश्किल है।

(c) परीक्षण बड़ी आबादी पर लागू नहीं किए जा सकते हैं।

(d) वे बच्चे की क्षमता की स्पष्ट तस्वीर नहीं देते हैं। *(CTET I–2018)*

11. निम्नलिखित में से कौन-सी योजना विद्यार्थियों में क्रान्तिक *(आलोचनात्मक)* चिन्तन कौशल के विकास को सर्वोत्तम प्रकार से पोषित करती है?

(a) एक बहुचयनात्मक *(बहुविकल्पी)* परीक्षण देना

(b) विद्यार्थियों से महत्वपूर्ण ऐतिहासिक तिथियों की कालरेखा बनवाने का कार्य करना

(c) विद्यार्थियों को इस प्रकार के कार्यपत्रक करने को देना, जिसमें उन्हें उनकी पाठ्यपुस्तकों में दिए गए तथ्यों को पुनःस्मरण करना हो

(d) विद्यार्थियों को इस तरह के कथन प्रस्तुत करना कि, ''लाल बहादुर शास्त्री अपने महानतम प्रधानमंत्री थे'' कथन का समर्थन अथवा खण्डन कीजिए

(HTET Level-III–2019)

12. क्षेत्र विशेष में बालक की विशिष्ट योग्यता तथा विशिष्ट क्षमता को कहते हैं—

(a) मूल्य (b) रुचि (c) अभिक्षमता (d) अभिप्रेरणा

(UPTET-II–2020)

उत्तरमाला							
1. (a)	**2.** (a)	**3.** (a)	**4.** (c)	**5.** (a)	**6.** (b)	**7.** (b)	**8.** (d)
9. (d)	**10.** (a)	**11.** (d)	**12.** (c)				

★★★

14

स्मृति एवं विस्मरण

स्मृति
(Memory)

➢ विस्मृति एक मानसिक क्रिया है, जिसमें व्यक्ति कुछ बातों को भूल जाता है, परंतु जब उन्हीं बातों को पुनः उसके सामने दोहराया जाए या पुनरावृत्ति होती रहे, तो वह उसे याद रखता है। पाठ की पुनरावृत्ति द्वारा धारण *(Retention)* क्षमता को बढ़ाया जा सकता है।

➢ सीखी हुई बात को स्मरण रखने या पुनः स्मरण करने की असफलता को विस्मृति कहते हैं। जब हम कोई नई बात सीखते हैं या नया अनुभव ग्रहण करते हैं, तो हमारे मस्तिष्क में उसका चित्र अंकित हो जाता है। हम अपनी स्मृति की सहायता से उस अनुभव को अपनी चेतना में पुनः लाकर उसका स्मरण कर सकते हैं।

➢ स्मृति प्राणी की वह योग्यता है, जिसके द्वारा वह पूर्व में संपन्न अधिगम प्रक्रियाओं में सूचना एकत्रित करता है तथा विशिष्ट उत्तेजनाओं के प्रत्युत्तर देने में इन सूचनाओं को पुनः प्रस्तुत करता है।

➢ स्मृति एक मनो शारीरिक योग्यता है जिसमें निम्नलिखित चार प्रक्रियाएँ सन्निहित रहती हैं—अधिगम, धारणा, पुनःस्मरण, पहचान।

➢ सीखी गई बात को धारण रखने या पुनः स्मरण करने की असफलता विस्मरण है। अर्थात विस्मरण, किसी समय प्रयास करने पर भी किसी पूर्व अनुभव को याद करने अथवा सीखे गए कार्य को करने में असफलता से है।

➢ मनोवैज्ञानिक सिग्मंड फ्रॉयड ने कहा कि—'विस्मरण वह प्रवृत्ति है, जिसके द्वारा दुखद अनुभवों को स्मृति से अलग कर दिया जाता है। विस्मरण को प्रभावित करने वाले कारक इस प्रकार हैं—

1. समय अंतराल	2. अधिगम मात्रा	3. पाठ्य-वस्तु की सार्थकता
4. स्मरण की इच्छा	5. अधिगम वातावरण	6. मानसिक स्थिति
7. अभिप्रेरणा	8. सीखने की विधि	9. मादक द्रव्यों का सेवन

➢ स्मरण/स्मृति एक मानसिक प्रक्रिया है, जिसमें व्यक्ति धारण की गई विषय-वस्तु का पुनः स्मरण करके चेतना में लाकर उसका उपयोग करना है। स्मृति एक क्षमता है जिसके सहारे उद्देश्यपूर्ण कार्य किए जाते हैं, तथा मनुष्य न केवल विवेकशील चिंतन करता है, अपितु प्रभावकारी ढंग से समायोजन भी करता है।

➢ वुडवर्थ के अनुसार, "पूर्व में सीखे गए ज्ञान का प्रत्यक्ष उपयोग ही स्मृति हैं।"

➢ स्मृति एक सामान्य पद है, जिससे तात्पर्य पूर्व अनुभूतियों को मस्तिष्क में इकट्ठा कर रखने की क्षमता से होता है। मनोवैज्ञानिकों ने स्मृति के दो पक्ष बताए हैं—

★ धनात्मक पक्ष *(Positive Aspect)*—इसका तात्पर्य पूर्व अनुभूतियों को याद रखने से होता है। अतः यह स्मरण *(Remembering)* की प्रक्रिया है।

★ ऋणात्मक पक्ष *(Negative Aspect)*—इसका तात्पर्य अनुभूतियों को याद रखने की असमर्थता से है। यह पक्ष विस्मरण *(Forgetting)* की प्रक्रिया है।

➢ मनोवैज्ञानिक ने स्मृति के तीन तत्व या अवस्थाएँ बताया है—

★ संकेतन *(Encoding)*—संकेतन में किसी सूचना या बाह्य उत्तेजना का प्रत्यक्षण कर व्यक्ति उसे एक निश्चित रूप या संकेत के रूप में तंत्रिका तंत्र में ग्रहण करता है।

★ संचयन *(Storage)*—संचयन में सांकेतिक सूचनाओं एवं उत्तेजनाओं को कुछ समय के लिए संचित रखा जाता है।

★ पुनःप्राप्ति *(Retrieval)*—इसमें संचित कर रखे गए सांकेतिक सूचनाओं *(Encoded Information)* का प्रत्याह्वान कर उसका उपयोग किया जाता है।

स्मृति के प्रकार
(Types of Memory)

मनोवैज्ञानिकों ने स्मृति के कई प्रकार बताए हैं। समय को कसौटी *(Criterion)* मानकर मनोवैज्ञानिकों ने स्मृति के निम्नांकित चार प्रकार बताए हैं—

1. संवेदी स्मृति *(Sensory Memory)* : संवेदी स्मृति वैसी स्मृति संचयन को कहा जाता है, जिसमें सूचनाओं को सामान्यतः एक सेकेण्ड या उससे कम अवधि के लिए व्यक्ति रख पाता है। इस स्मृति में प्राप्त सूचनाओं को उनके मौलिक रूप में अर्थात् उसमें बिना किसी तरह के फेर-बदल किए ही रखा जाता है।

➢ संवेदी स्मृति दो तरह की होती है—

★ प्रतिमा-संबंधी स्मृति—व्यक्ति देखी गई वस्तु या व्यक्ति के बारे में एक सेकण्ड तक एक दृष्टि चिन्ह रख पाता है।

★ प्रतिध्वनिक स्मृति—व्यक्ति किसी सुनी हुई आवाज उद्यीपक का श्रवण चिन्ह अपने मन में एक सेकेंड से थोड़े समय अधिक तक रख पाता है।

2. लघु अवधि स्मृति *(Short-Term Memory or STM)* : इसे विलियम जेम्स ने प्राथमिक स्मृति भी कहा है। STM में किसी विषय या घटना को अधिक से अधिक 20-30 सेकेंड तक धारित *(Retain)* करके रखा जाता है तथा इसमें सीखने की मात्रा कम होती है।

3. चलन स्मृति *(Working Memory)* : इसका प्रतिपादन बेडेली द्वारा किया गया। इस स्मृति में सूचनाओं की संचयन क्षमता तथा सूचनाओं को संसाधित करने की क्षमता दोनों ही सम्मिलित होती है।

4. दीर्घ-अवधि स्मृति *(Long-Term Memory or LTM)* : विलियम जेम्स ने इसे गौण स्मृति *(Secondary Memory or SM)* भी कहा है। इस तरह की स्मृति में व्यक्ति किसी पाठ, घटना आदि को कम-से-कम 30 सेकण्ड तक याद किए रहता है, और अधिक से अधिक कितने दिनों तक याद रखता है इसकी कोई सीमा नहीं है।

➢ बार्टलेट *(Bartlett)* तथा स्क्वायर *(Squire)* ने दीर्घकालीन स्मृति को उसके अंर्तविषय *(Contents)* के आधार पर दो सामान्य वर्गों में बाँटा है—घोषणात्मक स्मृति *(Declarative Mamory)* तथा अघोषणात्मक स्मृति *(Nondeclarative Memory)*।

➢ घटनाओं तथा अनुभूतियों के स्वरूप के आधार पर टुलविंग *(Tulving)* ने दीर्घ अवधि स्मृति को निम्नांकित दो भागों में बाँटा है—

★ प्रासंगिक स्मृति *(Episodic Memory)* और अर्थगत स्मृति *(Semantic Memory)*।

स्मरण का स्वरूप
(Nature of Remembering)

स्मरण से तात्पर्य पूर्व सीखे गए विषयों या पाठों को चेतना में लाने से होता है। स्मरण की प्रक्रिया एक जटिल प्रक्रिया होती है, जिसमें चार तरह की उपप्रक्रियाएँ सम्मिलित होती है—

1. सीखना *(Learning)*—सीखना स्मरण की पहली सीढ़ी है। जबतक शिक्षार्थी *(Learner)* किसी विषय या पाठ को सीखते नहीं है, उन्हें स्मरण रखने का कोई प्रश्न ही नहीं उठता। सीखे हुए विषय को स्मृति चिन्हों के रूप में फिर शिक्षार्थी उसे धारण कर रखते हैं। वह धारण जितना लंबा एवं मजबूत होता है, स्मरण उतना ही तीक्ष्ण होता है। फिर प्रत्याह्वान *(Recall)* करके शिक्षार्थी धारण *(Retention)* की जाँच कर लेता है।

➢ स्मरण की प्रक्रिया स्पष्टतः एक जटिल प्रक्रिया है, क्योंकि इसमें कई उपक्रियाएँ *(Sub Process)* सम्मिलित होती हैं। इसके विशिष्ट स्वरूप की व्याख्या करने के लिए मनोवैज्ञानिकों में दो तरह की धारणाएँ प्रचलित हैं—

(a) स्मरण का स्वरूप पुनरूत्पादक होता है *(The Nature of Remembering is Reproductive)* : इस विचार धारा के समर्थक इबिंगहास *(Ebbinghaus)* हैं। इनके अनुसार स्मरण एक पुनरूत्पादक मानसिक प्रक्रिया है। अर्थात शिक्षार्थी *(Learner)* जो कुछ भी सीखते हैं, उसके बाद में ठीक उसी रूप में बिना किसी हेर-फेर किए वह प्रत्याह्वान *(Recall)* करने में समर्थ होते हैं।

(b) स्मरण का स्वरूप रचनात्मक होता है *(The Nature of Remembering is Reconstructive)* : यह विचारधारा इबिंगहॉस *(Ebbinghaus)* की विचार धारा के विपरीत है तथा इसका प्रतिपादन एक अँगरेज मनोवैज्ञानिक जिसका नाम बार्टलेट *(Bartlett)* था, ने अपनी प्रसिद्ध पुस्तक 'रिमेम्बरिंग' में किया।

★ बार्टलेट ने कहानी संबंधी प्रयोगों तथा चित्र-आरेखन संबंधी प्रयोगों के आधार पर स्पष्ट किया कि स्मरण एक पुनः रचनात्मक मानसिक प्रक्रिया है, अर्थात् किसी सीखी हुई सामग्री का प्रत्याह्वान शिक्षार्थी हू-ब-हू ठीक उसी रूप में नहीं करते, बल्कि उसमें कुछ परिवर्त्तन करते हैं। कुछ नयी सामग्री को प्रत्याह्वान करते समय अपनी तरफ से जोड़ देते हैं, तथा पुरानी सीखी गई सामग्री में से कुछ सामग्री को हटा देते हैं। इस प्रकार प्रत्याह्वान करते समय सीखी गई सामग्री की एक तरह से पुर्ननिर्माण या पुनः रचना की जाती है।

2. धारण *(Retention)*

धारण शिक्षार्थी द्वारा सीखे हुए विषयों को स्मृति चिन्ह के रूप में लाने की क्रिया है। धारण की प्रक्रिया बहुत से कारकों *(Factors)* द्वारा प्रभावित होती है। मनोवैज्ञानिकों ने इन कारकों को निम्नांकित दो भागों में बाँटा है—

(a) **धारण करने वाले शिक्षार्थी की विशेषता** *(Characteristics of Learner)* : जब शिक्षार्थी किसी पाठ को सीखकर उसे धारण करने की कोशिश करता है, तो कुछ अपनी विशेषताएँ होती है, जो धारण की प्रक्रिया को प्रभावित करती हैं। यह विशेषताएँ निम्नलिखित हैं—

- ★ शिक्षार्थी की आयु
- ★ शिक्षार्थी की बुद्धि
- ★ शिक्षार्थी की परिपक्वन
- ★ सांवेगिक स्थिति
- ★ अभिरूचि एवं अभिक्षमता

(b) सीखे गए पाठ से संबंधित कारक *(Factors Relating to the Learnt Tesle)* धारण कुछ वैसे कारकों द्वारा भी प्रभावित होता है, जो सीखे गए पाठ से संबंधित होता है। ऐसे प्रमुख कारक निम्नलिखित हैं—

- ★ सीखने की विधि
- ★ सीखे गए विषय का स्वरूप
- ★ सीखने की मात्रा
- ★ विषय की लंबाई

धारण की जाँच की विधियाँ
(Methods of Testing Retention)

(a) **प्रत्याह्वान विधि** *(Recall Method)* : इसे पुनरूत्पादन विधि *(Reproduction Method)* भी कहा जाता है। इस विधि में धारण की जाँच प्रत्याह्वान *(Recall)* करके की जाती है। पूर्व सीखे गए विषय या पाठ को व्यक्ति अपने सामने से हटा देता है तथा उसकी अनुपस्थिति में ही उसे बोलकर या लिखकर उसका प्रत्याह्वान करता है।

(b) **प्रत्यभिज्ञान विधि** *(Recognition Method)* : इस विधि में मूल पाठ या विषय को उससे मिलते-जुलते पाठ या विषय के साथ मिलाकर व्यक्ति के सामने उपस्थित किया जाता है और व्यक्ति को पूर्व सीखे गए विषय की पहचान करनी होती है।

(c) **पुनः सीखना विधि** *(Relearning Method)* : इस विधि का प्रतिपादन इंबिंगहॉस ने किया था। इसे बचत विधि भी कहा जाता है। इस विधि में पाठ या एकांशों *(Items)* को शिक्षार्थी एक निश्चित कसौटी तक सीख लेता है। इसके कुछ दिन या कुछ घंटे बीतने के बाद शिक्षार्थी उसी पाठ या विषय को उसी कसौटी तक 'पुनः सीखना *(Relearn)* करता है। धारण की जाँच शिक्षार्थी द्वारा पुनः सीखने में लगे प्रयास या समय या त्रुटि के आधार पर की जाती है।

(d) **पुनर्निमाण विधि** *(Reconstruction Method)* : इस विधि में पूर्व सीखे गए पाठ या विषय को कुछ समय अंतराल के बाद व्यक्ति के सामने एक यादृच्छिक क्रम में उलट पुलट कर प्रस्तुत किया जाता है। व्यक्ति को इन एकांशों को फिर उसी क्रम में पुनर्निर्माण या पुनर्व्यवस्थित करने को कहा जाता है, जिस क्रम में उसने इस एकांश को सीखा था। इस विधि में धारण की जाँच पूर्वक्रम में पुनर्व्यवस्थित किए गए एकांशों की संख्या से की जाती है।

3. प्रत्याह्वान *(Recall)* : प्रत्याह्वान एक ऐसी मानसिक प्रक्रिया है, जिसके द्वारा हम अपनी पूर्व अनुभूतियों को उनकी अनुपस्थिति में चेतना में लाते हैं। जैसे यदि हम किसी किताब से एक कविता सीखते हैं, फिर किताब बन्द करके उस कविता को बोलकर या लिखकर पुनरुत्पादन करते हैं, तो यह प्रत्याह्वान का उदाहरण होगा।

4. प्रत्यभिज्ञान *(Recognition)* : प्रत्यभिज्ञान एक ऐसी मानसिक क्रिया है जिसके द्वारा शिक्षार्थी पूर्व सीखे गए पदों को सदृश तथा नए पदों के साथ मिलाकर उपस्थित करने पर उन्हें अलग करता है। जैसे मान लिया जाय कि एक शिक्षार्थी के 15 शहरों के नाम की एक सूची याद करता है। इसके बाद उसे 20 अन्य शहरों के नाम के साथ मिलाकर उन्हें पहचान करने के लिए दे दिए जाते हैं कि पहले सीखे गए शहरों के नाम पर सही टीक लगा दें। यह प्रक्रिया प्रत्यभिज्ञान *(Recognition)* का उदाहरण होगा।

विस्मरण
(Forgetting)

➢ विस्मरण स्मृति का एक नकारात्मक या ऋणात्मक पक्ष है। जब शिक्षार्थी पूर्व सीखे गए अनुभवों को किसी कारण खो देते हैं तो उसे विस्मरण की संज्ञा दी जाती है।

➢ विस्मरण के स्वरूप के बारे में मनोवैज्ञानिकों के बीच दो तरह की परस्पर-विरोधी विचारधाराएँ हैं—

(a) विस्मरण एक निष्क्रिय मानसिक प्रक्रिया है—इस विचारधारा के समर्थक इबिंगहॉस *(Ebbinghaus)* है। इसके अनुसार विस्मरण समय बीतने के साथ-साथ निष्क्रिय ढंग से अपने-आप होता जाता है। उन्होंने विस्मरण का एक प्रयोगात्मक अध्ययन किया, जिसमें उन्होंने निरर्थक पदों की कई सूचियों को स्वयं सीखा तथा उसके धारण की जाँच भिन्न-भिन्न समय अंतरालों पर किया। उस प्रयोग के परिणाम में उन्होंने पाया कि सीखने के बाद जैसे-जैसे समय बीतता गया, वैसे-वैसे निष्क्रिय रूप से मस्तिष्क में बने स्मृति चिन्ह अपने-आप ही क्षीण एवं कमजोर पड़ते गए और विस्मरण की मात्रा भी बढ़ती गई।

★ समय बीतने के साथ विस्मरण की मात्रा तथा दर में हुए परिवर्तन को इबिंगहॉस ने एक विशेष वक्र द्वारा दिखाया है, जिसे विस्मरण-वक्र या इबिंगहॉस-वक्र कहा जाता है।

(b) विस्मरण एक सक्रिय मानसिक प्रक्रिया है *(Forgetting is an active mental process)* : जेनकिन्स तथा डैलेनबैक, मूलर तथा पिजलेकर, फ्रॉयड, मेल्टन एवं इर्विन ने अपने-अपने प्रयोगों में स्पष्ट रूप से पाया कि विस्मरण निष्क्रिय रूप से समय बीतने के साथ अपने आप नहीं होता है, बल्कि उस बीते हुए समय में जब व्यक्ति सक्रिय होकर किसी पाठ को सीखता है, तो इससे विस्मरण होता है।

विस्मरण के कारण
(Causes of Forgetting)

1. शिक्षार्थी से संबंधित कारक—विस्मरण के कुछ ऐसे कारक हैं, जो स्वयं शिक्षार्थी से संबंधित होते हैं और विस्मरण की मात्रा को प्रभावित करते हैं। यह कारक निम्नलिखित है—

★ शिक्षार्थी का स्वास्थ्य
★ मानसिक वृत्ति
★ सांवेगिक कारक
★ अभिप्रेरणात्मक कारक

2. सीखना से संबंधित कारक—किसी भी विषय के विस्मरण का प्रश्न तब उठता है जब पहले कभी उसे सीखा गया हो। अतः किसी विषय को सीखने से संबंधित कारकों द्वारा विस्मरण की मात्रा प्रभावित होती है, ऐसे कारक निम्नलिखित हैं—

- ★ सीखे जानेवाले विषय का स्वरूप
- ★ सीखने की मात्रा
- ★ सीखे गए विषय की लंबाई
- ★ सीखने की विधि

3. धारण-अंतराल से संबंधित कारक—विस्मरण के कुछ ऐसे कारण जो धारण अवधि *(Retention Interval)* में होने वाले कारकों से संबंधित हैं। किसी विषय को सीखने तथा उसके धारण की जाँच करने तक के अंतराल को धारण अवधि कहा जाता है। इस धारण अवधि से संबंधित दो प्रमुख कारक हैं—

- ★ पृष्ठोन्मुख अवरोध या पूर्वलक्षी प्रावरोध
- ★ अग्रलक्षी प्रावरोध

विस्मरण के सिद्धांत
(Theories of Forgetting)

विस्मरण की व्याख्या के लिए मनोवैज्ञानिकों ने कई सिद्धांत का प्रतिपादन किया है। शिक्षा की दृष्टि से निम्नांकित सिद्धांत अधिक महत्वपूर्ण है—

1. ह्रास सिद्धांत *(Decay Theory)*: इसे अनुपयोग सिद्धांत *(Disuse Theory)* भी कहा जाता है। इस सिद्धांत का प्रतिपादन इबिंगहॉस *(Ebbinghaus)* ने किया था। इस सिद्धांत का मूल तथ्य यह है कि सीखने के बाद जैसे-जैसे समय बीतता जाता है, स्मृति चिन्हों का ह्रास अपने आप होता चला जाता है। इस ह्रास का मूल कारण बीते हुए समय अंतराल में सीखे गए पाठ या विषय का अनुपयोग, अर्थात् उसका नहीं दोहराया जाना है।

➢ इसका समर्थन थार्नडाइक ने भी अपने अध्ययनों से किया था।

➢ इस सिद्धांत का शैक्षिक आशय यह है कि शिक्षकों को किसी पाठ्यविषय का पुनरीक्षण अक्सर करते रहना चाहिए ताकि वे उन्हें स्वयं ना भूलें तथा छात्रों को भी उन्हें समय-समय पर सीखे गए विषयों का पुनरीक्षण करने की प्रेरणा देनी चाहिए ताकि वे भी सीखे गए विषयों या पाठों को भूल न जाएँ।

2. बाधक या हस्तक्षेप सिद्धांत *(Interference Theory)*: इस सिद्धांत को व्यवहारवादियों का सिद्धांत भी कहा जाता है। बाधक सिद्धांत के अनुसार जब किसी पूर्व सीखी गई अनुक्रियाओं या विषयों का प्रत्याह्वान किया जाता है तो उस समय उन सभी अनुक्रियाओं एवं विषयों, जिसे छात्र मौलिक विषय के पहले एवं बाद में सीख चुका होता है, से उत्पन्न स्मृति चिन्ह आपस में अंतःक्रिया करते हैं। इस अंतःक्रिया के दो परिणाम होते हैं—सरलीकृत प्रभाव तथा बाधक प्रभाव। विस्मरण इन्हीं बाधक प्रभावों का परिणाम होता है।

➢ शिक्षा के दृष्टिकोण से यह सिद्धांत महत्वपूर्ण निम्नलिखित दो कारकों से है—

(a) यह सिद्धांत संकेत देता है कि जब शिक्षक छात्रों को नया पाठ पढ़ावें या नया विषय पढ़ावें तो उन्हें इस नए विषय या पाठ को इतना स्पष्ट रूप से छात्रों के सामने रखना चाहिए कि पुराने पाठ या पहले सीखे गए पाठ से उसकी विभिन्नता एवं समानता स्पष्ट हो जाए।

(b) जब छात्र किसी पाठ या विषय को आंशिक रूप से सीखते हैं तो इसका बाधक प्रभाव दूसरे विषय या पाठ के पूर्णतः या अंशतः सीखने में अधिक होता है। अतः ऐसे पाठ या विषय के बाधक प्रभाव यानी विस्मरण को कम करने के लिए शिक्षकों को चाहिए कि वे छात्रों के किसी पाठ या विषय का आधिक्य सीखना कराएँ ताकि उसका विस्मरण कम-से-कम हो।

3. **संज्ञानात्मक सिद्धांत** *(Cognitive Theory)*: इस सिद्धांत का प्रतिपादन संज्ञानात्मक सिद्धान्तियों जैसे कोहलर, कॉफ्का, लेविन, उसूबेल आदि द्वारा किया गया है।

➢ रिली *(Reilly)* के अनुसार, इस सिद्धांत का शैक्षिक आशय यह है कि शिक्षकों को चाहिए कि वे जब भी छात्र को नया पाठ या विषय पढ़ावें, तो वे उसका संबंध पहले पढ़ाए गए पाठ या विषय से ठीक ढंग से पहले बता दें, ताकि छात्र मूल पाठ या विषय का पुनर्संगठन इस ढंग से करें कि उनमें कम-से-कम विकृति आए, ताकि उनका विस्मरण भी कम-से-कम हो।

4. **अभिप्रेरणात्मक सिद्धांत** *(Motivational Theory)*: इस सिद्धांत का प्रतिपादन साइमण्ड फ्रायड द्वारा किए गए प्रेक्षणों एवं उनके व्यक्तिगत अनुभवों के आधार पर किया गया है। फ्रायड ने इस सिद्धांत में स्पष्ट किया कि भूलने में हमारी इच्छा की प्रधानता होती है।

➢ शिक्षा के दृष्टिकोण से शिक्षकों को चाहिए कि वे छात्रों को पहले वैसे विषय पढ़ाएँ जो अभिप्रेरणात्मक रूप से दिलचस्प एवं मनोरंजक हों। इससे छात्रों में सीखने के साथ-ही-साथ अभिरूचि एवं रूझान उत्पन्न होगी और वे विषय को जल्द नहीं भूलेंगे।

मेटासंज्ञान
(Metacognition)

➢ मेटासंज्ञान पद के उद्भव का श्रेय जॉन फ्लेवेल्ल *(John Flavell)* को जाता है। इन्होंने संज्ञानात्मक विकास के संदर्भ में मेटासंज्ञान का विशेष रूप से अध्ययन किया है।

➢ मेटासंज्ञान से तात्पर्य 'संज्ञानात्मक परिघटनाओं के बारे में संज्ञान' से होता है। शोधकर्ताओं के अनुसार संज्ञान के कई पहलुओं को मेटा पद के साथ जोड़ा जा सकता है जैसे, मेटाभाषा, मेटाबोध, मेटास्मृति इत्यादि।

➢ मनोवैज्ञानिकों ने मेटासंज्ञान में मेटास्मृति पर सर्वाधिक बल डाला है। मेटास्मृति से तात्पर्य स्मृति के बारे में ज्ञान से होता है। छात्र यह समझते हैं कि उनकी स्मृति किस तरह से कार्य करती है तथा वे स्मृति के अन्य पहलुओं का भी ज्ञान प्राप्त करते हैं।

PQRST विधि—इस विधि का प्रतिपादन थॉमस तथा रॉबिन्सन के विचार के आधार पर किया गया है। इस विधि का मूल उद्देश्य पाठ्यपुस्तक की सामग्री का छात्रों द्वारा अध्ययन करने तथा स्मरण करने की क्षमता को बढ़ाना है। इस विधि का नामकरण इसकी पाँच अवस्थाओं के प्रथम अक्षरों को मिलाकर किया गया है—

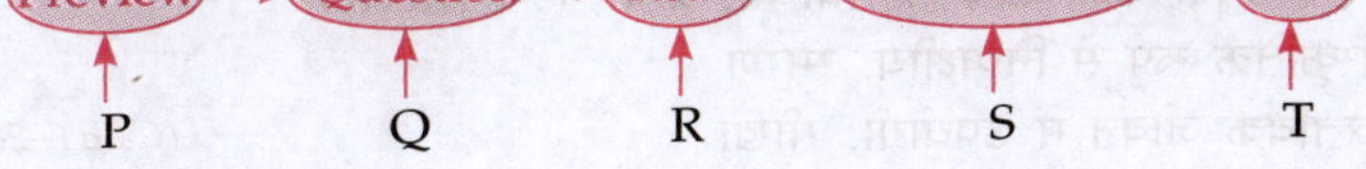

अच्छी स्मृति के लक्षण
(Symptoms of Good Memory)

शिक्षा मनोवैज्ञानिकों ने अच्छी स्मृति की कुछ विशेषताओं का वर्णन किया है, जो इस प्रकार है—

★ तीव्रता *(Repidity)*
★ यथार्थता *(Accuracy)*
★ सीखे गए विषय को लंबे समय तक धारण करना
★ सही सामग्री का सही समय पर प्रत्याह्वान
★ किसी विषय या पाठ को सूझ द्वारा एवं समझकर सीखना
★ अधिक मात्रा में धारण करना।

परीक्षोपयोगी तथ्य

➢ स्मृति एक सामान्य पक्ष है, जिससे तात्पर्य पूर्व अनुभूतियों को मस्तिष्क में इकट्ठा कर रखने की क्षमता से होता है।
➢ स्मृति की तीन अवस्थाएँ या तत्व हैं—संकेतन *(Encoding)*, संचयन *(Storage)* तथा पुनः प्राप्ति *(Retrieval)*।
➢ स्मरण के स्वरूप के बारे में कुछ मनोवैज्ञानिकों का मत है कि यह एक पुनरुत्पादक मानसिक प्रक्रिया है तथा कुछ लोगों का मत यह है कि यह एक रचनात्मक प्रक्रिया है।
➢ धारण को प्रभावित करने वाले कई कारक हैं जिनमें कुछ कारक शिक्षार्थी से संबंधित हैं तथा कुछ कारक सीखे गए पाठ से संबंधित हैं।
➢ मनोवैज्ञानिकों ने धारण की जाँच की चार विधियों का वर्णन किया है—प्रत्याह्वान विधि, प्रत्यभिज्ञान विधि, पुनः सीखना विधि एवं पुनर्निर्माण विधि। इन विधियों में प्रत्याह्वान विधि सबसे लोकप्रिय है।
➢ मेटासंज्ञान को उन्नत बनाना शिक्षकों के लिए एक उत्तम शिक्षण रणनीति है। इसमें उत्तम सूचना संसाधन मॉडल की भूमिका सबसे ज्यादा सार्थक है।
➢ स्मृति पर संस्कृति एवं लिंग का सार्थक प्रभाव पड़ता है।

वस्तुनिष्ठ प्रश्न

1. सीखी गयी बात को धारण करने और पुनः स्मरण करने में असफल होना—
(a) विस्मरण है (b) स्मरण है (c) धारण है (d) चिन्तन है
(UPTET-II–2011)

2. दिये गये वाक्य को पूरा करने के लिए निम्नलिखित में से कौन-सा युग्म सर्वाधिक उचित विकल्प होगा? जब बच्चे उन गतिविधियों में शामिल होते हैं जो……होती हैं, तब वे जल्दी……करते हैं।
(a) कक्षा-कक्ष में उपयोगी, विस्मरण
(b) केवल उनके कक्षा-कार्य से संबंधित, प्रत्यास्मरण *(Recall)*
(c) सांस्कृतिक रूप से निष्पक्षीय, स्मरण
(d) वास्तविक जीवन में उपयोगी, सीखा *(CTET–2013)*

3. शिक्षार्थी फैशन शो को देखकर मॉडल्स का अनुकरण करने की कोशिश करते हैं। इस प्रकार के अनुकरण को......कहा जा सकता है।
(a) प्राथमिक अनुकरण *(Primary Stimulation)*
(b) गौण अनुकरण *(Secondary Stimulation)*
(c) सामाजिक अधिगम *(Social Learning)*
(d) सामान्यीकरण *(Generalisation)* *(CTET–2013)*

4. निम्नलिखित में से कौन-सा कारक स्मृति *(Memory)* से संबंधित नहीं है ?
(a) पहचान *(Identification)*
(b) धारण *(Feeling)*
(c) पुनर्स्मरण
(d) अनुभूति *(UPTET–2013)*

5. निम्नलिखित में से स्मरण करने की कौन-सी विधि है ?
(a) मिश्रित विधि
(b) विचार साहचर्य विधि
(c) a और b दोनों
(d) उपर्युक्त में से कोई नहीं *(UPTET–2013)*

6. निम्न में से किस विधि का उपयोग स्मृति के मापन के लिए नहीं किया जाता है ?
(a) प्रत्याह्वान विधि
(b) तार्किक विधि
(c) पहचान विधि
(d) पुनःसीखना विधि *(UPTET-I–2015)*

7. फ्रॉयड के अनुसार—
(a) ''ग्रहण किए या सीखे हुए तथ्यों को धारणा करने या पुनः स्मरण करने की असफलता को विस्मरण कहते हैं
(b) ''विस्मरण का अर्थ है—किसी समय प्रयत्न करने पर भी किसी पूर्व अनुभव का स्मरण करने या पहले सीखी हुई किसी क्रिया को करने की असफलता
(c) विस्मरण वह प्रवृत्ति है, जिसके द्वारा दुखद अनुभवों को स्मृति से अलग कर दिया जाता है
(d) उपर्युक्त में से कोई भी नहीं *(UPTET-I–2015)*

8. आजकल बच्चों की 'गलत धारणाओं' को 'वैकल्पिक धारणाएँ कहने की एक प्रवृत्ति है। इसे कहा जा सकता है—
(a) बच्चों की समझ में सूक्ष्म भेद करना और उन्हें सीखने के प्रति निष्क्रिय रहना
(b) पहचानना कि बच्चे सोच सकते हैं और उनकी सोच प्रौढ़ों से भिन्न होती है
(c) बच्चों की गलतियों की व्याख्या के लिए मनोहारी शब्दों का उपयोग करना
(d) बच्चों को उनकी सोच में प्रौढ़ों के समान मानना *(CTET–2016)*

9. निम्नलिखित मापन के स्तरों में सबसे अच्छा कौन है ?
(a) नामिक
(b) अनुपात
(c) क्रमिक
(d) अंतराल *(UPTET–2016)*

10. सीखी हुई बात को स्मरण रखने या पुनः स्मरण करने की असफलता कहलाती है—
(a) पुनः स्मरण
(b) विस्मृति
(c) संवेदना
(d) स्मृति *(UPTET–2016)*

11. निम्न में से कौन-सा विस्मृति का कारण नहीं है ?
(a) सीखने में कमी
(b) स्मरण करने की इच्छा
(c) मानसिक द्वन्द
(d) सीखने की दोषपूर्ण विधियाँ *(UPTET-II–2017)*

12. आगमनात्मक तर्क *(Inductive Reasoning)* के स्तरों में कौन-सी शामिल नहीं है?
(a) अवलोकन (b) प्रयोग (c) सामान्यीकरण (d) कल्पना
(UPTET-II–2017)

13. संघनन का सिद्धान्त निम्न में से किसकी व्याख्या करता है?
(a) अधिगम (b) स्मृति (c) अभिप्रेरणा (d) सृजनात्मकता
(UPTET-II–2017)

14. स्मृति स्तर एवं बोध स्तर के शिक्षण प्रतिमान की संरचना में कौन-सा सोपान उभयनिष्ठ है?
(a) अन्वेषण (b) सामान्यीकरण
(c) तैयारी (d) प्रस्तुतीकरण *(UPTET-I–2020)*

15. एक विशेष विषय में ज्ञान और संबंधों को सुव्यवस्थित तथा निरूपित करने के लिए आलेखीय साधनों का प्रयोग क्या कहलाता है?
(a) खंड (b) अग्रवर्ती आयोजक
(c) स्मृति सहायक (d) संकल्पना मानचित्र *(CTET–2022)*

16. ये जानकारियाँ किस स्मृति में संगठित होती हैं?
(i) बाइक की सवारी करने की प्रक्रिया
(ii) धुले कपड़ों के तह करने की प्रक्रिया
(iii) 7 वर्ष की उम्र में एक पेड़ पर चढ़ने का अनुभव
(a) अल्प अवधि स्मृति (b) दीर्घ अवधि स्मृति
(c) संवेदिक (d) कार्यकारी *(CTET–2022)*

17. सामाजिक संचार में चुनौतियाँ किसमें स्पष्ट होती हैं?
(a) ध्यान न्यूनता अतिक्रियाशीलता विकार में
(b) मस्तिष्क पक्षाघात में
(c) स्वलीन क्रम विकार में
(d) अधिगमात्मक विकलांगता में *(CTET–2024)*

18. **अभिकथन (A) :** शिक्षार्थी जो पहले से जानते हैं, उसके आधार पर अपने ज्ञान का निर्माण करते हैं।
कारण (R) : पैटर्न ढूँढना और पिछले ज्ञान के साथ जुड़ाव बनाने से शिक्षार्थियों की जानकारी को सार्थक रूप से संसाधित करने में मदद मिलती है।
(a) A और R दोनों सही हैं तथा R, A की सही व्याख्या करता है
(b) A और R दोनों सही हैं, परन्तु R, A की सही व्याख्या नहीं करता
(c) A सही है किन्तु R गलत है
(d) A और R दोनों गलत हैं *(CTET–2024)*

उत्तरमाला

1.	(a)	**2.**	(d)	**3.**	(c)	**4.**	(d)	**5.**	(c)	**6.**	(b)	**7.**	(c)	**8.**	(b)
9.	(b)	**10.**	(b)	**11.**	(b)	**12.**	(d)	**13.**	(b)	**14.**	(b)	**15.**	(d)	**16.**	(b)
17.	(c)	**18.**	(a)												

★★★

15

शारीरिक विकास, क्रियात्मक विकास एवं मानसिक विकास

- ➢ शारीरिक विकास से तात्पर्य बालकों में उम्र के अनुसार आकार *(Body Size)*, शारीरिक अनुपात *(Body Proportions)*, हड्डियों *(Bones)*, माँसपेशियों *(Muscles)*, दाँत *(Teeth)* तथा तंत्रिकातंत्र *(Nervous System)* में समुचित विकास से होता है।
- ➢ बालकों में शारीरिक विकास एकसमान गति से हमेशा नहीं होता है। कभी यह तेजी से होता है, तो कभी मंद गति से।
- ➢ मेरेडिथ *(Meredith)* तथा टेन्नर *(Tanner)* के अनुसार, *''शारीरिक विकास की चार विभिन्न अवस्थाएँ हैं जिनमें दो में शारीरिक विकास की गति मंद होती है और दो में शारीरिक विकास की गति तीव्र होती है।''*
- ➢ पूर्व प्रसूतिकाल तथा जन्म के प्रथम 6 महीनों में शारीरिक विकास की गति काफी तीव्र होती है। जन्म के 7-8 महीने के बाद से शारीरिक विकास की गति मंद पड़ने लगती है और एकसमान गति *(Uniform Rate)* से लगभग 12 वर्ष तक चलती रहती है। 12 से 15/16 वर्ष की उम्र में शारीरिक विकास की गति एक बार फिर तीव्र हो जाती है। इसे मनोवैज्ञानिकों ने तारूण्य विकास लहर *(Puberty Growth Spurt)* कहा है। इसके बाद पूर्ण परिपक्वता की प्राप्ति तक बालकों के शारीरिक विकास की गति में मंदता आ जाती है। इस अवस्था में उनका शारीरिक विकास जिस ऊँचाई तक पहुँच जाता है वह बुढ़ापे तक बना रहता है। सिर्फ वजन घटता-बढ़ता रहता है।
- ➢ हरलॉक *(Hurlock)* के अनुसार, ''एक क्रमिक *(Orderly)* एवं संगत *(Coherent)* परिवर्तनों के उत्तरोत्तर शृंखला *(Progressive Sequence)* को विकास कहा जाता है। अर्थात् विकास में गुणात्मक परिवर्तन *(Qualitative Changes)* तथा परिमाणात्मक परिवर्तन *(Quantitative Changes)* दोनों सम्मिलित रहते हैं।''
- ➢ शरीर के अंगों के आकार तथा संरचना में परिवर्तन परिमाणात्मक परिवर्तन *(Quantitative Changes)* के उदाहरण हैं।
- ➢ गैसेल *(Gesell)* के अनुसार, ''परिपक्वता का तात्पर्य बालकों में होनेवाली उन शारीरिक प्रक्रियाओं से होता है जो स्वयं *(Self)* तथा आनुवंशिक रूप से *(Genetically)* निर्धारित तथ्यों द्वारा निदेशित होते हैं।
- ➢ गैसेल के अनुसार, ''बालकों में होनेवाले सभी फिलोजेनेटिक क्रियाएँ परिपक्वता पर आधारित होते हैं। फिलोजेनेटिक क्रियाओं का तात्पर्य वैसी क्रियाओं से होता है, जो सभी प्रजाति के बच्चों में पायी जाती है। जैसे—छोटे शिशुओं द्वारा सरकना या खिसकना *(Creeping)*, घुटने के बल चलना *(Crawling)*, बैठना, चलना *(Walking)* इत्यादि।''

➢ फिलोजेनेटिक क्रियाओं में प्रशिक्षण *(Training)* से बहुत कम लाभ होता है।

➢ विकास *(Development)* का संबंध सभी तरह के शारीरिक परिमाणात्मक तथा गुणात्मक परिवर्तन से होता है। परंतु परिपक्वता का संबंध बालकों में आनुवंशिकता से प्राप्त अंतःशक्तियों *(Potentialities)* की खुली अभिव्यक्ति से होता है।

शारीरिक विकास की अवस्थाएँ
Stages of Physical Development

मनोवैज्ञानिकों ने विकास की अवस्थाओं को 10 भागों में बाँटा है—

1. पूर्वप्रसूतिकाल *(Prenatal Period)*: यह अवस्था गर्भधारण से प्रारंभ होकर जन्म तक की होती है।

2. शैशवावस्था *(Infancy)* : यह अवस्था जन्म से प्रथम 10-14 दिनों तक की है।

3. बचपनावस्था *(Babyhood)* : यह अवस्था जन्म के 2 सप्ताह से प्रारंभ होकर 2 साल तक की होती है।

4. बाल्यावस्था *(Childhood)* : यह अवस्था 2 वर्ष से प्रारंभ होकर 12 वर्ष तक की होती है। मनोवैज्ञानिकों ने इसे दो भागों में बाँटा है—

(a) प्रारंभिक बाल्यावस्था *(Early Childhood)* : यह अवस्था 2 वर्ष से प्रारंभ होकर 6 वर्ष की होती है। इसे शिक्षकों द्वारा प्राक् स्कूल अवस्था *(Pre School Age)* या प्राक्टोली अवस्था *(Pre Gang Stage)* भी कहा जाता है।

➢ इसी अवस्था में बालकों में महत्वपूर्ण शारीरिक विकास *(Physical Development)*, भाषा विकास *(Language Development)*, प्रत्यक्षणात्मक एवं संज्ञानात्मक विकास *(Perceptual and Cognitive Development)*, बौद्धिक विकास *(Intellectual Development)*, सामाजिक विकास *(Social Development)* तथा सांवेगिक विकास *(Emotional Development)* होता है।

➢ 6 वर्ष की उम्र में बालकों के शरीर का औसत वजन 50 पौंड तथा ऊँचाई लगभग 45 ईंच के बराबर होता है।

➢ बालकों के शारीरिक गठन में भी अंतर होने लगता है। कुछ बालकों का शारीरिक गठन मोटा होता है यानी वे एंडोमॉर्फिक *(Endomorphic Build)* होते हैं।

कुछ का शारीरिक गठन हृष्ट-पुष्ट *(Muscular)* होता है, अर्थात् मेसोमॉर्फिक गठन *(Mesomorphic Build)* के होते हैं। कुछ का शारीरिक गठन दुबला-पतला होता है अर्थात् वे एक्टोमॉर्फिक गठन के होते हैं।

(b) उत्तर बाल्यावस्था *(Late Childhood)*: यह अवस्था 6 वर्ष से प्रारंभ होकर बालिकाओं में 10 वर्ष की उम्र तक तथा बालकों में 6 वर्ष से प्रारंभ होकर 12 वर्ष की उम्र तक होती है। इस अवस्था से बालक-बालिकाओं में यौन परिपक्वता आ जाता है।

➢ इस अवस्था को माता-पिता, शिक्षकों तथा मनोवैज्ञानिकों द्वारा बालकों के कार्यों के आधार पर विभिन्न नाम दिये गये हैं।

➢ माता-पिता द्वारा इस अवस्था को उत्पाती अवस्था *(Troublesome Stage)* कहा गया है, क्योंकि अक्सर बालक अपने माता-पिता की बातें न मानकर अपने साथियों की बातें अधिक मानते हैं।

➢ शिक्षकों ने इस अवस्था को प्रारंभिक स्कूल अवस्था *(Elementary School Stage)* कहा है, क्योंकि इस अवस्था में बालक स्कूल में औपचारिक शिक्षा के लिए जाना प्रारंभ कर देते हैं।

➢ मनोवैज्ञानिकों ने इस अवस्था को गिरोह अवस्था *(Gang Age)* कहा है, क्योंकि इस अवस्था में बालकों में अपने गिरोह या समूह के अन्य सदस्यों द्वारा स्वीकृत किया जाना सर्वाधिक महत्वपूर्ण होता है।

➢ इस अवस्था में बालकों में महत्वपूर्ण शारीरिक विकास, भाषा विकास, सांवेगिक विकास, सामाजिक विकास, मानसिक विकास तथा संज्ञानात्मक विकास होते हैं, जिनका ज्ञान होने से शिक्षक आसानी से बालकों का मार्ग-निर्देशन कर पाते हैं।

➢ उत्तर बाल्यावस्था में बालकों की ऊँचाई में औसतन 2 से 3 इंच की वार्षिक वृद्धि होती है। 11 वर्ष की लड़की की औसत ऊँचाई 58 इंच तथा उसी उम्र में लड़का की औसत ऊँचाई 57.5 इंच होती है।

➢ इस अवस्था में शरीर का वजन 3 से 5 पौंड तक औसतन प्रति वर्ष बढ़ता है। बालकों में पेशीय उत्तक *(Muscle Tissue)* की अपेक्षा चर्बी उत्तक *(Fat Tissue)* का अधिक विकास होता है।

➢ इस अवस्था के अंत तक बालकों में 28 स्थायी दाँत निकल आते हैं और 4 स्थायी दाँत किशोरावस्था *(Adolescence)* में निकलते हैं।

➢ पियाजे के अनुसार, "इस अवस्था में बालक चिंतन के मूर्त्त परिचालन की अवस्था में होता है, जहाँ इससे पहले सीखे गये संप्रत्यय को अधिक मजबूत, स्पष्ट एवं मूर्त्त *(Concrete)* बनाने का प्रयास करता है।

5. तरुणावस्था या प्राक्-किशोरावस्था *(Puberty or Pre-Adolescence)* : लड़कियों में यह अवस्था 11 वर्ष की तथा लड़कों में यह अवस्था 12 वर्ष से 14 वर्ष की होती है। इस अवस्था में बालिका का शरीर एक वयस्क के शरीर का रूप ले लेता है।

6. प्रारंभिक किशोरावस्था *(Early Adolescence)* : यह अवस्था 13-14 वर्ष से प्रारंभ होकर 17 वर्ष तक की होती है। इस अवस्था में शारीरिक विकास तथा मानसिक विकास बालकों में अधिकतम होता है और उनमें विवेक तथा उचित-अनुचित का ख्याल अधिक नहीं रहता है।

7. परवर्ती किशोरावस्था *(Later Adolescence)* : यह अवस्था 17 वर्ष से 19-20 वर्ष तक की होती है। इस अवस्था में बालक पूर्णरूपेण शारीरिक तथा मानसिक रूप से स्वतंत्र हो जाता है और अपने भविष्य के बारे में तरह-तरह की योजनाएँ बनाना शुरू कर देता है। बालक तथा बालिकाओं में विपरीत लिंग *(Opposite Sex)* के व्यक्तियों के प्रति अभिरुचि अधिक हो जाती है।

8. प्रारंभिक वयस्कता *(Early Adulthood)* : यह अवस्था 21 वर्ष से 40 वर्ष की होती है। इस अवस्था में व्यक्ति शादी कर अपना घर-परिवार बसाता है और किसी व्यवसाय *(Occupation)* में लग जाता है तथा अपने आत्मविकास *(Self-Development)* को मजबूत कर आगे बढ़ता है।

9. मध्यावस्था *(Middle Age)*: यह अवस्था 40–60 वर्ष की होती है। इसमें व्यक्ति द्वारा पूर्वप्राप्त उपलब्धि *(Achievement)* तथा आकांक्षाओं को बहुत सुदृढ़ *(Consolidate)* किया जाता है।

10. बुढ़ापा या सठियावस्था *(Old Age or Senescence)* : यह अवस्था 60 वर्ष से मृत्यु तक की होती है। इस अवस्था में शारीरिक तथा मानसिक शक्ति धीरे-धीरे क्षीण होती जाती है और सामाजिक कार्यों में व्यक्ति का लगाव कम होता चला जाता है।

विकासात्मक पाठ एवं शिक्षा
Development Task and Education

➢ हेभिगहर्स्ट *(Havighurst)* के अनुसार, ''विकासात्मक पाठ वह पाठ है जो व्यक्ति की जिंदगी की किसी खास अवधि से या अवधि के बारे में संबंधित होता है तथा जिसकी सफल उपलब्धि से व्यक्ति में खुशी होती है और परवर्ती कार्यों को करने में उसे आनंद आता है, परंतु असफल होने से व्यक्ति को दुःख होता है, समाज में तिरस्कार मिलता है और परवर्ती कार्यों को करने में उसे कठिनाई भी होती है।''

➢ विकासात्मक पाठ के द्वारा निम्नांकित तीन तरह की पूर्ति होती है—

★ विकासात्मक पाठ से शिक्षकों तथा अभिभावकों को यह जानने में सुविधा होती है कि एक खास उम्र पर बालक क्या सीखते हैं और क्या नहीं।

★ विकासात्मक पाठ बालकों को उन व्यवहारों को सीखने में एक प्रेरणा का काम करता है, जिसे सामाजिक समूह *(Social Group)* उसे सीखने के लिए उम्मीद करता है।

★ विकासात्मक पाठ शिक्षकों तथा माता-पिता को यह बताता है कि उन्हें अपने बच्चों से निकट भविष्य तथा सुदूर *(Remote)* भविष्य में क्या उम्मीद करना चाहिए। अतः विकासात्मक पाठ शिक्षकों तथा अभिभावकों को अपने बच्चों को इस ढंग से तैयार करने की प्रेरणा देते हैं ताकि वे भविष्य की नयी चुनौतियों का सामना कर सकें।

➢ हेभिंगहर्स्ट ने बाल्यावस्था *(Childhood)*, किशोरावस्था *(Adolescence)* तथा प्रारंभिक वयस्कावस्था के लिए निम्नलिखित विकासात्मक पाठ तैयार किये हैं—

(a) प्रारंभिक बाल्यावस्था के लिए विकासात्मक पाठ *(Development Task for Early Childhood (0-6 वर्ष)*

★ चलना सीखना *(Learning to Walk)*

★ ठोस आहार लेना सीखना

★ बोलना सीखना

★ मल-मूत्र त्याग करना सीखना

★ यौन अंतरों तथा यौन शालीनता *(Sex Modesty)* को सीखना

★ शारीरिक संतुलन बनाये रखना सीखना

★ सामाजिक एवं भौतिक वास्तविकता के सरलतम संप्रत्यय को सीखना

★ अपने-आपको माता-पिता, भाई-बहनों तथा अन्य लोगों के साथ सांवेगिक रूप से संबंधित करना सीखना।

- ★ सही तथा गलत के बीच विभेद करना सीखना तथा अपने में एक विवेक *(Conscience)* विकसित करना।

(b) उत्तर बाल्यावस्था के लिए विकासात्मक पाठ *(Developmental Task for Later Childhood) (6-12 वर्ष)*

- ★ साधारण खेलों के लिए आवश्यक शारीरिक कौशल *(Physical Skills)* को सीखना।
- ★ अपने-आपके प्रति एक हितकर मनोवृति *(Wholesome Attitude)* विकसित करना।
- ★ अपने ही उम्र के साथियों के साथ मिलना-जुलना सीखना।
- ★ उपयुक्त पुरुषोचित *(Masculine)* तथा स्त्रियोचित *(Feminine)* यौन भूमिकाओं को सीखना।
- ★ पढ़ना, लिखना तथा गिनती करने से संबंधित मौलिक कौशल *(Fundamental Skills)* विकसित करना।
- ★ दिन-प्रतिदिन की सुचारु जिंदगी के लिए आवश्यक संप्रत्ययों को सीखना।
- ★ नैतिकता, मूल्य *(Values)* तथा विवेक *(Conscience)* को सीखना।
- ★ व्यक्तिगत स्वतंत्रता *(Personal Independence)* प्राप्त करने की कोशिश करना।
- ★ सामाजिक समूहों एवं संस्थानों के प्रति मनोवृति विकास करना।

(c) किशोरावस्था के लिए विकासात्मक पाठ *(Developmental Task for Adolescence) (13 से 19/20 वर्ष)*

- ★ दोनों यौनों *(Sex)* की समान उम्र के साथियों *(Agemates)* के साथ नया एवं एक परिपक्व संबंध कायम रखना।
- ★ उचित पुरुषोचित या स्त्रियोचित भूमिकाएँ सीखना।
- ★ माता-पिता तथा अन्य वयस्कों *(Adults)* से हटकर एक सांवेगिक स्वतंत्रता कायम करना।
- ★ किसी व्यवसाय का चयन करना तथा उसके लिए अपने-आपको तैयार करना।
- ★ जीवन की प्रतियोगिताओं के लिए आवश्यक संप्रत्यय *(Concepts)* तथा बौद्धिक कौशलों *(Intellectual Skill)* को सीखना।
- ★ पारिवारिक जीवन तथा शादी के लिए अपने-आपको तैयार करना।
- ★ सामाजिक रूप से उत्तरदायी व्यवहार का निर्धारण करना तथा उसे प्राप्त करने की भरपूर कोशिश करना।
- ★ आर्थिक स्वतंत्रता की प्राप्ति की ओर अग्रसर होना।

(d) प्रारंभिक वयस्कता के लिए विकासात्मक पाठ *(Developmental Task for Early Adulthood) (21-40 वर्ष)*

- ★ अपना जीवनसाथी चुनना।
- ★ शादी करके अपने जीवनसाथी के साथ रहना सीखना।

- ★ एक पारिवारिक जिंदगी प्रारंभ करना।
- ★ बाल-बच्चों का लालन-पालन करना सीखना।
- ★ घर-परिवार को ठीक ढंग से चलाना सीखना।
- ★ किसी व्यवसाय में लग जाना।
- ★ नागरिक उत्तरदायित्व ग्रहण करना।
- ★ एक अनुकूल सामाजिक समूह तैयार करना।

क्रियात्मक विकास
Motor Development

➢ क्रियात्मक विकास से तात्पर्य बालकों में उनकी माँसपेशियों तथा तंत्रिका के समन्वित कार्य द्वारा अपनी शारीरिक क्रियाओं *(Bodily Activities)* पर पूर्ण नियंत्रण प्राप्त करने से होता है।

➢ हरलॉक के अनुसार, ''माँसपेशियों, तंत्रिकाओं *(Nerves)* तथा तांत्रिक-केंद्रों की समन्वित क्रियाओं द्वारा शारीरिक गति पर नियंत्रण प्राप्त करना क्रियात्मक विकास कहलाता है।'' जैसे—जिस शिशु के हाथ तथा पैर की माँसपेशियाँ तथा तंत्रिकाएँ विकसित रहती हैं और उन दोनों के बीच ठीक ढंग से समन्वय *(Co-ordination)* होता है, उस शिशु में हाथ-पैर के सहारे चलना या सिर्फ पैर के सहारे चलने की प्रक्रिया अधिक तेजी से होती है।

क्रियात्मक विकास के सिद्धांत
Principles of Motor Development

क्रियात्मक विकास के नियम निम्नलिखित हैं—

(a) क्रियात्मक विकास माँसपेशियों तथा तंत्रिकाओं की परिपक्वता पर निर्भर करता है—

➢ जन्म के समय शिशुओं में निचली तंत्रिका-केंद्र *(Lower Nerve Center) (जो मेरुदंड (Spinal Cord) में अवस्थित होता है)* ऊपरी तंत्रिका-केंद्र *(Upper Nerve Center) (जो मस्तिष्क में अवस्थित होता है)* की अपेक्षा अधिक विकसित होता है। मेरुदंड द्वारा मूलतः सहज क्रियाओं *(Reflex Actions)* का नियंत्रण होता है।

➢ जन्म के कुछ समय बाद से ही बालकों में सहज क्रिया *(Reflex Action)* का होना पाया जाता है।

➢ एक साल की उम्र में बालकों के मस्तिष्क का कुछ भाग जैसे लघु मस्तिष्क *(Cerebellum)* तथा वृहत् मस्तिष्क *(Cerebrum)* का विकास हो जाता है, जिसके फलस्वरूप बालक ऐच्छिक क्रियाएँ *(Voluntary Actions)* करना प्रारंभ कर देता है।

➢ लघु मस्तिष्क के विकास होने से शिशु के क्रियात्मक व्यवहार जैसे—चलना, पकड़ना इत्यादि अधिक संतुलित दिखते हैं।

➢ 5 वर्ष की अवस्था हो जाने पर लघु मस्तिष्क परिपक्व हो जाता है और बच्चों के क्रियात्मक व्यवहार पूर्णतः संतुलित हो जाते हैं।

➢ क्रियात्मक विकास माँसपेशियों की परिपक्वता पर भी निर्भर करता है। माँसपेशियाँ मुख्य रूप से दो प्रकार की होती हैं—धारीदार पेशियाँ *(Striped Muscles)* तथा अधारीदार पेशियाँ *(Unstriped Muscles)*।

➢ धारीदार पेशियों का संबंध क्रियात्मक व्यवहार से सीधा है और इसके द्वारा सभी ऐच्छिक क्रियाएँ *(Voluntary Actions)* नियंत्रित होती हैं। ऐसे माँसपेशियों का विकास बाल्यावस्था *(Childhood)* में धीरे-धीरे होता है। अतः बालकों में ऐच्छिक क्रियाओं का विकास भी धीरे-धीरे होता है।

(b) किसी भी क्रियात्मक निपुणता को तब तक नहीं सीखा जा सकता जब तक बालक पूर्णरूपेण उसे करने के लिए परिपक्व न हो गया हो : बालकों को किसी प्रकार की क्रियात्मक निपुणता *(Motor Skill)* तब तक नहीं सिखायी जा सकती है जब तक उनका परिपक्वन *(Maturation)* पूर्ण न हो गया हो।

➢ परिपक्वन के अभाव में दिया गया प्रशिक्षण *(Training)* तथा खुद बालक द्वारा किये गये प्रयास *(Effort)* से कुछ क्षणिक लाभ *(Temporary Advantage)* हो भी सकता है, परंतु स्थायी लाभ नहीं हो सकता।

(c) क्रियात्मक विकास में एक पूर्वानुमेय पैटर्न होता है *(Motor Developmemt Follows a Predictable Pattern)* : क्रियात्मक विकास एक निश्चित क्रम *(Sequence)* के अनुसार सभी बालकों में होता है। अतः यह पूर्वानुमेय *(Predictable)* होता है। बालकों में क्रियात्मक विकास दो प्रकार के क्रम *(Sequence)* द्वारा होता है मस्तकाधोमुखी क्रम *(Cephalocaudal Sequence)* तथा निकट-दूर विकास क्रम *(Proximodistal Development Sequence)*

➢ मस्तकाधोमुखी क्रम *(Cephalocaudal Sequence)* में विकास सिर से पैर की ओर होता है।

➢ निकट-दूर का विकास क्रम *(Proximodistal Development Sequence)* के अनुसार बालकों के शरीर के उन अंगों का विकास पहले होता है, जो शरीर के केंद्र में होते हैं और शरीर के छोर *(Periphery)* पर आनेवाले अंगों का विकास बाद में होता है।

➢ निकट-दूर विकासात्मक क्रम के अनुसार बालकों के पेट, छाती, बाँह तथा जाँघ में क्रियात्मक विकास पहले तथा घुटना *(Knee)*, हाथ की अँगुलियों, पैर की अँगुलियों आदि में विकास बाद में होता है।

(d) क्रियात्मक विकास के लिए मानक बनाना संभव है *(It is Possible to Establish Norms for Motor Development)* : शिशु के विभिन्न प्रकार के क्रियात्मक विकासों के लिए मनोवैज्ञानिकों द्वारा एक मानक *(Norm)* तैयार किया गया है। इस मानक द्वारा यह पता चलता है कि किस उम्र के शिशु द्वारा किस तरह का क्रियात्मक व्यवहार *(Motor Behaviour)* किया जाता है। इससे माता-पिता तथा शिक्षक दोनों को ही एक प्रकार का मार्गदर्शन *(Guidance)* प्राप्त होता है और वे किसी विशेष उम्र के बालक से न तो ज्यादा और न ही कम उम्मीद करते हैं।

(e) क्रियात्मक विकास में वैयक्तिक भिन्नता होती है।

क्रियात्मक विकास के क्रम

Sequence of Motor Development

जन्म के समय	शारीरिक मुद्रा
1 महीना	टुड्ढी उठाना
2 महीना	धड़ उठाना
3 महीना	खिलौना पकड़ने की कोशिश करना
4 महीना	सहारा देकर बैठना
5 महीना	गोद में बैठकर किसी खिलौना को पकड़ना
6 महीना	ऊँची कुर्सी पर बैठकर झूलते खिलौनों को पकड़ना
7 महीना	बिना सहारे के स्वयं बैठना
8 महीना	सहारा देने पर खड़ा होना
9 महीना	फर्नीचर पकड़कर खड़ा होना
10 महीना	रेंगना
11 महीना	सहारा देने पर चलना
12 महीना	फर्नीचर या किसी चीज को पकड़कर चलना
13 महीना	सीढ़ी चढ़ना
14 महीना	स्वयं खड़े हो जाना
15 महीना	स्वयं चलना

मानसिक विकास

Mental Development

➢ मानसिक विकास से तात्पर्य मानसिक क्षमताओं के विकास से होता है। इस मानसिक क्षमता में चिंतन करने की क्षमता, तर्क करने की क्षमता, याद रखने की क्षमता, सही-सही प्रत्यक्षणात्मक विभेद करने की क्षमता इत्यादि सम्मिलित होते हैं।

➢ जेम्स ड्रेवर *(James Drever)* के अनुसार, *"व्यक्ति के जन्म से परिपक्वता तक की मानसिक क्षमताओं एवं मानसिक कार्यों के उत्तरोत्तर प्रकटन एवं संगठन की प्रक्रिया को मानसिक विकास कहा जाता है।"*

मानसिक विकास की विशेषताएँ :

(a) मानसिक विकास शिशुओं की आयु के साथ बढ़ता है।

(b) आवश्यकताओं एवं अभिरुचियों में विस्तार।

(c) नवीन विचारों एवं चिंतन का विकास।

(d) समय का ज्ञान।

(e) अपनी इच्छा एवं मनोवृत्ति की अभिव्यक्ति।

(f) योजना बनाने की क्षमता।

(g) गत अनुभवों से लाभ उठाने की क्षमता।

(h) मानसिक विकास में एक क्रमबद्धता होती है।

मानसिक विकास की अवस्थाएँ
Stage of Mental Development

मनोवैज्ञानिकों के अनुसार मुख्य रूप से मानसिक विकास की तीन अवस्थाएँ होती हैं—

(a) प्रतिवर्त या सहज क्रियाओं की अवस्था *(Stage of Reflex Action)*

➢ जन्म के समय से 10-11 महीने की आयु तक शिशुओं में सहज क्रियाओं *(Reflex Actions)* की प्रधानता होती है। उनमें चूसना, निगलना, कंडरा प्रतिवर्त *(Tendon Reflex),* घुटना या जानु प्रतिवर्त *(Knee Reflex),* बेबिन्स्की प्रतिक्षेप *(Babinski Reflex)* इत्यादि प्रधान हैं।

➢ 1 वर्ष की उम्र हो जाने पर इनमें कुछ प्रतिवर्त, पादतलीय प्रतिवर्त तथा करतल प्रतिवर्त अपने-आप समाप्त हो जाता है। इस समय तक मस्तिष्क का कुछ भाग जैसे लघु मस्तिष्क तथा वृहत् मस्तिष्क का विकास हो जाता है, जिसके फलस्वरूप बालक कुछ ऐच्छिक क्रियाएँ करना आरंभ कर देता है।

➢ इस प्रकार 13-14 महीने की उम्र तक बालक प्रतिवर्त प्राणी से चिंतनशील या परावर्तक प्राणी *(Reflective Organism)* हो जाता है।

(b) इच्छित या ऐच्छिक क्रियाओं की अवस्था *(Stage of Desired or Voluntary Activities)*: मानसिक विकास की यह दूसरी अवस्था होती है जो 17-18 महीने की उम्र से प्रारंभ हो जाती है। इस अवस्था में बालकों का वृहत् मस्तिष्क अधिक परिपक्व हो जाता है। फलस्वरूप बालकों में भाषा का विकास हो जाता है और वे तरह-तरह की ऐच्छिक क्रियाएँ करने लगता है।

(c) उद्देश्यपूर्ण कार्य करने की अवस्था *(Stage of purposeful action)*: यह अवस्था 2 वर्ष की आयु से प्रारंभ हो जाती है। इस अवस्था में बालक उद्देश्यपूर्ण कार्य, जैसे—किसी खिलौना को पकड़ने, लिखने के लिए कलम पकड़ने, दौड़ने आदि का कार्य प्रारंभ कर देते हैं।

➢ मानसिक विकास की यह अंतिम अवस्था मानी गई है और आनेवाले वर्षों में बालक में अन्य तरह-तरह के मानसिक क्षमताओं का विकास होता जाता है।

शैशवावस्था तथा बचपनावस्था में मानसिक विकास *(Mental Development During Infancy and Babyhood)*: जन्म से 2 वर्ष की अवधि में होनेवाले मानसिक विकास के प्रमुख तत्व निम्नलिखित हैं—

1. संवेदन की क्षमता का विकास: शिशुओं में विभिन्न प्रकार के संवेदन क्षमता का विकास होता है। जैसे—दृष्टि संवेदन, श्रवण संवेदन, घ्राण संवेदन, स्वाद संवेदन तथा त्वक् संवेदन *(Skin or Cutancous Sensation)* इत्यादि।

शिशु उम्र	—	संवेदन
3-4 महीने	—	दृष्टि संवेदन/दृष्टि प्रत्यक्षण *(Visual Perception)*
5-6 महीने	—	श्रवण संवेदन
8-9 महीने	—	ध्वनि के आधार पर माता-पिता की पहचान

2. समझ का विकास *(Growth of Understanding)*: नवजात शिशु पहले उद्दीपन का अर्थ नहीं समझता है। जैसे-जैसे उम्र बढ़ता है उसका मानसिक विकास होता जाता है, उसमें समझ की शक्ति का विकास होता है। सबसे पहले शिशु अपनी माता को पहचानता है तब पिता एवं परिवार के अन्य सदस्यों को।

➢ प्रारंभ में शिशु उन उद्दीपनों, वस्तुओं एवं व्यक्तियों के प्रति अनुक्रिया करता है, जिनके तत्वों में काफी समानता होती है। 12 महीने के उम्र हो जाने पर बालक उद्दीपनों एवं व्यक्तियों में विभेद करना पूर्णतः सीख लेते हैं।

3. दिक्स्थान संप्रत्यय *(Concept of Space)*: नवजात शिशु में दिक्स्थान संप्रत्यय अविकसित होता है अर्थात् एक नवजात शिशु यह नहीं समझ पाता है कि कोई वस्तु किस दिशा में है और कितनी दूरी पर है।

➢ 13वें महीने से अधिकतर शिशु उन वस्तुओं को छूने की कोशिश नहीं करते जो उनसे 20 इंच से अधिक दूरी पर होती है। परंतु, जब वस्तु 20 इंच से कम दूरी पर होती है, तब वह उसे छूने या पकड़ने की कोशिश करता है। अतः इससे यह सिद्ध होता है कि इस अवस्था में मानसिक विकास होने के साथ-साथ शिशुओं में दिक्स्थान संप्रत्यय भी विकसित हो जाता है।

4. भार का संप्रत्यय *(Concept of Weight)*: शिशु को भार का ज्ञान ठीक से नहीं होता है। वह भार की मात्रा का अंदाज वस्तु के आकार के आधार पर लगाता है। शिशु यह समझता है कि बड़े आकार की सभी वस्तुएँ छोटे आकार की सभी वस्तुओं से भारी होती है। उम्र बढ़ने के साथ-साथ मानसिक विकास में भी वृद्धि होती है।

5. समय का संप्रत्यय *(Concept of Time)*: शिशुओं में समय का ज्ञान प्रारंभ में कुछ नहीं होता है। वह सुबह, शाम, दोपहर, रात नहीं समझता है। जब शिशु 22-23 महीने का होता है तब वह सुबह, शाम, दोपहर का हल्का अर्थ समझने लगता है और जब वह पूर्णतः 24 महीने का हो जाता है तब उसमें 'आज', 'कल' एवं 'परसों' का भी कुछ-कुछ ज्ञान होने लगता है।

6. आत्म-संप्रत्यय *(Self Concept)*: अपने-आपके बारे में जो शिशु एक प्रतिमा बनाता है उसे आत्म-संप्रत्यय *(Self Concept)* कहा जाता है। शिशुओं में इस अवस्था में पहले शारीरिक आत्म-संप्रत्यय का विकास होता है। 2 वर्ष बाद बालकों में मानसिक आत्म-संप्रत्यय *(Mental Self Concept)* विकसित होता है जिसमें उसके संवेग, चिंतन, स्मृति इत्यादि की महत्वपूर्ण भूमिका होती है।

7. यौन-भूमिका संप्रत्यय *(Sex Role Concepts)*: नवजात शिशुओं में यह ज्ञान नहीं होता है कि लड़का तथा लड़की की आवाज, वेश-भूषा व्यवहार में क्या अंतर होता है। 2 साल की उम्र में मानसिक विकास में वृद्धि के साथ यह विकास हो जाता है।

8. सामाजिक संप्रत्यय *(Social Concepts)*: नवजात शिशु में माता-पिता की क्रियाओं एवं संवेगों के प्रति अनुक्रिया करने की क्षमता नहीं होती है। परंतु, 8वें महीने से वे माता-पिता द्वारा दिखाये गये संवेगों के प्रति विशेष आनन अभिव्यक्ति *(Facial Expression)* अपनी प्रतिक्रिया अर्थात् सांवेगिक प्रतिक्रियाओं *(Emotional Reactions)* द्वारा व्यक्त करते हैं।

प्रारंभिक बाल्यावस्था में मानसिक विकास
Mental Development During Early Childhood

➢ प्रारंभिक बाल्यावस्था 2 वर्ष से प्रारंभ होकर 6 वर्ष तक चलती है। इस अवस्था में बालकों का मानसिक विकास अधिक तीव्र गति से होता है। बालकों की बौद्धिक क्षमताएँ बढ़ जाती हैं।

➢ बालक में वस्तुओं एवं घटनाओं के बीच संबंध को समझने तथा परखने की क्षमता तीव्र हो जाती है। इस अवस्था में बालकों में क्रियात्मक संगठन *(Motor Co-ordination)* की क्षमता भी बढ़ जाती है। इस अवस्था में होनेवाले मानसिक विकास निम्नलिखित हैं—

1. अन्वेषणात्मक प्रवृत्ति का विकास *(Development of Exploratory Tendency)*: इस अवस्था में बालकों में मानसिक विकास का स्तर कुछ ऊँचा हो जाने से उत्सुकता अभिप्रेरण *(Curiosity Motive)* अधिक प्रबल हो जाता है; फलस्वरूप वह क्या, कहाँ, कैसे एवं क्यूँ से प्रारंभ होनेवाले प्रश्न अधिक पूछते हैं।

➢ प्रायः यह देखा जाता है कि लड़कों की अपेक्षा लड़कियाँ ऐसे प्रश्न अधिक करती हैं तथा उच्च सामाजिक-आर्थिक स्तर के परिवार के बालकों द्वारा निम्न सामाजिक-आर्थिक स्तर के परिवार के बालकों की अपेक्षा इस ढंग से अन्वेषणात्मक प्रश्न *(Exploratory Questions)* अधिक पूछे जाते हैं।

2. जीवन-मृत्यु के संप्रत्यय *(Concept of Life and Death)*: इस अवस्था में बालकों में जीवन एवं मृत्यु के संप्रत्यय का विकास हो जाता है। बालक सजीव एवं निर्जीव वस्तुओं में अंतर समझने लगता है।

3. दिक्‌स्थान संप्रत्यय *(Concept of Space)*: चार वर्ष की अवस्था में बालकों में छोटी दूरी का सही-सही प्रत्यक्षण करने की क्षमता विकसित हो जाती है, परंतु लंबी दूरी का सही रूप से प्रत्यक्षण 6 वर्ष के बाद ही संभव हो पाता है।

4. चिंतन एवं तर्क *(Thinking and Logic)*: इस अवस्था में बालकों में चिंतन एवं तर्क का विकास होता है। इस अवस्था में बालकों का मानसिक विकास *(Mental Development)* इस स्तर का होता है कि वह जोड़, घटाव, गुणा, भाग इत्यादि जैसी प्रक्रियाएँ करता है, परंतु इन सबके पीछे छिपे नियमों को वह नहीं समझ पाता है। अर्थात् चिंतन तर्कसंगत *(Logical)* नहीं होता है।

➢ इस अवस्था में बालकों के चिंतन में आत्मकेंद्रिता *(Egocentricity)* अधिक होती है, क्योंकि उनके चिंतन में उनकी आवश्यकताओं की भूमिका प्रधान होती है।

उत्तर-बाल्यावस्था में मानसिक विकास
Mental Development in Later Childhood

➢ उत्तर-बाल्यावस्था की अवस्था 6 से 12/13 वर्ष की होती है। इस अवस्था में बालकों को अपने साथियों का एक समूह होता है। उनका सामाजिक विकास अधिक मजबूत हो जाता है जिससे उसका मानसिक विकास भी अत्यधिक प्रभावित होता है।

➢ इस अवस्था में बालकों में ठोस एवं संक्रियात्मक चिंतन *(Concrete and Operational Thinking)* एवं मुद्रा संबंधी संप्रत्यय *(Concept of Money)* इत्यादि का विकास होता है।

➢ इस अवस्था में बालक स्पष्ट रूप से इंच, फीट, वर्ग, मील, मीटर तथा किलोमीटर का अर्थ समझने लगता है।

➢ 9-10 वर्ष के उम्र में बालक 1000 तक की संख्या का अर्थ समझने लगता है। दिन, तारीख, मास, वर्ष समझने की भी क्षमता विकसित हो जाती है।

➢ 12-13 वर्ष के उम्र में बालकों में योजना बनाकर काम करने की प्रवृत्ति विकसित हो जाती है।

किशोरावस्था में मानसिक विकास

Mental Development During Adolescence

➢ किशोरावस्था 13 वर्ष से प्रारंभ होकर 19-20 वर्ष तक चलती है। इस अवस्था में लड़कों एवं लड़कियों की मानसिक क्षमता का विकास अधिकतम बिन्दु पर होती है।

➢ मनोवैज्ञानिकों के अनुसार, इस अवस्था के अंत तक लड़के-लड़कियों में मानसिक विकास अधिकतम हो जाता है और जीवन के बाद के वर्षों में इस मानसिक क्षमता का मात्र सुदृढ़ीकरण होता है।

➢ इस अवस्था में किशोर तथा किशोरियों की अभिरुचियाँ अधिक विस्तृत हो जाती हैं। इन अभिरुचियों में सामाजिक अभिरुचियाँ तथा शैक्षणिक अभिरुचि का महत्व शिक्षा के दृष्टिकोण से अधिक महत्वपूर्ण है।

किशोरावस्था में होनेवाले मानसिक विकास निम्नलिखित हैं—

(a) चिंतन में औपचारिक क्रियाएँ *(Formal Operations in Thinking)* : इस अवस्था में किशोरों का चिंतन अधिक क्रमबद्ध होता है और सभी तरह की औपचारिक संक्रियाओं *(Formal Operations)* की मदद से विभिन्न तरह के विश्लेषण करने में सक्षम होते हैं।

➢ इस अवस्था में बालक किसी समस्या के समाधान में अपनी चिंतन प्रक्रिया को इतना तार्किक *(Logical)* एवं क्रमबद्ध *(Systematic)* बनाकर रखते हैं कि उन्हें किसी तरह की समस्या का समाधान करने में कम-से-कम कठिनाई होती है।

(b) एकाग्रचितता *(Concentration)* : इस अवस्था में किशोरों का मानसिक विकास इस स्तर का हो जाता है कि उनमें एकाग्रचित होने की क्षमता बढ़ जाती है।

(c) तथ्यों को सामान्यीकरण की क्षमता *(Ability to Generalise Facts)* : किशोरावस्था में किशोरों में अमूर्त्त ढंग से सामान्यीकरण करने की क्षमता होती है।

(d) दूसरों के साथ संचार करने की क्षमता में वृद्धि *(Increase in the Ability to Communicate with Others)*

(e) समझ एवं पकड़ की क्षमता में वृद्धि *(Increase in the Ability to Catch and Understand)*

(f) निर्णय करने की क्षमता में वृद्धि *(Increase in the Ability to Make Decision)*

(g) स्मृति शक्ति का विकास *(Development of Memory Power)*

(h) नैतिक संप्रत्ययों की समझ *(Understanding Moral Concepts)*

(i) समस्या को अमूर्त्त संकेतों द्वारा समाधान करने की क्षमता *(Ability to Solve Problems by Abstract Symbols)*

(j) बाहरी दुनिया के प्रमुख व्यक्तित्व एवं परिस्थितियों के साथ तादात्म्य *(Identification with Major Personalities and Conditions of External Worlds)*

परीक्षोपयोगी तथ्य

- शारीरिक विकास से तात्पर्य बालकों की उम्र के अनुसार शारीरिक आकार *(Body Size)*, शारीरिक अनुपात *(Body Proportions)*, हड्डियाँ *(Bones)*, मांसपेशियाँ *(Muscles)*, दाँत तथा तंत्रिका-तंत्र *(Nervous System)* के समुचित विकास से होता है।
- प्रारंभिक बाल्यावस्था में कुछ बालकों का शारीरिक गठन *(Body Build)* मोटा होता है वे एण्डोमॉर्फिक कहलाते हैं, कुछ का शारीरिक गठन हट्ठा-कट्ठा होता है, वे मेसोमॉर्फिक गठन के होते हैं, कुछ का शारीरिक गठन दुबला-पतला होता है, वे एक्टोमॉर्फिक गठन *(Ectomorphic Build)* के होते हैं।
- क्रियात्मक विकास से तात्पर्य बालकों में उनकी मांसपेशियों तथा तंत्रिकाओं के समन्वित कार्य द्वारा अपनी शारीरिक क्रियाओं *(Bodily Activities)* पर पूर्ण नियंत्रण प्राप्त करने से होता है।
- बालकों के क्रियात्मक विकास के प्रयोगात्मक अध्ययनों से प्राप्त निष्कर्ष के आधार पर क्रियात्मक विकास मूलतः मस्तकाधोमुखी विकास क्रम *(Cephalocaudal Development Sequence)* के अनुसार अर्थात् सिर से पैर की दिशा में होता पाया गया है।
- मानसिक विकास से तात्पर्य व्यक्ति के जन्म से परिपक्वता तक की मानसिक क्षमताओं एवं मानसिक कार्यों के उत्तरोत्तर प्रकटन एवं संगठन की प्रक्रिया से होता है।
- मनोवैज्ञानिकों ने मानसिक विकास की तीन अवस्थाओं का वर्णन किया है—प्रतिवर्त्त या सहज क्रियाओं की अवस्था *(Stage of Reflex Action)*, इच्छित या ऐच्छिक क्रियाओं की अवस्था *(Stage of Desived or Voluntary Activities)* तथा उद्देश्यपूर्ण कार्य करने की अवस्था *(Stage of Purposeful Action)*।
- जिंदगी के प्रथम पाँच साल में बालकों के मानसिक विकास की कई विशेषताएँ हैं, जिनमें संवेदन की क्षमता का विकास, समाज का विकास, दिक्स्थान संप्रत्यय *(Concept of Space)*, भार का संप्रत्यय *(Concept of Weight)*, समय का संप्रत्यय *(Concept of Time)* तथा आत्म-संप्रत्यय *(Self-Concept)*, यौन-भूमिका संप्रत्यय, सामाजिक संप्रत्यय इत्यादि महत्वपूर्ण है।
- प्रारंभिक बाल्यावस्था *(Early Childhood)* में बालकों में होनेवाले मानसिक विकास की प्रमुख विशेषताओं में अन्वेषणात्मक प्रवृति का विकास, जीवन-मृत्यु का संप्रत्यय, दिक्स्थान संप्रत्यय *(Concept of Space)*, चिंतन एवं तर्क इत्यादि प्रमुख हैं।
- उत्तर बाल्यावस्था *(Later Childhood)* में बालकों में होनेवाले मानसिक विकास की विशेषताओं में ठोस एवं संक्रियात्मक चिंतन, जीवन-मृत्यु का संप्रत्यय मृत्यु के बाद जीवन का संप्रत्यय, मुद्रासंबंधी संप्रत्यय का विकास आदि महत्वपूर्ण हैं।
- किशोरावस्था में होनेवाले मानसिक विकास की विशेषताओं में चिंतन में औपचारिक संक्रियाएँ, एकाग्रचित्तता, तथ्यों के सामान्यीकरण की क्षमता, दूसरों के साथ संचार करने की क्षमता, समझ एवं पकड़ की क्षमता में वृद्धि, स्मृति शक्ति का विकास, नैतिक संप्रत्ययों की समझ, समस्या का अमूर्त्त संकेतों द्वारा समाधान करने की क्षमता तथा बाहरी दुनिया के प्रमुख व्यक्तित्व एवं परिस्थितियों के साथ तादात्म्य करने की क्षमता आदि प्रधान हैं।

➢ द्रुतगामी विकास का नियम शारीरिक विकास का एक प्रमुख नियम है। बाल्यावस्था में बच्चों का शारीरिक विकास अत्यंत तीव्र गति से होता है।

➢ डॉ. एस जलोटा ने 12 से 16 वर्ष के बच्चों के लिए हिंदी में साधारण मानसिक योग्यता परीक्षण प्रतिपादित किया।

वस्तुनिष्ठ प्रश्न

1. ''बच्चे के उचित विकास को सुनिश्चित करने के लिए उसका स्वस्थ शारीरिक विकास एक महत्वपूर्ण प्रथम आवश्यकता है।'' यह कथन—

(a) गलत हो सकता है, क्योंकि विकास नितांत व्यक्तिगत मामला है

(b) सही है, क्योंकि विकास-क्रम में शारीरिक विकास सबसे पहले स्थान पर आता है

(c) सही है, क्योंकि शारीरिक विकास, विकास के अन्य पक्षों के साथ अंतःसंबंधित *(Interrelated)* है

(d) गलत है, क्योंकि शारीरिक विकास, विकास के अन्य पक्षों को किसी भी प्रकार से प्रभावित नहीं करता है *(CTET–2011)*

2. ''बच्चे के उचित विकास को सुनिश्चित करने के लिए उसका स्वस्थ शारीरिक विकास एक महत्वपूर्ण पूर्व आवश्यकता है।'' यह कथन—

(a) गलत हो सकता है, क्योंकि विकास नितांत व्यक्तिगत मामला है

(b) सही है, क्योंकि विकास-क्रम में शारीरिक विकास सबसे पहले स्थान पर आता है

(c) सही है, क्योंकि शारीरिक विकास, विकास के अन्य पक्षों के साथ अंतःसंबंधित है

(d) गलत है, क्योंकि शारीरिक विकास, विकास के अन्य पक्षों को किसी भी प्रकार से प्रभावित नहीं करता *(CTET–2011)*

3. 'मन का मानचित्र' *(Mind Mapping)* संबधित है—

(a) बोध *(समझ)* बढ़ाने की तकनीक से (b) साहसिक कार्यों की क्रिया-योजना से

(c) मन का चित्र बनाने से (d) मन की क्रियाशीलता पर अनुसंधान से *(CTET–2011)*

4. निम्नलिखित में से किस अवस्था में बच्चे अपने समवयस्क समूह *(Peer Group)* के सक्रिय सदस्य हो जाते हैं?

(a) किशोरावस्था *(Adolesence)*

(b) प्रौढ़ावस्था *(Adulthood)*

(c) पूर्व बाल्यावस्था *(Early Childhood)*

(d) बाल्यावस्था *(Childhood)* *(UPTET–2011)*

5. विद्यार्थियों को विद्यालय में खेलना क्यों उचित है?

(a) यह उन्हें शारीरिक रूप से सशक्त बनायेगा

(b) यह शिक्षकों के लिए काम आसान करेगा

(c) यह समय बिताने में सहायक होगा

(d) यह सहयोग एवं शारीरिक संतुलन का विकास करेगा *(UPTET–2011)*

6. बालकों की सोच अमूर्त्तता की अपेक्षा मूर्त अनुभवों एवं प्रत्ययों से होती है। यह अवस्था है—

(a) 7 से 12 वर्ष तक (b) 12 वर्ष से वयस्क तक

(c) 2 से 7 वर्ष तक (d) जन्म से 2 वर्ष तक *(RTET–2011)*

7. निम्नलिखित में से कौन-सा कथन किसी व्यक्ति के मानसिक स्वास्थ्य को उत्तम रूप से प्रदर्शित करता है?

(a) पूर्ण अभिव्यक्ति, संगतिकरण और सामान्य लक्षण की ओर निर्देशन

(b) मानसिक विकारों का न होना

(c) व्यक्तित्व के विकारों से मुक्ति

(d) उपरोक्त में से सभी *(RTET–2011)*

8. क्रियात्मक अनुसंधान *(Action Research)* का उद्देश्य है—

(a) नवीन ज्ञान की खोज

(b) शैक्षिक परिस्थितियों में व्यवहार विज्ञान का विकास

(c) विद्यालय तथा कक्षा की शैक्षिक कार्य-प्रणाली में सुधार लाना

(d) उपरोक्त सभी *(RTET–2011)*

9. विद्यार्थियों के अच्छे मानसिक स्वास्थ्य को बनाये रखने के लिए निम्न में से कौन-सा तरीका अधिक महत्वपूर्ण है?

(a) सहशैक्षिक क्रियाओं का प्रावधान

(b) अभिव्यक्ति की स्वतंत्रता

(c) रुचियों की भिन्नता

(d) अध्यापक की भूमिका एवं विद्यालयी वातावरण *(RTET–2011)*

10. शारीरिक विकास का क्षेत्र है—

(a) स्नायुमंडल (b) स्मृति (c) अभिप्रेरणा (d) समायोजन *(CgTET–2011)*

11. शरीर के आकार में वृद्धि होती है, क्योंकि—

(a) शारीरिक और गत्यात्मक विकास *(Physical & Dynamical Development)*

(b) संवेगात्मक विकास *(Emotional Development)*

(c) संज्ञानात्मक विकास *(Cognitive Development)*

(d) नैतिक विकास *(Moral Development)* *(CgTET–2011)*

12. मानसिक विकास को प्रभावित करने वाले कारक हैं—

(a) वंशानुक्रम (b) परिवार का वातावरण

(c) परिवार की सामाजिक स्थिति (d) उपरोक्त सभी *(CgTET–2011)*

13. बिग व हंट के अनुसार ...... की विशेषताओं को सर्वोत्तम रूप से व्यक्त करने वाला एक शब्द है 'परिवर्तन'। परिवर्तन शारीरिक, सामाजिक और मनोवैज्ञानिक होता है।

(a) शैशवावस्था (b) बाल्यावस्था

(c) किशोरावस्था (d) प्रौढ़ावस्था *(CgTET–2011)*

14. एक 13 वर्षीय बालक बात-बात में अपने बड़ों से झगड़ा करने लगता है और हमेशा स्वयं को सही साबित करने की कोशिश करता है। वह विकास की किस अवस्था में है?

(a) प्रारंभिक बाल्यावस्था (b) किशोरावस्था

(c) युवावस्था (d) बाल्यावस्था *(CgTET–2011)*

15. बालक के शारीरिक व क्रियात्मक विकास की दशा होती है—

(a) सिर से पैर तथा शरीर के बाहर से मध्य की ओर

(b) सिर से पैर तथा शरीर के मध्य से बाहर की ओर

(c) पैर से सिर तथा शरीर के बाहर से मध्य की ओर

(d) पैर से सिर तथा शरीर के मध्य से बाहर की ओर *(CgTET–2011)*

16. मानसिक रूप से स्वस्थ अध्यापक की विशेषता क्या है?

(a) वह संवेदनात्मक रूप से संतुलित है (b) उसे अपने विषय का गहन ज्ञान है

(c) वह अत्यधिक संवेदनशील है (d) वह सख्त अनुशासन पसंद करता है

(Utt TET–2011)

17. यदि एक बच्चे की मानसिक आयु *(Mental Age)* 5 वर्ष तथा वास्तविक आयु *(Chronological Age)* 4 वर्ष है, तो उस बच्चे की IQ होती है—

(a) 125 (b) 80 (c) 120 (d) 100

(PTET–2011)

18. प्रतिबिंब, अवधारणा, प्रतीक एवं संकेत, भाषा, शारीरिक क्रिया और मानसिक क्रिया अंतर्निहित है—

(a) अनुकूलन

(b) प्रेरक पेशी विकास *(Motor Development)*

(c) समस्या समाधान

(d) विचारात्मक प्रक्रिया *(PTET–2011)*

19. मानव विकास को क्षेत्रों में विभाजित किया जाता है, जो हैं—

(a) शारीरिक, आध्यात्मिक, संज्ञानात्मक और सामाजिक

(b) शारीरिक, संज्ञानात्मक, संवेगात्मक और सामाजिक

(c) संवेगात्मक, संज्ञानात्मक, आध्यात्मिक और सामाजिक-मनोवैज्ञानिक

(d) मनोवैज्ञानिक, संज्ञानात्मक, संवेगात्मक और शारीरिक *(CTET–2012)*

20. जब बच्चे की दादी उसे उसकी माँ की गोद से लेती है, तो बच्चा रोने लगता है। बच्चा..........के कारण रोता है।

(a) वियोग दुश्चिंता *(Separation Anxiety)*

(b) सामाजिक दुश्चिंता *(Social Anxiety)*

(c) संवेगात्मक दुश्चिंता *(Emotional Anxiety)*

(d) अजनबी दुश्चिंता *(Stranger Anxiety)* *(CTET–2012)*

21. निम्नलिखित में से कौन-सा सूक्ष्म गतिक कौशल *(Fine Motor Skill)* का उदाहरण है?

(a) लिखना (b) चढ़ना *(Climbing)*

(c) फुदकना *(Hopping)* (d) दौड़ना *(CTET–2012)*

22. किशोर ...... का अनुभव कर सकते हैं।
(a) बचपन में किये गये अपराधों के प्रति डर के भाव
(b) आत्मसिद्धि के भाव
(c) जीवन के बारे में परितृप्ति
(d) दुश्चिंता और स्वयं से सरोकार *(CTET–2012)*

23. चिंतन के सूचना प्रक्रमण सिद्धांत में निम्नलिखित चरण आते हैं—
(i) प्रतिक्रिया क्रियान्वयन *(Response Execution)*
(ii) प्रतिक्रिया चयन *(Response Selection)*
(iii) पूर्व-प्रक्रमण *(Pre Processing)*
(iv) श्रेणीकरण *(Categorisation)*
इन चरणों का सही क्रम है—
(a) ii, iv, iii, i (b) iii, i, iv, ii
(c) iii, ii, iv, i (d) iii, iv, ii, i *(CTET–2012)*

24. कौन-से गुण अच्छे मानसिक स्वास्थ्य के नहीं हैं ?
(a) नियमित जीवन, संवेगात्मक परिपक्वता
(b) आत्मविश्वास, सहनशीलता
(c) बहुत विनीत, स्वयं में सीमित
(d) वास्तविकता की स्वीकृति, स्वमूल्यांकन की योग्यता *(UPTET–2012)*

25. स्व-केंद्रित अवस्था होती है बालक के—
(a) जन्म से 2 वर्ष तक (b) 3 से 6 वर्ष तक
(c) 7 वर्ष से किशोरावस्था तक (d) किशोरावस्था में *(UPTET–2012)*

26. मानसिक परिपक्वता की ऊँचाइयों को छूने के लिए प्रयत्नरत रहना संबंधित है—
(a) किशोरावस्था से (b) प्रौढ़ावस्था से
(c) पूर्व बाल्यावस्था से (d) उत्तर बाल्यावस्था से *(UPTET–2012)*

27. शैशवावस्था में बच्चों के क्रियाकलाप ...... होते हैं।
(a) मूल प्रवृत्यात्मक (b) संरक्षित
(c) संज्ञानात्मक (d) संवेगात्मक *(UPTET–2012)*

28. "मानसिक स्वास्थ्य के नियमों को खोजना और बनाये रखना" अध्ययन का केंद्र-बिन्दु है—
(a) शैफर (b) हैडफील्ड (c) ड्रेवर (d) लैडेल
(UPTET–2013)

29. मानसिक स्वास्थ्य और......में घनिष्ठ संबंध है।
(a) अभिवृति (b) स्वीकार्यता (c) बचने (d) समायोजन
(UPTET–2013)

30. एक बालक की मानसिक आयु 12 वर्ष और शारीरिक आयु 10 वर्ष है। उसका बुद्धिलब्धांक होगा—
(a) 120 (b) 100 (c) 22 (d) 83
(UTET-I–2015)

31. वह मापनी जिसमें अंतराल मापनी के समस्त गुण के साथ परम शून्य भी हो, कहलाती है—

(a) नामित मापनी (b) क्रमसूचक मापनी
(c) अंतराल मापनी (d) अनुपात मापनी *(UPTET-I–2015)*

32. ...... मस्तिष्क की संरचना तथा कृत्यों में विभेद का परिणाम होता है?

(a) तनाव (b) पिछड़ापन
(c) डिस्लेक्सिया (d) इनमें से कोई नहीं *(RTET-I–2016)*

33. तर्क, जिज्ञासा तथा निरीक्षण शक्ति का विकास होता है ...... की आयु पर।

(a) 7 वर्ष (b) 11 वर्ष (c) 9 वर्ष (d) 6 वर्ष
(RTET-I–2016)

34. शारीरिक विकास का क्षेत्र है ......।

(a) स्नायुमंडल (b) मांसपेशियों की वृद्धि
(c) एंडोक्राइन ग्लैंड्स (d) ये सभी *(RTET-I–2016)*

35. इस अवस्था में बालकों में नई खोज करने की और घूमने की प्रवृत्ति बहुत अधिक बढ़ जाती है—

(a) शैशव (b) उत्तर बाल्यावस्था
(c) किशोरावस्था (d) प्रौढ़ावस्था *(RTET-I–2016)*

36. ...... की अवस्था तक बालक की दृष्टि एवं श्रवण इंद्रियाँ पूर्ण विकसित हो चुकी होती है।

(a) 3 अथवा 4 वर्ष (b) 6 अथवा 7 वर्ष
(c) 8 अथवा 9 वर्ष (d) इनमें से कोई नहीं *(RTET-I–2016)*

37. तनाव को कम करने के अप्रत्यक्ष ढंग कहलाते हैं—

(a) समस्या समाधान विधि (b) रक्षात्मक यांत्रिकता
(c) व्यक्तिगत विधि (d) इनमें से कोई नहीं *(RTET-I–2016)*

38. 'विद्रोह की भावना' की प्रवृत्ति निम्न में से किस अवस्था से संबंधित है?

(a) बाल्यावस्था (b) शैशवावस्था
(c) पूर्वकिशोरावस्था (d) मध्य किशोरावस्था *(UPTET-I–2017)*

39. निम्न में से कौन-सा शारीरिक विकास का एक प्रमुख नियम है?

(a) मानसिक विकास से भिन्नता का विकास
(b) अनियमित विकास का नियम
(c) द्रुतगामी विकास का नियम
(d) कल्पना और संवेगात्मक विकास से संबंध का नियम *(UPTET-I–2017)*

40. मूल प्रवृत्तियों को चौदह प्रकार से किसने वर्गीकृत किया है?

(a) ड्रेवर (b) मैक्डूगल (c) थॉर्नडाइक (d) वुडवर्थ
(UPTET-I–2017)

41. निम्न में से कौन-सी एक अन्तःस्रावी ग्रन्थि नहीं है?

(a) एड्रिनल ग्रन्थि (b) पीयूष ग्रन्थि (c) लार ग्रन्थि (d) थायरॉइड ग्रन्थि
(UPTET-II–2017)

42. 12 वर्ष से 16 वर्ष के बच्चों के लिए हिन्दी में डॉ. एस जलोटा ने कौन-सा परीक्षण प्रतिपादित किया है ?

(a) अशाब्दिक बुद्धि परीक्षण (b) साधारण मानसिक योग्यता परीक्षण
(c) आर्मी अल्फा परीक्षण (d) चित्रांकन परीक्षण *(UPTET-I–2017)*

43. शारीरिक विकास को प्रभावित करने वाला कारक कौन-सा है ?

(a) वंशानुक्रम (b) वातावरण
(c) खेल तथा व्यायाम (d) उपर्युक्त सभी *(UPTET-II–2017)*

44. निम्नलिखित में से कौन-सा कथन सही है ?

(a) परिपक्वता में अभ्यास का महत्व होता है
(b) परिपक्वन एक शारीरिक क्रिया है
(c) परिपक्वता मृत्युपर्यंत चलती है
(d) परिपक्वता में केवल मात्रात्मक बदलाव सम्मिलित होते हैं *(HTET-I–2017)*

45. निम्नलिखित में से कौन-सा आयाम मानसिक विकास के तहत आता है ?

(a) भाषा (b) आकार (c) अनुराग (d) ईमानदारी *(HTET-I–2017)*

46. मानसिक वृद्धि एवं विकास निम्न में से किस कारक द्वारा नियंत्रित है ?

(a) आनुवंशिकता (b) आनुवंशिकता एवं पर्यावरण कारक
(c) केवल पर्यावरण कारक (d) इनमें से कोई नहीं *(HTET-I–2017)*

47. 'समानांतर खेल' क्या है ?

(a) समूह में खेलना (b) छोटे समूह में सहभागीत्व
(c) रोल प्ले (d) अलग-अलग खेलना *(HTET-I–2017)*

48. किशोर जन मुख्यतया बालिकाएँ कठोर आहार, आदतों और अत्यधिक अभ्यास कार्य को करने लगती हैं, किशोरों का यह आहार सम्बन्धी विकास कहलाता है—

(a) एनोरेक्सिया नर्वोसा
(b) बाध्यता-मनोग्रस्ति तान्त्रिकाताप *(ऑबसेसिव कम्पल्सिव न्यूरोसिस)*
(c) तन्त्रिकीय विकास विकार *(न्यूरो डेवलपमेन्टल डिसआर्डर)*
(d) बुलिमिया नर्वोसा *(HTET Level-III–2019)*

49. निम्नलिखित में से कौन-सा पूर्व-क्रियात्मक अवस्था काल के बच्चे को विशेषित करता है ?

(a) वर्तुल प्रतिक्रिया (b) लक्ष्य-निर्देशित व्यवहार
(c) विलंबित अनुकरण (d) विचारों की अनुत्क्रमणीयता *(CTET-I–2019)*

50. निम्नलिखित अवधि में से किसमें शारीरिक वृद्धि एवं विकास तीव्र गति से घटित होता है ?

(a) शैशवावस्था एवं प्रारंभिक बाल्यावस्था
(b) प्रारंभिक बाल्यावस्था एवं मध्य बाल्यावस्था
(c) मध्य बाल्यावस्था एवं किशोरावस्था
(d) किशोरावस्था एवं वयस्कता *(CTET-I–2019)*

51. ''किशोरावस्था बड़े संघर्ष, तनाव, हमला व विरोध की अवस्था है।'' यह कथन किसका है?

(a) स्टेन्ले हॉल (b) जरशील्ड (c) क्रो एण्ड क्रो (d) सिम्पसन

(UPTET-I–2020)

52. बच्चों के लम्बाई और वजन में वृद्धि किसका उदाहरण है?

(a) संज्ञानात्मक परिवर्तन (b) मात्रात्मक परिवर्तन

(c) गुणात्मक परिवर्तन (d) भावात्मक परिवर्तन *(CTET–2024)*

उत्तरमाला

1.	(c)	2.	(c)	3.	(d)	4.	(a)	5.	(d)	6.	(a)	7.	(a)	8.	(c)
9.	(d)	10.	(a)	11.	(a)	12.	(d)	13.	(c)	14.	(b)	15.	(b)	16.	(a)
17.	(a)	18.	(d)	19.	(d)	20.	(c)	21.	(a)	22.	(d)	23.	(d)	24.	(c)
25.	(b)	26.	(a)	27.	(a)	28.	(c)	29.	(d)	30.	(a)	31.	(d)	32.	(c)
33.	(b)	34.	(d)	35.	(b)	36.	(a)	37.	(b)	38.	(c)	39.	(c)	40.	(b)
41.	(c)	42.	(b)	43.	(d)	44.	(b)	45.	(a)	46.	(b)	47.	(b)	48.	(d)
49.	(d)	50.	(a)	51.	(a)	52.	(b)								

★★★

16

आकलन एवं मूल्यांकन

➢ मूल्यांकन शिक्षण प्रक्रिया का एक महत्वपूर्ण अंग है। वैदिक काल में शिक्षार्थी का मूल्यांकन मौखिक परीक्षाओं के रूप में होता था। इनका मुख्य उद्देश्य विद्यार्थी की स्मृति तथा स्वीकृति *(Recall and Recognition)* की क्षमता का मूल्यांकन करना होता था।

➢ हमारे देश में 1854 ई. में वुड *(Wood)* के घोषणा-पत्र के पश्चात् तथा अंग्रेजी शिक्षा पद्धति के प्रसार के फलस्वरूप परीक्षाओं को महत्व मिलने लगा।

➢ मूल्यांकन की प्रक्रिया मापन एवं परीक्षा के अपेक्षाकृत अधिक विस्तृत प्रक्रिया है। मूल्यांकन के अन्तर्गत शिक्षण और अधिगम की प्रक्रिया, शिक्षण विधियों, शैक्षिक उद्देश्यों, शिक्षण प्रभावशीलता, विद्यार्थी की सफलता को जानकर उसको उचित निर्देश देना इत्यादि आता है।

➢ कोठारी आयोग (1964-66) का मत है कि *''मूल्यांकन एक निरन्तर चलने वाली प्रक्रिया है, जो शिक्षा की सम्पूर्ण प्रणाली का अभिन्न अंग है तथा जिसका शैक्षिक उद्देश्यों से घनिष्ठ सम्बन्ध है। यह शिक्षार्थी की आदतों तथा अध्यापक के पढ़ाने की पद्धतियों पर गहरा प्रभाव डालती है तथा इस प्रकार यह शैक्षिक उपलब्धि के मापन एवं सुधार में सहायक होता है।''*

➢ मुदालियर कमीशन ने कहा है—''परीक्षा और मूल्यांकन का शिक्षा के क्षेत्र में महत्वपूर्ण स्थान है। शिक्षार्थियों ने अपने अध्ययनकाल में किस सीमा तक उन्नति की है, इसकी जाँच शिक्षक तथा अभिभावक दोनों के लिए आवश्यक है।''

शैक्षिक मूल्यांकन के उद्देश्य
Aims of Educational Evaluation

शैक्षिक मूल्यांकन निम्नलिखित उद्देश्य की प्राप्ति के लिए किया जाता है—

★ विद्यार्थियों की शैक्षिक उपलब्धि के स्तर का निर्धारण करने के लिए।

★ विद्यार्थियों की शैक्षिक निष्पत्ति के आधार पर निर्देशन एवं परामर्श प्रदान करने के लिए।

★ विद्यार्थियों की असफलताओं का कारण पता कर उनका उपचार करने हेतु।

★ विद्यार्थियों की ग्रेडिंग, वर्गीकरण तथा प्रोन्नति करने के लिए।

★ विद्यार्थियों की योग्यता के आधार पर पुरस्कार एवं छात्रवृत्ति प्रदान करने हेतु।

★ शिक्षण में गुणात्मक सुधार हेतु अधिगम के वातावरण में सुधार करने के लिए।

★ समाज तथा अभिभावकों को जवाबदेही हेतु नियमित रूप से उनके बच्चों की उपलब्धि एवं उन्नति का पता लगाने हेतु।

★ शिक्षक की शिक्षण प्रभावशीलता को जानने के लिए।
★ शिक्षण विधियों में परिवर्तन या सुधार करने हेतु।
★ पाठ्यक्रम एवं पाठ्य-पुस्तकों में ऐसे बिन्दुओं का पता लगाना जिनमें परिवर्तन या परिमार्जन की आवश्यकता है।

मूल्यांकन के प्रकार
Kinds of Evaluation

मूल्यांकन मुख्य रूप से दो प्रकार का होता है—

1. अल्पकालीन या क्रमानुसार मूल्यांकन *(Short Term or Formative Evaluation)* : अल्पकालीन मूल्यांकन का अभिप्राय उस मूल्यांकन से है जो सत्र के बीच में अनेक बार विद्यार्थियों की शैक्षिक एवं व्यक्तित्व सम्बन्धी उन्नति एवं विकास को जानने के लिए किया जाता है। इस मूल्यांकन द्वारा विद्यार्थी के विकास तथा पाठ्यक्रम के विकास का पता लगाया जाता है।

➢ इस मूल्यांकन से शिक्षण और अधिगम की प्रक्रियाओं को पुनर्बलन मिलता है।
➢ इस मूल्यांकन के अन्तर्गत कक्षा में दिन-प्रतिदिन किया जाने वाला मूल्यांकन, साप्ताहिक तथा मासिक मूल्यांकन, प्रयोगशाला में मूल्यांकन एवं अनेक कार्यक्रमों का मूल्यांकन आता है।
➢ कुछ विद्यालयों में इसे आन्तरिक मूल्यांकन *(Internal Assessment)* भी कहते हैं।

लाभ
Merits

अल्पकालीन मूल्यांकन से होने वाले लाभ निम्नलिखित हैं—

➢ इस प्रकार का मूल्यांकन विद्यार्थी को व्यक्तिगत रूप देने में सहायक होता है।
➢ इससे विद्यार्थी अपनी उन्नति को जानकर अपनी शैक्षिक उपलब्धि में सुधार कर सकता है।
➢ इस मूल्यांकन के अंतर्गत विषय-वस्तु को छोटी-छोटी इकाइयों में बाँटा जाता है, जिससे छात्रों को सम्पूर्ण विषय को समझना सरल हो जाता है। शिक्षक तथा विद्यार्थी दोनों ही व्यवस्थित ढंग से शिक्षण और अधिगम का कार्य कर सकते हैं।
➢ इस विधि के द्वारा विद्यार्थी विषय का अध्ययन अधिक गहनता से करता है। परीक्षा के समय छात्रों को गेस पेपर या गाइड जैसी पुस्तकों का सहारा लेना नहीं पड़ता है।

दोष
Demertis

अल्पकालीन मूल्यांकन के दोष निम्नलिखित हैं—

➢ इसमें शिक्षक को अधिक कार्य करना पड़ता है। शिक्षण के कार्यों के अतिरिक्त शिक्षक को अनेक प्रतिलेखों एवं पंजिकाओं का रख-रखाव करना पड़ता है।
➢ समय एवं अर्थ के दृष्टिकोण से ये अधिक खर्चीले होते हैं।
➢ कभी-कभी शिक्षक का पक्षपातपूर्ण व्यवहार बार-बार मूल्यांकन को प्रभावित करने लगता है।

2. दीर्घकालीन या योगात्मक मूल्यांकन *(Long Term or Summative Evaluation)*: योगात्मक मूल्यांकन का अभिप्राय उस मूल्यांकन से है जो सत्र के अन्त में वार्षिक परीक्षाओं के रूप में किया जाता है। अतः इसके अन्तर्गत वे एकत्रित मूल्यांकन करते हैं जिनके आधार पर कक्षोन्नति, चयन, पदोन्नति, भविष्यवाणी इत्यादि की जाती है। इस प्रकार के मूल्यांकन में पूरे सत्र का कुल मूल्यांकन आता है।

लाभ
Merits

दीर्घकालीन मूल्यांकन के लाभ निम्नलिखित हैं—

(a) समय एवं अर्थ के दृष्टिकोण से यह कम खर्चीली होती है।

(b) प्रशासनिक दृष्टिकोण से भी यह आसान होती है, क्योंकि इनकी तैयारी, व्यवस्था, प्रतिलेखन भी एक ही बार तैयार करना पड़ता है।

(c) शिक्षक के लिए भी अधिक कार्य नहीं बढ़ता है।

(d) पूरे पाठ्यक्रम को इकाइयों में विभाजित नहीं करना पड़ता और एक ही बार में पूरे विषय की परीक्षा ले ली जाती है।

दोष
Demerits

दीर्घकालीन मूल्यांकन में निम्नलिखित दोष होते हैं—

(a) दीर्घकालीन परीक्षाओं की वैधता एवं विश्वसनीयता कम होती है, क्योंकि पूरे पाठ्यक्रम के कुछ ही अंशों का प्रतिनिधित्व प्रश्नपत्र में होता है।

(b) इससे गेस पेपर, गाइड, चयनित अध्ययन, कोचिंग को बढ़ावा मिलता है। विद्यार्थी विषय की गहनता से अध्ययन नहीं करता।

(c) विद्यार्थी को अपने में सुधार लाने का अवसर नहीं दिया जाता है।

(d) शिक्षक भी अपनी प्रभावशीलता को नहीं जान पाता है।

➢ दोनों प्रकार के मूल्यांकन लाभप्रद हैं। अतः एक विद्यालय में दोनों ही प्रकार की मूल्यांकन प्रणाली को अपनाना चाहिए। ये दोनों प्रकार के मूल्यांकन एक-दूसरे के पूरक भी हैं।

➢ विद्यालय में वार्षिक मूल्यांकन के अलावा साप्ताहिक, मासिक मूल्यांकन भी अवश्य होना चाहिए तभी विद्यालय के शिक्षण एवं अधिगम में सुधार किया जा सकता है।

मूल्यांकन प्रक्रिया के पद *(Steps of Evaluation Process)*

↓
सामान्य उद्देश्यों का निर्धारण करना
↓
विशिष्ट उद्देश्यों का निर्धारण करना
↓
शिक्षण बिन्दुओं का चयन करना
↓
अधिगम क्रियाएँ
↓
व्यवहार परिवर्तन
↓
विद्यार्थी का मूल्यांकन करना
↓
पृष्ठपोषण

शैक्षिक मूल्यांकन का क्षेत्र
Scope of Educational Evaluation

1. शारीरिक विकास का मूल्यांकन *(Evaluation of Physical Development)*: शारीरिक विकास का तात्पर्य विद्यार्थी के स्वास्थ्य सम्बन्धी मूल्यांकन से है। विद्यार्थी के उचित मानसिक विकास के लिए उसे स्वस्थ भी होना चाहिए। शारीरिक विकास के मूल्यांकन हेतु विद्यार्थी का समय-समय पर अच्छे चिकित्सक द्वारा निरीक्षण होना चाहिए और किसी भी प्रकार के शारीरिक दोषों को दूर करने हेतु सही समय पर चिकित्सक की राय लेनी चाहिए।

➢ शारीरिक विकास हेतु एक विद्यालय को निम्नलिखित बातों पर ध्यान देना चाहिए—

(a) विद्यार्थी की प्रत्येक सत्र में एक बार शारीरिक जांच, कुशल चिकित्सक द्वारा करवायी जाय।

(b) ऐसे विद्यार्थियों की जिनमें किसी प्रकार की शारीरिक अपंगता है, उनका रिकॉर्ड रखना चाहिए।

(c) विद्यार्थियों की शारीरिक क्षमता का मूल्यांकन एक निश्चित समयावधि के बाद अवश्य होना चाहिए।

(d) अगर किसी विद्यार्थी में कोई असामान्यता हो तो उसके अभिभावक को तुरन्त सूचना देना चाहिए।

2. सामाजिक विकास का मूल्यांकन *(Evaluation of Social Development)*: विद्यार्थी विद्यालय में शिक्षकों तथा अनेक अन्य विद्यार्थियों के सम्पर्क में आते हैं और अपने विचारों का आदान-प्रदान करते हैं। इसके परिणामस्वरूप विद्यार्थी में सहानुभूति, सहयोग, सहभागिता तथा अनुशासन जैसी क्षमताओं का विकास होता है, जो उन्हें एक कुशल सामाजिक प्राणी बनाते हैं। इस उद्देश्य हेतु विद्यालय को निम्नलिखित कार्य करने चाहिए—

(a) विद्यार्थी की दिन-प्रतिदिन की गतिविधियों जैसे प्रार्थना-सभा में भाषण, खेल-कूद कार्यक्रम, गाइडिंग या स्काउटिंग इत्यादि की ओर ध्यान दिया जाय तथा उन्हें रिकॉर्ड कर लिया जाय।

(b) इन कार्यक्रमों के प्रति विद्यार्थी का दृष्टिकोण किस प्रकार का है।

(c) विद्यार्थी का अपने मित्रों एवं सहपाठियों के साथ व्यवहार किस प्रकार का है।

➢ सामाजिक विकास का पता लगाने के लिए सामान्यतः शिक्षक निरीक्षण विधि का ही प्रयोग करते हैं, परन्तु विशेष परिस्थितियों में रेटिंग स्केल या प्रश्नावली की या समाजमिति की सहायता ली जा सकती है।

3. व्यक्तित्व के विकास का मूल्यांकन *(Evaluation of Personality Development)*:

➢ व्यक्तित्व के अन्तर्गत मनोवैज्ञानिक गुण जैसे मिलनसारिता, समाजसेवा, बुद्धि, चरित्र, स्वभाव मनोवैज्ञानिक तथा वेशभूषा, शारीरिक गठन, वाणी जैसे शारीरिक गुण समाहित होते हैं।

➢ विद्यालय का यह प्रयास होता है कि वह विद्यार्थी में इन सब गुणों का विकास कर एक अच्छे व्यक्तित्व को विकसित कर सके। विद्यालय में व्यक्तित्व विकास के लिए निम्नलिखित प्रयास किये जाने चाहिए—

(a) विद्यार्थी को प्रतिदिन अपनी डायरी बनाने को कहना चाहिए, जिसमें वह अपनी प्रतिदिन की घटनाओं का विवरण लिखें।

(b) शिक्षक को विद्यार्थी के व्यवहार का निरीक्षण करना चाहिए और असामान्य व्यवहार करने वाले विद्यार्थियों के बारे में अपनी डायरी में नोट करना चाहिए।

(c) विशेष व्यवहारों का पता लगाने के लिए विभिन्न व्यक्तित्व परीक्षणों की सहायता लेनी चाहिए। समय-समय पर *TAT* एवं *CAT* व्यक्तित्व मापनियों की सहायता से विद्यार्थियों का व्यक्तित्व मापन करना चाहिए।

4. शैक्षिक उपलब्धियों का मापन *(Evaluation of Educational Achievement)*: विद्यालय में शैक्षिक उपलब्धियों का मापन करने के लिए मासिक तथा सात्रिक परीक्षाएँ ली जाती हैं। विद्यार्थी को कक्षोन्नति भी इन्हीं परीक्षाओं के आधार पर दी जाती है। शैक्षिक उपलब्धियों को जाँच करने हेतु विद्यालय में निम्नलिखित क्रियाएँ होनी चाहिए :

(a) विद्यालय का प्रतिदिन कार्य नियमित रूप से जाँचा जाय।

(b) जब कभी विद्यार्थी को गृह-कार्य दिया जाता है तो शिक्षक को उसका मूल्यांकन अवश्य करना चाहिए।

(c) प्रत्येक शिक्षण इकाई के समाप्त होने पर प्रत्येक माह विद्यार्थियों की परीक्षा लेनी चाहिए।

(d) विद्यार्थी को जो भी प्रदत्त कार्य *(Assignments)* दिये जायें, उनका मूल्यांकन भी अवश्य होना चाहिए।

(e) सत्र पूरा होने पर वार्षिक परीक्षाएँ भी अवश्य होनी चाहिए।

थार्नडाइक के सीखने के सिद्धांत का शैक्षिक आशय एवं मूल्यांकन

➢ थार्नडाइक ने सीखने के सिद्धांत में शैक्षिक उपयोगिता एवं शैक्षिक आशय को महत्व दिया है। इन्होंने शिक्षा मनोविज्ञान की पुस्तक भी लिखी, जिसका प्रकाशन 1913 में हुआ।

➢ थार्नडाइक का मत था कि कक्षा के उद्देश्य *(Objective)* स्पष्टतः परिभाषित होनी चाहिए तथा वे शिक्षार्थियों की क्षमताओं *(Capacities)* की पहुँच के भीतर होनी चाहिए।

➢ थार्नडाइक के सीखने के सिद्धांत का शैक्षिक आशय यह है कि शिक्षार्थी का व्यवहार बाह्य पुनर्बलकों *(External Reinforces)* से अधिक प्रभावित है, आंतरिक प्रेरणा *(Internal Motivations)* से कम। शिक्षकों को चाहिए कि वे छात्रों को सही अनुक्रिया करने के लिए प्रेरित करें और यदि वे सही अनुक्रिया करते हैं, तो उन्हें पुरस्कार *(Reward)* दें।

➢ थार्नडाइक का मत था कि कक्षा में छात्रों द्वारा सीखे गये कौशलों *(Skills)* का वास्तविक जिंदगी *(Real Life)* में तभी हस्तांतरण होगा जब दोनों परिस्थितियाँ काफी समान हों। यह बात थार्नडाइक द्वारा प्रतिपादित शिक्षण हस्तांतरण के समरूप तत्व सिद्धांत से स्पष्ट हो जाता है।

➢ छात्रों को प्रायः कठिन विषयों को पढ़ने पर बल नहीं देना चाहिए।

➢ थार्नडाइक के अनुसार अध्यापन (*Teaching*) की सबसे महत्वपूर्ण विधि वह होती है जिसमें शिक्षक को यह स्पष्ट रूप से पता होता है कि उसे क्या पढ़ाना है।

सतत एवं व्यापक मूल्यांकन

➢ केन्द्रीय माध्यमिक शिक्षा परिषद द्वारा संकल्पित एवं 2007 से लागू सतत विस्तृत मूल्यांकन (*CCE*) एक ऐसा उपकरण है जिसके द्वारा बच्चा जो कि सभी संकल्पनाओं और क्रियाओं का केंद्र बिंदु है परीक्षा नाम के दुःस्वप्न से मुक्त हो तथा उसका मूल्यांकन पूरे वर्ष भर उसके लिए निश्चित पाठ्यक्रम में दी गई क्रियाओं के द्वारा हो।

➢ सतत व्यापक मूल्यांकन का लक्ष्य बच्चे के अर्जित ज्ञान, विषय को विस्तार से समझने की क्षमता, ज्ञान के अनुप्रयोग तथा विश्लेषण सृजनात्मक एवं संश्लेषण क्षमता का मापन करना है। इसके विभिन्न उद्देश्य निम्न प्रकार से हैं—

★ बच्चे की चिन्तन शक्ति पर जोर देना जिससे वह रटने की स्थिति से उबर सके।

★ मूल्यांकन का प्रयोग निदान परीक्षण के द्वारा संज्ञान में आई कमियों में सुधार लाने के लिए उपचारात्मक कारवाई हेतु करना।

★ अध्ययन-अध्यापन की क्रिया को प्रशिक्षु को केंद्र में रखकर संचालित करने का प्रयास करना।

★ अध्यापन एवं अध्ययन प्रक्रिया का मूल्यांकन अभिन्न अंग के रूप में विकसित करना।

★ सामाजिक उपयोगिता के अनुरूप वांछनीय एवं प्रभावी कारवाई के लिए बच्चे की दृष्टि से प्रयास करना।

★ बच्चे को सतत मानसिक, सामाजिक विकास के लिए आवश्यक प्रभावी कौशल अर्जित करने में सहायता करना।

उपर्युक्त लक्ष्यों की प्राप्ति के लिए स्कूलों में लागू सतत विस्तृत मूल्यांकन का उद्देश्य निम्न प्रकार से समझा जा सकता है—

★ अध्ययन-अध्यापन प्रक्रिया को संपूर्ण वर्ष भर में इस प्रकार विस्तृत करना कि सभी समय यह समान उत्साह के साथ चलती रहे।

★ किसी भी बच्चे को सुस्त, बेकार, फिसड्डी घोषित नहीं करना।

★ यथासंभव व्यक्तिनिष्ठता को वस्तुनिष्ठता में बदलना।

★ बच्चों के मानसिक विकास को प्रभावित करने वाली नकारात्मक टिप्पणियों से बचना।

★ अंकों के स्थान पर श्रेणी (*ग्रेड*) प्रदान करना जिससे बच्चे की परिलब्धियाँ प्रदर्शित हो।

★ परीक्षणों के परिणामों को सुधार के लिए मार्गदर्शन बनाना केवल अभिलेखीय महत्व का नहीं।

★ दो बच्चों के बीच में तुलना को प्रोत्साहन न देना।

परीक्षोपयोगी तथ्य

- मूल्यांकन एक निरन्तर चलने वाली प्रक्रिया है, जो शिक्षा की सम्पूर्ण प्रणाली का अभिन्न अंग है तथा जिसका शैक्षिक उद्देश्यों से घनिष्ठ संबंध है।
- अल्पकालीन मूल्यांकन के द्वारा विद्यार्थी के विकास तथा पाठ्यक्रम के विकास का पता लगाया जाता है।
- सतत एवं व्यापक मूल्यांकन में, व्यापक मूल्यांकन का तात्पर्य शैक्षिक एवं सह-शैक्षिक क्षेत्र के मूल्यांकन से है।
- बच्चों का मूल्यांकन सतत एवं व्यापक मूल्यांकन द्वारा होना चाहिए।
- विद्यालय आधारित आकलन में बाह्य परीक्षकों की अपेक्षा शिक्षक अपने शिक्षार्थियों की क्षमताओं को बेहतर जानते हैं।
- आकलन का उद्देश्य बालकों की अभिवृत्ति क्षमता तथा ज्ञान का स्तर इत्यादि का मापन करना होता है। आकलन मूल्यांकन की संक्षिप्त प्रक्रिया है। आकलन के माध्यम से विद्यार्थियों और शिक्षकों को फीडबैक की प्राप्ति भी होती है।
- आकलन करने का सर्वाधिक उपयुक्त तरीका शिक्षण-अधिगम में अंतर्निहित प्रक्रिया है। नवीन ज्ञान तथा नवीन प्रतिक्रियाओं का अर्जन करने की प्रक्रिया अधिगम कहलाती है। अधिगम के माध्यम से बालक को कक्षा में दी गई शिक्षा को कितना आत्मसात व सीख पाया इसकी जानकारी आकलन के माध्यम से ही होती है। आकलन शिक्षण अधिगम का ही भाग है।

वस्तुनिष्ठ प्रश्न

1. शिक्षा के क्षेत्र में 'पाठ्यचर्या' *(Curriculum)* शब्दावली की ओर संकेत करती है—
(a) शिक्षण पद्धति एवं पढ़ाई जाने वाली विषय-वस्तु
(b) विद्यालय का संपूर्ण कार्यक्रम जिसमें विद्यार्थी प्रतिदिन अनुभव प्राप्त करते हैं
(c) मूल्यांकन प्रक्रिया
(d) कक्षा में प्रयुक्त की जाने वाली पाठ्य सामग्री *(CTET–2011)*

2. निम्नलिखित में से कौन-सा रचनात्मक आकलन *(Formative Assessment)* के लिए उचित उपकरण नहीं है?
(a) मौखिक प्रश्न (b) सत्र परीक्षा
(c) प्रश्नोत्तरी और खेल (d) दत्त कार्य *(Assignment)*
(CTET–2011)

3. निम्नलिखित में से कौन-सा रचनात्मक आकलन *(Formative Assessment)* के लिए उपकरण नहीं है?
(a) मौखिक प्रश्न (b) सत्र परीक्षा *(Term Test)*
(c) प्रश्नोत्तरी और खेल (d) दत्त कार्य *(Assignment)*
(CTET–2011)

4. मूल्यांकन *(Evaluation)* का मुख्य उद्देश्य होना चाहिए—
(a) शिक्षार्थियों की उपलब्धि को मापना
(b) यह निर्णय लेना कि क्या विद्यार्थी को अगली कक्षा में प्रोन्नत किया जाना चाहिए
(c) सीखने में होनेवाली कमियों का निदान और उनका उपचार करना
(d) शिक्षार्थियों की त्रुटियाँ निकालना *(CTET–2011)*

5. आकलन को 'उपयोगी और रोचक' *(Useful and Interesting)* प्रक्रिया बनाने के लिए......के प्रति सचेत होना चाहिए।
(a) अलग-अलग विद्यार्थियों में तुलना करना
(b) विद्यार्थियों को बुद्धिमान या औसत शिक्षार्थी की उपाधि देना
(c) शैक्षिक और सह-शैक्षिक क्षेत्रों *(Educational & Co-educational)* में विद्यार्थी के सीखने के बारे में जानकारी प्राप्त करने के लिए विविध तरीकों का प्रयोग करना
(d) इसकी पुष्टि करने के लिए तकनीकी भाषा का प्रयोग करना *(CTET–2011)*

6. मूल्यांकन किया जाना चाहिए—
(a) मूल्यांकन से बच्चे पढ़ेंगे
(b) इससे बच्चों की उपलब्धि का पता लगता है
(c) बच्चों को सीखने के स्तर का ज्ञान होता है
(d) शिक्षकों की उपलब्धि का पता लगता है *(CgTET–2011)*

7. मूल्यांकन का उद्देश्य है
(a) बच्चों को उत्तीर्ण/अनुत्तीर्ण घोषित करना
(b) बच्चा क्या सीखा है जानना
(c) बच्चे के सीखने में आयी कठिनाइयों को जानना
(d) उपरोक्त सभी *(CgTET–2011)*

8. परीक्षा के स्थान पर सतत और व्यापक मूल्यांकन गुणवत्तामूलक शिक्षा के लिए अधिक उपयुक्त है, क्योंकि इसमें—
(a) संज्ञानात्मक क्षेत्र का मूल्यांकन किया जाता है
(b) सहसंज्ञानात्मक क्षेत्र *(Co-scholastic)* का मूल्यांकन किया जाता है
(c) मूल्यांकन सतत एवं व्यापक क्षेत्रों का होता है
(d) उपरोक्त सभी *(CgTET–2011)*

9. सतत एवं व्यापक मूल्यांकन *(Continuous Comprehension and Evaluation)* में, व्यापक मूल्यांकन शब्दावली का तात्पर्य है—
(a) सभी विषयों का मूल्यांकन
(b) सह-शैक्षिक क्षेत्र *(Co-educational Area)* का मूल्यांकन
(c) शैक्षिक एवं सह-शैक्षिक क्षेत्र का मूल्यांकन
(d) शैक्षिक क्षेत्र का मूल्यांकन *(Utt TET–2011)*

10. बच्चों का मूल्यांकन होना चाहिए—
(a) बोर्ड परीक्षा द्वारा (b) सतत एवं व्यापक मूल्यांकन द्वारा
(c) गृह परीक्षा द्वारा (d) लिखित एवं मौखिक परीक्षा द्वारा
(Utt TET–2011)

11. दर्पण चित्र परीक्षण किसको मापने हेतु प्रयुक्त होता है?
(a) अधिगम की गति (b) अधिगम अन्तरण
(c) सृजनात्मकता (d) अभिरूचि *(UPTET-II–2011)*

12. सामान्य परिपक्वन *(Normal Maturation)* से पहले प्रशिक्षित करना प्रायः—
(a) सामान्य कौशलों के निष्पादन के संदर्भ में बहुत लाभकारी होता है
(b) कुल मिलाकर हानिकारक होता है
(c) दीर्घकालिक दृष्टि से लाभकारी होता है
(d) लाभकारी हो या हानिकारक, यह इस बात पर निर्भर करता है कि प्रशिक्षण में किस प्रकार की विधि का प्रयोग किया गया है *(RTET–2011)*

13. एक क्रिकेट खिलाड़ी अपनी गेंदबाजी के कौशल को विकसित कर लेता है, पर यह उसके बल्लेबाजी के कौशल को प्रभावित नहीं करता। इसे कहते हैं—
(a) विधेयात्मक प्रशिक्षण अंतरण (b) निषेधात्मक प्रशिक्षण अंतरण
(c) शून्य प्रशिक्षण अंतरण (d) उपरोक्त में से कोई नहीं *(RTET–2011)*

14. मूल्यांकन का उद्देश्य है—
(a) बालकों को धीमी गति से सीखने वाले एवं प्रतिभाशाली बच्चों के रूप में लेबल करना
(b) जिन बालकों को उपचारात्मक शिक्षा की आवश्यकता है उनकी पहचान करना
(c) अधिगम की कठिनाइयों व समस्या वाले क्षेत्रों का पता लगाना
(d) उत्पादक जीवन जीने के लिए शिक्षा किस सीमा तक तैयार कर पायी है, को पुष्टिपोषण प्रदान करना *(RTET–2011)*

15. कक्षा नायक द्वारा प्रयुक्त मूल्यांकन का प्रकार अनुदेशन के समय सीखने के विकास में किया जाता है, कहलाता है—
(a) नैदानिक *(Diagnostic)* मूल्यांकन (b) फॉर्मेटिव मूल्यांकन
(c) प्लेसमेंट मूल्यांकन (d) संकलित *(Summative)* मूल्यांकन *(PTET–2011)*

16. बच्चों का मूल्यांकन होना चाहिए—
(a) बोर्ड परीक्षा द्वारा (b) सतत एवं व्यापक मूल्यांकन द्वारा
(c) गृह परीक्षा द्वारा (d) लिखित एवं मौखिक परीक्षा द्वारा *(UPTET–2011)*

17. छात्र की प्रयोगात्मक दक्षता के आकलन का यथोचित रूप है—
(a) साक्षात्कार (b) अवलोकन (c) प्रश्नावली (d) लिखित परीक्षा *(PTET–2011)*

18. सतत एवं व्यापक मूल्यांकन में, व्यापक मूल्यांकन शब्दावली का तात्पर्य है—
(a) सभी विषयों का मूल्यांकन
(b) सह-शैक्षिक क्षेत्र का मूल्यांकन
(c) शैक्षिक एवं सह-शैक्षिक क्षेत्र का मूल्यांकन
(d) शैक्षिक क्षेत्र का मूल्यांकन *(UPTET–2011)*

19. विद्यालय-आधारित आकलन *(School Based Assessment)* मुख्य रूप से किस सिद्धांत पर आधारित होता है?

(a) आकलन बहुत किफायती *(Economical)* होनी चाहिए

(b) बाह्य परीक्षकों की अपेक्षा शिक्षक अपने शिक्षार्थियों की क्षमताओं को बेहतर जानते हैं

(c) किसी भी कीमत पर विद्यार्थियों को अच्छे ग्रेड मिलने चाहिए

(d) विद्यालय बाह्य परीक्षा निकायों की अपेक्षा ज्यादा सक्षम है *(CTET–2012)*

20. निम्नलिखित में से अन्तःविषयी अनुदेशन *(Interdisciplinary Instruction)* का सर्वोत्कृष्ट लाभ यह है कि—

(a) विद्यार्थियों को सीखे गये नये ज्ञान को बहु-संदर्भ *(Multiple Contexts)* में अनुप्रयोग करने और सामान्यीकृत करने के अवसर दिये जाते हैं

(b) प्रकरणों की विविधता *(Multiplicity of Topics)* जिन्हें परम्परागत पाठ्यचर्या से सम्बोधित किये जाने की आवश्यकता है, से शिक्षकों के अभिभूत *(Overwhelmed)* होने की कम सम्भावना होती है

(c) विद्यार्थियों में विभिन्न विषय-क्षेत्रों के विशेष प्रकरणों *(Particular Topics)* के प्रति नापसन्दगी विकसित होने की कम संभावना होती है

(d) पाठ योजना बनाने और गतिविधियों में शिक्षकों को अधिक लचीलेपन *(Flexible)* की अनुमति होती है *(CTET–2012)*

21. कक्षा में किसी विषय-वस्तु की परिचर्या के समय एक अध्यापक के लिए आवश्यक प्रथम गतिविधि है—

(a) तर्क संबंधी तथ्यों की व्याख्या

(b) उद्देश्यों की सूचना

(c) विषय-वस्तु को मौखिक रूप से बताना *(Tell Topic Orally)*

(d) श्यामपट्ट पर विषय-वस्तु लिखना *(CTET–2012)*

22. शैक्षिक विकास में मूल्यांकन का अर्थ है—

(a) छात्रों की प्रगति का आकलन (b) कक्षा अभिलेखों का मूल्यांकन

(c) कार्य निष्पादन का मूल्यांकन (d) ज्ञान क्षमता का मूल्यांकन

(UPTET–2012)

23. सतत और व्यापक मूल्यांकन ...... पर बल देता है।

(a) बोर्ड परीक्षाओं की अनावश्यकता पर

(b) सीखने को सुनिश्चित करने के लिए व्यापक स्केल पर निरंतर परीक्षण

(c) सीखने को किस प्रकार अवलोकित, रिकॉर्ड और सुधारा जाए

(d) शिक्षण के साथ परीक्षाओं का सामंजस्य *(CTET–2013)*

24. सतत और व्यापक मूल्यांकन की योजना में 'व्यापक' *(Comprehensive)* शब्द ...... के अलावा निम्नलिखित के द्वारा समर्थित किया जाता है।

(a) जे पी गिलफोर्ड का बुद्धि-संरचना का सिद्धांत

(b) एल एल थर्स्टन का प्राथमिक मानसिक योग्यताओं का सिद्धांत

(c) बहुबद्धि सिद्धांत *(Theory of Multiple Intelligence)*

(d) सूचना प्रक्रमण सिद्धांत *(Theory of Information Process)* *(CTET–2012)*

25. निम्नलिखित में से कौन-सा सिद्धांत पाठ-योजना में शामिल नहीं है?

(a) योजना की दृढ़ता (b) शिक्षार्थियों का ज्ञान

(c) उद्देश्यों की स्पष्टता (d) शिक्षण का ज्ञान *(CTET–2012)*

26. अंतरपरक अनुदेशन *(Differentiated Instruction)* है—

(a) शिक्षार्थियों की आवश्यकता को पूरा करने के लिए समूहीकरण के विविध रूपों का प्रयोग करना

(b) कक्षा में प्रत्येक शिक्षार्थी के लिए कुछ अलग करना

(c) अव्यस्थित अथवा स्वच्छंद शिक्षार्थी गतिविधियाँ

(d) ऐसे समूहों का प्रयोग जो कभी नहीं बदलते *(CTET–2013)*

27. यदि शिक्षार्थी पाठ के दौरान लगातार गलतियाँ करते हैं, तो शिक्षक को—

(a) अनुदेशन *(Instruction)* कार्य, समय-सारिणी अथवा बैठने की व्यवस्था में परिवर्तन करनी चाहिए

(b) पाठ को कुछ समय के लिए छोड़ देना चाहिए और कुछ समय के बाद वापस जाना चाहिए

(c) गलतियाँ करने वाले शिक्षार्थियों की पहचान करनी चाहिए और उनके बारे में प्रचार्या से बात करनी चाहिए

(d) गलतियाँ करने वाले शिक्षार्थियों को कक्षा-कक्ष से बाहर खड़ा कर देना चाहिए *(CTET–2013)*

28. अ, ब, स तीन शिक्षार्थी हैं जो अंग्रेजी पढ़ते हैं। 'अ' को यह विषय रोचक लगता है और वह यह सोचता है कि यह उसके भविष्य में सहायक होगा। 'ब' अंग्रेजी इसलिए पढ़ती है, क्योंकि वह कक्षा में पहला स्थान प्राप्त करना चाहती है। 'स' अंग्रेजी विषय इसलिए पढ़ता है, क्योंकि उसका प्राथमिक सरोकार उत्तीर्ण होनेवाले ग्रेड्स प्राप्त करना है। अ, ब और स के उद्देश्य क्रमशः ...... हैं।

(a) निपुणता, निष्पादन, निष्पादन-उपेक्षा (b) निष्पादन, निष्पादन-उपेक्षा, निपुणता

(c) निष्पादन-उपेक्षा, निपुणता, निष्पादन (d) निपुणता, निष्पादन-उपेक्षा, निष्पादन *(CTET–2013)*

29. एक क्रिकेट खिलाड़ी अपने गेंदबाजी के कौशल को विकसित कर लेता है, पर यह उसके बल्लेबाजी के कौशल को प्रभावित नहीं करता। इसे कहते हैं—

(a) विधेयात्मक प्रशिक्षण अंतरण (b) निषेधात्मक प्रशिक्षण अंतरण

(c) शून्य प्रशिक्षण अंतरण (d) उपर्युक्त में से कोई नहीं *(UPTET–2013)*

30. विद्यालय आधारित आकलन प्रारंभ किया गया था ताकि—

(a) विद्यालय अपने क्षेत्रों में विद्यमान अन्य विभिन्न विद्यालयों की तुलना में प्रतियोगिता द्वारा अपनी विशिष्टता का प्रदर्शन करने हेतु अभिप्रेरित हो सके

(b) राष्ट्र में विद्यालयी शिक्षा संगठनों की शक्ति का विकेन्द्रीकरण किया जा सके

(c) सभी विद्यार्थियों के सम्पूर्ण विकास को निश्चित किया जा सके

(d) विद्यार्थियों की उन्नति की बेहतर व्याख्या के लिए उनकी सभी गतिविधियों के नियमित अभिलेखन हेतु अध्यापकों को अभिप्रेरित किया जा सके *(CTET–2014)*

31. व्याख्या, अनुमान और/अथवा नियंत्रण प्राक्कल्पना ..... के लक्ष्य हैं।
(a) वैज्ञानिक पद्धति
(b) पारंपरिक तर्कण
(c) आगमनात्मक तर्कणा
(d) निगमनात्मक तर्कणा *(CTET–2014)*

32. विद्यालय आधारित आकलन—
(a) परीक्षा के लिए शिक्षण को बढ़ावा देता है, क्योंकि उसमें निरंतर परीक्षण होता है।
(b) परिणामों की अपेक्षा परीक्षा तकनीकों पर केन्द्रित है
(c) क्या आकलित किया जाएगा—इस पर शिक्षार्थियों को कम नियंत्रण प्रदान करता है
(d) रचनात्मक प्रतिपुष्टि उपलब्ध कराते हुए सीखने में संवर्धन करता है *(CTET–2014)*

33. निम्नलिखित में से कौन-सा एक उपयुक्त रचनात्मक आकलन कार्य नहीं है?
(a) खुले अंत वाले प्रश्न
(b) परियोजना
(c) अवलोकन
(d) विद्यार्थियों का योग्यता क्रम निर्धारित करना *(CTET–2015)*

34. सतत एवं व्यापक मूल्यांकन किसलिए आवश्यक है?
(a) शिक्षण के साथ परीक्षण का ताल-मेल बैठाने के लिए
(b) शिक्षा बोर्ड की जवाबदेही कम करने के लिए
(c) जल्दी-जल्दी की जानेवाली गलतियों की तुलना में कम अंतराल पर की जाने वाली गलतियों को सुधारना
(d) यह समझने के लिए कि अधिगम का किस प्रकार अवलोकन किया जाता है, दर्ज किया जाता है व सुधार किया जा सकता है *(CTET–2015)*

35. विद्यालय आधारित आकलन—
(a) परिणामों की अपेक्षा परीक्षा तकनीकों पर केन्द्रित है
(b) क्या आकलित किया जायेगा—इस पर शिक्षार्थियों को कम नियंत्रण प्रदान करता है
(c) रचनात्मक प्रतिपुष्टि उपलब्ध कराते हुए सीखने में संवर्द्धन करता है
(d) परीक्षा के लिए शिक्षण को बढ़ावा देता है, क्योंकि उसमें निरंतर परीक्षण होता है *(CTET–2015)*

36. कक्षा में शिक्षार्थियों से कहा गया है कि वे अपने समाज के लिए क्या कर सकते हैं—इसे दर्शाने के लिए एक नोटबुक में अपने कार्य की विविध शिल्पकृतियों को संयोजित करें। यह किस प्रकार की गतिविधि है?
(a) निबंधात्मक आकलन
(b) घटनावृत्त अभिलेख
(c) पोर्टफोलियो आकलन
(d) समस्या-समाधान आकलन *(CTET–2015)*

37. निम्नलिखित में से कौन-सा आकलन करने का सर्वाधिक उपयुक्त तरीका है?
(a) आकलन सत्र की समाप्ति पर करना चाहिए
(b) आकलन शिक्षण-अधिगम में अंतर्निहित प्रक्रिया है
(c) आकलन एक शैक्षणिक सत्र में दो बार करना चाहिए—शुरू में और अंत में
(d) आकलन शिक्षक के द्वारा नहीं बल्कि किसी बाह्य एजेंसी के द्वारा करना चाहिए *(CTET–2015)*

38. आकलन—
(a) बच्चों में प्रतियोगितात्मक भावना को सक्रिय रूप से बढ़ावा देना है
(b) सीखने को सुनिश्चित करने के लिए तनाव और दबाव को उत्पन्न करना है
(c) सीखने में सुधार का एक तरीका है
(d) बच्चों को लेबल करने और वर्गीकृत करने की अच्छी रणनीति है *(CTET–2016)*

39. केवल कागज-पेंसिल जाँचों द्वारा आकलन—
(a) सकल आकलन को बढ़ावा देता है
(b) आकलन को सीमित कर देता है
(c) समग्र मूल्यांकन को सुविधा प्रदान करता है
(d) निरन्तर मूल्यांकन को सुविधा प्रदान करता है *(CTET–2016)*

40. निम्न में से कौन-सा मूल्यांकन का प्रकार नहीं है ?
(a) मानक (b) निर्माणात्मक (c) योगात्मक (d) सी. सी. ई.
(RTET-I, 2015–2016)

41. निम्न में से कौन-सा मूल्यांकन के त्रिकोण का भाग नहीं है ?
(a) शैक्षिक उद्देश्य (b) मूल्यांकन
(c) शिक्षण अनुभव (d) अधिगम अनुभव *(RTET-I–2016)*

42. एक बालक जो साइकिल चलाना जानता है, मोटरबाइक चलाना सीख रहा है। यह उदाहरण होगा—
(a) क्षैतिज अधिगम अंतरण का (b) उर्ध्व अधिगम अंतरण का
(c) द्विपार्श्विक अधिगम अंतरण का (d) कोई भी अधिगम अंतरण नहीं
(UPTET-I–2017)

43. शिक्षक सीखने के लिए मूल्यांकन और सीखने के मूल्यांकन दोनों का उपयोग कर सकते हैं—
(a) बच्चों की प्रगति और उपलब्धि स्तर को जानने में
(b) बच्चों की सीखने की जरूरतों को जानने में और तदनुसार शिक्षण रणनीति का चयन करने में
(c) आवधिक अंतरालों पर बच्चे के प्रदर्शन का आकलन करने और उसके प्रदर्शन को प्रमाणित करने में
(d) बच्चों की प्रगति की निगरानी करने और उनके सीखने के अंतराल को भरने के लिए उचित लक्ष्य निर्धारित करने में *(CTET-I–2018)*

44. निम्नलिखित में से कौन-सा सतत् और व्यापक मूल्यांकन से संबंधित नही है ?
(a) इसे भारत के शिक्षा के अधिकार अधिनियम द्वारा अनिवार्य किया गया है
(b) यह शिक्षण-अधिगम प्रक्रिया का एक अभिन्न अंग है
(c) यह विभिन्न शिक्षा क्षेत्रों में बच्चे की उपलब्धि पर केंद्रित है
(d) वह बच्चे को धीमे, खराब या बुद्धिमान के रूप में चिह्नित करने में उपयोगी होता है *(CTET-I–2018)*

45. कौशलों के स्थानान्तरण के लिए कौन-सा उपयोगी है?
(a) रेखीय अभिक्रम
(b) शाखीय अभिक्रम
(c) कौशल अन्तरण एक गति है न कि उद्देश्य
(d) तैयारी और अर्जन *(UPTET-I–2018)*

46. अधिगमकर्ताओं को व्यक्तिगत क्षमता के आधार पर उनके कठिनाइयों के विभिन्न स्तरों को ध्यान में रखते हुए परेशानी की विधि को .... कहा जाता है।
(a) चयनित अनुदेशन (b) सटीक शिक्षण
(c) त्रुटिहीन अनुदेशन (d) विभेदी अनुदेशन *(CTET–2018)*

47. निम्नलिखित में से कौन-सा प्रश्न विद्यार्थियों को अपने प्रयोजन पर विवेचना करने में सर्वाधिक सही है?
(a) आपके जीवन में आपके लिए क्या सर्वाधिक महत्वपूर्ण है
(b) आप अपने जीवन को किस प्रकार संगठित कर सकते हैं
(c) आप अच्छे ग्रेड प्राप्त करने के लिए क्या कर सकते हैं
(d) आप किस प्रकार बेहतर अल्पकालिक लक्ष्य बना सकते हैं
(HTET Level-III–2019)

48. मूल्यांकन को—
(a) एक अलग गतिविधि के रूप में लेना चाहिए
(b) शिक्षण अधिगम प्रक्रिया का एक भाग होना चाहिए
(c) केवल नम्बरों के संदर्भ में करना चाहिए
(d) वस्तुनिष्ठ प्रकार के लिखित कार्यों पर आधारित होनी चाहिए *(CTET-I–2019)*

49. बच्चों के मूल्यांकन के लिए निम्नलिखित में से कौन-से कारण होने चाहिए?
(i) बच्चों को 'गैर-उपलब्धि वाले', 'निम्न-उपलब्धि वाले' 'औसत' एवं 'उच्च-उपलब्धि वाले' के रूप में अलग करना एवं नाम देना
(ii) कक्षा में शिक्षण-अधिगम प्रक्रियाओं में सुधार करना
(iii) समय के साथ बच्चों में होने वाले अधिगम परिवर्तनों एवं प्रगति के बारे में पता लगाना
(iv) बच्चे की क्षमताओं, संभावनाओं, सशक्त पक्षों एवं चुनौतीपूर्ण पक्षों के बारे में माता-पिता के साथ चर्चा करना
(a) i, ii, iii, iv (b) i, ii, iii (c) i, iii, iv (d) ii, iv
(CTET-II–2019)

50. सतत् एवं समग्र मूल्यांकन में क्या शामिल है?
(a) केवल संरचनात्मक आकलन
(b) केवल संकलनात्मक आकलन
(c) ना तो संरचनात्मक न ही संकलनात्मक आकलन
(d) विविध प्रकार की रणनीतियों का प्रयोग करते हुए दोनों संरचनात्मक एवं संकलनात्मक आकलन का प्रयोग करना *(CTET-II–2019)*

51. मूल्यांकन पद्धतियों का लक्ष्य होना चाहिए—
(a) विद्यार्थियों को नामांकित करना
(b) योग्यता-आधारित समूहों में विद्यार्थियों को विभाजित करना
(c) विद्यार्थियों की जरूरतों एवं आवश्यकताओं की पहचान करना
(d) पुरस्कार वितरण हेतु उच्च अंक प्राप्त करने वाले विद्यार्थियों की पहचान करना *(CTET-I–2021)*

52. बच्चों का विद्यालय में असफल होना—
(a) प्रस्तावित करता है कि वंचित पृष्ठभूमि वाले बच्चों में अधिगम का सामर्थ्य नहीं होता है
(b) निर्दिष्ट करता है कि विद्यालय इन बच्चों की आवश्यकताओं और रुचियों की पूर्ति करने में समर्थ नहीं है
(c) साबित करता है कि इन बच्चों में आनुवंशिक पैदाइशी कमियाँ हैं और इन्हें विद्यालय से निकाल देना चाहिए
(d) सूचित करता है कि अभिभावकों में अपने बच्चों के अधिगम में सहायता करने का सामर्थ्य नहीं है *(CTET-II–2021)*

53. एक सामाजिक–संरचनात्मक कक्षा में कौन-सी आकलन विधि अधिक उपयुक्त रहेगी ?
(a) सहयोगी–प्रायोजित कार्य (b) एक शब्दोत्तर वाले वस्तु परक प्रश्न
(c) मानक परीक्षण (d) मात्र स्मरण पर आधारित परीक्षा *(CTET-II–2021)*

54. 'सतत् एवं व्यापक मूल्यांकन' में सतत से क्या अभिप्राय है ?
(a) अध्यापन के दौरान विभिन्न उपकरणों का प्रयोग करते हुए छात्रों का साथ-साथ मूल्यांकन करना एवं उनकी सहायता करना
(b) अंकों, ग्रेड व अन्य प्रकार से छात्रों की उपलब्धि की सतत तुलना करना
(c) निश्चित अंतराल पर पूरे शैक्षणिक वर्ष में औपचारिक पेपर-पेंसिल परीक्षा लेना
(d) समय-समय पर बच्चों के स्मरण और प्रत्याह्वान की योग्यता का मापन करना *(CTET-II–2022)*

55. इनमें से कौन-सी नीति छात्रों को चिंता का सामना करने में सहायता नहीं देती है ?
(a) छात्रों को अधिगम की प्रभावकारी और अर्थपूर्ण विधियाँ सीखाना
(b) छात्रों को लघु अवधि के यथार्थवादी लक्ष्य निर्धारित करने में सहायता देना
(c) छात्रों को अपनी चिंता की अनुभूति का स्रोत पहचानने में मदद करना
(d) कक्षा में छात्रों के प्रदर्शन की एक-दूसरे से तुलना करना *(CTET–2022)*

56. एक संरचनावादी कक्षा में निम्न में से किस पर महत्व दिया जाना चाहिए ?
(a) संकलनात्मक मूल्यांकन (b) संरचनात्मक मूल्यांकन
(c) एक आयामी मूल्यांकन (d) मानकीकृत एवं समान मूल्यांकन *(CTET–2022)*

57. एक संरचनावादी कक्षा में अध्यापक और छात्रों की क्या भूमिका होती है ?
(a) कक्षा में शिक्षक व विद्यार्थी दोनों निष्क्रिय होते हैं
(b) छात्र क्रियाशील है, परन्तु अध्यापक निष्क्रिय होते हैं
(c) अध्यापक और छात्र दोनों ही क्रियाशील है
(d) अध्यापक क्रियाशील है, परन्तु छात्र निष्क्रिय है *(CTET–2022)*

58. एक कक्षा में अध्यापिका भिन्न जातियों के समूह वाले अधिगमकर्ताओं के लिए समावेशी वातावरण की रचना कैसे कर सकती है?

(i) अपनी उन अवधारणाओं और पूर्वाग्रहों पर चिंतन करके जो बच्चों के शैक्षिक अनुभव को सीमित करते हैं।

(ii) कक्षा में बच्चों के अनुभवों की विविधता को सम्मिलित करके

(iii) संस्था में समानता की मूल संस्कृति पर बल देना

(iv) छात्रों को प्रोत्साहित करके कि वे स्वयं को मानकीय पाठ्यक्रम के अनुकूल बना लें।

(a) i, ii, iii (b) i, ii, iv

(c) i, iii, iv (d) i, iii *(CTET–2022)*

59. रमनीक की कक्षा में एक दृष्टि बाधित छात्र है। एक समावेशित कक्षा में इस संदर्भ में उसे क्या निर्देशात्मक समायोजन करने चाहिए?

(a) विविध प्रकार के दर्शनात्मक प्रस्तुतीकरण देकर

(b) मुद्रित पुस्तकें उपलब्ध कराकर

(c) त्रि-विमीय नक्शे और चार्ट जैसी स्पार्शिकी संसाधनों का प्रावधान करके

(d) छोटी मुद्रा वाली कार्यशीट प्रदान करके *(CTET–2022)*

60. सतत् और व्यापक मूल्यांकन में इनमें से क्या शामिल है?

(i) मूल्यांकन के मापदंडों और उपकरणों की योजना बनाना

(ii) शिक्षक द्वारा सावधानीपूर्वक रिकॉर्ड, अभिलेख को तैयार करना

(iii) बच्चों का समय-समय पर परीक्षण करना एवं उनको श्रेणीवद्ध करना

(iv) शिक्षण को अधिगम प्रक्रिया के साथ एकीकृत करना

(a) i, ii, iv (b) ii, iv

(c) i, ii, iii (d) ii, iii *(CTET–2022)*

61. अभिकथन (A) : विविध सांस्कृतिक पृष्ठभूमि से छात्रों की जरूरतों को पूरा करने के लिए कक्षा शिक्षण को सांस्कृतिक रूप से उत्तरदायी होना चाहिए।

कारण (R) : कक्षा में समता केवल मानकीकृत पाठ्यचर्चा व आकलन के द्वारा सुनिश्चित की जा सकती है।

सही विकल्प चुनें।

(a) A और R दोनों गलत हैं

(b) A और R दोनों सही हैं तथा A की R सही व्याख्या करता है

(c) A और R दोनों सही हैं, परन्तु A की R सही व्याख्या नहीं करता है

(d) A और R दोनों सही है, परन्तु A की R सही व्याख्या नहीं करता है

(CTET–2024)

62. निम्नलिखित में से कौन-सा निरन्तर और व्यापक मूल्यांकन का समर्थन करेगा?

(a) मानकीकृत बुद्धि परीक्षण

(b) सर्वश्रेष्ठ कार्य पोर्टफोलियो

(c) वृद्धि और अधिगम प्रगति पोर्टफोलियो

(d) मानकीकृट उपलब्धि परीक्षण *(CTET–2024)*

63. निम्नलिखित में से उपयोगी प्रतिपुष्टि की एक विशेषता कौन-सी है?
(a) यह केवल कार्य के अन्त में ही दी जाती है
(b) यह व्यापक और सामान्य होती है
(c) यह केवल परिणामों पर केन्द्रित होती है
(d) यह सामयिक और विशिष्ट होती है *(CTET–2024)*

64. निम्नलिखित में से किसे रचनात्मक मूल्यांकन नहीं माना जाएगा?
(a) छात्रों के पूर्व ज्ञान को निर्धारित करने के लिए एक नई अवधारणा की शुरुआत में दिया गया आकलन
(b) छात्रों और शिक्षकों को अग्रगामी प्रतिपुष्टि प्रदान करने के लिए कक्षा के दौरान दिया गया मूल्यांकन
(c) एक मूल्यांकन कार्य जो मानदण्ड के एक मानक पैमाने के अनुसार छात्रों की तुलना करने में सहायक होते हैं
(d) एक आकलन एक छात्र के सीखने में गलत धारणा की पहचान करने के लिए प्रयोग किया जाता है *(CTET–2024)*

65. निम्न में से किस प्रकार के प्रश्न एक छात्र की जानकारी का गंभीर रूप से मूल्यांकन करने की योग्यता का आकलन करने में मदद करते हैं?
(a) वे प्रश्न जो शब्द की सरल परिभाषा के लिए पूछते है
(b) वे प्रश्न जो छात्र की व्यक्तिगत राय पूछते है
(c) वे प्रश्न जो पाठ को मान्य करने वाले उदाहरणों के लिए पूछते है
(d) वे प्रश्न जो किसी पाठ का सारांश माँगते है *(CTET–2024)*

उत्तरमाला

1.	(b)	2.	(b)	3.	(b)	4.	(c)	5.	(c)	6.	(c)	7.	(d)	8.	(d)
9.	(c)	10.	(b)	11.	(b)	12.	(d)	13.	(c)	14.	(d)	15.	(b)	16.	(b)
17.	(b)	18.	(c)	19.	(b)	20.	(a)	21.	(a)	22.	(d)	23.	(c)	24.	(a)
25.	(a)	26.	(a)	27.	(a)	28.	(a)	29.	(c)	30.	(c)	31.	(a)	32.	(d)
33.	(d)	34.	(d)	35.	(c)	36.	(c)	37.	(b)	38.	(c)	39.	(b)	40.	(a)
41.	(c)	42.	(b)	43.	(a)	44.	(d)	45.	(c)	46.	(c)	47.	(c)	48.	(b)
49.	(c)	50.	(d)	51.	(c)	52.	(b)	53.	(a)	54.	(a)	55.	(d)	56.	(b)
57.	(c)	58.	(a)	59.	(c)	60.	(a)	61.	(d)	62.	(c)	63.	(d)	64.	(c)
65.	(b)														

★★★

17

उपलब्धि का आकलन एवं प्रश्नों के निर्माण की तकनीक

प्रश्नों का निर्माण

➢ रेमाउण्ट के अनुसार, *"अच्छी प्रश्न-कला की तकनीक को जानना एक नये युवा शिक्षक का सर्वाधिक आवश्यक उद्देश्य होना चाहिए।"*

➢ अध्ययन-अध्यापन को सफल बनाने के लिए सबसे महत्वपूर्ण अतिआवश्यक एवं आदिकाल से चली आ रही शिक्षण-कलाओं में प्रश्न-निर्माण, प्रश्न पूछना और प्रश्नों के द्वारा विषय को आगे बढ़ाना तथा फिर मूल्यांकन करना है।

➢ प्रश्नों के आदान-प्रदान से ही कक्षा को जीवन्त बनाया जा सकता है।

➢ प्रश्न के द्वारा शिक्षक और छात्र दोनों के बीच संवाद की ऐसी प्रक्रिया है जिसके द्वारा पूरी कक्षा को क्रियाशील बनाया जा सकता है तथा चिन्तन की प्रक्रिया और दिशा शुरू की जा सकती है।

प्रश्नों के उद्देश्य
Objective of Questions

➢ क्रमिक रूप से प्रश्नों के द्वारा बालकों को विषय को गहनता से जानने में मदद मिलेगा।

➢ नये विचारों, दृष्टिकोणों की खोज को आगे बढ़ाने में मदद करना।

➢ किसी भी आदर्श एवं उच्च स्तरीय वर्णन को समझने की कला का विकास करना।

➢ किसी भी जानकारी को समझने में आने वाली कठिनाई को जानना तथा उसे दूर करना।

➢ कभी-कभी वक्तव्यों के रूप में प्रश्न पूछ कर किसी मुद्दे पर दबाव बनाना, जिससे महत्वपूर्ण तथ्य छूट न जाए।

➢ पहले प्राप्त अध्ययन का पुनरावलोकन करना।

➢ किसी भी आदर्श एवं उच्च स्तरीय वर्णन को समझने की कला का विकास।

प्रश्नों के प्रकार
Types of Questions

प्रश्नों के प्रकार निम्नलिखित हैं—

1. वस्तुनिष्ठ प्रकार के प्रश्न

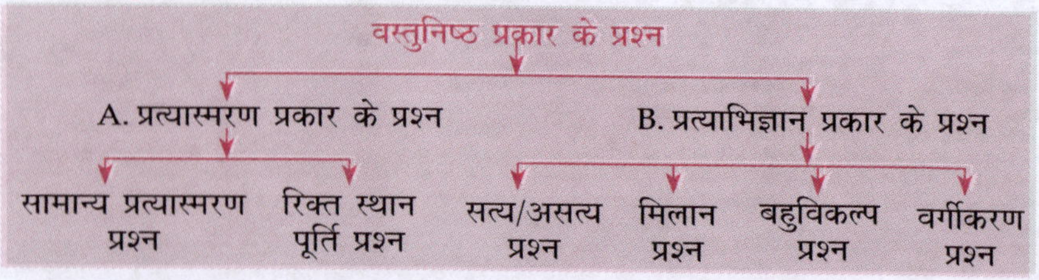

A. प्रत्यास्मरण प्रकार के प्रश्न निम्नलिखित है—

(a) सामान्य प्रत्यास्मरण प्रश्न *(Simple Recall Type Items)*: इस प्रकार के प्रश्नों में सीधे-सीधे प्रश्न पूछे जाते हैं और उनका संक्षिप्त तथा विशिष्ट उत्तर देना होता है। इसमें विद्यार्थी को केवल एक शब्द में या अंक में अपना उत्तर लिखना होता है। सामान्य प्रत्यास्मरण प्रश्नों के उदाहरण निम्नलिखित हैं—

★ तुलसीदास किस काल के कवि थे?

★ ओडिशा की राजधानी कहाँ है?

(b) रिक्त स्थान की पूर्ति प्रश्न *(Completion Type Items)*: इस प्रकार के प्रश्नों को अपूर्ण कथन या वाक्यों के रूप में प्रस्तुत किया जाता है। विद्यार्थी अपने ज्ञान के आधार पर स्मरण करके इस शब्द या अंक को लिखकर वाक्य की पूर्ति करता है। रिक्त स्थान पूर्ति के प्रश्नों के उदाहरण निम्नलिखित हैं—

★ तुलसीदास .... काल के कवि थे।

★ ओडिशा की राजधानी .... है।

B. प्रत्याभिज्ञान प्रकार के प्रश्न *(Recognition Type Items)*: इस प्रकार के अनेक संभावित उत्तर दिये जाते हैं और विद्यार्थी को उनमें से सही उत्तर की पहचान करनी होती है अर्थात् विद्यार्थी को अपने तर्क एवं बोध की सहायता से सही उत्तर का चयन करना होता है। इसलिए इन्हें प्रत्याभिज्ञान प्रश्न कहते हैं। इन प्रश्नों को चयन प्रश्न भी कहते हैं। प्रत्याभिज्ञान प्रश्न चार प्रकार के होते हैं—

(a) सत्य/असत्य प्रश्न *(Trues/False Type Items)*: इस प्रकार के प्रश्नों में कुछ कथन दे दिये जाते हैं। परीक्षार्थी को इन कथनों के आगे सही और गलत में चिह्न लगाना होता है। कभी-कभी सही के लिए 'T' तथा गलत के लिए 'F' का प्रयोग करते हैं। जैसे—

★ कोशिका प्राणी के शरीर की इकाई है। —सत्य/असत्य

(b) मिलान प्रकार के प्रश्न *(Matching Type Items)*: इस प्रकार के प्रश्नों में, एक प्रश्न को दो स्तम्भों में लिखा जाता है। प्रश्न के एक भाग का सम्बन्ध दूसरे स्तम्भ में लिखे भाग से होता है। दोनों स्तम्भों में प्रश्न के अंश का क्रम एक नहीं होता है। विद्यार्थी को एक स्तम्भ में लिखे प्रश्न के वाक्यांश के लिए दूसरे स्तम्भ में से शेष वाक्यांश ढूँढना होता है।

(c) बहुविकल्प प्रश्न *(Multiple Choice Items)*: इसमें प्रश्न को एक कथन के रूप में दे दिया जाता है, जिसके साथ उसके कई उत्तर लिख दिये जाते हैं। इनमें से केवल एक ही उत्तर सही होता है, अन्य इससे मिलते-जुलते होते हैं, परन्तु ये सही नहीं होते हैं। छात्र को अपने ज्ञान के आधार पर सही उत्तर छाँटना होता है।

प्रथम स्तम्भ	द्वितीय स्तम्भ
1. न्यूटन	A. तैरना
2. आर्कमीडिज	B. गुरुत्वाकर्षण
3. डार्विन	C. डी. एन. ए.
4. खुराना	D. विकास

(d) **वर्गीकरण प्रकार के प्रश्न** *(Classification Type Items)*: इस प्रकार के प्रश्नों में विद्यार्थी के सम्मुख कई शब्दों का समूह प्रस्तुत किया जाता है, जिनमें से एक को छोड़कर सभी शब्द आपस में मिलते-जुलते होते हैं या वे किसी एक क्रिया से सम्बन्धित होते हैं या पूरे समूह में एक शब्द असंगत होता है। उस असंगत शब्द को ही विद्यार्थी को ढूँढना होता है। यह कार्य विद्यार्थी अपने ज्ञान एवं अवबोध की सहायता से करता है। उदाहरण के लिए—निम्नलिखित शब्द-समूहों में से असंगत शब्द को अलग करना।

★ हैदराबाद, इन्दौर, लखनऊ, चेन्नई
★ तुलसी, जायसी, महादेवी वर्मा, प्रेमचन्द

2. निबन्धात्मक प्रश्न : निबन्धात्मक प्रश्न का तात्पर्य ऐसे लिखित उत्तर से है जो एक या दो पृष्ठों में हो। निबन्ध प्रकार के प्रश्नों का उद्देश्य यह है कि बालकों का भाषाओं में लिखने का परीक्षण किया जाय। इसे निबन्ध परीक्षा कहा जाता है। इनके द्वारा विभिन्न योग्यताओं का परीक्षण किया जाता है, जो इस प्रकार है—

★ एकत्रित की गई सूचना का प्रयोग करके उसके प्रमाण का जायजा लेना।
★ अर्जित ज्ञान से मिलते-जुलते तथ्य का चयन करना।
★ समस्या और मुददे के प्रति आन्तरिक अभिवृत्ति का प्रदर्शन करना।
★ ज्ञान के विभिन्न पहलुओं के बीच उनकी पहचान करना और उनके आपस का सम्बन्ध निर्धारित करना।
★ अनुमान के आधार पर सूचनाओं को व्यवस्थित करना, उनका विश्लेषण करना, तथ्यों की व्याख्या करना और अन्य प्रकार की सूचनाएँ एकत्र करना।
★ अपने विचारों को तथ्यों, आँकड़ों के आधार पर बनाये रखना।

➢ निबन्धात्मक प्रकार के प्रश्नों का आरम्भ प्रायः परिभाषा, व्याख्या तथा तुलनात्मक विश्लेषण से होता है। निबन्ध प्रकार के प्रश्न अच्छे होते हैं जब उनका समूह छोटा व समय-सीमा के अन्तर्गत परीक्षा के लिए तैयार किया जाता है। यह लिखित अभिव्यक्ति के लिए भी उचित है।

उदाहरण के लिए : जल प्रदूषण का हमारे जीवन पर क्या प्रभाव पड़ता है? चर्चा कीजिए। *(कारण या प्रभाव वाले प्रश्न)*

★ चाणक्य की नीति क्या थी?

3. संक्षिप्त उत्तर वाले प्रश्न : संक्षिप्त उत्तर वाले प्रश्नों के लिए बिल्कुल सही उत्तर की आवश्यकता होती है। इनके कुछ विशिष्ट लक्षण इस प्रकार हैं :

★ ऐसे प्रश्न में अपेक्षित उत्तर के बारे में दिशा-निर्देश समावेशित रहते हैं।
★ प्रायः ऐसे प्रश्नों के उत्तर देने में 1 से 5 मिनट का समय लगता है। इन्हें दो श्रेणियों में विभक्त किया जा सकता है—

(a) **भरना और पूर्ति करना :** इस प्रकार के प्रश्नों का उत्तर देने के लिए छात्र को किसी अपूर्ण कथन को सही-सही पूरा करने के लिए एक या दो शब्द जोड़ने होते हैं। जहाँ कोई लुप्त शब्द पूर्ति किये जाने वाले कथन में ही छुपे होते हैं उन्हें सामान्यतया निवेश प्रकार का कथन कहा जाता है।

➢ इनका प्रयोग अपूर्ण मानचित्रों, सूत्र गणना, रेखाचित्रों और इसी तरह के कार्यों पर आधारित अत्यन्त उपयोगी प्रश्न तैयार करने के लिए किया जाता है।

उदाहरण के लिए :

$$\sin(A+B) = \sin A \cdot \cos B + \ldots \sin B$$

$$(a-b)^2 = a^2 + b^2 - \ldots ab$$

(b) विस्तृत उत्तर वाले प्रश्न *(Descriptive Question Answer)*: विस्तृत उत्तर वाले वे प्रश्न होते हैं जिनमें बालकों द्वारा संक्षिप्त विवरण लिखना, परिभाषा या सूत्र, वाक्य का अनुवाद करना, गणना करना इत्यादि लिखने के कार्य शामिल रहते हैं।

➢ सम्भवतः स्कूलों में प्रयोग में लाये जानेवाले प्रश्नों की यह सबसे सामान्य प्रकार है और परीक्षा-बोर्डों द्वारा भी इसका प्रायः प्रयोग किया जाता है। भ्रामक रूप से इनको सेट करना सरल है और गति व मिलान की दृष्टि से समंकन *(Data)* कार्य सामान्यतः कठिन है।

उदाहरण :

★ जल-प्रदूषण क्या है? जल-प्रदूषण को प्रभावित करनेवाले कारक की व्याख्या करें।

उपलब्धि का मूल्यांकन

➢ उपलब्धि का मूल्यांकन करने के लिए कई विधियों को अपनाया जाता है, किन्तु ग्रेडिंग पद्धति का प्रयोग इस कार्य हेतु बेहतर होता है। विभिन्न क्षेत्रों में विद्यार्थियों की उपलब्धियों की रिपोर्ट तैयार करते समय समग्र ज्ञान में अप्रत्यक्ष ग्रेडिंग के पाँच बिन्दुओं का प्रयोग किया जा सकता है। इन ग्रेड में अंकों का वितरण इस प्रकार किया जाना चाहिए।

A^+	सर्वोत्कृष्ट	90% – 100%
A	उत्कृष्ट	75% – 89%
B	बहुत अच्छा	56% – 74%
C	अच्छा	35% – 55%
D	औसत	35% से कम

➢ बालक का ग्रेड उपलब्धि कार्ड में दर्शाया जाना चाहिए, जो प्रतिशतता की उपरोक्त श्रेणी में व्यवहार के सूचक के अनुसार प्रतिशतता पर आधारित हो।

➢ बालक की उपलब्धि का मूल्यांकन सतत रूप से होते रहना चाहिए। सतत एवं व्यापक मूल्यांकन, सतत निदान, उपचार, प्रोत्साहन और सराहना करके विद्यार्थी की उपलब्धियों में सुधार लाने के लिए उपयोगी सिद्ध होते हैं।

➢ इसके लिए प्रधानाचार्य, अध्यापक और माता-पिता को अभिमुखी और ठोस प्रयास करने होंगे ताकि बालक के व्यक्तित्व का चहुँमुखी विकास हो सके। संलग्न रेटिंग मान से विभिन्न ग्रेडों के रूप में विद्यार्थियों को उचित रूप से रखने में अध्यापक को मदद मिलती है।

निर्देशन *(Guidance)*: निर्देशन एक प्रकार की व्यक्तिगत सहायता है जो एक व्यक्ति द्वारा दूसरे व्यक्ति को जीवन-लक्ष्यों को विकसित करने में, समायोजन करने में तथा अपने जीवन-लक्ष्य की प्राप्ति की राह में आनेवाली समस्याओं का समाधान करने में दी जाती है।

निर्देशन के प्रकार

शिक्षा मनोवैज्ञानिकों ने मुख्य रूप से निर्देशन को तीन भागों में बाँटा है—

1. व्यक्तिगत निर्देशन *(Personal Guidance)*: व्यक्तिगत निर्देशन वैसे निर्देशन को कहा जाता है जिसमें व्यक्ति को व्यक्तिगत समस्याएँ, जैसे—स्वास्थ्य-संबंधी समस्याएँ, संवेगात्मक समायोजन *(Emotional Adjustment)* संबंधी समस्याएँ, सामाजिक समायोजन संबंधी समस्याएँ, चरित्र-निर्माण संबंधी समस्याएँ, विश्राम एवं समय के उपयोग संबंधी समस्याओं के समाधान करने में मदद मिलती है। यहाँ निर्देशन देनेवाला व्यक्ति विशेष सुझाव देकर एक ऐसा माहौल व्यक्ति के सामने उपस्थित करता है जहाँ उसे इन व्यक्तिगत समस्याओं के समाधान करने में विशेष मदद मिल पाती है।

2. शैक्षिक निर्देशन *(Educational Guidance)*: स्कूल या कॉलेज में विभिन्न विषयों की शिक्षा के संबंध में छात्रों को जो निर्देशन दिया जाता है, उसे ही शैक्षिक निर्देशन की संज्ञा दी जाती है। इसमें शिक्षक विशेष निर्देष *(Instruction)*, परीक्षण *(Testing)* एवं परामर्श के सहारे छात्रों को शैक्षिक कार्य करने में मदद करते हैं।

3. व्यावसायिक निर्देशन *(Vocational Guidance)*: व्यावसायिक निर्देशन वह है जहाँ व्यक्ति को किसी खास या उपयुक्त व्यवसाय के चयन में मदद की जाती है। इसमें कई तरह के परीक्षण जैसे बुद्धि परीक्षण, व्यावसायिक परीक्षण, अभिरुचि परीक्षण, उपलब्धि परीक्षण इत्यादि का प्रयोग किया जाता है।

शैक्षिक निर्देशन के उद्देश्य *(Aims of Educational Guidance)*

★ पाठ्यक्रम के चयन में मदद करना।
★ छात्रों को अपनी अंतःशक्तियों को समझने में मदद करना।
★ छात्रों में अध्ययन संबंधी अच्छी आदतों के विकास में मदद करना।
★ अंतःशक्तियों को उचित ढंग से विकसित करने के ख्याल से आत्म-निर्देशित प्रयास करने में छात्रों की मदद करना।
★ व्यावसायिक उद्देश्यों की पूर्ति में मदद करना।
★ सामाजिक कल्याण में सहायता करना।
★ स्वस्थ समायोजन करने में मदद करना।
★ उपलब्ध साधनों का अधिकतम उपयोग करने में मदद करना।

शैक्षिक निर्देशन की प्रविधियाँ *(Techniques of Educational Guidance)*: शैक्षिक निर्देशन की कई प्रविधियाँ हैं जिन्हें मुख्य रूप से दो भागों में बाँटा गया है—

(a) व्यक्तिगत निर्देशन की प्रविधि *(Technique of Individual Guidance)*: वैयक्तिक निर्देशन की प्रविधि एक ऐसी प्रविधि है जिसमें निर्देशक छात्रों से व्यक्तिगत स्तर पर संपर्क स्थापित करता है तथा उनकी विभिन्न समस्याओं का अध्ययन करके परामर्श देता है। इस प्रविधि में प्रमुख है—

साक्षात्कार *(Interview)*
बुद्धि परीक्षण *(Intelligence Test)*
उपलब्धि परीक्षण *(Achievement Test)*
प्रश्नावली *(Questionnaire)*
जीवनी-आँकड़ों का रेकॉर्ड *(Record of Bio-data)*

(b) सामूहिक निर्देशन की प्रविधियाँ *(Technique of Group Guidance)*: सामूहिक निर्देशन की प्रविधि से तात्पर्य वैसी क्रियाओं से होता है जिनके सहारे शैक्षिक निर्देशन देनेवाला व्यक्ति समान समस्याओं वाले छात्रों का एक छोटा समूह तैयार कर लेता है और उनको यथासंभव एक साथ परामर्श देकर उन्हें रास्ते पर लाने की कोशिश करता है। इन प्रविधि में प्रमुख हैं—

साक्षात्कार *(Interview)*
सामान्य अनुकूलन वार्ता *(General Orientation Talk)*
मनोवैज्ञानिक परीक्षण *(Psychological Tests)*
प्रश्नावली *(Questionnaire)*
अनुवर्ती क्रियाएँ *(Follow-up Actions)*

व्यावसायिक निर्देशन की प्रविधियाँ
Techniques of Vocational Guidance

★ मनोवैज्ञानिक परीक्षण *(Psychological Tests)*
★ प्रश्नावली *(Questionnaire)*
★ साक्षात्कार *(Interview)*
★ सामान्य अनुकूलन वार्ता *(General Orientation Talks)*
★ जीवनी-आँकड़ों का संग्रहण

परामर्शन
Counselling

➢ परामर्शन एक बहुआयामी प्रक्रिया है जिसमें अनेक उपागमों *(Approaches)* एवं प्रविधियों का उपयोग करके व्यक्ति के व्यक्तित्व का विकास तथा उसके समस्याओं का समाधान करके उसके जीवन को उद्देश्यपूर्ण एवं संतोषप्रदायी बनाने का यथासंभव प्रयास किया जाता है।

➢ पेरेज *(Perez)* के अनुसार, ''परामर्शन एक अंतःक्रियात्मक प्रक्रिया होती है जो परामर्शी जिसे मदद की आवश्यकता होती है तथा परामर्शदाता जो प्रशिक्षित होता है एवं वह मदद करने के लिए प्रशिक्षित भी होता है, को एक साथ मिलाता है।''

➢ परामर्शन परामर्शी *(Client)* तथा परामर्शदाता के बीच एक अंतःक्रियात्मक प्रक्रिया होता है।

➢ परामर्शन एक सतत प्रक्रिया होता है जिसमें कई आनुक्रमिक गतिविधियाँ सम्मिलित होती हैं।

➢ परामर्शन की प्रक्रिया में परामर्शदाता अपने प्रशिक्षण, शिक्षा तथा अनुभव के आधार पर परामर्शी को सहायता प्रदान करता है।

➢ परामर्शन, परामर्शी के लिए एक अधिगम की परिस्थिति उत्पन्न करता है जिनके द्वारा व्यक्ति के संज्ञान *(Cognition)*, अनुभूति, अनुक्रिया एवं अंतर्वैयक्तिक संबंधों में ऐच्छिक परिवर्तन उत्पन्न करने में मदद की जाती है।

➢ परामर्शन जिसका स्वरूप विकासात्मक *(Developmental)*, विरोधात्मक *(Preventive)*, उपचारात्मक *(Therapeutic)* होता है, परामर्शी के हित की दिशा में हमेशा उन्मुख होता है।

➢ परामर्शदाता-परामर्शी संबंध आकस्मिक तथा व्यवसाय-समान न होकर एक उत्तम बोध, अनुक्रियाशीलता तथा हार्दिकता पर आधारित होता है।

परामर्श के नवीनतम ट्रेंड
Recent Trends of Counselling

परामर्श का संबंध जीवन के विभिन्न पहलुओं से जुड़ी समस्याओं से होता है। इसके अनेक प्रयोजन भी होते हैं। इन्हीं प्रयोजनों, क्षेत्रों एवं लक्ष्यों की भिन्नता के आधार पर परामर्श के कई नवीन ट्रेंड विकसित हुए हैं, जो इस प्रकार है—

1. जेरेन्टोलॉजिकल काउंसिलिंग *(Generontological Counselling)*: यह उन वृद्ध व्यक्तियों के पेशागत एवं व्यक्तिगत निर्देशन से संबंधित होता है जिसमें सेवानिवृत्ति की समस्या *(Retirement Problems)*, बौद्धिक एवं संवेगात्मक विकृति पाये जाते हैं। ऐसे लोगों के मन में इच्छा होती है कि परिवार के सदस्य उन्हें पहले जैसा मान-सम्मान करें लेकिन अत्याधुनिक जीवन-शैली जी रहे उनके परिजनों से प्रायः ऐसा संभव नहीं हो पाता है और वृद्ध व्यक्ति अपने ही घर में बोझिल एवं उपेक्षित महसूस करने लगते हैं।

2. वैवाहिक परामर्श *(Marriage Counselling)*: वैवाहिक परामर्श के अंतर्गत नवयुवक एवं नवयुवतियों को उपयुक्त जीवन-साथी के चयन के लिए सुझाव दिया जाता है। इसके अंतर्गत चिकित्सीय, आनुवंशिक, मनोवैज्ञानिक, धार्मिक, सामाजिक, कानूनी तथा घरेलू अर्थशास्त्र के मुद्दे शामिल हैं। इसके जरिए पारिवारिक बजट बनाने से लेकर किसी आनुवंशिक रोग के संचरण, वैवाहिक जोड़े के चयन से लेकर पारिवारिक जीवन के अंतर्वैयक्तिक द्वंद्व को सुलझाया जाता है।

3. पारिवारिक परामर्श *(Family Counselling)*: इनके अंतर्गत पारिवारिक अत्याचार से पीड़ित नवविवाहिता एवं उसके पति को अपने परिवार में सौहार्द्रपूर्ण समायोजन की सलाह दी जाती है।

4. आनुवंशिक परामर्श *(Genetic Counselling)*: जेनेटिक सलाह जीन चिकित्सीय परामर्श देने की एक नवीन तकनीक है, जिसमें जेनेटिक सलाहकार उन युगलों को गर्भपात कराने की सलाह देते हैं जिन्हें यह शंका होती है कि उनके गर्भ में पल रहा बच्चा आनुवंशिक रोगयुक्त पैदा हो सकता है।

5. पुनर्वास परामर्श *(Rehabilitation Counselling)*: इस काउंसेलिंग के अंतर्गत परामर्श प्रार्थी *(Counsellee)* को पुनर्वास संबंधी परामर्श दी जाती है।

6. कैरियर परामर्श *(Career Counselling)*: कैरियर काउंसेलिंग, काउंसेलिंग की मनोवैज्ञानिक विधि है जिसके तहत काउंसेलर कैरियर संबंधी समस्याग्रस्त व्यक्ति के स्वयं की भावना को जगाकर उसको इस लायक बना देता है ताकि अपने समस्या का समाधान वह खुद करे। कैरियर काउंसेलिंग लक्ष्य निर्धारण, विषय के चयन में, रुचियों के मुताबिक कैरियर चयन में, अपनी खूबियों एवं खामियों को जानने में मददगार साबित होता है।

समायोजन
(Adjustment)

➢ बोरिंग और उनके साथियों के अनुसार, ''समायोजन वह प्रक्रिया है, जिसके द्वारा जीव अपनी आवश्यकताओं और इन आवश्यकताओं की पूर्ति को प्रभावित करने वाली परिस्थितियों में सन्तुलन रखता है।''

➢ समायोजन एक गतिशील प्रक्रिया है।

➢ बालकों में समायोजन प्रक्रिया जन्म के कुछ समय बाद ही बालक वातावरण के साथ समायोजन स्थापित करना आरम्भ कर देता है। बालक एक विकासशील प्राणी है जिसकी कुछ शारीरिक और मानसिक आवश्यकताएँ होतीं है। ये आवश्यकताएँ बालक को क्रियाशील बनाती है और यह उसके व्यवहार का कारण होती है।

समायोजन के प्रकार
(Types of Adjustment)

1. **रचनात्मक समायोजन** *(Constructive Adjustment)*: जब व्यक्ति किसी सफलता को प्राप्त करने में कठिनाई का अनुभव करता है, तब वह कुछ रचनात्मक कार्य करके सफलता प्राप्त करने का प्रयास कर सकता है।

   उदाहरण—यदि छात्र परीक्षा में पास होने में वह कठिनाई का अनुभव कर रहा है और उसका समायोजन गड़बड़ हो रहा है तो वह रचनात्मक कार्यों में पढ़ाई अधिक करेगा, अध्यापकों और पुस्तकों की सहायता अधिक लेगा और इस प्रकार अधिक रचनात्मक कार्य से परीक्षा में पास होकर सफलता प्राप्त करेगा और इस प्रकार अपना समायोजन समान्य रखेगा।

2. **स्थानापन्न समायोजन** *(Substitute Adjustment)*: जब बालक के सामने कठिनाई उपस्थित होती है और कठिनाई पर विजय प्राप्त करने में रचनात्मक कार्य नहीं कर पाता है तब वह कठिनाई पर विजय प्राप्त करने के लिए स्थानापन्न प्रतिक्रिया करके समायोजन करता है।

   उदाहरण—यदि एक बालक पढ़ाई न करने के कारण कक्षा में कमजोर चल रहा है तो वह अपनी कमजोरी स्वीकार न करके दूसरों पर प्रतिस्थापित कर देता है, जैसे—वह कह सकता है—अध्यापक रोज-रोज छुट्टी पर रहते हैं, अध्यापक पढ़ाते नहीं है, इस विषय पर पुस्तकें अच्छी नहीं है, आदि।

3. **मानसिक मनोरचनाएँ** *(Mental Mechanisms)*: व्यक्ति अनेक मानसिक अवस्थाओं में विभिन्न प्रकार की अनेक समस्याओं के साथ सामंजस्य और अनुकूलन करता है। वह जिन मानसिक अवस्थाओं में समायोजन करता है, उनमें से कुछ प्रमुख निम्न प्रकार से है—प्रतिबल, दबाव, चिन्ता, अन्तंद्वन्द और कुण्ठा।

परीक्षोपयोगी तथ्य

➢ प्रश्न शिक्षक और छात्र दोनों के बीच संवाद की ऐसी प्रक्रिया है जिसके द्वारा पूरी कक्षा को क्रियाशील बनाया जा सकता है तथा चिन्तन की प्रक्रिया और दिशा शुरू की जा सकती है।

➢ प्रश्न मुख्य रूप से तीन प्रकार के होते हैं—वस्तुनिष्ठ प्रश्न, निबंधात्मक प्रश्न एवं संक्षिप्त उत्तर वाले प्रश्न।

➢ परामर्श *(Counselling)* का उद्देश्य है बच्चों को समझना, बच्चों में कमी के कारणों का पता लगाना तथा बच्चों को समायोजन में सहायता प्रदान करना।

➢ परियोजना, अवलोकन तथा खुले अंत वाले प्रश्न के माध्यम से बालकों का रचनात्मक आकलन किया जाता है। खुले विकल्प वाले प्रश्नों को वरीयता देने से बच्चे अपने विचारों तथा दृष्टिकोण को अभिव्यक्त कर पाते हैं।

वस्तुनिष्ठ प्रश्न

1. क्रिस्टीना अपनी कक्षा को क्षेत्र-भ्रमण पर ले जाती है और वापस आने पर अपने विद्यार्थियों के साथ भ्रमण पर चर्चा करती है। यह..........की ओर संकेत करता है।
   (a) सीखने के लिए आकलन *(Assessment for Learning)*
   (b) आकलन के लिए सीखना *(Learning for Assessment)*
   (c) आकलन का सीखना *(Learning of Assessment)*
   (d) सीखने को आकलन *(Assessment of Learning)* *(CTET–2011)*
2. शिक्षार्थियों को.........के लिए प्रोत्साहित नहीं करना चाहिए।
   (a) समूह-कार्य में दूसरे शिक्षार्थियों के साथ सक्रिय रूप से अंतःक्रिया करने में
   (b) अधिक-से-अधिक पाठ्य-सहगामी क्रियाओं में हिस्सा लेने में
   (c) शिक्षक जो पूछ सकते हैं उन सभी प्रश्नों के उत्तर याद करने के लिए
   (d) कक्षा के अंदर और बाहर अधिक-से-अधिक प्रश्न पूछना *(CTET–2011)*
3. सिद्धांत के रूप में रचनावाद—
   (a) दुनिया के बारे में अपना दृष्टिकोण निर्मित करने में शिक्षार्थी की भूमिका पर बल देता है
   (b) सूचनाओं को याद करने और पुनः स्मरण द्वारा जाँच करने पर बल देता है
   (c) शिक्षक की प्रभुत्वशाली भूमिका पर बल देता है
   (d) अनुकरण की भूमिका पर केंद्रित है *(CTET–2011)*
4. क्रिस्टिना अपनी कक्षा को क्षेत्र भ्रमण पर ले जाती है और वापस आने पर विद्यार्थियों के साथ भ्रमण पर चर्चा करती है। वह ...... की ओर संकेत करता है।
   (a) सीखने के लिए आकलन (b) आकलन के लिए सीखना
   (c) आकलन का सीखना (d) सीखने का आकलन *(CTET–2011)*
5. निम्नलिखित में संश्लेषण *(Synthesis)* का उदाहरण है—
   (a) निबंध लिखना *(Essay Writing)*
   (b) भाषण देना *(Delivery Lecture)*
   (c) प्रमेय सिद्ध करना *(Proving Theorem)*
   (d) चित्र रंगना *(Colouring the Picture)* *(CgTET–2011)*
6. व्यक्तित्व स्थायी समायोजन *(Adjustment)* है—
   (a) पर्यावरण के साथ (b) जीवन के साथ
   (c) प्रकृति के साथ (d) ये सभी *(CgTET–2011)*
7. आपको शिक्षक दिवस पर कुछ विद्यार्थियों ने एक बधाई-पत्र भेजा है। आप क्या करेंगे ? आप—
   (a) कुछ नहीं करेंगे *(Do Nothing)*
   (b) उन्हें धन्यवाद देंगे *(Say Thanks to Them)*
   (c) उन्हें पैसों की बर्बादी *(Waste Money)* नहीं करने के लिए बोलेंगे
   (d) उन्हें बदले में शुभकामनाएँ देंगे *(UPTET–2011)*

8. जब एक विद्यार्थी असफल होता है तो समझा जाता है कि—
(a) पद्धति असफल है (b) शिक्षक असफल है
(c) पाठ्य-पुस्तकें असफल हैं (d) यह वैयक्तिक असफलता है
(UPTET–2011)

9. आप किसी कक्षा में पाठ पढ़ाते हैं और एक विद्यार्थी विषय से असंबंधित एक प्रश्न पूछता है। आप क्या करेंगे?
(a) उसे असंबंधित प्रश्न पूछने की अनुमति देंगे
(b) उसे असंबंधित प्रश्न पूछने की अनुमति नहीं देंगे
(c) उसे गैर-अनुशासित समझकर दंडित करेंगे
(d) कक्षा के बाद प्रश्न का उत्तर देंगे *(UPTET–2011)*

10. एक प्रमाणीकृत पठन परीक्षण लेने के लिए पाँचवीं कक्षा को प्रस्तुत करने में शिक्षक को अधिकाधिक परामर्श दिया जाता है कि—
(a) बच्चों को बोलना कि परीक्षण बहुत महत्वपूर्ण है तथा वह उसमें सबसे अच्छा प्रदर्शन करेगा
(b) पूर्ववर्ती परीक्षा से प्रधान प्रश्नों को चिह्नित करना एवं छात्रों को उन्हें उत्तर देने की अनुमति देना
(c) निम्न कोटि के पाठकों को प्रशिक्षण देना ताकि कक्षा के शेष बच्चे किसी भी तरीके से अच्छा करें
(d) परीक्षण में आनेवाले समान प्रकार के प्रश्नों के उत्तर देने के लिए छात्रों को अभ्यास कराना *(UPTET–2011)*

11. एक शिक्षक को साधनसंपन्न होना चाहिए। इसका अर्थ है—
(a) उनके पास पर्याप्त धन-संपदा होनी चाहिए
(b) उनका अधिकारियों के उच्च स्तर से संपर्क होनी चाहिए
(c) उन्हें अपने विद्यार्थियों की समस्याओं को हल करने का पर्याप्त ज्ञान होना चाहिए
(d) विद्यार्थियों के बीच उनकी प्रसिद्धि होनी चाहिए *(UPTET–2011)*

12. ……को अनुप्रेरित शिक्षण के एक संकेत के रूप में विवेचित *(Considered)* किया जाता है।
(a) कक्षा में अधिकतम उपस्थिति
(b) शिक्षक द्वारा दिया गया उपचारात्मक कार्य
(c) विद्यार्थियों द्वारा प्रश्न पूछना
(d) कक्षा में पूर्ण नीरवता *(Pin-Drop Silence in the class)* *(UPTET–2011)*

13. परामर्श *(Counselling)* का उद्देश्य है—
(a) बच्चों को समझना
(b) बच्चों की कमियों का कारण पता करना
(c) बच्चे को समायोजन में सहायता प्रदान करना
(d) उपरोक्त सभी *(Utt TET–2011)*

14. विद्यालयी क्षेत्र में रचनात्मक निर्धारकों *(Formative Assessment)* को जानने के लिए इनमें से कौन-सा उपागम नहीं है ?
(a) वार्त्तालाप कौशल (b) बहुविकल्पीय प्रश्न
(c) परियोजना कार्य (d) मौखिक प्रश्न *(PTET–2011)*

15. आपकी कक्षा के कुछ छात्र अति मेधावी हैं, आप उन्हें किस तरह पढ़ायेंगे ?
(a) कक्षा के साथ
(b) उच्च कक्षा के साथ
(c) समृद्धिकरण कार्यक्रमों *(Enriched Programme)* के द्वारा
(d) जब वे चाहें *(PTET–2011)*

16. नैदानिक परीक्षा (*Diagnostic Test*) का मुख्य उद्देश्य है—
(a) कक्षा में प्रदर्शन के दौरान सामान्यतया कमजोर क्षेत्र को चिह्नित करना
(b) उपचारात्मक कार्यक्रम *(Remedial Programme)* की विशेष प्रकृति की आवश्यकता
(c) अकादमिक कठिनाइयों *(Academic Difficulties)* के कारणों का पता लगाना
(d) छात्र की कठिनाइयों की विशेष प्रकृति को जानना *(PTET–2011)*

17. निबंधात्मक प्रश्न के लिए निम्नलिखित में से कौन सबसे अच्छा विकल्प है ?
(a) न्यूटन के गति के नियम की चर्चा करें
(b) न्यूटन के गति के तीनों नियमों की व्याख्या करें
(c) न्यूटन के गति का नियम क्या है
(d) न्यूटन के गति के नियम पर एक लेख लिखें *(PTET–2011)*

18. उपलब्धि अभिप्रेरक के संबंध में निम्न में से कौन-सा कथन सही है ?
(a) उपलब्धि अभिप्रेरक जीवित रहने के लिए आवश्यक है
(b) यदि व्यक्तिगत क्षमताओं की संतुष्टि महत्वपूर्ण है तो उपलब्धि अभिप्रेरक को विकास अभिप्रेरक कहा जा सकता है
(c) यदि व्यक्तियों के मध्य प्रतियोगिता पर बल है तो उपलब्धि अभिप्रेरक को सामाजिक अभिप्रेरक कहा जा सकता है
(d) उपरोक्त सभी *(RTET–2011)*

19. दबाव को कम करने *(Reducing Stress)* एवं परीक्षाओं में सफलता के लिए आवश्यक है—
(a) कम अवधि की परीक्षाओं में अंतरण
(b) विद्यालयी शिक्षा की विभिन्न चरणों में परीक्षा का आयोजन
(c) वार्षिक एवं अर्द्धवार्षिक परीक्षाएँ
(d) विभिन्न प्रवेश परीक्षाओं के लिए विभिन्न एजेंसियों की स्थापना *(RTET–2011)*

20. समायोजन से तात्पर्य स्वयं का विभिन्न परिस्थितियों में अनुकूलन करना है ताकि संतुष्ट किया जा सके—
(a) दूसरों को (b) प्रेरकों को
(c) उद्देश्यों को (d) आवश्यकताओं को *(RTET–2011)*

21. समायोजन शिक्षा का मुख्य कार्य है—
(a) विद्यालय न आनेवाले बच्चों को विद्यालय में लाना
(b) विशेष आवश्यकता वाले बच्चों को मुख्य धारा में लाना
(c) विशेष व सामान्य बच्चों को साथ पढ़ने की सुविधा देना
(d) उपरोक्त सभी *(BTET–2011)*

22. शिक्षक को गृह-कार्य की जाँच करनी चाहिए—
(a) कभी-कभी (b) कभी नहीं (c) नियमित (d) जब छात्र कहे
(BTET–2011)

23. बुरी आदतों को सुधारा जा सकता है—
(a) डाँट-डपट कर (b) दोषारोपण द्वारा
(c) अनुबंधन द्वारा (d) ये सभी *(BTET–2011)*

24. एक शिक्षक प्रश्न-पत्र बनाने के बाद, यह जाँच करता है कि क्या प्रश्न परीक्षण के विशिष्ट उद्देश्यों की परीक्षा ले रहे हैं। वह मुख्य रूप से प्रश्न-पत्र की/के .... के बारे में चिंतित है?
(a) वैधता *(Validity)*
(b) संपूर्ण विषय-वस्तु को शामिल करने *(Content Coverage)*
(c) प्रश्नों के प्रकार *(Type of Questions)*
(d) विश्वसनीयता *(Reliability)* *(CTET–2012))*

25. एक शिक्षिका अपने-आप से कभी भी प्रश्नों के उत्तर नहीं देती। वह अपने विद्यार्थियों को उत्तर देने के लिए, समूह-चर्चाएँ और सहयोगात्मक अधिगम अपनाने के लिए प्रोत्साहित करती है। यह उपागम.........के सिद्धांत पर आधारित है।
(a) सक्रिय भागीदारिता *(Active Participation)*
(b) अनुदेशनात्मक सामग्री *(Instructional Material)* के उचित संगठन
(c) अच्छा उदाहरण प्रस्तुत करना और भूमिका-प्रतिरूप *(Role Model)* बनाना
(d) सीखने की तत्परता *(Readiness to Learn)* *(CTET–2012)*

26. जब बच्चा 'फेल' होता है, तो इसका तात्पर्य है कि—
(a) बच्चा पढ़ाई के लिए योग्य नहीं है
(b) बच्चों ने उत्तरों को सही तरीके से याद नहीं किया है
(c) बच्चे को प्राइवेट ट्यूशन लेनी चाहिए थी
(d) व्यवस्था फेल हुई है *(CTET–2012)*

27. निम्नलिखित में से कौन-सा वस्तुनिष्ठ प्रश्न है?
(a) निबंधात्मक प्रश्न *(Eassy Type Question)*
(b) लघुत्तरात्मक प्रश्न *(Objective Question)*
(c) मुक्त उत्तर वाला प्रश्न *(Open Ended Question)*
(d) सत्य या असत्य *(CTET–2012)*

28. आंशिक पुनर्बलन *(Partial Reinforcement)*......
(a) वास्तविक कक्षा कक्ष में अनुप्रयुक्त नहीं किया जा सकता है
(b) पशुओं को प्रशिक्षित करने में सर्वाधिक कार्य करता है
(c) सतत् पुनर्बलन की अपेक्षा अधिक प्रभावी होता है
(d) सतत् पुनर्बलन की अपेक्षा कम प्रभावी होता है *(CTET–2012)*

29. सीखने.........आकलन, आकलन और अनुदेशन *(Assessment & Instruction)* के बीच.........के दृढ़ीकरण द्वारा सीखने को प्रभावित करता है।
(a) का, अंतर (b) का, भिन्नता (c) के लिए, संबंधों (d) के लिए, अंतर *(CTET–2012)*

30. सीखने के लिए आकलन निम्नलिखित का ध्यान है सिवाय—
(a) विद्यार्थियों की आवश्यकताएँ (b) विद्यार्थियों की त्रुटियाँ
(c) विद्यार्थियों की अधिगम शैलियाँ (d) विद्यार्थियों की क्षमताएँ *(CTET–2012)*

31. सह-शैक्षणिक क्षेत्रों में निष्पादन के आधार पर शैक्षणिक क्षेत्रों में निष्पादन के स्तर को बढ़ाने का औचित्य स्थापन किस आधार पर किया जा सकता है?
(a) यह वैयक्तिक भिन्नताओं को संतुष्ट करता है
(b) यह हाशियाकृत विद्यार्थियों *(Marginalised Student)* के लिए प्रतिपूरक भेदभाव *(Compensatory Discrimination)* की नीति का अनुगमन करता है
(c) यह सार्वभौमिक धारणा *(Retention)* को सुनिश्चित करता है
(d) यह हाथ से लिये जाने वाले श्रम के प्रति सम्मान विकसित करता है *(RTET–2012)*

32. निम्नलिखित में से कौन-सी विशेषता समस्या-समाधान उपागम *(Problem Solving Approach)* का विशेष चिह्न है?
(a) सही उत्तर प्राप्त करने का सामान्यतः एक उपागम होता है
(b) समस्या केवल एक सिद्धांत/प्रकरण पर आधारित होता है
(c) समस्या कथन में संकेत अंतर्निहित रूप से दिया होता है
(d) समस्या मौलिक होती है *(CTET–2012)*

33. निम्नलिखित में से किस समूह के बच्चों को समायोजन की समस्या होती है?
(a) औसत बुद्धि के बच्चे (b) ग्रामीण बच्चे
(c) अध्ययनशील बच्चे (d) कुशाग्र बुद्धि के बच्चे *(UPTET–2012)*

34. शिक्षकों को अपने विद्यार्थियों की त्रुटियों का अध्ययन करना चाहिए, क्योंकि वे प्रायः ....की ओर संकेत करती है।
(a) योग्यता के अनुसार समूह बनाने हेतु दिशा-निर्देश
(b) भिन्न प्रकार के पाठ्य-चर्चा की आवश्यकता
(c) उनके ज्ञान की सीमा
(d) आवश्यक उपाचारात्मक युक्तियों *(CTET–2012)*

35. मान लीजिए आप विद्यालय शिक्षा बोर्ड के अध्यक्ष हैं, आप अपने अधिकार-क्षेत्र के अंतर्गत आनेवाले विद्यालयों की शिक्षा की संपूर्ण गुणवत्ता को सुधारने के लिए क्या योजना बनायेंगे? इस प्रकार का प्रश्न .... का एक उदाहरण है।
(a) निम्न स्तरीय अभिसारी *(Lower Order Convergent)*
(b) निम्न स्तरीय अपसारी *(Lower Order Divergent)*
(c) उच्च स्तरीय अभिसारी *(High Order Convergent)*
(d) उच्च स्तरीय अपसारी *(High Order Divergent)* *(CTET–2012)*

36. सीता ने हाथ से दाल और चावल खाना सीख लिया है। जब उसे दाल और चावल दिये जाते हैं तो वह दाल-चावल मिलाकर खाने लगती है। उसने चीजों को करने के लिए अपने स्कीमों में दाल और चावल खाने को .... कर लिया है।
(a) अंगीकार *(Initiated)* (b) समायोजित *(Accomodated)*
(c) अनुकूलित *(Assimilated)* (d) समुचितता *(Appropriated)*
(CTET–2013)

37. विद्यालय आधारित आकलन—
(a) शिक्षार्थियों और शिक्षकों को अगंभीर और लापरवाह *(Non-serious and Casual)* बनाता है।
(b) शिक्षा-बोर्ड की जवाबदेही कम कर देता है।
(c) सार्वभौमिक राष्ट्रीय मानकों की प्राप्ति में बाधा उत्पन्न करता है।
(d) परिचित वातावरण *(Diagnosis)* में अधिक सीखने में सभी शिक्षार्थियों की मदद करता है। *(CTET–2013)*

38. ...... के अतिरिक्त निम्नलिखित सभी सीखने के रूप में आकलन को बढ़ावा देते हैं।
(a) शिक्षार्थियों को आंतरिक पृष्ठपोषण *(Internal Feedback)* लेने के लिए कहना
(b) अवसर पाने हेतु शिक्षार्थियों के लिए एक सुरक्षित वातावरण का निर्माण करना
(c) पढ़ाये गये विषय पर मनन करने के लिए शिक्षार्थियों को कहना
(d) जितनी संभावना हो, शिक्षार्थियों का लगातार परीक्षा लेना

39. जब एक बावर्ची खाना पकाते समय खाने को चखता है तो वह ...... के समान है।
(a) सीखने का आकलन (b) सीखने के लिए आकलन
(c) सीखने के रूप में आकलन (d) आकलन और सीखना *(CTET–2013)*

40. ......के अतिरिक्त निम्नलिखित कुछ तकनीकें हैं जो परीक्षा के कारण होनेवाली चिन्ता को दूर करती है।
(a) प्रश्न-पत्र की संरचना *(Pattern)* से परिचित करना
(b) परिणामों के बारे में बहुत अधिक सोचना
(c) समर्थन प्राप्त करना *(Seeking Support)*
(d) विशिष्टताओं पर बल देना *(Emphasising Strength)* *(CTET–2013)*

41. प्रधानाध्यापक या वरिष्ठ शिक्षक के लिए विद्यालय में कौन-सी नेतृत्व शैली बेहतर है?
(a) सत्ताधारी नेतृत्व (b) प्रजातान्त्रिक नेतृत्व
(c) अहस्तक्षेपी नेतृत्व (d) उपरोक्त में से कोई नहीं
(UPTET–2013)

42. ......के द्वारा निपुणता अभिविन्यास *(Mastery Orientation)* को प्रोत्साहित किया जा सकता है।

(a) शिक्षार्थियों के व्यक्तिगत प्रयासों पर ध्यान केंद्रित करने

(b) शिक्षार्थियों की सफलता की परस्पर तुलना करने

(c) गृहकार्य के रूप में बहुत अधिक अभ्यास सामग्री देकर

(d) अनपेक्षित परीक्षा लेकर *(Taking Unexpected Tests)* *(CTET–2013)*

43. हालाँकि यह स्पष्ट रूप से उनकी सुरक्षा आवश्यकताओं के उल्लंघन में था, कैप्टन विक्रम बत्रा अपने देश को बचाने के दौरान कारगिल युद्ध में मारे गये। संभवतः उन्हें .... था/थी।

(a) नवीन अनुभव की प्राप्ति की इच्छा

(b) आत्मसिद्धि की प्राप्ति *(Achieved Self-Actualisation)*

(c) अपने अपनत्व-संबंधी आवश्यकताओं की उपेक्षा

(d) अपने परिवार के नाम की ख्याति-प्राप्ति *(CTET–2013)*

44. विद्यार्थियों के सीखने में जो रिक्तियाँ रह जाती हैं उनके निदान के बाद .... होना चाहिए।

(a) सघन अभ्यास कार्य *(Hard Practice Work)*

(b) सभी पाठों को व्यवस्थित रूप से दोहराना

(c) शिक्षार्थियों और अभिभावकों को उपलब्धि के बारे में बताना

(d) समुचित उपचारात्मक कार्य *(UPTET–2013)*

45. निम्नलिखित में से कौन-सा एक अन्य विकल्पों से संबंध नहीं है?

(a) स्व-आकलन के कौशल को प्रतिमानित करना

(b) प्रश्नोत्तर सत्रों को संगठित करना

(c) किसी विषय पर विद्यार्थियों की प्रतिक्रिया को लेना

(d) प्रश्नोत्तरी *(Quiz)* परिचालित करना *(CTET–2014)*

46. यदि एक विद्यार्थी विद्यालय में लगातार निम्नतर श्रेणी प्राप्त करती है, तो उसके अभिभावक को उसकी सहायता हेतु परामर्श दिया जा सकता है कि—

(a) घर पर उसको परिश्रमपूर्वक कार्य करने पर बल दें

(b) वह अध्यापकों की घनिष्ठ संगति में कार्य करें

(c) मोबाइल फोन, चलचित्र कॉमिक्स, खेल हेतु अतिरिक्त कॉल पर रोक लगाएँ

(d) जो भलीभाँति शिक्षा नहीं हो पाये उनकी जीवन संबंधी कठिनाइयों का वर्णन करें *(CTET–2014)*

47. ''ग्रेड अंकों से कैसे अलग हैं?'' यह प्रश्न निम्न में से किस प्रकार के प्रश्नों से संबंध रखता है?

(a) अपसारी (b) विश्लेषणात्मक

(c) मुक्त अंत (d) समस्या-समाधान *(CTET–2014)*

48. कक्षा VII का शिक्षार्थी गणित में त्रुटियाँ करता है, एक शिक्षक के रूप में आप—
(a) शिक्षार्थी को दिखाएँ कि त्रुटि कहाँ थी और शिक्षार्थी को उसे दुबारा करने के लिए कहेंगे
(b) शिक्षार्थी को सही उत्तर उपलब्ध कराएँगे
(c) शिक्षार्थी को कैलकुलेटर का प्रयोग करने की अनुमति नहीं देंगे
(d) शिक्षार्थी से कहेंगे कि वह विकल्पात्मक पद्धति का प्रयोग करे अथवा स्वयं त्रुटि का पता लगाने के लिए उसे दुबारा कहें *(CTET–2014)*

49. गणित में अधिगम निर्योग्यता का आकलन निम्न में से किस परीक्षण द्वारा सर्वाधिक उचित तरीके से किया जा सकता है?
(a) अभिक्षमता परीक्षण (b) निदानात्मक परीक्षण
(c) स्क्रीनिंग परीक्षण (d) उपलब्धि परीक्षण *(CTET–2014)*

50. निगमनात्मक तर्कणा में शामिल है/हैं—
(a) सामान्य से विशिष्ट की ओर तर्कणा
(b) विशिष्ट से सामान्य की ओर तर्कणा
(c) ज्ञान का सक्रिय निर्माण और पुनर्निर्माण
(d) अन्वेषणपरक सीखना और स्वतः खोजपरक संबंधी पद्धतियाँ *(CTET–2014)*

51. व्याख्या, अनुमान और/अथवा नियंत्रण प्राक्कल्पना .... के लक्ष्य हैं।
(a) पारंपरिक तर्कणा (b) आगमनात्मक तर्कणा
(c) निगमनात्मक तर्कणा (d) वैज्ञानिक पद्धति *(CTET–2014)*

52. एक अध्यापक उस बच्चे के साथ परामर्श करते हैं जिसकी निष्पत्यात्मक प्रगति एक दुर्घटना के पश्चात् अनुकूल नहीं है। निम्नलिखित में से कौन-सी प्रक्रिया विद्यालय में परामर्श के लिए सबसे बेहतर हो सकती है?
(a) इस कार्य को केवल अनुभवी कुशल व्यावसायिक विशेषज्ञ से कराया जा सकता है
(b) यह एक उपशामक उपाय है ताकि लोग अपने को आरामदायक महसूस कर सकें
(c) यह अपने विचारों द्वारा खोज करने हेतु लोगों में आत्मविश्वास का निर्माण करता है
(d) विद्यार्थियों को भविष्य के विकल्पों को चुनने हेतु यह एक अच्छा सम्भावित परामर्श है

53. एक शिक्षक कक्षा के कार्य को एकत्र करता है और उन्हें पढ़ता है। उसके बाद योजना बनाता है और अपने अगले पाठ को शिक्षार्थियों की आवश्यकताओं को पूरा करने के लिए समायोजित करता है। वह .... कर रहा है।
(a) सीखने का आकलन (b) सीखने के रूप में आकलन
(c) सीखने के लिए आकलन (d) सीखने के समय आकलन *(CTET–2015)*

54. वे शिक्षक जो विद्यालय आधारित आकलन के अंतर्गत कार्य करते हैं—
(a) उन पर अधिक कार्य का बोझ रहता है, क्योंकि उन्हें सोमवार की परीक्षा सहित अकसर परीक्षा लेनी पड़ती है

(b) उन्हें प्रत्येक शिक्षार्थी को प्रत्येक विषय में परियोजना कार्य देना पड़ता है
(c) शिक्षार्थियों के मूल्यों और अभिवृत्तियों का आकलन करने के लिए रोजाना उनका सूक्ष्म अवलोकन करते हैं
(d) व्यवस्था के लिए स्वामित्व की भावना रखते हैं *(CTET–2015)*

55. एक प्रभावशाली अध्यापिका होने के लिए यह महत्त्वपूर्ण है—
(a) पुस्तक से उत्तरों को लिखाने पर बल देना
(b) समूह गतिविधि के बजाय वैयक्तिक अधिगम पर ध्यान देना
(c) विद्यार्थियों के द्वारा प्रश्न पूछने के कारण उत्पन्न व्यवधान की अनदेखी करना
(d) प्रत्येक बच्चे के सम्पर्क में रहना *(CTET–2015)*

56. शिक्षण में अध्यापकों के द्वारा विद्यार्थियों का आकलन इस अंतर्दृष्टि को विकसित करने के लिए किया जा सकता है—
(a) उन विद्यार्थियों की पहचान करना जिन्हें उच्चतर कक्षा में प्रोन्नत करना है
(b) उन विद्यार्थियों को प्रोन्नत न करना जो विद्यालय के स्तर के अनुकूल नहीं हैं
(c) शिक्षार्थियों की आवश्यकता के अनुसार शिक्षण उपागम में परिवर्तन करना
(d) कक्षा में 'प्रतिभाशाली' तथा 'कमजोर' विद्यार्थियों के समूह बनाना
(CTET–2015)

57. कक्षा परीक्षणों में अच्छा प्रदर्शन करने में एक बच्चे की असफलता हमें इस विश्वास की तरफ ले जाती है कि—
(a) आकलन वस्तुनिष्ठ है तथा असफलताओं को स्पष्ट रूप से पहचानने के लिए इसका प्रयोग किया जा सकता है
(b) बच्चे कुछ निश्चित सक्षमताओं और कमियों के साथ पैदा होते हैं
(c) पाठ्यक्रम, शिक्षण पद्धति तथा आकलन प्रक्रियाओं पर विचार करने की आवश्यकता है
(CTET–2015)
(d) कुछ बच्चों को अनुत्तीर्ण होना ही है, चाहे व्यवस्था उन पर कितना भी अधिक प्रयास करें

58. निम्नलिखित में से कौन-सी आकलन पद्धति विद्यार्थियों की सर्वोत्तम क्षमता को पोषित करेगी ?
(a) जब विद्यार्थियों को बहुविकल्पीय प्रश्नों के माध्यम से किये गये परीक्षण के रूप में तथ्यों को दोहराने की आवश्यकता होती है
(b) जब परीक्षा के अंकों और विद्यार्थी की योग्यता के बीच सकारात्मक सह-संबंध पर बल दिया जाता है
(c) जब संकल्पनात्मक परिवर्तन तथा विद्यार्थियों के वैकल्पिक समाधानों को आकलन की विभिन्न विधियों के द्वारा आकलित किया जाता है
(d) जब कक्षा में विद्यार्थी के द्वारा प्राप्त किये गये अंक और स्थान सफलता का एकमात्र निर्धारक होते हैं *(CTET–2015)*

59. एक बहुसांस्कृतिक कक्षा-कक्ष में अध्यापिका सुनिश्चित करेगी कि आकलन में निम्नलिखित में से सम्मिलित हो—

(a) अपने आकलन उपकरण की विश्वसनीयता तथा वैधता

(b) अपने विद्यार्थियों की सामाजिक सांस्कृतिक पृष्ठभूमि

(c) अधिगम के न्यूनतम स्तरों के लिए अनुपालन करते हुए विद्यालय प्रशासन की अपेक्षाओं को पूरा करना

(d) आकलन उपकरण के मानकीकरण *(CTET–2015)*

60. बच्चों की त्रुटियों के बारे में निम्नलिखित में से कौन-सा कथन सत्य है?

(a) असावधानी के कारण बच्चे त्रुटियाँ करते हैं

(b) बच्चों की त्रुटियाँ उनके सीखने की प्रक्रिया का अंग है

(c) बच्चे तब त्रुटियाँ करते हैं जब शिक्षक सौम्य हो और उन्हें त्रुटियाँ करने पर दंड न देता हो

(d) बच्चों की त्रुटियाँ शिक्षक के लिए महत्वहीन है और उसे चाहिए कि उन्हें काट दे और उन पर अधिक ध्यान न दें *(CTET–2015)*

61. बहुविकल्पी प्रश्न बच्चों की .... की योग्यता का आकलन करते हैं।

(a) सही उत्तर की व्याख्या करने (b) सही उत्तर की पहचान करने

(c) सही उत्तर का प्रत्यास्मरण करने (d) सही उत्तर का निर्माण करने

(CTET–2015)

62. एक उच्च प्राथमिक विद्यालय के शिक्षक के रूप में आपके पास कक्षा में कुछ ऐसे बच्चे हैं जो प्रथम पीढ़ी के रूप में विद्यालय आ रहे हैं। आपके द्वारा निम्नलिखित में से किसे किये जाने की संभावना सर्वाधिक है?

(a) उन्हें याद करने के लिए और उत्तर को पाँच बार अपनी उत्तर पुस्तिका में लिखने के लिए गृहकार्य देंगे

(b) बच्चों से कहेंगे कि उनमें आगे पढ़ने की क्षमता नहीं है और अब उन्हें अपने माता-पिता के काम में सहायता करनी चाहिए

(c) माता-पिता को बुलाएँगे और उनसे अपने बच्चों का ट्यूशन लगाने को नम्रतापूर्वक कहेंगे

(d) कक्षा गतिविधि के समय और गृहकार्य के लिए उन्हें बुनियादी सहयोग और अन्य सहायता उपलब्ध कराएँगे *(CTET–2015)*

63. जब बच्चे एक विशेष संख्या में पुस्तकें पढ़ते हैं तो उन्हें एक प्रमाणपत्र दिया जाता है। यह रणनीति शायद अधिक समय तक काम न करे, क्योंकि—

(a) पुस्तकालय में बहुत अधिक पुस्तकों को खरीदने की आवश्यकता होगी

(b) जब अधिक संख्या में बच्चे पढ़ना शुरु कर देंगे तो बड़ी मात्रा में प्रमाणपत्र देने होंगे

(c) पुस्तकों को पढ़ना बच्चों को उनके गृहकार्य को पूरा करने में बाधा डालेगा

(d) यह संभवतः बच्चों को केवल प्रमाणपत्र प्राप्त करने के लिए पुस्तकों को पढ़ने की तरफ ले जा सकता है *(CTET–2015)*

64. निम्नलिखित में से कौन-सा कथन बच्चों की त्रुटियों के संबंध में सबसे उपयुक्त है?
(a) बच्चों की गलतियों को गंभीरता से लिया जाना चाहिए और उन्हें कठोर दंड दिया जाना चाहिए ताकि वे गलतियाँ न दुहराएँ
(b) बच्चे गलतियाँ करते हैं क्योंकि उनमें विचार करने की क्षमता नहीं होती
(c) बच्चों की गलतियाँ एक खिड़की के समान होती हैं, यह जानने के लिए कि वे किस प्रकार सोचते हैं
(d) गलतियों से बचने के लिए बच्चों को शिक्षक का अनुकरण करना चाहिए
(CTET–2015)

65. आकलन शिक्षण-अधिगम प्रक्रिया का अभिन्न अंग है क्योंकि—
(a) आकलन ही एकमात्र तरीका है जो आश्वस्त करता है कि शिक्षकों ने पढ़ाया और बच्चों ने सीखा
(b) आज के समय में केवल अंक ही शिक्षा में महत्त्वपूर्ण हैं
(c) बच्चों को अंक दिए जाने चाहिए ताकि वे समझ सकें कि अपने सहपाठियों की तुलना में कहाँ पर हैं
(d) आकलन से अध्यापक बच्चों के अधिगम को समझता है और उसके अपने शिक्षण की परिपुष्टि भी होती है *(CTET–2015)*

66. एक शिक्षिका अपने आप कभी भी प्रश्नों के उत्तर नहीं देती। वह अपने विद्यार्थियों को उत्तर देने के लिए, समूह चर्चाएँ और सहयोगात्मक अधिगम अपनाने के लिए प्रोत्साहित करती है। यह उपागम .... के सिद्धांत पर आधारित है।
(a) सीखने की तत्परता
(b) सक्रिय भागीदारी
(c) अनुदेशात्मक सामग्री के उचित संगठन
(d) अच्छा उदाहरण प्रस्तुत करना और भूमिका प्रतिरूप बनाना *(UTET-I–2015)*

67. सांख्यिकी में वह रेखाचित्र, जिसमें आवृत्तियों को स्तम्भों द्वारा प्रदर्शित किया जाता है, कहलाता है—
(a) स्तंभाकृति (b) आवृत्ति बहुभुज
(c) संचयी आवृत्ति (d) रेखाचित्र *(UPTET-I–2015)*

68. निम्नलिखित में से कौन-सा एक आधारभूत सहायता का उदाहरण है?
(a) शिक्षार्थियों को प्रेरित करने वाले भाषण देना
(b) प्रश्न पूछने को बढ़ावा दिए बिना स्पष्टीकरण देना
(c) मूर्त और अमूर्त दोनों प्रकार के उपहार देना
(d) अनुबोधन और संकेत देना तथा नाजुक स्थितियों पर प्रश्न पूछना
(CTET–2016)

69. शिक्षार्थियों द्वारा की गई गलतियाँ और त्रुटियाँ—
(a) शिक्षक और शिक्षार्थियों की असफलता के सूचक हैं
(b) उनके चिंतन को समझने के अवसर के रूप में देखी जानी चाहिए
(c) कठोरता से निपटाई जानी चाहिए
(d) बच्चों को 'कमजोर' अथवा 'उत्कृष्ट' चिन्हित करने के अच्छे अवसर हैं
(CTET–2016)

70. जटिल परिस्थिति को संसाधित करने में शिक्षक बच्चों की सहायता कर सकता है—
(a) कोई भी सहायता न देकर, जिससे बच्चे अपने-आप निर्वाह करना सीखें
(b) उस पर एक भाषण देकर
(c) कार्य को छोटे हिस्सों में बाँटने के बाद निर्देश लिखकर
(d) प्रतियोगिता को बढ़ावा देकर और सबसे पहले कार्य पूरा करने वाले बच्चे को पुरस्कार देकर *(CTET–2016)*

71. शिक्षार्थियों से यह अपेक्षा करना कि वे ज्ञान को उसी रूप में पुनः प्रस्तुत कर देंगे जिस रूप में उन्होंने उसे ग्रहण किया है—
(a) एक प्रभावी आकलन युक्ति है
(b) समस्यात्मक है, क्योंकि व्यक्ति अनुभवों की व्याख्या करते हैं और ज्ञान को ज्यों-का-त्यों पुनः उत्पादित नहीं करते
(c) अच्छा है, क्योंकि जो भी हमारे मन में है हम उसे रिकॉर्ड करने लगते है
(d) अच्छा है, क्योंकि यह शिक्षक के लिए आकलन में सरल है *(CTET–2016)*

72. निम्नलिखित में से कौन-सा एक माध्यमिक विद्यालय की कक्षा-कक्ष में शिक्षक की भूमिका का सर्वोत्तम/उचित वर्णन करता है ?
(a) बहु-परिप्रेक्ष्य को निरूत्साहित करना तथा एक आयामी परिप्रेक्ष्य पर केन्द्रीभूत होना
(b) व्याख्यान देने के लिए पावरप्वाइन्ट प्रेजेंटेशन का प्रयोग करना
(c) चर्चाओं के अवसर उपलब्ध कराना
(d) प्रथम स्थान के लिए शिक्षार्थियों को आपस में प्रतिस्पर्द्धा के लिए बढ़ावा देना *(CTET–2016)*

73. जिस दिए गए कार्य को करते समय बच्चे स्वयं आनंद लेते हुए अनुभव प्राप्त करते हैं, उसे .... कहा जाता है।
(a) निर्माणात्मक प्रकार का कार्य
(b) समस्यात्मक प्रकार का कार्य
(c) ड्रिल और अभ्यास कार्य
(d) उपयोक्ता प्रकार का कार्य *(CTET-II–2018)*

74. ग्रेडिंग, कोडिंग, अंकन और क्रेडिट संचय प्रणालियाँ .... के कुछ उदाहरण हैं।
(a) आलेख पत्र *(रिपोर्ट कार्ड)* में अकादमिक प्रगति को दर्शाने
(b) अधिगमकर्ताओं की उपलब्धि के आकलन की गणना विधि
(c) परीक्षा के उत्तर-पत्रों के मूल्यांकन की प्रक्रिया
(d) कक्षा में बच्चों की स्थिति की निरूपण विधि *(CTET-II–2018)*

75. अधिगमकर्ताओं की उपलब्धि का आकलन शिक्षकों की सहायता करता है—
(a) कक्षाओं में अधिगमकर्ताओं के क्षमता समूह को बनाने में
(b) शिक्षण के लिए गतिविधियों की सूची तैयार करने में
(c) अधिगमकर्ताओं के प्रदर्शन का रिकॉर्ड रखने में
(d) शिक्षण-अधिगम विधियों की प्रभावशीलता का मूल्यांकन करने में *(CTET-II–2018)*

76. संकलनात्मक परामर्श के जन्मदाता है—
(a) थार्न *(Thorn)*
(b) रोजर्स *(Rogers)*
(c) विलियम्सन *(Williamson)*
(d) इनमें से कोई नहीं *(UPPET-II–2018)*

77. छात्र के अवांछित व्यवहार के संशोधन हेतु सबसे प्रभावी विधि है—
(a) छात्र को दण्डित करना
(b) उसे नजरअन्दाज करना
(c) उसे माता-पिता को सूचित करना
(d) अवांछित व्यवहार के कारणों का पता लगाना तथा उपचारों का सुझाव देना
(UPPET-II–2018)

78. निम्न में से कौन-सा परामर्श का एक तत्व नहीं है ?
(a) साक्षात्कार (b) विश्वास (c) वृत्तिक वृद्धि (d) सम्प्रेषण
(UPPET-II–2018)

79. एक प्रारंभिक कक्षा-कक्ष में एक बच्ची अपने साथ जो अनुभव लाती है—
(a) उन्हें अस्वीकार करना चाहिए
(b) उसकी उपेक्षा करनी चाहिए
(c) उन पर ध्यान नहीं देना चाहिए
(d) उन्हें शामिल कर उनका संचय करना चाहिए *(CTET-I–2019)*

80. बच्चों को कक्षा में प्रश्न—
(a) पूछने के लिए प्रेरित करना चाहिए
(b) पूछने के लिए हतोत्साहित करना चाहिए
(c) पूछने की अनुमति नहीं देनी चाहिए
(d) पूछने से रोकना चाहिए *(CTET-I–2019)*

81. आकलन का प्राथमिक उद्देश्य क्या होना चाहिए ?
(a) विद्यार्थियों के लिए श्रेणी निश्चित करना
(b) संबंधित अवधारणाओं के बारे में बच्चों की स्पष्टता तथा भ्रांतियों को समझना
(c) विद्यार्थियों के प्राप्तांकों के आधार पर उनको नामांकित करना
(d) रिपोर्ट कार्ड में उत्तीर्ण या अनुत्तीर्ण अंकित करना *(CTET-I–2019)*

82. एक अध्यापिका को दिये गये किसी कार्यकलाप में छात्रों की विभिन्न त्रुटियों का विश्लेषण करना चाहिए, क्योंकि—
(a) इसके आधार पर वह दंड की मात्रा निर्धारित कर सकती है
(b) त्रुटियों की समझ, अध्यापन-अधिगम प्रक्रिया के लिए अर्थपूर्ण है
(c) इसके आधार पर वह ज्यादा त्रुटियाँ करने वाले छात्रों को दूसरे छात्रों से अलग कर सकती है
(d) अधिगम केवल त्रुटियों के शोधन पर निर्भर है *(CTET-I–2021)*

83. एक कक्षा में अध्यापिका अपनी शिक्षा-शास्त्र व आकलन की विधियों को विधार्थियों की व्यक्तिगत जरूरतों के अनुसार परिवर्तित करती है—
(a) अध्यापक केंद्रित (b) प्रगतिशील
(c) पाठ्य-पुस्तक केंद्रित (d) व्यवहारवादी *(CTET-II–2021)*

84. शिक्षार्थियों को किस प्रकार के लक्ष्य निर्धारित करने के लिए प्रोत्साहित किया जाना चाहिए ?

(a) प्रवीणता अभिमुखी लक्ष्य (b) असफलता से बचने वाले लक्ष्य
(c) असफलता स्वीकार्य लक्ष्य (d) आत्म पराजित लक्ष्य *(CTET-II–2022)*

85. एक प्राथमिक कक्षा में शिक्षक को छात्रों को प्रश्न पूछने—
(a) के लिए प्रोत्साहित करना चाहिए (b) के लिए हतोत्साहित करना चाहिए
(c) की कमी की अनुमति नहीं देनी चाहिए
(d) पर सजा देनी चाहिए *(CTET–2022)*

86. कथन (A) : विद्यालयों को छात्रों में पाठ्यपुस्तकों को याद करके, पुनः उगल देने की योग्यता के स्थान पर उनमें अपनी आवाज उठाने, जिज्ञासा शांत करने, क्रियाशील होने, प्रश्न पूछने के बाद विवाद करने, समूह में कार्य करने की योग्यता विकसित करनी चाहिए।

कारण (R) : अधिगम का स्वरूप क्रियाशील एवं सामाजिक है।

सही विकल्प चुनें :
(a) (A) और (R) दोनों सही हैं और (R) सही व्याख्या करता है (A) की
(b) (A) और (R) दोनों सही हैं और (R) सही व्याख्या नहीं करता है (A) की
(c) (A) सही है लेकिन (R) गलत है
(d) (A) और (R) दोनों गलत हैं *(CTET–2022)*

87. रचिता एक गणित अध्यापिका, अपने छात्रों की भाषा कथन वाले प्रश्नों में सही प्रक्रिया पहचानने में त्रुटियों का विश्लेषण कर रही है। इसके पीछे उसका क्या उद्देश्य है?
(a) अधिक त्रुटियों वाले छात्रों का कम त्रुटियों वाले छात्रों से पृथक करना
(b) अधिक त्रुटियों वाले छात्रों को दंड स्वरूप अधिक प्रश्न देना
(c) त्रुटि सुधार के लिए अभ्यास वाले अधिक प्रश्न देना
(d) त्रुटियों को समझना क्योंकि वे छात्रों को चिन्तन को समझने में मदद करते हैं *(CTET–2022)*

88. एक संरचनावादी परिप्रेक्ष्य में बच्चों को किस प्रकार समझा जाता है?
(a) निष्क्रिय प्राणी के रूप में
(b) छोटे व्यस्कों के रूप में
(c) दुष्ट जीव के रूप में जिन्हें सभ्य बनाने की जरूरत है
(d) अपने पर्यावरण को समझने की उत्सुकता लिए हुए *(CTET–2022)*

89. बच्चों की असफलता के संदर्भ में निम्न में से कौन-सा कथन सही है?
(a) बच्चों की असफलता का गुणरोपण हमेशा आनुवंशिक दोषों को किया जा सकता है
(b) बच्चों की असफलता का कारण व्यवस्था द्वारा बच्चों की व्यक्तिगत जरूरतों को अनदेखा करना है
(c) वे बालक जो कभी स्कूल नहीं गए है अपने बच्चों की शिक्षा में रुचि नहीं रखते हैं
(d) हाशिए पर रहने वाले समुदायों के बच्चे आकादमिक सफलता प्राप्त करने में सक्षम नहीं हैं *(CTET–2022)*

90. निम्नलिखित कथनों में से कौन-सा कथन बच्चों की त्रुटियों को समझने के लिए सही नहीं है?

(a) यह कक्षा में छात्रों के ग्रेड और पदों को निर्धारित करने में मदद करता है

(b) शिक्षकों को छात्रों की अवधारणात्मक समझ से अवगत कराता है

(c) शिक्षण अधिगम प्रक्रिया में त्रुटि की समझ सार्थक है क्योंकि यह अधिगम प्रक्रिया का सहज हिस्सा है

(d) यह बच्चों की सोच में अंतर्दृष्टि प्रदान करता है *(CTET–2022)*

91. एक विद्यार्थी जो नियंत्रण के बाह्य अधिकारिता में विश्वास रखती है, परीक्षाओं में अपनी सफलता का कारण किसे बता सकती है?

(a) योग्यता की कमी (b) तैयारी की कमी

(c) त्रुटिपूर्ण दृष्टिकोण (d) बुरी किस्मत *(CTET–2022)*

92. मोहन ने विद्यार्थियों को आयतन की समझ बनाने के लिए भिन्न धारिताओं वाले बर्तन दिए। फराह ने अपने विद्यार्थियों को कूड़े के यांत्रिक कार्य बनाने की संभावनाओं पर मानस मंथन करने के लिए कहा। दोनों अध्यापक अपनी कक्षा में किस शिक्षण शास्त्रीय युक्ति का प्रयोग कर रहे हैं?

(a) व्यवहारवाद (b) रचनावाद

(c) स्पष्ट अनुदेशन (d) सक्रिय अनुकूलन *(CTET–2022)*

93. अनीता, जो कि चौथी कक्षा की अध्यापिका है, अपनी कक्षा में एक ऐसी स्थिति का सामना कर रही है जहाँ कई विद्यार्थी पढ़ाए जा रहे विषय में उकताहट महसूस कर रहे हैं, इस स्थिति में उसे क्या करना चाहिए?

(a) इन विद्यार्थियों की अनदेखी करें और उसी विषय-वस्तु को पढ़ाना जारी रखें

(b) इन विद्यार्थियों को दंडित करें और इसकी सूचना उनकी माता-पिता को दें

(c) पाठ के विषय-वस्तु और पढ़ाने के तरीके पर पुनः चिंतन करें

(d) मान लें कि ये विद्यार्थी सीखने के लिए सक्षम नहीं हैं *(CTET–2022)*

94. आलोचनात्मक सोच वाले प्रश्न पूछने का प्राथमिक उद्देश्य क्या है?

(a) छात्रों को जानकारी याद रखने के लिए प्रोत्साहित करना

(b) छात्रों को प्रक्रियात्मक ज्ञान विकसित करने में सक्षम बनाना

(c) छात्रों के ज्ञान और समझ कौशल का आकलन करने के लिए

(d) उच्च स्तरीय सोच और समस्या समाधान कौशल को बढ़ावा देना *(CTET–2024)*

95. निम्नलिखित में से कौन-सा एक अच्छी तरह से तैयार किय गये आलोचनात्मक सोच वाले प्रश्न की विशेषता नहीं है?

(a) यह उच्च स्तरीय सोच और समस्या समाधान कौशल को बढ़ावा देता है

(b) यह खुला प्रश्न है और कई उत्तरों को प्रस्तुत करने की यह अनुमति देता है

(c) यह मुख्य रूप से तथ्यात्मक जानकारी पर आधारित है

(d) इसमें सूचना के विश्लेषण और मूल्यांकन की आवश्यकता होती है

(CTET–2024)

उत्तरमाला

1. (a)	2. (c)	3. (a)	4. (a)	5. (c)	6. (d)	7. (b)	8. (d)
9. (d)	10. (d)	11. (c)	12. (c)	13. (d)	14. (b)	15. (c)	16. (c)
17. (b)	18. (d)	19. (a)	20. (d)	21. (d)	22. (c)	23. (c)	24. (b)
25. (a)	26. (d)	27. (d)	28. (c)	29. (c)	30. (a)	31. (a)	32. (c)
33. (d)	34. (d)	35. (d)	36. (c)	37. (d)	38. (d)	39. (b)	40. (b)
41. (b)	42. (a)	43. (b)	44. (d)	45. (a)	46. (b)	47. (b)	48. (d)
49. (b)	50. (a)	51. (d)	52. (c)	53. (c)	54. (d)	55. (d)	56. (c)
57. (c)	58. (c)	59. (b)	60. (b)	61. (c)	62. (d)	63. (d)	64. (c)
65. (d)	66. (b)	67. (a)	68. (d)	69. (b)	70. (c)	71. (b)	72. (c)
73. (d)	74. (b)	75. (d)	76. (a)	77. (d)	78. (c)	79. (d)	80. (a)
81. (b)	82. (b)	83. (b)	84. (a)	85. (a)	86. (a)	87. (d)	88. (d)
89. (b)	90. (a)	91. (d)	92. (b)	93. (c)	94. (d)	95. (c)	

★★★

18

समावेशी शिक्षा का सिद्धांत

समावेशी शिक्षा
Inclusive Education

समावेशी शिक्षा वह शिक्षा होती है जिसके द्वारा विशिष्ट क्षमता वाले बालक जैसे मन्दबुद्धि, अन्धे बालक, बहरे बालक तथा प्रतिभाशाली बालकों को ज्ञान प्रदान किया जाता है।

➢ समावेशी शिक्षा का निर्धारण छात्रों की बुद्धिलब्धि, शैक्षिक स्तर व योग्यताओं को ध्यान में रखकर किया जाता है। इस प्रकार की शिक्षा के कई स्तर होते हैं। ये स्तर बालकों के अनुरूप निर्धारित किये जाते हैं, जो इस प्रकार है—

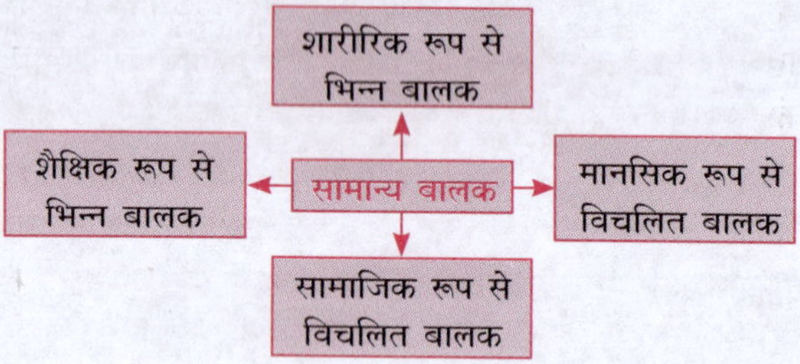

(i) **शारीरिक रूप से भिन्न बालक** *(Physically Handicapped)*: वैसे बालक जो कि अन्य बालकों से शारीरिक रूप से भिन्न होते हैं, ये इस श्रेणी के अंतर्गत आते हैं—

★ सांवेदिक रूप से विकलांग बालक ★ गतीय रूप से विकलांग बालक
★ बहुत विकलांग बालक

(ii) **मानसिक रूप से विचलित बालक** *(Mentally Retarded Children)*: वैसे बालक जो कि मानसिक रूप से विचलित होते हैं, वे इस श्रेणी में आते हैं—

★ प्रतिभाशाली बालक ★ मन्दबुद्धि बालक ★ सृजनशील बालक

इस श्रेणी की विशेषता यह है कि इस श्रेणी के अंतर्गत मानसिक रूप से कमजोर बालक भी आते हैं तथा ऐसे बालक जो आवश्यकता से अधिक चतुर व समझदार होते हैं वे भी इस श्रेणी में शामिल होते हैं।

(iii) **सामाजिक रूप से विचलित बालक** *(Socially Deprived Children)*: वैसे बालक जो कि सामाजिक रूप से विचलित होते हैं, वे इस श्रेणी के अंतर्गत आते हैं—

★ सांवेगिक रूप से परेशान बालक ★ असमायोजित बालक ★ वंचित बालक
★ समस्यात्मक बालक ★ बाल अपराधी
★ माता-पिता द्वारा तिरस्कृत बालक

(iv) शैक्षिक रूप से भिन्न बालक *(Educationally Differ Children)*: शैक्षिक रूप से भिन्न बालकों के अन्तर्गत निम्न बालक आते हैं—

★ शैक्षिक रूप से समृद्ध बालक
★ शैक्षिक रूप से पिछड़े बालक
★ किसी विषय-विशेष को न सीख पाने वाला बालक
★ सम्प्रेषण बाधित बालक

समावेशी शिक्षा के सिद्धान्त
Principles of Inclusive Education

समावेशी शिक्षा को मुख्यतः निम्नलिखित सिद्धान्तों पर आधारित किया गया है—

(a) व्यक्तिगत रूप से भिन्नता *(Individual Difference)*: व्यक्तिगत रूप से प्रत्येक व्यक्तियों में भिन्नता पायी जाती है। यह भिन्नता रंग-रूप तथा व्यक्तित्व इत्यादि में पायी जाती है। विशिष्ट बालकों को उनके व्यक्तित्व इत्यादि के अनुसार ही शिक्षित किया जाता है। प्रतिभावान छात्रों को अधिक विस्तारपूर्वक पढ़ाया जाता है तथा मन्दबुद्धि बालकों को प्रत्येक कार्य धीरे-धीरे सिखाया जाता है। कुछ ऐसे बालक होते हैं जो बिल्कुल रुचिपूर्ण तरीकों से पढ़ाई नहीं करते, उनको शिक्षा के प्रति जागृत करना समावेशी शिक्षा का मुख्य सिद्धान्त है। अतः व्यक्तिगत भिन्नताओं के अनुसार ही छात्रों को समावेशी शिक्षा प्रदान की जा सकती है।

(b) माता-पिता द्वारा सहयोग प्रदान करना *(Provide Cooperation by Parents)* : समावेशी शिक्षा के अन्तर्गत माता-पिता का सहयोग होना अति आवश्यक है। यदि माता-पिता पूर्णतः सहयोग देंगे तभी विशिष्ट छात्रों को उचित प्रकार से समावेशी शिक्षा प्रदान की जा सकती है।

(c) भेदभाव रहित शिक्षा *(Non-Discriminatory Education)*: भेदभाव रहित शिक्षा हेतु सर्वप्रथम छात्रों की पहचान की जानी अति आवश्यक है, क्योंकि इसके आधार पर ही छात्रों को वर्गीकृत किया जा सकता है तथा उन्हें शिक्षा प्रदान की जा सकती है।

(d) विशिष्ट कार्यक्रमों द्वारा शिक्षा *(Education Through Special Programme)*: विशिष्ट शिक्षा हेतु कई विशिष्ट कार्यक्रमों को लागू किया जाता है। शारीरिक रूप से बाधित छात्रों की शिक्षा हेतु उनके माता-पिता को विद्यालय का पूर्ण सर्वे करने का अधिकार प्राप्त होता है।

➢ यदि माता-पिता शिक्षण संस्था की कार्य-प्रणाली से सन्तुष्ट नहीं होते हैं तो वे इच्छानुसार बालकों को शिक्षण संस्थाओं से निकालकर किसी अन्य शिक्षण संस्था में भेज सकते हैं। अतः विशिष्ट बालकों को विशिष्ट कार्यक्रमों के द्वारा ही उचित शिक्षा प्रदान की जा सकती है।

(e) वातावरण नियन्त्रणपूर्ण होना *(Restrictive Environment)*: जहाँ तक उचित हो, प्रत्येक शारीरिक बाधित बालकों को निःशुल्क उपयुक्त शिक्षा मिलनी चाहिए। सामान्यतः शिक्षा संस्थाओं में किसी बालक को स्वीकार अथवा अस्वीकार करने का विकल्प किसी विद्यालय की व्यवस्था में नहीं है।

समावेशी शिक्षा के मॉडल
Model of Inclusive Education

समावेशी शिक्षा के सिद्धान्त पर आधारित मॉडल निम्नलिखित है—

1. सांख्यिकीय मॉडल *(Statistical Model)*: सांख्यिकीय मॉडल की उत्पति का कारण है, व्यक्तिगत विभिन्नता जिसके कारण व्यक्तियों में तथा बालकों में अन्तर पाये जाते हैं। यह अन्तर ही बालकों की विशिष्टता के विषय में बताते हैं। विभिन्न मनोवैज्ञानिकों के अनुसार कभी भी दो बालक एक समान नहीं होते हैं, उनमें प्रायः कुछ-न-कुछ अन्तर अवश्य पाये जाते हैं।

2. मौखिक संचार मॉडल *(Oral Communication Model)*: मौखिक संचार में भिन्न बालक मुख्यतः दो प्रकार के होते हैं। प्रथम कथन क्षतियुक्त बालक हैं। इस प्रकार के बालकों में किसी-न-किसी प्रकार के बोलने का दोष होता है जैसे–हकलाना, स्वरदोष इत्यादि।

➢ भाषा विकलांग बालक ऐसे बालक हैं जो उस भाषा को नहीं जानते जो कि उनके वातावरण अर्थात् घर, स्कूल, बाजार में बोली जा रही है। ऐसे बालक मातृभाषा ठीक ढंग से नहीं बोल पाते हैं।

➢ भाषा विकलांग बालकों के मौखिक संचार में भिन्नता होती है। ऐसे बालकों की प्रमुख समस्या होती है अपने विचारों को दूसरों तक नहीं पहुँचा पाना। इसके कारण निम्नलिखित परिणाम सामने आते हैं—

- ★ संवेगात्मक रूप से अव्यवस्थित
- ★ सीखने में मन्द गति
- ★ व्यक्तित्व संबंधी दोष
- ★ पिछड़ापन

उपर्युक्त कारणों से बालक की शैक्षिक उपलब्धि नकारात्मक रूप से प्रभावित होती है। इससे उसका व्यावसायिक जीवन भी प्रभावित होता है। अतः विद्यालयों में इस प्रकार के विशिष्ट बालकों हेतु विशेष प्रोग्राम होने चाहिए।

3. चिकित्सीय अथवा जीव-विधा मॉडल *(Medical or Biological Model)*: चिकित्सीय अथवा जीव-विधा से संबंधित मॉडल के अन्तर्गत वे बालक आते हैं जो कि शारीरिक रूप से अक्षम होते हैं। यह शारीरिक भिन्नता कई कारणों के फलस्वरूप होते हैं जो इस प्रकार है—

(a) कई बार आनुवंशिक कारणों की वजह से भी शारीरिक अक्षमता आ जाती है।

(b) जन्मोपरान्त चोट *(Postnatal Injury)* के कारण भी शारीरिक अक्षमता आ जाती है।

(c) जन्म के समय होने वाली क्षति के कारण भी शारीरिक अक्षमता आ जाती है।

(d) जन्म-पूर्व क्षति *(Pre-natal Damage)* अर्थात् जन्म से पूर्व यदि गर्भवती महिला कोई दवा खा ले अथवा अन्य कोई ऐसे कार्य कर ले जिनमें गर्भ समस्या उत्पन्न हो जाए, तो यह जन्म-पूर्व क्षति कहलाती है।

➢ ऐसे बालकों के लिए विशेष शिक्षा का आयोजन बालकों में शारीरिक कमी को ध्यान में रखकर करना चाहिए।

(e) **सांस्कृतिक मॉडल** *(Cultural Model)*: सांस्कृतिक रूप से अलग बालकों में मुख्यतः अधिगम असुविधायुक्त तथा सांस्कृतिक रूप से अल्पसंख्यक तथा वंचित बालक आते हैं। अधिगम असुविधायुक्त बालकों को वे सभी सुविधाएँ नहीं प्राप्त होती हैं जो प्रायः सामान्य बालकों को प्राप्त हो जाती है। अतः इनका अधिगम स्तर गिर जाता है इससे उनकी शैक्षिक उपलब्धि नकारात्मक ढंग से प्रभावित होती है। ऐसे वंचित बालक भी विशिष्ट बालकों की श्रेणी में आते हैं। इनके लिए सामान्य शिक्षा के साथ-साथ अतिरिक्त शैक्षिक प्रावधानों की भी आवश्यकता है।

(f) **मनोसामाजिक मॉडल** *(Psychosocial Model)*: मनोसामाजिक रूप से अलग-अलग प्रवृत्ति के बालक इस श्रेणी में आते हैं। एक संवेगात्मक रूप से परेशान बालक को अपनी भावनाओं के प्रदर्शन में कठिनाई अनुभव होती है। ऐसे बालक भावनाओं को सही रूप से प्रबंधित नहीं कर पाते, अतः संवेगात्मक असंतुलन प्रदर्शित करते हैं। इस प्रकार ऐसे बालक अपने लिए और अन्य लोगों के लिए समस्या उत्पन्न करते हैं।

➢ मनोसामाजिक रूप से भिन्न बालक एक ऐसा विशिष्ट बालक है जिसे विशेष शिक्षा की आवश्यकता है। मनोसामाजिक रूप से भिन्न बालकों में समस्यात्मक तथा अपराधी बालक भी आते हैं। अतः संवेगात्मक व सामाजिक अस्थिरता इन्हें समस्यात्मक तथा अपराधी बनाती है। इसके लिए विशेष शिक्षा का होना अनिवार्य है।

समावेशी शिक्षा के सन्दर्भ में शिक्षा नीति-2006

Education Policy 2006 with the Reference of Inclusive Education

समावेशी शिक्षा के संदर्भ में शिक्षा नीति-2006 के अन्तर्गत कुछ विशेष तथ्यों को रखा गया, जो इस प्रकार है—

(a) बाधित बालकों की प्रारम्भिक स्तर पर पहचान कर लेना तथा उनके लिए कार्यक्रम बनाना।

(b) शारीरिक तथा मानसिक दोषों से ग्रस्त बालक जो सामान्य शिक्षा संस्थाओं में शिक्षा प्राप्त करने के अयोग्य हैं, यदि समन्वित शिक्षा में उन्हें सामान्य बालकों के साथ शिक्षा दी जाती है, तो वे अपमान, तिरस्कार तथा हीन भावना से ग्रस्त हो जाते हैं। उन्हें ऐसी परिस्थिति से सुरक्षा प्रदान करना।

(c) सामान्य शिक्षा संस्थाओं में विशिष्ट शिक्षा के कार्यक्रमों को उपयोग करने के लिए संसाधन एजेन्सी के रूप में सेवाएँ उपलब्ध कराना।

(d) विकलांग बालकों के लाभ के लिए विभिन्न प्रविधियों का पर्याप्त विकास हो रहा है। विकलांग को विभिन्न सहायक प्रविधियाँ उपलब्ध कराना।

भारतीय संविधान के खंड तीन तथा चार में शिक्षा संबंधी अनेक प्रावधान किये गये हैं। केंद्र तथा राज्यों के शैक्षिक उत्तरदायित्वों को भी विभाजित किया गया है। प्रारंभिक शिक्षा का मूल अधिकार अल्पसंख्यकों की शिक्षा, शिक्षा अधिकारों में समानता, अनुसूचित जाति व जनजाति के बालकों की शिक्षा, धार्मिक शिक्षा की स्वतंत्रता, शिक्षा के माध्यम से हिन्दी भाषा के विकास इत्यादि के संबंध में संविधान में विशेष प्रावधान किये गये हैं।

शिक्षा का अधिकार एवं निःशुल्क व अनिवार्य शिक्षा

Right to Education and Free and Compulsory Education

➢ संविधान के अनुच्छेद-21 के अंतर्गत शिक्षा का अधिकार एक इच्छित *(Desired)* अधिकार माना जाता है। शिक्षा का यह अधिकार प्राण और दैहिक स्वतंत्रता के अधिकार से प्रवाहित होता है। अनुच्छेद-21 में कहा गया है कि किसी व्यक्ति को उसके प्राण तथा दैहिक स्वतंत्रता से विधि द्वारा स्थापित प्रक्रिया के अनुसार ही वंचित किया जा सकेगा।

➢ भारतीय संविधान के अनुच्छेद-19 भी शिक्षा के अधिकार की ओर संकेत करता है, जिसमें नागरिकों को वाक् तथा अभिव्यक्ति स्वातंत्र्य एवं रोजगार करने के अधिकार दिये गये हैं।

➢ वर्ष 2002 में 86वें संविधान संशोधन के द्वारा संविधान में अनुच्छेद-21(क) को जोड़कर प्रारंभिक शिक्षा को नागरिकों का एक मूल अधिकार बना दिया गया है। अनुच्छेद-21(क) में कहा गया है कि राज्य 6 से 14 वर्ष के सभी बालकों के लिए निःशुल्क और अनिवार्य शिक्षा की व्यवस्था करेगा।

शैशवपूर्ण देखभाल एवं शिक्षा

Early Childhood Care & Education

➢ संविधान निर्माण के समय संविधान के अनुच्छेद-45 में निःशुल्क तथा अनिवार्य प्राथमिक शिक्षा का दायित्व राज्य सरकार को सौंपा गया था। इस धारा में कहा गया था कि संविधान लागू होने के 10 वर्ष के अंदर राज्य अपने क्षेत्र के सभी बालकों को 14 वर्ष की आयु होने तक निःशुल्क तथा अनिवार्य शिक्षा प्रदान करने का प्रयास करेगा।

➢ वर्ष 2002 में संविधान में किये गये 96वाँ संशोधन के द्वारा अनुच्छेद-45 को बदलकर इसमें निःशुल्क व अनिवार्य शिक्षा को शैशवपूर्ण देखभाल एवं शिक्षा से प्रतिस्थापित करते हुए मात्र 6 वर्ष तक के बालकों तक सीमित कर दिया गया एवं 21(क) नामक अनुच्छेद जोड़कर प्रारंभिक शिक्षा को नागरिकों का मूल अधिकार बना दिया गया।

अल्पसंख्यकों की शिक्षा

Education of Minorities

➢ भारतीय संविधान में अल्पसंख्यकों की शैक्षिक तथा सांस्कृतिक उन्नति के लिए विशेष व्यवस्था की गयी है। अनुच्छेद-30 (1 व 2) के अनुसार धर्म या भाषा के आधार पर अल्पसंख्यक समुदाय अपनी पसंद की शिक्षा संस्थाएँ स्थापित कर सकते हैं।

➢ राज्य सरकारें अनुदान देते समय इन संस्थाओं से भेदभाव नहीं करेंगी क्योंकि ये संस्थाएँ अल्पसंख्यकों के द्वारा विशेष नियमों के अंतर्गत चलायी जा रही हैं।

समान शैक्षिक अधिकार

Equal Educational Rights

प्रजातंत्र में जाति, धर्म या स्तर की परवाह किये बिना ही सबको अपने व्यक्तित्व का पूर्ण विकास करने के लिए समान अवसर प्रदान किया जाना चाहिए। प्रजातंत्र की इस मूलभूत मान्यता को ध्यान में रखते हुए संविधान के अनुच्छेद-29 में सभी शैक्षिक अधिकारों को सुनिश्चित किया गया है। अनुच्छेद-29 में प्रावधान यह है कि—

➢ भारत के राज्य क्षेत्र या उसके किसी हिस्से के निवासी या नागरिकों के समूह को अपनी विशेष भाषा, लिपि या संस्कृति को बनाये रखने का अधिकार होगा।

➢ राज्य सरकार द्वारा संचालित या सहायता-प्राप्त किसी भी शिक्षा संस्था में किसी भी व्यक्ति को धर्म, जाति, रंग या भाषा के आधार पर प्रवेश के लिए मना नहीं किया जा सकता है।

अनुसूचित जाति, जनजाति व कमजोर वर्गों की शिक्षा
Education of Scheduled Castes, Tribes and Weaker Sections

समाज के सभी कमजोर वर्गों की शैक्षिक उन्नति के प्रोत्साहन का उत्तरदायित्व राज्य का है। संविधान के अनुच्छेद-46 के अंतर्गत कहा गया है कि राज्य कमजोर वर्गों, विशेषकर अनुसूचित जाति व जनजाति की शैक्षिक तथा आर्थिक उन्नति को विशेष रूप से प्रोत्साहित करेगा तथा उनको सामाजिक अन्याय व धोखे से बचायेगा। इस प्रकार, संविधान में समाज के सभी वर्गों की शिक्षा व उन्नति के अवसर सुनिश्चित हैं।

धार्मिक शिक्षा की स्वतंत्रता
Freedom of Religious Education

भारतीय संविधान में सर्वधर्म-सम्मत शिक्षा की व्यवस्था की गयी है। संविधान के अनुच्छेद-28 (1, 2 तथा 3) में प्रावधान है कि राज्य सरकार द्वारा संचालित शिक्षा संस्थाओं में धार्मिक शिक्षा नहीं दी जा सकती है। परंतु यदि सरकार द्वारा प्रशासित या सहायताप्राप्त किसी शिक्षा संस्था की स्थापना किसी ऐसे धरोहर के अधीन हुई है, जिसमें कुछ धार्मिक क्रियाएँ आवश्यक हैं तो उस संस्था में उन धार्मिक क्रियाओं की शिक्षा दी जा सकती है।

मातृभाषा में शिक्षा सुविधाएँ
Facilities of Education in Mother Tongues

प्राथमिक स्तर पर मातृभाषा के महत्व को स्वीकार करते हुए संविधान के अनुच्छेद 350–A में कहा गया है कि भाषायी दृष्टि से अल्पसंख्यक समूहों के बालकों को उनकी मातृभाषा में प्राथमिक शिक्षा सुविधाएँ उपलब्ध कराने का दायित्व राज्य तथा स्थानीय निकाय का है।

हिन्दी भाषा का विकास
Development of Hindi Language

संविधान में राष्ट्रभाषा हिन्दी के विकास तथा प्रचार की व्यवस्था भी की गयी है। संविधान के अनुच्छेद-351 के अनुसार राष्ट्रीय भाषा हिन्दी के प्रसार, संवर्धन तथा इसे सुनियोजित ढंग से विकसित करने का विशेष दायित्व केंद्र का है ताकि भारत मिली-जुली संस्कृति के सभी वर्गों की अभिव्यक्ति का माध्यम बन सके।

स्त्रियों, बच्चों तथा पिछड़े वर्गों की शिक्षा
Education of Women, Childrens and Backward Classes

भारतीय संविधान के अनुच्छेद-15 (3, 4 व 5) में महिलाओं तथा सामाजिक व शैक्षिक दृष्टि से पिछड़े वर्गों के लिए विशेष प्रावधान बनाने पर किसी प्रकार का प्रतिबन्ध नहीं लगाया है। अर्थात् राज्य महिलाओं, बालकों तथा पिछड़े वर्गों की शिक्षा के लिए विशेष व्यवस्था करने के लिए संविधान की दृष्टि से पूर्ण स्वतंत्र है।

➢ वर्ष 2005 में हुए 93वें संविधान संशोधन ने इस व्यवस्था को व्यैक्तिक प्रबंधावली शिक्षा संस्थाओं *(Privately Managed Education Institutions)* के लिए भी विस्तारित कर दिया है।

केंद्र व राज्यों के शिक्षा संबंधी अधिकार

Right of Centre and States about Education

संविधान के अनुच्छेद-246 में केंद्र व राज्य सरकारों के शैक्षिक उत्तरदायित्वों तथा अधिकार क्षेत्र का विभाजन किया गया है। इसके लिए संविधान की 7वीं अनुसूची में तीन सूचियाँ बनायी गयी हैं। प्रथम सूची, केंद्र सूची *(Union List),* इसमें दिये गये विषयों पर केंद्र सरकार या संसद कानून बना सकती है। द्वितीय सूची, राज्य सूची *(State List),* इसमें दिये गये विषयों पर राज्य सरकार या विधान सभा कानून बना सकती है। तृतीय सूची, समवर्ती सूची *(Concurrent List),* इसमें दिये गये विषयों पर केंद्र तथा राज्य सरकार दोनों ही कानून बना सकते हैं।

शिक्षा का अधिकार अधिनियम-2009

Right to Education Act, RTE 2009

वर्ष 2009 में बालकों का निःशुल्क और अनिवार्य शिक्षा का अधिकार अधिनियम 2009 पास किया गया। इस अधिनियम के अनुसार 6 वर्ष से 14 वर्ष की आयु के बच्चों को कक्षा 1 से 8 तक की निःशुल्क शिक्षा प्राप्त करने का मूल अधिकार है। सरकार ने 1 अप्रैल, 2010 से इसे कानून के रूप में लागू कर दिया। इस अधिनियम में प्रस्तुत मुख्य तत्व निम्नलिखित हैं—

1. संक्षिप्त नाम : इस अधिनियम का संक्षिप्त नाम शिक्षा का अधिकार अधिनियम 2009 है।

2. परिभाषाएँ : इस अधिनियम में प्रयुक्त विशेष शब्दों को परिभाषित किया गया है।

3. निःशुल्क और अनिवार्य शिक्षा का अधिकार : 6 वर्ष से 14 वर्ष की आयु के प्रत्येक बालक को प्रारंभिक शिक्षा पूरी होने तक किसी आस-पास के विद्यालय में निःशुल्क और अनिवार्य शिक्षा का अधिकार होगा।

4. प्रवेश नहीं दिये गये बालकों या जिन्होंने प्रारंभिक शिक्षा पूरी नहीं की है, के लिए विशेष उपबंध : यदि कोई बच्चा 6 वर्ष की आयु पर किसी विद्यालय में प्रवेश नहीं ले पाता है, तो वह बाद में अपनी उम्र के अनुरूप कक्षा में प्रवेश ले सकता है। यदि वह निर्धारित 14 वर्ष की आयु तक प्रारंभिक शिक्षा पूरी नहीं कर पाता, तो उसके बाद भी पढ़ाई पूरी होने तक उसे निःशुल्क शिक्षा दी जाती रहेगी।

5. अन्य विद्यालय में स्थानांतरण का अधिकार : यदि किसी स्कूल में प्रारंभिक शिक्षा पूरा करने का प्रावधान नहीं है अथवा किसी भी कारण से कोई छात्र एक स्कूल से दूसरे स्कूल जाना चाहता है, तो उसे किसी दूसरे स्कूल में स्थानांतरण लेने का अधिकार होगा।

6. राज्य सरकार और स्थानीय प्राधिकारियों को विद्यालय स्थापित करने का कर्तव्य : इस अधिनियम के लागू होने के तीन वर्षों के भीतर राज्य सरकार और स्थानीय प्राधिकारियों को पड़ोस का स्कूल स्थापित करना होगा, जिस क्षेत्र में ऐसा स्कूल नहीं है।

7. वित्तीय तथा अन्य उत्तरदायित्वों में हिस्सा बाँटना : केंद्र सरकार इस अधिनियम को लागू करने में आनेवाले खर्चों का एस्टीमेट तैयार करेगी और राज्य सरकारों को आवश्यक तकनीकी सहायता और संसाधन उपलब्ध करायेगी।

8. राज्य सरकारों के कर्तव्य : राज्य सरकारें 6 से 14 वर्ष के प्रत्येक बच्चे का प्रवेश और उपस्थिति सुनिश्चित करेगी। इसके अलावा सरकार यह भी सुनिश्चित करेगी कि कमजोर और वंचित वर्गों के बच्चों के साथ कोई भेदभाव नहीं हो और विद्यालय भवन, शिक्षक और शिक्षण-सामग्री सहित आधारभूत संरचना की उपलब्धता सुनिश्चित करेगी।

9. स्थानीय प्राधिकारियों के कर्तव्य : स्थानीय प्राधिकारी धारा 8 में वर्णित राज्य सरकार के समस्त कर्तव्यों के साथ-साथ अपने क्षेत्र के बालकों का अभिलेख करेंगे, विद्यालयों के कामकाज की निगरानी सुनिश्चित करेंगे और शैक्षणिक कैलेंडर तैयार करेंगे।

10. माता-पिता और संरक्षक का कर्तव्य : प्रत्येक अभिभावक का यह दायित्व होगा कि वह 6 से 14 वर्ष तक के अपने बच्चों को विद्यालय में पढ़ने के लिए भर्ती कराये।

11. राज्य सरकार द्वारा विद्यालय-पूर्व शिक्षा के लिए व्यवस्था करना : 3 वर्ष की आयु से ऊपर के बच्चों को प्रारंभिक शिक्षा के लिए तैयार करने और जन्म से 6 वर्ष तक के बालकों के लिए आरंभिक बाल्यावस्था की देखभाल और शिक्षा के लिए राज्य सरकार एवं स्थानीय प्राधिकारी आवश्यक व्यवस्था कर सकते हैं।

12. निःशुल्क और अनिवार्य शिक्षा के लिए विद्यालय के दायित्व की सीमा : सरकारी विद्यालय हो तो निःशुल्क शिक्षा प्रदान करेंगे ही, साथ ही निजी और विशेष श्रेणी वाले विद्यालयों को भी आर्थिक रूप से निर्बल समुदाय के बच्चों के लिए पहली कक्षा में 25% स्थान आरक्षित करने होंगे।

13. प्रवेश के लिए किसी प्रतिव्यक्ति फीस और अनुवीक्षण प्रक्रिया का न होना : कोई भी विद्यालय न तो दान या चंदा लेगा और न ही अभिभावक या बच्चे के चयन के लिए कोई प्रणाली अपना सकेगा।

14. प्रवेश के लिए आयु का प्रमाण : जन्म-प्रमाण पत्र के अभाव में किसी भी बच्चे को प्रवेश देने से इनकार नहीं किया जायेगा।

15. प्रवेश से इनकार न करना : स्कूल में प्रवेश तिथि के निकल जाने के बाद भी किसी भी बालक को प्रवेश देने से इनकार नहीं किया जायेगा।

16. रोकने और निष्कासन का प्रतिषेध : किसी भी बच्चे को किसी कक्षा में रोका नहीं जायेगा और न ही स्कूल से निष्कासित किया जायेगा।

17. बालकों को शारीरिक दंड और मानसिक उत्पीड़न का प्रतिषेध : किसी भी बच्चे को शारीरिक या मानसिक यातना नहीं दी जायेगी।

18. मान्यता प्रमाण-पत्र प्राप्त किये बिना किसी विद्यालय का स्थापित न किया जाना : बिना मान्यता प्राप्त किये कोई भी स्कूल नहीं चलाया जायेगा और उन्हीं स्कूल को मान्यता दी जायेगी जो धारा 19 में वर्णित मानक पूरे करते हों।

19. विद्यालय के मान और मानक : ऐसे स्कूल जो अधिनियम लागू होने से पूर्व स्थापित हो चुके थे तथा निर्धारित मानक पूरे नहीं करते हैं, उन्हें अधिनियम लागू होने के तीन वर्ष के अंदर सभी मानक पूरे करने होंगे।

20. अनुसूची का संशोधन करने की शक्ति : केंद्रीय सरकार, अधिसूचना द्वारा किसी मान या मानक की अनुसूची में परिवर्तन या उसका लोप करके उसका संशोधन कर सकेगी।

21. विद्यालय प्रबंधन समिति : अनुदान न पाने वाले निजी स्कूलों को छोड़कर सभी स्कूल एक स्कूल प्रबंधन समिति का गठन करेंगे जिसमें जन-प्रतिनिधि अभिभावक और शिक्षक शामिल होंगे। यह समिति कामकाज का मॉनीटर करने जैसे कार्य करेगी।

22. विद्यालय विकास योजना : धारा 21 में वर्णित विद्यालय प्रबंध समिति स्कूल विकास की योजना बनाने और उसकी संस्तुति करने का कार्य करेगी।

23. शिक्षकों की नियुक्ति के लिए अर्हताएँ और सेवा के निबंधन और शर्तें : शिक्षकों की नियुक्ति के लिए न्यूनतम योग्यता का निर्धारण केंद्र सरकार करेगी।

24. शिक्षकों के कर्तव्य और शिकायतों को दूर करना : शिक्षकों का कर्तव्य होगा कि वे नियमित समय से स्कूल में उपस्थित हों, पाठ्यक्रम पूरा करें, आवश्यकतानुसार अतिरिक्त शिक्षण करें तथा अभिभावक बैठकें आयोजित करें।

25. छात्र-शिक्षक अनुपात : इस अधिनियम के लागू होने के 6 महीने के बाद राज्य सरकार और स्थानीय अधिकारियों को यह सुनिश्चित करना होगा कि शिक्षक-छात्र अनुपात प्रधानाध्यापक को छोड़कर 1 : 40 से अधिक न हो।

26. शिक्षकों की रिक्तियों का भरा जाना : राज्य सरकार और स्थानीय अधिकारी यह सुनिश्चित करेंगे कि किसी स्कूल में शिक्षक के रिक्त पद कुल स्वीकृत पद संख्या के 10% से अधिक नहीं होंगे।

27. गैर-शैक्षिक प्रयोजनों के लिए शिक्षकों को अभिनियोजित किये जाने का प्रतिषेध : शिक्षकों से गैर-शैक्षणिक कार्य *(सिर्फ जनगणना, चुनाव और आपदा राहत को छोड़कर)* नहीं कराये जायेंगे।

28. शिक्षक द्वारा प्राइवेट ट्यूशन का प्रतिषेध : कोई शिक्षक/शिक्षिका प्राइवेट ट्यूशन या प्राइवेट शिक्षण क्रियाकलाप में स्वयं को नहीं लगायेगा/लगायेगी।

29. पाठ्यक्रम और मूल्यांकन प्रक्रिया : सरकार द्वारा निर्दिष्ट शिक्षा प्राधिकार संविधान में निहित मूल्यों के अनुरूप इसका निधारण करेगा और बच्चों के बहुमुखी विकास पर ध्यान देने के साथ-साथ उसे भय, कष्ट और चिंता से मुक्त कराने का भी काम करेगा। मूल्यांकन व्यापक और सतत होगा।

30. परीक्षा और समापन प्रमाणपत्र : किसी भी बच्चे को प्रारंभिक शिक्षा पूर्ण होने से पहले बोर्ड की कोई भी परीक्षा नहीं देनी होगी। प्रारंभिक शिक्षा पूर्ण करने वाले प्रत्येक बच्चे को प्रमाण-पत्र दिया जायेगा।

31. बालक के शिक्षा के अधिकार की मॉनीटर करना : बाल अधिकार संरक्षण आयोग अधिनियम-2005 के प्रावधानों के अंतर्गत गठित राष्ट्रीय या राज्य बाल संरक्षण आयोग इस अधिनियम के तहत प्रदत्त अधिकारों का परीक्षण और देखभाल की समीक्षा करेंगे।

32. शिकायतों को दूर करना : धारा 31 में वर्णित बाल संरक्षण आयोग निःशुल्क और अनिवार्य शिक्षा के बच्चे के अधिकार के संबंध में प्राप्त शिकायतों की जाँच करेंगे।

33. राष्ट्रीय सलाहकार परिषद् का गठन : प्रस्तावित राष्ट्रीय सलाहकार परिषद् का गठन केन्द्र सरकार करेगी। इसका काम अधिनियम के प्रावधानों को प्रभावी ढंग से लागू करने के बारे में राज्य सरकार को परामर्श देना होगा।

34. राज्य सलाहकार परिषद् का गठन : प्रस्तावित राज्य सलाहकार परिषद का गठन राज्य सरकार करेगी। इसका काम अधिनियम के प्रावधानों को प्रभावी ढंग से लागू करने के बारे में राज्य सरकार को परामर्श देना होगा।

35. निदेश जारी करने की शक्ति : धारा 35 के अंतर्गत केंद्र सरकार राज्य सरकार को, राज्य सरकार स्थानीय अधिकारियों को तथा स्थानीय अधिकारी स्कूल प्रबंधन समिति को अधिनियम के कार्यान्वयन के संबंध में मार्गदर्शक सिद्धांत जारी कर सकेंगे और निदेश दे सकेंगे।

36. अभियोजन के लिए पूर्व मंजूरी : अधिनियम का पालन नहीं करने पर धारा 13, 18 और 19 के अधीन दंडनीय अपराधों के लिए कोई भी अभियोजन सरकार अथवा अधिकारी की पूर्व मंजूरी के बिना संस्थित नहीं जायेगा।

37. सद्भावपूर्वक की गयी कार्यवाही के लिए संरक्षण : इस अधिनियम अथवा इसके द्वारा बनाये गये नियमों और आदेशों के पालन में सरकार, आयोग, स्थानीय प्राधिकारी, स्कूल प्रबंधन समिति या अधिनियम से जुड़े किसी व्यक्ति द्वारा सच्चे विश्वास के साथ किये गये कार्य पर कोई मुकदमा या वैधिक प्रक्रिया नहीं चलायी जा सकेगी।

38. राज्य सरकारों को नियम बनाने की शक्ति : राज्य सरकारें अधिनियम के उपबन्धों के कार्यान्वयन के लिए नियम, अधिसूचना द्वारा बना सकेंगी।

राष्ट्रीय पाठ्यचर्या की रूपरेखा, 2005
National Curriculum Framework (NCF), 2005

राष्ट्रीय पाठ्यचर्या रूपरेखा (NCF), 2005 के शीर्षक से दिसंबर, 2005 में प्रकाशित किया गया। इस पाठ्यचर्या में कक्षा 1 से ही मातृभाषा के साथ अंग्रेजी भाषा की वकालत की गयी है। इस संबंध में यह तर्क है कि—

- अंग्रेजी भारत के प्रबुद्ध एवं संपन्न वर्ग की भाषा के रूप में प्रतिष्ठित हो चुकी है।
- भारत में इसका प्रयोग सरकार, उद्योग एवं व्यापार सभी क्षेत्रों में होता है।
- इसे सीखे बिना लोग प्रबुद्ध, संपन्न एवं उच्च संस्कृति के लोग नहीं बन सकते और इस संदर्भ में अपने कार्यक्षेत्रों में सफलता की ऊँचाइयों को नहीं छू सकते।
- NCF फ्रेमवर्क में कक्षा 1 से 12 तक कब, क्या, क्यों और कैसे पढ़ाना-सिखाना है, इसकी पूरी रूपरेखा प्रस्तुत की गयी है।

कक्षा 1 से 5

(a) मातृभाषा *(क्षेत्रीय भाषा)*
(b) अंग्रेजी
(c) गणित
(d) एकीकृत पर्यावरण अध्ययन
(e) कला व शिल्प
(f) शारीरिक विकास
(g) कार्य अनुभव

कक्षा 6 से 8

(a) मातृभाषा *(क्षेत्रीय भाषा)*
(b) आधुनिक भारतीय भाषा
(c) कला शिक्षा
(d) सामाजिक अध्ययन *(इतिहास, भूगोल, राजनीति विज्ञान तथा अर्थशास्त्र)*
(e) स्वास्थ्य एवं शारीरिक शिक्षा
(f) अंग्रेजी
(g) विज्ञान
(h) गणित

कक्षा 9 से 10

(a) सामाजिक अध्ययन *(इतिहास, भूगोल, समाजशास्त्र, राजनीति विज्ञान तथा अर्थशास्त्र)*
(b) मातृभाषा *(क्षेत्रीय भाषा)*
(c) संस्कृत/उर्दू/अन्य
(d) अंग्रेजी
(e) गणित
(f) विज्ञान
(g) कम्प्यूटर
(h) कार्य शिक्षा
(i) शान्ति शिक्षा
(j) कला शिक्षा

कक्षा 11 से 12

(a) मातृभाषा
(b) अंग्रेजी
(c) गणित
(d) कम्प्यूटर
(e) भौतिक विज्ञान
(f) रसायन विज्ञान
(g) जीव विज्ञान
(h) व्यापार अध्ययन
(i) एकाउंटेंसी
(j) कला शिक्षा
(k) राजनीति विज्ञान
(l) भूगोल
(m) इतिहास
(n) अर्थशास्त्र
(o) समाजशास्त्र
(p) मनोविज्ञान
(q) अन्य ऐच्छिक विषय

विभिन्न स्तर पर प्रस्तावित शिक्षण विषयों को क्यों और कैसे पढ़ाया जाये इस संदर्भ में NCF का अपना तर्क है। जो इस प्रकार है—

भाषा *(Language)* : भारतीय समाज की बहुभाषी विशेषता के कारण छात्र-छात्राओं को एक से अधिक भाषाओं का ज्ञान आवश्यक है। इस कारण NCF में तीन भाषाओं के शिक्षण की वकालत की गयी है। भाषा-कौशल के अंतर्गत बोलना, सुनना, पढ़ना, लिखना ये सभी बालक के ज्ञान के निर्माण के लिए प्राथमिक कक्षा से ही आवश्यक है।

भाषा सीखने हेतु समृद्ध संप्रेषण वातावरण आवश्यक है। इसके लिए समृद्ध पाठ्य-पुस्तक, कक्षा पुस्तकालय, एक से अधिक भाषा में पुस्तकें उपलब्ध करायी जाएँ। इसके अलावा मीडिया सपोर्ट, जैसे पत्रिकाएँ, समाचारपत्र में कॉलम, रेडियो एवं ऑडियो कैसेट उपलब्ध कराने के साथ-साथ भाषा शिक्षक की भाषा में आधारभूत दक्षता अवश्य होनी चाहिए।

गणित : छात्र-छात्राओं में उपयोगी गणितीय क्षमताओं के विकास एवं तार्किक ढंग से सोचने की क्षमता विकसित करने, अमूर्त चिंतन विकसित करने तथा समस्याओं को हल करने की योग्यता के विकास के लिए गणित शिक्षण आवश्यक है। अतः कक्षा 10 तक यह अनिवार्य विषय के रूप में पढ़ाया जाता है।

➢ गणित शिक्षण हेतु कल्पना को तथा अमूर्त चिंतन को विभिन्न साधनों के माध्यम से दृश्य करके पढ़ाना चाहिए तथा गणना, आकार, स्वरूप जैसे तथ्यों को मॉडल की सहायता से समझाना चाहिए और गणित का अन्य विषयों से सहसंबंध भी छात्र-छात्राओं को बताना चाहिए।

विज्ञान *(Science)* : विज्ञान शिक्षा के द्वारा छात्र-छात्राएँ अवलोकन *(Observation)*, परिकल्पना *(Hypothesis)*, निर्माण, निष्कर्ष निकालने, निष्कर्ष के परीक्षण तथा संबंधित सिद्धांत के निर्माण को सीखते हैं। इस प्रकार उनमें एक क्रमबद्ध तरीके *(Systematic way)* से कार्य करने एवं अनुशासन का विकास होता है। विज्ञान के अध्ययन द्वारा गरीबी *(Poverty)*, अंधविश्वास, अज्ञानता दूर होती है। अतः कक्षा 10 तक यह अनिवार्य विषय रखा गया है।

विज्ञान शिक्षण हेतु अनुभव संबंधी वैधता, प्रक्रिया अथवा प्रणाली वैधता, ऐतिहासिक वैधता, पर्यावरण वैधता तथा नीतिपरक वैधता के आधार पर पाठ्य-वस्तु का चयन कर शिक्षण-कार्य करना चाहिए।

सामाजिक अध्ययन *(Social Studies)* : छात्र-छात्राओं को समाज की वास्तविकता से परिचित कराना अत्यंत आवश्यक है। अतः सामाजिक अध्ययन का ज्ञान देना जरूरी है।

➢ सामाजिक अध्ययन शिक्षण के लिए ऐसी विधियों का चयन करना चाहिए जो सृज़नात्मकता, सौन्दर्यपरक और विवेचनात्मक को बढ़ावा दें। इसके साथ ही छात्र-छात्राओं में पूर्व तथा वर्तमान में संबंध स्थापित करने की क्षमता का विकास करें।

कंप्यूटर *(Computer)* : आधुनिक समय में कंप्यूटर की समाज में भूमिका एवं महत्व को देखते हुए इसका अध्ययन छात्र-छात्राओं के लिए अत्यन्त आवश्यक है।

कार्य-शिक्षा *(Work Education)* : प्रौढ़ एवं बालक दोनों का समाजीकरण एक ही प्रकार से होता है जो कार्य करने के दौरान आपसी सहयोग द्वारा होता है। अतः कार्य-शिक्षा छात्र-छात्राओं को दी जानी आवश्यक है। कार्य-शिक्षा के द्वारा आर्थिक उन्नति भी होनी चाहिए। इसमें भी कार्य-शिक्षा महत्वपूर्ण है।

शांति शिक्षा *(Peace Education)* : समाज में शांति स्थापित करने में शिक्षा के महत्व को देखते हुए छात्र-छात्राओं को शांति शिक्षा दी जानी आवश्यक है।

➢ शांति शिक्षा इस प्रकार से दी जानी चाहिए जिससे छात्र-छात्राओं में शांति के प्रति अनुराग पैदा हो, सहनशक्ति, न्यायप्रियता, आपसी समझ बढ़े तथा सामाजिक उत्तरदायित्व का विकास हो। इस हेतु महापुरुषों की जीवनी, कहानी आदि का श्रवण तथा परिचर्या आयोजित की जा सकती है।

कला शिक्षा *(Art Education)* : छात्र-छात्राओं की कलात्मक क्षमता के विकास तथा सांस्कृतिक और सौन्दर्यात्मक जागरुकता उत्पन्न करने हेतु कला शिक्षण का शिक्षण आवश्यक माना गया है।

➢ कला शिक्षा के शिक्षण के लिए इसके शिक्षकों हेतु अधिकाधिक साधन उपलब्ध कराने का सुझाव राष्ट्रीय पाठ्यचर्या की रूपरेखा 2005 में दिया गया है।

स्वास्थ्य एवं शारीरिक शिक्षा *(Health and Physical Education)*: बालक के शारीरिक विकास को जैविक, सामाजिक, आर्थिक, सांस्कृतिक तथा राजनीतिक कारक प्रभावित करते हैं। अतः स्वास्थ्य एवं शारीरिक शिक्षा बालक के सर्वांगीण विकास के लिए सहायक है।

नई शिक्षा नीति, 2020
New Education Policy (NEP) 2020

➢ 'शिक्षा' व्यक्ति के संपूर्ण विकास के लिए बहुत आवश्यक है। शिक्षा की गुणवत्ता बनाये रखने के लिए वक्त के साथ शिक्षा नीति में भी बदलाव किया जाना चाहिए। नई शिक्षा नीति, 2020 भी समय की मांग और जरूरत के हिसाब से देश की शिक्षा व्यवस्था को प्रभावी बनाये रखने के लिए लायी गयी है। इसका मसौदा इसरो प्रमुख रह चुके 'डॉ. के. कस्तूरीरंगन' की अध्यक्षता में तैयार किया गया है।

➢ नई शिक्षा नीति 2020 की घोषणा के साथ ही मानव संसाधन मंत्रालय का नाम बदलकर शिक्षा मंत्रालय कर दिया गया है। इस नीति द्वारा देश में स्कूल एवं उच्च शिक्षा में परिवर्तनकारी सुधारों की अपेक्षा की गई है। इसके उद्देश्यों के तहत वर्ष 2030 तक स्कूली शिक्षा में 100% GER के साथ-साथ पूर्व विद्यालय से माध्यमिक स्तर तक शिक्षा के सार्वभौमीकरण का लक्ष्य रखा गया है।

नई शिक्षा नीति के प्रमुख बिन्दु

स्कूली शिक्षा संवंधी प्रावधान:

➢ नई शिक्षा नीति में 5 + 3 + 3 + 4 डिजाइन वाले शैक्षणिक संरचना का प्रस्ताव किया गया है जो 3 से 18 वर्ष की आयु वाले बच्चों को शामिल करता है।

★ पाँच वर्ष की फांउडेशनल स्टेज जिसके अंतर्गत 3 साल का प्री-प्राइमरी स्कूल और वर्ग-1, 2 के लिए

★ तीन वर्ष का प्रीपेटरी स्टेज *(वर्ग-3 से 5 के लिए)*

★ तीन वर्ष का मध्य *(या उच्च प्राथमिक)* चरण-वर्ग 6, 7, 8 के लिए

★ 4 वर्ष का उच्च *(या माध्यमिक)* चरण-वर्ग 9, 10, 11, 12 के लिए

Previous Academic Structure	New pedagogical & curricular structure	
2 Ages 16-18	4 (Class 9 to 12) (Ages 14-18)	Secondary
10 (Ages 6-16)	3 (Class 6 to 8) (Ages 11-14)	Middle
	3 (Class 3 to 5) (Ages 8-11)	Preparztory
	2 years (Class 1 & 2) (Ages 6-8)	Foundational
	3 years (Anganwadi/Pre-School/Balvatika) (Ages 3-6)	

➢ NEP 2020 के तहत HHRO द्वारा 'बुनियादी साक्षरता और संख्यात्मक ज्ञान पर एक राष्ट्रीय मिशन (National Mission on Foundational Literacy and Numeracy) की स्थापना का प्रस्ताव किया गया है। इसके द्वारा वर्ष 2025 तक कक्षा-3 स्तर तक के बच्चों के लिये आधारभूत कौशल सुनिश्चित किया जाएगा।

उच्च शिक्षा से संबंधित प्रावधान

➢ NEP 2020 के तहत उच्च शिक्षण संस्थानों में 'सकल नामांकन अनुपात' *(Gross Enrollment Ratio)* को 26.3% *(वर्ष 2018)* से बढ़ाकर 50% तक करने का लक्ष्य रखा गया है, इसके साथ ही देश के उच्च शिक्षण संस्थाओं में 3.5 करोड़ नई सीटों को जोड़ा जाएगा।

➢ NEP 2020 के तहत स्नातक पाठ्यक्रम में मल्टीपल एंट्री एंड एक्जिट व्यवस्था को अपनाया गया है, इसके तहत 3 या 4 वर्ष के स्नातक कार्यक्रम में छात्र कई स्तरों पर पाठ्यक्रम को छोड़ सकेंगे और उन्हें उसी के अनुरूप डिग्री या प्रमाण-पत्र प्रदान किया जाएगा। *(1 वर्ष के बाद प्रमाण-पत्र, 2 वर्षों के बाद एडवांस डिप्लोमा, 3 वर्षों के बाद स्नातक की डिग्री तथा 4 वर्षों के बाद शोध के साथ स्नातक)*

➢ विभिन्न उच्च शिक्षण संस्थानों से प्राप्त अंकों या क्रेडिट को डिजिटल रूप से सुरक्षित रखने के लिए एक 'एकेडमिक बैंक ऑफ क्रेडिट' दिया जाएगा; ताकि अलग-अलग संस्थानों में छात्रों के प्रदर्शन के आधार पर उन्हें डिग्री प्रदान की जा सके।

➢ नई शिक्षा नीति के तहत एम. फिल कार्यक्रम को समाप्त कर दिया गया।

➢ नई शिक्षा नीति (NEP) में देश भर के उच्च शिक्षा संस्थानों के लिये एक एकल नियामक अर्थात् भारतीय उच्च शिक्षा परिषद *(Higher Education Commission of India-HECI)* की परिकल्पना की गई है जिसमें विभिन्न भूमिकाओं को पूरा करने हेतु कई कार्यक्षेत्र होंगे। भारतीय उच्च शिक्षा आयोग चिकित्सा एवं कानूनी शिक्षा को छोड़कर पूरे उच्च शिक्षा क्षेत्र के लिए एक एकल निकाय *(Single Umbrella Body)* के रूप में कार्य करेगा।

HECI के कार्यों के प्रभावी निष्पादन हेतु चार निकाय

★ राष्ट्रीय उच्चतर शिक्षा नियामकीय परिषद *(National Higher Education Regulatory Council–NHERC)*: यह शिक्षक शिक्षा सहित उच्च शिक्षा क्षेत्र के लिए एक नियामक का कार्य करेगा।

★ सामान्य शिक्षा परिषद *(General Education Council)*: यह उच्च शिक्षा कार्यक्रमों के लिये अपेक्षित सीखने के परिणामों का ढाँचा तैयार करेगा अर्थात् उनके मानक निर्धारण का कार्य करेगा।

★ राष्ट्रीय प्रत्यायन परिषद *(National Accreditation Council)*: यह संस्थानों के प्रत्यायन का कार्य करेगा जो मुख्य रूप से बुनियादी मानदंडों, सार्वजनिक स्व-प्रकटीकरण, सुशासन और परिणामों पर आधारित होगी।

★ उच्चतर शिक्षा अनुदान परिषद *(Higher Education Grants Council – HEGC)*: यह निकाय कॉलेजों एवं विश्वविद्यालयों के लिये वित्तपोषण का कार्य करेगा।

➢ देश में आई.आई.टी. और आई.आई.एम. (IIM) के समकक्ष वैश्विक मानकों के 'बहुविषयक शिक्षा एवं अनुसंधान विश्वविद्यालय *(Multidisciplinary Education and Research Universities–MERU)* की स्थापना की जाएगी।

भाषायी विविधता का संरक्षण

➢ NEP 2020 में कक्षा-5 तक की शिक्षा में मातृभाषा/स्थानीय या क्षेत्रीय भाषा को अध्ययन के माध्यम के रूप में अपनाने पर बल दिया गया है। साथ ही इस नीति में मातृभाषा को कक्षा-8 और आगे की शिक्षा के लिए प्राथमिकता देने का सुझाव दिया गया है।

➢ स्कूली और उच्च शिक्षा में छात्रों के लिए संस्कृत और अन्य प्राचीन भारतीय भाषाओं का विकल्प उपलब्ध होगा, परन्तु किसी भी छात्र पर भाषा के चुनाव की बाध्यता नहीं होगी।

पाठ्यक्रम और मूल्यांकन संबंधी सुधार

➢ NEP के अंतर्गत कक्षा-6 से ही पाठ्यक्रम में व्यावसायिक शिक्षा को शामिल कर दिया जाएगा और इसमें इंटर्नशिप की व्यवस्था भी की जाएगी।

➢ 'राष्ट्रीय शैक्षिक अनुसंधान और प्रशिक्षण परिषद् *(National Council of Educational Research and Training–NCERT)* द्वारा स्कूली शिक्षा के लिए राष्ट्रीय पाठ्यक्रम रूपरेखा *(National Curricular Framework for School Education)* तैयार की जाएगी।

➢ छात्रों के समग्र विकास के लक्ष्य को ध्यान में रखते हुए कक्षा 10 और कक्षा 12 की परीक्षाओं में बदलाव किया जाएगा। इसमें भविष्य में समेस्टर या बहुविकल्पीय प्रश्न आदि जैसे सुधारों को शामिल किया जा सकता है।

➢ नई शिक्षा नीति 2020 के अंतर्गत छात्रों का मूल्यांकन अब नये तरीके से की जाएगी। किसी भी छात्र को फाइनल रिपोर्ट कार्ड पर अंक देते हुए उसके ओवर ऑल परफॉरमेंस को देखा जाएगा, जैसे व्यवहार, एक्स्ट्रा करिकुलम गतिविधि, मानसिक क्षमता इत्यादि। रिपोर्ट कार्ड 360° मूल्यांकन के आधार पर बनेगा, जिसमें विषय पढ़ाने वाले अध्यापक के साथ-साथ छात्र अपना व अपने सहपाठियों का विश्लेषण कर खुद को और सहपाठियों को भी अंक देंगे।

➢ छात्रों की प्रगति के मूल्यांकन के लिए मानक-निर्धारक निकाय के रूप में 'परख' *(PARAKH)* नामक एक नए 'राष्ट्रीय आकलन केंद्र' की स्थापना की जाएगी।

➢ छात्रों की प्रगति के मूल्यांकन तथा छात्रों को अपने भविष्य से जुड़े निर्णय लेने में सहायता प्रदान करने के लिए 'कृत्रिम बुद्धिमता' आधारित सॉफ्टवेयर का प्रयोग किया जायेगा।

शिक्षण व्यवस्था से संबंधित सुधार :

➢ शिक्षकों की नियुक्ति में प्रभावी और पारदर्शी प्रक्रिया का पालन तथा समय-समय पर किये गये कार्य प्रदर्शन आकलन के आधार पर पदोन्नति।

➢ राष्ट्रीय अध्यापक शिक्षा परिषद द्वारा NCERT के परामर्श के आधार पर 'अध्यापक शिक्षा हेतु राष्ट्रीय पाठ्यचर्या' की रूपरेखा का विकास किया जाएगा।

➢ वर्ष 2030 तक अध्यापन के लिये न्यूनतम डिग्री योग्यता 4 वर्षीय एकीकृत बी.एड. डिग्री का होना अनिवार्य किया जाएगा।

विकलांग बच्चों हेतु प्रावधान

इस नई नीति में विकलांग बच्चों के लिए क्रॉस विकलांगता प्रशिक्षण, संसाधन केंद्र आवास, सहायक उपकरण, उपयुक्त प्रौद्योगिकी आधारित उपकरण, शिक्षकों का पूर्ण समर्थन एवं प्रारंभिक से लेकर उच्च शिक्षा तक नियमित रूप से स्कूली शिक्षा प्रक्रिया में भागीदारी सुनिश्चित करना आदि प्रक्रियाओं को सक्षम बनाया जाएगा।

केन्द्रीय माध्यमिक शिक्षा बोर्ड

Central Board of Secondary Education

- **C.B.S.E. :** यह बोर्ड पूरे भारत में माध्यमिक तथा उच्च माध्यमिक परीक्षाओं का संचालन करता है। संघीय गणराज्यों में भी उच्च माध्यमिक एवं माध्यमिक परीक्षाओं का संचालन इस बोर्ड द्वारा ही किया जाता है। सभी केन्द्रीय विद्यालय इसी बोर्ड के अन्तर्गत आते हैं। परीक्षाओं को सम्पन्न करने के अतिरिक्त यह बोर्ड शिक्षक वर्ग के लिए अभिनवीकरण एवं पुनश्चर्या *(Orientation and Refresher)* कार्यक्रमों को भी आयोजित करता है। इस बोर्ड की स्थापना करने का मुख्य उद्देश्य ऐसे विद्यार्थियों की सहायता करना है जिनके माता-पिता का स्थानान्तरण भारत के एक राज्य से दूसरे राज्य में कहीं भी हो सकता है।
- **C.B.S.E** एक स्वायत्त निकाय है जो मानव संसाधन विकास मंत्रालय के संरक्षण में कार्य कर रहा है। यह 1929 में स्थापित देश के सबसे पुराने बोर्डों में दूसरा है।
- **C.B.S.E** का मुख्य उद्देश्य देश के अंदर एवं बाहर संस्थाओं को संबद्ध करना, कक्षा 10 एवं 12 की वार्षिक परीक्षाओं का संचालन करना, चिकित्सा एवं इंजीनियरिंग कॉलेजों में प्रवेश के लिए, व्यावसायिक पाठ्यक्रमों के लिए प्रवेश परीक्षाएँ आयोजित करना, पाठ्यक्रम तैयार करना और उन्हें अद्यतन बनाना तथा शिक्षकों एवं संस्थाओं के प्रमुखों को अधिक जानकारी उपलब्ध कराना है।
- बोर्ड द्वारा कई परीक्षाएँ संचालित की जाती हैं, जैसे—वरिष्ठ स्कूल प्रमाणपत्र परीक्षा कक्षा-12, माध्यमिक स्कूल परीक्षा कक्षा 10, अखिल भारतीय प्री मेडिकल प्री डेंटल परीक्षा, अखिल भारतीय इंजीनियरिंग प्रवेश परीक्षा, जवाहर नवोदय विद्यालय चयन परीक्षा।
- बोर्ड ने अक्तूबर, 2009 से कक्षा 9 में सतत एवं व्यापक मूल्यांकन लागू की है जो कक्षा 10 के लिए वर्ष 2010 एवं इससे आगे जारी रहेगी।
- कक्षा में अनुभव आधारित अध्ययन के माध्यम से संकल्पनात्मक स्पष्टीकरण पर विशेष बल दिया जायेगा। यह जीवन कौशल, विशेष रूप से रचनात्मक एवं आलोचनात्मक चिंतन कौशल से छात्रों को परिपूर्ण करेगा।

राष्ट्रीय शैक्षिक अनुसंधान और प्रशिक्षण परिषद् *(NCERT)* : राष्ट्रीय शैक्षिक अनुसंधान और प्रशिक्षण परिषद् स्कूली शिक्षा के क्षेत्र में भारत सरकार का शीर्षस्थ संसाधन संगठन है। भारत सरकार द्वारा 1961 में मानव संसाधन विकास मंत्रालय, भारत सरकार तथा राज्यों/संघ राज्य क्षेत्रों के शिक्षा विभागों को शिक्षा, विशेष रूप से स्कूली शिक्षा में गुणात्मक सुधार के क्षेत्र में अपनी नीतियाँ एवं प्रमुख कार्यक्रम तैयार करने तथा

क्रियान्वित करने में सहायता देने एवं सलाह देने के लिए सोसायटी पंजीकरण अधिनियम के तहत स्वायत्त पंजीकृत संगठन के रूप में इसकी स्थापना की गई।

➢ अनुसंधान, विकास, प्रशिक्षण, विस्तार, प्रकाशन एवं प्रसार संबंधी गतिविधियों के अलावा, NCERT स्कूली शिक्षा के क्षेत्र में अन्य देशों के साथ द्विपक्षीय सांस्कृतिक विनियम कार्यक्रमों के कार्यान्वयन के लिए प्रमुख एजेंसी के रूप में काम करता है।

➢ NCERT अंतर्राष्ट्रीय संगठनों, अतिथि विदेशी विशेषज्ञों एवं शिष्ट मंडलों के साथ ज्ञान का आदान-प्रदान एवं सहयोग भी करता है तथा विकासशील देशों के शिक्षाकर्मियों को विभिन्न प्रशिक्षण सुविधाएँ उपलब्ध कराता है।

➢ NCERT के कुछ निरंतर चलने वाले प्रमुख कार्यक्रम हैं—

★ सेवा से पूर्व शिक्षकों को दिया जाने वाला प्रशिक्षण और परामर्श कार्यक्रम।

★ अखिल भारतीय स्कूल सर्वेक्षण

★ शिक्षा के क्षेत्र में अनुसंधान का सर्वेक्षण

★ शिक्षा संबंधी वीडियो कार्यक्रमों का दूरदर्शन और आकाशवाणी के 'ज्ञानदर्शन' और 'ज्ञानवाणी चैनलों पर प्रसारण' और नई पाठ्य-पुस्तकों के बारे में शिक्षकों के प्रशिक्षण के लिए एडुसेट उपग्रह के माध्यम से टेली कांफ्रेंसिंग की सुविधा उपलब्ध कराना।

परीक्षोपयोगी तथ्य

➢ समेकित शिक्षा से तात्पर्य विभिन्न अक्षमताओं वाले बच्चों को नियमित कक्षाओं में अन्य बिना किसी अक्षमताओं वाले बच्चों के साथ शामिल करने से है। इसलिए समेकित शिक्षा में शिक्षण कार्य करने वाले शिक्षकों में विशेष आवश्यकता वाले बालकों तथा उनके लक्षणों को पहचानने की क्षमता होना अनिवार्य है, जिसके लिए उन्हें प्रशिक्षण भी प्रदान किया जाता है।

➢ राष्ट्रीय पाठ्यचर्या की रूपरेखा *(NCF),* 2005 के अनुसार, शिक्षक की भूमिका सुविधादाता की होती है। राष्ट्रीय पाठ्यचर्या की रूपरेखा, 2005 के अन्तर्गत शिक्षा को बाल केंद्रित बनाने, परीक्षा में सुधार करने, जाति, धर्म आदि आधारों पर होने वाले भेदभाव को समाप्त करने की बात की गई है।

➢ समावेशी शिक्षा वह शिक्षा होती है जिसके द्वारा विंशिष्ट क्षमता वाले बालकों को ज्ञान प्रदान किया जाता है।

➢ समन्वित शिक्षा की सफलता पाठ्य-पुस्तकों की उत्कृष्टता पर निर्भर करती है।

➢ समावेशी शिक्षा के द्वारा निःशक्त बालकों में शिक्षा का प्रावधान किया गया है।

➢ RTE 2009 के अनुसार 6 वर्ष से 14 वर्ष की आयु के बच्चों को कक्षा 1 से 8 तक की निःशुल्क शिक्षा प्राप्त करने का मूल अधिकार है।

➢ RTE 2009 के अंतर्गत विद्यालय में छात्र शिक्षक अनुपात 1 : 40 प्रधानाध्यापक को छोड़कर सुनिश्चित किया गया है।

➢ RTE 2009 देश में 1 अप्रैल, 2010 से लागू किया गया है।

वस्तुनिष्ठ प्रश्न

1. RTE Act 2009 के अनुसार प्राथमिक विद्यालयों में शिक्षकों को प्रति सप्ताह कुल कितने घंटे की योजना बनाकर कार्य करना है—

(a) 30 घंटे (b) 45 घंटे (c) 42 घंटे (d) 50 घंटे

(CTET–2011)

2. निःशक्त बच्चों के लिए समेकित शिक्षा की केंद्रीय प्रायोजित योजना *(Central Funded Project)* का उद्देश्य है... में निःशक्त बच्चों को शैक्षिक अवसर उपलब्ध कराना।

(a) विशेष विद्यालयों

(b) मुक्त विद्यालयों

(c) ब्लाइंड रिलीफ एसोसिएशन के विद्यालयों

(d) नियमित विद्यालयों *(CTET–2011)*

3. शिक्षा का अधिकार अधिनियम, 2009 में एक अध्यापक को निम्न में से किस दायित्व को पूरा करना होगा ?

(a) विद्यालय में नियमित रूप से समय पर उपस्थित रहना होगा

(b) पाठ्यक्रम का संचालन कर पूरा करना होगा

(c) संपूर्ण पाठ्यक्रम को निर्धारित समय पर पूरा करना होगा

(d) उपर्युक्त सभी *(CTET–2011)*

4. राष्ट्रीय पाठ्यक्रम रूपरेखा, 2005 में शांति शिक्षा को बढ़ावा देने के लिए कुछ क्रियाओं की अनुशंसा की गयी है। पाठ्यक्रम रूपरेखा में निम्न में से किसे सूचीबद्ध किया गया है ?

(a) महिलाओं के प्रति आदर एवं जिम्मेदारी का दृष्टिकोण विकसित करने के लिए कार्यक्रम आयोजित किये जाएँ

(b) नैतिक शिक्षा *(Moral Education)* को बढ़ाया जाये

(c) शांति शिक्षा *(Peace Education)* को एक अलग विषय में पढ़ाया जाये

(d) शांति शिक्षा को पाठ्यक्रम में सम्मिलित किया जाये *(CTET–2011)*

5. राष्ट्रीय पाठ्यचर्या की रूपरेखा-2005 में बातचीत की गयी है—

(a) ज्ञान स्थायी है और दिया जाता है–से ज्ञान का विकास होता हो और इसकी संरचना की जाती हो

(b) शैक्षिक केंद्र से विषय केंद्र होने पर

(c) विद्यार्थी केंद्रित से अध्यापक केंद्रित की ओर

(d) उपर्युक्त में से कोई नहीं

6. राष्ट्रीय पाठ्यचर्या रूपरेखा, 2005 के अंतर्गत 'परीक्षा सुधारों' *(Examination Reforms)* में निम्न में से किस सुधार को सुझाया गया है ?

(a) खुली पुस्तक परीक्षा

(b) सतत/निरंतर एवं व्यापक मूल्यांकन

(c) सामूहिक कार्य मूल्यांकन *(Group Work Evaluation)*

(d) उपर्युक्त सभी *(CTET–2011)*

7. समावेशी शिक्षा *(Inclusive Education)* उस विद्यालयी शिक्षा व्यवस्था *(Education System)* की ओर संकेत करती है—
(a) विशेष आवश्यकता वाले बच्चों को विशिष्ट विद्यालयों के माध्यम से शिक्षा देने को प्रोत्साहित करती है
(b) केवल बालिका शिक्षा को बढ़ावा देने की आवश्यकता पर बल देती है
(c) जो सभी निर्योग्य बच्चों को शामिल करती है
(d) जो उनकी शारीरिक, बौद्धिक, सामाजिक, भाषिक या अन्य विभिन्न योग्यता स्थितियों को ध्यान में रखे बगैर सभी बच्चों को शामिल करती है *(CTET–2011)*

8. बच्चे के लिए निःशुल्क एवं अनिवार्य शिक्षा का अधिकार अधिनियम कितने वर्ष के बच्चे के लिए लागू है ?
(a) 6-14 वर्ष (b) 7-13 वर्ष (c) 5-11 वर्ष (d) 6-12 वर्ष
(Utt TET–2011)

9. राष्ट्रीय पाठ्यचर्या की रूपरेखा-2005 *(NCF–2005)* के आधारभूत सिद्धांतों में निम्न में से कौन-सा सम्मिलित नहीं है—
(a) अच्छी बाह्य परीक्षाओं का आयोजन करना
(b) रटने को महत्व प्रदान न करना
(c) पुस्तकों से विशिष्ट ज्ञान प्राप्त करना
(d) ज्ञान को वास्तविक जीवन से जोड़ना *(Utt TET–2011)*

10. राष्ट्रीय पाठ्यचर्या की रूपरेखा-2005 *(NCF–2005)* के अनुसार गणित शिक्षण का मुख्य उद्देश्य है
(a) बच्चों को अंकगणित का ज्ञान देना
(b) बच्चों में गणित के प्रति रुचि पैदा करना
(c) बच्चों में तार्किक चिंतन तथा समस्या-समाधान योग्यता का विकास करना
(d) बच्चों का संवेगात्मक विकास करना *(Utt TET–2011)*

11. निःशक्त बालकों की शिक्षा के लिए प्रावधान किया जा सकता है—
(a) समावेशित शिक्षा द्वारा
(b) मुख्य धारा में डालकर *(Mainstreaming)*
(c) समाकलन द्वारा *(Integration)*
(d) इनमें से कोई नहीं *(RTET–2011)*

12. विशेष शिक्षा संबंधित है—
(a) मेधावी विद्यार्थी के लिए शिक्षा से
(b) कम योग्य विद्यार्थियों के लिए शैक्षिक कार्यक्रम से
(c) अध्यापकों के लिए प्रशिक्षण कार्यक्रम से
(d) पिछड़ी बुद्धि के विद्यार्थियों के लिए प्रशिक्षण कार्यक्रम से *(RTET–2011)*

13. शिक्षा का अधिकार अधिनियम 2009 लागू नहीं होता—
(a) निःशक्त बच्चे (b) 6-14 आयु वर्ग के बच्चे
(c) 14-18 वर्ष के आयु के बच्चे (d) बच्चों की नियमित उपस्थिति
(CgTET–2011)

14. इनमें से कौन राष्ट्रीय पाठ्यचर्या रूपरेखा *(National Curriculum Framework)* 2005 का मार्गदर्शी सिद्धांत नहीं है?

(a) ज्ञान को स्कूल के बाहरी जीवन से जोड़ना
(b) पढ़ाई को रटंत प्रणाली से मुक्त कराना
(c) अंग्रेजी भाषा में शिक्षा देना
(d) बच्चों को चहुँमुखी विकास के अवसर उपलब्ध कराना *(CgTET–2011)*

15. राष्ट्रीय पाठ्यचर्या की रूपरेखा *(NCF)* 2005 के दस्तावेज में भाषा के लिए निहित है—

(a) एक भाषा (b) द्वि भाषा (c) तीन भाषा (d) बहु भाषा *(CgTET–2011)*

16. समन्वित शिक्षा *(Integrated Education)* की सफलता निर्भर करती है—

(a) समुदाय के समर्थन पर *(The Support of Community)*
(b) पाठ्य-पुस्तकों *(Textbook)* की उत्कृष्टता *(Excellency)* पर
(c) शिक्षण-अधिगम वस्तु की गुणवत्ता पर
(d) शिक्षक में अभिवृत्तिगत *(Attitudinal)* परिवर्तन पर *(UPET–2011)*

17. NCTE का पूर्ण रूप क्या है?

(a) National Council of Technical Education
(b) National Curriculum for Technical Education
(c) National Council of Teacher Education
(d) National Council for Teacher Education *(BTET–2011)*

18. भारतीय संविधान के अनुच्छेद 41 व 46 निम्न में से किसके कल्याण से संबंधित हैं?

(a) आर्थिक रूप से पिछड़े व्यक्तियों से (b) विकलांग व्यक्तियों से
(c) धार्मिक रूप से पिछड़े व्यक्तियों से (d) क्षेत्रीय रूप से पिछड़े व्यक्तियों से *(BTET–2011)*

19. जिन विद्यालयों में समेकित शिक्षा दी जाती है उसके शिक्षकों को किस क्षेत्र-विशेष में प्रशिक्षित करना चाहिए?

(a) विशेष आवश्यकता वाले बच्चों की पहचान और शिक्षण
(b) व्याख्यान विधि द्वारा शिक्षण
(c) क्रियात्मकता के साथ शिक्षण
(d) उपरोक्त में से कोई नहीं *(UPTET–2012)*

20. सफल समावेशन *(Successful Inclusion)* को निम्नलिखित की आवश्यकता होती है सिवाय

(a) पृथक्करण *(Segregation)*
(b) अभिभावकों की भागीदारी *(Involvement of parents)*
(c) क्षमता-संवर्द्धन *(Capacity building)*
(d) संवेदनशील बनाना *(Sensitisation)* *(CTET–2012)*

21. CBSE द्वारा प्रस्तावित समूह परियोजना गतिविधि *(Group Project Activity)* ....का एक सशक्त साधन है।

(a) रोजमर्रा के शिक्षण से होनेवाले तनाव को दूर करने
(b) अनेकता में एकता की संकल्पना का प्रचार-प्रसार करने

(c) सामाजिक भागीदारिता *(Social Participation)* को सुगम बनाने
(d) शिक्षकों के भार को हल्का करने *(CTET–2012)*

22. समावेशी शिक्षा—
(a) हाशिए पर *(महत्वहीन स्थिति में)* स्थित वर्गों से शिक्षकों को सम्मिलित करने से संबंधित है
(b) कक्षा में विविधता का उत्सव मनाती है
(c) दाखिले संबंधी कठोर प्रक्रियाओं को बढ़ावा देती है
(d) तथ्यों पर आधारित शिक्षा से संबंधित है *(CTET–2012)*

23. ''निःशुल्क एवं अनिवार्य शिक्षा का अधिकार 2009" में अनिवार्य शब्द का अर्थ है—
(a) केंद्र सरकार दाखिले, उपस्थिति और प्रारंभिक शिक्षा की पूर्णता को सुनिश्चित करेगी
(b) उचित सरकार दाखिले, उपस्थिति और प्रारंभिक शिक्षा की पूर्णता सुनिश्चित करेगी
(c) दंडात्मक कार्य से बचने के लिए अपने बच्चों को विद्यालय भेजने के लिए अभिभावकों पर अनिवार्य रूप से जोर डाला गया है
(d) अनिवार्य शिक्षा सतत परीक्षण के माध्यम से प्रदान की जाती है *(CTET–2012)*

24. शिक्षा का अधिकार अधिनियम-2009 के क्रियान्वयन के बाद कक्षा-कक्ष—
(a) अप्रभावित है, क्योंकि शिक्षा का अधिकार विद्यालय में कक्षा की औसत आयु को प्रभावित नहीं करता
(b) लिंग के अनुसार समजातीय है
(c) लिंग के अनुसार अधिक समजातीय है
(d) आयु के अनुसार अधिक विषम जातीय है *(CTET–2012)*

25. .... के पोर्टफोलियो के लिए सामग्री का चयन करते समय .... का जरूर होना चाहिए।
(a) विद्यार्थियों, समावेशन *(Inclusion)* (b) अभिभावकों, समावेशन
(c) विद्यार्थियों, बहिष्करण *(Exclusion)* (d) स्वयं शिक्षकों, समावेशन *(CTET–2012)*

26. CBSE शिक्षार्थियों के लिए व्यक्तिगत गतिविधियों के स्थान पर सामूहिक गतिविधियों की संस्तुति करती है। ऐसा करने के पीछे विचार हो सकता है—
(a) व्यक्तिगत प्रतिस्पर्द्धा के प्रति नकारात्मक संवेगात्मक प्रतिक्रियाओं से उबारना जो संपूर्ण अधिगम पर सामान्यीकृत हो सकती है
(b) प्रत्येक शिक्षार्थी के स्थान पर समूह में अवलोकन द्वारा शिक्षक के कार्य को सरल बनाने के लिए
(c) विद्यार्थियों के पास उपलब्ध समय को प्रांसगिक बनाना जबकि उनमें से अधिकांश के पास व्यक्तिगत गतिविधियों के लिए पर्याप्त समय नहीं होता
(d) गतिविधि की ढाँचागत लागत को कम करना *(CTET–2013)*

27. एक समावेशी विद्यालय—
(a) शिक्षार्थियों की निर्योग्यता के अनुसार उनकी सीखने की आवश्यकताओं को निर्धारित करता है
(b) शिक्षार्थियों की क्षमताओं की परवाह किये बिना सभी के अधिगम परिणामों को सुधारने के लिए प्रतिबद्ध होता है

(c) शिक्षार्थियों के मध्य अंतर करता है और विशेष रूप से सक्षम बच्चों के लिए कम चुनौतीपूर्ण उपलब्धि लक्ष्य निर्धारित करता है

(d) विशेष रूप से योग्य शिक्षार्थियों के अधिगम परिणामों को सुधारने के लिए विशिष्ट रूप से प्रतिबद्ध होता है *(CTET–2013)*

28. एक समावेशी विद्यालय .... के अतिरिक्त निम्नलिखित सभी प्रश्नों पर मनन करता है।

(a) क्या हम यह विश्वास करते हैं कि सभी शिक्षार्थी सीख सकते हैं

(b) क्या हम अधिगम योग्य परिवेश की योजना बनाने और उसे प्रदान करने के लिए समूह में कार्य करते हैं

(c) क्या हम विशेष बालक को बेहतर देखभाल उपलब्ध कराने के लिए उचित तरीके से उन्हें सामान्य से अलग करते हैं

(d) क्या हम शिक्षार्थियों की विविध आवश्यकताओं को पूरा करने के लिए युक्तियाँ अपनाते हैं

29. CBSE द्वारा अपनाये गये प्रगतिशील शिक्षा के प्रतिमान में बच्चों का समाजीकरण जिस प्रकार से किया जाता है, उससे अपेक्षा की जा सकती है कि—

(a) किसी भी प्रकार की सामाजिक पृष्ठभूमि होते हुए भी वे वह सब स्वीकार करें जो उन्हें विद्यालय द्वारा प्रदान किया जाता है

(b) वे समय नष्ट करनेवाली सामाजिक आदतों/प्रकृति का त्याग करें तथा सीखें कि किस प्रकार अच्छी श्रेणियाँ पायी जा सकती हैं

(c) वे सामूहिक कार्य में सक्रिय भागीदारिता का निर्वाह करें तथा सामाजिक कौशल सीखें

(d) वे बिना प्रश्न उठाये समाज के नियमों—विनियमों का अनुपालन करने के लिए तैयार हो सकें *(CTET–2014)*

30. विद्यालय में समावेशन मुख्यतः केन्द्रित होता है—

(a) विद्यालय में निरक्षर अभिभावकों की शैक्षिक आवश्यकताओं पर

(b) विशिष्ट श्रेणी वाले बच्चों के लिए सूक्ष्मातिसूक्ष्म प्रावधानों के निर्माण पर

(c) केवल निर्योग्य छात्रों की आवश्यकताओं को पूर्ण करने पर

(d) सम्पूर्ण कक्षा की कीमत पर निर्योग्य बच्चों की आवश्यकताओं को पूरा करने पर

31. 'सभी के लिए विद्यालयों में सभी की शिक्षा' निम्नलिखित में से किसके लिए प्रचार वाक्य हो सकता है?

(a) संसिक्तशील शिक्षा (b) समावेशी शिक्षा

(c) सहयोगात्मक शिक्षा (d) पृथक शिक्षा *(CTET–2014)*

32. NCF 2005 के अनुसार, गलतियाँ इस कारण महत्वपूर्ण होती हैं—

(a) यह कक्षा से कुछ बच्चों को हटाने के लिए आधा स्थान उपलब्ध कराती है

(b) यह अध्यापकों को बच्चों को डाँटने के लिए एक तरीका उपलब्ध कराती है

(c) यह बच्चे के विचार की अंतर्दृष्टि उपलब्ध कराती है तथा समाधानों को पहचानने में सहायता करती है

(d) यह विद्यार्थियों को उत्तीर्ण एवं अनुत्तीर्ण समूह में वर्गीकृत करने के लिए एक महत्वपूर्ण उपकरण है *(CTET–2015)*

33. समावेशी शिक्षा के पीछे मूलाधार यह है कि—

(a) समाज में विभिन्नता है और विद्यालयों को इस विभिन्नता के प्रति संवेदनशील होने के लिए समावेशी होने की आवश्यकता है

(b) प्रत्येक बच्चे के निष्पादन के लिए मानक एकसमान तथा मानकीकृत होने चाहिए

(c) हमें विशेष आवश्यकता वाले बच्चों के ऊपर दया करने की आवश्यकता है

(d) विशेष आवश्यकता वाले बच्चों के लिए अलग विद्यालयों की व्यवस्था करना लागत प्रभावी है *(CTET–2015)*

34. ''पाठ्यचर्या ऐसी हो जो पाठ्य-पुस्तक के ज्ञान को पुनः प्रस्तुत करने के स्थान पर बच्चों को अपनी आवाज़ पाने, कार्य करने के लिए अपनी जिज्ञासा का पोषण करने, प्रश्न पूछने और जाँच-पड़ताल करने तथा अपने अनुभवों को बाँटने तथा विद्यालय को ज्ञान के साथ जोड़ने में सक्षम बनाए।''

राष्ट्रीय पाठ्यचर्या की रूपरेखा 2005, पृ.13 इस पृष्ठभूमि में, एक शिक्षक की प्राथमिक भूमिका क्या होनी चाहिए?

(a) बच्चों के अनुभवों को निरस्त कर पाठ्य-पुस्तकों पर ध्यान केंद्रित करना

(b) पाठ्यपुस्तक के अध्यायों को क्रमवार पूरा कराना

(c) यह सुनिश्चित करना कि शिक्षिका अच्छे प्रश्न पूछे और शिक्षार्थी अपनी उत्तर पुस्तिका में उत्तर लिखें

(d) बच्चों को उनकी अपनी समझ और अपने ज्ञान को साझा करने के पर्याप्त अवसर देना *(CTET–2015)*

35. एक समावेशी कक्षा में किसी शिक्षिका की सबसे महत्त्वपूर्ण भूमिका है—

(a) बच्चे के माता-पिता के व्यवसाय को जानना ताकि शिक्षिका प्रत्येक बच्चे के भावी व्यवसाय को जान सके

(b) सुनिश्चित करना कि प्रत्येक बच्चे को अपनी संभावना को प्राप्त करने का अवसर मिले

(c) कक्षा के लिए ऐसी योजना बनाना कि प्रत्येक बच्चा समान गति से आगे बढ़े

(d) यह सुनिश्चित करना कि शिक्षिका कक्षा को मानक निर्देश दे रही है *(CTET–2015)*

36. समेकित शिक्षा इंगित करती है—

(a) सभी बच्चों के लिए एक समान शिक्षण विधि

(b) सामान्य बच्चों व भिन्न रूप से योग्य बच्चों के लिए एक ही स्कूल

(c) सामान्य बच्चों एवं भिन्न रूप से योग्य बच्चों के लिए पृथक स्कूल

(d) सामान्य बच्चों एवं भिन्न रूप से योग्य बच्चों के लिए एकसमान सुविधा *(UTET-I–2015)*

37. NCF 2005 के संबंध में निम्न में से कौन-सा कथन सही है?

(a) यह भारत की विद्यालयी शिक्षा के संबंध में एक संवैधानिक संशोधन है

(b) यह NCERT द्वारा तैयार किया गया दस्तावेज है, जो भारत की विद्यालयी शिक्षा के संबंध में संस्तुतियाँ प्रस्तुत करता है

(c) यह भारत में गुणात्मक शिक्षा के संबंध में युनेस्को और भारत द्वारा हस्ताक्षरित दस्तावेज है

(d) उपरोक्त में से कोई नहीं *(UTET-I–2015)*

38. निम्नलिखित में से कौन-सा एक कथन 'समावेशन' का सबसे अच्छा वर्णन करता है ?

(a) यह एक विश्वास है कि कुछ बच्चे कभी कुछ सीख ही नहीं सकते।

(b) यह एक दर्शन है कि सभी बच्चों को नियमित विद्यालय प्रणाली में समान शिक्षा प्राप्त करने का अधिकार है

(c) यह एक दर्शन है कि विशेष बच्चे "ईश्वर के विशेष उपहार हैं"

(d) यह एक विश्वास है कि बच्चों को अपनी योग्यताओं के अनुसार अलग किया जाना चाहिए। *(CTET–2016)*

39. RTE एक्ट 2009 के अनुसार, शिक्षक हेतु प्रति सप्ताह कार्य घंटे हैं—

(a) 40 (b) 42 (c) 45 (d) 48 *(RTET-I–2016)*

40. NCF 2005 बल देता है—

(a) करके सीखने पर (b) रटने पर

(c) समस्या हल करने पर (d) ये सभी *(RTET-I–2016)*

41. भारतीय संविधान के किस अनुच्छेद में 6-14 आयु वर्ग के बच्चों के लिए निःशुल्क व अनिवार्य शिक्षा का अधिकार शामिल किया गया है ?

(a) अनुच्छेद-26 (b) अनुच्छेद-15 (c) अनुच्छेद-45 (d) अनुच्छेद-21A *(UPTET-I–2017)*

42. राष्ट्रीय पाठ्यचर्चा फ्रेमवर्क-2005 ने अपनी समझ ...... से प्राप्त की है।

(a) मानवतावाद (b) व्यवहारवाद

(c) रचनावाद (d) संज्ञानात्मक सिद्धांत *(CTET-I–2018)*

43. समावेशी शिक्षा ...... के सिद्धांत पर आधारित है।

(a) सामाजिक अस्तित्व एवं वैश्वीकरण (b) विश्वबंधुता

(c) सामाजिक संतुलन (d) समता एवं समान अवसर *(CTET-II–2018)*

44. निःशुल्क एवं अनिवार्य बाल शिक्षा अधिकार अधिनियम, 2009 दिव्यांग बच्चों की निःशुल्क शिक्षा के अधिकारों को सुनिश्चित करता है—

(a) 6 वर्ष से 14 वर्ष तक के लिए (b) 6 वर्ष से 22 वर्ष तक के लिए

(c) 6 वर्ष से 18 वर्ष तक के लिए (d) 3 वर्ष से 18 वर्ष तक के लिए *(CTET-II–2018)*

45. समावेशी कक्षा में किस प्रकार का/के छात्र शामिल होते हैं ?

(a) सामान्य और विशिष्ट छात्र (b) केवल सामान्य छात्र

(c) केवल विशिष्ट छात्र (d) बहुभाषी और प्रतिभाशाली छात्र *(CTET-I–2018)*

46. समावेशीकरण की सफलता के लिए आवश्यक है—

(a) अभिभावकों की भागीदारी का न होना

(b) अलगाव *(Segregation)*

(c) क्षमता निर्माण का अभाव

(d) संवेदनशीलता *(Sensitization)* *(CTET-I–2018)*

47. निम्न में से कौन-सी समावेशी शिक्षा की एक विशेषता नहीं है ?

(a) यह केवल विशेष आवश्यकतावाले छात्रों के सीखने में अभिविद्धि करती है

(b) यह दिव्यांग बालकों की देखभाल से उनकी शिक्षा और व्यक्तित्व विकास की ओर सेवा में बदलाव है

(c) समावेशी शिक्षा एक सतत् प्रक्रिया है, यह कोई उपार्जित अवस्था या उत्पाद नहीं है

(d) यह सभी विद्यार्थियों की क्षमताओं को अधिकतम स्तर तक बढ़ाना चाहती है

(CTET-I–2018)

48. निम्नलिखित में से कौन-सा कथन समावेशी शब्द को सर्वाधिक उपयुक्त रूप से परिभाषित करता है ?

(a) विशेष आवश्यकता वाले बालकों को विशिष्ट विद्यालयों में शिक्षा देना

(b) विशेष आवश्यकता वाले बालकों को विद्यालयों में विशिष्ट कक्षा में शिक्षा देना

(c) विशेष आवश्यकता वाले बालकों को सामान्य कक्षा में अधिकतम समय शिक्षा देना

(d) विशेष आवश्यकता वाले बालकों को सामान्य कक्षा में पूरे समय शिक्षा देना

(HTET Level-III–2019)

49. निम्नलिखित संरचनाओं में से शिक्षा का अधिकार अधिनियम, 2009 किसकी वकालत करता है ?

(a) एकीकृत शिक्षा (b) समावेशी शिक्षा

(c) पृथक्करण (d) मुख्यधारा शिक्षण *(CTET-I–2019)*

50. ......यह विचारधारा है कि सभी बच्चों को एक नियमित विद्यालय व्यवस्था में समान शिक्षा प्राप्त करने का अधिकार हो।

(a) समावेशी शिक्षा (b) मुख्यधारा शिक्षा

(c) विशेष शिक्षा (d) बहुल-सांस्कृतिक शिक्षा *(CTET-I–2019)*

51. सहयोगात्मक अधिगम एवं हमउम्र साथियों के द्वारा शिक्षण का एक समावेशी कक्षा में किस प्रकार से उपयोग करना चाहिए ?

(a) सक्रिय रूप से आगे बढ़ाना चाहिए

(b) सक्रिय रूप से हतोत्साहित करना चाहिए

(c) कभी-कभी प्रयोग करना चाहिए

(d) प्रयोग नहीं करना चाहिए

(CTET-II–2019)

52. निम्नलिखित में से कौन-सा समावेशी कक्षा में सबसे अधिक महत्वपूर्ण है ?

(a) एकरूप निर्देश (b) मानवीकृत परीक्षण

(c) प्रतियोगी अधिगम को बढ़ावा देना (d) विशिष्ट शिक्षा योजना *(CTET-II-2019)*

53. एक समावेशी कक्षा में एक शिक्षक को विशिष्ट शैक्षिक योजनाओं को—

(a) तैयार नहीं करना चाहिए

(b) कभी-कभी तैयार करना चाहिए

(c) सक्रिय रूप से तैयार करना चाहिए

(d) तैयार करने के लिए हतोत्साहित होना चाहिए *(CTET-I–2019)*

54. शिक्षा का अधिकार अधिनियम, 2009 में उल्लेख की गई 'समावेशी शिक्षा' की अवधारणा निम्नलिखित में किस पर आधारित है?
(a) व्यवहारवादी सिद्धांत
(b) अशक्त बच्चों के प्रति एक सहानुभूतिक अभिवृत्ति
(c) अधिकार आधारित मानवतावादी परिप्रेक्ष्य
(d) मुख्यतः व्यवसायिक शिक्षा उपलब्ध करा करके अशक्त बच्चों को मुख्य धारा में शामिल करना *(CTET-I–2019)*

55. एक समावेशी कक्षा में शिक्षक को क्या करना चाहिए?
(a) यह विश्वास करना चाहिए कि प्रत्येक बच्चे में अपनी योग्यताओं एवं शक्ति के अनुसार सीखने की क्षमता है
(b) अशक्त अधिगमकर्त्ताओं के प्रति दया एवं सहानुभूति का भाव प्रदर्शित करना चाहिए
(c) बच्चों को 'अपाहिज बच्चा', 'मंद बुद्धि बच्चा' आदि के रूप में वर्गीकृत करना चाहिए
(d) केवल प्रतिभाशाली एवं योग्य बच्चों पर ध्यान देना चाहिए *(CTET-II–2019)*

56. एक शिक्षक एक समावेशी कक्षा में विशेष योग्यता वर्ग वाले अधिगमकर्त्ताओं की आवश्यकताओं को किस प्रकार से बता सकता है/संबोधित कर सकता है?
(a) आकलन के लिए पेपर टेस्टिंग का प्रयोग करना तथा अभ्यास एवं रटने पर बल देना
(b) विद्यार्थियों को निर्देश देने के लिए एक रूप तरीकों का प्रयोग करना
(c) अत्यधिक लिखित गृहकार्य देना तथा उत्तरों को अन्य प्रतिभाशाली विद्यार्थियों से नकल करने पर दबाव डालना
(d) प्रत्येक विद्यार्थी के अधिगम के सशक्त पक्षों एवं कमजोरियों के विश्लेषण के आधार पर विशिष्ट अधिगम उद्देश्यों को विकसित करना *(CTET-II–2019)*

57. निम्न में से क्या समावेशी कक्षा में शिक्षक की भूमिका नहीं है?
(a) शिक्षक को निःशक्त बच्चों पर ध्यान नहीं देना चाहिए
(b) बच्चे की आवश्यकता के अनुरूप बैठने की पर्याप्त व्यवस्था करनी चाहिए
(c) शिक्षक को सीखने में अक्षम को अतिरिक्त समय देना चाहिए
(d) शिक्षक को बच्चों को प्रोत्साहित करना चाहिए *(UPTET-I–2020)*

58. संविधान के किस संशोधन से शिक्षा एक मौलिक अधिकार बन गयी है?
(a) 25वें संशोधन (b) 86वें संशोधन
(c) 22वें संशोधन (d) 52वें संशोधन *(UPTET-I–2020)*

59. एक समावेशी कक्षा में .... पर जोर होना चाहिए।
(a) प्रदर्शन-अभिमुखी लक्ष्यों
(b) अविभेदी/समरूपी निर्देशों
(c) सामाजिक पहचान के आधार पर छात्रों के अलगाव
(d) हर बच्चे के सामर्थ्य को अधिकतम करने के लिए अवसर प्रदान करने *(CTET-I–2021)*

60. 'समावेशी शिक्षा' के पीछे अंतर्हित विचार है—
(a) बच्चों को उनकी योग्यता के आधार पर पृथक करना और व्यावसायिक प्रशिक्षण का प्रबंध करना
(b) बच्चों की अक्षमताओं के आधार पर उनकी सीमाओं की पहचान करने के लिए उन्हें नामांकित रहना
(c) अलग-अलग अक्षमताओं वाले बच्चों के लिए विशिष्ट शैक्षिक संस्थानों का प्रावधान करना
(d) दार्शनिकता की सभी बच्चों को नियमित विद्यालय में समान शिक्षा पाने का अधिकार है *(CTET-II–2021)*

61. वंचित और हाशिये पर स्थित समूहों की भाषा और संस्कृति को स्कूली पाठ्यक्रम में समावेशित करने से एक अध्यापक क्या सुनिश्चित कर सकता है?
(a) शिक्षा में समानता
(b) शिक्षा में साम्यता
(c) सुविधावंचित समूहों के प्रति सहानुभूति
(d) विशेषतः सुविधावंचित सूमहों के लिए व्यावसायिक शिक्षा *(CTET-II–2022)*

62. निम्न में से कौन-सा समावेश का नियम है?
(a) विभेदन *(भेदभाव)*
(b) मानकीकृत अनुदेश
(c) व्यक्तिगत भिन्नताओं को स्वीकार करना
(d) पृथक्करण और नामांकित करना *(CTET–2022)*

63. राष्ट्रीय शिक्षा नीति 2020 किस पर बल देती है?
(a) परीक्षा के लिए पढ़ना (b) स्मरण आधारित शिक्षा
(c) वेधन और अभ्यास (d) समप्रत्ययीय समझ *(CTET–2022)*

64. एक समावेशी कक्षा में 'विशेष' बच्चों को किस प्रकार सहायता मिल सकती है?
(i) व्यक्तिगत लक्ष्यों का निर्धारण (ii) प्रतिस्पर्द्धात्मक संस्कृति
(iii) सहयोगात्मक अधिगम (iv) मानकीकृत निर्देश
(a) i, iv (b) ii, iv (c) i, iii (d) iii, iv

65. राष्ट्रीय शिक्षा नीति 2020 क्या प्रस्तावित करती है?
(i) विद्यालय की पाठ्यचर्या की विषयवस्तु में कटौती
(ii) विद्यालय की पाठ्यचर्या के लचीलेपन में वृद्धि
(iii) रटन्त अधिगम को बढ़ावा देना
(iv) विवेचनात्मक चिंतन को महत्व देना
(a) ii, iv (b) i, ii और iii (c) i, ii और iv (d) ii, iii और iv

66. राष्ट्रीय शिक्षा नीति (2020) यह प्रस्ताव रखती है कि—
(a) प्राथमिक कक्षाओं के बच्चों को उनके घर की या स्थानीय भाषाओं में पढ़ाया जाना चाहिए
(b) प्राथमिक कक्षाओं में शिक्षा का माध्यम एक तरह की भाषा में ही उपयोग होना चाहिए

(c) शिक्षकों को द्विभाषिक उपागम को प्रयोग करने के लिए हतोत्साहित किया जाना चाहिए

(d) बहुभाषावाद को बिल्कुल भी बढ़ावा नहीं देना चाहिए *(CTET–2022)*

67. राष्ट्रीय शिक्षा नीति (2020) के अनुसार आकलन के लिए अंतर्निहित सिद्धांत क्या होनी चाहिए ?

(a) मुख्य रूप से रहने के कौशलों का परीक्षण करना

(b) केवल विषय वस्तु के अधिगम के लिए प्रोत्साहित करना

(c) सभी विद्यार्थियों के लिए उनका सीखने और विकास का अनुकूलन करना

(d) विद्यार्थियों का वर्ष के अंत की परीक्षाओं के माध्यम से केवल संज्ञानात्मक आयाम का आकलन करना *(CTET–2022)*

68. निम्नलिखित में से कौन-सा कथन प्राथमिक शिक्षा में समावेश की भावना का सटीक रूप से वर्णन करता है ?

(a) शिक्षक केवल मानक और एक तरह की भाषा के प्रयोग को ही बढ़ावा देता है

(b) शिक्षक कुछ जाति समूह के बच्चों के प्रति पूर्वाग्रह रखता/रखती है

(c) शिक्षक को विशेष शैक्षिक आवश्यकताओं वाले बच्चों से कोई अपेक्षा नहीं होती है

(d) शिक्षक सांस्कृतिक रूप से उत्तरदायी शिक्षा-शास्त्र का प्रयोग करता/करती है *(CTET–2022)*

69. कथन (A) : एक समावेशी कक्षा में छात्रों की आवश्यकताओं को पूरा करने के लिए शिक्षकों को बहुसंवेदी सामग्री का उपयोग करना चाहिए।

कारण (R) : समावेशी कक्षाओं को पाठ्यचर्चा सामग्री के मानकीकरण के साथ-साथ मूल्यांकन रणनीतियों के मानकीकरण को अपनाना चाहिए।

कूट :

(a) (A) सही है, किन्तु (R) गलत है

(b) (A) और (R) दोनों गलत हैं

(c) (A) और (R) दोनों सही हैं तथा (R), (A) की सही व्याख्या नहीं करता है

(d) (A) और (B) दोनों सही हैं किन्तु (A), (R) की सही व्याख्या नहीं है *(CTET–2024)*

70. समावेशन को बढ़ावा देने के लिए क्या आवश्यक है ?

i. लचीला पाठ्यक्रम ii. सहयोगात्मक अधिगम

iii. पृथ्ककरण और नामीकरण iv. गम्य इमारते

कूट :

(a) ii, iii और iv (b) i, ii, iii, iv (c) i, ii, और iii (d) i, ii और iv *(CTET–2024)*

71. एक समावेशी कक्षा में—

(a) विशेष बच्चे हमेशा अपने पाठ्यचर्चा का पालन करते हैं और सभी शिक्षार्थियों के लिए समान शिक्षाशास्त्र अपनाया जाता है

(b) विशेष बच्चे हमेशा अपने पाठ्यचर्चा पर कार्य करते हैं

(c) सभी बच्चों की कक्षा की गतिविधियों तक पहुँच है और वे कक्षा की क्रिया में शामिल है

(d) विशेष बच्चों को जरूरतमन्द और आश्रित के रूप में देखा जाता है

(CTET–2024)

72. निम्नलिखित में से कौन-सा कथन समावेशी शिक्षा के बारे में सही नहीं है ?

(a) समावेशी शिक्षण का अर्थ है ''ऐसे तरीकों से शिक्षण जो बहिष्कृत न करे

(b) समावेशी शिक्षण का अर्थ है ''उस शिक्षाशास्त्र को अपनाना जो सभी शिक्षार्थियों की आवश्यकताओं का समर्थन करता है

(c) एक समावेशी कक्षा ''भाषा शैली में अन्तर को समायोजित करती है और सहयोग को बढ़ावा देती है

(d) ''निश्चित पाठ्यचर्चा और मानक मूल्यांकन के आस पास ही एक समावेशी शिक्षा का केन्द्र होता है

(CTET–2024)

73. शिक्षक जो समावेशी कक्षाओं की दिशा में काम कर रहे हैं, उन्हें चाहिए कि वे

(i) पाठ्यचर्चा में अनुकूलन करें।

(ii) विविध दृष्टिकोणों को शामिल करें।

(iii) अपने स्वयं के अन्तर्निहित पूर्वाग्रहों की जाँच करें।

(iv) विविधता को एक बाधा के रूप में देखें।

उपर्युक्त में से कौन-सा/से सही है ?

(a) i, ii, iii और iv (b) i, ii और iii

(c) i, iii और iv (d) ii, iii और iv

(CTET–2024)

उत्तरमाला

1.	(b)	2.	(d)	3.	(d)	4.	(a)	5.	(a)	6.	(d)	7.	(d)	8.	(a)
9.	(a)	10.	(c)	11.	(a)	12.	(b)	13.	(c)	14.	(c)	15.	(a)	16.	(b)
17.	(c)	18.	(a)	19.	(a)	20.	(a)	21.	(c)	22.	(b)	23.	(b)	24.	(c)
25.	(a)	26.	(a)	27.	(b)	28.	(c)	29.	(c)	30.	(b)	31.	(b)	32.	(c)
33.	(a)	34.	(d)	35.	(d)	36.	(b)	37.	(b)	38.	(b)	39.	(c)	40.	(a)
41.	(d)	42.	(c)	43.	(d)	44.	(c)	45.	(c)	46.	(d)	47.	(a)	48.	(d)
49.	(b)	50.	(a)	51.	(a)	52.	(d)	53.	(c)	54.	(d)	55.	(a)	56.	(d)
57.	(a)	58.	(b)	59.	(d)	60.	(d)	61.	(b)	62.	(c)	63.	(d)	64.	(c)
65.	(c)	66.	(a)	67.	(c)	68.	(d)	69.	(a)	70.	(d)	71.	(c)	72.	(d)
73.	(b)														

★★★

19

विविध पृष्ठभूमि से वंचित बालक

वंचित बालक
Disadvantaged Children

➢ अलाभान्वित बालक वैसे बालक को कहा जाता है जो सामाजिक-आर्थिक तथा सांस्कृतिक रूप से अलाभान्वित समुदाय से आते हैं। भारत में अधिकतर दलित एवं आदिवासी जाति के समुदाय से आनेवाले बालकों को अलाभान्वित बालक की श्रेणी में रखा जाता है।

➢ भारत में अनुसूचित जाति (SC) तथा अनुसूचित जनजाति *(ST)* समुदाय में 95% परिवार ऐसे हैं जो सामाजिक-आर्थिक तथा सांस्कृतिक रूप से पिछड़े हुए हैं और ऐसे परिवार के बालकों को अलाभान्वित बालक की संज्ञा दी जाती है।

➢ कुछ ऐसी पिछड़ी जातियाँ *(backward castes)* भी हैं जो सामाजिक-आर्थिक दृष्टिकोण से तथा साथ-ही-साथ सांस्कृतिक दृष्टिकोण से काफी पीछे हैं। अतः ऐसे समुदाय के बालकों को भी हम अलाभान्वित बालक कहेंगे।

वंचित बालकों की विशेषता इस प्रकार है—

★ ऐसे बालक निम्न सामाजिक-आर्थिक स्तर के परिवार से आते हैं। अतः गरीबी *(Poverty)* एवं वंचन *(Deprivation)* इनकी प्रमुख विशेषता होती है।

★ ऐसे बालकों का आत्म-संप्रत्यय *(Self-Concept)* नकारात्मक *(Negative)* होता है। फलस्वरूप, वे अपने आपको अन्य बालकों की तुलना में हीन *(Inferior),* कमजोर एवं बिल्कुल ही साधारण आकांक्षा *(Aspiration)* रखने वाले होते हैं।

★ वंचित बालकों में सीखने की अभिप्रेरणा कम होती है तथा इनमें दूरदर्शिता की कमी पायी जाती है।

★ अलाभान्वित बालकों की भाषा लाभान्वित बालकों की भाषा से भिन्न होती है।

★ वंचित बालकों का बौद्धिक निष्पादन *(Intellectual Performance)* सीमित एवं अपर्याप्त होता है।

अलाभान्वन एव वंचन का बालकों पर प्रभाव

अलाभान्वन एवं वंचन का बुरा प्रभाव बालकों के व्यक्तित्व पर पड़ता है। इस प्रभाव को भारतीय मनोवैज्ञानिकों ने निम्नलिखित भागों में बाँटा है—

(a) संज्ञानात्मक पैटर्न पर प्रभाव *(Impact Upon Cognitive Pattern)*: संज्ञान एक ऐसा सामान्य पद *(Common Term)* है जिसके अंतर्गत बालक के चिंतन, प्रत्यक्षण, बुद्धि, संवेदन स्मृति इत्यादि प्रक्रियाओं का अध्ययन किया जाता है।

➢ भारतीय मनोवैज्ञानिक जे० पी० दास, जाचुक एवं टी० पी० पण्डा *(J. P. Das Jachuk and T. P. Panda)* ने अपने अध्ययन में पाया कि दलित परिवार के बालकों का बौद्धिक स्तर ब्राह्मण परिवार के बालकों के बौद्धिक स्तर से काफी नीचे था।

➢ भारतीय मनोवैज्ञानिक एन० चट्टोपाध्याय *(N. Chattopadhyay)* ने अपने अध्ययन में पाया कि बुद्धि परीक्षण जनजाति के बालकों का निष्पादन सामान्य बालकों के निष्पादन की तुलना में काफी कम थी।

➢ जे० पी० दास एवं डी० सिन्हा *(J. P. Das & D. Sinha)* के अनुसार वंचित बालकों का प्रत्यक्षणात्मक कौशल *(Perceptual Skill)* लाभान्वित बालकों के प्रत्यक्षणात्मक कौशलों की तुलना में बहुत अविकसित था।

➢ हेभिंगहर्स्ट *(Havinghurst)* के अनुसार, वंचित बालकों में अमूर्त चिन्तन *(Abstract Reasoning)* की क्षमता काफी कम होती है।

(b) अभिप्रेरणात्मक पैटर्न पर प्रभाव *(Impact Upon Motivational Patterns)*

➢ वंचित बालकों का अभिप्रेरणात्मक पैटर्न लाभान्वित बालकों के अभिप्रेरणात्मक पैटर्न से सर्वथा भिन्न एवं निम्न होता है।

➢ डी० सिन्हा एवं जी० मिश्रा *(D. Sinha & G. Mishra)* तथा उदय पारीक *(Udai Pareek)* के अनुसार, अलाभान्वन एवं वंचन से बालकों में उपलब्धि आवश्यकता कम हो जाती है तथा निर्भरता आवश्यकता अधिक हो जाती है।

➢ रथ *(Rath)* के अनुसार अलाभान्वन एवं वंचन का प्रभाव बालकों के आकांक्षा स्तर *(Level of Aspiration)* पर गलत पड़ता है।

(c) शैक्षिक उपलब्धि पर प्रभाव *(Impact Upon Academic Achievement)* अलाभान्वन एवं वंचन का प्रभाव बालकों के शैक्षिक उपलब्धि पर बुरा पड़ता है।

➢ उषाश्री *(Ushashree)* के अनुसार, अलाभान्वित बालकों की शैक्षिक उपलब्धि *(Educational Achievement)* तथा शैक्षिक समायोजन *(Educational Adjustment)* लाभान्वित बालकों की तुलना में काफी निम्न थी।

वंचित/अलाभान्वित बालकों की शिक्षा

Education of Disadvantaged Children

➢ वंचित बालकों की शिक्षा में सुधार के लिए देश एवं विदेश में विशेष प्रयास किये जा रहे हैं। अमेरिका में ऐसे बालकों के शैक्षिक स्तर में सुधार के लिए एक विशेष कानून बनाया गया है जिसे *Elementary and Secondary Education Act, 1965* की संज्ञा दी गयी है। इसके अंतर्गत ऐसे बालकों को शिक्षा के लिए आर्थिक सहायता दी जाती है।

➢ अमेरिका में बुजिंग *(Busing)* एवं हेड स्टार्ट प्रोग्राम *(Head-Start Programme)* इत्यादि जैसे विशेष योजना वंचित बालकों की शिक्षा के लिए चलाई गयी है।

➢ बुजिंग प्रोग्राम में अलाभान्वित बालकों को लाभान्वित बालकों के साथ बैठाकर इस उम्मीद से शिक्षा दी जाती है कि इससे अलाभान्वित बालकों में लाभान्वित बालकों को देखकर अधिक प्रेरणा *(Motivation)* एवं अभिरुचि *(Interest)* जगेगी और उनका शैक्षिक स्तर ऊँचा उठेगा।

➢ हेड-स्टार्ट प्रोग्राम एक तरह की क्षतिपूर्ति शिक्षा का कार्यक्रम है और यह इस उम्मीद के साथ प्रारंभ की गयी है कि इससे अलाभान्वित बालक भी अपने घर पर कुछ वैसे ही कौशलों को सीख पायेंगे जो लाभान्वित बालक अपने घर पर सीख पाते हैं।

➢ भारत में वंचित बालकों के शैक्षिक स्तर को ऊँचा उठाने का काफी प्रयत्न किया गया है। इसके लिए भारत सरकार ने निःशुल्क शिक्षा योजना, दोपहर भोजन योजना इत्यादि आरंभ किये हैं।

➢ सरकार ने वंचित बालकों के लिए स्कूल तथा कॉलेज में भी कुछ विशेष प्रावधान किया है, जैसे कम अंक प्राप्त करने पर भी उनका अच्छे कॉलेज में दाखिला, कम अंक प्राप्त करने पर भी छात्रवृत्ति देने इत्यादि की व्यवस्था करके भी इनके शैक्षिक स्तर को उठाने का प्रयत्न किया गया है।

➢ इन सभी उपायों के अलावा अलाभान्वित बालकों की शिक्षा में सुधार के लिए निम्नलिखित पहलुओं पर ध्यान देना आवश्यक है—

★ वंचित बालकों में विशेष शिक्षा देने के लिए यह आवश्यक है कि उनके घरेलू वातावरण में सुधार किया जाए।

★ ऐसे क्षेत्र जहाँ वंचित बालकों की संख्या ज्यादा हो, वहाँ कुछ विशेष शैक्षिक अभियान *(Special Educational Campaign)* चलाना चाहिए।

★ वंचित बालकों के शैक्षिक उत्थान के लिए आश्रम की तरह के स्कूल की स्थापना की जानी चाहिए।

★ सरकार को समय-समय पर वंचित बालकों की शिक्षा के लिए चलायी जा रही योजना की सफलता का मूल्यांकन करना चाहिए ताकि यह पता चल सके कि योजना कितनी सफल है।

★ वंचित बालकों के शिक्षा स्तर को ऊँचा करने के लिए कुछ शिक्षा मनोवैज्ञानिकों ने व्यवहार परिमार्जन *(Behavioural Modifications)* की विभिन्न प्रविधियों, प्रत्यक्षणात्मक प्रशिक्षण *(Perceptual Training)* आकार-विभेद *(Form-Discrimination)* करने की प्रविधियों का विशेष उपयोग करने की सिफारिश की है।

परीक्षोपयोगी तथ्य

➢ अलाभान्वित बालक वैसे बालक को कहा जाता है जो सामाजिक, आर्थिक तथा सांस्कृतिक रूप से अलाभान्वित समुदाय से आते हैं।

➢ अलाभान्वित या वंचित बालकों की प्रमुख विशेषता गरीबी एवं वंचन है।

➢ वंचित बालकों का आत्म-संप्रत्यय नकारात्मक होता है।

➢ वंचित बालकों का बौद्धिक निष्पादन सीमित एवं अपर्याप्त होता है।

वस्तुनिष्ठ प्रश्न

1. इरफान खिलौनों को तोड़ता है और उसके पुर्जों को देखने के लिए उन्हें अलग-अलग कर देता है। आप क्या करेंगे?
   (a) उस पर हमेशा नजर रखेंगे
   (b) उसके जिज्ञासु स्वभाव को प्रोत्साहित करेंगे और उसकी ऊर्जा को सही दिशा में संचरित करेंगे
   (c) उसे समझायेंगे कि खिलौनों को तोड़ना नहीं चाहिए
   (d) इरफान को खिलौनों से कभी भी नहीं खेलने देंगे *(CTET–2011)*

2. असंगठित घर से आनेवाला बालक सबसे अधिक कठिनाई का अनुभव करेगा—
(a) स्वयं पाठ को तैयार करने में (b) स्वतंत्र अध्ययन में
(c) रोजगार के संदर्भ में (d) अभ्यास पुस्तिकाओं में *(UPTET–2011)*

3. आप देखते हैं कि एक विद्यार्थी बुद्धिमान है। आप—
(a) उसे सभी छात्रों के साथ संतुष्ट करेंगे
(b) उसे अतिरिक्त गृहकार्य नहीं देंगे
(c) वह जैसे अधिक प्रगति कर सकता है उसे वैसे ही अनुप्रेरित *(Motivation)* करेंगे
(d) उसके अभिभावकों को सूचित करेंगे कि वह बुद्धिमान है *(UPTET–2011)*

4. आप अनपढ़ माता-पिता के बच्चों को अंग्रेजी सिखाना चाहते हैं—
(a) आप बच्चे से अंग्रेजी में बातें करेंगे
(b) आप बच्चे को अंग्रेजी में बोलने के लिए मजबूर करेंगे
(c) आप बच्चे को मातृ-भाषा में बोलने से रोकेंगे
(d) आप उसे मातृ-भाषा की सहायता से अंग्रेजी सिखाने का प्रयास करेंगे
(Utt TET–2011)

5. वे कौन-से बाह्य कारक हैं जो एक बालक को कक्षा में रुचि लेने से रोकते हैं?
(a) भावना और मनोभाव *(जज्बात)* (b) संस्कृति और प्रशिक्षण
(c) बालक का दृष्टिकोण (d) लक्ष्य और प्रयोजन *(PTET–2011)*

6. शारीरिक-गतिक बुद्धि *(Bodily-Kinesthetic Intelligence)* रखनेवाले बच्चों की अंतिम अवस्था निम्नलिखित में से कौन-सी हो सकती है?
(a) शल्य चिकित्सक *(Surgeon)* (b) कवि *(Poet)*
(c) वाचक *(Orator)* (d) राजनैतिक नेता *(CTET–2012)*

7. जब एक निर्योग्य बच्चा *(Disable Child)* पहली बार विद्यालय आता है, तो शिक्षक को क्या करना चाहिए?
(a) प्रवेश परीक्षा लेनी चाहिए
(b) उसे अन्य विद्यार्थियों से अलग रखना चाहिए
(c) सहकारी योजना *(Collaborative Plans)* विकसित करने के लिए बच्चे के माता-पिता के साथ चर्चा करनी चाहिए
(d) बच्चे की निर्योग्यता के अनुसार उसे विशेष विद्यालय में भेजने का प्रस्ताव देना चाहिए *(CTET–2012)*

8. प्रत्येक शिक्षार्थी स्वयं में विशिष्ट है। इसका अर्थ है कि—
(a) शिक्षार्थियों में न तो कोई समान विशेषताएँ होती हैं और न ही इनके लक्ष्य समान होते हैं
(b) सभी शिक्षार्थियों के लिए एकसमान पाठ्यचर्या संभव नहीं है
(c) एक विषमरूपी कक्षा में शिक्षार्थियों की क्षमताओं को विकसित करना असंभव है
(d) कोई भी दो शिक्षार्थी अपनी योग्यताओं और प्रतिभाओं में एकसमान नहीं होते
(UPTET–2013)

9. निम्नलिखित में से कौन-सी विशेषता आंतरिक रूप से *(Intrinsically)* अभिप्रेरित बच्चों के लिए सही नहीं है?
(a) उन्हें कार्य करने में आनंद आता है
(b) वे कार्य करते समय उच्च स्तर की ऊर्जा प्रदर्शित करते हैं
(c) वे चुनौती भरे कार्यों को पसंद करते हैं
(d) ये हमेशा सफल होते हैं *(UPTET–2013)*

10. निम्नलिखित में से कौन-सी सर्वाधिक प्रभावकारी विधि हो सकती है, जो आपकी इस अपेक्षा को पूरी कर सके कि वंचित विद्यार्थी अपनी भागीदारिता द्वारा सफल हो सकें?
(a) इस बात पर बल देना कि आपकी उनसे उच्च अपेक्षाएँ हैं
(b) आप उनकी सफलता हेतु उनकी क्षमता में विश्वास को अभिव्यक्त करें
(c) पढ़ाए जाने वाले विषय में आप अपनी रुचि विकसित कर सकें
(d) अपने लक्ष्य को महसूस करने के लिए बच्चों की अन्य बच्चों से प्रायः तुलना करते रहना *(CTET–2014)*

11. वंचित समूहों के विद्यार्थियों को सामान्य विद्यार्थियों के साथ-साथ पढ़ाना चाहिए। इसका अभिप्राय है—
(a) समावेशी शिक्षा (b) विशेष शिक्षा
(c) एकीकृत शिक्षा (d) अपवर्जक शिक्षा *(CTET–2015)*

12. एक अध्यापिका समाज के वंचित वर्गों से आये बच्चों की आवश्यकताओं के प्रति प्रभावशाली तरीके से प्रतिक्रिया निम्नलिखित द्वारा कर सकती है—
(a) 'अन्य बच्चों' को वंचित वर्ग से आये बच्चों के साथ सहयोग करने के लिए कहना तथा विद्यालय के तरीकों को सीखने में उनकी सहायता करने के लिए कहना
(b) वंचित वर्ग से आये बच्चों को विद्यालय के नियमों एवं अपेक्षाओं के प्रति संवेदनशील बनाना ताकि वे उनका अनुपालन करें
(c) विद्यालयी व्यवस्था तथा स्वयं के उन तौर-तरीकों के बारे में विचार करना जिनसे पक्षपात एवं रूढ़िबद्धताएँ झलकती हैं
(d) इनमें से कोई नहीं *(CTET–2015)*

13. निम्न में से कौन-सी सामाजिक रूप से वंचित की समस्या नहीं है?
(a) सीखने के लिए प्रेरणा का अभाव
(b) सृजनशीलता को पोषित होने के अवसर नहीं मिलता
(c) रहने के लिए स्वस्थ परिवेश
(d) विद्यालय में पक्षपातपूर्ण वातावरण का सामना करना *(RTET-I–2015)*

14. 'वंचित वर्ग' की पृष्ठभूमि के बच्चों को शिक्षा प्रदान करने के लिए शिक्षक को चाहिए कि—
(a) उनके बारे में अधिक जानकारी जुटाने का प्रयास करे और उन्हें कक्षा में होने वाली चर्चा में शामिल करें
(b) उन्हें कक्षा में अलग बिठाएँ
(c) उन पर ध्यान न दें, क्योंकि वे दूसरे शिक्षार्थियों के साथ अंतःक्रिया नहीं कर सकते
(d) उन्हें बहुत-से लिखित कार्य दें *(CTET–2016)*

15. एक शिक्षक समाज के 'वंचित वर्ग' के बच्चों की आवश्यकताओं को प्रभावपूर्ण तरीके से पूरा कर सकता है—

(a) कक्षा-कक्ष के प्रत्येक बच्चे की आवश्यकतानुसार अपना शिक्षण-कौशल अपनाकर

(b) उनकी पृष्ठभूमि की उपेक्षा करके तथा उन्हें विद्यालय में कार्य करने के लिए कहकर

(c) उन्हें कक्षा-कक्ष में अलग स्थान पर बैठाकर, ताकि वे अन्य बच्चों से मेल जोल न करें

(d) अन्य बच्चों को वंचित पृष्ठभूमि वाले बच्चों के प्रति सहानुभूतिपूर्ण व्यवहार करने के लिए कहकर *(CTET–2016)*

16. निम्न में से कौन-सी सामाजिक रूप से वंचित की समस्या नहीं है ?

(a) सीखने के लिए प्रेरणा का अभाव

(b) सृजनशीलता को पोषित होने के अवसर नहीं मिलना

(c) रहने के लिए स्वस्थ परिवेश

(d) विद्यालय में पक्षतापूर्ण वातावरण का सामना करना *(RTET-I–2016)*

17. सामाजिक-आर्थिक रूप से वंचित पृष्ठभूमि से आने वाले बच्चों को कक्षा के माहौल की आवश्यकता होती है, जो—

(a) उन्हें अच्छा व्यवहार सिखाता है

(b) उनके सांस्कृतिक और भाषाई ज्ञान को महत्व देता है तथा उनका उपयोग करता है

(c) उनकी भाषा के उपयोग को हतोत्साहित करता है ताकि वे मुख्यधारा की भाषा सीख सकें

(d) बच्चों को उनकी क्षमताओं के आधार पर वर्गीकृत करता है *(CTET-I–2018)*

18. शिक्षण अधिगम प्रक्रिया में, वंचित समूह से संबंधित विद्यार्थियों के द्वारा सहभागिता कम होने की स्थिति में एक शिक्षक को क्या करना चाहिए ?

(a) बच्चों को विद्यालय छोड़ने के लिए कहना चाहिए

(b) इस स्थिति को जैसी है, स्वीकार कर लेनी चाहिए

(c) इन विद्यार्थियों से अपनी अपेक्षाओं को कम करना चाहिए

(d) अपनी शिक्षण पद्धति पर विचार करना चाहिए तथा बच्चों की सहभागिता में सुधार करने के लिए नए तरीके ढूँढने चाहिए *(CTET-I–2019)*

19. विविध पृष्ठभूमियों के अधिगमकर्त्ताओं को संबोधित करने हेतु, एक अध्यापक को—

(a) विविधता संबंधी मुद्दों पर बातचीत टालनी चाहिए

(b) विविध विन्यासों से उदाहरण लेने चाहिए

(c) सभी के लिए मानकीकृत आकलनों का इस्तेमाल करना चाहिए

(d) ऐसे कथनों का इस्तेमाल करना चाहिए जो नकारात्मक रूढ़िबद्ध धारणाओं को मजबूत करें *(CTET-I–2021)*

20. प्रतिकूल परिस्थितियों और वंचित पृष्ठभूमि वाले अधिगमकर्त्ताओं को संबोधित करने के लिए निम्नलिखित में से कौन-सी पद्धति प्रभावशाली नहीं है ?

(a) अधिगमकर्त्ताओं से बातचीत करके उनकी आवश्यकताओं और उनके सम्मुख आई चुनौतियों को समझना

(b) अधिगमकर्त्ताओं को विद्यालय के बाहर ट्यूशन पढ़ने के लिए कहना, जिससे कि अध्यापक को उन पर अधिक ध्यान न देना पड़े
(c) विद्यार्थियों को संतुलित चुनौतीपूर्ण लक्ष्यों के लिए अभिप्रेरित करना और उपयुक्त शिक्षण सहायता उपलब्ध कराना
(d) कार्यकलापों के लिए सहयोगी समूह बनाना और विद्यार्थियों को एक-दूसरे का समर्थन करने के लिए प्रोत्साहित करना

21. एक समावेशी संस्था में एक श्रव्य-बाधित विद्यार्थी की शिक्षा हेतु, निम्न में से कौन-सी रणनीति प्रभावी नहीं होगी ?
(a) वीडियो/चलचित्रों के प्रदर्शन में उपशीर्षकों का इस्तेमाल
(b) पढ़ाते हुए अभिव्यक्तिक शारीरिक गतिविधियों और संकेतों का इस्तेमाल
(c) मौखिक सम्प्रेषण के साथ-साथ शाब्दिक/चित्रित सम्प्रेषण का इस्तेमाल
(d) सम्प्रेषण हेतु मुख्यतः मौखिक माध्यम पर ही आश्रित रहना *(CTET–2022)*

22. निम्नलिखित में से किस कक्षायी प्रक्रिया का विश्लेषण किसी अध्यापक के वंचित समूहों के प्रति गढ़ित गूढ़ पूर्वाग्रहों को उजागर कर सकता है ?
(a) लिंग, जाति और आर्थिक श्रेणी के आधार पर निर्धारित आसन-व्यवस्था
(b) अध्यापक का 'निपुणता-उन्मुखी' अभिप्रेरणा शैली को प्रोत्साहन देना
(c) अधिगम-कठिनता अनुभव करने वाले बच्चों के लिए यथोचित समायोजन करना
(d) बच्चों को शिक्षा प्रणाली के यंत्रवादी पहलुओं का परीक्षण, प्रतिरोध और चुनौती देने के लिए प्रोत्साहित करना *(CTET–2022)*

23. शिक्षिका के विद्यार्थियों की सफलता एवं असफलता के बारे में विचार अक्सर उनके सीखने व अभिप्रेरणा को प्रभावित करते हैं। इस संदर्भ में निम्न में से कौन-सा कथन सही है ?
(a) शिक्षक की अपेक्षाएँ बच्चों के सीखने को बेहद प्रभावित करती है
(b) शिक्षक को कक्षा में बच्चों की स्वायता पर काबू रखना चाहिए
(c) शिक्षक को बच्चों को प्रतिस्पर्द्धा करने व एक-दूसरे से बेहतर करने के लिए प्रोत्साहित करना चाहिए
(d) शिक्षक को ऐसे विद्यार्थियों को हर हालत में असफलता से बचने के लिए रणनीतियों में प्रशिक्षण देना चाहिए *(CTET–2022)*

24. लेखन वैकल्य की विशेषता है—
(a) विलम्बित गतिक कौशल (b) लिखित कार्य में चुनौती
(c) पढ़ने के प्रवाह में कमी (d) दोहरावदार व्यवहार *(CTET–2024)*

25. शिक्षकों को ध्यान न्यूनता अतिक्रियाशीलता विकार से जूझ रहे छात्रों की आवश्यकताओं का ध्यान रखते समय........से बचना चाहिए।
(a) विकर्षण और शोर करने
(b) पाठ्यक्रम सामग्री और विदेशों में लचीलेपन
(c) कार्य को छोटे आसानी से प्रबन्धीय भागों में तोड़ने
(d) बहु-संवेदी सामग्री का उपयोग करने *(CTET–2024)*

26. वंचित वर्गों से संबंधित विद्यार्थियों के समावेशन के लिए—

(a) विविध परम्पराओं के प्रति जागरूकता और संवेदनशीलता को बढ़ावा देना चाहिए।

(b) पहचान-आधारित रुढ़ियों को प्रमाणित और प्रोत्साहित किया जाना चाहिए।

(c) समान क्षमताओं के आधार पर विद्यार्थियों को समूहों में विभाजित करना।

(d) सामाजिक सम्बद्धता के आधार पर कक्षा में अलगाव करना चाहिए।

(CTET–2024)

उत्तरमाला

1.	(b)	**2.**	(b)	**3.**	(c)	**4.**	(d)	**5.**	(b)	**6.**	(a)	**7.**	(d)	**8.**	(d)
9.	(d)	**10.**	(b)	**11.**	(a)	**12.**	(c)	**13.**	(a)	**14.**	(a)	**15.**	(a)	**16.**	(a)
17.	(b)	**18.**	(d)	**19.**	(b)	**20.**	(b)	**21.**	(d)	**22.**	(a)	**23.**	(a)	**24.**	(b)
25.	(a)	**26.**	(a)												

★★★

20

पिछड़े, विकलांग तथा मानसिक रूप से पिछड़े बालक

पिछड़े बालक *(Backward Children)*: पिछड़े बालक का तात्पर्य वैसे बालक से होता है जो बुद्धि, शिक्षा इत्यादि में अपने समकक्षों से काफी पीछे रह जाते हैं।

➢ कुछ लोग बालकों के पिछड़ेपन *(Backwardness)* को दो आधारों पर मापते हैं– बुद्धि के आधार पर तथा शैक्षिक उपलब्धि के आधार पर।

➢ बुद्धि के आधार पर पिछड़ेपन को मानसिक मंदता *(Mental Retardation)* कहते हैं।

➢ शैक्षिक उपलब्धि के आधार पर पिछड़ेपन को शैक्षिक मंदता *(Educational Retardation)* कहा जाता है।

➢ बर्ट *(Burt)* के अनुसार, "पिछड़ा बालक वह है जो अपने स्कूल जीवन के बीच अपनी आयु के समकक्ष से नीचे की कक्षा का कार्य करने में असमर्थ हो।"

➢ पिछड़े बालक को मूलतः शैक्षिक लब्धि *(Educational Quotient or EQ)* के रूप में परिभाषित किया है।

$$EQ = \frac{EA}{CA} \times 100$$

$EA = Educational\ Age$ (शिक्षा आयु)

$CA = Chronological\ Age$ (वास्तविक आयु)

बर्ट के अनुसार जिस बालक की शैक्षिक लब्धि 85 से कम होती है उसकी पहचान निश्चित रूप से पिछड़े बालक के रूप में की जाती है।

उदाहरण के लिए–किसी छात्र की वास्तविक आयु 15 वर्ष की तथा शैक्षिक आयु जो विभिन्न विषयों में बालक की मानसिक आयु का औसत होता है, 12 वर्ष की है तो उसकी शैक्षिक लब्धि $\frac{12}{15} \times 100 = 80$ होगी और इस तरह के बालक को एक पिछड़ा बालक कहा जाता है।

➢ पिछड़े बालक की पहचान निम्नांकित आधार पर की जाती है—

★ पिछड़े बालक की मानसिक आयु अपने समकक्षों से कम होती है।

★ पिछड़े बालक की शैक्षिक आयु भी अपने समकक्षों से कम होती है।

★ ऐसे बालकों की शैक्षिक उपलब्धि सामान्य या औसत से कम होती है।

बालकों के पिछड़ेपन के कारण

Causes of Backwardness Among Children

बालकों के पिछड़ेपन के कारण निम्नलिखित हैं—

(a) बौद्धिक क्षमता की कमी *(Lack of Intellectual Ability)*: बर्ट के अनुसार बालकों के पिछड़ेपन का सबसे महत्वपूर्ण कारण उम्र के अनुसार बौद्धिक क्षमता का कम या

बिल्कुल नहीं होना है। बौद्धिक क्षमता के अभाव में वे सामान्य या औसत बुद्धि के लिए बनाये गये पाठ्यक्रम को समझ नहीं पाते हैं और परिणामस्वरूप पिछड़ जाते हैं।

(b) वातावरण का प्रभाव *(Effect of Environment)*: छात्रों के पिछड़ेपन में वातावरण का भी काफी प्रभाव पड़ता है। यदि बालक का घरेलू वातावरण तथा स्कूली वातावरण शिक्षा की दृष्टि से उत्साहवर्धक नहीं होता है तो इससे बालकों की शैक्षिक आयु वास्तविक आयु के अनुकूल नहीं बढ़ पाती है और बालक शैक्षिक रूप से पिछड़ जाते हैं।

(c) शारीरिक दोष *(Physical Defects)*: शारीरिक दोष के कारण भी बालक शैक्षिक रूप से पिछड़ जाते हैं। अंधे, बहरे, गूँगे बालकों में पिछड़ेपन का मूल कारण उनकी शारीरिक विकलांगता ही होती है। शारीरिक दोष के कारण ऐसे बालकों की अभिरुचि शिक्षा में कम होने लगती है।

➢ बर्ट *(Burt)* के अध्ययन के अनुसार करीब 9% बालकों के पिछड़ेपन का कारण शारीरिक दोष है।

(d) स्वभाव संबंधी दोष *(Temprамental Defects)*: कुछ बालक स्वभाव संबंधी दोष के कारण अपने साथियों से पिछड़े जाते हैं। ऐसे बालक प्रायः तुनुकमिजाजी, आक्रामक *(Aggressive)* एवं संवेगात्मक रूप से अस्थिर होते हैं। इसी अवगुण के कारण उनका समायोजन कक्षा में न तो शिक्षक के साथ और न ही अपने साथियों के साथ हो पाता है। परिणामस्वरूप ऐसे छात्र कक्षा में पिछड़ जाते हैं।

(e) कर्त्तव्यव्यागिता *(Trunacy)*: कुछ बालक ऐसे होते हैं जो कक्षा में ठीक ढंग से शिक्षक के व्याख्यान पर ध्यान नहीं देते और मौका मिलते ही कक्षा से भाग खड़े होते हैं। जब कक्षा में वे नियमित रूप से बैठते ही नहीं हैं, तो उन्हें पाठ्यक्रम *(Curriculum)* ठीक ढंग से नहीं समझ में आता है और इससे उनकी शैक्षिक अभिरुचि उत्तरोत्तर घटती जाती है और कक्षा में वे पिछड़ते चले जाते हैं।

पिछड़े बालकों की समस्याएँ
Problems of Backward Children

पिछड़े बालकों की समस्याएँ निम्नलिखित हैं—

★ पिछड़े बालकों की सबसे बड़ी समस्या कक्षा में समायोजन से संबंधित होती है। ऐसे बालकों को कक्षा का पाठ्यक्रम काफी कठिन लगता है जिसे वे समझ नहीं पाते और वे अन्य सहकक्षी बालकों की तुलना में पीछे रह जाते हैं।

★ ऐसे बालकों की मनोवृत्ति स्कूल एवं शिक्षकों के प्रति नकारात्मक *(Negative)* होती है, क्योंकि उनका स्कूल में साथियों द्वारा अक्सर मजाक उड़ाया जाता है।

★ ऐसे बालकों में पढ़ने-लिखने एवं सीखने की अभिप्रेरणा बहुत ही कम होती है, क्योंकि इनकी घरेलू एवं व्यक्तिगत अनुभूतियाँ इतनी तीखी एवं कुंठापूर्ण *(Frustrating)* होती हैं कि उनके ऐसे अभिप्रेरणों को वे बिल्कुल ही समाप्त कर देती हैं।

★ ऐसे बालकों को प्रायः लगातार असफलता ही मिलती है, अतः इनमें आत्म-विश्वास, मनोबल, एवं आत्म-निर्भरता जैसा कोई गुण नहीं विकसित हो पाता है।

★ ऐसे बालक अधिक चिंतित एवं तनावग्रस्त रहते हैं, क्योंकि वे अनुभव करने लगते हैं कि उनकी शैक्षिक उपलब्धियाँ काफी पीछे पड़ रही हैं।

पिछड़े बालक की शिक्षा एवं समायोजन

Education and Adjustment of Backward Child

शिक्षा मनोवैज्ञानिकों ने पिछड़े बालक की शिक्षा एवं समायोजन के निम्नलिखित उपाय बताये हैं—

(a) मानसिक क्षमता के अनुकूल शिक्षा *(Education According to Mental Ability)*: पिछड़े बालक को उनके बुद्धि-स्तर के अनुकूल अलग से पाठ्यक्रम तैयार कर उन्हें शिक्षा देनी चाहिए। ऐसी परिस्थिति में पिछड़े बालक उन्नत शिक्षा प्राप्त कर सकेंगे तथा अपनी कक्षा में अन्य लोगों के साथ समायोजन भी ठीक ढंग से कर सकेंगे। जहाँ तक संभव हो ऐसे बालकों की शिक्षा व्यवस्था विशिष्ट बनाकर या विशिष्ट स्कूल बनाकर दी जानी चाहिए।

(b) व्यक्तिगत ध्यान *(Individual Attention)*: पिछड़े बालकों पर व्यक्तिगत ध्यान देने से छात्र की असफलता के सही कारणों का पता शिक्षक को चलता है और तब वे उसी के अनुसार अपना कार्यक्रम तय कर बालकों के पिछड़ेपन को दूर करने के लिए प्रयत्नशील हो उठते हैं।

(c) उपयुक्त वातावरण प्रदान करना *(To Provide Adequate Environment)*: पिछड़े बालकों में उपयुक्त घरेलू वातावरण एवं स्कूली वातावरण की कमी एक प्रमुख कारण है। बालकों का घरेलू वातावरण शिक्षा के दृष्टिकोण से उत्तेजक *(Stimulating)* एवं अनुकूल *(Favourable)* होना चाहिए।

(d) शारीरिक दोषों में सुधार लाकर *(By Treating Physical Defects)*: पिछड़े बालकों का कुछ प्रतिशत ऐसा होता है जिनमें शारीरिक दोष के कारण ही पिछड़ापन मूल रूप से पाया जाता है। इन दोषों में दृष्टि-दोष *(Visual Defects)*, श्रवण-दोष *(Auditory Defects)*, भाषा-संबधी दोष *(Speech Defects)* आदि प्रधान होते हैं।

(e) शिक्षक को चाहिए कि ऐसे बालकों की अभिरुचि *(Interest)* उन विषयों में जाग्रत करें जिनमें वे अधिक पिछड़े हुए हैं। इसके लिए शिक्षकों को विशेष प्रयास *(efforts)* करना चाहिए बालकों की अभिरुचि बनाये रखने के लिए *(विशेषकर छोटे बालकों को)* खिलौनों तथा श्रव्य दृष्टि साधनों *(Audio–Visual Aids)* का प्रयोग अधिक करना चाहिए।

अपराधी बालक

Delinquent Child

➢ जब कोई बालक सामाजिक, आर्थिक, नैतिक या शैक्षणिक नियम का उल्लंघन करता है, तो उसके इन व्यवहारों को बाल-अपराध तथा उस बालक को अपराधी बालक *(Delinquent Child)* कहा जाता है।

➢ चोरी करना, स्कूल से भाग जाना, घर से समय पर स्कूल के लिए निकलना किंतु नहीं जाना, स्कूल में अनुशासनहीनता की समस्या उत्पन्न करना, कक्षा में साथियों के साथ आक्रामक व्यवहार करना इत्यादि बाल अपराध के कुछ उदाहरण हैं।

बाल अपराधी में कुछ गुण सामान्य पाये जाते हैं, जो इस प्रकार हैं—

(a) शारीरिक गुण *(Physical Characteristics)*: अक्सर बाल अपराधी शरीर से हृष्ट-पुष्ट होते हैं तथा उनके शरीर की मांसपेशियाँ एवं हड्डियाँ समान उम्र के अन्य बालकों से अधिक विकसित होती हैं।

(b) स्वभावगत गुण *(Temperamental Characteristics)*: ऐसे बालक स्वभाव से आक्रामक *(Aggressive)*, सांवेगिक रूप से अस्थिर *(Emotionally Unstable)*, बेचैन *(Restless)*, आवेगशील *(Impulsive)* एवं विध्वंसक होते हैं।

(c) मनोवृत्ति-संवंधी गुण *(Attitudinal Characteristics)*: ऐसे बालकों की मनोवृत्ति स्कूल अधिकारियों के प्रति नकारात्मक होती है। वे प्रायः शक्की *(Suspicious)*, बैरपूर्ण, अवज्ञाकारी *(Defiant)* मनोवृत्ति दिखाते हैं। माता-पिता एवं स्कूल के अधिकारियों एवं शिक्षकों के प्रति वे प्रायः अनादर का व्यवहार दिखाते हैं।

(d) सामाजिक-सांस्कृतिक गुण *(Socio-Cultural Characteristics)*: ऐसे बालकों में दूसरों के प्रति स्नेह, प्यार एवं अनुकंपा *(Compassion)* नहीं होते हैं। इनका नैतिक स्तर काफी नीचा होता है, जिसके फलस्वरूप उन्हें कोई सामाजिक एवं सांस्कृतिक नियमों के प्रतिकूल काम करने में हिचकिचाहट नहीं होती।

(e) मनोवैज्ञानिक विशेषताएँ *(Psychological Characteristics)*: ऐसे बालक किसी समस्या के समाधान में मात्र सीधा एवं सुगम रास्ते को अपनाते हैं।

अपराधी व्यवहार के प्रकार
Types of Delinquent Behaviour

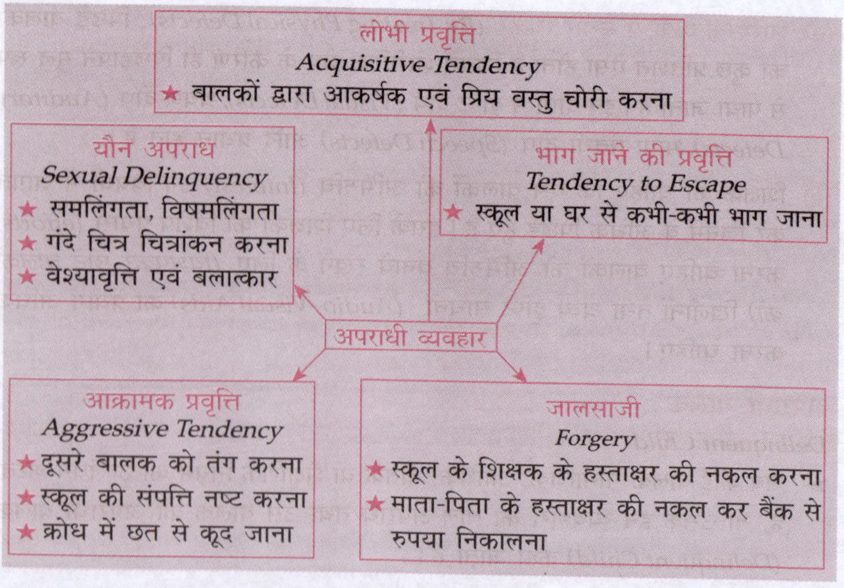

बाल अपराध के कारण
Causes of Delinquency

- **जैविक कारक** *Biological Factors*
  - आनुवंशिकता *(Heredity)*
  - शारीरिक दोष *(Physical Defects)*
  - शरीरगठनात्मक सिद्धान्त *(Constitutional Theory)*
  - XYY क्रोमोजोम्स
- **पर्यावरणीय कारक** *Environmental Factors*
  - माता-पिता द्वारा तिरस्कार एवं दोषपूर्ण अनुशासन
  - परिवार के बाहर माता-पिता का सीमित संबंध
  - घरेलू वातावरण का अपराधी होना
  - दोषपूर्ण घरेलू अनुशासन
  - परिवार की आर्थिक स्थिति खराब होना
  - अवांछित संबंध
  - स्कूल में दोषपूर्ण वातावरण

अपराधी बालकों के उपचार एवं शिक्षा
Treatment and Education of Delinquent Children

- **निरोधात्मक प्रविधियाँ** *Preventive Measures*
  - माता-पिता का स्नेह एवं ध्यान
  - उचित इच्छाओं की पूर्ति
  - उचित घरेलू वातावरण
  - उचित घरेलू अनुशासन
  - उचित शिक्षा
  - स्कूल का उचित वातावरण एवं अनुशासन
  - सरकारी सहायता
    - आदर्श राजकीय स्कूल की व्यवस्था
    - गरीब एवं मेधावी छात्र को निःशुल्क शिक्षा की व्यवस्था
    - लावारिस एवं अवैध बालकों की शिक्षा-दीक्षा का उचित प्रबंध
    - परिवार नियोजन के साधन का ज्ञान
    - गर्भपात कराने की समुचित एवं आसान सुविधा
- **रोगनाशक प्रविधियाँ** *Curative Measures*
  - बाल अपराध न्यायालय *(Juvenile Court)*
  - मनोगतिक विधि *(Psychodynamic Methods)*
  - व्यवहारात्मक विधि *(Behavioural Methods)*
  - पुनर्वास विधि *(Rehabilitation Methods)*

मन्दबुद्धि बालक
Mentally Retarded

➢ क्रो एवं क्रो के अनुसार, ''जिन बालकों की बुद्धिलब्धि 70 से कम होती है, उनको मन्दबुद्धि बालक कहते हैं।''

➢ पोलक व पोलक के अनुसार, ''मन्दबुद्धि बालक को अब क्षीण बुद्धि बालकों के समूह में नहीं रखा जाता है, जिसके लिए कुछ भी नहीं किया जा सकता है। अब

हम यह स्वीकार करते हैं कि उनके व्यक्तित्व के उतने ही विभिन्न पहलू होते हैं जितने सामान्य बालकों के व्यक्तित्व के होते हैं।''

मन्दबुद्धि बालक की विशेषताएँ
Characteristics of Mental by Retarded Children

स्किनर के अनुसार—

★ सीखी हुई बात को नई परिस्थिति में प्रयोग करने में कठिनाई।

★ व्यक्तियों और घटनाओं के प्रति ठोस और विशिष्ट प्रतिक्रियाएँ।

★ मान्यताओं के सम्बन्ध में विशिष्ट विश्वास।

★ दूसरों की थोड़ी भी चिन्ता न करने की बजाय अपनी चिन्ता।

सामान्य रूप से मन्दबुद्धि बालक में पायी जाने वाली विशेषताएँ निम्नलिखित है—

(a) सीखी हुई बात का प्रयोग नई परिस्थिति में कठिनाई से कर पाते हैं।

(b) विद्यालय में असफलता के कारण शीघ्र निराश होते हैं।

(c) कार्य-कारण के सम्बन्ध में सही धारणाएँ बनाने में असफल होते हैं।

(d) सामाजिक मान्यताओं के सम्बन्ध में इनके दृढ़ विश्वास होते हैं।

(e) ये दूसरों की बजाय अपनी अधिक चिन्ता करते हैं।

(f) समस्याओं के सम्बन्ध में उपयुक्त निर्णय नहीं ले पाते हैं और इनका जो भी निर्णय होता है उसे ये परिस्थितियों की दुर्बलता के कारण महत्व नहीं दे पाते हैं।

(g) ये नये प्रत्ययों को ग्रहण करने में कमजोर होते हैं।

(h) इनका व्यक्तित्व अनुपयुक्त होता है।

(i) इनका विभिन्न प्रकार का समायोजन विशेष रूप से दुर्बल होता है।

(j) इनमें आत्म-विश्वास का अभाव पाया जाता है। इनके अधिगम की गति मंद होती है तथा सीखने में त्रुटियाँ अधिक होती हैं। इनका ध्यान विस्तार सीमित होता है।

मन्दबुद्धिता के कारण
Causes of Mental Deficiency

(a) वंशानुक्रम *(Heredity)*

(b) सांस्कृतिक कारक *(Cultural Factors)*

(c) छूत की बीमारियाँ *(Infectious Disease)*

(d) ग्रन्थीय असन्तुलन *(Glandular Imbalance)*

(e) एक्स-रे का प्रभाव *(X–ray Effect)*

(f) शारीरिक आघात *(Pysical Injuries)*

(g) नशीले पदार्थ *(Toxic Agents)*

(h) माता-पिता की आयु *(Age of Parents)*

(i) पारिवारिक वातावरण *(Home Environment)*

(j) शैक्षिक वातावरण *(Educational Environment)*

(k) अपरिपक्व जन्म *(Pre-Mature Birth)*

(l) माँ के संक्रामक रोग *(Mother's Infectious Disease)*

मन्दबुद्धिता के स्तर
Level of Feeble Mindedness

मुख्य रूप से मन्दबुद्धिता तीन प्रकार की होती हैं—

(a) जड़ बुद्धि *(Idiot)*: मानसिक दुर्बलता की दृष्टि से यह सर्वाधिक दुर्बल बुद्धि वाले होते हैं। इनकी *I. Q.* अधिक से अधिक 25 होती है। इनका मानसिक विकास अधिक से अधिक दो वर्ष के बालक की तरह होता है। इनको भोजन कराना पड़ता है, वस्त्र पहनाना पड़ता है इत्यादि।

(b) मूढ़ *(Imbecile)*: यह ऐसे दुर्बल बुद्धि बालक हैं जिनकी *IQ* 25 से 50 तक होती है। इन बालकों का मानसिक स्तर 3–7 वर्ष तक के बालक की तरह होता है। इन्हें अक्षर ज्ञान तो कराया जा सकता है परन्तु पढ़ाया-लिखाया नहीं जा सकता है। इन बालकों के संरक्षण की बहुत अधिक आवश्यकता नहीं होती है।

(c) मूर्ख *(Moron)*: ये वे बालक हैं जिनकी *IQ* 50 से 70 तक होती है। इनका मानसिक विकास 7 से 10 वर्ष तक के बालकों के स्तर का होता है। इनमें अन्तर्दृष्टि और मौलिकता बहुत कम मात्रा में पायी जाती है। ये व्यक्ति साधारण रोजी-रोटी कमाने का काम सीख जाते हैं और अपना जीवन निर्वाह कर सकते हैं।

मन्दबुद्धि बालकों की समस्याएँ
Problems of Mentally Retarded Children

1. परिवार में समायोजन की समस्या : जन्म के बाद जब कोई बालक अपने माता-पिता की आकांक्षाओं को पूरा करने में असमर्थ रहता है तो माता-पिता का व्यवहार उस बच्चे के प्रति उपेक्षा व लापरवाहीपूर्ण हो जाता है। वे अपने उस बच्चे को अधिक महत्व देने लगते हैं जो शारीरिक व मानसिक रूप से पूरी तरह स्वस्थ होता है, जबकि मन्दबुद्धि के बालकों को अपने माता-पिता से अधिक सहयोग और प्रेरणा की आवश्यकता होती है।

परिवार समायोजन समस्या के समाधान के लिए निम्नलिखित प्रयास करने चाहिए—

★ उचित शारीरिक देखभाल ★ सहानुभूतिपूर्ण व्यवहार
★ अच्छी आदतों का विकास

2. सामाजिक समायोजन की समस्या : मन्दबुद्धि बालकों का सामाजिक समायोजन बहुत ही निम्न स्तर का होता है, क्योंकि अपनी आयु के बच्चों से कम बुद्धि होने के कारण उन्हें बुद्धू, बेवकूफ इत्यादि शब्दों द्वारा चिढ़ाया जाता है। बच्चे इनके साथ खेलना पसन्द नहीं करते क्योंकि खेलों में भी ये अधिक त्रुटियाँ करते हैं।

ऐसे बच्चों में सामाजिक समायोजन के लिए निम्नलिखित तथ्य आवश्यक है—

★ समाज द्वारा इन्हें सामाजिक सदस्य के रूप में स्वीकार किया जाये।
★ इनका उपहास न किया जाये न ही इन पर दया दिखायी जाये अपितु आवश्यकतानुसार सहयोग प्रदान किया जाये।
★ शिक्षण और प्रशिक्षण योग्य मन्दबुद्धि बालकों के लिए अलग स्कूलों की व्यवस्था की जाये जहाँ उन्हें निःशुल्क शिक्षण व प्रशिक्षण मिले और वे आत्मनिर्भर बन सकें।
★ समाज द्वारा इन बच्चों की मानसिक योग्यता को ध्यान में रखकर खेलकूद व मनोरंजन के स्थान, पार्क तथा स्कूल की व्यवस्था की जाये।

3. विद्यालय में समायोजन की समस्या : ऐसे बालक जो मन्दबुद्धि तो हैं लेकिन इतनी बुद्धिलब्धि रखते हैं कि उन्हें पढ़ाया-लिखाया जा सकता है। यदि इन बालकों के पढ़ने-लिखने की व्यवस्था सामान्य बालकों के साथ की जाती है, तो यह पढ़ाई में पिछड़ जाते हैं। एक ही कक्षा में कई बार फेल होते हैं जिससे ये विद्यालय में समायोजन स्थापित नहीं कर पाते हैं। इन बालकों के अन्दर शिक्षण, स्कूल के साथ और स्कूल के प्रति नकारात्मक प्रवृत्ति का विकास होता है।

बालकों की इस समस्या के समाधान के लिए विद्यालयी समायोजन को पहले बच्चे का मानसिक स्तर समझना चाहिए और उसी के अनुसार शिक्षा प्रदान करनी चाहिए।

बौद्धिक स्तर के आधार पर मंद बुद्धि बालक तीन प्रकार के होते हैं—

(a) शिक्षा पाने योग्य मंदबुद्धि जो मन्दबुद्धि बालक शिक्षण ग्रहण कर सकते हैं उन्हें सामान्य बालकों के साथ नहीं पढ़ाया जाना चाहिए।

(b) प्रशिक्षण योग्य मंदबुद्धि ऐसे बालक जिनकी बुद्धिलब्धि 70 से कम और 50 से 60 के बीच होती है उन्हें पढ़ना-लिखना नहीं सिखाया जा सकता। ऐसे बालकों को धीरे-धीरे प्रशिक्षित किया जा सकता है।

➢ इन बालकों को खेल, गीत व कविताओं के माध्यम से विभिन्न प्रकार के प्रशिक्षण जैसे स्वयं की देखभाल करना, भोजन करना, वस्त्र पहनना, नियत स्थान पर मल त्याग करना इत्यादि बातों की जानकारी देनी चाहिए।

(c) अयोग्य मंद बुद्धि

AAMD (American Association on Mental Deficiency) तथा APA (American Psychiatric Association) ने मानसिक रूप से मंदित बालकों को चार भागों में बाँटा गया है—

(a) साधारण मानसिक मंदता *(Mild Mental Retardation)* : इस श्रेणी में आनेवाले बालकों की बुद्धिलब्धि *(Intelligence Quotient)* 52–67 के बीच होती है। ऐसे बालकों को कुछ शिक्षा दिया जाना संभव है और वयस्क होने पर इनका बौद्धिक स्तर 8 से 11 वर्ष के सामान्य बालक के बौद्धिक स्तर के बराबर होता है।

(b) अल्पबल मानसिक मंदता *(Moderate Mental Retardation)*: इस श्रेणी में आनेवाले बालक की बुद्धिलब्धि 36 से 51 होती है। ऐसे बालकों को प्रशिक्षण देकर उन्हें साधारण कार्य करने के लायक बनाया जा सकता है। ऐसे बालकों को प्रशिक्षणीय *(Trainable)* की शैक्षिक श्रेणी *(Educational Category)* में रखा जाता है। ऐसे बालकों के सीखने की दर धीमी होती है।

➢ शारीरिक रूप से ऐसे बालक बेढंगा *(Clumsy)* दिखते हैं तथा उनमें शारीरिक अनियमितता देखने को मिलती है। उनका क्रियात्मक समन्वय *(Motor Co-ordination)* असंतुलित होता है।

(c) गंभीर मानसिक मंदता *(Severe Mental Retardation)* : इस श्रेणी में आने वाले बालक की बुद्धिलब्धि 20 से 35 के बीच होती है। ऐसे बालकों को सदा दूसरों पर निर्भर रहने वाला अर्थात् आश्रित बालक *(Dependent Child)* कहा जाता है।

➢ मानसिक रूप से मंद बालकों का क्रियात्मक विकास *(Motor Development)*, भाषा विकास *(Speech Development)* गंभीर रूप से मंदित होते हैं तथा इनमें ज्ञानात्मक दोष *(Sensory Defects)* एवं क्रियात्मक विकलांगता *(Motor handicaps)* सामान्य रूप से पाये जाते हैं।

➢ ऐसे बच्चे अपनी देख-रेख एवं सामान्य क्रियाओं के लिए भी दूसरों पर आश्रित रहते हैं।

(d) गहन मानसिक मंदता *(Profound Mental Retardation)*: इस श्रेणी में आनेवाले बालकों की बुद्धिलब्धि 20 से नीचे होती है। ऐसे बालकों को सम्पूर्ण जीवन तक देख-रेख चाहनेवाला बालक *(Life Support Retarded Children)* की श्रेणी में रखा जाता है।

➢ ऐसे बालकों में गंभीर रूप से शारीरिक अनियमितता पायी जाती है तथा केन्द्रीय स्नायुमंडल *(Central Nervous System)* के रोग होते हैं। ऐसे बालकों में बहरापन एवं मूकता भी अधिक देखने को मिलती है।

दोषपूर्ण अंग वाले बालक
Children with Defective Organs

➢ ऐसे बालक, जिनके शारीरिक दोष उन्हें शारीरिक क्रियाओं में भाग लेने से रोकते हैं या सीमित रखते हैं, शारीरिक अक्षमता से युक्त बालक कहे जाते हैं। दोषपूर्ण अंगों वाले बालकों का प्रकार निम्नलिखित है—

1. दृष्टिदोष से ग्रसित बालक *(Children with Visual Defects)*: दृष्टिकोण ऐसा विकार है जिसके कारण बालक अपनी आँखों से कुछ भी नहीं देख सकता है। दृष्टिदोष वाले बालक दो प्रकार के होते हैं—

(a) अंधे बालक *(Blind Children)*: अंधे बालक वे हैं जो पूर्ण रूप से अंधे होते हैं और अंधेपन के कारण उनकी सीखने की क्षमता काफी प्रभावित होती है। इन्हें ब्रेल *(Braille)* पद्धति द्वारा ही पढ़ना-लिखना सिखाया जा सकता है। प्रायः पूर्ण अंधापन जन्मजात होता है, परन्तु किसी-किसी व्यक्ति में जन्म के बाद भी किसी तरह की बीमारी या दुर्घटना के शिकार होने से पूर्ण अंधापन आ जाता है।

(b) निम्न दृष्टिवाले बालक *(Low Vision Children)*: निम्न दृष्टिवाले बालकों की समस्या अंधापन वाले बालकों से अधिक गंभीर इसलिए होती है कि इनकी दृष्टि कम होने से वे सामान्य पुस्तकों के उन अक्षरों को नहीं पढ़ पाते जिनके आकार छोटे होते हैं तथा शिक्षक इन्हें ब्रेल पद्धति से सीखने-पढ़ने की आदत भी नहीं डालते हैं। अतः इनकी स्थिति बीचोबीच की होने से गंभीरता अधिक होती है।

अंधे बालकों की शिक्षा एवं समायोजन *(Adjustment and Education of Blind Children)*: ऐसे बालकों को शिक्षित करने एवं अन्य तरह की समायोजनशीलता को बढ़ाने के लिए निम्नांकित पद्धतियाँ हैं—

(a) ब्रेल पद्धति *(Braille System)*: इस पद्धति का विकास लुइस ब्रेल *(Louis Braille)* द्वारा 1830 के लगभग किया गया था। इस पद्धति में छात्रों को ब्रेल पुस्तक, ब्रेल स्लेट इत्यादि द्वारा पढ़ना-लिखना सिखाया जाता है। ब्रेल अक्षरों को छात्र स्टाइलस *(Stylus)* की मदद से लिखते हैं। उभरे हुए बिन्दुओं पर छात्र अपनी अँगुली की नोक से *(Finger Tips)* ब्रेल अक्षरों को पढ़ते हैं।

आजकल ऐसे बालकों की शिक्षा के लिए कुछ विशेष इलेक्ट्रॉनिक उपकरण भी विकसित किये गये हैं। बालक इन उपकरणों में क्रैनमर एबाकस *(Cranmer Abacus)* तथा स्पीच प्लस कैलकुलेटर *(Speech Plus Calculator)* का प्रयोग गणित से संबंधित कार्य करने के लिए करते हैं। ऑप्टाकोन *(Optacon),* इसके द्वारा सामान्य अक्षरों को स्पर्शी कंपनों में बदला जाता है, ऐसे छात्रों को सामान्य पुस्तकों की सामग्री को पढ़ने में काफी मदद करता है। कुर्जविल रीडिंग मशीन *(Kurzweil Reading Machine)* एक ऐसा कंप्यूटर है जो छपी हुई सामग्री को बोल-बोलकर पढ़कर सुनाता है। इससे भी अंधे बालकों को शिक्षा ग्रहण करने में मदद मिलती है।

(b) विशेष पाठ्यक्रम *(Special Curriculum)*: ऐसे बालकों के व्यक्तित्व के पूर्ण विकास के लिए कुछ मनोवैज्ञानिकों ने इनके पाठ्यक्रम में सामान्य सामग्री के अलावा कुछ अन्य क्रियात्मक कौशल सामग्री को भी रखने की सिफारिश की है।

(c) विशिष्ट आवासीय स्कूल *(Special Residential School)*: कुछ मनोवैज्ञानिकों ने ऐसे छात्रों को शिक्षा देने के लिए अलग से स्कूल स्थापित करने की सिफारिश की है। इन स्कूलों में ऐसे छात्रों की जरूरत के अनुकूल सामग्री एवं साधन जुटाने तथा शिक्षकों को भी छात्रों पर विशेष ध्यान देने में मदद मिलेगी।

निम्न दृष्टि के बालकों की शिक्षा एवं समायोजन *(Adjustment and Education of Low Vision Children)*: ऐसे बालकों की शिक्षा एवं समायोजन के लिए निम्नलिखित उपाय किये जाते हैं—

(a) निम्न दृष्टि साधन *(Low Vision Aids)*: अधिकतर निम्न दृष्टिवाले छात्रों को दृष्टि-संबंधी सहायता पहुँचानेवाले उपकरण देने पर वे शिक्षा से अधिक लाभान्वित होते हैं। जैसे—चश्मा संस्पर्श लेंस, टेलीस्कोप या दूरबीन।

(b) कक्षा अनुकूलन *(Classroom Adaptation)*: कक्षा सामग्री छात्रों के अनुकूल होना चाहिए; जैसे—श्यामपट्ट, रोशनी *(Light),* डेस्क इत्यादि।

(c) सुनकर दोहराने का अभ्यास *(Practice of Repeating by Listening)*: ऐसे बालकों को सामान्य दृष्टि के बालकों द्वारा पाठ या विषय को बोल-बोलकर दोहराने तथा उसे सुनने का अभ्यास कराना चाहिए।

2. भाषा-दोष से ग्रसित बालक *(Children with Speech Defects)*: वान राइपर *(Van Riper)* के अनुसार यदि किसी बालक द्वारा बोले गये शब्द या वाक्यों में निम्नांकित विशेषताएँ हों तो बालक को भाषा संबंधी दोष से ग्रसित बालक माना जायेगा—

★ दूसरे लोगों का ध्यान बालक द्वारा बोले गये शब्द या वाक्य की ओर अनावश्यक रूप से चला जाय।

★ यदि दोष या अनियमितता विचारों की अभिव्यक्ति में बाधक हो।

★ बालक को सामाजिक रूप से कुसमायोजित होने में उससे मदद मिलती हो।

भाषा दोष से ग्रसित बालकों के प्रकार—

(a) गूंगे बालक *(Dumb Children)*: गूंगे बालक वैसे बालक को कहा जाता है जो चाहकर भी अपनी इच्छा को अर्थपूर्ण भाषा के रूप में अभिव्यक्त नहीं कर पाते। ऐसे बालक प्रायः कुछ संकेतों के माध्यम से ही अपनी इच्छा की अभिव्यक्ति करते हैं।

(b) उच्चारण-संबंधी दोषवाले बालक *(Children with Articulation Disorder)*: उच्चारण-संबंधी दोष स्कूल के बालकों में अधिक देखा गया है। इस दोष से ग्रसित बालक प्रायः शब्दों को गलत ढंग से उच्चारण करते हैं। जैसे—'चोटी' को 'रोटी' कहना, 'दरवाजा' को 'वाजा' कहना इत्यादि।

(c) आवाज संबंधी दोषवाले बालक *(Children with Voice Disorder)*: जब बालक द्वारा बोले गये शब्द या आवाज की गुण में उच्चता या तारत्व की असाम्यता होती है तो इससे भाषा-संबंधी दोषवाले बालक के रूप में पहचान की जाती है। कर्कश आवाज में बोलने वाले बालक एवं नकियाकर या नाक से बोलनेवाले बालकों को इस श्रेणी में रखा जाता है।

(d) प्रवाहिता संबंधी दोषवाले बालक *(Children Associated with Fluency Disorders)*: इस श्रेणी में उन बालकों को रखा जाता है जिनकी वाणी की सामान्य प्रवाहिता बाधित हो जाती है। जैसे—हकलाने वाले बालक।

(e) व्याख्यान संबंधी दोषवाले बालक *(Children with Language Disorder)*: इस श्रेणी में उन बालकों को रखा जाता है जिन्हें खास-खास शब्दों को बोलने में कठिनाई होती है और यदि कोशिश करते हैं तो उनके मुँह से कोई शब्द नहीं निकल पाता यानी वे पूर्णतः अवाक् रह जाते हैं।

3. श्रवण-संबंधी दोष *(Children with Hearing Impairments)*: श्रवण संबंधी दोष दो प्रकार के होते हैं—पूर्ण बहरापन *(Complete Deafness)* तथा आंशिक बहरापन *(Partial Deafness)*। पूर्ण बहरापन से ग्रसित बालक भाषा प्रवर्धक के प्रयोग के बाद भी कुछ नहीं सुनते तथा दूसरों की भाषा नहीं समझ पाते हैं। आंशिक बहरापन में छात्र प्रवर्धक का प्रयोग करके दूसरों की बोली को समझ लेते हैं या यदि इनसे उच्च स्वर में बोला जाय तो वे उसे सुनकर समझ लेते हैं। श्रवण संबंधी दोष के कई कारण होते हैं जैसे—आनुवंशिकता, मातृत्व रूबेला, प्राथमिक परिपक्व जन्म *(Premature Birth)*, मेनिन्जाइटिस *(Meningitis)* इत्यादि प्रधान हैं।

पूर्णरूपेण बहरे बालकों की शिक्षा एवं समायोजन

(i) पूर्ण रूप से बहरे बालकों को शिक्षा देने में क्रियात्मक कार्य *(Motor Work)* को अधिक महत्व देना चाहिए।

(ii) शिक्षकों को चाहिए कि ऐसे बालकों को शिक्षा देने में शब्दों का प्रयोग कम-से-कम करें तथा प्रदर्शन *(Demonstration)* का उपयोग अधिक-से-अधिक करें।

(iii) ऐसे बालकों के लिए अलग से आवासीय विद्यालय की स्थापना की जानी चाहिए।

आंशिक रूप से बहरे बालकों की शिक्षा एवं समायोजन

(i) ऐसे बालकों को कक्षा में श्रवण साधन का प्रयोग करने के लिए कहना चाहिए।

(ii) आंशिक रूप से बहरे बालकों को स्कूल में दाखिला कराने से पहले कुछ विशिष्ट सेवा *(जिनमें ध्वनि प्रवर्धन (Amplification) एवं माता-पिता का प्रशिक्षण इत्यादि सम्मिलित हैं)* प्रदान करना जरूरी है।

(iii) कुछ शिक्षाशास्त्रियों ने ऐसे बालकों की शिक्षा के लिए संपूर्ण संचार उपागम के प्रावधान पर बल डाला है; जैसे—चिह्न भाषा *(Sign Language)*, सांकेतिक भाषा *(Code Speech)*, आंगुलिक हिज्जे *(Finger Spelling)* इत्यादि।

(iv) ऐसे बालकों को शिक्षा ग्रहण करने में सामाजिक प्रोत्साहन देना चाहिए।

दोषपूर्ण अंग वाले बालक के कुछ सामान्य कारण निम्नलिखित हैं—

(a) कुछ दोष जन्मजात होते हैं।
(b) दोषपूर्ण वातावरण *(Defective Environment)*
(c) अधिक बीमारी या गम्भीर बीमारी
(d) सामाजिक-आर्थिक स्तर
(e) प्रायः 6-7 वर्ष की अवस्था में बालकों में ऐसी दुर्घटनाएँ होती हैं।

दिव्यांगजन अधिकार अधिनियम, 2016

➢ दिव्यांगजन अधिकार विधेयक, वर्ष 2016 के अंत में राज्यसभा में पारित होते ही दिव्यांगजन अधिकार अधिनियम 2016 बन गया, जो वर्ष 1995 के दिव्यांगजन अधिकार अधिनियम को निरस्त करता है। यह अधिनियम 19 अप्रैल, 2017 से प्रभावी हुआ।

➢ यह अधिनियम विकलांग व्यक्तियों के सामाजिक, आर्थिक, नागरिक और राजनैतिक अधिकारों को व्यक्त करता है और उन्हें यथार्थहीन बनाने के लिए प्रक्रियाओं को बताता है।

➢ इस अधिनियम में विकलांगता को एक विकसित और गतिशील अवधारणा के आधार पर परिभाषित किया गया है और अपंगता के मौजूदा प्रकारों को 7 से बढ़ाकर 21 कर दिया गया है।

अधिनियम में मुख्य प्रावधान

➢ शिक्षा और सरकारी नौकरियों में दिव्यांग व्यक्तियों के लिए आरक्षण 3% से 4% बढ़ा दी गई है।

➢ बेंचमार्क विकलांगता से पीड़ित 6 से 18 वर्ष तक के बच्चों के लिये निःशुल्क शिक्षा की व्यवस्था की गई है।

➢ सरकारी वित्त पोषित शैक्षिक संस्थानों और सरकार द्वारा मान्यता प्राप्त संस्थानों को दिव्यांग बच्चों को समावेशी शिक्षा प्रदान करनी होगी।

➢ दिव्यांगजनों को वित्तीय सहायता प्रदान करने के लिए 'राष्ट्रीय और राज्य निधि' का निर्माण किया जाएगा। इस संबंध में बनाए गए अन्य फंड का इस फंड में विलय कर दिया जाएगा।

➢ सुलभ भारत अभियान को मजबूती प्रदान करने एवं निधारित समय सीमा में सार्वजनिक इमारतों *(सरकारी और निजी दोनों)* में दिव्यांगजन की पहुँच सुनिश्चित करने पर बल दिया गया है।

➢ यह विधेयक जिला न्यायालय द्वारा गार्डियनशिप की व्यवस्था प्रदान करता है जिसके तहत अभिभावक और विकलांग व्यक्तियों के बीच संयुक्त निर्णय लेने की व्यवस्था होगी।

➢ इस अधिनियम में बेंचमार्क विकलांगता यानी न्यूनतम 40 फीसदी विकलांगता के शिकार लोगों को शिक्षा और रोजगार में आरक्षण का लाभ देने का भी प्रावधान है और ऐसे लोगों को सरकारी योजनाओं और अन्य प्रकार की योजनाओं में भी प्राथमिकता दी जाएगी।

➢ दिव्यांगजनों के अधिकारों के उल्लंघन से संबंधित मामलों के निपटारे के लिये प्रत्येक जिले में विशेष न्यायालयों को नामित किया जाएगा।

परीक्षोपयोगी तथ्य

- ➢ पिछड़े बालकों से तात्पर्य वैसे बालक से होता है जो शैक्षिक रूप से मंदित होते हैं।
- ➢ बालकों में पिछड़ेपन का मुख्य कारण बौद्धिक क्षमता की कमी, वातावरण का प्रतिकूल प्रभाव, शारीरिक दोष, स्वभाव-संबंधी दोष, कर्त्तव्यत्यागिता इत्यादि है।
- ➢ साधारण मानसिक मंदबुद्धि के बालक की बुद्धिलब्धि 52-67 के बीच होती है। ऐसे बालकों के वयस्क होने पर इनका बौद्धिक स्तर 8 से 11 वर्ष के सामान्य बालक के बौद्धिक स्तर के बराबर होता है।
- ➢ अल्पबल मानसिक मंदबुद्धि के बालक की बुद्धिलब्धि 36 से 51 तक होती है। ऐसे बालकों की सीखने की दर धीमी होती है।
- ➢ गंभीर मानसिक मंदबुद्धि के बालक की बुद्धिलब्धि 20 से 35 के बीच होती है। ऐसे बालकों को आश्रित बालक कहा जाता है।
- ➢ गहन मानसिक मंदबुद्धि के बालक की बुद्धिलब्धि 20 से नीचे होती है।
- ➢ अपराधी बालक वह है जो सामाजिक, आर्थिक, नैतिक या शैक्षणिक नियम का उल्लंघन करता है।
- ➢ न्यून दृष्टि वाले बालक की दृष्टि तीक्ष्णता 20/70 से 20/200 होती है।

वस्तुनिष्ठ प्रश्न

1. पाँचवीं कक्षा के 'दृष्टिबाधित' विद्यार्थी—

(a) को निचले स्तर के कार्य करने की छूट मिलनी चाहिए

(b) के माता-पिता और मित्रों द्वारा उसे दैनिक कार्यों को करने में सहायता की जानी चाहिए

(c) के साथ कक्षा में सामान्य रूप से व्यवहार किया जाना चाहिए और श्रव्य *CD* के माध्यम से सहायता उपलब्ध करायी जानी चाहिए

(d) के साथ कक्षा में विशेष व्यवहार किया जाना चाहिए *(CTET–2011)*

2. कक्षा पाँच के न्यून दृष्टि वाले बालकों को—

(a) निम्न स्तर के कार्य करने के लिए माफ करना उचित है

(b) उसके दैनिक कार्य में उसके माता-पिता तथा मित्रों को सहायता करनी चाहिए

(c) कक्षा में सामान्य रूप से बर्ताव करना चाहिए एवं ऑडियो सीडी के जरिये सहायता प्रदान करनी चाहिए

(d) कक्षा में विशेष बर्ताव करना चाहिए *(UPTET–2011)*

3. निम्न में से कौन-सी मानसिक मंदता *(Mentally Retardation)* की विशेषता नहीं है ?

(a) बुद्धिलब्धि *(IQ)* का 25 से 70 के मध्य होना

(b) धीमी गति से सीखना एवं दैनिक जीवन की क्रियाओं को नहीं कर पाना

(c) वातावरण के साथ अनुकूलन में कठिनाई होना

(d) अंतर्वैयक्तिक संबंधों *(Interpersonal Relation)* का कमजोर होना

(RTET–2011)

4. अधिगम की निर्योग्यता का लक्षण है—
(a) भागने की प्रवृत्ति होना
(b) अशांत, ऊर्जावान एवं विध्वंसक होना
(c) अवधान *(एकाग्रता)* संबंधी बाधा/विकार
(d) अभिप्रेरणा का अभाव *(RTET–2011)*

5. निम्न में से कौन-सा कथन किसी व्यक्ति के मानसिक स्वास्थ्य को उत्तम रूप से प्रदर्शित करता है ?
(a) पूर्ण अभिव्यक्ति, संगतिकरण और सामान्य लक्षण की ओर निर्देशन
(b) मानसिक विकारों का नहीं होना
(c) व्यक्तित्व के विकारों से मुक्ति
(d) उपर्युक्त में से सभी *(RTET–2011)*

6. शारीरिक निर्योग्यता *(Physical Disability)* वाले व्यक्ति के लिए निम्न में से कौन-सी युक्ति रक्षा-तंत्र में सबसे संतोषजनक होगी ?
(a) तादात्मीकरण (b) विवेकीकरण
(c) अतिकल्पना (d) इनमें से काई नहीं *(RTET–2011)*

7. कमजोर वर्ग *(Weaker Section)* के बालक से तात्पर्य है—
(a) ऐसे अभिभावकों के बालक से जिनकी वार्षिक आय कम है
(b) ऐसे अभिभावकों के बालक से जो वंचित *(Deprived)* वर्ग में आते हैं
(c) ऐसे अभिभावकों के बालक से जो गरीबी रेखा से नीचे की सीमा में आते हैं
(d) ऐसे अभिभावकों के बालक से जो सरकार द्वारा निर्धारित न्यूनतम सीमा की वार्षिक आय की सीमा से नीचे के वर्ग में आते हैं *(RTET–2011)*

8. जन्म के समय लगी चोट या भ्रूण क्षति की वजह से आयी मानसिक मंदता कहलाती है—
(a) जैविक मंदता (b) पारिवारिक मंदता
(c) आकस्मिक मंदता (d) चिकित्सा मंदता *(CgTET–2011)*

9. निम्न में से कौन-सा विशिष्ट अधिगम विकलांगता का उदाहरण है ?
(a) मानसिक मंदता (b) डिस्लेक्सिया
(c) अटेंशन डेफिसिट हाइपर डिसऑर्डर (d) ऑटिस्म *(CgTET–2011)*

10. श्रवणबाधित बच्चों को पढ़ाने के लिए क्या प्रयुक्त की जाती है ?
(a) ब्रेल लिपि *(Braille Lipi)*
(b) सांकेतिक भाषा *(Coding Language)*
(c) यंत्र *(Instrument)*
(d) ये सभी *(CgTET–2011)*

11. पिछड़े बालक ऐसे बच्चे हैं—
(a) जिनके सीखने की गति धीमी हो
(b) जिनकी बुद्धिलब्धि स्तर 80–90 के बीच हो
(c) मानसिक रूप से अस्वस्थ और असमायोजित हो
(d) उपर्युक्त सभी *(CgTET–2011)*

12. अपराधी बालक *(Delinquent Child)* कौन होते हैं ?
(a) जो असामाजिक कार्य करते हैं
(b) जो शिक्षक के लिए सरदर्द होते हैं
(c) जो कक्षा में अव्वल आते हैं
(d) जो समाज में रहना पसंद नहीं करते हैं *(BTET–2011)*

13. दृष्टि-दोष से युक्त बच्चों को आकृतियों का ज्ञान देना चाहिए—
(a) मौखिक व्याख्यान द्वारा (b) त्रि-आयामी आकृतियों के स्पर्श द्वारा
(c) क्षेत्र-भ्रमण द्वारा (d) उपर्युक्त में से कोई नहीं *(BTET–2011)*

14. कम गति से सीखने वाले बच्चों की मुख्य विशेषता होती है—
(a) उनमें किसी-न-किसी प्रकार की अक्षमता होती है जो उसके ज्ञानार्जन व शैक्षिक उपलब्धि को प्रभावित करती है
(b) उन्हें केवल गणित में कठिनाई होती है
(c) उन्हें केवल अंग्रेजी में कठिनाई होती है
(d) उपर्युक्त में से कोई नहीं *(BTET–2011)*

15. निम्न में से कौन-सी अक्षमता केवल जन्मजात होती है ?
(a) दृष्टि-दोष (b) श्रवण-दोष (c) मूक-बधिर (d) मंदबुद्धि
(BTET–2011)

16. निम्न में से कौन-सी इकाई का उपयोग सुनने की क्षमता की जाँच हेतु किया जाता है ?
(a) डेसीमीटर (b) डेसीबल (c) डेसीपाइन (d) डेसीबिन्दु
(BTET–2011)

17. किस प्रकार के बच्चों की शिक्षा हेतु सांकेतिक भाषा का प्रयोग किया जाता है ?
(a) दृष्टि-दोष युक्त बच्चे (b) मूक-बधिर
(c) मंदबुद्धि (d) उपर्युक्त में से कोई नहीं *(BTET–2011)*

18. शिक्षाशास्त्र का वह प्रकार जिसमें विशिष्ट शिक्षा की आवश्यकता होती है—
(a) विशेष लोगों को दी जाती है
(b) विकलांग व्यक्तियों को दी जाती है
(c) बुद्धिमान व्यक्तियों को दी जाती है
(d) स्थानीय मुखिया द्वारा स्थापित होती है *(PTET–2011)*

19. निम्नलिखित में से कौन-सा संकेत बच्चों में दृष्टिबाधिता की समस्या सूचित नहीं करता ?
(a) दिशा-निर्देश के अनुसरण में समस्या (b) उदासी
(c) ठोकर लगने का भय (d) दूरी मापने में असमर्थता *(PTET–2011)*

20. वाक् बाधित बच्चों को प्रदर्शित किया जा सकता है उनको—
(a) कक्षा में अपने विचार को प्रदर्शित करने के लिए प्रोत्साहित करके
(b) सही ध्वनि के उच्चारण के लिए सहायता करके
(c) उनके द्वारा कथित गलतियों को सुनने में सहायता करके
(d) मूल्यांकन के लिए विशेषज्ञ के पास भेजकर *(PTET–2011)*

21. मंद अधिगमकर्ता जिनकी शैक्षिक उपलब्धि सामान्य योग्यता से कम रह जाती है, कहे जाते हैं—

(a) पिछड़े *(Backward)* (b) विशेष *(Exceptional)*

(c) बाल अपराधी *(Delinquent)* (d) मानसिक रूप से कमजोर *(PTET–2011)*

22. मानसिक रूप से स्वस्थ अध्यापक की विशेषता क्या है?

(a) वह संवेदानात्मक रूप से सन्तुलित है

(b) उसे अपने विषय का गहन *(Depth)* ज्ञान है

(c) वह अत्यधिक संवेदनशील है

(d) उसे सख्त अनुशासन पसन्द है *(Utt TET–2011)*

23. जब एक शिक्षिका दृष्टिबाधित शिक्षार्थी को कक्षा के अन्य शिक्षार्थियों के साथ सामूहिक गतिविधियों *(Group Activities)* में शामिल करती है, तो वह—

(a) कक्षा के लिए सीखने हेतु बाधाएँ उत्पन्न कर रही है

(b) समावेशी शिक्षा की भावना के अनुसार कार्य कर रही है

(c) सभी शिक्षार्थियों में दृष्टिबाधित शिक्षार्थी के प्रति सहानुभूति विकसित करने में मदद कर रही है

(d) दृष्टिबाधित शिक्षार्थी पर संभवतः तनाव बढ़ा रही है *(CTET–2012)*

24. एक शिक्षिका अपने शिक्षण में दृश्य-श्रव्य सामग्रियों और शारीरिक गतिविधियों का प्रयोग करती है क्योंकि—

(a) वे शिक्षक को आराम देते हैं

(b) वे प्रभावी आकलन को सुगम बनाते हैं

(c) वे शिक्षार्थियों को वैविध्य उपलब्ध कराते हैं

(d) इनमें अधिकतम इंद्रियों का उपयोग सीखने को संवर्धित करता है *(CTET–2012)*

25. श्रवण ह्रास से ग्रसित बच्चे कक्षा में किन मुख्य नैराश्य *(कुंठा)* का सामना करते हैं?

(a) दूसरों के साथ संप्रेषण करने तथा सूचनाओं को बाँटने में अक्षमता

(b) दूसरे विद्यार्थियों के साथ परीक्षा देने में अक्षमता

(c) प्रस्तावित पाठ्य-पुस्तक को पढ़ने की अक्षमता

(d) खेल-कूद में भागीदारी निभाने में अक्षमता *(CTET–2012)*

26. एक शिक्षिका की कक्षा में कुछ शारीरिक विकलांगता वाले बच्चे हैं। निम्नलिखित में से उनके लिए क्या कहना सबसे उचित होगा?

(a) पोलियोग्रस्त बच्चे अब एक गाना प्रस्तुत करेंगे

(b) पहिया-कुर्सी वाले बच्चे हॉल में जाने के लिए अपने समवयस्क साथी बच्चों से मदद ले सकते हैं

(c) शारीरिक रूप से असुविधाग्रस्त बच्चे कक्षा में ही कोई वैकल्पिक गतिविधि कर सकते हैं

(d) मोहन खेल के मैदान में जाने के लिए अपनी बैसाखियों का प्रयोग नहीं करते *(CTET–2013)*

27. अधिगम निर्योग्यता *(Learning Disability)* —

(a) समुचित निवेश *(Appropriate Input)* के साथ सुधार योग्य नहीं होती

(b) एक स्थिर अवस्था है

(c) एक चर अवस्था है
(d) जरूरी नहीं कि कार्य-पद्धति की हानि करे *(CTET–2013)*

28. निम्नलिखित में कौन-सा भूलने का सिद्धांत है?
(a) प्रतिस्पर्धात्मक अवरोध (b) प्रतीप *(प्रतिकूल)* अवरोध
(c) प्रतिबोधित अवरोध (d) प्रतिच्छायित अवरोध *(UPTET–2013)*

29. निम्नलिखित में से मानसिक विकार के लक्षणों को सभी दर्शाते हैं सिवाय—
(a) भग्नाशा *(निराशा)* के (b) तनाव के
(c) संबंध के (d) चिंता के *(UPTET–2013)*

30. 'मानसिक स्वास्थ्य के नियमों' को खोजना और उन्हें बनाये रखना अध्ययन का केंद्र-बिन्दु है। यह कथन है—
(a) शैफर (b) हैडफील्ड (c) ड्रेवर (d) लैडेल
(UPTET–2013)

31. भाषा-अवबोधन से सम्बन्ध विकार है—
(a) भाषाघात *(Aphasia)* (b) चलाघात *(Apraxia)*
(c) पठन वैकल्य *(Dyslexia)* (d) वाक्-संबंध रोग *(CTET–2014)*

32. निम्नलिखित में से कौन-सा विकासात्मक विकार का उदाहरण नहीं है—
(a) न्यून अवधान सक्रिय विकार (b) आत्म-विमोह
(c) प्रमस्तिष्क घात (d) पर-अभिघातज तनाव

33. निम्नलिखित में से समस्या-समाधान को क्या बाधित नहीं करता?
(a) निर्धारण *(Fixation)* (b) अन्तर्दृष्टि *(Insight)*
(c) मानसिक प्रारूपता *(Mental Sets)* (d) मोर्चाबन्दी *(Entrenchment)*

34. शिक्षार्थियों को सबसे कम प्रतिबंध विद्यालय वातावरण में रखने के माध्यम से विद्यालय—
(a) लड़कियों और अलाभान्वित वर्गों के लिए शैक्षिक अवसरों को समान करता है
(b) वंचित वर्ग के बच्चों के जीवन को सामान्य करता है जो इन बच्चों के समुदायों और अभिभावकों के साथ विद्यालय के संबंध को बढ़ा रहा है
(c) विज्ञान मेला और प्रश्नोत्तरी जैसी गतिविधियों में अलाभान्वित वर्ग के बच्चों को भागीदार बनाता है
(d) दूसरे बच्चों को संवेदनशील बनाता है कि वे अलाभान्वित बच्चों को दबाएँ नहीं और उन्हें नीचा न दिखाएँ *(CTET–2014)*

35. निम्नलिखित में से कौन-सा उपागम अशांतकारी व्यवहार संबंधी विकार वाले बच्चों के साथ व्यवहार करने के लिए बच्चे को उसके आस-पास के लोगों और सामाजिक संस्थाओं के साथ अंतःक्रिया करने का सुझाव देता है?
(a) मनोगत्यात्मक (b) पर्यावरणीय (c) जीव-वैज्ञानिक (d) व्यवहारवादी
(CTET–2014)

36. जिन बालकों की बुद्धि-लब्धि ...... है साधारणतः उन्हें मानसिक न्यूनता-ग्रसित की श्रेणी में रखते हैं।
(a) 70 से कम (b) 70 से ऊपर
(c) 80-100 के बीच (d) इनमें से कोई नहीं *(RTET-I-2015, 2016)*

37. निम्न में से कौन-सा पिछड़ेपन का कारण नहीं है?

(a) सामान्य बुद्धि का अभाव (b) शारीरिक दोष

(c) विशिष्ट पिछड़ापन (d) स्वस्थ वातावरण *(RTET-I–2016)*

38. निम्नलिखित में से कौन-सा भूलने का कारण नहीं है?

(a) मानसिक द्वन्द (b) पुनरावृत्ति का अभाव

(c) सीखने का मात्रा (d) शिक्षक की योग्यता *(UPTET–2016)*

39. एक बच्चा जो आंशिक रूप से देख सकता है—

(a) उसे शिक्षा नहीं देनी चाहिए, क्योंकि वह उसके किसी काम नहीं आएगी

(b) उसे अलग संस्थान में डालने की आवश्यकता है

(c) विशेष प्रावधान करते हुए उसे 'नियमित' विद्यालय में रखना चाहिए

(d) बिना किसी विशेष प्रावधान के उसे 'नियमित' विद्यालय में डालना चाहिए *(CTET–2016)*

40. माध्यमिक विद्यालय की कक्षा में शिक्षिका के पास एक 'बधिर' बच्चा है। उसके लिए यह महत्वपूर्ण है कि—

(a) विद्यालय सलाहकार से कहें कि वे बच्चे के अभिभावकों से बात करें तथा उन्हें अपने बच्चे को विद्यालय से हटाने के लिए कहें

(b) वह बच्चे को उस स्थान पर बैठाएँ जहाँ से वह शिक्षिका के होंठ तथा चेहरे के भाव साफ तौर पर देख सकें

(c) उसके प्रति संकेत करें जिसे वह बच्चा बार-बार नहीं कर पा रहा है

(d) बच्चे को डाँट-फटकार कर उसे अलग स्थान पर बैठाएँ ताकि वह बधिर केंद्र में प्रवेश ले ले *(CTET–2016)*

41. शिक्षण हेतु मानसिक उद्वेलन प्रतिमान का प्रयोग निम्न में से किसके सुधार हेतु किया जाता है?

(a) समझ (b) अनुप्रयोग

(c) सृजनात्मकता (d) समस्या समाधान *(UPTET-I–2017)*

42. पिछड़े बच्चों के लिए शैक्षिक लब्धि की अवधारणा किसने दी है?

(a) गॉर्डन *(Gordon)* (b) शोनेल *(Schonell)*

(c) बर्टन हॉल *(Burton Hall)* (d) सिरिल बर्ट *(Cyril Burt)* *(UPTET-I–2017)*

43. अतिसंवेदनशील बच्चों को सीखने में मदद करने के लिए निम्नलिखित में से कौन-सा तरीका उपयुक्त नहीं है?

(a) एक कार्य को छोटे, प्रबंधनीय खंडों में तोड़ना

(b) अधिगम के वैकल्पिक तरीकों की पेशकश

(c) उनके दैनिक कार्यक्रम में शारीरिक गतिविधि का समावेश

(d) बेचैन होने पर अक्सर उन्हें फटकार लगाना *(CTET-I–2018)*

44. दिव्यांगजन अधिकार अधिनियम वर्ष ...... में लागू किया गया है।

(a) 1999 (b) 2016 (c) 1992 (d) 1995 *(CTET-II–2018)*

45. बालक के लक्षण, जब वह किसी कार्य पर केन्द्रित नहीं रह पाता, आवेगपूर्ण क्रिया करता है, सामाजिक नियमों की परवाह नहीं करता है और कुण्ठा के समय विद्वेषता के साथ अनापशनाप बोलने लग जाता है, संकेत है—
(a) अवधान न्यूनता अतिसक्रियता विकार के
(b) मन्द अधिगमकर्ता *(सीखने वाला)* के
(c) मानसिक मन्दता के
(d) स्मृति लोपन के *(HTET Level-III–2019)*

46. 'दृश्य रूप से बाधित' विद्यार्थियों के साथ कार्य करते समय एक शिक्षक को किस प्रकार के अनुदेशन अनुकूलन करने चाहिए?
(a) स्पष्ट रूप से बोलना तथा छूकर महसूस करने वाली सामग्रियों का अधिगम मात्रा में प्रयोग करना
(b) कई प्रकार की दृश्य प्रस्तुतियों का प्रयोग करना
(c) स्वयं अभिविन्यास करना ताकि विद्यार्थी उसे ध्यान से देख सके
(d) अनेक प्रकार के लिखित कार्यों, विशेष रूप से वर्कशीटों पर ध्यान केंद्रित करना *(CTET-II–2019)*

47. 'पठनवैफल्य' बच्चों के प्राथमिक लक्षण क्या हैं?
(a) न्यून-अवधान विकार
(b) अपसारी चिंतन; पढ़ने में धाराप्रवाहिता
(c) धाराप्रवाह पढ़ने की अक्षमता
(d) एक ही गतिविधियक कार्य को बार-बार दोहराना *(CTET-I–2019)*

48. एक विद्यार्थी कक्षा में निम्नलिखित लक्षण प्रदर्शित करता है—
— पढ़ने के प्रति चिंता
— शब्दों या अक्षरों को पहचानने में कठिनाई
— पहले पढ़े हुए पाठ को समझने या याद करने में कठिनाई
ये किसके सूचक हैं?
(a) एक 'स्वलीन' विद्यार्थी के
(b) एक सृजनात्मक विद्यार्थी के
(c) अधिगम अशक्तता वाले विद्यार्थी के
(d) 'मानसिक क्षति' वाले विद्यार्थी के *(CTET-II–2019)*

49. मन्दितमना बालकों की शिक्षा हेतु कौन-सा उपागम उपयुक्त कहा जा सकता है?
(a) वैयक्तिक अनुदेशन (b) उच्चस्तरीय पाठ्यचर्या
(c) संवर्धन उपागम (d) त्वरण उपागम *(UPTET-II–2020)*

50. वे बालक न्यून दृष्टि के माने जाते हैं, जिनकी दृष्टि तीक्ष्णता होती है—
(a) 20/70 से 20/200
(b) दोष निवारक लेन्सों के साथ 20/20 दृष्टि
(c) दोष निवारक लेन्सों के साथ 6/6 दृष्टि
(d) 20/10 से 20/30 *(HTET Level-III–2020)*

51. दिव्यांगजन अधिकार अधिनियम (2016) के अनुसार, निम्न में से किस शब्दावली का प्रयोग उपयुक्त है?

(a) मंदित छात्र (b) विकलांग छात्र

(c) छात्र जिसे शारीरिक दिव्यांगता है (d) छात्र जिसका अशक्त शरीर है

(CTET-I–2021)

52. आंशिक दृष्टि वाले विद्यार्थियों के लिए निम्नलिखित में से कौन-सी अधिगम सामग्री उपयुक्त नहीं है?

(a) बड़े आकार में मुद्रित पुस्तकें (b) त्रि-विमीय नक्शे और चार्ट

(c) बोलती पुस्तकें, स्पर्शीय सूचना पट (d) छोटी मुद्रा वाली कार्यशीट

(CTET-II–2021)

53. एक बच्चा जो आंशिक रूप से देख सकता है उसे

(a) घर पर शिक्षा प्राप्त करने के लिए प्रेरित करना चाहिए

(b) उसे एक अलग संस्थान में रखने की जरूरत है

(c) समावेशी प्रावधानों का पालन करने वाले नियमित स्कूल में जाना चाहिए

(d) बिना किसी विशेष प्रावधान वाले नियमित स्कूल में डाल देना चाहिए, ताकि उसकी स्थितियों से जूझने की क्षमता विकसित हो

(CTET–2022)

54. भारतीय संसद ने दिव्यांग व्यक्तियों के लिए निम्नलिखित में से कौन-सा कानून हाल ही में पारित किया गया है?

(a) राष्ट्रीय शिक्षा नीति

(b) निःशक्त व्यक्ति *(समान अवसर, अधिकार संरक्षण और पूर्ण भागीदार)* अधिनियम

(c) दिव्यांगता के साथ व्यक्तियों का अधिकार अधिनियम

(d) शिक्षा का अधिकार अधिनियम

(CTET–2022)

55. निम्नलिखित में से कौन-सी शैक्षणिक प्रणाली अत्यधिक दृष्टिबाधिता से जूझते हुए विद्यार्थियों के समावेशन हेतु प्रभावशाली नहीं है?

(a) प्रत्यक्ष और स्पष्ट रूप से बोलना व पढ़ाना

(b) तीन आयामी नक्शे और चार्ट

(c) ऐसी किताबें और बोर्ड जिनको छुआ या महसूस किया जा सकता है

(d) दृश्यात्मक प्रस्तुतीकरण देने के लिए कम्प्यूटर का उपयोग

(CTET–2022)

56. दोहराव व बारम्बार किया जाने वाला व्यवहार किसकी विशिष्ट पहचान है?

(a) मस्तिष्क पक्षाघात को

(b) स्वलीन क्रम विकार की

(c) अधिगमात्मक विकलांगता की

(d) ध्यान न्यूता अतिक्रियाशीलता विकार की

(CTET–2024)

57. बाधिता एक .... स्थिति है, जबकि अक्षमता एक .... स्थिति है।

(a) जैविक, कार्यात्मक (b) कार्यात्मक, जैविक

(c) क्रियात्मक, शारीरिक (d) सामाजिक, मनोवैज्ञानिक

(CTET–2024)

58. निम्नलिखित में से स्वलीनता वाले विद्यार्थियों की विशिष्ट विशेषता कौन-सी है ?
(a) कल्पना को तथ्य से अलग करने की श्रेष्ठ क्षमता
(b) उन्नत सामाजिक–भावनात्मक पारस्परिकता
(c) बार-बार दोहराव और आवर्ती व्यवहार
(d) संवाद कौशलों का उच्च स्तर *(CTET–2023)*

उत्तरमाला

1.	(c)	**2.**	(c)	**3.**	(d)	**4.**	(c)	**5.**	(a)	**6.**	(c)	**7.**	(d)	**8.**	(a)
9.	(b)	**10.**	(b)	**11.**	(d)	**12.**	(a)	**13.**	(b)	**14.**	(a)	**15.**	(d)	**16.**	(b)
17.	(b)	**18.**	(b)	**19.**	(a)	**20.**	(a)	**21.**	(a)	**22.**	(a)	**23.**	(b)	**24.**	(d)
25.	(a)	**26.**	(c)	**27.**	(c)	**28.**	(b)	**29.**	(c)	**30.**	(c)	**31.**	(a)	**32.**	(d)
33.	(b)	**34.**	(d)	**35.**	(b)	**36.**	(a)	**37.**	(d)	**38.**	(d)	**39.**	(c)	**40.**	(b)
41.	(c)	**42.**	(d)	**43.**	(d)	**44.**	(b)	**45.**	(a)	**46.**	(a)	**47.**	(c)	**48.**	(c)
49.	(a)	**50.**	(a)	**51.**	(c)	**52.**	(d)	**53.**	(c)	**54.**	(b)	**55.**	(d)	**56.**	(b)
57.	(a)	**58.**	(c)												

★★★

21

प्रतिभाशाली, सृजनात्मक तथा विशेष आवश्यकता वाले बालक

प्रतिभाशाली बालक

Talented Children

➢ पॉल विट्टी के अनुसार, "प्रखर बुद्धि बालक वह है जो किसी कार्य को करने के प्रयास में निरन्तर उच्च स्तर बनाये रखता है।"

➢ कॉलसनिक के अनुसार, "वह बालक जो अपनी आयु-स्तर के बालकों में किसी योग्यता में अधिक हो और जो हमारे समाज के लिए कुछ महत्वपूर्ण नई देन दे।"

➢ टरमन के अनुसार, "प्रतिभावान बालक शारीरिक विकास, शैक्षणिक उपलब्धि, बुद्धि और व्यक्तित्व में वरिष्ठ होते हैं।"

➢ प्रतिभावान बालकों के अंतर्गत उच्च बुद्धिलब्धि वाले बालक के साथ-साथ वे सभी बालक सम्मिलित होते हैं, जो दूसरे बालकों से किसी भी क्षेत्र में अति वरिष्ठ होते हैं, जैसे—कलावर्ग, साहित्य, काव्य-रचना आदि।

प्रतिभाशाली बालकों की विशेषताएँ

प्रतिभाशाली बालकों की मुख्य विशेषताएँ निम्नलिखित हैं—

★ प्रतिभाशाली बालकों में सीखने की गति तीव्र एवं शुद्ध होती है तथा स्मरण शक्ति उच्च स्तर की होती है।

★ प्रतिभाशाली बालकों की बुद्धिलब्धि 120 से अधिक होती है।

★ ऐसे बालक अपनी कमियों को स्वयं पहचानते हैं तथा दूसरों के सुझाव आसानी से मान लेते हैं।

★ ऐसे बालकों में सामान्य ज्ञान का स्तर उच्च होता है और शब्दकोश विस्तृत होता है।

★ ऐसे बालकों का शारीरिक, मानसिक एवं भावात्मक विकास अन्य बालकों की अपेक्षा उच्च कोटि का होता है।

★ ऐसे बालकों में सीखने की गति एवं प्रश्नों के उत्तर देने की गति तीव्र होती है।

★ ऐसे बालक अधिक महत्वाकांक्षी एवं वैज्ञानिक दृष्टिकोण के होते हैं।

★ ऐसे बालक किसी घटना का निरीक्षण बारीकी के साथ करते हैं।

प्रतिभावान बालकों की पहचान

प्रतिभावान बालकों की पहचान के लिए अध्यापक निम्नलिखित विधियों का उपयोग कर सकते हैं—

(a) प्रतिभावान बालकों के व्यक्तित्व के बारे में अध्यापक अन्य व्यक्तियों से भी सूचनाएँ एकत्रित कर सकता है।

(b) बुद्धि परीक्षणों के द्वारा प्रतिभावान बालकों की पहचान अध्यापक कर सकते हैं।

(c) डी-डॉन और कफ ने प्रतिभावान बालक के गुणों की एक ऐसी सूची तैयार की है, जिसके आधार पर प्रतिभावान बालकों का पता लगाया जा सकता है। यह सूची इस प्रकार है—

★ सामान्य बुद्धि का प्रयोग अधिक करते हैं।

★ शब्द-ज्ञान बहुत विस्तृत होता है।

★ मौलिक चिन्तन कर सकते हैं।

★ ये स्पष्ट रूप से सोचने, अर्थों को समझने और सम्बन्धों की पहचान करने में श्रेष्ठ होते हैं।

★ कठिन कार्यों को आसानी से कर लेते हैं।

(d) उपलब्धि परीक्षाओं के द्वारा भी प्रतिभावान बालक की पहचान अध्यापक करते हैं।

(e) अभिरुचि परीक्षाओं से भी छात्र की प्रतिभा का अनुमान लगाया जा सकता है।

प्रतिभावान बालकों की शैक्षिक व्यवस्था

प्रतिभावान बालकों के लिए कुछ विशेष शिक्षा की आवश्यकता पड़ती है। ये शैक्षिक व्यवस्थाएँ इस प्रकार होनी चाहिए—

(a) अध्यापकों को चाहिए कि प्रतिभावान बालकों में सृजनात्मक शक्ति का उचित प्रयोग कर उन्हें समाज-विरोधी गतिविधि में सम्मिलित नहीं होने दें। ऐसी शिक्षा बालकों को प्रदान करनी चाहिए ताकि वे सामाजिक बुराइयों से दूर रह सकें।

(b) कक्षा में छात्रों को तीव्र प्रोन्नति नहीं प्रदान करना चाहिए।

(c) प्रतिभावान बालकों की शिक्षा ऐसे बालकों के ध्यानपूर्वक अध्ययन पर आधारित होना चाहिए।

(d) प्रतिभावान बालकों की शिक्षा उसके व्यक्तित्व के सभी पक्षों के विकास पर केन्द्रित होनी चाहिए। प्रतिभावान बालक को सर्वांगीण विकास के लिए अध्यापक को अत्यधिक परिश्रम करने की आवश्यकता होती है। अतः इस कार्य के लिए उसे कक्षा और स्कूल में अधिक सक्रिय रखना चाहिए।

(e) प्रतिभावान बालकों को पाठ्यक्रम समझने में सामान्य बालकों से कम समय लगता है। यह बचा हुआ समय उन्हें किसी और कार्य में उपयोग करना चाहिए।

(f) प्रतिभावान बालकों को घर के लिए विशेष कार्य दिया जाना चाहिए ताकि वे अपनी प्रतिभा का उचित उपयोग कर सकें।

(g) प्रतिभावान बालकों की शिक्षा के लिए और उनमें नेतृत्व विकास के लिए उत्तरदायित्व का कार्य सौंपना चाहिए।

सृजनात्मकता *(Creativity)*: "सृजनात्मकता वह अवधारणा है जिसमें उपलब्ध साधनों से नवीन या अनजानी वस्तु, विचार या धारणा को जन्म दिया जाता है। सृजनात्मकता का अर्थ है रचना सम्बन्धी योग्यता नवीन उत्पाद की रचना। मनोवैज्ञानिक दृष्टि से सृजनात्मक स्थिति अन्वेषणात्मक होती है।"

➢ रूश *(Rush)* के अनुसार, "सृजनात्मक मौलिकता वास्तव में किसी भी प्रकार की क्रिया में घटित होती है।"

सृजनात्मकता के तत्व
Elements of Creativity

गिलफोर्ड के अनुसार सृजनात्मकता के तत्व निम्नलिखित हैं—

(a) तात्कालिक स्थिति से परे जाने की योग्यता : जो व्यक्ति वर्तमान परिस्थितियों से हटकर, उससे आगे की सोचता है और अपने चिन्तन को मूर्त रूप देता है, उसमें सृजनात्मक तत्व पाया जाता है।

(b) समस्या की पुनर्व्याख्या : सृजनात्मकता का एक-एक तत्व समस्या की पुनर्व्याख्या है। वकील, अध्यापक, व्याख्याता, नेता आदि इस रूप में सृजनात्मक कहलाते हैं कि वे समस्या की व्याख्या अपने ढंग से करते हैं।

(c) सामंजस्य : जो बालक तथा व्यक्ति असामान्य किन्तु प्रासंगिक विचार तथा तथ्यों के साथ समन्वय स्थापित करते हैं, वे सृजनात्मक कहलाते हैं।

(d) अन्य के विचारों में परिवर्तन : ऐसे व्यक्तियों में भी सृजनात्मकता विद्यमान रहती है, जो तर्क, चिन्तन तथा प्रमाण द्वारा व्यक्तियों के विचारों में परिवर्तन कर देते हैं।

सृजनात्मकता की विशेषताएँ
Characteristics of Creativity

हरलॉक के अनुसार सृजनात्मकता की प्रमुख विशेषताएँ निम्नलिखित हैं—

(a) सृजनात्मकता एक प्रक्रिया या योग्यता है, यह उत्पादन नहीं है।

(b) सृजनात्मकता की प्रक्रिया लक्ष्य निर्देशित होती है अथवा यह समूह और समाज के लिए लाभदायक होती है।

(c) सृजनात्मकता मौखिक हो या लिखित, यह चाहे मूर्त हो या अमूर्त, प्रत्येक अवस्था में व्यक्ति के लिए यह अभूतपूर्व होती है।

(d) सृजनात्मकता चिन्तन का एक तरीका है। यह बुद्धि का पर्यायवाची नहीं है।

(e) सृजन *(Creation)* की योग्यता मान्य ज्ञान के अर्जन पर आधारित है।

(f) सृजनात्मकता एक प्रकार की नियमित कल्पना है जिससे किसी-न-किसी उपलब्धि का निर्देशन प्राप्त होता है।

सृजनात्मकता की पहचान
Identification of Creativity

सृजनात्मकता की पहचान करना शिक्षक के लिए अत्यन्त आवश्यक है। सृजनशील बालकों की पहचान इस प्रकार की जा सकती है—

(a) सृजनशील बालकों में मौलिकता के दर्शन होते हैं। सृजनशील बालकों का दृष्टिकोण सामान्य व्यक्तियों से अलग होता है।

(b) स्वतन्त्र निर्णय की क्षमता सृजनशील की पहचान है।

(c) परिहासप्रियता भी सृजनात्मकता की पहचान है।

(d) उत्सुकता भी सृजनात्मकता का एक आवश्यक तत्व है।

(e) सृजनशील बालकों में संवेदनशीलता अधिक पायी जाती है।

(f) सृजनशील बालकों में स्वायत्तता का भाव पाया जाता है।

बालकों के लिए सृजनात्मकता का महत्व
Importance of Creativity for Children

➢ सृजनात्मकता का बालकों के लिए बहुत अधिक महत्व है क्योंकि इससे बालकों को सन्तोष ही प्राप्त नहीं होता है बल्कि बालक को इससे व्यक्तिगत आनन्द भी प्राप्त होता है। सृजनात्मकता से प्राप्त सन्तोष और आनन्द का बालकों के व्यक्तित्व पर महत्वपूर्ण प्रभाव पड़ता है।

➢ उदाहरण के लिए, बच्चे अपने खेल में जब किसी नई खोज का सृजन करते हैं तो उन्हें बहुत आनन्द आता है और सन्तोष प्राप्त होता है। वह अपने खेल में किसी डिब्बे को उल्टा कर लकड़ी से पीटने वाला बाजा बना सकते हैं, दो कुर्सियों पर चादर ढँक कर छुपने के लिए घर बना सकते हैं या दीवार पर अपने ढंग से स्याही, पेन्सिल या खड़िया से ड्राइंग बना सकते हैं।

सृजनात्मकता का परीक्षण
Experiments of Creativity

सृजनात्मकता की पहचान के लिए **गिलफोर्ड** ने अनेक परीक्षणों का निर्माण किया है। ये परीक्षण निरन्तरता *(Fluency)*, लोचनीयता *(Flexibility)*, मौलिकता *(Originality)* तथा विस्तार *(Elaboration)* का मापन करते हैं। ये परीक्षण निम्नलिखित हैं—

★ चित्र-पूर्ति परीक्षण → चित्रपूर्ति परीक्षण में अपूर्ण चित्रों को पूरा करना पड़ता है।

★ वृत-परीक्षण → इस परीक्षण में वृत्त *(Circle)* में चित्र बनाये जाते हैं।

★ प्रोडक्ट इम्प्रूवमेन्ट कारक → चूने के खिलौनों द्वारा नूतन विचारों को लेखबद्ध करके सृजनात्मकता पर बल दिया जाता है।

★ टीन के डिब्बे → खाली डिब्बों से नवीन वस्तुओं का सृजन कराया जाता है।

फ्रायड का मनोविश्लेषणात्मक सिद्धान्त
Freud's Psycho-Analytical Theory

फ्रायड पहला व्यक्ति था जिसने सर्वप्रथम बाल्यावस्था के अनुभवों को वयस्क व्यवहार और चेतन्यता का आधार बताया। फ्रायड के अनुसार व्यक्तित्व के तीन भाग हैं—*Id, Ego* और *Super Ego*

इड *(ID)*: अचेतन मस्तिष्क का प्रतिनिधित्व करता है। अचेतन में निहित विभिन्न प्रकार की इच्छाओं, प्रेरणाओं और वासनाओं की तुरन्त सन्तुष्टि चाहता है। यह सुखवादी सिद्धान्तों से पूर्णतः प्रभावित होता है।

इगो *(Ego)*: यह इड का ही विकसित रूप है, व्यक्तित्व का तार्किक व्यवस्थित विवेकपूर्ण भाग है। परन्तु इसे शक्ति इड से ही प्राप्त होती है। यह वातावरण के साथ समझौता करके इड की *Super Ego* इच्छाओं को पूरा करने में मदद कराता है।

सुपर इगो *(Super Ego)*: व्यक्ति का अन्त में विकसित होने वाला नैतिक पक्ष है। यह बाल्यावस्था में इगो से ही विकसित होता है।

उदाहरण : माना कि एक लड़की सड़क पर जा रही है। उसी दिशा में जा रहे एक लड़के के मन में उस लड़की के साथ कुछ गलत करने की इच्छा उठती है फिर लड़के के मन में दूसरी इच्छा उठती है कि यह जगह उपयुक्त नहीं है, कोई देख लेगा तो पिटाई होगी। आगे जाने के बाद जहाँ सुनसान है वहाँ इसके साथ यह करना उपयुक्त होगा।

लड़की के पीछे चलते-चलते उसके मन में तीसरी इच्छा उठती है कि यह एक असहाय लड़की किसी की बहन हो सकती है, हमारी बहन के समान हो सकती है तथा किसी के साथ कुछ भी गलत नहीं करना चाहिए।

अतः लड़के के मन में उत्पन्न पहली इच्छा इड *(ID)* की है, दूसरी इगो *(Ego)* की इच्छा है और तीसरी सुपर इगो *(Super Ego)* की इच्छा है।

विशिष्ट बालक
Special Children

➢ विशिष्ट बालक को हेवार्ड एवं औरलैन्स्की *(Heward & Orlansky)* ने अपनी प्रसिद्ध पुस्तक 'एक्सेप्शनल चिल्ड्रेन' में इस प्रकार परिभाषित किया है—

"विशिष्ट एक ऐसा अंतर्रोशित पद है जिसका तात्पर्य किसी भी वैसे बालक से होता है जिसका निष्पादन मानक *(Norm)* से ऊपर या नीचे इस हद तक विचलित होता है कि उसके लिए विशेष शिक्षा के कार्यक्रम की जरूरत होती है।"

विशिष्ट बालकों की विशेषताएँ निम्नलिखित हैं—

(a) विशिष्ट बालक सामान्य या औसत बालकों से कई तरह के गुणों में *(जिसमें मानसिक एवं शारीरिक गुण मुख्य होता है)* विचलित होते हैं।

(b) विशिष्ट बालकों का विचलन इस सीमा तक होता है कि उन्हें विशेष शिक्षा देने की जरूरत होती है।

(c) विशिष्ट बालकों से शिक्षकों को सबसे अधिक चुनौती मिलती है। अतः ऐसे बालकों पर शिक्षकों का ध्यान सबसे अधिक होता है।

(d) ऐसे बालकों पर माता-पिता, अभिभावक एवं सामाजिक संगठन द्वारा भी विशेष नजर रखी जाती है।

अधिगम अक्षम बालकों की शिक्षा

अधिगम अक्षम बालकों की शिक्षा के लिए दो उपागम का प्रयोग किया जाता है—

★ कौशल प्रशिक्षण उपागम → यह उपागम बालक के विशिष्ट कौशलों के विषय में सीधे मापन पर आधारित है।

★ योग्यता प्रशिक्षण उपागम → ऐसे उपागम का प्रयोग बालक की आधारभूत योग्यताओं में व्याप्त अक्षमताओं में सुधार के लिए निर्देशात्मक प्रक्रियाओं के निर्माण पर मुख्य रूप से किया जाता है।

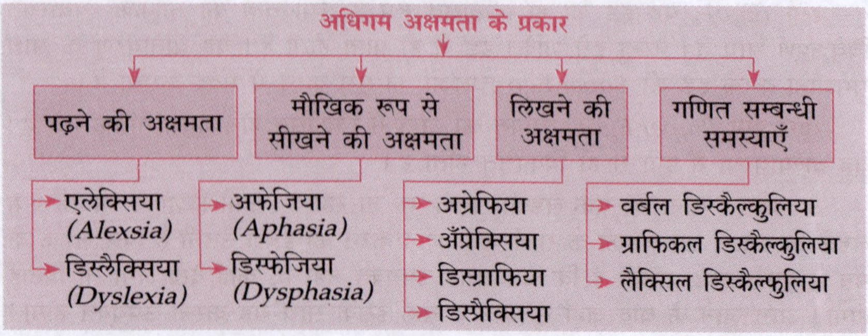

परीक्षोपयोगी तथ्य

➢ प्रतिभाशाली बालक वे हैं जिनकी बुद्धिलब्धि 120 से ऊपर होती है।

➢ प्रतिभाशाली बालक वह है जो लगातार उच्च स्तर का कार्य निष्पादन किसी भी सामान्य प्रयास के क्षेत्र में प्रदर्शित करता है।

➢ गिलफोर्ड ने 'अभिसारी चिन्तन' शब्द का प्रयोग सृजनात्मकता के लिए किया है।

➢ सृजनशीलता के पोषण के लिए अध्यापक को ब्रेल स्टॉर्मिंग विधि की सहायता लेनी चाहिए।

➢ सृजनात्मक शिक्षार्थी वह है जो पार्श्व चिंतन और समस्या समाधान में अच्छा है।

➢ सृजनशीलता वह अवधारणा है जिसमें उपलब्ध साधनों से नवीन विचारों को जन्म दिया जाता है। मौलिकता, धारा-प्रवाहिता तथा लचीलापन इसके प्रमुख तत्व हैं।

➢ पढ़ने की अक्षमता संबंधी विकार को डिस्लैक्सिया कहते हैं। ऐसे बालक 'चोटी' को 'रोटी' एवं 'दरवाजा' को 'वाजा' पढ़ते हैं।

➢ गणित संबंधी अधिगम अक्षमता के विकार को डिस्कैल्कुलिया *(Dyscalculia)* कहते हैं।

➢ बच्चे तब सृजनशील होते हैं, जव वे किसी गतिविधि में अपनी रूचि से भाग लेते हैं।

➢ क्रो एवं क्रो के अनुसार ''सृजनात्मकता मौलिक परिणामों को अभिव्यक्त करने की मानसिक प्रक्रिया है।

➢ विशिष्ट आवश्यकता वाले बच्चों के विभिन्न भेद होते हैं। ऐसे बच्चों में शामिल है—

(i) बौद्धिक दृष्टि से—प्रतिभाशाली बालक तथा मंदबुद्धि बालक

(ii) शैक्षिक दृष्टि से—तीव्र बालक तथा पिछड़े बालक

(iii) शारीरिक दृष्टि से—बहरे बालक, कम सुनने वाले बालक, अंधे बालक, दृष्टिदोष से युक्त बालक, विकलांग बच्चे।

(iv) समस्यात्मक दृष्टि से—सामाजिक दृष्टि से कुसमायोजित बालक तथा संवेदात्मक असंतुलित बालक ऐसे सभी विशिष्ट बालक शिक्षण के प्रति दृष्टिकोण, विषय-वस्तु तथा धारणा परिवर्तन की अपेक्षा रखते हैं।

➢ प्रतिभाशाली छात्र की विभिन्न विशेषताएँ होती हैं। जैसे इनमें पढ़ने-लिखने में रूचि होती है, कठिन विषयों में रूचि शब्द भंडार व्यापक, समस्याओं का समाधान तीव्र गति से करते हैं, तथा इनमें मानसिक क्रियाओं तर्क, चिंतन, निर्णय, स्मरण करने की योग्यता अधिक होती है। यदि कक्षा की गतिविधियाँ अधिक चुनौतीपूर्ण न हो, तो ऐसे बच्चे कम प्रेरित अनुभव करते हैं, और ऊब जाते हैं।

वस्तुनिष्ठ प्रश्न

1. निम्न में से कौन-सा शिक्षार्थियों में सृजनात्मकता *(Creativity)* का पोषण करता है—

(a) अच्छी शिक्षा के व्यावहारिक मूल्यों के लिए विद्यार्थियों का शिक्षण

(b) प्रत्येक शिक्षार्थी की अंतर्जात प्रतिभाओं *(Internal Talent)* का पोषण करना एवं प्रश्न करने के अवसर उपलब्ध कराना

(c) विद्यालयी जीवन के प्रारंभ में उपलब्धि के लक्ष्यों पर बल देना

(d) परीक्षा में अच्छे अंकों के लिए विद्यार्थियों की कोचिंग करना *(CTET–2011)*

2. छोटे शिक्षार्थियों में निम्नलिखित में से कौन-सा लक्षण 'पठन-कठिनाई' का नहीं है?
(a) पठन-गति और प्रवाह *(Fluency)* में कठिनाई
(b) शब्दों और विचारों को समझने में कठिनाई
(c) सुसंगत वर्तनी में कठिनाई
(d) वर्ण एवं शब्द पहचान में कठिनाई *(CTET–2011)*

3. सृजनात्मक उत्तरों के लिए आवश्यकता है—
(a) विषय-वस्तु आधारित प्रश्न *(Content Based Question)*
(b) मुक्त-उत्तर वाले प्रश्न *(Open Ended Question)*
(c) एक अत्यंत अनुशासित कक्षा *(A Highly Disciplined Classroom)*
(d) प्रत्यक्ष शिक्षण एवं प्रत्यक्ष प्रश्न *(Direct Teaching & Direct Question)*
(CTET–2011)

4. एक शिक्षिका अपनी कक्षा के प्रतिभाशाली बच्चों की योग्यताओं *(Potential)* की उपलब्धि चाहती है। अपने उद्देश्य की प्राप्ति के लिए उसे निम्नलिखित में से क्या नहीं करना चाहिए?
(a) तनाव को नियंत्रित करना सिखाना
(b) विशेष अध्ययन के लिए उन्हें उनके समकक्षों से अलग करना
(c) उनकी सृजनात्मकता को समृद्ध करने के लिए उन्हें चुनौती देना
(d) गैर-शैक्षणिक गतिविधियों *(Co-Educational Activities)* में आनंद लेने के लिए सिखाना *(CTET–2011)*

5. सृजनात्मक शिक्षार्थी *(Creative Learner)* वह है जो—
(a) बहुत बुद्धिमान है
(b) परीक्षा में हर बार अच्छे अंक प्राप्त करने के योग्य हैं
(c) पार्श्व *(Lateral)* चिंतन और समस्या-समाधान में अच्छा है
(d) ड्राइंग और पेंटिंग *(Drawing & Painting)* में बहुत अतुल्य *(Fantastic)* है
(CTET–2011)

6. ...... प्रतिभाशाली होने का संकेत नहीं है।
(a) सृजनात्मक विचार (b) दूसरों के साथ झगड़ना
(c) अभिव्यक्ति में नवीनता (d) जिज्ञासा *(Curiosity)* *(CTET–2011)*

7. 'डिस्लेक्सिया' *(Dyslexia)* किससे संबंधित है?
(a) मानसिक विकार (b) गणितीय विकार
(c) पठन विकार *(Disorder)* (d) व्यवहार सम्बन्धी विकार
(CTET, UPTET, Utt TET–2011)

8. विशेष आवश्यकता वाले बालकों को शिक्षा उपलब्ध करायी जानी चाहिए—
(a) अन्य सामान्य बालकों के साथ
(b) विशेष विद्यालयों में विशेष बालकों के लिए विकसित पद्धतियों द्वारा
(c) विशेष विद्यालयों में
(d) विशेष विद्यालयों में विशेष अध्यापकों द्वारा *(CTET, UPTET–2011)*

9. निम्नलिखित में से क्या बच्चों के सृजनात्मकता के विकास में सहायक नहीं है?
(a) खेल
(b) भाषण
(c) कहानी-लेखन
(d) निर्माण-संबंधी क्रियाएँ *(Constructive Actions)* *(CgTET–2011)*

10. यदि आपकी कक्षा का बच्चा 'C' को 'D', 'D' को 'C', लिखे पढ़े तो वह कौन-से रोग से पीड़ित हैं?
(a) मलेरिया *(Maleria)* (b) डिस्लेक्सिया *(Dyslexia)*
(c) फाइलेरिया *(Falheria)* (d) टायफाइड *(Typhoid)* *(CgTET-2011)*

11. वर्तमान में निःशक्त बच्चों की शिक्षा के लिए कहा गया है—
(a) समावेशी शिक्षा (b) विशेष शिक्षा (c) समेकित शिक्षा (d) कोई नहीं *(CgTET–2011)*

12. निम्नलिखित में सृजनशीलता का प्रमुख तत्व क्या नहीं है?
(a) मौलिकता (b) अनुशासन (c) धाराप्रवाहिता (d) लचीलापन *(CgTET–2011)*

13. एलेक्या *(Alecia)* है—
(a) पढ़ने की अक्षमता (b) लिखने की अक्षमता
(c) सीखने की अक्षमता (d) सुनने की अक्षमता *(BTET–2011)*

14. प्रमापीकृत परीक्षण क्यों कराये जाते हैं?
(a) मंदबुद्धि बालकों की पहचान के लिए
(b) प्रतिभाशाली बालकों की पहचान के लिए
(c) पिछड़े बालकों की पहचान के लिए
(d) बहरे बालकों की पहचान के लिए *(BTET–2011)*

15. विशिष्ट बालकों की शिक्षा हेतु शिक्षक को ध्यान देना चाहिए—
(a) अपने पहनावे पर
(b) अनुशासन पर
(c) व्यक्तिगत आवश्यकताओं व समस्याओं पर
(d) पाठ्यक्रम पर *(BTET–2011)*

16. निम्न में से कौन-सी सृजनात्मकता की विशेषता नहीं है?
(a) मौलिकता (b) उत्पादकता
(c) अपरिवर्तनशीलता (d) नवीन ज्ञान की खोज *(BTET–2011)*

17. एलेक्सिया *(Alexsia)* है—
(a) पढ़ने की अक्षमता (b) लिखने की अक्षमता
(c) सीखने की अक्षमता (d) सुनने की अक्षमता *(BTET–2011)*

18. साइजौइड वर्ग में किस प्रकार के बालक आते हैं?
(a) मोटे, स्वस्थ तथा लंबे शरीर वाले (b) प्रतिभाशाली व प्रखर बुद्धि वाले
(c) दुबले-पतले तथा लंबे शरीर वाले (d) प्रतिभाशाली बालक *(BTET–2011)*

19. विशिष्ट बालकों के अंतर्गत निम्न में से कौन-सा बालक आता है?
(a) पिछड़ा बालक (b) प्रतिभाशाली बालक
(c) मंदबुद्धि बालक (d) ये सभी *(BTET–2011)*

20. आप एक अति सक्रिय बालक *(Hyperactive Child)* को कैसे सही दिशा में लायेंगे?
(a) उसे पहली पंक्ति में बैठायेंगे तथा उस पर कड़ी नजर रखेंगे
(b) उसे कक्षा के कोने में बैठने की जगह निर्धारित करेंगे
(c) उसे श्यामपट्ट आदि साफ करने का काम देंगे
(d) उपर्युक्त में से कोई नहीं *(UPTET–2011)*

21. समस्या के अर्थ को जानने की योग्यता, योतावरण के दोषों, कमियों एवं रिक्तियों के प्रति सजगता विशेषता है—
(a) प्रतिभाशाली बालकों की (b) सामान्य बालकों की
(c) सृजनशील बालकों की (d) उपरोक्त में से कोई नहीं *(RTET–2011)*

22. समस्या के अर्थ को जानने की योग्यता, वातावरण के दोषों, कमियों एवं रिक्तियों के प्रति सजगता। यह विशेषता है?
(a) प्रतिभाशाली बालकों की (b) सामान्य बालकों की
(c) सृजनशील बालकों की (d) इनमें से कोई नहीं *(RTET–2011)*

23. विशेष आवश्यकता वाले बच्चों को पढ़ाने के लिए निम्नलिखित में से कौन-सी व्यूह रचना अधिक उपयुक्त है—
(a) अधिकतम बच्चों को सम्मिलित करते हुए कक्षा में चर्चा करना
(b) विद्यार्थियों को सम्मिलित करते हुए अध्यापक द्वारा मार्गदर्शन करना
(c) सहकारी अधिगम तथा पीअर ट्यूरिंग
(d) अध्यापन के लिए योग्यता आधारित समूहीकरण *(RTET–2011)*

24. गिलफोर्ड ने 'अभिसारी चिंतन' *(Convergent Thinking)* पद का प्रयोग किसके समान अर्थ में किया है?
(a) बुद्धि (b) सृजनात्मकता
(c) बुद्धि एवं सृजनात्मकता (d) इनमें से कोई नहीं *(RTET–2011)*

25. सृजनशीलता के पोषण के लिए अध्यापक को निम्न में से किस विधि की सहायता लेनी चाहिए?
(a) ब्रेन स्टॉर्मिंग/विचार वेश (b) व्याख्यान विधि
(c) दृश्य-श्रव्य सामग्री (d) ये सभी *(RTET–2011)*

26. निम्न में कौन-सा व्यवहार भावनात्मक बाधा को प्रदर्शित नहीं करता है?
(a) बाल अपराध (b) कमजोरों को डराने वाला
(c) भगोड़ापन *(Truancy)* (d) स्वालीनता *(Autism)* *(RTET–2011)*

27. 'प्रतिभाशाली होने' का संकेत निम्न में से क्या नहीं है?
(a) विचारों में सृजनात्मकता *(Creativity in Ideas)*
(b) दूसरों के साथ लड़ना *(Fighting with Others)*
(c) अभिव्यक्ति में अनूठापन *(Novelty in Expression)*
(d) कौतूहल *(Curiosity)* *(UPET–2011)*

28. आपकी कक्षा के कुछ छात्र अति मेधावी हैं, आप उन्हें किस तरह पढ़ायेंगे?
(a) कक्षा के साथ (b) उच्च कक्षा के साथ
(c) समृद्धिकरण कार्यक्रमों के द्वारा (d) जब वे चाहें *(PTET–2011)*

29. प्रतिभाशाली बालक—
(a) तीव्र और आसानी से सीखते हैं
(b) जो बच्चे बिना पढ़े-सुने पूरी पाठ याद कर लेते हैं
(c) वस्तु चिंतन करते हैं
(d) कम समय में ही अभिप्रेरण का अनुसरण करते हैं *(PTET–2011)*

30. शारीरिक रूप से अक्षम बच्चों को सामान्यतः होता है—
(a) डिस्केल्कुलिया *(Dyscalculia)* (b) डिस्लेक्विया *(Dyslacvia)*
(c) डिस्ग्राफिया *(Dysgraphia)* (d) डिस्थीमिया *(Dysthymia)*
(BTET–2012)

31. प्रतिभाशाली विद्यार्थी—
(a) स्वभाव के अंतर्मुखी *(Introvert in Nature)* होते हैं
(b) अपनी आवश्यकताओं को दृढ़तापूर्वक नहीं कह पाते हैं
(c) अपने निर्णयों में आत्मनिर्भर होते हैं
(d) शिक्षकों से स्वतंत्र होते हैं *(CTET–2012)*

32. विज्ञान एवं कला प्रदर्शनियाँ, संगीत एवं नृत्य प्रस्तुतियाँ तथा विद्यालय पत्रिका निकालना .... के लिए है।
(a) शिक्षार्थियों को सृजनात्मक मार्ग उपलब्ध कराने
(b) विभिन्न व्यवसायों के लिए विद्यार्थियों को प्रशिक्षित करने
(c) विद्यालय का नाम रोशन करने
(d) अभिभावकों को संतुष्ट करने *(CTET–2012)*

33. प्रतिभाशाली विद्यार्थी—
(a) स्वभाव के अंतःमुखी होते हैं
(b) अपनी आवश्यकताओं को दृढ़तापूर्वक कह नहीं पाते
(c) अपने निर्णयों में आत्मनिर्भर होते हैं
(d) शिक्षकों से स्वतंत्र होते हैं *(CTET–2012)*

34. एक बच्चा जो....से ग्रस्त है, वह '*Saw*' और '*Was*' एवं '*Nuclear*' और '*Unclear*' में अंतर नहीं कर सकता।
(a) शब्द 'जंबलिंग' विकार (b) डिस्लेक्सिमिया
(c) डिस्मॉर्फिया (d) डिस्लेक्सिया *(CTET–2012)*

35. सृजनात्मकता मुख्य रूप से .... से संबंधित है।
(a) मॉडलिंग (b) अनुकरण
(c) अभिसारी चिंतन (d) अपसारी चिंतन *(CTET–2012)*

36. 'डिस्लेक्सिया' *(Dyslexia)* मुख्य रूप से .... की समस्या से संबंधित है।
(a) सुनने (b) पढ़ने (c) बोलने (d) बोलने व सुनने
(CTET–2012)

37. प्रतिभाशाली विद्यार्थी अपनी क्षमताओं को तब विकसित कर पायेंगे जब—
(a) बार-बार उनकी परीक्षा होगी
(b) वे अन्य विद्यार्थियों के साथ अधिगम-प्रक्रिया से जुड़ते हैं
(c) उन्हें अन्य विद्यार्थियों से अलग किया जायेगा
(d) वे निजी कोचिंग कक्षाओं में पढ़ेंगे *(CTET–2012)*

38. प्रतिभाशाली बच्चे—
(a) बिना किसी की सहायता के अपने सामर्थ्य का पूर्ण विकास करते हैं
(b) मानव के लिए महत्वपूर्ण किसी भी क्षेत्र में अस्वभावतः अच्छा निष्पादन *(Performance)* करते हैं
(c) सामान्यतः शारीरिक रूप से कमजोर होते हैं और सामाजिक अंतःक्रियाओं में अच्छे नहीं होते हैं
(d) सामान्यतः अपने शिक्षकों को पसंद नहीं करते हैं *(CTET–2012)*

39. प्रतिभाशाली बच्चों के संदर्भ में संवर्द्धन *(Acceleration)* का अर्थ है—
(a) ऐसे विद्यार्थियों को वर्तमान स्तर/ग्रेड को छोड़कर अगले उच्च स्तर/ग्रेड में प्रोन्नत करना
(b) आकलन की प्रक्रिया का संवर्धन करना
(c) शैक्षणिक गतिविधियों के संपादन में संवर्धन करना
(d) सह-शैक्षणिक गतिविधियों के संपादन की गति को बढ़ाना *(Co-educational Activities)* *(CTET–2012)*

40. प्रतिभाशाली विद्यार्थियों के लिए निम्नलिखित में से कौन-सी गतिविधि *(Activities)* सर्वाधिक उपयुक्त है—
(a) अभी हाल ही में हुए स्कूल मैच का प्रतिवेदन *(Report)* लिखना
(b) दी गयी संकल्पनाओं के आधार पर मौलिक नाटक लिखना
(c) पाँच पाठों के अंत में दिये गये अभ्यासों को एक बार में हल करना
(d) शिक्षक दिवस पर कक्षा को पढ़ाना *(CTET–2012)*

41. प्रतिभाशाली शिक्षार्थी *(को)*—
(a) अधिगम-निर्योग्य नहीं कर सकते
(b) ऐसे सहयोग की आवश्यकता होती है जो सामान्यतः विद्यालयों द्वारा उपलब्ध नहीं कराये जाते
(c) शिक्षक के बिना अपने अध्ययन को व्यवस्थित कर लेते हैं
(d) अन्य शिक्षार्थियों के लिए अच्छे मॉडल बन सकते हैं *(CTET–2013)*

42. ...... के कारण प्रतिभाशालिता होती है।
(a) मनो-सामाजिक कारकों (b) आनुवंशिक रचना
(c) वातावरणीय अभिप्रेरणा (d) b और c का संयोजन *(CTET–2013)*

43. बच्चों में सीखने और सुनने के लिए अधिगम-योग्य वातावरण के लिए निम्नलिखित में से कौन उपयुक्त है?
(a) शिक्षार्थियों को यह छूट देना कि क्या सीखना है और कैसे सीखना है
(b) एक लंबे समय के लिए निष्क्रिय रूप से सुनना
(c) निरंतर गृहकार्य देते रहना
(d) सीखने वाले द्वारा व्यक्तिगत कार्य करना

44. गतिक कौशलों में अधिगम निर्योग्यता ...... कहलाती है।
(a) डिस्फेजिया *(Dysphasia)*
(b) डिस्प्रेक्सिया *(Dyspraxia)*
(c) डिस्कैल्कुलिया *(Dyscalculia)*
(d) डिस्लेक्सिया *(Dyslexia)*
(CTET-2013)

45. प्रतिभाशाली शिक्षार्थी .... है।
(a) अभिसारी चिंतक
(b) अपसारी चिंतक
(c) बहिर्मुखी
(d) बहुत परिश्रमी *(CTET–2013)*

46. ......के अतिरिक्त निम्नलिखित सभी के कारण अधिगम अक्षमता उत्पन्न हो सकती है।
(a) सांस्कृतिक कारक
(b) सेरेब्रल डिस्फंक्शन
(c) संवेगात्मक विघ्न
(d) व्यवहारगत विघ्न *(UPTET–2013)*

47. निम्न में से कौन अधिगमकर्ता को अधिक स्वतंत्रता प्रदान करता है ?
(a) संरचनावाद
(b) क्रियाशीलतावाद
(c) व्यवहारवाद
(d) सृजनशीलतावाद *(UPTET–2013)*

48. उत्सुकता परीक्षण निम्न में किसका घटक है ?
(a) सृजनात्मकता (b) अभिप्रेरण (c) रुचि (d) बुद्धि
(UPTET–2013)

49. निम्न में कौन सृजनात्मकता से संबंधित नहीं है ?
(a) मौलिकता (b) प्रवाह (c) मितव्ययिता (d) उपयोगिता
(UPTET–2013)

50. बच्चे के संज्ञानात्मक विकास हेतु उत्तम स्थान है—
(a) खेल का मैदान
(b) सभागार
(c) घर
(d) विद्यालय एवं कक्षा का वातावरण
(UPTET–2013)

51. निम्न में कौन सृजनात्मकता से संबंधित नहीं है ?
(a) मौलिकता (b) प्रवाह (c) मितव्ययिता (d) उपयोगिता
(UPTET–2013)

52. प्रतिभाशाली शिक्षार्थी को—
(a) अधिगम-निर्योग्य नहीं कह सकते हैं
(b) ऐसे सहयोग की आवश्यकता होती है जो सामान्यतः विद्यालय द्वारा उपलब्ध नहीं कराये जाते हैं
(c) शिक्षक के बिना अपने अध्ययन को व्यवस्थित कर लेते हैं
(d) अन्य शिक्षार्थियों के लिए अच्छे मॉडल बन सकते हैं *(CTET–2013)*

53. संज्ञानात्मक विकास निम्न में से किसके द्वारा समर्थित होता है ?
(a) जितना संभव हो उतनी आवृत्ति से संगत और सुनियोजित परीक्षाओं का आयोजन करना
(b) उन गतिविधियों को प्रस्तुत करना जो पारंपरिक पद्धतियों को सुदृढ़ बनाना
(c) एक समृद्ध और विविधतापूर्ण वातावरण उपलब्ध कराना
(d) सहयोगात्मक की अपेक्षा वैयक्तिक गतिविधियों पर अधिक ध्यान केन्द्रित करना
(CTET–2014)

54. सृजनात्मक बालक में निम्न में से कौन-सा गुण नहीं पाया जाता है?
(a) खोजपूर्ण प्रवृति (b) अच्छी अंतर्दृष्टि (c) क्रियाशीलता (d) सीमित रुचियाँ

55. शब्दों में अक्षरों के क्रम को पढ़ने में कठिनाई का अनुभव करना और अकसर चाक्षुष स्मृति का ह्रास .... से संबंधित है।
(a) डिस्लेक्सिया (b) डिस्केल्कुलिया (c) डिस्ग्राफिया (d) डिस्प्राक्सिया
(CTET–2014)

56. प्रवाहपूर्णता, व्याख्या, मौलिकता और लचीलापन ...... के साथ संबंधित तत्व हैं।
(a) प्रतिभा (b) गुण (c) अपसारी चिंतन (d) त्वरण
(CTET–2014)

57. प्रतिभाशाली शिक्षार्थियों को ...... से जुड़े प्रश्नों पर अधिक समय देने के लिए कहा जा सकता है।
(a) स्मरण (b) समझ (c) सर्जन (d) विश्लेषण
(CTET–2014)

58. अध्यापक के दृष्टिकोण से प्रतिभाशीलता किसका संयोजन है?
(a) उच्च योग्यता-उच्च सृजनात्मकता-उच्च वचनबद्धता
(b) उच्च प्रेरणा-उच्च वचनबद्धता-उच्च क्षमता
(c) उच्च योग्यता-उच्च क्षमता-उच्च वचनबद्धता
(d) उच्च क्षमता-उच्च सृजनात्मकता-उच्च स्मरण शक्ति *(CTET–2014)*

59. एकाग्रता समय के साथ मेल बैठाने के लिए एक दत्त कार्य को पूरा करने के लिए आवण्टित समय को घटाना और चरणबद्ध तरीके से इस एकाग्रता समय को बढ़ाना। निम्नलिखित में से किस प्रकार के विकार से निबटने के सर्वाधिक उपयोगी है?
(a) अशांतकारी व्यवहार संबंधी विकार (b) डिस्फेसिया
(c) संवेदी एकीकरण विकार (d) एकाग्रता ह्रास अतिक्रियाशील विकार
(CTET–2014)

60. रेनजुली प्रतिभाशाली की अपनी ...... परिभाषा के लिए जाने जाते हैं।
(a) चार-पंक्तिय (b) चार स्तरीय (c) त्रि-वृत्तीय (d) त्रि-मुखीय
(CTET–2014)

61. प्रतिभाशाली शिक्षार्थियों के लिए—
(a) अभिक्षमता को कौशल के रूप में समझना सही है
(b) प्रगति के निरीक्षण करने की आवश्यकता नहीं है
(c) शिक्षक को अनुकूलन करना चाहिए जैसे शिक्षार्थी में बदलाव आता है
(d) शिक्षक को पहल करनी चाहिए और समस्या समाधान में मुख्य भूमिका निभानी चाहिए
(CTET–2014)

62. निम्नलिखित में से प्रतिभाशाली अधिगमकर्त्ताओं के लिए क्या समुचित है?
(a) बुनियादी तौर पर उनकी मस्तिष्कीय शक्ति के कारण ही उनका महत्व है
(b) वे अन्य को भी कुशल प्रभावी बनाते हैं तथा सहयोगी अधिगम के लिए आवश्यक है
(c) वे सदैव अन्यों का नेतृत्व करते हैं और कक्षा में अतिरिक्त उत्तरदायित्व ग्रहण करते हैं
(d) अपनी उच्चस्तरीय संवेदनात्मकता के कारण वे भी निम्न श्रेणी पा सकते हैं
(CTET–2014)

63. अधिगम निर्योग्यता वाले बच्चों की प्रगति का निरीक्षण करने के लिए निम्नलिखित में से कौन-सी पद्धति सबसे उपयुक्त है?
(a) व्यक्ति *(केस)* अध्ययन (b) घटनावृत्त अभिलेख
(c) व्यवहार रेटिंग स्केल (d) संरचित व्यवहारपरक अवलोकन
(CTET–2014)

64. अधिगम निर्योग्यता वाले शिक्षार्थियों द्वारा एक पूर्ण और उत्पादक जीवन जीने के अवसरों को बढ़ाने का सबसे सही तरीका है—
(a) इस तरह के शिक्षार्थियों की कमजोरियों पर ध्यान केन्द्रित करना
(b) इन बच्चों को अपने लक्ष्यों का निर्धारण करने के लिए प्रोत्साहित करना
(c) विविध कौशलों और युक्तियों का शिक्षण करना जिसे सभी संदर्भ में लागू किया जा सकता है
(d) इस तरह के शिक्षार्थियों से उच्च अपेक्षाओं को बनाये रखना *(CTET–2014)*

65. विकृत लिखावट से संबंधित लिखने की योग्यता में कमी किसका एक लक्षण है?
(a) डिस्ग्राफिया (b) डिस्प्रैक्सिया (c) डिस्कैल्कुलिया (d) डिस्लेक्सिया
(CTET–2015)

66. एक बच्चे की कॉपी में लिखने में विपरीत छवियाँ, दर्पण छवि आदि जैसी गलतियाँ मिलती हैं। इस प्रकार का बच्चा लक्षण प्रदर्शित कर रहा है—
(a) अधिगम में असुविधा के (b) अधिगम में अशक्तता के
(c) अधिगम में कठिनाई के (d) अधिगम में समस्या के *(CTET–2015)*

67. निम्नलिखित में से कौन-सा तरीका अध्यापिका के द्वारा एक सृजनात्मक बच्चे की पहचान करने के लिए सर्वाधिक उपयुक्त होगा?
(a) यह अवलोकन करना कि बच्चे समूह कार्यों में साथियों के साथ किस प्रकार से प्रतिक्रिया करते हैं
(b) बच्चे का विस्तृत रूप से अवलोकन करना, विशेष रूप से उस समय जब वह समस्याओं को हल करती है
(c) मानकीकृत बुद्धि परीक्षणों को देना
(d) वस्तुनिष्ठ प्रकार के परीक्षणों को देना *(CTET–2015)*

68. निम्नलिखित में से कौन-सा सृजनात्मकता से संबंधित है?
(a) अपसारी चिन्तन (b) अभिसारी चिन्तन
(c) सांवेगिक चिन्तन (d) अहंवादी चिन्तन *(CTET–2015)*

69. इनमें से कौन-सी अधिगम अशक्तता वाले बच्चे की एक विशेषता है—
(a) 50 से नीचे की बुद्धि लब्धि
(b) धाराप्रवाह रूप में पढ़ने तथा शब्दों पर पलटकर जाने में कठिनाई
(c) अन्य बच्चों को धमकाना तथा आक्रामक कार्यों में लगे रहना
(d) एक ही प्रकार की गत्यात्मक क्रिया को बार-बार दोहराना *(CTET–2015)*

70. अधिगम अशक्तता वाले—
(a) बच्चे दृश्य-शब्दों *(साइट वर्ड्स)* को आसानी से पहचानते और समझते हैं
(b) बच्चों का मानसिक विकास मंद होता है

(c) बच्चे निम्न बुद्धिलब्धि वाले होते हैं
(d) बच्चों को एक समान दिखाई देने वाले अक्षरों और वर्णों में भ्रम होता है *(CTET–2015)*

71. एक बच्चा जो ...... से ग्रस्त है, वह *'saw'* और *'was'*, *'nuclear'* और *'unclear'* में अंतर नहीं कर सकता।
(a) शब्द जम्बलिंग विकार (b) डिस्लेक्सिमिया
(c) डिस्लेक्सिया (d) डिस्मोरफीमिया *(UTET-I–2015)*

72. यह आवश्यकता नहीं है कि उच्च बुद्धि लब्धि वाले बच्चे ...... में भी उच्च होगें।
(a) सृजनशीलता (b) अध्ययन
(c) विश्लेषण (d) अच्छे अंक प्राप्त करने *(UTET-I–2015)*

73. ...... मस्तिष्क की संरचना तथा कृत्यों में विभेद का परिणाम होता है।
(a) तनाव (b) पिछड़ापन
(c) डिस्लेक्सिया (d) इनमें से कोई नहीं *(RTET-I–2015)*

74. ...... बच्चों में अमूर्त्तमान प्रत्ययों को ग्रहण करने की योग्यता होती है।
(a) पिछड़े हुए (b) प्रतिभाशाली
(c) मानसिक रूप से पिछड़े (d) इनमें से कोई नहीं *(RTET-I–2015)*

75. बच्चे तब सर्वाधिक सृजनशील होते हैं, जब वे किसी गतिविधि में भाग लेते हैं—
(a) दूसरों के सामने अच्छा करने के दबाव में आकर
(b) अपनी रुचि से
(c) पुरस्कार के लिए
(d) शिक्षक की डाँट से बचने के लिए *(CTET–2016)*

76. प्रगतिशील शिक्षा में अपरिहार्य है कि कक्षा-कक्ष—
(a) शिक्षक के पूर्ण नियंत्रण में होता है जिसमें वह अधिनायकतावादी होता है
(b) लोकतांत्रिक होता है और समझने के लिए बच्चों को पर्याप्त स्थान दिया गया होता है
(c) सत्तावादी होता है, जहाँ शिक्षक आदेश देता है और शिक्षार्थी चुपचाप अनुसरण करते हैं
(d) सबके लिए मुक्त होता है जिसमें शिक्षक अनुपस्थित होता है *(CTET–2016)*

77. निम्नलिखित में से कौन-सा व्यवहार बच्चे की अधिगम-निर्योग्यता की पहचान करता है?
(a) अपमानजनक व्यवहार
(b) 'b' को 'd', 'was' को 'saw', '21' को '12' लिखना
(c) कम अवधान-विस्तार और उच्च शारीरिक गतिविधि
(d) मनोभाव का जल्दी-जल्दी बदलना *(CTET–2016)*

78. अधिगम-निर्योग्यता वाले बच्चे—
(a) बहुत सक्रिय होते हैं, लेकिन उनकी बुद्धि-लब्धि कम होती है
(b) बहुत बुद्धिमान तथा परिपक्व होते हैं
(c) कुछ भी नहीं सीख सकते
(d) अधिगम के कुछ पक्षों से संघर्ष करते हैं *(CTET–2016)*

79. शिक्षक बच्चों को सृजनात्मक विचारों के लिए प्रोत्साहित कर सकता है—
(a) उन्हें बहु-विकल्पी प्रश्न देकर
(b) उन्हें समस्या-समाधान के लिए विभिन्न तरीकों से सोचने के लिए कहकर
(c) उन्हें उत्तर कंठस्थ करने के लिए कहकर
(d) उनसे प्रत्यास्मरण-आधारित प्रश्न पूछकर *(CTET–2016)*

80. विशेष आवश्यकताओं वाले बच्चों से व्यवहार करने के लिए निम्नलिखित दार्शनिक दृष्टिकोणों में से किसका अनुसरण किया जाना चाहिए?
(a) उन्हें समावेशी शिक्षा का और नियमित विद्यालयों में अध्ययन करने का अधिकार प्राप्त है
(b) उन्हें किसी प्रकार की शिक्षा की आवश्यकता ही नहीं होती
(c) उन्हें पृथक करके उनकी शिक्षा किसी भिन्न शैक्षिक संस्थाओं में होनी चाहिए
(d) उन्हें केवल व्यावसायिक प्रशिक्षण दिया जाना चाहिए *(CTET–2016)*

81. ...... बच्चों में अमूर्त्तमान प्रत्ययों को ग्रहण करने की योग्यता होती है।
(a) पिछड़े हुए (b) प्रतिभाशील
(c) मानसिक रूप से पिछड़े (d) इनमें से कोई नहीं *(RTET-I–2016)*

82. ''सृजनात्मकता मौलिक परिणामों को अभिव्यक्त करने की मानसिक प्रक्रिया है। यह कथन है—
(a) कोल एवं ब्रुस का (b) ड्रेवहल का
(c) डीहान का (d) क्रो एवं क्रो का *(UPTET-I–2017)*

83. निम्नलिखित में से कौन-सा कथन सही नहीं है?
(a) मेघा एवं सर्जनात्मकता एक-दूसरे के पर्यायवाची हैं
(b) एक मेधावी बालक हो सकता है सर्जनात्मक न हो
(c) एक सर्जनात्मक बालक ऊँचे दर्जे का मेधावी हो सकता है
(d) सर्जनात्मकता का पोषण किया जा सकता है *(HTET-I–2017)*

84. अलग-अलग सोच वाले पैटर्न उन बच्चों की पहचान करते हैं, जो—
(a) विकलांग है (b) डिस्लेक्सिक है (c) सृजनात्मक है (d) प्रत्यास्थी है *(CTET-I–2018)*

85. कक्षा में सृजनात्मक और प्रतिभाशाली बच्चों के लिए आवश्यक हस्तक्षेप निर्भर करता है—
(a) शिक्षक द्वारा अनुकूलित और प्रेरक निर्देशन तरीकों के उपयोग पर
(b) उन्हें अतिरिक्त समय दिए जाने पर
(c) उनके प्रति स्नेही होने के नाते पर
(d) उन्हें अन्य बच्चों को पढ़ाने की जिम्मेदारी देने पर *(CTET-I–2018)*

86. बच्चों में प्रतिभाशालिता ...... के कारण हो सकती है।
(a) आनुवंशिकता और वातावरण के बीच एक अंतःक्रिया
(b) एक संसाधन समृद्ध वातावरण
(c) सफल माता-पिता
(d) एक अनुशासित दिनचर्या *(CTET-I–2018)*

87. व्यक्तिगत विविधता वाले बच्चों को पढ़ाने के लिए विद्यालय होने चाहिए जहाँ शिक्षक—

(a) विविध अधिगम आवश्यकताओं के अनुसार किसी शिक्षण अधिगम प्रविधियों का प्रयोग करके प्रशिक्षित हो

(b) विशिष्ट व्यक्तिगत विविधताओं वाले बच्चों के लिए प्रशिक्षित हो

(c) बच्चों को समरूप अधिगमकर्ता बनाकर प्रशिक्षित हो

(d) व्यक्तिगत विविधताओं के आधार पर वर्गीकृत की गई कक्षाओं के विभिन्न वर्गों में पढ़ा सके *(CTET-II–2018)*

88. सृजनात्मकता को ...... की अवधारणा से संबंधित माना जाता है।

(a) अभिसृत सोच (b) विविध सोच

(c) द्रव बौद्धिकता (d) रवादार बौद्धिकता *(CTET-II–2018)*

89. अधोलिखित में गणित सम्बन्धी अधिगम अक्षमता को कौन-सा पद परिभाषित करता है ?

(a) पठन-दोष *(Dysleria)* (b) गणना दोष *(Dyscalculia)*

(c) नीरसता सम्बन्धी दोष *(Dystopia)* (d) उपर्युक्त में से कोई नहीं *(CTET-I–2018)*

90. निम्न में से कौन-सा सृजनात्मक प्रक्रिया से सम्बन्धित नहीं है ?

(a) उद्‌भवन *(Incubation)* (b) अभिप्रेरण *(Motivation)*

(c) आयोजन *(Preparation)* (d) प्रबोधन *(Illumination)*

(CTET-I–2018)

91. डिस्लेक्सिया संबंधित है—

(a) पढ़ने संबंधी समस्या से (b) गणितीय कौशल संबंधी समस्या से

(c) लेखन संबंधी समस्या से (d) वाक्-क्षमता संबंधी विकार से

(CTET-I–2018)

92. ब्रेल लिपि एवं टेप-रिकॉर्डिंग किसके लिए शैक्षिक प्रावधान के रूप में प्रयुक्त किए जा सकते हैं—

(a) दृष्टिबाधित विद्यार्थी (b) अस्थिबाधित विद्यार्थी

(c) श्रवणबाधित विद्यार्थी (d) शारीरिक रूप से विकलांग विद्यार्थी

(CTET-I–2018)

93. CSWN का अर्थ है—

(a) मजबूत आवश्यकता वाले बच्चे (b) एकांगी आवश्यकता वाले बच्चे

(c) विशिष्ट आवश्यकता वाले बच्चे (d) मृदु आवश्यकता वाले व्यक्ति

(CTET-I–2018)

94. पारूल के बुद्धि परीक्षण उसे औसत और औसत से अधिक बुद्धि को दर्शाते हैं, जबकि उसके पठन, वर्तनी, सामाजिक विज्ञान और विज्ञान के ग्रेड अत्यधिक न्यून *(कम)* है, उसके गणित के ग्रेड काफी उच्च और लेखन कौशल पर्याप्त हैं, पारूल को मुख्यतः है—

(a) डिस्कैल्क्युलिया (b) डिस्ग्राफिया (c) डिस्लेक्सिया (d) डिस्फेसिस

(HTET Level-III–2019)

95. निम्नलिखित में से कौन-सा स्तम्भ-क के बच्चों को स्तम्भ-ख में उनकी प्राथमिक विशेषताओं के सही मिलान को प्रस्तुत करता है?

स्तम्भ-क	स्तम्भ-ख
A. प्रतिभाशाली	1. धाराप्रवाह पढ़ने में कमी है।
B. अधिगम अशक्तता	2. मूल समाधानों के बारे में सोच सकता है।
C. सृजनात्मक	3. आसानी से विचलित होने की आदत है।
D. अवधान कमी अतिसक्रियता व्यतिक्रम *(ADHD)*	4. शीघ्रता से एवं स्वतंत्र रूप से सीखने की योग्यता

(CTET-I–2019)

	A	B	C	D
(a)	4	3	2	1
(b)	4	1	2	3
(c)	4	3	1	2
(d)	1	2	4	3

96. एक समस्या को मूल एवं अपसारी समाधानों के साथ करने की योग्यता निम्नलिखित में से किसकी एक प्राथमिक विशेषता है?

(a) अहंकेंद्रित बच्चों की
(b) क्षतिग्रस्त बच्चों की
(c) सृजनात्मक बच्चों की
(d) अधिगम अशक्तता वाले बच्चों की

(CTET-II–2019)

97. अधिगमकर्त्ताओं एवं उनकी प्राथमिक विशेषताओं के मिलान युग्मों में से निम्नलिखित में से कौन-सा सही है?

(a) श्रव्य क्षतिग्रस्त अधिगमकर्त्ता—दृश्य सूचनाओं को समझ नहीं सकते हैं
(b) 'पठन-अक्षमता' अधिगमकर्त्ता—धाराप्रवाह पढ़ने एवं लिखने की कमी है
(c) सृजनात्मकता अधिगमकर्त्ता—अतिसक्रिय; कार्य को पूरा करने में धीमे हैं
(d) अवधानात्मक कमी अधिगमकर्त्ता—उच्च अभिप्रेरणा, लंबे समय तक अवधान बनाए रख सकते हैं

(CTET-II–2019)

98. रूही हमेशा समस्या के एकाधिक समाधानों के बारे में सोचती है। इनमें से काफी समाधान मौलिक होते हैं। रूही किन गुणों का प्रदर्शन कर रही है?

(a) सृजनात्मक विचारक
(b) अभिसारिक विचारक
(c) अनम्य विचारक
(d) आत्म-केन्द्रित विचारक *(CTET-II-2019)*

99. एक शिक्षिका अपनी कक्षा में सृजनात्मक विद्यार्थियों को किस प्रकार से प्रोत्साहित कर सकती है?

(a) अपसारी चिन्तन पर बल देकर
(b) अभिसारी चिन्तन को हतोत्साहित करके
(c) अनेक परिप्रेक्ष्यों को प्रोत्साहित करके तथा मूल विचारों को महत्व देकर
(d) विद्यार्थियों के जोखिम लेने एवं चुनौतियों का सामना करने से हतोत्साहित करके

(CTET-II–2019)

100. शिक्षक कक्षा में पढ़ने में ध्यान न देने वाले बच्चों से किस प्रकार का बरताव कर सकते हैं?

(a) बच्चों को कक्षा से बाहर जाने के लिए कहकर
(b) पूरी कक्षा के सामने उन्हें बार-बार डाँटकर

(c) उनसे बात करके तथा उनकी अरुचि का कारण जानने की कोशिश करके

(d) उन्हें गृहकार्य के रूप में अत्यधिक वर्कशीट देकर *(CTET-II–2019)*

101. डिस्लेक्सिया में यह करने में कठिनाई होती है—

(a) व्यक्त करने में (b) पढ़ने/वर्तनी में (c) बोलने में (d) खड़े होने में *(UPTET-I–2020)*

102. सृजनात्मक समस्या समाधान की वह अवस्था जिसमें व्यक्ति असंगत सूचनाओं पर ध्यान नहीं देता, उसे कहते हैं—

(a) आयोजन (b) उद्भवन (c) प्रबोधन (d) अनुवादन *(UPTET-II–2020)*

103. निम्न में से किस प्रश्न द्वारा सृजनात्मक चिन्तन को सर्वाधिक अच्छे ढंग से अनुमानित किया जा सकता है?

(a) इसे कौन बता सकता है

(b) इसे कितने भिन्न तरीकों से हल किया जा सकता है

(c) क्या आप इसका उत्तर बता सकते हैं

(d) सही उत्तर बताएँ *(UPTET-II–2020)*

104. निम्नलिखित में से कौन-सा समूह सृजनात्मकता के तत्वों के संबंध में सही है?

(a) प्रवाह, विविधता, मौलिकता, सहकार्यता

(b) प्रवाह, व्यवहार्यता, मौलिकता, विस्तारण

(c) बारम्बारता, विविधता, मौलिकता, विस्तारण

(d) प्रवाह, विविधता, मौलिकता, विस्तारण *(UPTET-II–2020)*

105. सम्प्रेषण सम्बन्धी अक्षमता है—

(a) डिस्फेसिया (b) डिस्कैल्क्युलिया (c) डिस्लेक्सिया (d) डिस्ग्रेफिया *(UPTET-II–2020)*

106. अधिगम कठिनाइयों से जूझते छात्रों के जरूरत को संबोधित करने के लिए एक अध्यापक को क्या नहीं करना चाहिए?

(a) दृश्य श्रव्य सामग्रियों का इस्तेमाल

(b) संरचनात्मक शिक्षाशास्त्रीय उपागमों का इस्तेमाल

(c) व्यक्तिगत शैक्षिक योजना बनाना

(d) शिक्षाशास्त्र और आकलन की जटिल संरचनाओं का प्रयोग *(CTET-I–2021)*

107. सर्जनात्मकता की पहचान का प्रमुख लक्षण क्या है?

(a) कम परिज्ञानता/बोधगम्यता (b) अपसारी चिंतन

(c) अतिसक्रियता (d) असतर्कता *(CTET-I–2021)*

108. प्रतिभाशाली और सृजनात्मक बच्चों की आवश्यताओं को किस प्रकार संबोधित किया जा सकता है?

(a) चुनौतीपूर्ण कार्य और नीरसता दूर करने के लिए क्रियाकलाप देकर

(b) वे प्रश्न देकर जिनमें अभिमुखी चिंतन की आवश्यकता है

(c) प्रश्न हल करने के लिए विशिष्ट निर्देश उपलब्ध कराकर

(d) रहने पर आधारित परीक्षा देकर *(CTET-II–2021)*

109. ''डिस्लैक्सिया'' बच्चों की पहचान किस प्रकार की जा सकती है ?
(a) उनके सामाजिक एवं सांस्कृतिक संदर्भ को जानकर
(b) पूर्ण शारीरिक स्वास्थ्य परीक्षण द्वारा
(c) उनके पढ़ने और लिखने की कौशलता के विश्लेषण से
(d) उनकी जटिल व उच्च स्तरीय समस्याओं को हल करने की क्षमता का आकलन करके *(CTET-II–2021)*

110. पर्याप्त समर्थन करने के बावजूद, एक कक्षा में एक विद्यार्थी गणितीय क्रियाओं को समझने में निरंतर चुनौतियों का सामना करता है। इसकी वजह क्या हो सकती है ?
(a) स्वलीनता (b) गणितीय-वैकल्य
(c) आलेखीय-वैकल्य (d) पठन-वैकल्य *(CTET-II–2022)*

111. कक्षा में सृजनात्मकता को बढ़ावा देने के लिए विद्यार्थियों को कैसे अवसर प्रदान करने चाहिए ?
(a) विशिष्ट उपलब्धि वर्ग में सम्मेलन के
(b) मौलिक खोज और सोच बढ़ाने को
(c) परीक्षा देने के बेहतर कौशल विकसित करने के
(d) अभिसारिक सोच सीखने के *(CTET–2022)*

112. निम्न में से कौन-सी शिक्षा प्रणाली कक्षा में सृजनात्मक सहायक होगी ?
(i) कल्पनाशील उत्तरों को स्वीकारना (ii) विचार मंथन पर बल देना
(iii) अभिसारी चिन्तन पर बल देना (iv) असहमति के प्रति सहनशीलता
(a) i, ii (b) i, ii, iii
(c) ii, iv (d) i, ii, iv *(CTET–2022)*

113. एक स्वैर चिंतन *(आत्मविवोह)* वाले छात्र जो आयोजित सत्र की सामूहिक क्रियाकलापों को करने में कठिनाई का सामना कर रहा है, की सहायता करने के लिए निम्नलिखित में से कौन-सी विधि समावेशी दृष्टिकोण के अनुरूप नहीं है ?
(a) सामूहिक कार्य के दौरान उपयुक्त प्रत्यक्ष और लिखित सामग्री देना
(b) बच्चे को कम शोर वाले विश्रांत वातावरण में युग्मों में कार्य करने की अनुमति देना
(c) बच्चे को विशिष्ट स्कूल में भेजना
(d) सामान्य कक्षा में प्रतिकारी ट्यूटर की मदद लेना *(CTET–2022)*

114. राजू 61 के स्थान पर 16 लिखता है और b एवं d अक्षरों में अक्सर भ्रमित होता है। यह किसके प्राथमिक लक्षण हैं ?
(a) पठन वैकल्य *(Dyslexia)*
(b) स्वालीनता क्रम विकार *(Autism spectrum disorder)*
(c) शैक्षिक असहायता *(Learned helplessness)*
(d) लेखन वैकल्य *(Dysgraphia)* *(CTET–2022)*

115. निम्नलिखित में से कौन-सी विशेषताओं का समूह प्रतिभाशाली छात्रों को परिभाषित करता है?
(i) शीघ्रता से सीखते हैं और उसे यह रखते हैं।
(ii) सतर्क हैं, और तुरन्त उत्तर देते हैं, बारीकी से अवलोकन करते हैं।
(iii) त्वरण के साथ बेहतर प्रदर्शन करते हैं।
(a) i, ii (b) i, iii (c) i, ii, iii (d) ii, iii
(CTET–2022)

116. महारत उन्मुख शिक्षार्थी सामान्यतः सफलता का श्रेय .... को देते हैं और असफलता को .... ।
(a) योग्यता और अच्छी किस्मत, कार्य कठिनाई
(b) योग्यता और कोशिश; खराब किस्मत
(c) योग्यता और अच्छी किस्मत; निम्न योग्यता
(d) योग्यता और कोशिश; अपर्याप्त कोशिश *(CTET–2024)*

117. सामान्यतः सीखने की अक्षमता/कठिनाइयों वाले बच्चे में—
(a) मानक बुद्धि परीक्षणों के माध्यम से निदानित बहुत कम बुद्धि लब्धि होती है।
(b) नजर कमजोर होने के कारण पढ़ने में परेशानी होती है।
(c) अच्छी भावनाओं को नियन्त्रित करने में समस्या होती है।
(d) एक जैसे दिखने वाले अक्षर और वर्ण को लेकर भ्रम होता है। *(CTET–2024)*

118. प्रतिभाशाली बच्चों के संदर्भ में निम्नलिखित में से कौन-सा सही है?
(a) प्रतिभाशाली छात्र अन्य छात्रों की तुलना में अपेक्षाकृत उन्नत गति से सीखते हैं।
(b) प्रतिभाशाली बच्चे सीखने की अक्षमता के जोखिम से मुक्त होते हैं।
(c) प्रतिभाशाली बच्चे निश्चित रूप से शैक्षणिक, सामाजिक और भावनात्मक सभी क्षेत्रों में उत्कृष्टता प्राप्त करते हैं।
(d) प्रतिभाशाली छात्र हमेशा खुश, लोकप्रिय और अच्छी तरह से समायोजित होते हैं। *(CTET–2024)*

119. निम्नलिखित में से पठन वैकल्य की एक विशिष्ट विशेषता कौन-सी है?
(a) रचनात्मक समस्या समाधान में कठिनाई
(b) ध्वन्यात्मक प्रसंस्करण में कठिनाई
(c) शारीरिक समन्वय में कठिनाई
(d) स्थानिक समझ/जानकारी में कठिनाई *(CTET–2024)*

120. डिस्ग्राफिया—
(a) एक भाषण विकार है, जिसकी विशेषता हकलाना और उच्चारण में त्रुटियाँ करना है।
(b) एक गतियुक्त विकार है, जिसकी विशेषता स्थूल पेशीय बाधिता है।
(c) एक तंत्रिकीय विकार है, जिसकी विशेषता अक्षरों और आकारों को बनाने में कठिनाई है।
(d) एक मनोवैज्ञानिक विकार है, जिसकी विशेषता ध्यान का अभाव और आवेगशील व्यवहार है। *(CTET–2023)*

121. प्रतिभावान बच्चों को शिक्षित करने का उपागम, जो उन्हें असामान्य रूप से तीव्र गति से पाठ्यचर्या के माध्यम से आगे बढ़ाता है, क्या कहलाता है ?

(a) विभेदित निर्देशन (b) संवर्धन

(c) त्वरण (d) विसर्जन *(CTET–2023)*

उत्तरमाला

1.	(b)	2.	(a)	3.	(b)	4.	(b)	5.	(c)	6.	(b)	7.	(c)	8.	(a)
9.	(d)	10.	(b)	11.	(a)	12.	(b)	13.	(a)	14.	(b)	15.	(c)	16.	(c)
17.	(a)	18.	(d)	19.	(d)	20.	(c)	21.	(c)	22.	(c)	23.	(c)	24.	(b)
25.	(a)	26.	(d)	27.	(b)	28.	(c)	29.	(a)	30.	(c)	31.	(c)	32.	(a)
33.	(c)	34.	(d)	35.	(d)	36.	(b)	37.	(c)	38.	(b)	39.	(a)	40.	(b)
41.	(b)	42.	(d)	43.	(a)	44.	(b)	45.	(b)	46.	(a)	47.	(d)	48.	(a)
49.	(c)	50.	(d)	51.	(c)	52.	(b)	53.	(c)	54.	(b)	55.	(a)	56.	(a)
57.	(c)	58.	(a)	59.	(d)	60.	(c)	61.	(c)	62.	(d)	63.	(d)	64.	(c)
65.	(a)	66.	(b)	67.	(b)	68.	(a)	69.	(b)	70.	(d)	71.	(c)	72.	(a)
73.	(c)	74.	(b)	75.	(b)	76.	(b)	77.	(b)	78.	(d)	79.	(b)	80.	(a)
81.	(b)	82.	(d)	83.	(a)	84.	(c)	85.	(b)	86.	(a)	87.	(d)	88.	(b)
89.	(b)	90.	(b)	91.	(a)	92.	(a)	93.	(c)	94.	(*)	95.	(b)	96.	(c)
97.	(b)	98.	(a)	99.	(c)	100.	(c)	101.	(b)	102.	(c)	103.	(b)	104.	(d)
105.	(a)	106.	(d)	107.	(b)	108.	(a)	109.	(c)	110.	(b)	111.	(b)	112.	(d)
113.	(c)	114.	(a)	115.	(c)	116.	(d)	117.	(d)	118.	(a)	119.	(b)	120.	(c)
121.	(c)														

★★★

22

बच्चों का सोचना एवं सीखना

चिन्तन/सोचना *(Thinking)*: सोचना एक ऐसी मानसिक प्रक्रिया है जो सभी प्राणियों *(Organisms)* में होती है। कागन तथा हेमैन *(Kagan & Haveman)* के अनुसार, ''प्रतिमाओं, प्रतीकों, संप्रत्ययों, नियमों एवं अन्य मध्यस्थ इकाइयों के मानसिक जोड़-तोड़ को सोचना कहा जाता है।''

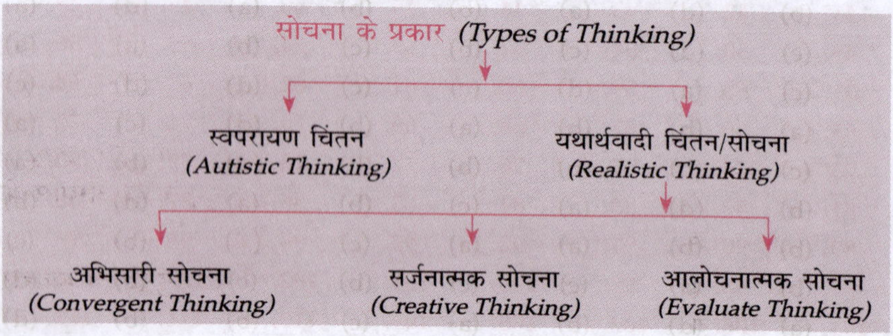

सोचने के विकास के उपाय *(Measures of Development of Thinking)*: शिक्षा मनोवैज्ञानिकों ने छात्रों के सोचने की शक्ति को विकसित किया है। इसके उपाय निम्नलिखित हैं—

(a) शिक्षक को चाहिए कि वे छात्रों को किसी विषय पर अपना विचार व्यक्त करने की पूरी छूट दें। उन्हें अपने प्रभाव से उस अभिव्यक्ति को दबाना नहीं चाहिए।

(b) शिक्षक को चाहिए कि वे छात्रों को किसी विषय या पाठ को समझकर तथा समझ के आधार पर सीखने के लिए प्रेरित करें। इससे छात्रों में यथार्थवादी सोच विकसित होने की संभावना अधिक रहती है।

(c) छात्रों को शिक्षक द्वारा उचित स्नेह मिलना चाहिए। इससे छात्रों में दमनकारी प्रवृत्तियाँ कम होती हैं और वे किसी विषय पर खुलकर सोचने के लिए प्रेरित होते हैं।

(d) चिन्तन में सोचने के साधनों *(Tools)* का काफी महत्व होता है। इन साधनों में भाषा तथा संप्रत्यय अधिक महत्वपूर्ण है। अतः शिक्षकों को चाहिए कि वे छात्रों में उचित विकास एवं संप्रत्यय विकास का माहौल तैयार करें।

(e) बालकों को प्रारंभिक बाल्यावस्था *(Early Childhood)* से ही सोचने के विकास के लिए पर्याप्त प्रेरणा देते रहना चाहिए। उन्हें तरह-तरह के खिलौनों से खेलने एवं मनोरंजक किताबें पढ़ने का पर्याप्त मौका दिया जाना चाहिए।

(f) शिक्षकों को चाहिए कि कक्षा में बालकों को ऐसे नये-नये तथ्यों की जानकारी दें जो बालकों को सोचने के लिए उत्तेजित करें।

(g) शिक्षकों को चाहिए कि वे छात्रों को वैज्ञानिक तरीकों से नये-नये संप्रत्यय *(concepts)* की ओर ध्यान आकृष्ट करें ताकि उनका चिंतन वास्तविकता पर आधारित हो सके एवं उचित विकास हो सके।

➢ बालकों में सोचने की प्रक्रिया निम्नलिखित बातों पर निर्भर करती है—

- ★ तर्क के आधार पर सोचना
- ★ अनुभव के आधार पर सोचना
- ★ रुचि और जिज्ञासा के आधार पर सोचना
- ★ अनुकरण के आधार पर सीखना
- ★ प्रत्यक्षीकरण के आधार पर सोचना
- ★ कल्पना के आधार पर सोचना
- ★ प्रत्ययों के आधार पर सोचना

सीखना/अधिगम
Learning

➢ सारटेन, नॉर्थ, स्ट्रेंज तथा चैपमैन *(Sartain, North, Strange and Chapman)* के अनुसार, "सीखना एक ऐसी प्रक्रिया है जिसके द्वारा अनुभूति या अभ्यास के फलस्वरूप व्यवहार में अपेक्षाकृत स्थायी परिवर्तन होता है।"

➢ रिली तथा लेविस *(Reilly & Lewis)* के अनुसार, "अभ्यास या अनुभूति से व्यवहार में धारण योग्य परिवर्तन को सीखना कहा जाता है।"

➢ बालक जन्म लेने के साथ ही सीखना प्रारम्भ करता है। पहले वह माता के स्तन से दूध पीना सीखता है, तत्पश्चात् वह ध्वनि एवं प्रकाश के प्रति प्रतिक्रिया करना सीखता है। भूखे रहने पर वह रोना सीखता है ताकि माँ उसे दूध पिला दे। बोतल द्वारा दूध पिलाये जाने पर वह निपल मुँह में कैसे ले यह सीखता है।

थार्नडाइक के सीखने के नियम

थार्नडाइक ने सीखने की तीन प्रमुख विशेषताओं का वर्णन इस प्रकार किया है–

(a) सीखने की प्रक्रिया पशु में हो या मनुष्य में, समान ढंग से होती है।

(b) सीखना क्रमोत्तर होता है, न कि सूझपूर्ण होता है।

(c) सीखने में चिंतन या विवेचन का स्थान नहीं होता है।

थार्नडाइक ने सीखने के सिद्धांत का तीन महत्वपूर्ण नियम तथा पाँच सहायक नियमों का भी वर्णन किया है। वे तीन महत्वपूर्ण नियम इस प्रकार हैं—

(a) **तत्परता का नियम** *(Law of Readiness)* : तत्परता के नियम का तात्पर्य यह है कि जब प्राणी अपने को किसी कार्य को करने के लिए तैयार समझता है तो बहुत शीघ्र कार्य करता है या सीख लेता है और उसे अधिक मात्रा में सन्तोष भी मिलता है।

➢ तत्परता में कार्य करने की इच्छा निहित है। इच्छा न होने पर प्राणी डर के मारे अवश्य बैठ जायेगा लेकिन वह कुछ नहीं सीख पायेगा। तत्परता ही बालक के ध्यान को केन्द्रित करने में सहायक होती है।

➢ तत्परता के नियम का अभिप्राय यह है कि जब प्राणी किसी कार्य को करने के लिए तैयार रहता है तो उसमें उसे आनन्द आता है और वह उसे शीघ्र सीख लेता है। जिस कार्य के लिए वह तैयार नहीं होता और उस कार्य को करने के लिए बाध्य किया जाता है तो वह झुँझला जाता है और शीघ्र सीख भी नहीं पाता है।

थार्नडाइक ने तत्परता के नियम में तीन परिस्थितियों का वर्णन किया है—

★ जब व्यक्ति किसी कार्य को करने के लिए तत्पर रहता है और उसे वह कार्य करने दिया जाता है, तो इससे उसे संतोष होता है।

★ जब व्यक्ति किसी कार्य को करने के लिए तत्पर रहता है और उसे वह कार्य करने नहीं दिया जाता है, तो इससे उसमें खीझ *(Annoyance)* उत्पन्न होती है।

★ जब व्यक्ति किसी कार्य को करने के लिए तत्पर नहीं रहता है और उसे वह कार्य करने के लिए बाध्य किया जाता है, तो इससे भी उसमें खीझ होती है।

➢ सीखने वाले व्यक्ति में संतोष *(Satisfaction)* या खीझ *(Annoyance)* होना व्यक्ति की तत्परता *(Readiness)* पर निर्भर करता है।

➢ शैक्षिक दृष्टिकोण से यह नियम काफी महत्वपूर्ण है। इसके शैक्षिक महत्व इस प्रकार हैं—

★ शिक्षकों को पहले बालकों की अभिरुचि एवं अभिक्षमता *(Aptitude)* का मापन कर लेना चाहिए ताकि उनकी तत्परता का उन्हें सही-सही ज्ञान हो।

★ शिक्षकों को बालकों की तत्परता के अनुरूप शिक्षण देना चाहिए।

★ ऐसी परिस्थिति में बालकों में आत्म-संतोष *(Self Satisfaction)* अधिक होगा और वे विषय को ठीक ढंग से सीखकर लंबे समय तक उसे धारण *(Retain)* किये रहेंगे।

(b) अभ्यास का नियम *(Law of Exercise)* **:** अभ्यास के नियम के अनुसार किसी क्रिया को बार-बार दुहराने से वह याद हो जाती है और छोड़ देने पर या अभ्यास नहीं करने पर वह भूल जाती है। इस प्रकार यह नियम प्रयोग करने तथा प्रयोग नहीं करने पर आधारित है।

➢ अभ्यास का नियम यह बताता है कि अभ्यास करने से उद्दीपन *(Stimulus)* तथा अनुक्रिया *(Response)* का संबंध मजबूत होता है तथा अभ्यास रोक देने से यह संबंध कमजोर पड़ जाता है या उसका विस्मरण हो जाता है।

➢ जब हम किसी पाठ या विषय को बार-बार दोहराते हैं तो उसे सीख जाते हैं। इसे थार्नडाइक ने उपयोग का नियम कहा है। जब हम किसी पाठ या विषय को दोहराना बन्द कर देते हैं तो उसे भूल जाते हैं, इसे उन्होंने अनुपयोगी नियम *(Law of Disuse)* कहा है।

अभ्यास के नियम का शैक्षिक महत्व निम्नलिखित है—

★ शिक्षकों को चाहिए कि वे छात्रों को कक्षा *(Class Room)* में अधिक-से अधिक बार विषय या पाठ को दोहराने दें। इसमें छात्रों को जल्दबाजी नहीं बरतनी चाहिए।

★ छात्र किसी सीखे गये विषय को अधिक दिनों तक याद रखें, इसके लिए शिक्षकों को चाहिए कि वे छात्रों से बीच-बीच में सीखे गये विषय को देखते रहने का सुझाव दें।

★ शिक्षकों को कक्षा में यह सचेत कर देना चाहिए कि यदि छात्र सीखे गये विषय को बीच-बीच में दोहराते नहीं रहेंगे तो उनका विस्मरण हो जायेगा।

आलोचना : थार्नडाइक के अभ्यास के नियम में समझने पर बल नहीं देकर यंत्रवत् पुनरावृत्ति या अभ्यास पर बल दिया गया। मानव जीवन में इस प्रकार की यंत्रवत् पुनरावृत्ति नहीं मिलती। थार्नडाइक ने इस कमी को दूर करने के लिए 1935 के लगभग उसने अभ्यास के नियम में संशोधन कर नियन्त्रित अभ्यास का नियम प्रतिपादित किया।

➢ नियन्त्रित अभ्यास की क्रिया में क्रिया की पुनरावृत्ति के साथ-साथ अर्थ को समझने, तर्क करने, विचारों का साहचर्य, सीखने के संकेतों का अनुसरण आदि सभी क्रियाएँ सम्मिलित होती हैं।

(c) प्रभाव का नियम *(Law of Effect)* : इस नियम को 'सन्तोष-असन्तोष का नियम' भी कहते हैं। इसके अनुसार जिस कार्य को करने से प्राणी को हितकर परिणाम प्राप्त होते हैं और जिसमें सुख और सन्तोष प्राप्त होता है, उसी को व्यक्ति दोहराता है। जिस कार्य को करने से कष्ट होता है और दुःखद फल प्राप्त होता है, उसे व्यक्ति नहीं दोहराता है।

थार्नडाइक के सीखने के सहयोगी नियम

थार्नडाइक के सीखने के सहयोगी नियम निम्नलिखित हैं—

(a) मानसिक स्थिति का नियम : मानसिक स्थिति का नियम इस बात पर निर्भर करता है कि बाह्य स्थिति की ओर प्रतिक्रियाएँ व्यक्ति की मनोवृत्ति पर निर्भर करती हैं अर्थात् यदि व्यक्ति मानसिक रूप से सीखने के लिए तैयार है तो नवीन क्रिया को आसानी से सीख लेगा और यदि वह मानसिक रूप से सीखने के लिए तैयार नहीं है तो उस कार्य को नहीं सीख सकेगा।

➢ थकावट, आकांक्षाएँ, निद्रा, सभ्यता, भावनाएँ इत्यादि सभी हमारी मनोवृत्ति को प्रभावित करती हैं। इस नियम को तत्परता या अभिवृत्ति का नियम भी कहते हैं।

(b) साहचर्य परिवर्तन का नियम : थार्नडाइक ने अनुकूलित अनुक्रिया को सहचारी स्थान-परिवर्तन का ही एक विशेष रूप माना है। यह स्थान-परिवर्तन मूल उद्दीपक के प्रति अथवा किसी सहचारी उद्दीपक वस्तु के प्रति किया जाता है। इस नियम के अनुसार कोई भी अनुक्रिया जिसे करने की क्षमता व्यक्ति में है, एक नये उद्दीपन *(Stimulus)* से भी उत्पन्न हो सकती है। यदि एक ही अनुक्रिया को लगातार एक ही परिस्थिति में कुछ परिवर्तनों के बीच उत्पन्न किया जाता है तो अंत में वही अनुक्रिया एक बिल्कुल ही नये उद्दीपन से भी उत्पन्न हो जाती है। इसे बाद में क्लासिकी अनुबंधन *(Classical Conditioning)* कहा गया।

(c) आंशिक क्रिया का नियम : थार्नडाइक ने आंशिक क्रियाओं को करके समस्या का हल ढूँढ लेने को ही आंशिक क्रिया का नियम बताया है। इस नियम के अनुसार कोई एक प्रतिक्रिया सम्पूर्ण स्थिति के प्रति नहीं होती है। यह केवल सम्पूर्ण स्थिति के कुछ पक्षों अथवा अंशों के प्रति होती है। जब हम किसी स्थिति का एक ही अंश दोहराते हैं तो प्रतिक्रिया हो जाती है। अतः इस नियम में 'अंश से पूर्ण की ओर' शिक्षण-सूत्र का अनुसरण किया जाता है। पाठ योजना को छोटी-छोटी इकाइयों में विभक्त करके पढ़ाना इसी नियम पर आधारित है।

(d) **बहु-प्रतिक्रिया का नियम :** यह नियम 'प्रयत्न एवं भूल' पर आधारित है। इस नियम के अनुसार व्यक्ति के सामने जब नवीन समस्या आती है तो वह उसे सुलझाने के लिए विविध प्रकार की क्रियाएँ करता है और तब तक करता है जब तक कि वह सही अनुक्रिया की खोज नहीं कर लेता। ऐसा होने पर उसकी समस्या सुलझ जाती है और उसे संतोष मिलता है। यदि व्यक्ति असफल हो तो उन्हें निराश नहीं होना चाहिए बल्कि एक के बाद एक उपाय पर अमल करते रहना चाहिए जब तक कि सफलता प्राप्त न हो जाए।

(e) **समानता का नियम :** यह नियम इस बात पर बल देता है कि किसी नवीन परिस्थिति या समस्या के उपस्थित होने पर व्यक्ति उससे मिलती-जुलती अन्य परिस्थिति या समस्या का स्मरण करता है, जिससे वह पहले भी गुजर चुका है और ऐसी स्थिति में व्यक्ति नवीन परिस्थिति में वैसी ही अनुक्रिया करता है जैसे उसने पुरानी परिस्थिति में की थी। ज्ञात से अज्ञात की ओर शिक्षण-सूत्र इसी नियम पर आधारित है। इस नियम का आधार पूर्व ज्ञान या पूर्व अनुभव है। सीखने से सम्बन्धित अन्य महत्वपूर्ण सिद्धांत निम्नलिखित हैं—

- ★ स्किन्नर का क्रिया प्रसूत अनुबन्धन का सिद्धान्त
- ★ पैवलोव का सम्बन्ध प्रतिक्रिया सिद्धान्त *(अनुक्रिया द्वारा सीखना)*
- ★ कोहलर, कोफ्का तथा वादाईमर का सूझ का सिद्धान्त *(अन्तर्दृष्टि द्वारा सीखना)*
- ★ हल का प्रबलन सिद्धान्त
- ★ हेगरटी का अनुकरण द्वारा सीखने का सिद्धान्त

पैवलव का क्लासिकी अनुबन्धन सिद्धांत

(Classical Conditioning Theory of Pavlov)

➢ आई. पी. पैवलॉव *(I. P. Pavlov)* एक रूसी शरीर-वैज्ञानिक *(Physiologist)* थे, जिन्होंने अध्ययनों के दौरान लारमय अनुबन्धन *(Salivary Conditioning)* की घटना का अध्ययन किया और इससे संबंधित सीखने के एक सिद्धांत का प्रतिपादन किया, जिसे अनुबंधित अनुक्रिया सिद्धांत *(Conditioned Response Theory)* कहा जाता है।

➢ पैवलॉव के सीखने के इस अनुबन्धन सिद्धांत को क्लासिकी अनुबन्धन सिद्धांत *(Classical Conditioning Theory)* या प्रतिवादी अनुबन्धन सिद्धान्त *(Respondent Conditioning Theory)* या टाइप-एस अनुबन्धन कहा जाता है।

➢ इस सिद्धांत के अनुसार कोई स्वाभाविक उद्दीपन *(Unconditional or Unconditioned Stimulus या UCS)* सीखनेवाले प्राणी के सामने उपस्थित किया जाता है, तो वह उसके प्रति एक स्वाभाविक अनुक्रिया *(Unconditioned Response UCR)* करता है। जैसे—गर्म बर्तन छूते ही हाथ खींच लेना।

➢ इस सिद्धांत के अनुसार पैवलॉव का निष्कर्ष यह है कि यदि तटस्थ उद्दीपन *(Neutral Stimulus)* को किसी स्वाभाविक उद्दीपन *(Natural Stimulus)* के साथ बार-बार उपस्थित किया जाता है, तो तटस्थ उद्दीपन के प्रति व्यक्ति वैसी ही अनुक्रिया *(Response)* करना सीख लेता है, जैसा कि स्वाभाविक उद्दीपन के प्रति करता है।

पैवलॉव द्वारा सिद्धांत का प्रयोग

एक भूखे कुत्ते को एक ध्वनि नियंत्रित प्रयोगशाला में एक विशेष उपकरण के सहारे खड़ा कर दिया गया। कुत्ते के सामने भोजन *(UCS)* लाया जाता था और कुत्ते के भूखे होने की वजह से उसके मुँह में लार *(UCR)* आ जाता था। कुछ प्रयासों के बाद भोजन देने के *(200-300 मिली सेकण्ड)* पहले एक घंटी बजायी जाती थी। यह प्रक्रिया कुछ दिनों तक दोहराई गई तो यह देखा गया कि बिना भोजन आए ही मात्र घंटी की आवाज पर कुत्ता के मुँह से लार निकलना शुरू हो गया।

पैवलॉव के अनुसार कुत्ता घंटी की आवाज पर लार के स्राव करने की अनुक्रिया सीख लिया था। उनके अनुसार घंटी की आवाज उद्दीपन तथा लार के स्राव *(अनुक्रिया)* के बीच एक नया साहचर्य *(Association)* कायम हुआ, जिसे अनुबंधन की संज्ञा दी गई।

वाटसन एवं रेनर का सिद्धांत

➢ वाटसन एवं उनकी पत्नी रेनर ने अल्बर्ट *(Albert)* नामक शिशु पर प्रयोग किया और पाया कि मानव भी पशु के समान अनुबन्धन द्वारा सीखते हैं।

➢ वाटसन ने अपने प्रयोग के आधार पर पैवलव के क्लासिकी अनुबंधन सिद्धांत का एक विस्तृत प्रयोगात्मक समर्थन किया है और इतना ही नहीं, बल्कि पैवलव से एक कदम आगे बढ़कर यह भी दावा किया है कि अनुबन्धन द्वारा सभी तरह के सीखने की व्याख्या की जा सकती है।

➢ इस संप्रत्ययों में निम्नांकित संप्रत्यय शिक्षा के दृष्टिकोण से अधिक महत्वपूर्ण बताए गए हैं—

- ★ CS तथा UCS का समय अंतराल
- ★ उद्दीपन सामान्यीकरण *(Stimulus Generalisation)*
- ★ विभेद *(Discrimination)*
- ★ विलोप तथा स्वतः पुनर्लाभ *(Extinction & Spontaneous Recovery)*
- ★ पुर्नबलन *(Reinforcement)*
- ★ पुनरावृत्ति *(Repetition and Contiguity)*

क्लासिकी अनुबन्धन सिद्धांत का शैक्षिक आशय

1. क्लासिकी अनुबन्धन के प्रयोग से छात्रों में अच्छी-अच्छी अध्ययन आदतों का निर्माण किया जा सकता है।
2. इस विधि से छात्रों को उनकी बुरी आदतों से छुटकारा दिलाया जा सकता है। कुसमायोजित बालकों *(Maladyusted Children)* की चिंता तथा डर को इस प्रविधि का उपयोग कर दूर किया जा सकता है जिससे वे कक्षा में फिर से एक समायोजित बालक *(Adjusted)* के समान व्यवहार कर सकें तथा अपनी शैक्षिक उपलब्धियों की प्राप्ति कर सकें।

स्कीन्नर के सीखने का सिद्धांत
(Skinner's Theory of Learning)

➢ स्कीन्नर प्रयोग के लिए एक विशेष बॉक्स *(Box)* तैयार किया, जिसमें प्रयोज्य जैसे चूहा स्वतंत्र होकर घूम-फिर सके और किसी अनुक्रिया विशेष को सीख सके।

स्कीन्नर एक ऐसे प्रयोगात्मक परिस्थिति में रखकर प्रयोज्य के सीखने के व्यवहार का अध्ययन करना चाहते थे, जिसमें वह निष्क्रिय नहीं बल्कि सक्रिय भूमिका अदा कर सके। स्कीन्नर ने इस बॉक्स का नाम कुछ नहीं रखा पर आगे चलकर उनके शिष्यों ने इसका नाम स्कीन्नर बक्स रखा।

➢ स्कीन्नर ने चूहों, कबूतरों तथा मनुष्यों पर कई प्रयोग कर सीखने के व्यवहार का अध्ययन किया है, परंतु उनके द्वारा स्कीन्नर बक्स में चूहे पर किया गया प्रयोग काफी प्रचलित हो पाया है।

➢ स्कीन्नर के सिद्धांत को साधनात्मक अनुबन्धन *(Instrumental Conditioning)* या क्रियाप्रसूत अनुबन्धन *(Operant Conditioning)* भी कहा जाता है।

शिक्षा के दृष्टिकोण से स्कीन्नर *(Skinner)* द्वारा प्रतिपादित सीखने के सिद्धांत के निम्नलिखित अंश

1. सीखने के दो प्रकार *(Two Kinds of Learning)*: स्कीन्नर ने अनुक्रिया को दो भागों में बाँटा है—

★ प्रतिवादी अनुक्रिया *(Respondent Response)*: प्रतिवादी अनुक्रिया वैसी अनुक्रिया को कहा जाता है जो एक स्पष्ट उद्दीपन द्वारा उत्पन्न होती है तथा जिसका स्वरूप अनैच्छिक *(Involuntary)* होता है। प्रतिवादी अनुक्रिया *(Respondent Response)* का अनुबन्धन द्वारा सीखा जाना टाइप एस अनुबन्धन *(Type-s-Conditioning)* कहलाता है।

★ क्रियाप्रसूत अनुक्रिया *(OperantResponse)*: क्रियाप्रसूत अनुक्रिया वैसी अनुक्रिया को कहा जाता है जो एक अस्पष्ट उद्दीपन द्वारा उत्पन्न होती है तथा जिसका स्वरूप ऐच्छिक *(Voluntary)* होता है। जैसे—टहलना, बातचीत करना, स्कीन्नर बॉक्स में लीवर दबाना आदि क्रियाप्रसूत अनुक्रिया का उदाहरण है। क्रियाप्रसूत अनुक्रिया का अनुबन्धन द्वारा सीखा जाना टाइप आर अनुबन्धन *(Type R Conditioning)* कहा जाता है।

➢ स्कीन्नर का संबंध सिर्फ क्रियाप्रसूत अनुक्रिया के सीखने से है। उनके अनुसार किसी क्रियाप्रसूत अनुक्रिया *(Operant Response)* के होने के बाद जब पुनर्बलन *(Reinforcement)* दिया जाता है, तो उस अनुक्रिया को व्यक्ति बार-बार करना चाहता है, और उसे सीख लेता है।

2. पुनर्बलन *(Reinforcement)*—पुनर्बलन से तात्पर्य वैसे उद्दीपन से होता है जो किसी अनुक्रिया को भविष्य में होने की संभावना को बढ़ाता है।

➢ पुनर्बलन को उन्होंने दो भागों में बाँटा है—

★ धनात्मक पुनर्बलन—पुरस्कार, भोजन, पानी इत्यादि

★ ऋणात्मक पुनर्बलन—तीव्र रोशनी, तीव्र आवाज, बिजली का झटका तथा दंड

➢ स्कीन्नर ने अपने सीखने के सिद्धांत में ऋणात्मक पुनर्बलन को धनात्मक पुनर्बलन की अपेक्षा कम प्रभावकारी *(Effective)* बताया है।

3. पुनर्बलन अनुसूची *(Schedule of Reinforcement)*—पुनर्बलन अनुसूची से तात्पर्य एक ऐसी योजना से होता है जिसमें यह उल्लेख रहता है कि कितनी अनुक्रिया करने के बाद या कितने समय के बाद व्यक्ति को पुर्नबलन दिया जाएगा। पुर्नबलन अनुसूची को दो भागों में बाँटा—

- ★ आंशिक पुनर्बलन *(Partial Reinforcement)* या विरामी पुनर्बलन *(Intermittent Reinforcement)*—इस पुनर्बलन में किसी अनुक्रिया के बाद पुनर्बलन दिया जाता है तथा किसी अनुक्रिया के बाद पुनर्बलन नहीं दिया जाता है।
- ★ सतत् पुनर्बलन *(Continuous Reinforcement)*—इस अनुक्रिया में प्रत्येक अनुक्रिया के बाद पुनर्बलन दिया जाता है।

➢ स्कीन्नर दोनों तरह की अनुसूचियों का तुलनात्मक अध्ययन करने के बाद इस निष्कर्ष पर पहुँचे कि आंशिक पुनर्बलन देने से सतत् पुनर्बलन की अपेक्षा क्रियाप्रसूत अनुक्रिया तेजी से होती है तथा ऐसी अनुक्रियाओं का विलोप भी जल्दी नहीं होता है।

4. अंतर्नोद *(Drive)*—अंतर्नोद व्यक्ति की आंतरिक अवस्था होती है, जो क्रियाप्रसूत अनुक्रिया *(Operant Response)* करने के लिए व्यक्ति को प्रेरित करता है।

➢ स्कीन्नर ने अपने प्रयोग में पाया है कि जब चूहे या कबूतर को अधिक देर तक भूखा रखा जाता था तो इनमें अनुक्रिया करने की दर भूख के कम होने की स्थिति की अपेक्षा तीव्र होती थी।

5. शेपिंग *(Shaping)*—शेपिंग प्रविधि ऐसी विधि है, जिसमें व्यक्ति का व्यवहार धीरे-धीरे किसी खास लक्ष्य की ओर पुर्नबलन के आधार पर ले जाया जाता है।

➢ शेपिंग प्रविधि को क्रमिक सन्निकटन की विधि *(Method of Successive approximation)* भी कहा जाता है।

➢ स्कीन्नर ने शेपिंग प्रविधि द्वारा चूहों, कबूतरों, मनुष्यों को काफी जटिल कार्य *(Complex Act)* करना भी सिखाया था। मनुष्यों के साथ शेपिंग प्रविधि में पुनर्बलन का प्रभाव अधिकतर अविवेचित *(Automatic)* होता है।

➢ मानव व्यवहार पर पुर्नबलन के अविवेचित प्रभाव को दिखाने के लिए जिस प्रविधि का प्रतिपादन किया गया है, उसे स्कीन्नर ने शाब्दिक अनुबन्धन *(Verbal Conditioning)* की संज्ञा दी है।

स्कीन्नर के सीखने के सिद्धांत का शैक्षिक आशय
(Educational Implication of Skinner's Theory of Learning)

स्कीन्नर द्वारा प्रतिपादित सीखने के सिद्धांत की शैक्षिक उपयोगिताएं निम्नलिखित हैं—

1. स्कीन्नर के सिद्धांत के अनुसार शिक्षक को कक्षा में अध्यापन प्रारंभ करने के पहले शैक्षिक उद्देश्यों को स्पष्ट रूप से परिभाषित कर लेना चाहिए; क्योंकि ऐसा नहीं होने पर शिक्षक को यह पता नहीं लग पाएगा कि उनके प्रयासों *(efforts)* से किसी उद्देश्य को पूरा किया जा रहा है या नहीं।
2. स्कीन्नर के सिद्धांत पर चलनेवाले शिक्षकों को चाहिए कि वे कक्षा में छात्रों के उन व्यवहारों पर अधिक ध्यान दें या उसे प्रोत्साहित करें, जो वे शिक्षक के डर से न करके स्वयं करते हों।

3. थार्नडाइक के ही समान स्कीन्नर ने सीखने में बाह्य पुनर्बलन *(Extrinsic Reinforcement)* या पुरस्कार पर अधिक बल डाला है। कक्षा में छात्रों को सीखने के लिए अधिक प्रेरित रखने के लिए पुरस्कार, प्रशंसा, प्रशंसनीय आनन अभिव्यक्ति आदि जैसे पुनर्बलकों का प्रयोग करना चाहिए।
4. स्कीन्नर के सीखने के सिद्धांत का एक प्रत्यक्ष शैक्षिक आशय यह है कि शिक्षकों को बालकों को कोई पाठ या विषय सिखाते समय पहले 100% प्रयासों में सही अनुक्रिया के लिए पुनर्बलन दिया जाना चाहिए और फिर बाद में आंशिक पुर्नबलन का सहारा लेना चाहिए।
5. स्कीन्नर के सिद्धांत में विश्वास रखनेवाले शिक्षक भाषण विधि का प्रयोग नहीं करेंगे। अपितु शिक्षकों को छात्रों पर व्यक्तिगत रूप से ध्यान देना चाहिए या फिर छात्रों के समूह को ऐसी शिक्षण सामग्री दे देनी चाहिए जिसमें छात्र को अपने आप सही अनुक्रिया मिल जाती हो।
6. स्कीन्नर का सिद्धांत स्पष्ट रूप से निर्देश देता है कि शिक्षकों को कक्षा में दंड का प्रयोग नहीं करना चाहिए।

सीखने के सूझ का सिद्धांत
(Insight Theory of Learning)

➢ सूझ या अंतर्दृष्टि सिद्धांत का प्रतिपादन गेस्टाल्ट मनोवैज्ञानिकों द्वारा विशेषकर कोहलर तथा कोफ्का द्वारा किया गया।

➢ इस सिद्धांत के अनुसार व्यक्ति किसी प्रक्रिया को सूझ या अंतर्दृष्टि द्वारा सीखता है।

➢ जब व्यक्ति किसी विषय या पाठ को सीखता है तो वह सीखने से संबंधित परिस्थिति के हर पहलू को समझने की कोशिश करता है। इस कोशिश में वह परिस्थिति के विभिन्न पहलुओं का नए ढंग से प्रत्यक्षण कर संगठित करने का प्रयत्न करता है ताकि समस्या का समाधान आसानी से हो सके। जब वह परिस्थिति के भिन्न-भिन्न पहलुओं को नए ढंग से प्रत्यक्षण कर उसके आपसी संबंधों को समझा जाता है, तो उसमें अचानक 'सूझ' *(Insight)* उत्पन्न होती है, जिसे 'अहा अनुभव' *(Aha Experience)* भी मनोवैज्ञानिकों ने कहा है।

➢ सूझ अचानक होती है। इसके लिए अभ्यास की जरूरत नहीं होती।

➢ फर्नाल्ड तथा फर्नाल्ड *(Fernald and Fernald)* के शब्दों में सूझ से कोहलर का तात्पर्य इस बात से था कि समस्या का समाधान उद्दीपन अनुक्रिया संबंधों के धीरे-धीरे बनने से नहीं होता है बल्कि उद्दीपनों के बीच के संबंधों को अचानक समझने से होता है।

➢ कोहलर तथा कोफ्का के अनुसार, सीखना धीरे-धीरे नहीं बल्कि एकाएक होता है। क्योंकि यह सूझ द्वारा होता है, जो सहसा होता है न कि अभ्यास *(Practice)* तथा प्रयत्न एवं भूल *(Trial and Error)* द्वारा होता है।

➢ सूझ सिद्धांत कोहलर द्वारा किए गए कुछ प्रयोगों पर आधारित है। कोहलर ने कई तरह के पशुओं जैसे वनमानुष, बन्दर, मुर्गी तथा कुत्ता पर प्रयोग किए हैं, परंतु उनके द्वारा 1913 से 1918 के बीच कैनरी द्वीप में 'सुल्तान' नामक वनमानुष पर

किया गया प्रयोग सर्वाधिक प्रचलित हो पाया है। उनके द्वारा सुल्तान पर किए गए दो प्रयोग विशेष रूप से उल्लेखनीय हैं—

★ छड़ी समस्या पर प्रयोग *(Experiment on Stick Problem)*

★ बॉक्स समस्या पर प्रयोग *(Experiment on Box Problem)*

मनोवैज्ञानिकों ने सूझ द्वारा सीखने की प्रक्रिया की कुछ विशेषताएँ बताई हैं, जो इस प्रकार हैं—

1. सीखने की प्रक्रिया सूझ पर आधारित होती है जो एक प्रकार का 'अहा अनुभव' है।
2. सूझ उत्पन्न होने के लिए यह आवश्यक है कि प्राणी के सामने जो समस्यात्मक परिस्थिति है, वह उसका ठीक ढंग से निरीक्षण करे।
3. निदेशित ध्यान तथा अन्वेषणात्मक व्यवहार-सूझ द्वारा सीखने में व्यक्ति का ध्यान समस्यात्मक परिस्थिति के भिन्न-भिन्न हिस्सों पर निदेशित होता है। वह समस्या के समाधान के लिए भिन्न-भिन्न प्रकार का व्यवहार एक के बाद एक, परंतु सोच समझकर करता है।
4. निष्क्रियता की अवस्था—जब प्राणी समस्या के समाधान के लिए भिन्न-भिन्न प्रकार का अन्वेषणात्मक व्यवहार करता है, और फिर भी उसे सफलता नहीं मिलती, तो थोड़ी देर के लिए उदास हो जाता है और निष्क्रिय होकर चुपचाप बैठ जाता है।
5. सूझ का अचानक आगमन—कोहलर का कहना है कि जब प्राणी समस्या का समाधान करने के प्रयास में शिथिल एवं निष्क्रिय हो जाता है, तो फिर कुछ समय के बाद अचानक उसमें सूझ अपने आप हो जाती है और समस्या का समाधान कर लेता है।
6. सूझ द्वारा सीखने की जाँच—स्थानांतरण *(Test of Learning by Insight : Transfer)*—कोहलर का विचार था कि प्राणी में किसी समस्या का समाधान करना सूझ द्वारा सीखा है या नहीं, इसकी जाँच स्थानांतरण *(Transfer)* द्वारा आसानी से की जा सकती है। अगर उसने सूझ द्वारा सीखा है तो उसमें स्थानांतरण का गुण होगा, परंतु अगर प्रयत्न एवं भूल द्वारा सीखा है, तो उसमें स्थानांतरण का गुण नहीं होगा।

कोहलर के सूझ के सिद्धांत का शैक्षिक आशय

(Educational Implication and Evaluation of Kohler's Insight Theory)

शिक्षा के दृष्टिकोण से कोहलर के सूझ का सिद्धांत की उपयोगिता इस प्रकार है—

1. सूझ के सिद्धांत के अनुसार शिक्षकों में सूझ उत्पन्न करने के ख्याल से विषय या पाठ के सभी पहलुओं का खुला अवलोकन करना चाहिए, क्योंकि ऐसा नहीं होने से छात्र विषय के भिन्न-भिन्न भागों के बीच के प्रत्यक्षणात्मक संबंध को नहीं समझ पाएंगे और तब उनमें सूझ भी उत्पन्न नहीं होगी।
2. सूझ द्वारा सीखे गए कौशल *(Skills)* को छात्र एक परिस्थिति से दूसरी परिस्थिति में सही-सही उपयोग कर पाते हैं, अतः शिक्षकों को चाहिए कि वे कक्षा में इस ढंग का वातावरण कायम करें कि छात्र सूझ द्वारा विभिन्न विषयों को सीखें। इससे छात्रों में समायोजन शक्ति *(Adjustment Capacity)* बढ़ती है और उसके व्यक्तित्व के सम्पूर्ण विकास में काफी मदद मिलती है।

बच्चों के सीखने को प्रभावित करने वाले कारक	बच्चों के विद्यालयी उपलब्धि में असफल होने के कारण
★ बुद्धि *(Intelligence)*	★ बौद्धिक क्षमता
★ स्वास्थ्य *(Health)*	★ अभ्यास में कमी
★ अभिवृत्ति *(Attitude)*	★ प्रतिकूल भावना
★ सीखने की तत्परता	★ बालक का स्वास्थ्य
★ प्रगति का ज्ञान *(Knowledge of Success)*	★ तत्परता में कमी
★ अभिक्षमता	★ उचित प्रेरण तथा मार्गदर्शन

➢ बच्चों को विद्यालय में असफल होने का एक प्रमुख कारण यह है कि बच्चे सीखने, समझने और रचने की अपनी जन्मजात और असीम सामर्थ्य का केवल एक छोटा-सा भाग ही स्कूलों में विकसित कर पाते हैं, जबकि जीवन के दो-तीन प्रारम्भिक वर्षों में वे इस सामर्थ्य का भरपूर उपयोग करते रहे थे।

सीखने के लिए मूल्यांकन

➢ सीखने या अध्ययन के लिए मूल्यांकन से तात्पर्य है कि किसी विधा को सीखने के मापन के लिए जो मूल्यांकन की प्रक्रिया अपनाई गई है वह कितनी वैध है और क्या उसके द्वारा सही में इसका मूल्यांकन समुचित तरीके से संभव है ? इसे दो रूपों में समझा जा सकता है—एक तो यह कि मूल्यांकन के लिए अपनाया गया तरीका सही है या नहीं, दूसरे इसके द्वारा किया गया मूल्यांकन क्या उस विशेष विधा की परिलब्धियों को बच्चे में स्थापित करना सही रूप में प्रतिबिम्बित करता है ?

➢ शिक्षक का कार्य है कि वह मूल्यांकन करे कि बच्चा अपेक्षित दिशा में अपेक्षित उपलब्धि क्यों नहीं अर्जित कर पा रहा है ? किसी भी प्रकार का बुद्धि परीक्षण यह निश्चित नहीं कर सकता कि किस बिन्दु पर बच्चे की उपलब्धि न्यून है या सामान्य है। यह सतत् रूप से बच्चे के व्यक्तित्व को समझ कर ही आकलित किया जा सकता है।

➢ अर्जित ज्ञान के मापन के लिए दिए गए परीक्षण की वैधता, मानक, स्तर विश्वसनीयता एवं निदान की क्षमता का परीक्षण जरूरी है, तभी वह बच्चे के व्यक्तित्व का समेकित मूल्यांकन करने में सक्षम होगा।

➢ अध्ययन से जो कुछ भी सीखा जा रहा है वह बच्चे या व्यक्ति के विकास में कितना प्रभावी हो रहा है इसकी जानकारी हमें मूल्यांकन से ही प्राप्त होती है। इसलिए यह जरूरी है कि मूल्यांकन की प्रक्रिया सतत रूप से थोड़े-थोड़े समय के अंतर के बाद जब तक कि अध्ययन की प्रक्रिया का समय पूरा नहीं हो जाता जारी रखनी चाहिए।

➢ इस मूल्यांकन का लाभ यह है कि वर्तमान समय में जो मार्गदर्शन बच्चे को मिल रहा है वह कितना प्रभावी है, यदि प्रभावी नहीं है तो उसे किस प्रकार से संचालित किया जाए कि भविष्य में प्रभावी हो सके तथा उसे अगले पाठ्यक्रम के लिए आधारभूत ज्ञान के आधार पर प्रोन्नत और स्थानांतरित किया जा सके।

➢ मूल्यांकन के द्वारा जहाँ न्यून परिलब्धियों वाले बच्चों को उपचारात्मक शिक्षण द्वारा बेहतर उपलब्धियों के लिए तैयार किया जा सकता है, वहीं उच्चतर परिलब्धियों वाले छात्रों को अपने ज्ञान संवर्धन के लिए नए और बेहतर मार्गदर्शन द्वारा श्रेष्ठतर बनाया जा सकता है।

➢ मूल्यांकन से तात्पर्य बच्चे की तय सीमा के अनुसार उसे समाज में लिखने, पढ़ने, गणना करने तथा अभिव्यक्ति के अलावा एक बेहतर व्यक्तित्व के विकास के सर्वांगीण मूल्यांकन से है जिसे कुछ परीक्षणों द्वारा ही नहीं मापा जा सकता है, अपितु प्रत्येक क्षेत्र जैसे सामाजिक कार्य, पर्यावरण कार्य, उत्तरदायी नागरिक बनने, विनम्र एवं परोपकारी बनने, स्वास्थ्य के नियमों का पालन करने, नैतिक मूल्यों के प्रति लगाव एवं नवीन ज्ञानार्जन के प्रति जिज्ञासा आदि का मापन मूल्यांकन का उद्देश्य है।

परीक्षोपयोगी तथ्य

➢ प्रतिमाओं, प्रतीकों, संप्रत्ययों, नियमों एवं अन्य मध्यस्थ इकाइयों के मानसिक जोड़-तोड़ को चिंतन/सोचना कहा जाता है।

➢ सोचना/चिंतन मुख्य रूप से दो प्रकार के होते हैं—स्वपरायण चिंतन तथा यथार्थवादी चिंतन।

➢ स्वपरायण चिंतन वैसे चिंतन को कहा जाता है जिसमें व्यक्ति अपने काल्पनिक विचारों एवं इच्छाओं की अभिव्यक्ति करता है। स्वप्न, स्वप्नचित्र तथा अभिलाषाकल्पित चिंतन इत्यादि सभी स्वपरायण चिंतन के उदाहरण हैं।

➢ यथार्थवादी चिंतन वैसे चिंतन को कहा जाता है जिसका संबंध वास्तविकता से होता है।

➢ यथार्थवादी चिंतन तीन प्रकार के होते हैं—(a) अभिसारी चिंतन (b) सर्जनात्मक चिंतन (c) आलोचनात्मक चिंतन।

➢ अभिसारी चिंतन में व्यक्ति दिये गये तथ्यों के आधार पर कोई सही निष्कर्ष पर पहुँचने की कोशिश करता है। इसे निगमनात्मक चिंतन भी कहा जाता है।

➢ सर्जनात्मक चिंतन में व्यक्ति दिये गये तथ्यों में अपनी ओर से कुछ नया जोड़कर एक निश्चित निष्कर्ष पर पहुँचता है। इसे आगमनात्मक चिंतन कहा जाता है।

➢ आलोचनात्मक चिंतन में व्यक्ति किसी वस्तु, घटना या तथ्य की सच्चाई को स्वीकार करने से पहले उसके गुण-दोष की परख कर लेता है।

➢ चिंतन के साधन हैं—प्रतिमा, भाषा, संप्रत्यय, प्रतिज्ञप्ति।

➢ थार्नडाइक ने सीखने के तीन मुख्य नियम प्रतिपादित किये—तत्परता का नियम, अभ्यास का नियम तथा प्रभाव नियम और पाँच सहयोगी नियम प्रतिपादित किये हैं—मानसिक स्थिति का नियम, साहचर्य परिवर्तन का नियम, आंशिक क्रिया का नियम, बहु-प्रतिक्रिया का नियम तथा समानता का नियम।

➢ तत्परता के नियम से यह पता चलता है कि सीखने वाले व्यक्ति किन-किन परिस्थितियों में संतुष्ट रहते हैं तथा किन-किन परिस्थितियों में उनमें खीझ उत्पन्न होती है।

➢ अभ्यास का नियम यह बताता है कि अभ्यास करने से उद्दीपन तथा अनुक्रिया का संबंध मजबूत होता है तथा अभ्यास रोक देने से यह संबंध कमजोर पड़ जाता है या उसका विस्मरण हो जाता है।

➢ प्रभाव नियम के अनुसार व्यक्ति किसी अनुक्रिया या कार्य को उसके प्रभाव के आधार पर सीखता है।

- क्लार्क एल. हॉल सीखने के समग्र सिद्धांत से संबंधित न होकर सीखने के प्रबलन सिद्धांत से संबंधित हैं।
- प्रयास और भूल सीखने की एक मौलिक विधि है। इस विधि के अंतर्गत समस्या समाधान के लिए विविध प्रयास किए जाते हैं। इसका प्रतिपादन थार्नडाइक ने किया था।
- क्रियाप्रसूत अनुबंधन सिद्धांत का प्रतिपादन बी. एफ. स्किन्नर ने किया था। क्रियाप्रसूत अनुबंधन सीखने की एक प्रक्रिया है, जिसमें दंड अथवा पुरस्कार द्वारा व्यवहार में परिवर्तन लाया जाता है।
- कोहलर के सीखने का सिद्धांत अंतर्दृष्टि शिक्षण *(Insight Learning)* कहलाता है।
- ऊर्ध्व अधिगम अंतरण पहले से अर्जित ज्ञान की सहायता से समान प्रकार की समस्याओं को निम्न स्तर से उच्च स्तर की ओर हल करने की क्षमता है। उदाहरण के लिए एक बालक, जो साइकिल चलाना जानता है, और मोटर बाइक चलाना सीख रहा है, ऊर्ध्व अधिगम अंतरण का उदाहरण है।
- कोहलर ने सूझ के सिद्धांत का प्रतिपादन किया था और इसका प्रयोग उन्होंने चिंपैजियों पर किया था। कोहलर के अनुसार, व्यक्ति समस्या के समाधान हेतु अलग-अलग तरीकों से परिस्थिति का अवलोकन करता है, और उसमें अचानक सूझ आ जाती है। अतः सूझ अचानक होती है और उसके लिए अभ्यास की जरूरत नहीं होती। सीखने वाले व्यक्ति में सूझ उत्पन्न होती है, वह सही अनुक्रिया करता है और सीख लेता है।
- सीखने के सिद्धांत में विभिन्न मनोवैज्ञानिकों द्वारा जानवरों पर किए गए प्रयोग, इस प्रकार है—

मनोवैज्ञानिक	प्रयोग किए गए जानवर
पैवलॉव	कुत्ते
थार्नडाइक	बिल्ली
स्किन्नर	चूहे, कबूतर
कोहलर एवं कोफ्का	बंदर/चिंपैंजी

- मनोवैज्ञानिक इवान पैवलॉव द्वारा सीखने के अनुकूलित-अनुक्रिया सिद्धांत का प्रतिपादन किया गया था। पावलॉव में कुत्ते पर प्रयोग कर देखा कि यदि खाना देने के पहले प्रतिदिन घंटी बजाई जाए, फिर कुत्ते को खाना दिया जाए, तो घंटी बजते ही कुत्ते के मुँह में लार आ जाती है। पावलॉव के अनुसार, सामान्य तटस्थ उद्दीपक को एक दूसरे उद्दीपक के साथ जोड़ा जाए तो एक प्रतिक्रिया होती है, जो कि पहले सामान्य उद्दीपक द्वारा व्यवहार में परिलक्षित होती है।
- गेस्टाल्ट मनोविज्ञान की आधारशिला जर्मनी के मनोवैज्ञानिक मैक्स वर्थीमर *(Max Wertheimer)* द्वारा रखी गई थी। इस सिद्धांत का मुख्य बल व्यवहार में संपूर्णता के अध्ययन पर है। इस सिद्धांत के प्रतिपादन में दो अन्य मनोवैज्ञानिकों कर्ट कोफ्का तथा ओल्फगैंग कोहलर ने महत्वपूर्ण भूमिका निभाई थी।
- अभिक्रमायोजित अधिगम का सिद्धांत स्किनर द्वारा दिया गया था।
- क्रियाप्रसूत अनुकूलन सिद्धांत का प्रतिपादन स्किन्नर ने किया था।

- ➢ कोहलर का अंतर्दृष्टि सिद्धांत बुद्धि, सृजनात्मकता, कल्पना, तर्कशक्ति आदि संज्ञानात्मक योग्यताओं का विकास करने में बहुत उपयोगी है।
- ➢ रॉस के अनुसार ''चिंतन संज्ञानात्मक पक्ष में एक मानसिक क्रिया है।

वस्तुनिष्ट प्रश्न

1. बच्चों की सीखने की प्रक्रिया में माता-पिता को ...... भूमिका निभानी चाहिए।

(a) नकारात्मक *(Negative)* (b) अग्रोन्मुखी *(Proactive)*

(c) सहानुभूतिपूर्ण *(Sympathetic)* (d) तटस्थ *(Neutral)* *(CTET–2011)*

2. निम्नलिखित में से कौन-सा 'समझ के लिए शिक्षण' को प्रदर्शित नहीं करता?

(a) नियम कैसे काम करता है इसे स्पष्ट करने हेतु उदाहरण उपलब्ध कराने के लिए विद्यार्थियों को पढ़ाना

(b) समानता और अन्तर देखने एवं सादृश्यता स्थापित *(Generate Analogies)* करने के लिए विद्यार्थियों की सहायता करना

(c) विद्यार्थियों को एकाकी तथ्यों और प्रक्रियाओं *(Isolated Fact and Procedures)* को याद करने के योग्य बनाना

(d) परिघटना *(Phenomenon)* या अवधारणा को अपने शब्दों में अभिव्यक्त करने के लिए विद्यार्थियों को कहना *(CTET–2011)*

3. शिक्षार्थी जो पहले सीख चुके हैं उसकी पुनरावृत्ति और प्रत्यास्मरण में शिक्षार्थियों की मदद करना महत्वपूर्ण है क्योंकि—

(a) नयी जानकारी को पूर्व जानकारी से जोड़ना सीखने को समृद्ध बनाता है

(b) पूर्व पाठों को दोहराने का यह प्रभावी तरीका है

(c) यह शिक्षार्थियों की स्मृति को बढ़ाता है जिससे सीखना सुदृढ़ होता है

(d) यह किसी भी कक्षा-अनुदेशन *(Class-Instruction)* के लिए एक सुविधाजनक शुरुआत है *(CTET–2011)*

4. निम्नलिखित में कौन-सा कथन 'सीखने' के बारे में सही है—

(a) सीखना उस वातावरण में प्रभावी होता है जो संवेगात्मक रूप से सकारात्मक हो और शिक्षार्थियों को संतुष्ट करने वाला हो

(b) सीखने के किसी भी चरण पर सीखना संवेगात्मक कारकों से प्रभावित नहीं होता

(c) सीखना मूल रूप से मानसिक प्रक्रिया है

(d) इनमें से कोई नहीं *(CTET–2011)*

5. ''एक बच्चा अतीत की समान परिस्थिति में की गयी अनुक्रियाओं के आधार पर नयी स्थिति के प्रति अनुक्रिया करता है।'' यह किससे सम्बन्धित है?

(a) सीखने का 'सादृश्यता-नियम' *(Law of Similarity)*

(b) सीखने का 'प्रभाव-नियम' *(Law of Effect)*

(c) सीखने की प्रक्रिया का 'अभिवृत्ति नियम' *(Law of Attitude)*

(d) सीखने का 'तत्परता-नियम' *(Law of Readiness)* *(CTET–2011)*

6. सीखना समृद्ध हो सकता है यदि—
   (a) वास्तविक दुनिया से उदाहरण को कक्षा में लाया जाय जिसमें विद्यार्थी एक-दूसरे से अन्तःक्रिया करें और शिक्षक उस प्रक्रिया को सुगम बनाये
   (b) कक्षा में अधिक से अधिक शिक्षण सामग्री *(Teaching Aids)* का प्रयोग किया जाय
   (c) शिक्षक विभिन्न प्रकार के व्याख्यान और स्पष्टीकरण *(Explanation)* का प्रयोग करें
   (d) कक्षा में आवधिक परीक्षाओं *(Periodic Tests)* पर अपेक्षित ध्यान दिया जाय *(CTET–2011)*

7. शिक्षार्थियों का 'आत्म-नियमन' *(Self-Regulation)*.......की ओर संकेत करता है।
   (a) विद्यार्थियों के व्यवहार के लिए विनियम बनाना
   (b) विद्यार्थी निकाय द्वारा बनाये गये नियम-विनियम
   (c) स्व-अनुशासन और नियंत्रण *(Self-Discipline and Control)*
   (d) अपने सीखने का स्वयं पर्यवेक्षण करने की योग्यता *(CTET–2011)*

8. निम्नलिखित में से किस कथन को 'सीखने' के लक्षण के रूप में नहीं माना जा सकता ?
   (a) सीखना कुछ ऐसी चीज है जो कुछ अनुभवों के परिणामस्वरूप घटित होती है
   (b) व्यवहार का अध्ययन सीखना है
   (c) अन-अधिगम *(Unlearning)* भी सीखने का एक हिस्सा है
   (d) सीखना एक प्रक्रिया है जो व्यवहार में मध्यस्था करती है *(CTET–2011)*

9. सिद्धान्त के रूप में रचनावाद *(Constructivism)*—
   (a) दुनिया के बारे में अपना दृष्टिकोण निर्मित करने में शिक्षार्थी की भूमिका पर बल देता है
   (b) सूचनाओं को याद करने और पुनः स्मरण *(Recall)* द्वारा जाँच करने पर बल देता है
   (c) शिक्षक की प्रभुत्वशाली भूमिका पर बल देता है
   (d) अनुकरण की भूमिका पर केन्द्रित है *(CTET–2011)*

10. निम्न में से कौन से कथन को सीखने की प्रक्रिया की विशेषता नहीं मानना चाहिए ?
    (a) शैक्षिक संस्थान ही एकमात्र स्थान है जहाँ अधिगम प्राप्त होता है
    (b) सीखना एक व्यापक प्रक्रिया है
    (c) सीखना लक्ष्योन्मुखी होता है
    (d) अन-अधिगम भी सीखने की प्रक्रिया है *(CTET–2011)*

11. सीखने के अन्तर्दृष्टि सिद्धान्त *(Insight Theory of Learning)* को निम्नलिखित में से किसने बढ़ावा दिया ?
    (a) 'गेस्टाल्ट' सिद्धान्तवादी *(Gestalt Theorist)*
    (b) पैवलॉव *(Pavlov)*
    (c) जीन पियाजे *(J. Piaget)*
    (d) वाइगोट्स्की *(Vygostsky)* *(CTET–2011)*

12. सीखने का वह सिद्धान्त जो पूर्ण रूप से और केवल 'अवलोकनीय व्यवहार' *(Obserable Behaviour)* पर आधारित है, सीखने के .... सिद्धान्त से संबद्ध है।

(a) विकासवादी (b) व्यवहारवादी
(c) रचनावादी (d) संज्ञानवादी *(CTET–2011)*

13. विद्यार्थियों के सीखने में जो रिक्तियाँ रह जाती हैं उनके निदान के बाद .... होना चाहिए।

(a) सघन अभ्यास कार्य
(b) सभी पाठों को व्यवस्थित रूप से दोहराना
(c) शिक्षार्थियों और अभिभावकों को उपलब्धि के बारे में बताना
(d) समुचित उपचारात्मक कार्य *(CTET–2011)*

14. प्राथमिक विद्यालयों के बालकों के लिए निम्न में से किसे बेहतर मानते हैं?

(a) वीडियो अनुरूपण *(Video Simulation)*
(b) प्रदर्शन *(Demonstration)*
(c) स्वयं के द्वारा किया गया अनुभव *(Hands on Experiences)*
(d) ये सभी *(RTET–2011)*

15. जिस प्रक्रिया में व्यक्ति दूसरों के व्यहार को देखकर सीखता है न कि प्रत्यक्ष अनुभव से, को कहा जाता है—

(a) सामाजिक अधिगम (b) अनुबंधन *(Conditioning)*
(c) प्रायोगिक अधिगम (d) आकस्मिक अधिगम *(RTET–2011)*

16. सीखने की गति .... है।

(a) पूरी तरह से व्यक्तिगत कारकों पर निर्भर
(b) पूरी तरह से पर्यावरणीय कारकों पर निर्भर
(c) व्यक्तिगत और पर्यावरणीय कारकों की परस्पर क्रिया पर निर्भर
(d) व्यक्तिगत और पर्यावरणीय कारकों, दोनों से स्वतंत्र है *(CTET–2022)*

17. वह विचारात्मक प्रक्रिया *(Thinking Process)* जिसमें नूतन, वास्तविक तथा उपयोगी अवधारणाओं का प्रस्तुतीकरण निहित हो, कही जाती है—

(a) रचनात्मकता *(Creativity)* (b) अभिनव *(Innovation)*
(c) बुद्धिमत्ता *(Intelligence)* (d) नव-विचार *(New Idea)*
(PTET–2011)

18. सीखने की परिघटना में निम्नलिखित में से कौन आवश्यक घटक नहीं है?

(a) अधिगमकर्ता (b) आंतरिक व्यवस्था
(c) प्रेरक *(Stimulus)* (d) शिक्षक *(PTET–2011)*

19. निम्नलिखित में से कौन-सा सिद्धांत यह दर्शाता है कि आपेक्षित व्यवहार के सन्निकट सकारात्मक प्रतिक्रिया तथा पुनर्बलन के फलस्वरूप व्यवहारात्मक विकास किया जा सकता है?

(a) शास्त्रीय अनुबंधन *(Classical Conditioning)*
(b) वाध अनुबंधन *(Instrumental Conditioning)*
(c) ऑपरेंट अनुबंधन
(d) सामाजिक अनुबंधन *(PTET–2011)*

20. 'चिंतनशील सोच' *(Reflective Thinking)* की चर्चा इनमें से किसने की है?

(a) ड्यूवी *(Dewey)* (b) रॉस *(Ross)*

(c) वुडवर्थ *(Woodworth)* (d) ड्रेवर *(Drever)* *(UPTET-II–2011)*

21. बच्चा किस प्रकार सीखता है?

(a) पुस्तकें पढ़कर (b) परिचर्चा *(Discussion)* द्वारा

(c) प्रश्न पूछकर (d) कई प्रकार से *(Utt TET–2011)*

22. सीखने की प्रक्रिया में विद्यार्थी द्वारा की गई त्रुटियों के संबंध में आपकी दृष्टि में निम्न में से कौन-सा कथन सर्वोत्तम है?

(a) विद्यार्थियों को कभी भी त्रुटियाँ नहीं करनी चाहिए

(b) त्रुटियाँ अधिगम प्रक्रिया का भाग है

(c) विद्यार्थी के लापरवाही के कारण त्रुटियाँ होती हैं

(d) कभी-कभी विद्यार्थी त्रुटियाँ कर सकता है *(Utt TET–2011)*

23. सीखने के नियम के प्रतिपादक हैं—

(a) फ्रायड (b) स्किन्नर (c) थॉर्नडाइक (d) एडलर *(CgTET–2011)*

24. किस मनोवैज्ञानिक के अनुसार, सीखने का मतलब ज्ञान निर्माण करना है?

(a) स्किन्नर *(Skinner)* (b) पियाजे *(Piaget)*

(c) थार्नडाइक *(Thorndike)* (d) लेब वाइगोट्स्की *(L.Vygostsky)* *(CgTET–2011)*

25. अधिगम का व्यावहारिक सिद्धान्त निम्न है—

(a) संबद्ध प्रतिक्रिया का सिद्धान्त

(b) स्किन्नर का क्रिया-प्रसूत अधिगम *(Operant Conditioning)* का सिद्धान्त

(c) प्रबलन सिद्धान्त

(d) उपर्युक्त सभी *(CgTET–2011)*

26. सीखने की प्रोजेक्ट विधि किस अवस्था के लिए उपयोगी है?

(a) बाल्यावस्था (b) पूर्व बाल्यावस्था

(c) किशोरावस्था (d) उपर्युक्त सभी *(CgTET–2011)*

27. "सीखना व्यवहार में उत्तरोत्तर सामन्जस्य की प्रक्रिया है।" यह कथन है—

(a) क्रो व क्रो (b) पियाजे (c) स्किन्नर (d) कोहलबर्ग *(CgTET–2011)*

28. संकेत अधिगम के अंतर्गत निम्नलिखित सीखा जाता है—

(a) मनोविज्ञान (b) पारंपरिक *(Traditional)* अनुकूलन

(c) वातावरण (d) मनोदैहिक *(CgTET–2011)*

29. सीखने की प्रक्रिया का प्रथम सोपान *(First Step)* है—

(a) पाठ्य-पुस्तक पठन (b) रुचि

(c) अनुभव (d) जिज्ञासा *(BTET–2011)*

30. 'तत्परता का नियम' *(Law of Readiness)* किसने दिया है ?
(a) पैवलॉव ने (b) एबिंगहास ने
(c) थार्नडाइक ने (d) स्किन्नर ने *(BTET–2011)*

31. चिंतन अनिवार्य रूप से है, एक—
(a) संज्ञानात्मक गतिविधि (b) मनोगतिक प्रक्रिया
(c) मनोवैज्ञानिक परिघटना (d) भावात्मक व्यवहार *(CTET–2012)*

32. वाइगोट्स्की बच्चों के सीखने में निम्नलिखित में से किस कारक की महत्वपूर्ण भूमिका पर बल देते हैं ?
(a) सामाजिक (b) आनुवंशिक (c) नैतिक (d) शारीरिक
(CTET–2012)

33. प्रायः शिक्षार्थियों की त्रुटियाँ .... की ओर संकेत करती हैं।
(a) शिक्षार्थियों के सामाजिक आर्थिक स्तर
(b) वे कैसे सीखते हैं
(c) यान्त्रिक अभ्यास की आवश्यकता
(d) सीखने की अनुपस्थिति *(CTET–2012)*

34. निम्नलिखित में से कौन-सा सीखने का क्षेत्र है ?
(a) व्यावसायिक (b) आनुभविक (c) भावात्मक (d) आध्यात्मिक
(CTET–2012)

35. सीखने संबंधी निर्योग्यताएँ *(Learning Disabilities)* सामान्यतः—
(a) लड़कियों की तुलना में अधिकतम लड़कों में पायी जाती है
(b) अधिकतम उन बच्चों में पायी जाती है जो शहरी क्षेत्रों की अपेक्षा ग्रामीण क्षेत्रों से संबंध रखते हैं
(c) उन बच्चों में पायी जाती है विशेषतः जिनके पौत्रिक अभिभावक इस प्रकार की समस्याओं से ग्रसित होते हैं
(d) औसत से श्रेष्ठ बुद्धिलब्धि वाले बच्चों में पायी जाती है *(CTET–2012)*

36. निम्नलिखित में से कौन पुनर्बलन का उदाहरण है—
(a) नहीं लता ! उत्तर 45 नहीं है
(b) कमला ! उत्तर देने में तुम कीर्ति की सहायता नहीं कर सकती
(c) अरे नहीं ! आमतौर पर तुम गलत हो
(d) सुनील ! तुमने सही कहा *(CTET–2012)*

37. बच्चों में स्वअध्ययन *(Self Study)* की क्षमता का विकास किया जा सकता है—
(a) महान व्यक्तियों का उदाहरण प्रस्तुत करके
(b) स्वअध्ययन का व्याख्यान देकर
(c) स्वयं का उदाहरण प्रस्तुत करके
(d) नूतन साहित्य उपलब्ध करा कर *(CTET–2012)*

38. निम्नलिखित में से कौन मूर्तवाचक *(औपचारिक)* अवधारणा का उदाहरण नहीं है ?
(a) योग्यता (b) कुर्सी (c) बल (d) गति
(CTET–2012)

39. ·········अतिरिक्त निम्नलिखित सभी सीखने के रूप में आकलन को बढ़ा देते हैं।

(a) शिक्षार्थियों को आंतरिक पृष्ठपोषण *(Internal Feedback)* लेने के लिए कहना
(b) अवसर लेने हेतु शिक्षार्थियों के लिए एक सुरक्षित वातावरण का निर्माण करना
(c) पढ़ाये गये विषय पर मनन *(Reflect)* करने के लिए शिक्षार्थियों को कहना
(d) जितनी संभावाना हो शिक्षार्थियों का लगातार परीक्षण लेना *(CTET–2013)*

40. जब एक बावर्ची खाना पकाते समय खाने को चखता है, तो वह·········के समान है।

(a) सीखने का आकलन (b) सीखने के लिए आकलन
(c) सीखने के रूप में आकलन (d) आकलन और सीखना *(CTET–2013)*

41. सीखने का प्राथमिक मूलभूत नियम सम्बन्धित है—

(a) अभ्यास कार्य से (b) परिणाम की अपेक्षा से
(c) प्रशंसा से (d) तत्परता से *(UPTET–2013)*

42. सीखने की प्रक्रिया को प्रभावित करने वाला कारक है—

(a) अनुकरण (b) प्रशंसा एवं निन्दा
(c) प्रतियोगिता (d) ये सभी *(UPTET–2013)*

43. 'सीखने की तत्परता'...... की ओर संकेत करती है।

(a) थॉर्नडाइक का तत्परता का नियम
(b) शिक्षार्थियों का सामान्य योग्यता स्तर
(c) सीखने में सार्थक शिक्षार्थियों का वर्तमान संज्ञानात्मक स्तर
(d) सीखने के कार्य की प्रवृति को संतुष्ट करने *(UPTET–2013)*

44. निम्नलिखित में से कौन-सा कथन 'सीखने' के बारे में सही है?

(a) सीखना उस वातावरण में प्रभावी होता है जो संवेगात्मक रूप से सकारात्मक *(Positive)* हो और शिक्षार्थियों को संतुष्ट करने वाला हो
(b) सीखने के किसी भी चरण पर सीखना संवेगात्मक कारकों से प्रभावित नहीं होता है
(c) सीखना मूल रूप से मानसिक क्रिया है
(d) बच्चों द्वारा की गयी त्रुटियाँ यह संकेत करती हैं कि किसी तरह का सीखना नहीं हुआ *(UPTET–2013)*

45. पैवलॉव ने सीखने के अनुबंधन-प्रतिक्रिया सिद्धांत *(Conditioning-Reaction Theory)* का प्रतिपादन .... पर प्रयोग करके किया था।

(a) खरगोश (b) चूहे (c) कुत्ता (d) बिल्ली *(UPTET–2013)*

46. बच्चों में सीखी गई निस्सहायता का कारण है—

(a) अध्ययन को गंभीरतापूर्वक न होने हेतु नैतिक निर्णय
(b) इस व्यवहार को अर्जित कर लेना कि वे सफल नहीं हो सकते
(c) कक्षा गतिविधियों के प्रति कठोर निर्णय
(d) अपने अभिभावकों की अपेक्षा के साथ तालमेल न बना पाना *(CTET–2014)*

47. एक बच्चा अपनी मातृभाषा सीख रहा है व दूसरा बच्चा वही भाषा द्वितीय भाषा के रूप में सीख रहा है। दोनों निम्नलिखित में से कौन-सी समान प्रकार की त्रुटि कर सकते हैं?
(a) अत्यधिक संशुद्धता (b) अधिकाधिक सामान्यीकरण
(c) सरलीकरण (d) विकासात्मक *(CTET–2014)*

48. जब बच्चे एक अवधारणा को सीखते हैं और उसका प्रयोग करते हैं, तो अभ्यास उनके द्वारा की जाने वाली त्रुटियों को कम करने में मदद करता है। यह विचार .... के द्वारा दिया गया।
(a) ई. एल. थॉर्नडाइक (b) जीन पियाजे
(c) जे. बी. वॉटसन (d) लेव वाइगोट्स्की *(CTET–2014)*

49. कक्षा VII का शिक्षार्थी गणित में त्रुटियाँ करता है। एक शिक्षक के रूप में आप—
(a) शिक्षार्थी को सही उत्तर उपलब्ध कराएँगे
(b) शिक्षार्थी को कैलकुलेटर का प्रयोग करने की अनुमति देंगे
(c) शिक्षार्थी से कहेंगे कि वह विकल्पात्मक पद्धति का प्रयोग करें अथवा स्वयं त्रुटि का पता लगाने के लिए उसे दोबारा करें
(d) शिक्षार्थी को दिखाएँ कि त्रुटि कहाँ थी और शिक्षार्थी को उसे दोबारा करने के लिए कहेंगे *(CTET–2014)*

50. आपकी कक्षा में कुछ बच्चे हैं जो गलतियाँ करते हैं। इस परिस्थिति का आपके विश्लेषण के अनुसार इनमें से कौन-सा कथन सर्वाधिक उपयुक्त है?
(a) बच्चों का बुद्धि स्तर निम्न है
(b) बच्चों ने अभी तक संकल्पनात्मक स्पष्टता प्राप्त नहीं की है तथा आपको अपनी शिक्षण विधि पर चिंतन करने की आवश्यकता है
(c) बच्चों की अध्ययन में रुचि नहीं है और वे अनुशासनहीनता उत्पन्न करना चाहते हैं
(d) बच्चों को आपकी कक्षा में प्रोन्नत नहीं करना चाहिए था *(CTET–2015)*

51. 'ऑउट ऑफ द बॉक्स' चिंतन किससे संबंधित है?
(a) अनुकूल चिंतन (b) स्मृति आधारित चिंतन
(c) अपसारी चिंतन (d) अभिसारी चिंतन *(CTET–2015)*

52. कक्षा एक और दो स्तर के बच्चे—
(a) अमूर्त अनुभवों से शीघ्र सीखते हैं (b) मूर्त अनुभवों से शीघ्र सीखते हैं
(c) पढ़कर शीघ्र सीखते हैं (d) लिखकर शीघ्र सीखते हैं
(UTET-I–2015)

53. प्रायः शिक्षार्थियों की त्रुटियां .... की ओर संकेत करती हैं।
(a) वे कैसे सीखते हैं
(b) शिक्षार्थियों का सामाजिक-आर्थिक स्तर
(c) यांत्रिक अभ्यास की आवश्यकता
(d) सीखने की अनुपस्थिति *(UTET-I–2015)*

54. बच्चों के सीखने की प्रक्रिया में प्रगति तब हो सकती है, जब हम—
(a) उसकी प्रगति की नियमित रूप से जाँच करें
(b) बच्चों की प्रगति को नियमित रूप से जाँचने के साथ-साथ सुधारात्मक कदम उठाएँ
(c) बच्चों को नियमित रूप से गृहकार्य दें
(d) बच्चों के लिए नियमित रूप से गतिविधियां आयोजित कराएँ *(UTET-I–2015)*

55. व्यवहार का 'करना' पक्ष .... में आता है।
(a) सीखने के गतिक क्षेत्र (b) सीखने के भावनात्मक क्षेत्र
(c) सीखने के मनोवैज्ञानिक क्षेत्र (d) सीखने के संज्ञानात्मक क्षेत्र
(UTET-I–2015)

56. कक्षा शिक्षण में पाठ प्रस्तावना सोपान सीखने के किस नियम पर आधारित है?
(a) प्रभाव का नियम (b) सादृश्यता का नियम
(c) तत्परता का नियम (d) साहचर्य का नियम *(UPTET-I–2015)*

57. अधिगम में, ... ने प्रभाव का नियम दिया था।
(a) पैवलॉव (b) स्किन्नर (c) वॉटसन (d) थॉर्नडाइक
(UPTET-I–2015)

58. अंतर्दृष्टि *(सूझ)* द्वारा सीखने के सिद्धांत में कोहलर ने प्रयोग किया था—
(a) कुत्ते पर (b) वनमानुषों पर (c) बिल्ली पर (d) चूहों पर
(UPTET-I–2015)

59. एक परिस्थिति में अर्जित ज्ञान का दूसरी परिस्थिति में उपयोग कहलाता है—
(a) सीखने की विधियाँ (b) सीखने में स्थानांतरण
(c) सीखने में पठार (d) सीखने में रुचि *(UPTET-I–2015)*

60. सीखना—
(a) संवेगों से क्षीण संबंध रखता है
(b) सीखने वाले के संवेगों से स्वतंत्र है
(c) सीखने वाले के संवेगों से प्रभावित होता है
(d) सीखने वाले के संवेगों से प्रभावित नहीं होता है *(CTET–2016)*

61. निम्नलिखित में से कौन-सी एक महत्वपूर्ण गतिविधि बच्चों को सीखने के लिए सक्षम बनाती है?
(a) पुरस्कार (b) संवाद (c) व्याख्यान (d) निर्देश
(CTET–2016)

62. चिंतन प्रारंभ होने के लिए क्या आवश्यक है?
(a) पूर्वानुभव (b) भाषा (c) तर्क (d) समस्या
(RTET-I–2016)

63. अधिगम अंतरण का थार्नडाइक सिद्धांत कहा जाता है—
(a) समानता सिद्धांत (b) अनुरूप तत्वों का सिद्धांत
(c) औपचारिक नियमों का सिद्धांत (d) उपरोक्त में से कोई नहीं
(RTET-I–2016)

64. संकेत अधिगम के अंतर्गत सीखा जाता है—
(a) पारंपरिक अनुकूलन (b) मनोविज्ञान
(c) वातावरण (d) मनोदैहिक *(RTET-I–2016)*

65. चिंतन मानसिक क्रिया का .... पहलू है।
(a) ज्ञानात्मक (b) भावात्मक
(c) क्रियात्मक (d) उपरोक्त में से कोई नहीं *(RTET-I–2016)*

66. अधिगम के नियम के तहत तत्परता का नियम प्रतिपादित किया है—
(a) एडवर्ड एल. थार्नडाइक ने (b) जॉन बी. वॉटसन ने
(c) इवान पेट्रोविच पैवलॉव ने (d) मैक्स वर्देमर ने *(HTET-I–2017)*

67. वह गत्यात्मक बल जो बालक के व्यवहार को ऊर्जा देता है और वह सीखने की क्रिया करता है, वह है—
(a) लक्ष्य (b) प्रबल प्रेरणा
(c) अवरोध (d) सभी विकल्प सही है *(HTET-I–2017)*

68. पुर्नबलन निम्नलिखित में से किस प्रक्रिया का भाग है?
(a) शिक्षण (b) अधिगम
(c) अनुदेशन (d) उपरोक्त में से कोई नहीं *(HTET-I–2017)*

69. निम्न में से कौन-सा युग्म सही नहीं है?
(a) सीखने का उद्दीपक-अनुक्रिया सिद्धांत-थॉर्नडाइक
(b) सीखने का क्रियाप्रसूत अनुबंधन सिद्धांत-बी. एफ. स्किन्नर
(c) सीखने का क्लासिकल सिद्धांत-पैवलॉव
(d) सीखने का समग्र सिद्धांत-हॉल *(UPTET-I–2017)*

70. सीखने में प्रयास व मूल के सिद्धांत का प्रतिपादन किसने किया?
(a) कोहलर (b) पैवलॉव (c) थार्नडाइक (d) गेस्टाल्ट
(UPTET-I–2017)

71. क्रियाप्रसूत अनुबंधन सिद्धांत का प्रतिपादन किया—
(a) हॉल ने (b) थार्नडाइक ने (c) हेगार्टी ने (d) स्किन्नर ने
(UPTET-I–2017)

72. कोहलर निम्न में से किससे संबंधित हैं?
(a) अभिप्रेरणा का सिद्धांत (b) विकास का सिद्धांत
(c) व्यक्तित्व का सिद्धांत (d) अधिगम का सिद्धांत *(UPTET-I-2017)*

73. निम्न में से कौन-सा सीखने के मुख्य नियमों में शामिल नहीं है?
(a) तत्परता का नियम (b) अभ्यास का नियम
(c) बहुअनुक्रिया का नियम (d) प्रभाव का नियम *(UPTET-I–2017)*

74. निम्नलिखित में से कौन-सा प्रश्न बच्चों को गंभीर रूप से सोचने के लिए आमंत्रित करता है?
(a) क्या आप इसका उत्तर जानते हैं?
(b) सही जवाब क्या है?

(c) क्या आप इसी तरह की स्थिति के बारे में सोच सकते हैं ?

(d) विभिन्न तरीकों से हम इसे कैसे हल कर सकते हैं ? *(CTET-I–2018)*

75. थार्नडाइक ने अपने सिद्धांत को किस शीर्षक से सिद्ध किया ?

(a) अधिगम के प्रयास एवं मूल (b) संकेत अधिगम

(c) संज्ञानात्मक अधिगम (d) स्थान अधिगम *(UPTET-I–2018)*

76. निम्न में से अधिगम में योगदान देने वाले मनोवैज्ञानिक कारकों में कौन-सा शामिल नहीं है ?

(a) प्रेरणा (b) रुचि

(c) अधिगम की इच्छा (d) विषयवस्तु का स्वरूप *(UPTET-I–2018)*

77. निम्न में से कौन-सा थार्नडाइक के अधिगम के प्राथमिक नियमों में शामिल नहीं है ?

(a) अभ्यास का नियम (b) प्रभाव का नियम

(c) साहचर्यात्मक स्थानान्तरण का नियम (d) तत्परता का नियम *(UPTET-I–2018)*

78. क्रिया-प्रसूत अनुबन्धन का दूसरा नाम है—

(a) नैभित्तिक अनुबन्धन *(Instrumental Conditioning)*

(b) प्राचीन अनुबन्धन *(Classical Conditioning)*

(c) समीपस्थ अनुबन्धन *(Contigious Conditioning)*

(d) चिन्ह अनुबन्धन *(Trace Conditioning)* *(UPTET-I–2018)*

79. कोहलर *(Kohler)* यह सिद्ध करना चाहता था कि सीखना—

(a) स्वायत्त यादृच्छिक क्रिया है

(b) संज्ञानात्मक स्वंकार्य है

(c) एक ऐसी स्थिति है जिसमें व्यक्ति, पशु से श्रेष्ठ है

(d) परिस्थिति के विभिन्न अंगों का प्रत्यक्षीकरण है *(UPTET-I–2018)*

80. जो संबंध स्किन्नर का चूहों से एवं थार्नडाइक का बिल्लियों से था, वहीं संबंध कोहलर का था—

(a) कुत्तों से (b) मुर्गियों से (c) बंदरों से (d) वनमानुषों से *(UPPET-II–2018)*

81. 'द बिहेवियर ऑफ ऑर्गेनिज्मस' नामक पुस्तक के लेखक हैं—

(a) स्किन्नर (b) हल (c) पैवलॉव (d) थॉर्नडाइक *(UPPET-II–2018)*

82. सीखना एक तरह के व्यवहार का—

(a) बचाव है (b) विस्तार है (c) संशोधन है (d) प्रसार है *(UPPET-II–2018)*

83. स्किन्नर बॉक्स का प्रयोग किया जाता है—

(a) शाब्दिक अधिगम के लिए (b) प्रसूत अनुबंधन के लिए

(c) बालक अधिगम के लिए (d) आकस्मिक अधिगम के लिए *(UPPET-II–2018)*

84. संरचनात्मक दृष्टिकोण के अनुसार, अधिगम ……… है।
(a) एक सक्रिय एवं समाजिक प्रक्रिया
(b) एक निष्क्रिय एवं व्यक्तिपरक क्रिया
(c) जानकारी के अर्जन की प्रक्रिया
(d) अनुभव के परिणाम के रूप में व्यवहार में एक परिवर्तन होने की प्रक्रिया
(CTET-I–2019)

85. बच्चे और उनके अधिगम के संदर्भ में निम्नलिखित कथनों में से कौन-सा सही है?
(a) सभी बच्चे सीखने के लिए स्वभाविक रूप से प्रेरित होते हैं तथा सीखने में सक्षम हैं
(b) बच्चों को सीखने के लिए अभिप्रेरणा तथा सीखने के लिए उनकी सक्षमता केवल आनुवंशिकता के द्वारा पूर्व निर्धारित है
(c) बच्चों की सामाजिक-आर्थिक पृष्ठभूमि उनकी प्रेरणा एवं अधिगम सक्षमता को निर्धारित व सीमित करती है
(d) बच्चों को अधिगम हेतु प्रेरित करने के लिए उन्हें पुरस्कृत एवं दण्डित करना होता है
(CTET-I–2019)

86. निम्नलिखित में से कौन-सी प्रथाएँ सार्थक अधिगम को बढ़ावा देती हैं?
(i) शारीरिक दंड
(ii) सहयोगात्मक अधिगम पर्यावरण
(iii) सतत् एवं समग्र मूल्यांकन
(iv) निरंतर तुलनात्मक मूल्यांकन
(a) i, ii (b) ii, iii (c) i, ii, iii (d) ii, iii, iv
(CTET-I–2019)

87. निम्न में से किस सिद्धान्त को पुनर्बलन का सिद्धांत भी कहते हैं?
(a) उद्दीपक अनुक्रिया सिद्धान्त
(b) शास्त्रीय अनुबन्धन सिद्धान्त
(c) क्रिया प्रसुत अनुबन्धन सिद्धान्त
(d) सूझ का सिद्धान्त
(UPTET-I–2020)

88. निम्न में से किसने अधिगम सिद्धान्त का प्रतिपादन नहीं किया?
(a) स्किन्नर (b) कोहलर (c) थार्नडाइक (d) बी. एस. ब्लूम
(UPTET-I–2020)

89. निम्न में से किस कौशल में पूर्व ज्ञान का परीक्षण आता है?
(a) प्रस्तावना कौशल
(b) उद्दीपन परिवर्तन कौशल
(c) प्रदर्शन कौशल
(d) समापन कौशल
(UPTET-I–2020)

90. ''सीखने का पठार सीखने की प्रक्रिया के मुख्य अभिलक्षण हैं जो उस स्थिति को प्रकट करते हैं जिसमें सीखने की प्रक्रिया में कोई उन्नति नहीं होती।'' यह कथन किसका है?
(a) हालिंगवर्थ (b) गेट्स व अन्य (c) स्किन्नर (d) रॉस
(UPTET-I–2020)

91. 'व्यवहार के कारण व्यहार में परिवर्तन ही अधिगम है' यह किसने कहा है?
(a) गिलफोर्ड (b) वुडवर्थ (c) क्रो एण्ड क्रो (d) स्किन्नर
(UPTET-I–2020)

92. शिक्षण के दौरान आवाज में उतार-चढ़ाव उदाहरण है—
(a) उद्दीपन-परिवर्तन कौशल (b) समापन कौशल
(c) पुनर्बलन कौशल (d) प्रस्तावना कौशल *(UPTET-II–2020)*

93. शिक्षा में से कौन-सा सम्प्रेषण प्रक्रिया का तत्व सही है?
(a) माध्यम (b) पुनर्बलन (c) प्रतिपुष्टि (d) अन्तःक्रिया
(UPTET-II–2020)

94. निम्नलिखित में से कौन-सा अभिक्रमित अनुदेशन का सिद्धान्त नहीं है?
(a) अभ्यास का सिद्धांत (b) पुनर्बलन का सिद्धांत
(c) सक्रिय अनुक्रिया का सिद्धान्त (d) छोटे-छोटे पदों का सिद्धांत
(UPTET-II–2020)

95. निम्नलिखित में से कौन-सा नियम थार्नडाइक के सीखने के गौण नियमों में शामिल नहीं है?
(a) सादृश्यता का नियम (b) क्रिया-प्रतिक्रिया का नियम
(c) आंशिक क्रिया का नियम (d) बहु-प्रतिक्रिया का नियम
(UPTET-II–2020)

96. बच्चों को सीखने में कठिनाई होती है, जब—
(a) सूचना अलग-अलग टुकड़ों में प्रस्तुत की जाए
(b) वो आंतरिक रूप से अभिप्रेरित हों
(c) अधिगम सामाजिक संदर्भ में हों
(d) विषय-वस्तु को बहुरूपों में प्रस्तुत किया गया हो *(CTET-I–2021)*

97. अधिगम का संरचनात्मक विचार यह सुझाव देता है कि ज्ञान की संरचना में—
(a) बच्चों की कोई भूमिका नहीं होती है
(b) बच्चे पूर्ण रूप से वयस्कों पर निर्भर करते हैं
(c) बच्चे सक्रिय भूमिका निभाते हैं
(d) बच्चे पूर्ण रूप से पाठ्य-पुस्तकों पर निर्भर रहते हैं *(CTET-I–2021)*

98. अधिगम, एक .... और .... प्रक्रिया है।
(a) जटिल; सक्रिय (b) सरल; रैखिक
(c) सरल; व्यक्तिगत (d) जटिल; निष्क्रिय *(CTET-II–2021)*

99. बच्चों के चिंतन के विषय में निम्नलिखित में कौन-सा कथन सही नहीं है?
(a) बच्चे अपने आस-पास की विविध घटनाओं के बारे में स्वयं अपने सिद्धांतों की रचना करते हैं
(b) बच्चे प्रत्ययों को स्वयं नहीं सोच सकते और अध्यापक की मूल भूमिका उन्हें जानकारी उपलब्ध कराना है
(c) बच्चे अपने आस-पास की विविध घटनाओं के बारे में सक्रियतापूर्वक सोचते हैं और उनमें अन्वेषण की लालसा होती है
(d) बच्चे अपने आस-पास की वस्तुओं को जानने के लिए जन्मजात जिज्ञासु होते हैं
(CTET-II–2021)

100. निम्न में से कौन-सा प्रश्न बच्चों में विवेचनात्मक चिंतन को बढ़ावा देने का उदाहरण है ?
(a) पता करो कि तटीय इलाके में रहने वाले लोग क्या खाते हैं, व क्यों ?
(b) भारत के 10 राज्यों के नाम बताओ
(c) 2 से 10 तक के पहाड़े लिखो
(d) दी गई कविता का सुस्मरण करके वाचन करो *(CTET-I–2022)*

101. किसी संप्रत्यय के प्रासंगिक और अर्थपूर्ण होने के लिए क्या आवश्यक है ?
(a) उपयुक्त परिभाषा द्वारा पढ़ाया जाना
(b) बच्चे को जीवन संबंधित सामाजिक परिप्रेक्ष्य से जोड़ कर पढ़ाना
(c) पाठ्य-पुस्तक से बच्चों की कॉपी ज्यों-का-त्यों लिखना
(d) अच्छे से रहे लेना, ताकि विद्यार्थी प्रतियोगिता में हिस्सा ले पाए *(CTET–2022)*

102. पारो अपने पिता की बढ़ई की दुकान में उनकी सहायता करती है, जहाँ पर वह लकड़ी के ब्लॉक *(टुकड़ों)* को अपने पिता के द्वारा सिखाई गई विधि से सफलतापूर्वक मापती है। उसे हाल में EWS स्कीम के अंतर्गत एक पब्लिक विद्यालय में प्रवेश मिला है जहाँ पर वह शैक्षिक अपेक्षाओं *(खासकर गणित की)* का सामना करने में असमर्थ हैं। इस स्थिति में अध्यापक को—
(a) पारो को कहना चाहिए कि उसमें पढ़ने की क्षमता नहीं है
(b) पारो को परीक्षाएं देनी चाहिए और दोहराव व वेधन को बढ़ावा देना चाहिए
(c) पाठ्यक्रम और अध्ययन सामग्री को पारो के लिए प्रासंगिक बनाना चाहिए और पारो द्वारा विद्यालय के बाहर सीखे गये गणितीय अनुभवों का समावेशन करना चाहिए
(d) पारो को घर पर सीखे ज्ञान को स्कूल से सीखे ज्ञान से पृथक रखने के लिए कहना चाहिए *(CTET–2022)*

103. रीना कक्षा में दी गई किसी भी समस्या को सुलझाने के लिए अलग-अलग तरकीबों के बारे में सोचती है। यह निम्न में से किसका प्रतीक है ?
(a) मानसिक क्षति (b) कम परिज्ञानता बोधगम्यता
(c) अभिसारी सोच (d) अपसारी सोच *(CTET–2022)*

104. अनुपमा अपनी कक्षा में विज्ञान पढ़ाते हुए गणित के संप्रत्ययों के साथ संबंध बनाती है। इस प्रकार का शिक्षाशास्त्र—
(a) अधिगम के स्थानांतरण और अंतः विषयात्मक अधिगम को बढ़ावा देगा
(b) ज्ञान के अर्जन में रुकावट उत्पन्न करेगा
(c) अधिगम के रुकावट उत्पन्न करेगा क्योंकि यह छात्रों के बोझ को बढ़ाएगा
(d) छात्रों में भ्रांतियों को बढ़ावा देगा *(CTET–2022)*

105. जब बच्चे अपने अनुभवों को वर्तमान स्कीमा में समाहित करते हैं, तो इसको .... कहते हैं।
(a) आत्मसातीकरण *(Assimilation)* (b) समायोजन *(Accomodation)*
(c) केन्द्रीयता *(Centration)* (d) संरक्षण *(Conservation)*
(CTET–2022)

106. अभिकथन (A) : शिक्षिकों को सभी बच्चों के अर्थपूर्ण सीखने के लिए अधिगम के विविध मौके मुहैया कराना चाहिए।

तर्क (B) : सभी बच्चों में सीखने की क्षमता होती है।

सही विकल्प चुनें।

(a) (A) और (R) दोनों सही हैं और (R) सही व्याख्या करता है (A) की।
(b) (A) और (R) दोनों सही हैं, लेकिन (R) सही व्याख्या नहीं है (A) की।
(c) (A) सही है, लेकिन (R) गलत है।
(d) (A) और (R) दोनों गलत हैं। *(CTET–2022)*

107. निम्न में से समालोचनात्मक चिंतन में क्या शामिल है ?

(i) परासंज्ञान (ii) विश्लेषण (iii) मनन

विकल्प :

(a) i, ii, iii (b) i, ii (c) ii, iii (d) i, iii

(CTET–2022)

108. रचनावादी दृष्टिकोण से—

(a) व्यक्ति पर्यावरणीय घटनाओं से निष्क्रिय रूप से प्रभावित होते हैं।
(b) व्यक्तियों को नए व्यवहार सीखने के लिए अनुकूलित किया जाता है।
(c) सीखना वर्तमान समझ का विस्तार और परिवर्तन है।
(d) सीखना बस हमारे दिमाग की कोरी स्लेट पर संघों को लिखना है।

(CTET–2024)

109. बच्चे जब .... अनुभव करते हैं, तो बेहतर रूप से सीखते हैं।

(a) गतिविधि के दौरान निम्न स्तर की सतर्कता
(b) सीखने के लिए मध्यम स्तर का उत्साह
(c) प्रदर्शन करने के लिए उच्च स्तर पर चिन्ता
(d) अधिगम विवशता *(CTET–2024)*

110. सामाजिक रचनावादियों के अनुसार अधिगम की प्रक्रिया के बारे में निम्नलिखित में से कौन-सा कथन सही है ?

(a) अधिगम अर्थ निर्माण की एक सामाजिक प्रक्रिया है।
(b) अधिगम एक व्यक्तिवादी प्रक्रिया है, जो अलगाव में होती है।
(c) अधिगम केवल कक्षा या औपचारिक शैक्षिक विन्यास में होती है।
(d) अधिगम एक निष्क्रिय प्रक्रिया है, जो केवल अवलोकन के माध्यम से होता है।

(CTET–2024)

111. अपसारी चिन्तन .... जबकि अभिसारी चिन्तन .... —

(a) कई उत्तरों को प्रोत्साहित करता है, एक सही समाधान पर स्थिर है।
(b) एक सही समाधान पर स्थिर है, कई उत्तरों को प्रोत्साहित करता है।
(c) गणितीय क्षमताओं को बढ़ावा देता है; मौखिक क्षमताओं को बढ़ावा देता है।
(d) मौखिक क्षमताओं को बढ़ावा देता है; गणितीय क्षमताओं को बढ़ावा देता है।

(CTET–2024)

112. निम्नलिखित में से कौन-सा कारक समस्या समाधान को बढ़ावा देता है?

(a) अपसारी चिन्तन (b) कार्यात्मक स्थिरता

(c) निष्क्रिय अनुसरण (d) प्रतिक्रिया सेट *(CTET–2024)*

113. सीखने के सामाजिक-संरचनावादी विचार इस बात की वकालत करते हैं कि—

(a) शिक्षार्थी दूसरों से निष्क्रिय रूप से ज्ञान प्राप्त करते हैं।

(b) शिक्षार्थी सक्रिय रूप से ज्ञान का निर्माण करते हैं।

(c) व्याख्यान देने और समझाने से प्रभावी शिक्षण सक्रिय होता है।

(d) प्रत्याहार और दोहराव की चिन्तन प्रक्रिया से प्रभावी शिक्षण होता है। *(CTET–2024)*

114. निम्नलिखित में से कौन-सी प्रक्रिया अधिगम के दौरान योगदान नहीं देती है?

(a) संगठन (b) वर्गीकरण (c) वैचारिकता (d) गैर प्रासंगीकरण *(CTET–2023)*

115. निम्नलिखित में से कौन-सा एक ऐसे प्रश्न का उदाहरण है, जिसमें विद्यार्थियों को अपनी सोच पर विचार करने की आवश्यकता होती है?

(a) वाक्य में संज्ञा और क्रिया के बीच क्या संबंध है?

(b) क्रिया की परिभाषा क्या है?

(c) आप क्रिया को वर्तमान काल में कैसे बदल सकते हैं?

(d) कक्षा की शुरुआत से क्रियाओं के उपयोग के बारे में आपकी समझ कैसे बदली है? *(CTET–2023)*

116. **अभिकथन (A) :** शिक्षार्थियों के बीच समालोचनात्मक चिन्तन को सुगम बनाने के लिए शिक्षकों को उन्हें विविध परिस्थितियों और विभिन्न दृष्टिकोण से अवगत कराना चाहिए।

कारण (R) : जब विद्यार्थी विविध मतभेदों के बीच बातचीत में संलगन होते हैं, तो वे समालोचनात्मक और रचनात्मक रूप से सोचने की अपनी क्षमताओं को सीखते और समृद्ध करते हैं।

कूट :

(a) A और R दोनों गलत हैं

(b) A सही है, किन्तु R गलत है

(c) A और R दोनों सही हैं तथा R, A की सही व्याख्या करता है।

(d) A और R दोनों सही हैं, परन्तु R, A की सही व्याख्या नहीं करता है। *(CTET–2023)*

117. विद्यार्थियों की सीखने की शैली में विविधता—

(a) को महत्व दिया जाना चाहिए और मानव विविधता के प्रतिबिम्ब के रूप में देखा जाना चाहिए।

(b) की उपेक्षा की जानी चाहिए और सीखने की शैलियों में एकरूपता लाने का प्रयास किया जाना चाहिए।

(c) को शिक्षण-अधिगम प्रक्रिया के दौरान ध्यान में नहीं रखा जाना चाहिए।

(d) को शिक्षण-अधिगम प्रक्रिया में बाधा और अवरोध के रूप में देखा जाना चाहिए। *(CTET–2023)*

उत्तरमाला

1. (b)	2. (c)	3. (a)	4. (a)	5. (b)	6. (a)	7. (d)	8. (b)
9. (a)	10. (a)	11. (a)	12. (b)	13. (d)	14. (c)	15. (a)	16. (c)
17. (a)	18. (d)	19. (c)	20. (a)	21. (d)	22. (b)	23. (c)	24. (b)
25. (d)	26. (d)	27. (c)	28. (b)	29. (d)	30. (c)	31. (a)	32. (a)
33. (c)	34. (b)	35. (c)	36. (d)	37. (d)	38. (a)	39. (d)	40. (b)
41. (d)	42. (d)	43. (c)	44. (a)	45. (c)	46. (b)	47. (d)	48. (a)
49. (c)	50. (b)	51. (c)	52. (b)	53. (a)	54. (b)	55. (a)	56. (c)
57. (d)	58. (b)	59. (b)	60. (c)	61. (b)	62. (d)	63. (b)	64. (a)
65. (a)	66. (a)	67. (d)	68. (b)	69. (d)	70. (c)	71. (d)	72. (d)
73. (c)	74. (d)	75. (a)	76. (d)	77. (c)	78. (a)	79. (b)	80. (d)
81. (a)	82. (c)	83. (b)	84. (a)	85. (a)	86. (b)	87. (c)	88. (d)
89. (a)	90. (b)	91. (a)	92. (a)	93. (b)	94. (a)	95. (b)	96. (a)
97. (c)	98. (a)	99. (b)	100. (a)	101. (b)	102. (c)	103. (d)	104. (a)
105. (a)	106. (a)	107. (a)	108. (c)	109. (b)	110. (a)	111. (a)	112. (a)
113. (b)	114. (d)	115. (d)	116. (c)	117. (a)			

★★★

23

शिक्षण एवं अधिगम

शिक्षण *(Teaching)*: शिक्षण का अर्थ अध्यापक-वर्ग द्वारा अपनाये गये व्यवसाय अथवा किसी व्यक्ति-विशेष को कुछ सिखाने या कुछ विशेष ज्ञान, कौशल, रुचियों और अभिवृत्ति आदि को अर्जित करने में दी जाने वाली सहायता से लिया जाता है।

➢ एच. सी. मौरीसन *(H. C. Morrison)* के अनुसार, "शिक्षण एक अधिक परिपक्व व्यक्तित्व और कम परिपक्व व्यक्तित्व के बीच वह घनिष्ठ संपर्क है जिसके द्वारा कम परिपक्व व्यक्तित्व को शिक्षा की दिशा में और आगे बढ़ाया जा सकता है।"

➢ जॉन ब्रूबेकर *(John Brubacher)* के अनुसार, "शिक्षण से तात्पर्य किसी ऐसी परिस्थिति के आयोजन और परिचालन से है जिसमें कुछ अधूरापन या अवरोध रहते हैं, जिन्हें कोई व्यक्ति पूरा करने अथवा उन पर विजय पाने का प्रयास करता है तथा परिणामस्वरूप कुछ सीखता है।"

➢ बी. ओ. स्मिथ *(B. O. Smith)* के अनुसार, "शिक्षण सीखने हेतु संपन्न की जाने वाली क्रियाओं की एक प्रणाली है।"

➢ क्लार्क *(Clarke)* के अनुसार, "शिक्षण से तात्पर्य उन क्रियाओं से है जिनकी संरचना और जिनका परिचालन विद्यार्थी के व्यवहार में परिवर्तन लाने के लिए किया जाता है।"

➢ थॉमस एफ. ग्रीन *(Thomas F. Green)* के अनुसार, "शिक्षण शिक्षक का वह कार्य है जिसे बालक के विकास के लिए किया जाता है।"

शिक्षण की प्रकृति एवं विशेषताएँ

Nature and Characteristics of Teaching

(a) शिक्षण एक जटिल सामाजिक प्रक्रिया है।
(b) शिक्षण कला और विज्ञान दोनों ही है।
(c) शिक्षण एक व्यावसायिक प्रक्रिया है।
(d) शिक्षण अध्यापक के परिश्रम का परिणाम है।
(e) शिक्षण विभिन्न प्रकार की क्रियाओं की एक संगठित प्रणाली है।
(f) शिक्षण का वैज्ञानिक ढंग से अवलोकन और विश्लेषण किया जा सकता है।
(g) शिक्षण में संप्रेषण कौशल का आधिपत्य रहता है।
(h) शिक्षण एक पारस्परिक अन्तःक्रिया है।
(i) शिक्षण विविध रूपों में संपन्न हो सकता है।
(j) शिक्षण विभिन्न शिक्षण कौशलों से युक्त एक विशिष्ट कार्य है।

शिक्षण का अन्य समरूप संप्रत्ययों से संबंध

शिक्षा की दुनिया में शिक्षण के अतिरिक्त कुछ समरूप संप्रत्ययों जैसे अनुबंधन *(Conditioning)*, प्रशिक्षण *(Training)*, अनुदेशन *(Instruction)* और प्रतिपादन

(Indoctrination) का भी प्रयोग करते हैं। मुख्य रूप से सभी प्रकार के शिक्षण संप्रत्ययों का उद्देश्य विद्यार्थियों के व्यवहार में परिवर्तन लाना है। परिवर्तन का यह कार्य दो प्रकार से हो सकता है—

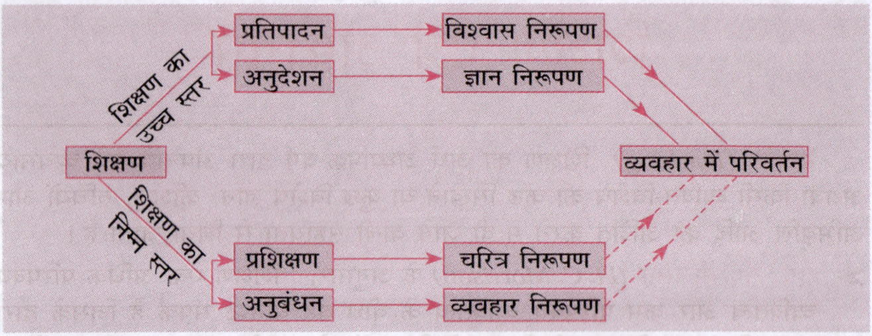

(a) विद्यार्थियों को यह शिक्षा दी जाए कि किसी कार्य को कैसे किया जाता है अथवा किसी परिस्थिति अथवा उद्दीपन *(Stimulus)* के प्रति कैसी अनुक्रिया *(Response)* की जानी चाहिए।

(b) विद्यार्थियों को उन बातों की शिक्षा दी जाए जिनसे उनके ज्ञान में वृद्धि हो और कुछ निश्चित प्रकार की मान्यताओं और विश्वासों का निर्माण हो सके।

शिक्षण साधन
Teaching Aids

➢ जब एक अध्यापक प्रभावपूर्ण संप्रेषण तथा अपेक्षित उद्देश्यों की प्राप्ति के लिए विभिन्न प्रकार के साधनों एवं सामग्री जैसे चार्ट, मानचित्र, मॉडल, स्थूल पदार्थ, फिल्म, टेप्स, प्रोजेक्टर, रेडियो, टेलीविजन और इसी तरह के अन्य संसाधनों का प्रयोग अपनी सुविधानुसार करता है, इस प्रकार के सभी सामग्री और उपकरण जो किसी अध्यापक को अपने विद्यार्थियों के साथ उचित संप्रेषण तथा कक्षा-कक्ष में अच्छी तरह अंतःक्रिया करते हुए निर्धारित शिक्षण उद्देश्यों की प्रभावपूर्ण उपलब्धि में भली-भाँति सहायता करते हैं। शिक्षण तकनीकी की भाषा में उन्हें शिक्षण साधन *(Teaching Aids)* का नाम दिया जाता है।

शिक्षण साधनों का वर्गीकरण
Classification of Teaching Aids

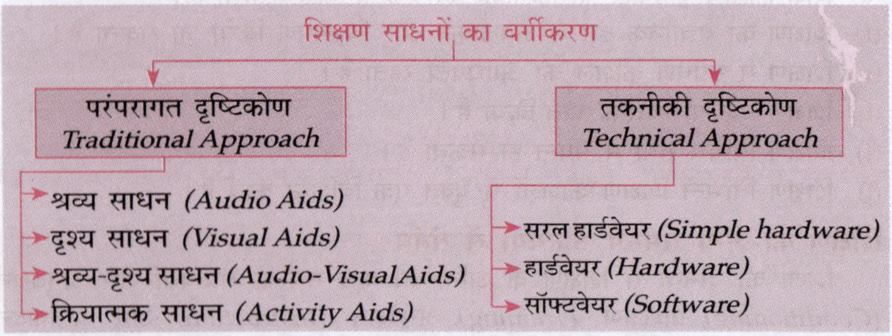

★ श्रव्य साधन *(Audio Aids)*: इस वर्ग में वे शिक्षण साधन आते हैं जिनके द्वारा सुनकर ज्ञान प्राप्त किया जा सकता है अर्थात् जिनमें अधिगमकर्ता को अधिगम हेतु अपनी श्रवणेंद्रियों *(कान)* का उपयोग करना होता है। इस प्रकार के साधनों में फोनोग्राफ रिकॉर्ड, रेडियो प्रसारण तथा मैग्नेटिक टेपरिकॉर्डिंग इत्यादि उपयोग कर सकते हैं।

★ दृश्य साधन *(Visual Aids)*: इस वर्ग में उन साधनों का उल्लेख किया जाता है जिनके द्वारा देखकर ज्ञान प्राप्त किया जा सकता है अर्थात् जिनमें अधिगमकर्ता को अधिगम हेतु अपनी दृश्य-इंद्रिय का सहारा लेना पड़ता है।

➢ दृश्य साधनों को और अच्छी तरह समझने और व्यवहार में लाने की दृष्टि से आगे दो उपवर्गों प्रक्षेपी साधनों *(Projective Aids)* तथा अप्रक्षेपी साधनों *(Non-Projective Aids)* में बाँटा जा सकता है।

➢ प्रक्षेपी साधनों के अंतर्गत मूक चलचित्र, फिल्म स्ट्रिप, एपीडाइस्कोप, मैजिक लैंटर्न माइक्रोप्रोजेक्टर्स तथा ओपेक और ओवरहेड प्रोजेक्टर्स इत्यादि आते हैं।

➢ अप्रक्षेपी या नन-प्रोजेक्टिव साधनों के रूप में चॉक बोर्ड, फेल्ट बोर्ड, बुलेटिन बोर्ड, फोटोग्राफ, पोस्टर, मानचित्र, चार्ट, ग्लोब, मॉडल, नमूने *(Specimens)* तथा मुद्रित सामग्री *(Printing Material)* इत्यादि का प्रयोग करते हैं।

★ श्रव्य-दृश्य साधन *(Audio-Visual Aids)*: इस वर्ग में वे शिक्षण साधन आते हैं जिनके द्वारा देखकर तथा सुनकर दोनों ही तरह से ज्ञान प्राप्त किया जाता है, अर्थात् जिनमें अधिगमकर्त्ता को अधिगम हेतु अपनी श्रवणेंद्रियों तथा दृश्य-इंद्रियों दोनों का ही प्रयोग करना पड़ता है।

➢ इस प्रकार के साधनों के रूप में टेलीविजन, बोलते चलचित्र, रेडियो विजन, वीडियो प्रदर्शन के साथ ऑडियो रिकॉर्डिंग, कंप्यूटर सहाय्य अनुदेशन इत्यादि का उपयोग किया जाता है।

★ क्रियात्मक साधन *(Activity Aids)*: इस वर्ग में वे साधन आते हैं जिनसे न केवल देखकर तथा सुनकर बल्कि उनके द्वारा कुछ करके भी सीखा जाता है। इस प्रकार के सजीव क्रियात्मक साधनों में अभिनयीकरण *(Dramatization)*, भूमिका निर्वाह *(Role playing)*, प्रयोगशाला तथा कार्यशाला में प्रयोगात्मक तथा क्रियात्मक कार्य करना, भ्रमण अथवा पर्यटन में प्रत्यक्ष अनुभवों द्वारा ज्ञान प्राप्त करना इत्यादि आते हैं।

तकनीकी दृष्टिकोण

★ सरल हार्डवेयर *(Simple hardware)*: मैजिक लैंटर्न, एपीडाइस्कोप, स्लाइड प्रोजेक्टर, फिल्म स्ट्रिप प्रोजेक्टर तथा ओवरहेड प्रोजेक्टर इत्यादि।

★ हार्डवेयर *(Hardware)*: रेडियो, टेलीविजन, टेलीलेक्चर, रिकॉर्ड प्लेयर, टेपरिकॉर्डर, चलचित्र, शिक्षण मशीन तथा कंप्यूटर्स।

★ सॉफ्टवेयर : स्लाइड, फिल्म स्ट्रिप्स, चित्र और मुद्रित सामग्री, चार्ट, मानचित्र, डाइग्राम, कार्टून तथा पोस्टर इत्यादि ग्राफिक साधन तथा मॉडल और नमूने इत्यादि त्रि-आयामी साधन।

अधिगम
Learning

➢ गार्डनर मरफी *(Gardner Murphy)* के अनुसार, "सीखने या अधिगम शब्द में वातावरण संबंधी आवश्यकताओं की पूर्ति के लिए व्यवहार में होनेवाले सभी प्रकार के परिवर्तन सम्मिलित हैं।"

➢ वुडवर्थ *(Woodworth)* के अनुसार, "किसी भी ऐसी क्रिया को जो कि व्यक्ति के विकास में सहायक होती है और उसके वर्तमान व्यवहार और अनुभवों को जो कुछ वे हो सकते थे, उनसे भिन्न बनाती है, सीखने की संज्ञा दी जा सकती है।"

अधिगम संरचनाएँ तथा शिक्षण युक्तियाँ
Learning Structures and Teaching Tactics

अधिगम संरचना *Learning Structure*	अधिगम संरचना की प्रकृति *(Nature of Learning Structure)*	अपनायी जाने वाली शिक्षण युक्तियाँ *(Teaching Tactics to be adopted)*
1. सांकेतिक अधिगम *(Signal Learning)*	इस प्रकार की अधिगम संरचना में हम किसी संकेत *(Signal)* या उद्दीपन के प्रति एक तरह की सामान्य अनुक्रिया करने के द्वारा सीखते हैं जैसे लाल बत्ती पर रुक जाना और हरी बत्ती होने पर अपना वाहन आगे बढ़ाना।	(a) विद्यार्थियों से किसी विशेष उद्दीपन के प्रति अनुक्रिया करने को कहना। (b) गलत अनुक्रियाओं की अनदेखी करना तथा सही अनुक्रियाओं को पुनर्बलित करना। (c) सही अनुक्रियाओं का स्वामित्व स्तर तक अभ्यास करना।
2. शृंखला अधिगम *(Chain Learning)*	इस अधिगम संरचना में दो या दो से अधिक उद्दीपन अनुक्रिया (S.R.) संयोजन मिलकर एक शृंखला का निर्माण करते हैं। जैसे किसी कौशल का अधिगम, किसी कविता को कंठस्थ याद करना इत्यादि।	(a) विद्यार्थियों के सामने शृंखला को उपस्थित करना। (b) उन्हें आगे की ओर अग्रसर होने तथा पीछे की ओर खिसकने वाली शृंखला का ज्ञान कराना। (c) शृंखला का अभ्यास करने का अवसर देना
3. बहु-विभेदीकरण अधिगम *(Multi Discri-mination Learning)*	इस स्तर पर अधिगमकर्ता विभिन्न प्रकार के उद्दीपनों के प्रति अलग-अलग तरह से अनुक्रियाएँ व्यक्त करना सीख जाता है। जैसे—सब्जियों और फलों में भेद करना।	(a) उद्दीपनों में समानता और असमानता की पहचान कर सकने योग्य बनाना। (b) समानता और असमानता के आधार पर वस्तुओं को श्रेणियों या वर्गों में बाँटना। (c) एक वर्ग या श्रेणी में शामिल वस्तुओं को दूसरे वर्ग या श्रेणियों की वस्तुओं से पृथक कराना।

अधिगम संरचना Learning Structure	अधिगम संरचना की प्रकृति (Nature of Learning Structure)	अपनायी जाने वाली शिक्षण युक्तियाँ (Teaching Tactics to be adopted)
4. संप्रत्यय अधिगम *(Concept Learning)*	इस स्तर पर अधिगमकर्ता किसी एक वर्ग या श्रेणी के उद्दीपनों के प्रति एक जैसी अनुक्रिया व्यक्त करना सीख जाता है। जैसे किसी एक प्रकार के फल को सेब कहकर पुकारना।	(a) समानता के आधार पर किसी एक वर्ग के उद्दीपनों को उसी वर्ग के रूप में पहचानना। (b) उन्हें किसी एक सामान्य नाम से संबोधित करना (c) इसी नाम के अन्य उदाहरण देना। (d) जिन्हें नाम नहीं दिया जा सकता है उनके उदाहरण देना।
5. प्रनियम अधिगम *(Principle Learning)*	इस स्तर पर अधिगमकर्ता किन्हीं दो या दो से अधिक संप्रत्ययों को शृंखलाबद्ध करके नियम निर्माण या निष्कर्ष निकालना सीख जाता है। जैसे—भूखे को खाने के लिए भोजन चाहिए।	(a) शृखंलाबद्ध अनुक्रियाओं के उदाहरण प्रस्तुत करना। (b) विद्यार्थियों को सामान्यीकरण कर निष्कर्ष निकालने या नियमों की रचना करने में सहायता करना। (c) निर्मित नियमों को प्रयोग में लाकर देखने का अभ्यास कराना।

अधिगम या सीखने की प्रकृति एवं विशेषताएँ
Nature and Characteristics of Learning

अधिगम या सीखने की विशेषताएँ निम्नलिखित हैं—

1. सीखना एक प्रक्रिया है, प्रक्रिया का परिणाम नहीं।
2. सीखने में जीवन में मृत्युपर्यंत उन सभी अनुभवों और प्रशिक्षण का समावेश होता है, जिनके द्वारा व्यक्ति के व्यवहार में परिवर्तन लाने की भूमिका निभायी जाती है।
3. सीखने के द्वारा व्यक्ति को समायोजन और अनुकूलन में सहायता मिलती है।
4. सभी प्रकार का सीखना प्रयोजनपूर्ण एवं उद्देश्ययुक्त होता है।
5. सीखना उद्देश्यपूर्ण के साथ ही लक्ष्य निर्देशित होता है।
6. सीखने को वातावरण एवं क्रियाशीलता *(Activity and Environment)* की उपज माना जाता है।
7. सीखने के द्वारा व्यवहार के सभी क्षेत्रों ज्ञानात्मक, क्रियात्मक एवं भावात्मक में आवश्यक परिवर्तन लाये जा सकते हैं।
8. सीखना एक सार्वभौमिक एवं सतत प्रक्रिया है ।
9. सीखने के अंतर्गत उन व्यवहारजन्य परिवर्तनों को शामिल नहीं किया जाता है, जो कि परिपक्वन *(Maturation)*, थकान *(Fatigue)*, बीमारी अथवा नशीले और उत्तेजक पदार्थों के सेवन के परिणामस्वरूप प्राप्त होते हैं।

शिक्षण और अधिगम में संबंध

➢ शिक्षण से अर्थ उन सभी कार्यकलापों अथवा क्रियाओं की प्रणाली से है, जिनका आयोजन कुछ सीखने *(Learning)* के लिए किया जाता है।

➢ शिक्षण की परिणति न ही अधिगम में होना आवश्यक है और न ही अधिगम के लिए शिक्षण प्रक्रिया की सभी औपचारिकताओं को निभाना आवश्यक है।

उदाहरण के लिए—एक डॉक्टर अपने मरीजों के इलाज के लिए बढ़िया-से-बढ़िया दवाई और सुझाव देता है और इस प्रकार उन्हें रोग-मुक्त कर स्वस्थ बनाना चाहता है। परंतु यह आवश्यक नहीं है कि डॉक्टर द्वारा किये गये इलाज से प्रत्येक मरीज ठीक हो जाये।

एक अध्यापक वर्ग में सभी छात्रों को एकसमान शिक्षण प्रदान करते हैं, परंतु यह आवश्यक नहीं है कि वर्ग के सभी छात्र सामान्य रूप से प्रगति करें।

➢ शिक्षण के अलावा व्यक्ति अनुभव एवं स्वयं प्रयत्न से भी सीख सकता है।

➢ गेज *(Gage)* के अनुसार, ''शिक्षण और अधिगम की प्रक्रियाओं को एक-दूसरे में विलीन करके एक ऐसी मिश्रित प्रक्रिया का निर्माण किया जाना चाहिए ताकि उसके द्वारा अच्छे-से-अच्छे परिणामों की प्राप्ति संभव हो सके।''

➢ अतः यदि शिक्षण को शिक्षा की प्रक्रिया और अध्ययन-अध्यापन योजना का केंद्र बनाना उपयुक्त है तो वहाँ सभी प्रकार के शिक्षण को अधिगम केंद्रित बना कर ही शिक्षार्थी का अधिक-से-अधिक हित-चिंतन किया जा सकेगा।

सीखने के प्रकार

Kinds of Learning

शिक्षा मोवैज्ञानिकों ने सीखने के कई प्रकार का वर्णन किया है। उसूबेल *(Ausubel)* ने शिक्षा के चार प्रकार बताये हैं—

1. अभिग्रहण सीखना *(Reception Learning)*: इस तरह के सीखने में शिक्षार्थी को सीखनेवाली सामग्री बोलकर या निकालकर दी जाती है और शिक्षार्थी उन सामग्रियों को आत्मसात *(Internalize)* कर लेता है।

2. अन्वेषण सीखना *(Discovery Learning)*: अन्वेषण सीखना वैसे सीखना को कहा जाता है जिसमें शिक्षार्थी को दी गई सामग्रियों में से नया संप्रत्यय या कोई नया नियम या विचार की खोज कर उसे सीखना होता है।

3. रटकर सीखना *(Rote Learning)*: इसके अंतर्गत शिक्षार्थी दिये गये सामग्रियों के साहचर्य *(Association)*, शब्दशः *(Verbation)* तथा मनमाने ढंग से उसके आशय को बिना समझे हुए सीखते हैं। निरर्थक पदों को सीखना, शब्दों के जोड़े को सीखना, अक्षर-अंक जोड़े को सीखना इत्यादि इसके उदाहरण हैं।

4. अर्थपूर्ण सीखना *(Meaningful Learning)*: अर्थपूर्ण सीखना वैसे सीखने को कहा जाता है जिसमें सीखे जानेवाली सामग्री के सार तत्व *(Substance)* को एक नियम के अनुसार समझकर तथा उसका संबंध गत ज्ञान से जोड़ते हुए सीखा जाता है।

➢ गैग्ने *(Gagne)* ने अपनी पुस्तक 'दी कंडिशंस ऑफ लर्निंग' *(The Conditions of Learning)* में सीखने के मूल आठ प्रकार का वर्णन किया है। गेगनी द्वारा बताये गये सभी आठ प्रकार शृंखलाबद्ध क्रम में होते हैं। शृंखला में सबसे ऊपर समस्या समाधान सीखना है तथा सबसे नीचे सांकेतिक सीखना है।

चित्र : गैग्ने द्वारा प्रतिपादित समस्या समाधान शृंखला

1. सांकेतिक सीखना *(Signal Learning)*: सांकेतिक सीखना क्लासिकी अनुबंधन सीखने के समान होता है जिसमें कोई तटस्थ उद्दीपन के साथ कोई स्वाभाविक उद्दीपन को एक साथ कई बार दिया जाता है।

➢ पैवलॉव *(Pavlov)* के क्लासिकी अनुबंधन के प्रयोग में घंटी की आवाज के साथ कुत्ते को भोजन दिया गया। प्रायः ऐसा करने पर कुत्ते कुछ दिनों बाद मात्र घंटी की आवाज पर लार स्राव करना सीख गया था। इस तरह का सीखना सांकेतिक सीखना है।

➢ पैवलॉव के क्लासिकी अनुबंधन को मनोवैज्ञानिकों ने टाइप-एस अनुबंधन *(Type-S Conditioning)* भी कहा है।

2. उद्दीपन अनुक्रिया सीखना *(Stimulus Response Learning)*: वैसे सीखना को उद्दीपन अनुक्रिया कहा जाता है जिसमें प्राणी किसी उद्दीपन के प्रति एक ऐच्छिक क्रिया *(Voluntary response)* करता है जिसका परिणाम उस पर सुखद होता है और वह धीरे-धीरे उस उद्दीपन के प्रति वही अनुक्रिया करना सीख लेता है। इसे स्किन्नर का क्रियासूत अनुवंधन या साधनात्मक अनुबंधन भी कहा जाता है।

➢ स्किन्नर *(Skinner)* के साधनात्मक अनुबंधन को मनोवैज्ञानिकों ने टाइप-आर अनुबंधन *(Type-R Conditioning)* कहा है।

3. सरल शृंखला का सीखना *(Learning of simple chaining)*: गैग्ने *(Gagne)* ने इस तरह के सीखना से तात्पर्य एक क्रम *(Sequence)* में होनेवाले अलग-अलग कई उद्दीपन-अनुक्रिया संबंधों के सेट *(Set)* से बताया है। इस प्रकार का सीखना पेशीय सीखना *(Motor Learning)* में पाया जाता है।

4. शाब्दिक साहचर्य सीखना *(Verbal Association Learning)*: शाब्दिक साहचर्य सीखना वैसे सीखना को कहा जाता है जिसमें व्यक्ति को उद्दीपन-अनुक्रिया का ऐसा क्रम *(Sequence)* सीखना होता है जिसमें शाब्दिक अभिव्यक्ति निहित होती है। जैसे—कविता याद करना, शब्दावली सीखना, कहानी याद करना इत्यादि।

5. विभेदीकरण सीखना *(Learning Discrimination)*: इसमें व्यक्ति विभिन्न उद्दीपनों के प्रति विभिन्न अनुक्रिया *(Responses)* करना सीखता है। जैसे—बालकों द्वारा त्रिभुज एवं चतुर्भुज में अंतर सीखना, फुटबॉल तथा क्रिकेट में अंतर सीखना इत्यादि विभेदीकरण सीखना के उदाहरण हैं।

6. संप्रत्यय सीखना *(Concept Learning)*: कई वस्तुओं के सामान्य गुणों के आधार पर कोई विशेष अर्थ को सीखना, संप्रत्यय सीखना कहलाता है।

7. नियम सीखना *(Rule Learning)*: नियम का सीखना एक महत्वपूर्ण सीखना है। इस तरह का सीखना संप्रत्यय सीखना पर सर्वाधिक आधारित होता है। नियम से दो या दो से अधिक संप्रत्ययों के बीच एक नियमित संबंध का पता चलता है।

8. समस्या-समाधान सीखना *(Problem-Solving Learning)*: समस्या-समाधान सीखना गेगनी के शृंखलाबद्ध सीखना की सबसे ऊपरी अवस्था है। इस तरह के सीखना में व्यक्ति किसी नियम का उपयोग करके कोई समस्या का समाधान करता है और एक नये तथ्य को सीखता है।

औपचारिक अधिगम तथा अनौपचारिक अधिगम
Formal Learning and Informal Learning

औपचारिक अधिगम

कक्षा अधिगम *(Classroom Learning)*

क्षेत्र अधिगम *(Field Learning)*

कक्षा अधिगम *(Classroom Learning)*: कक्षा अधिगम से तात्पर्य स्कूल या कॉलेजों में छात्रों द्वारा वर्ग या कक्षा में शिक्षकों की मदद से ग्रहण किया गया कौशल से होता है। इस तरह के शिक्षण में स्कूल, शिक्षक, पाठ्यपुस्तक *(Text Book)* तथा अन्य संबद्ध सामग्रियों की भूमिका अधिक होती है।

➢ शिक्षक छात्रों को कक्षा में शिक्षा देने के लिए एक विशेष पाठ्यक्रम *(Syllabus)* तैयार करते हैं और उसी के अनुरूप वे छात्रों को कौशल सिखाते हैं।

क्षेत्र शिक्षण *(Field Learning)*: क्षेत्र शिक्षण से तात्पर्य वैसे शिक्षण से होता है जिसमें छात्र किसी क्षेत्र, जैसे खेल के मैदान में विशेष प्राधिकारी, जैसे शिक्षक या अन्य कोई विशेषज्ञ की मदद से किसी विशेष कौशल को सीखते हैं।

➢ अनौपचारिक अधिगम से तात्पर्य वैसे शिक्षण से होता है जिसमें बालक किसी कौशल *(Skills)* को एक औपचारिक प्राधिकारी *(Formal Authority)* से नहीं सीखते हैं तथा इस तरह के शिक्षण का वातावरण उतना अनुशासनात्मक नहीं होता है जितना कि औपचारिक अधिगम का। शिक्षा मनोवैज्ञानिकों ने अनौपचारिक शिक्षण के तीन प्रकार बताये हैं—

- माता-पिता द्वारा दी गई शिक्षा
- पास-पड़ोस द्वारा दी गई शिक्षा
- साथियों के समूह में प्राप्त शिक्षा

अधिगम वक्र

Learning Curve

- सीखने की प्रगति या अवनति को दिखाने वाली वक्र रेखा को शिक्षण या अधिगम वक्र कहा जाता है। अधिगम वक्र एक ऐसा वक्र होता है, जो सीखने की मात्रा तथा अभ्यास या प्रयास के बीच एक खास संबंध को बताता है।

  अध्ययन वक्र के चार प्रकार होते हैं—

1. समान निष्पादन वक्र *(Curve of Equal Returns)*: इस वक्र को रेखीय त्वरण वक्र कहा जाता है। इस वक्र का आकार एक सीधी रेखा (*Line*) के समान होता है। इस तरह के वक्र में प्रत्येक प्रयास (*Trial*) में सीखने की मात्रा या निष्पादन समान रहा है।

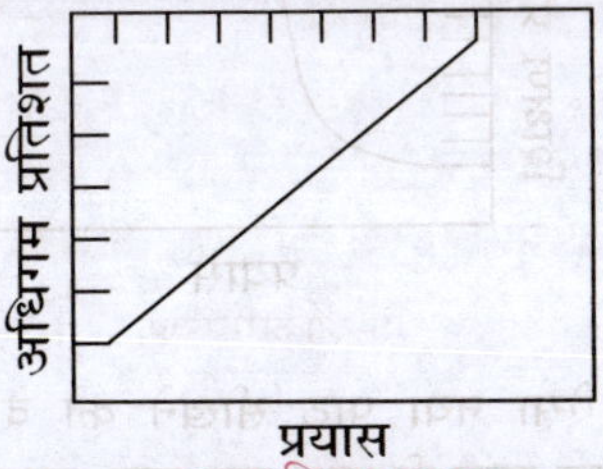

समान निष्पादन वक्र

- लैकमैन (*Lackman*) ने अपने अध्ययन में एक प्रकार का अधिगम वक्र पाया था जिसमें 4 दिनों तक चूहा द्वारा विभेदीय सीखने *(Discrimination Learning)* के प्रयोग में सही अनुक्रिया का प्रतिशत प्रतिदिन लगभग 10%-10% था।

2. वर्धमान निष्पादन वक्र *(Curve of Increasing Returns)* : इस तरह का वक्र तब बनता है जब प्रारंभ के प्रयासों में सीखने की गति धीमी होती है और फिर बाद के प्रयासों में उसकी गति तीव्र हो जाती है जिसके फलस्वरूप अधिगम वक्र तेजी से ऊपर उठता है।

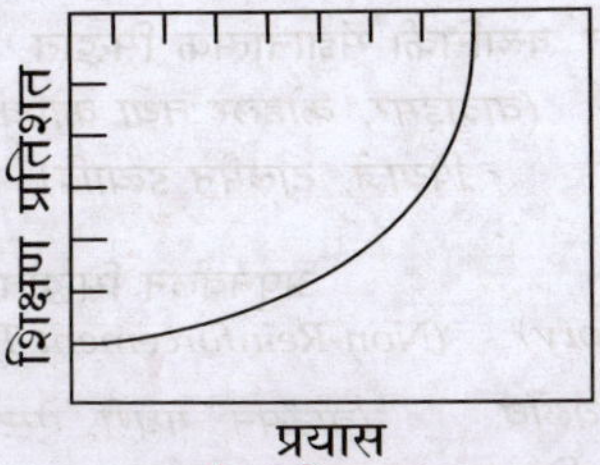

वर्धमान निष्पादन वक्र

3. ह्रास निष्पादन वक्र *(Curve of Decreasing Returns)*: इस तरह के वक्र से यह पता चलता है कि प्रारंभ के प्रयासों में सीखने की गति (*Rate*) तीव्र होती है, परंतु बाद के प्रयासों (*Trials*) में यह गति धीमी हो जाती है क्योंकि प्रयोज्य (*Subject*), निष्पादन (*Performance*) के उच्चतम शिखर के करीब आ जाता है।

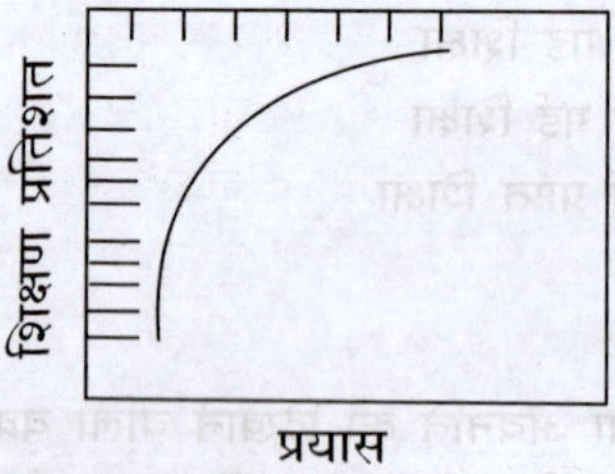

ह्रास निष्पादन वक्र

4. S-आकारीय वक्र *(S-Shaped Curve)*:

➢ इस तरह के शिक्षण वक्र में सीखने की गति या दर आरंभ में धीमी होती है और फिर बाद के प्रयासों में तीव्र हो जाती है और अंत में फिर धीमी हो जाती है।

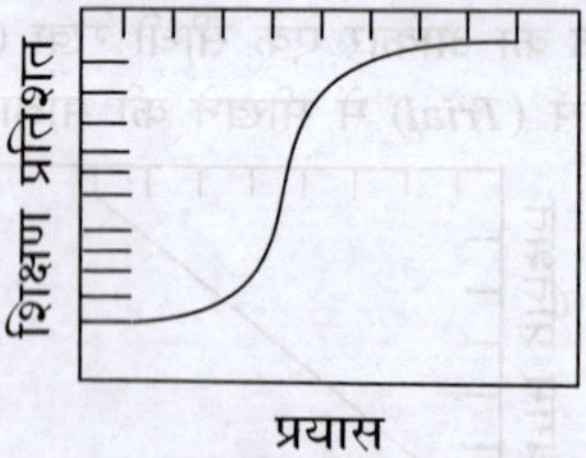

S–आकारीय वक्र

➢ अगर छात्र को एक ऐसा नया पाठ सीखने को दे दिया जाता है जिससे वह पूर्व-परिचित नहीं है तथा साथ-ही-साथ पूरा पाठ समान रूप से कठिन है, तो इससे बनने वाला वक्र प्रायः S-आकारीय वक्र होता है।

➢ S-आकारीय अधिगम वक्र में वर्धमान शिक्षण वक्र *(Curve of Increasing Returns)* तथा ह्रास शिक्षण वक्र *(Curve of Decreasing Returns)* दोनों ही सम्मिलित होते हैं।

सीखने के सिद्धांत
Theories of Learning

सीखने के सिद्धांत

- उद्दीपन-अनुक्रिया सिद्धांत *(Stimulus–Response Theory)*
  - पुनर्बलन सिद्धांत *(Reinforcement Theory)* — *(थार्नडाइक, स्किन्नर पैवलॉव, हल तथा मिल्लर इत्यादि)*
  - अपुनर्बलन सिद्धांत *(Non-Reinforcement Theory)* — *(वाटसन, गथरी, ऐस्टस इत्यादि)*
- क्लासिकी संज्ञानात्मक सिद्धांत *(वादाईमर, कोहलर तथा कोफ्का, पियाजे, टालमैन इत्यादि)*
- आधुनिक संज्ञानात्मक सिद्धांत *(उसूबेल, ब्रूनर, बैण्डुरा बौल्स, बिण्डरा इत्यादि)*

उद्दीपन-अनुक्रिया सिद्धांत *(Stimulus Response Theory)*: इस सिद्धांत के अनुसार जब भी व्यक्ति के सामने कोई समस्या *(जिसे उद्दीपन (Stimuli) कहा जाता है)* आती है, तो वह उसके समाधान के लिए भिन्न-भिन्न प्रकार की अनुक्रियाएँ (*Responses*) करता है।

- कुछ मनोवैज्ञानिकों के अनुसार, यह संबंध पुनर्बलन के आधार पर होता है। जब अनुक्रिया करने के बाद व्यक्ति को किसी प्रकार का पुनर्बलन मिलता है तो इसका संतोषजनक प्रभाव व्यक्ति पर पड़ता है और वह उस अनुक्रिया को उद्दीपन के साथ संबंधित कर लेता है, जिसे सीखने की संज्ञा दी जाती है। इन सिद्धांतों को 'उद्दीपन अनुक्रिया पुनर्बलन सिद्धांत' की संज्ञा दी जाती है या इसे 'प्रभावक सिद्धांत' *(Effect Theory)* भी कहा जाता है।
- इस श्रेणी में थार्नडाइक (*Thorndike*), स्किन्नर (*Skinner*), पैवलॉव *(Pavlov)*, हल *(Hull)* तथा मिलर (*Miller*) इत्यादि के सिद्धांतों को रखा गया है।
- उद्दीपन तथा अनुक्रिया जब एक-दूसरे के साथ-साथ होते हैं और ऐसा कई बार होता है कि अपने-आप ही इन दोनों में संबंध स्थापित हो जाता है, जिसे हम सीखने की संज्ञा देते हैं। इस विचार के प्रवर्तकों के सिद्धांत को उद्दीपन-अनुक्रिया अपुनर्बलन सिद्धांत *(Stimulus Response Nonreinforcement Theory)* कहा जाता है। इसमें गथरी (*Guthrie*), वाटसन (*Watson*) एवं एस्ट्स (*Estes*) के विचार प्रमुख हैं।

उद्दीपन-उद्दीपन सिद्धांत
Stimulus–Stimulus Theory

इसे संज्ञानात्मक सिद्धांत भी कहा जाता है। इस सिद्धांत के अनुसार किसी भी सीखने की परिस्थिति में कई समस्याएँ या उद्दीपन होते हैं। सीखनेवाले व्यक्ति को उन विभिन्न उद्दीपनों का अर्थ एवं उनके आपसी संबंधों को समझना होता है। जैसे ही व्यक्ति उन विभिन्न उद्दीपनों का अर्थ तथा उसके आपसी संबंधों को समझ लेता है, पूरी उद्दीपन परिस्थिति का उसके मन में संज्ञानात्मक नक्शा विकसित हो जाता है, जिसे सीखने की संज्ञा दी जाती है।

अनुकरण द्वारा सीखना
Learning by Imitation

- वर्ष 1941 में मिलर तथा डोलार्ड *(Miller and Dollard)* ने एक प्रसिद्ध पुस्तक सोशल लर्निंग एंड इमिटेशन (*Social Learning and Imitation)* प्रकाशित किया जिसके परिणामस्वरूप प्रेरणात्मक सीखना या अनुकरणात्मक व्यवहार द्वारा सीखने की प्रक्रिया में लोगों में रुचि (*Interest*) होने लगी। मिलर तथा डोलार्ड ने अनुकरणात्क व्यवहार को तीन भागों में बाँटा है।

1. समान व्यवहार *(Same Behaviour)*: जब दो या दो से अधिक व्यक्ति समान परिस्थिति में समान ढंग से व्यवहार अपने पूर्व अनुभवों के आधार पर करते हैं, तो इसे ही समान व्यवहार *(Same Behaviour)* कहा जाता है, उदाहरण के लिए—अधिकतर व्यक्तियों द्वारा सड़क पर लाल बत्ती देखकर रुक जाना।

2. प्रतिलिपि व्यवहार *(Copying Behaviour)*: इस तरह के व्यवहार में एक व्यक्ति का व्यवहार दूसरे व्यक्ति द्वारा निर्देशित होता है। इस तरह के व्यवहार में अन्तिम व्यवहार एक तरह से पुनर्बलित होता है और इसलिए उसे व्यक्ति जल्द सीख लेता है।

उदाहरण—जब आर्ट शिक्षक किसी विद्यार्थी को कोई खास चित्र खींचने के लिए बताते हैं या सुधारात्मक परिणाम ज्ञान देते हैं।

3. सुमेलित-आश्रित व्यवहार *(Matched-Dependent Behaviour)*: इस तरह के व्यवहार से व्यक्ति को किसी मॉडल या दूसरे व्यक्ति के व्यवहार को आँख मूँदकर दोहराने के लिए पुनर्बलित किया जाता है। उदाहरण के लिए—घर में प्रवेश करते समय पिता के पैरों की आवाज सुनकर बालक दरवाजा तक दौड़कर आने की अनुक्रिया को सीख लेता है क्योंकि उसे पिता द्वारा चॉकलेट या टॉफी दिया जाता है।

➢ मिलर तथा डोलार्ड का मत था कि जब छात्र कोई अनुकरणात्मक व्यवहार *(Imitative Behaviour)* करता है और उसके बाद उसे पुनर्बलन मिलता है, तो वह मॉडल या अन्य व्यक्ति के व्यवहार को करना सीख लेता है।

➢ बाद में बैंडुरा (*Bandura*) ने यह तथ्य दिया कि प्रेक्षणात्मक सीखना तथा अनुकरण में अंतर है। प्रेक्षणात्मक सीखना में अनुकरण हो भी सकता है या नहीं भी हो सकता है।

➢ व्यक्ति में प्रेक्षणात्मक सीखना तब होता है जब वह परिस्थिति या उद्दीपन को ठीक ढंग से या मानसिक रूप से संसाधित कर लेता है अर्थात् प्रेक्षणात्मक सीखने में संज्ञानात्मक प्रक्रियाओं की भूमिका महत्वपूर्ण होती है।

अनुकरण की प्रक्रिया में इन संज्ञानात्मक कारकों की भूमिका नहीं होती है और इसमें बिना सूझ-बूझ के भी व्यक्ति दूसरे के व्यवहार को दोहराने की कोशिश करता है।

अधिगम में सहायक कारक

व्यक्तिगत कारक
- बालक को सीखने की जिज्ञासा
- बालकों की शैक्षिक पृष्ठभूमि
- सीखने का समय तथा अवधि
- परिपक्वता
- शारीरिक व मानसिक स्वास्थ्य
- सीखने वाले की अभिवृत्ति
- बुद्धि
- अधिगम प्रक्रिया
- अनुशासन
- शिक्षक की शिक्षण-विधि

पर्यावरणीय कारक
- वातावरण का प्रभाव
- वंशानुक्रम
- सामाजिक वंशक्रम का ज्ञान
- व्यक्तित्व का विकास
- परिवार का वातावरण
- शिक्षा के अनौपचारिक साधन
- सामाजिक एवं सांस्कृतिक पर्यावरण
- कक्षा का भौतिक वातावरण
- मनोवैज्ञानिक वातावरण

अधिगम में सहायक कारक *(Factors Contributing to Learning)*: अधिगम निरंतर चलने वाली प्रक्रिया है। प्रत्येक व्यक्ति नित्य प्रति अपने जीवन में नये-नये अनुभव प्राप्त करता है, ये नये अनुभव व्यक्ति के व्यवहार में वृद्धि एवं संशोधन करते हैं। बालक को जन्म के बाद हमेशा कुछ-न-कुछ वातावरण में सीखने को मिलता है। बालक में सीखने की क्रिया का आरंभ प्रायः परिवार से होता है, फिर समाज एवं पास-पड़ोस से इत्यादि। एक बालक को सीखने में उसका पर्यावरण एवं उसकी व्यक्तिगत विशेषताएँ एक सहायक कारक के रूप में योगदान देता है।

परीक्षोपयोगी तथ्य

- शिक्षण साधन अध्यापक द्वारा प्रभावपूर्ण संप्रेषण के लिए प्रयोग की जानेवाली शिक्षण सामग्री है। जैसे—रेडियो, T.V., चार्ट, मानचित्र, टेप्स, प्रोजेक्टर इत्यादि।
- फोनोग्राफ रिकार्ड, रेडियो प्रसारण, मैग्नेटिक टेपरिकार्डिंग श्रव्य साधन के उदाहरण हैं।
- दृश्य-साधनों के लिए प्रक्षेपी और अप्रक्षेपी साधनों का प्रयोग किया जाता है। प्रक्षेपी साधनों के अंतर्गत मूक चलचित्र, फिल्म स्ट्रिप, एपीडाइस्कोप, मैजिक लैंटर्न, ओपेक और ओवरहेड प्रोजेक्टर्स आते हैं।
- अप्रक्षेपी साधनों के अंतर्गत पोस्टर, मानचित्र, चार्ट, ग्लोब, मॉडल, नमूने तथा मुद्रित सामग्री आते हैं।
- क्रियात्मक साधन के अंतर्गत प्रयोगशाला के क्रियात्मक कार्य, भ्रमण अथवा पर्यटन इत्यादि आते हैं।
- तकनीकी दृष्टिकोण से शिक्षण साधन में हार्डवेयर और सॉफ्टवेयर सामग्री का प्रयोग होता है।
- गेगनी ने अधिगम को आठ प्रकार में शृंखलाबद्ध किया। शृंखला में सबसे ऊपर समस्या समाधान सीखना है तथा सबसे नीचे सांकेतिक सीखना है।
- सीखने के अन्तर्दृष्टि सिद्धान्त को गेस्टाल्ट ने बढ़ावा दिया।
- अल्पवयस्क बच्चों के अधिगम प्रक्रम में अभिभावकों की भूमिका अग्रसक्रिय होनी चाहिए।
- विद्यार्थियों के सीखने में जो रिक्तियाँ रह जाती हैं उनके निदान के बाद समुचित उपचारात्मक कार्य होना चाहिए।
- शिक्षा का किण्डरगार्टेन पद्धति का प्रतिपादन फ्रोबेल ने किया।
- थार्नडाइक सीखने के नियम के प्रतिपादक हैं।
- जब पूर्व का अधिगम नयी स्थितियों के सीखने को बिल्कुल प्रभावित नहीं करता तो यह अधिगम का शून्य स्थानांतरण कहलाता है।
- सीखने का वक्र सीखने की प्रगति का सूचक है।
- अधिगम का क्रिया-प्रसूत अनुबंधन सिद्धांत स्किन्नर द्वारा दिया गया था।
- बैंडुरा *(Bandura)* का कथन है कि बच्चे प्रतिक्रियाएँ प्रतिमानीकरण द्वारा सीखते हैं, जिसको निरीक्षणात्मक अधिगम भी कहा जाता है।
- अधिगम स्थनांतरण के द्वि-तत्व सिद्धांत के प्रवर्तक स्पीयरमैन थे।
- अनुकूलित प्रत्यावर्तन का सिद्धांत सीखने की प्रक्रिया से संबंधित है। इसका प्रतिपादन इवान पाव्लो ने किया था।
- सीखने की वह अवधि, जब सीखने की प्रक्रिया में कोई उन्नति नहीं होती, सीखने का पठार कहलाती है।
- अधिगम का पठार वह स्थिति है, जब व्यक्ति के सीखने की क्षमता में प्रगति नहीं होती है। अर्थात व्यक्ति के सीखने की क्षमता अवरुद्ध हो जाती है। शारीरिक सीमा, ज्ञान की सीमा तथा प्रेरणा की कमी आदि अधिगम के पठार के कारण हैं।

➢ दूसरे व्यक्ति के बाह्य व्यवहारों या कार्यों को जानबूझ कर अपनाने को अनुकरण करना कहते हैं। अनुकरण की प्रक्रिया में अनुकरण करने वाला हू-ब-हू वही क्रिया करता है, जो उसके सामने की जाती है।

➢ शिक्षण विधियाँ एवं इसके प्रतिपादक इस प्रकार हैं—

शिक्षण विधियाँ	प्रतिपादक
1. आगमन विधि	अरस्तू
2. संवाद विधि	प्लेटो
3. ह्यूरिस्टिक विधि	आर्मस्ट्रांग
4. डेक्राली विधि	डेक्राली
5. निगमन विधि	अरस्तू
6. डाल्टन विधि	हेलेन पार्क हर्स्ट
7. हर्बर्ट विधि	हर्बर्ट
8. प्रोजेक्ट विधि	किलपैट्रिक
9. प्रश्नोत्तर/सुकराती विधि	सुकरात
10. खेल विधि	कॉल्डवैल कुक
11. मॉन्टेसरी विधि	मारिया मॉन्टेसरी
12. विनेटका विधि	डॉ काल्टर्न बाशवर्न
13. किण्डरगार्टेन विधि	हर्बर्ट

➢ शिक्षण विधि से तात्पर्य शिक्षण कार्य को करने के लिए अपनाए जाने वाले किसी निश्चित व व्यापक रूप से होता है। यद्यपि शिक्षण की विधियाँ परस्पर पूरी तरह से भिन्न-भिन्न नहीं होती हैं, परंतु उनके अपने-अपने गुण व सीमाएं होती हैं।

➢ प्राथमिक स्तर पर मूल्यों की शिक्षा देने की सर्वोत्तम विधि है—अध्यापक द्वारा स्वयं मूल्य आधारित व्यवहार व आचरण को अपनाना, क्योंकि प्राथमिक स्तर पर शिक्षण विधि में अनुकरणीय का विशेष स्थान होता है। इसके अतिरिक्त महान व्यक्तियों के गुणों के बारे में चर्चा करना, मूल्यों के महत्व को बताना भी मूल्य आधारित शिक्षा प्रदान करने की शिक्षण विधियाँ हो सकती हैं।

➢ शिक्षण प्रक्रिया वही सफल व सार्थक होती हैं, जिसमें छात्र संवाद निरंतर होता रहे, अन्यथा शिक्षण कार्य नीरस व बोझिल हो जाएगा तथा विद्यार्थी भी अधिगम के प्रति प्रेरित नहीं हो पाएँगे जिसका उनके शैक्षणिक जीवन पर नकारात्मक असर पड़ेगा।

वस्तुनिष्ठ प्रश्न

1. विशेष रूप से प्राथमिक स्तर पर विद्यार्थियों के सीखने संबंधी समस्याओं को संबोधित करने का सबसे बेहतर तरीका है—
   (a) अक्षमता के अनुरूप विभिन्न शिक्षण पद्धतियों का प्रयोग करना
   (b) महँगी और चमकदार *(Expensive & Glossy)* सहायक सामग्री का प्रयोग करना
   (c) सरल और रोचक पाठ्य-पुस्तकों का प्रयोग करना
   (d) कहानी कथन पद्धति *(Story Telling Method)* का प्रयोग करना *(CTET–2011)*

2. शिक्षार्थियों को......के लिए प्रोत्साहित नहीं करना चाहिए।
(a) समूह कार्य में दूसरे शिक्षार्थियों के साथ सक्रिय *(Active)* रूप से अन्तःक्रिया करने
(b) अधिक-से-अधिक पाठ्य-सहगामी क्रियाओं में हिस्सा लेने
(c) शिक्षक जो पूछ सकते हैं उन सभी प्रश्नों के उत्तर याद करने
(d) कक्षा के अन्दर और बाहर अधिक-से-अधिक प्रश्न पूछने *(CTET–2011)*

3. एक कॉलेज जानेवाली लड़की ने फर्श पर कोट फेंकने की आदत डाल ली है। लड़की की माँ ने उससे कहा कि कमरे से बाहर जाओ और कोट को खूँटी पर टाँगो। लड़की अगली बार घर में प्रवेश करती है, कोट को हाथ पर रख कर आलमारी की तरफ जाकर कोट को खूँटी पर टाँग देता है। यह उदाहरण है—
(a) शृंखलागत अधिगम *(Sequence Learning)* का
(b) उद्दीपन-अनुक्रिया *(Stimuli-Reaction)* अधिगम का
(c) प्रत्यय अधिगम का
(d) इन सभी का *(RTET–2011)*

4. निम्न में से कौन-सा कथन शिक्षण के बारे में सत्य नहीं है?
(a) शिक्षण में सुधार किया जा सकता है
(b) शिक्षण औपचारिक एवं अनौपचारिक है
(c) शिक्षण विज्ञान के साथ-साथ कला भी है
(d) शिक्षण अनुदेशन *(Instruction)* है *(RTET–2011)*

5. किसी उद्दीपन के निरन्तर दिये जाने से व्यवहार में होने वाला अस्थायी परिवर्तन कहलाता है—
(a) अभ्यस्तता *(प्रशिक्षित)* (b) अधिगम
(c) अस्थायी अधिगम (d) अभिप्रेरण *(RTET–2011)*

6. पाँच वर्ष का राजू अपनी खिड़की के बाहर तूफान को देखता है। बिजली चमकती है और कड़कने की आवाज आती है। फिर कुछ देर शान्ति के पश्चात् बिजली कड़कती है। राजू बिजली की गर्जना सुनकर उछलता है। राजू का उछलना निम्नलिखित में से सीखने के किस सिद्धान्त का उदाहरण है?
(a) शास्त्रीय अनुबंधन (b) क्रिया प्रसूत अनुबंधन
(c) प्रयत्न एवं भूल (d) इनमें से कोई नहीं *(RTET–2011)*

7. निम्न में सर्वोत्तम कौन-सा है, एक अच्छा अध्यापक?
(a) अध्यापन के लिए व्याख्यान विधि का प्रयोग करता है
(b) प्रायः प्रदर्शन के माध्यम से सिखाता है
(c) विद्यार्थियों को सदैव सीखने के लिए प्रेरित करता है
(d) विद्यार्थियों को सदैव अनुशासन में रखता है *(Utt TET–2011)*

8. एक अध्यापक की दृष्टि में कौन-सा कथन सर्वोत्तम है?
(a) प्रत्येक बच्चा सीख सकता है (b) कुछ बच्चे सीख सकते हैं
(c) अधिकतर बच्चे सीख सकते हैं (d) बहुत कम बच्चे सीख सकते हैं
(Utt TET–2011)

9. शैक्षणिक कार्यों में बच्चों द्वारा की गई त्रुटियों को समझना, निम्न में से क्या है?
(a) केवल विद्यार्थियों की बौद्धिक क्षमताओं का आकलन करने में प्रासंगिक है
(b) शिक्षण-प्रक्रिया में केवल शिक्षक की दक्षता का पता लगाने के लिए प्रासंगिक है

(c) शिक्षण के साथ-साथ सीखने की प्रक्रिया को समझने के लिए प्रासंगिक है
(d) शिक्षण या सीखने से संबंधित किसी भी क्षेत्र के लिए प्रासंगिक नहीं है *(CTET–2022)*

10. अधिगम को प्रभावित करने वाला व्यक्तिगत कारक है—
(a) संचार के साधन (b) समव्यस्क समूह *(Peer Group)*
(c) अध्यापक (d) परिपक्वता एवं आयु *(RTET–2011)*

11. अधिगम निर्योग्यता *(Learning Disability)* का लक्षण है—
(a) भागने की प्रवृत्ति होना (b) अशान्त ऊर्जावान एवं विध्वंसक होना
(c) अवधान संबंधी बाधा/विकार (d) अभिप्रेरणा का अभाव *(RTET–2011)*

12. एकीकृत छात्र केंद्रित अधिगम *(Integrated Student Centered Learning)* के लिए पाठ्यक्रम में निम्नलिखित में से क्या लाभकारी नहीं है ?
(a) छात्र का अभिप्रेरण विकास (b) सहकर्मी संचार का विकास
(c) छात्र-शिक्षक संबंध का निर्माण (d) खोज/सक्रिय अधिगम का ह्रास *(PTET–2011)*

13. रचनात्मक लेख *(Constructive Essay)* का नियोजन *(Planning)* होना चाहिए—
(a) केवल उन छात्रों के लिए जो कक्षा स्तर पर पढ़ते हैं
(b) केवल उन छात्रों के लिए जो लंबे वाक्य को लिख सकते हैं
(c) केवल उन छात्रों के लिए जो समाचार पत्र के लिए लिखना चाहते हैं
(d) सभी छात्रों के लिए *(PTET–2011)*

14. सीखने के वे कौन से कारक हैं जो सीखने को प्रभावित करते हैं ?
(a) शिक्षार्थी का शारीरिक व मानसिक स्वास्थ्य
(b) प्रेरणा और उपलब्धि का अभिप्रेरण स्तर
(c) उत्सुकता और इच्छा शक्ति *(Will Power)*
(d) उपर्युक्त सभी *(PTET–2011)*

15. आप एक कक्षा में शिक्षक के तौर पर छात्रों को प्रेरित करते हैं—
(A) निर्देश निर्धारित कर (B) श्यामपट्ट का प्रयोग कर
(C) दृष्टान्त/उदाहरण के द्वारा (D) छात्रों की सक्रिय भागीदारी द्वारा
(a) A, B, C (b) A, D (c) B,D (d) ये सभी *(PTET–2011)*

16. यह कहा जाता है कि शिक्षक को संसाधन सम्पन्न होना चाहिए, इसका अर्थ है—
(a) उसके पास पर्याप्त मात्रा में पैसा और सम्पत्ति होनी चाहिए ताकि वह ट्यूशन न पढ़ाये
(b) उसका उच्च अधिकारियों से संपर्क होना चाहिए ताकि कोई उसे हानि न पहुँचाए
(c) उसे पर्याप्त ज्ञान होना चाहिए ताकि छात्रों की समस्याओं को हल कर सकें
(d) उसकी छात्रों के बीच अच्छी पैठ होनी चाहिए ताकि अधिकरण *(Authoritism)* उसके विरुद्ध कोई कार्यवाही न करे *(PTET–2011)*

17. संज्ञानात्मक विकास का अर्थ है—
(a) अभियोग्यता का विकास (b) बच्चे का विकास
(c) शारीरिक कौशल का विकास (d) व्यक्तिगत विकास *(PTET–2011)*

18. अल्पवयस्क बच्चों के अधिगम प्रक्रम में अभिभावकों की भूमिका होनी चाहिए—
(a) निषेधात्मक *(Negative)* (b) अग्र सक्रिय *(Proactive)*
(c) संवेदनात्मक *(Sympathetic)* (d) उदासीन *(Neutral)* *(UPTET–2011)*

19. निम्न में से कौन शिक्षण कुशलता *(Teaching Skill)* से सम्बन्धित है?
(a) श्यामपट्ट पर लिखना (b) प्रश्नों को हल करना
(c) प्रश्न पूछना (d) ये सभी *(UPTET–2011)*

20. एक अच्छा अध्यापक विद्यार्थियों के मध्य बढ़ावा देता है—
(a) प्रतियोगिता *(Competition)* की भावना को
(b) सहयोग *(Cooperation)* की भावना को
(c) प्रतिद्वंद्विता *(Rivalry)* की भावना को
(d) तटस्थता *(Neutrality)* की भावना को *(UPTET–2011)*

21. बच्चों में नैतिकता की स्थापना के लिए सर्वोत्तम मार्ग है—
(a) उन्हें धार्मिक पुस्तकें पढ़ाना
(b) शिक्षक का आदर्श रूप में व्यवहार करना
(c) उनका मूल्य शिक्षा पर मूल्यांकन करना
(d) उन्हें प्रातःकालीन सभा में उपदेश देना *(UPTET–2011)*

22. यदि कुछ विद्यार्थी कक्षा में अध्ययन की चित्तवृत्ति में नहीं हैं, तो आप—
(a) उन्हें अध्ययन के लिए बाध्य करेंगे
(b) उन विद्यार्थियों को कक्षा छोड़ने के लिए कहेंगे
(c) उन्हें चेतावनी देंगे कि वे अवश्य अध्ययन करें नहीं तो आप प्रधानाध्यापक को सूचित कर देंगे
(d) उन्हें उनकी रुचि अथवा आप अपने विषय के अनुसार रुचिपूर्ण चीजें बतायेंगे *(UPTET–2011)*

23. अधिगम से संबंधित किसी विद्यार्थी की समस्याओं का सबसे अच्छा उपचार है—
(a) कठोर परश्रिम का सुझाव (b) ग्रंथालय में निरीक्षित अध्ययन
(c) निजी शिक्षण का सुझाव (d) निदानात्मक शिक्षण *(UPTET–2011)*

24. यदि कोई विद्यार्थी आपका सम्मान नहीं करता है, तो आप—
(a) उसकी उपेक्षा करेंगे (b) परीक्षा में कम अंक देंगे
(c) उसके अभिभावकों से बात करेंगे (d) उसे डाँटेंगे *(Rebuke him)* *(UPTET–2011)*

25. शिक्षण का सत्तावादी स्तर *(Authoritarian Level)* है—
(a) शिक्षक केंद्रित (b) छात्र केंद्रित
(c) प्रधानाध्यापक केंद्रित (d) अनुभव केंद्रित *(UPTET–2011)*

26. निम्न में से कौन-सा शिक्षण का अधिगम स्तर नहीं है?
(a) विभेदीकरण स्तर (b) स्मृति स्तर
(c) चिंतनशील *(Reflective)* स्तर
(d) समझ स्तर *(Understanding Level)* *(UPTET–2011)*

27. शिक्षक का बर्ताव होना चाहिए—
(a) प्रशासनात्मक (b) शिक्षाप्रद (c) आदर्शवादी (d) निदेशात्मक *(UPTET–2011)*

28. शिक्षण-अधिगम प्रक्रिया को प्रारम्भ करने से पहले एक कुशल अध्यापक को क्या करना चाहिए?
(a) छात्रों को दण्डित करना चाहिए
(b) चुटकुले सुनाने चाहिए
(c) अधिगम परिस्थितियाँ उत्पन्न करनी चाहिए
(d) आराम करना चाहिए (BTET–2011)

29. स्मिथ *(Smith)* ने शिक्षण की त्रिध्रुवी प्रक्रिया *(Tridimensional Process)* में कार्यवाहक माना है—
(a) अभिभावक को (b) शिक्षक को (c) शिक्षार्थी को (d) पाठ्यक्रम को (BTET–2011)

30. नवीन ज्ञान तथा नवीन प्रतिक्रियाओं का अर्जन करने की प्रक्रिया अधिगम प्रक्रिया है। यह कथन है—
(a) थार्नडाइक *(Thorndike)* का (b) वुडवर्थ का *(Woodworth)* का
(c) गैग्ने *(Ganne)* का (d) हल *(Hull)* का (BTET–2011)

31. शिक्षण के आधार पर इसके कितने चर हैं?
(a) 1 (b) 2 (c) 3 (d) 4 (BTET–2011)

32. यदि कोई छात्र असामाजिक व्यवहार का प्रदर्शन कर रहा हो, तो शिक्षक को क्या करना चाहिए?
(a) छात्र को शारीरिक दंड *(Physical Punishment)* देना चाहिए
(b) उसके व्यवहार का कारण जानना चाहिए
(c) उसे उपदेश *(Pearch)* देना चाहिए
(d) उसे कक्षा से बाहर निकाल देना चाहिए (BTET–2011)

33. मनोवैज्ञानिक थार्नडाइक *(Thorndike)* ने व्यक्ति को किस आधार पर बाँटा है?
(a) चिंतन व कल्पना शक्ति *(Thinking & Imagination)* के आधार पर
(b) प्रभुतापूर्ण व अधीनस्थ पूर्ण के आधार पर
(c) स्वतंत्रता व निर्भरता के आधार पर
(d) उपर्युक्त में से कोई नहीं (BTET–2011)

34. 'प्रयास व त्रुटि' *(Trial & Error)* में सबसे महवपूर्ण क्या है?
(a) अभ्यास (b) प्रेरणा (c) लक्ष्य (d) वाद-विवाद (BTET–2011)

35. शिक्षक को गृह-कार्य की जाँच करनी चाहिए—
(a) कभी-कभी (b) कभी नहीं (c) नियमित (d) जब छात्र कहे (BTET–2011)

36. आर्थिक स्तर का प्रभाव निम्न में से किस पर नहीं पड़ता है?
(a) आत्मसम्मान पर (b) सीखने की क्षमता पर
(c) उच्च संस्थान में प्रवेश पर (d) जीवन यापन पर (BTET–2011)

37. एक प्रभावी शिक्षक के लिए आवश्यक है कि—
(a) वह उच्च जाति से संबंधित हो (b) उसका उच्च सामाजिक आर्थिक स्तर हो
(c) वह संप्रेषण में निपुण हो (d) वह कठोर हो (BTET–2011)

38. संवेगों *(Emotions)* की उत्पत्ति होती है—

(a) मूल प्रवृत्ति (b) गत्यात्मक *(Dynamic)* क्रियाएँ

(c) पोषण (d) इनमें से कोई नहीं *(CgTET–2011)*

39. एक बच्ची को उसके पिता चहलकदमी करा रहे थे। बच्ची जानती थी कि चिड़िया जैसी चीजें होती है, परंतु उसने कभी पतंग नहीं देखा था । पतंग को देखकर उसने कहा कि ''चिड़िया को तो देखा, तो उसके पिता ने कहा यह एक पतंग है।'' यह उदाहरण दिखाता है—

(a) सम्मिलन (b) समायोजन *(Adjustment)*

(c) संरक्षण (d) वस्तु का प्रदर्शन *(CgTET–2011)*

40. एक शिक्षिका पाठ्य-वस्तु और फल-सब्जियों के कुछ चित्रों का प्रयोग करती है और अपने विद्यार्थियों से चर्चा करती है। विद्यार्थी इस जानकारी को अपने पूर्व ज्ञान से जोड़ते हैं और पोषण की संकल्पना को सीखते हैं। यह उपागम...पर आधारित है।

(a) ज्ञान के निर्माण *(Construction of Knowledge)*

(b) अधिगम के शास्त्रीय अनुबंधन *(Classical Conditioning)*

(c) पुनर्बलन के सिद्धांत *(Theory of Reinforcement)*

(d) अधिगम के सक्रिय अनुबंधन *(Operant Conditioning of Learning)*

(CTET–2012)

41. एक शिक्षिका अपने शिक्षार्थियों को सदैव इस रूप में सहायता करती है कि वे एक विषय-क्षेत्र से प्राप्त ज्ञान को दूसरे विषय-क्षेत्रों के ज्ञान के साथ जोड़ सकें। इससे ...... को बढ़ावा मिलता है।

(a) पुनर्बलन (b) ज्ञान के सह-संबंध एवं अंतरण

(c) वैयक्तिक भिन्नताओं (d) शिक्षार्थी स्वायत्तता *(CTET–2012)*

42. शिक्षण-अधिगम प्रक्रिया *(Teaching Learning Process)* में व्यक्तिगत रूप से ध्यान देना महत्वपूर्ण है, क्योंकि—

(a) बच्चों की विकास दर भिन्न होती है और वे भिन्न तरीकों से सीख सकते हैं

(b) शिक्षार्थी हमेशा समूहों से ही बेहतर सीखते हैं

(c) शिक्षक प्रशिक्षण कार्यक्रमों में ऐसा ही बताया गया है

(d) इससे प्रत्येक शिक्षार्थी को अनुशासित करने के लिए शिक्षकों को बेहतर अवसर मिलते हैं *(CTET–2012)*

43. वे शिक्षार्थी जो संबद्ध ज्ञान और शैक्षणिक दक्षता की हार्दिक इच्छा प्रदर्शित करते हैं, उनके पास होता है—

(a) निष्पादन-परिहार अभिविन्यास *(Performance Avoidance Orientation)*

(b) कार्य-परिहार अभिविन्यास *(Work Avoidance Orientation)*

(c) नैपुण्यता अभिविन्यास *(Mastery Orientation)*

(d) निष्पादन उपागम अभिविन्यास *(Performance Approach Orientation)*

(CTET–2012)

44. शिक्षक .... के अलावा निम्नलिखित सभी को करते हुए समस्या-समाधान को विद्यार्थियों के लिए मजेदार बना सकता है।

(a) जब विद्यार्थी स्वयं से कोई कार्य करने की कोशिश कर रहे हों तो उनसे परिपूर्णता की अपेक्षा करने
(b) मुक्त अन्त वाली सामग्री उपलब्ध कराने
(c) मुक्त खेल के लिए समय देने
(d) सृजनात्मक चिन्तन के लिए असीमित अवसर उपलब्ध कराने *(CTET–2012)*

45. एक सशक्त विद्यालय अपने शिक्षकों में निम्नलिखित योग्यताओं में से किसे सर्वाधिक बढ़ावा देगा ?
(a) प्रतिस्पर्द्धात्मक अभिवृत्ति (b) परीक्षण करने की प्रवृत्ति
(c) स्मृति (d) अनुशासित स्वभाव *(CTET–2012)*

46. निम्नलिखित में से कौन-सा सीखने के लिए अधिगम रूप से अभिप्रेरित करता है ?
(a) बहुत सरल या कठिन लक्ष्यों का चयन करने की प्रवृत्ति
(b) लक्ष्यों को प्राप्त करने में व्यक्तिगत संतुष्टि
(c) बाह्य कारक
(d) असफलता से बचने के लिए अभिप्रेरण *(CTET–2012)*

47. सहयोगी अधिगम में अधिक उम्र के प्रवीण विद्यार्थी, छोटे और कम निपुण विद्यार्थियों की मदद करते हैं। इससे—
(a) गहन प्रतियोगिता होती है
(b) उच्च नैतिक विकास होता है
(c) समूहों में द्वन्द्व होता है
(d) उच्च उपलब्धि और आत्म-सम्मान विकसित होता है *(CTET–2012)*

48. जब पूर्व का अधिगम नयी स्थितियों के सीखने को बिल्कुल प्रभावित नहीं करता तो यह....... कहलाता है।
(a) अधिगम का शून्य स्थानांतरण (b) अधिगम का निरपेक्ष स्थानांतरण
(c) अधिगम का सकारात्मक स्थानांतरण (d) अधिगम का नकारात्मक स्थानांतरण *(CTET–2012)*

49. मीडिया का एक उदाहरण जो अधिगमकर्ता को प्रत्यक्ष प्रस्तुतीकरण के द्वारा अधिगम में सहायक होता है—
(a) शैक्षिक टेलीविजन (b) शैक्षिक प्रसारण
(c) ओवर हेड प्रोजेक्टर (d) टेलीफोन *(CTET–2012)*

50. कक्षा में प्रभावी व्याख्यान देते समय एक अध्यापक—
(a) संबंध स्थापित करता है
(b) सार्थक शारीरिक हाव-भाव *(Gesture)* को समावेशित करता है
(c) व्याख्यान स्थल पर स्थैतिक *(Static)* बना रहता है
(d) ध्वनि की तीव्रता और तरीके में परिवर्तन करता है *(CTET–2012)*

51. एक शिक्षिका अपने शिक्षार्थियों को अनेक तरह की सामूहिक गतिविधियों में व्यस्त रखती है, जैसे—समूह-चर्चा, समूह परियोजनाएँ *(Group Project)*, भूमिका निर्वाह *(Role Play)* आदि। यह सीखने के किस आयाम को उजागर करता है ?
(a) सामाजिक गतिविधि के रूप में अधिगम (b) मनोरंजन द्वारा अधिगम
(c) भाषा-निर्देशित अधिगम (d) प्रतियोगिता-आधारित अधिगम *(CTET–2012)*

52. विद्यार्थियों के साथ संप्रेषण का अर्थ होता है—
(a) उन्हें निर्देश *(Instruction)* देना (b) विचारों का आदान-प्रदान
(c) उनसे प्रश्न करने को कहना (d) उन्हें अपने विचारों से अवगत कराना
(CTET–2012)

53. कौशल को सीखने में पहली अवस्था होती है—
(a) यथार्थता (b) चालाकी (c) समन्वयन (d) अनुकरण
(CTET–2012)

54. पढ़ने की वह तकनीक जिसका उपयोग तालिका में स्थित शब्दावली तथा प्रसंग में किया जा सकता है, कहलाता है—
(a) की-रीडिंग (b) री-रीडिंग (c) स्कैनिंग (d) स्किमिंग
(CTET–2012)

55. ''अधिगमकर्ता का स्व-नियमन'' *(Self Regulation of Learners)* का क्या अर्थ है?
(a) विद्यार्थी निकाय द्वारा बनाये गये नियम एवं विनियम
(b) विद्यार्थियों के व्यवहार के लिए विनियमों का निर्माण करना
(c) स्व-अनुशासन और नियंत्रण *(Self Discipline & Control)*
(d) अपने सीखने का स्वयं अनुवीक्षण करने की योग्यता *(CTET–2012)*

56. सीखने के सिद्धांतों के संदर्भ में 'स्कैफोल्डिंग'......की ओर संकेत करता है।
(a) सीखने में वयस्कों द्वारा अस्थायी सहयोग
(b) विद्यार्थियों द्वारा की गयी गलतियों के कारणों का पता लगाना
(c) अनुरूपित शिक्षण
(d) पूर्व अधिगम की पुनरावृत्ति *(CTET–2012)*

57. एक विद्यार्थी कहता है, ''उसका दादा आया है।'' एक शिक्षक के नाते आपकी प्रतिक्रिया होनी चाहिए—
(a) ''दादा आया है'' की जगह पर ''दादाजी आये हैं'' कहना चाहिए
(b) आप अपनी भाषा पर ध्यान दीजिए
(c) अच्छा, उसके दादाजी आये हैं
(d) बच्चे, आप सही वाक्य नहीं बोल रहे हैं *(CTET–2012)*

58. मिश्रित आयु वर्ग वाले विद्यार्थियों की कक्षा से व्यवहार वाले शिक्षक के लिए........ का ज्ञान सर्वाधिक महत्वपूर्ण है।
(a) उनके अभिभावकों का व्यवसाय
(b) सामाजिक-आर्थिक पृष्ठभूमि
(c) सांस्कृतिक *(Cultural)* पृष्ठभूमि
(d) विकासात्मक *(Developmental)* अवस्थाओं *(CTET–2012)*

59. एकल अभिभावक वाले बच्चों को पढ़ाते समय शिक्षक को—
(a) स्थिर और एकरूप वातावरण उपलब्ध कराना चाहिए
(b) इस तथ्य को अनदेखा करना चाहिए और ऐसे बच्चों के साथ अन्य बच्चों के समान व्यवहार करना चाहिए
(c) इस प्रकार के बच्चे के साथ भिन्न प्रकार से व्यवहार करना चाहिए
(d) ऐसे बच्चे को कम गृह-कार्य देना चाहिए *(CTET–2012)*

60. सांस्कृतिक तथा भाषिक रूप से *(Culturally & Linguistically)* वैविध्यपूर्ण कक्षा में यह निश्चित करने से पहले कि शिक्षार्थी विशिष्ट शिक्षा-वर्ग में आता है या नहीं, एक शिक्षक को करना चाहिए—
(a) माता-पिता को इसमें सम्मिलित नहीं करना चाहिए क्योंकि उनके पास अपना कार्य होता है
(b) अक्षमता स्थापित करने *(Establish Disability)* से पहले शिक्षार्थी की मातृ-भाषा का मूल्यांकन करना चाहिए
(c) पारंगत मनोवैज्ञानिकों *(Specialised Psychologists)* का उपयोग
(d) वातावरणीय कारकों को अप्रभावी बनाने के लिए बच्चे को अलग कर देना चाहिए
(CTET–2013)

61. निम्नलिखित में से ...... के अतिरिक्त सभी के कारण अधिगम अक्षमता उत्पन्न हो सकती है।
(a) शिक्षक की शिक्षण-शैली (b) जन्म से पहले माँ द्वारा मदिरा-सेवन
(c) मंदबुद्धिता (d) शैशवकाल के समय दिमागी बुखार
(CTET–2013)

62. एक शिक्षिका दो एकसमान गिलासों को प्रदर्शित करती है जो जूस की समान मात्रा से भरे हुए हैं। वह उन्हें दो भिन्न गिलासों में खाली करती हैं जिनमें से एक लंबा है और दूसरा चौड़ा है। वह बच्चों को उस गिलास की पहचान करने के लिए कहती है जिसमें जूस ज्यादा है। बच्चे प्रत्युत्तर देते हैं कि लंबे गिलास में जूस ज्यादा है। शिक्षिका के बच्चों को ...... कठिनाई है।
(a) समायोजन (b) अहम्केंद्रित (c) विकेंद्रीकरण (d) पलटावी
(CTET–2013)

63. गैग्ने *(Gagne)* निम्न में किससे संबंधित है ?
(a) अधिगम का श्रेणीक्रम (b) अधिगम के सिद्धांत
(c) अधिगम का मूल्यांकन (d) अधिगम का प्रबंधन *(UPTET–2013)*

64. व्यहार में आने वाले स्थायी परिवर्तन, जो अभ्यास के कारण होते हैं को कहा जाता है—
(a) सीखना (b) सोचना (c) क्रिया-करना (d) कल्पना कारण
(UPTET–2013)

65. सीखने के वक्र *(Learning Curve)*—
(a) सीखने की प्रगति के सूचक हैं (b) सीखने की मौलिकता के सूचक हैं
(c) सीखने के गत्यात्मक स्वरूप के सूचक हैं (d) सीखने की रचनात्मकता के सूचक हैं
(UPTET–2013)

66. अध्यापन के समय अध्यापक को निम्नलिखित में से किसका सर्वाधिक ध्यान रखना चाहिए ?
(a) विद्यार्थियों की परिवारिक पृष्ठभूमि (b) विद्यार्थियों की आयु
(c) वैयक्तिक भिन्नता (d) विषय-वस्तु *(UPTET–2013)*

67. अधिगम क्षमता निम्नलिखित में से किससे प्रभावित नहीं होती ?
(a) आनुवंशिकता (b) वातावरण
(c) प्रशिक्षण/शिक्षण (d) राष्ट्रीयता *(UPTET–2013)*

68. किस अधिगम मनोवैज्ञानिक ने बाल अधिगम विकास में पुरस्कार को महत्व नहीं दिया है ?
(a) थार्नडाइक (b) पैवलॉव (c) स्किन्नर (d) गुथरी
(UPTET–2013)

69. निम्नलिखित में से किस एक से शिशु के अधिगम को सहायता नहीं मिलती ?
(a) अनुकरण (b) अभिप्रेरणा (c) स्कूल का बस्ता (d) पुरस्कार
(UPTET–2013)

70. शिक्षण प्रक्रिया में निम्नलिखित में से किसका भली प्रकार ध्यान रखना चाहिए ?
(a) विद्यार्थियों की सक्रिय सहभागिता (b) अनुशासन और नियमित उपस्थिति
(c) गृहकार्य की जाँच में लगन (d) विषय-वस्तु का कठिनाई स्तर
(UPTET–2013)

71. एक शिक्षक को—
(a) व्याख्यान पर अधिक ध्यान देना चाहिए और ज्ञान के लिए आधार *(Base)* उपलब्ध कराना चाहिए
(b) शिक्षार्थियों द्वारा की गयी त्रुटियों को एक भयंकर भूल के रूप में लेना चाहिए और प्रत्येक त्रुटि के लिए गंभीर टिप्पणी देनी चाहिए
(c) शिक्षार्थी कितनी बार गलती करने से बचता है इसे सफलता के माप के रूप में लेना चाहिए
(d) जब विद्यार्थी विचारों को संप्रेषित करने की कोशिश कर रहे हों, तो उन्हें ठीक नहीं करना चाहिए *(UPTET–2013)*

72. जिस प्रक्रिया में व्यक्ति दूसरों के व्यवहार को देखकर सीखता है न कि प्रत्यक्ष अनुभव से उसको .... कहा जाता है।
(a) सामाजिक अधिगम (b) अनुबंधन *(Conditioning)*
(c) प्रायोगिक अधिगम (d) आकस्मिक अधिगम *(UPTET–2013)*

73. अधिगम को प्रभावित करनेवाला व्यक्तिगत कारक है—
(a) संचार के साधन (b) समवयस्क समूह *(Peer Group)*
(c) अध्यापक (d) परिपक्वता एवं आयु *(UPTET–2013)*

74. परिपक्व विद्यार्थी—
(a) कठिन परिस्थितियों में भी अध्ययन से विचलित नहीं होते
(b) इस बात में विश्वास करते हैं कि उनके अध्ययन में भावनाओं का कोई स्थान नहीं है
(c) अपनी बौद्धिकता के साथ अपने सभी प्रकार के द्वन्द्वों का शीघ्र समाधान कर लेते हैं
(d) अपने अध्ययन में कभी-कभी भावनाओं की सहायता चाहते हैं *(CTET–2014)*

75. बहुशिक्षण-शास्त्रीय तकनीकें, वर्गीकृत अधिगम सामग्री, बहु आकलन तकनीकें तथा परिवर्तनीय जटिलता एवं सामग्री का स्वरूप निम्नलिखित में से किससे संबद्ध है ?
(a) पारस्परिक शिक्षण (b) सार्वभौमिक अधिगम प्रारूप
(c) उपचारात्मक शिक्षण (d) विभेदित अनुदेशन *(CTET–2014)*

76. एक शिक्षिका पाठ को पूर्वपठित पाठ से जोड़ते हुए बच्चों को सारांश लिखना सिखा रही है। वह क्या कर रही है ?

(a) वह विद्यार्थियों को सामर्थ्यानुकूल स्मरण करने को प्रेरित कर रही है
(b) वह बच्चों की पाठ समझने की स्वशैली विकसित करने में सहायता कर रही है
(c) वह बच्चों को सम्पूर्ण पाठ्यवस्तु को पूर्णरूप से न पढ़ने की आवश्यकता का संकेत दे रही है
(d) वह आकलन के दृष्टिकोण से पाठ्यवस्तु के महत्व को पुनर्बलित कर रही है *(CTET–2014)*

77. निम्नलिखित में से कौन-सा तत्व कक्षा में अधिगम हेतु सहायक हो सकता है ?
(a) कालांश की अवधि को 40 मिनट से 50 मिनट तक बढ़ा देना
(b) बच्चों को अधिगम हेतु प्रेरित करने के लिए परीक्षणों की संख्या को बढ़ा देना
(c) अध्यापकों द्वारा बच्चों की स्वायत्तता को बढ़ाना व सहायता देना
(d) समानता बनाये रखने के लिए किसी एक अनुदेशन पद्धति पर टिके रहना *(CTET–2014)*

78. सिद्धांत चित्र ...... के द्वारा नवीन अवधारणाओं की समझ बढ़ाते हैं।
(a) विषय-क्षेत्रों के बीच ज्ञान के स्थानांतरण
(b) विशिष्ट विवरण पर एकाग्रता केन्द्रित करने
(c) अध्ययन के लिए शैक्षणिक विषय वस्तु की प्राथमिकता तय करने
(d) तर्कपूर्ण ढंग से सूचनाओं को व्यवस्थित करने की योग्यता को बढ़ाने *(CTET–2014)*

79. निम्नलिखित में से कौन-सा कारक अधिगम को सकारात्मक प्रकार से प्रभावित करता है ?
(a) अनुत्तीर्ण हो जाने का भय (b) सहपाठियों से प्रतियोगिता
(c) अर्थपूर्ण संबंध (d) माता-पिता की ओर से दबाव *(CTET–2014)*

80. किसी कक्षा में शिक्षक की भूमिका है—
(a) सीखने की विश्वसनीय स्थितियाँ जुटाना और शिक्षार्थियों को स्वतंत्र चिंतन की सुविधा देना
(b) अपने ज्ञान से शिक्षार्थियों को परिपूर्ण करना और उन्हें परीक्षा के लिए तैयार करना
(c) सीधे तरीके से ज्ञान पहुँचाना और शिक्षार्थियों को सही उत्तरों के लिए तैयार करना
(d) समय-सारणी का कठोरता से पालन करना और पाठ्यक्रम से बँधे रहना *(CTET–2015)*

81. अधिगम अनुभवों को इस प्रकार से आयोजित किया जाना चाहिए जिससे अधिगम को सार्थक बनाया जा सके। नीचे दिये गये अधिगम अनुभवों में से कौन-सा बच्चों के लिए सार्थक अधिगम को सुगम नहीं बनाता है ?
(a) विषय-वस्तु की केवल याद करने के आधार पर पुनरावृत्ति
(b) विषय-वस्तु पर प्रश्न बनाना
(c) प्रकरण पर प्रस्तुतीकरण
(d) प्रकरण पर परिचर्चा और वाद-विवाद *(CTET–2015)*

82. निम्नलिखित में से कौन-सा कथन सबसे बेहतर ढंग से वर्णन करता है कि कक्षा में बच्चों को प्रश्न पूछने के लिए क्यों प्रोत्साहित करना चाहिए ?

(a) बच्चों को अपने भाषा कौशलों के अभ्यास की आवश्यकता होती है
(b) जिन चीजों के बारे में बच्चे नहीं जानते हैं उनके बारे में विचार करवाकर उन्हें यह महसूस करवाया जा सकता है कि उनमें बुद्धि की कमी है
(c) प्रश्न अन्योन्य क्रिया के द्वारा अधिगम को आगे बढ़ाते हैं
(d) प्रश्न बच्चों की जिज्ञासा को बढ़ाते हैं *(CTET–2015)*

83. एक विद्यार्थी एक प्रकरण में मुख्य बिन्दुओं को रेखांकित करती है, उसका एक दृश्यात्मक प्रस्तुतीकरण बनाती है तथा प्रकरण की समाप्ति पर अपने दिमाग में उत्पन्न होने वाले प्रश्नों को प्रस्तुत करती है, वह—
(a) विचारों के संघटन के द्वारा अपने चिंतन को निर्देशित करने की कोशिश कर रही है
(b) केन्द्रबिन्दु की विधि का प्रयोग करने की कोशिश कर रही है
(c) अनुरक्षण पूर्वाभ्यास की रणनीति का प्रयोग करने की कोशिश कर रही है
(d) प्रेक्षण अधिगम सुनिश्चित कर रही है *(CTET–2015)*

84. निम्नलिखित कथनों में से आप किससे सहमत हैं?
(a) अधिगम पूर्ण रूप से बाह्य उद्दीपन के द्वारा नियंत्रित होता है
(b) अधिगम एक सामाजिक-सांस्कृतिक परिवेश में घटित होता है
(c) अधिगम तब तक घटित नहीं हो सकता है जब तक कि इसका अंकों के रूप में बाह्य रूप से आकलन नहीं कर लिया जाता है
(d) अधिगम केवल तभी होता है यदि यह व्यवहार में सुस्पष्ट होता है *(CTET–2015)*

85. उच्च प्राथमिक विद्यालय की गणित अध्यापिका के रूप में आप विश्वास करती हैं कि—
(a) विद्यार्थियों की गलतियाँ उनके चिंतन में अंतर्दृष्टियाँ उपलब्ध कराती हैं
(b) विद्यार्थियों को कार्यविधिक ज्ञान को जानने की आवश्यकता होती है, चाहे वे संकल्पनात्मक आधार नहीं समझते हैं
(c) उच्च प्राथमिक विद्यालय के सभी बच्चों में गणित पढ़ने की योग्यता नहीं होती है
(d) उपर्युक्त सभी *(CTET–2015)*

86. सुरेश सामान्य रूप से एक शांत कमरे में अकेले पढ़ना चाहता है, जबकि मदन समूह में अपने मित्रों के साथ पढ़ना चाहता है। यह उनके .... में विभिन्नता के कारण है।
(a) मूल्यों (b) अभिक्षमता (c) अधिगम शैली (d) परावर्तकता-स्तर
(CTET–2015)

87. बच्चे किस प्रकार से सीखते हैं? नीचे दिए गए कथनों में से कौन-सा इस प्रश्न के विषय में सही नहीं है?
(a) बच्चे केवल कक्षा में सीखते हैं
(b) बच्चे तब सीखते हैं जब वे संज्ञानात्मक रूप से तैयार होते हैं
(c) बच्चे अनेकों प्रकार से सीखते हैं
(d) बच्चे सीखते हैं, क्योंकि वे स्वभाविक रूप से प्रेरित होते हैं *(CTET–2015)*

88. बच्चों को समूह कार्य देना एक प्रभावी शिक्षण रणनीति है, क्योंकि—
(a) इससे शिक्षक का काम कम हो जाता है
(b) छोटे समूह में कुछ बच्चों को दूसरे बच्चों पर हावी होने की अनुमति होती है

(c) सीखने की प्रक्रिया में बच्चे एक-दूसरे से सीखते हैं और परस्पर सहायता भी करते हैं

(d) बच्चे अपना काम जल्दी करने में समर्थ होते हैं *(CTET–2015)*

89. शिक्षण प्रक्रिया में विद्यार्थी है—

(a) आश्रित चर (b) स्वतंत्र चर

(c) मध्यस्थ चर (d) इनमें से कोई नहीं

(RTET-I–2015, 2016)

90. सीखने की प्रक्रिया में शिक्षक की भूमिका होनी चाहिए—

(a) सुगमकर्ता की (b) अनुदेशनकर्ता की

(c) प्रशिक्षक की (d) नियंत्रणकर्ता की *(UTET-I–2015)*

91. शिक्षार्थियों के बीच अधिगम शैली में अंतर का कारण हो सकता है—

(a) शिक्षार्थी की समाजीकरण प्रक्रिया

(b) शिक्षार्थी द्वारा अपनाई गई विचारण नीति

(c) परिवार की आर्थिक-स्थिति

(d) बालक का लालन-पालन *(UTET-I–2015)*

92. एक विधार्थी अपने अध्यापक से समय की पाबंदी सीखता है, यह एक उदाहरण है—

(a) वाचिक अधिगम का (b) प्रेक्षण अधिगम का

(c) कौशल अधिगम का (d) अधिगम अंतरण का *(UTET-I–2015)*

93. विद्यार्थियों के सीखने में जो रिक्तियाँ रह जाती हैं, उनके निदान के बाद .....चाहिए।

(a) सघन अभ्यास कार्य होना

(b) समुचित उपचारात्मक कार्य होना

(c) सभी पाठों को व्यवस्थित रूप से दोहराना

(d) शिक्षार्थियों और अभिभावकों को उपलब्धि के बारे में बताना *(UTET-I–2015)*

94. एक शिक्षक, बच्चे द्वारा की गई छोटी-छोटी गलतियों पर क्रोध प्रकट करता है। यह इंगित करता है कि—

(a) वह बच्चे का शुभचिंतक है (b) उसमें ज्ञान की कमी है

(c) वह कुंठित है (d) वह संवेदनात्मक रूप से संतुलित नहीं है

(UTET-I–2015)

95. प्रेक्षणात्मक अधिगम संप्रत्यय·········द्वारा दिया गया था।

(a) टोलमैन (b) बैंडुरा (c) थार्नडाइक (d) कोहलर

(UPTET-I–2015)

96. उदाहरण, निरीक्षण, विश्लेषण, वर्गीकरण नियमीकरण निम्नलिखित में से किस विधि के सोपान हैं ?

(a) निगमन विधि (b) आगमन विधि (c) अंतदर्शन विधि (d) बर्हिदर्शन विधि

(UPTET-I–2015)

97. ध्यान आकर्षित होने में ········· की प्रमुख भूमिका होती है।

(a) उद्दीपन की तीव्रता (b) उद्दीपन की उपादेयता

(c) उद्दीपन की विश्वसनीयता (d) उद्दीपन की सक्रियता *(UPTET-I–2015)*

98. एस. ओ. आर *(SOR)* किसके द्वारा प्रस्तावित किया गया है?
(a) वुडवर्थ (b) वॉटसन (c) कोफ्का (d) कोहलर
(UPTET-I–2015)

99. अनुभव द्वारा व्यवहार में परिवर्तन कहलाता है—
(a) स्मृति (b) सीखना (c) प्रेरणा (d) चिंतन
(UPTET-I–2015)

100. जब शिक्षार्थियों को समूह में किसी समस्या पर चर्चा का अवसर दिया जाता है, तब उसके सीखने का वक्र—
(a) स्थिर रहता है (b) अवनत होता है (c) समान रहता है (d) बेहतर होता है
(CTET–2016)

101. अपने चिन्तन में अवधारणात्मक परिवर्तन लाने हेतु शिक्षार्थियों को सक्षम बनाने के लिए शिक्षिका को—
(a) बच्चों को स्वयं चिन्तन करने के लिए हतोत्साहित करना चाहिए और उनसे कहना चाहिए कि वे शिक्षिका को सुनें और उसका अनुपालन करें
(b) व्याख्यान के रूप में व्याख्या प्रस्तुत करनी चाहिए
(c) स्पष्ट और आश्वस्त करने वाली व्याख्या देनी चाहिए तथा शिक्षार्थियों के साथ करनी चाहिए
(d) उन बच्चों को पुरस्कार देना चाहिए जिन्होंने अपने चिन्तन में परिवर्तन किया है
(CTET–2016)

102. प्राथमिक विद्यालय के कक्षा-कक्ष के संदर्भ में सक्रियवद्धता का क्या अर्थ है?
(a) शिक्षक का अनुकरण और नकल करना
(b) जाँच-पड़ताल करना, प्रश्न पूछना और वाद-विवाद
(c) शिक्षक द्वारा दिए गए उत्तरों का नकल करना
(d) याद करना, प्रत्यास्मरण और सुनाना *(CTET–2016)*

103. निम्नलिखित में से कौन-सा 'आधारभूत सहायता' का एक अच्छा उदाहरण है?
(a) समस्या का समाधान जल्दी देने के लिए पुरस्कार देना
(b) उसे यह बताना कि वह बार-बार प्रयास द्वारा कर सकता है
(c) उसे आधा समाधान किया उदाहरण उपलब्ध करवाना
(d) उसे कहना कि जब तक वह समस्या का समाधान नहीं कर लेता, तब तक घर नहीं जा सकता *(CTET–2016)*

104. आपकी कक्षा में सीखने की विविध शैलियों वाले बच्चें हैं उनका आकलन करने के लिए आप उन्हें—
(a) समान अनुदेश देंगे तथा उसके बाद बच्चों द्वारा परीक्षण में प्राप्त अंकों के अनुसार उनको नामित करेंगे
(b) कार्यों और परीक्षणों के एकसमान सेट देंगे
(c) विविध प्रकार के कार्य और परीक्षण देंगे
(d) परीक्षण पूरा करने के लिए एकसमान समय देंगे *(CTET–2016)*

105. सीखने के बारे में निम्नलिखित कथनों में से कौन-सा एक सत्य है?
(a) सीखना एक निष्क्रिय ग्रहणशील प्रक्रिया है
(b) सीखना शिक्षार्थी के पूर्व ज्ञान पर आधारित नहीं है

(c) सीखना कौशलों के संचय के समान है
(d) सीखने को सामाजिक क्रियाएँ सुविधा देती हैं *(CTET–2016)*

106. अधिगमकर्ता-केंद्रित विधि का आशय है—
(a) उन विधियों को अपनाना जिनमें शिक्षक मुख्यकर्ता होता है
(b) वे विधियाँ, जहाँ अधिगम में अधिगमकर्ता की अपनी पहल तथा प्रयास सम्मिलित होते हैं
(c) कि शिक्षक अधिगमकर्ता के लिए स्वयं निष्कर्ष निकाल देते हैं
(d) परंपरागत व्याख्यात्मक विधियाँ *(CTET–2016)*

107. निम्नलिखित में से कौन-सा एक सीखने के लिए प्रुमख हैं?
(a) अनुकरण (b) अर्थ-निर्माण
(c) अनुबंधन (d) रटकर याद करना *(CTET–2016)*

108. अधिगम का क्रिया-प्रसूत अनुबंधन सिद्धांत *(Operant conditioning theory of learning)* …….. द्वारा दिया गया था।
(a) पैवलॉव (b) थार्नडाइक (c) होलमैन (d) स्किन्नर *(UPTET–2016)*

109. बन्डुरा *(Bandura)* का कथन है कि बच्चे प्रतिक्रियाएँ प्रतिमानीकरण द्वारा सीखते हैं, जिसको ……… भी कहा जाता है।
(a) अभ्यास द्वारा सीखना (b) अंतर्दृष्टि द्वारा सीखना
(c) निरीक्षणात्मक अधिगम (d) पुरस्कार द्वारा सीखना *(UPTET–2016)*

110. अधिगम स्थानान्तरण के द्वि-तत्व सिद्धांत के प्रवर्तक थे—
(a) थार्नडाइक (b) स्पीयरमैन (c) जड (d) गिलफोर्ड *(UPTET–2016)*

111. सीखने की वह अवधि, जब सीखने की प्रक्रिया में कोई उन्नति नहीं होती, कहलाती है—
(a) सीखने का वक्र (b) सीखने का पठार (c) स्मृति (d) अवधान *(UPTET-I–2017)*

112. निम्न में से कौन-सा अधिगम के पठार का कारण नहीं है?
(a) प्रेरणा की सीमा (b) विद्यालय का असहयोग
(c) शारीरिक सीमा (d) ज्ञान की सीमा *(UPTET-I–2017)*

113. ''अधिगम, अनुभव और प्रशिक्षण के परिणामस्वरूप व्यवहार में परिवर्तन है।'' यह कथन किनके द्वारा दिया गया?
(a) गेट्स व अन्य (b) मार्गन और गिलिलैंड
(c) स्किन्नर (d) क्रॉनबैक *(UPTET-I–2017)*

114. अधिगम वक्र में पठार *(Plateau)* बनता है—
(a) परिपक्वता के कारण (b) अभिप्रेरणा के कारण
(c) थकान के कारण (d) अभिरुचि के कारण *(UPTET-II–2011)*

115. निम्न में से कौन-सी विधि प्राथमिक स्तर पर शिक्षण के लिए उपयुक्त नहीं है?
(a) समस्या समाधान विधि (b) गतिविधि उपागम
(c) व्याख्यान विधि (d) प्रोजेक्ट विधि *(HTET-I–2017)*

116. कक्षा में शिक्षण सहायक सामग्री का उपयोग किया जाता है—
(a) विशिष्ट अधिगम परिस्थितियाँ निर्माण के लिए
(b) शिक्षक के बोझ को कम करने के लिए
(c) कक्षा में अनुशासन बनाए रखने के लिए
(d) शिक्षण में आवश्यक होने के नाते *(HTET-I–2017)*

117. गैग्ने ने अपनी पुस्तक ''दी कंडिशंस ऑफ लर्निंग'' में सीखने के कितने प्रकार बताए हैं ?
(a) पाँच प्रकार (b) आठ प्रकार (c) सात प्रकार (d) दस प्रकार
(HTET-I–2017)

118. निम्नलिखित में से कौन-सी शिक्षण व्यूह रचना संज्ञानात्मक, भावात्मक एवं मनोगत्यात्मक पक्षों के तहत अधिगम उद्देश्यों को पूरा करती है ?
(a) व्याख्यान (b) समूह चर्चा
(c) भूमिका निर्वहन (d) अभिक्रमित अनुदेशन *(HTET-I–2017)*

119. स्मृति स्तर के शिक्षण प्रतिमान के प्रतिपादक हैं—
(a) जॉन एफ. हर्बर्ट (b) एच. सी. मॉरीसन
(c) नेड ए. फ्लेन्डर्स (d) इनमें से कोई नहीं *(HTET-I–2017)*

120. बहु-संवेदी शिक्षण अधिगम की प्रविधि में अधिगम-संवर्धन हेतु दृश्य, श्रव्य, स्पर्श और ...... संवेदनाओं का एक साथ प्रयोग किया जाता है।
(a) प्रत्यक्षीकरण (b) अवलोकन (c) गतिबोधक (d) कर्ण-कोटर
(CTET-II–2018)

121. निम्नलिखित में से कौन-सा शिक्षक द्वारा कक्षा में बच्चों के लिए समस्या हल करने के तरीके का वर्णन नहीं कर सकता ?
(a) किसी विशेष समस्या को हल करने के बारे में अपनी विचार प्रक्रियाओं पर चर्चा करना
(b) कुछ हल करते समय गलतियों को करने के प्रति ईमानदार रहना
(c) सोच, विचार, परीक्षण और विभिन्न उत्तरों जैसी शब्दावली का प्रयोग करना
(d) अभिसरण उत्तरों वाले प्रश्न पूछना *(CTET–2018)*

122. निम्नलिखित में से कौन-सा शिक्षक की भूमिका का सबसे अच्छा वर्णन करता है ?
(a) कक्षा में शिक्षक की सबसे महत्वपूर्ण भूमिका अनुशासन को बनाए रखना है
(b) एक शिक्षक को निर्धारित पाठ्यपुस्तक का पालन करना चाहिए
(c) पाठ्यक्रम को समय पर पूरा करने के साथ दोहराने के लिए पर्याप्त समय देना महत्वपूर्ण है
(d) आराम के लिए जगह बनाना, जहाँ बच्चे संवाद और पूछताछ के माध्यम से सीखते हैं *(CTET–2018)*

123. निम्नलिखित में से कौन-सी कक्षा समृद्ध शिक्षा को प्रोत्साहित करती है ?
(a) वह कक्षा जिसमें प्रदर्शित विभिन्न प्रकार की सामग्री बच्चों की पहुँच से परे हो ताकि सामग्री लंबे समय तक चलती रहे
(b) वह कक्षा जिसमें खुली गतिविधि कोनें हों और विभिन्न प्रकार के बाल साहित्य खुली ताक *(शेल्फ)* में रखी हों, जो दिन के किसी भी समय प्राप्त किया जा सके

(c) अलमारी में अच्छी तरह संगठित सामग्री वाली कक्षा, जहाँ सामग्री को सप्ताह में एक बार मुक्त खेल के लिए बाहर लाया जाता हो

(d) पाठ्यपुस्तक सामग्री द्वारा संचालित संरचित और योजनाबद्ध अधिगम वाली कक्षा *(CTET–2018)*

124. निम्नलिखित में से कौन-सा कक्षा में पाठ्यपुस्तकों की भूमिका का सबसे अच्छा वर्णन करता है?

(a) वे कक्षा में उपलब्ध संसाधन और संदर्भ सामग्री में से एक है

(b) वे एक राज्य या राष्ट्र में अधिगम में एकरूपता बनाए रखते हैं

(c) वे अध्ययन के पाठ्यक्रम के बारे में शिक्षकों और माता-पिता को मार्गदर्शन प्रदान करते हैं

(d) वे संसाधन-रहित संदर्भ में सबसे आवश्यक अधिगम संसाधन बनाते हैं *(CTET–2018)*

125. निम्नलिखित में से कौन-सा बच्चों में अधिगम में सुधार करने के लिए सबसे अधिक उपयुक्त है?

(a) नियमित मूल्यांकन परीक्षा आयोजित की जानी चाहिए

(b) शिक्षक को विभिन्न उदाहरणों और चित्रों का उपयोग करके विषय की व्याख्या करनी चाहिए

(c) कक्षा में सभी प्रकार की शिक्षण सामग्री होनी चाहिए

(d) शिक्षक को वास्तविक जीवन स्थितियों पर बच्चों को एक-दूसरे के साथ बातचीत करने में मदद करनी चाहिए *(CTET–2018)*

126. अनुशासन, जो अधिगम वातावरण में एक महत्वपूर्ण भूमिका निभाता है, किस तरह की मदद करता है?

(a) बच्चों को अपनी शिक्षा को विनयमित और मॉनीटर करने के लिए

(b) चुप्पी साधे रखने के लिए

(c) शिक्षकों को निर्देश देने में

(d) बच्चों को उनके पाठ रटकर याद करने में *(CTET–2018)*

127. विविध अधिगमकर्त्ताओं के लिए सुगन्ध स्वरूपों में शिक्षण अधिगम सामग्रियाँ प्रदान करने का तात्पर्य .... से है।

(a) शिक्षण के सार्वभौमिक मानववादी दृष्टिकोण

(b) अधिगम की सार्वभौमिक संरचना

(c) सार्वभौमिक समावेशी शिक्षा के नैतिक विचार

(d) शिक्षण व्यावसायिकता की सार्वभौमिक संहिता *(CTET–2018)*

128. प्रतिपालन अधिगम का एक विशिष्ट चरण है, जो अधिगम के .... चरण का पूर्ववर्ती है।

(a) आत्मनिर्भरता (b) सामान्यीकरण (c) अधिग्रहण (d) अभिप्रेरण *(CTET–2018)*

129. पहले से सीखे हुए कार्यों में सुधार लाने के लिए शिक्षक बच्चों को प्रदर्शन देकर सीखा रहा है। वह शिक्षण की .... विधि का प्रयोग कर रहा है।

(a) संशोधन (b) प्रतिरूपण (c) अनुकरण (d) अवलोकन *(CTET–2018)*

130. जब सोचने की प्रक्रिया किसी भाषा द्वारा प्रभावित है, तो ऐसी स्थिति को कहते हैं—
(a) संज्ञानात्मक पक्ष (b) सामाजिक भाषायी उदधृत
(c) संस्कृति प्रभावित (d) भाषा निर्धारित *(CTET–2018)*

131. निम्न में से कौन-सा अच्छे शिक्षण की विशेषता नहीं है?
(a) जनतांत्रिक (b) सहानुभूतिपूर्ण
(c) स्वेच्छाचारी (d) वांछनीय सूचनाएँ देने वाला
(UPTET-I–2018)

132. निम्न में से कौन-सा शिक्षण का सूत्र नहीं है?
(a) अनिश्चित से निश्चित की ओर (b) दृश्य से अदृश्य की ओर
(c) सरल से कठिन की ओर (d) निगमन से आगमन की ओर
(UPTET-I–2018)

133. सूक्ष्म-शिक्षण चक्र का प्रथम पद होता है—
(a) शिक्षण (b) योजना बनाना (c) प्रतिपुष्टि (d) प्रस्तावना
(UPTET-I–2018)

134. निम्न में से कौन-सा अवबोध स्तर के शिक्षण में शामिल है?
(a) अनुप्रयोग (b) तुलना (c) पृथक्करण (d) अन्वेषण
(UPTET-I–2018)

135. शैक्षिक सुधारों में प्रभावी विकेन्द्रीकरण तभी संभव होगा—
A. जब खंड व संकुल संदर्भ केंद्रों की भागीदारी बढ़े।
B. स्थानीय संदर्भ व्यक्ति उपलब्ध हो।
C. अध्यापकों के पास संसाधन और प्रासंगिक सामग्री भी मौजूद हो।
सही उत्तर चुनें—
(a) A और B (b) B और C (c) A और C (d) A, B और C
(UPTET-I–2018)

136. "सीखने के वक्र अभ्यास द्वारा सीखने की मात्रा, गति और प्रगति की सीमा को ग्राफ पर प्रदर्शित करते हैं।"
(a) रॉस (b) एबिंगहास (c) स्किन्नर (d) एम. एल. बिग्गी
(UPTET-I–2018)

137. निम्न में से कौन-सी अधिगम की एक विशेषता नहीं है?
(a) अधिगम व्यवहार में अपेक्षाकृत स्थायी परिवर्तन है
(b) अधिगम प्राणी की अभिवृद्धि है
(c) अधिगम का अवलोकन प्रत्यक्ष रूप से किया जा सकता है
(d) अधिगम एक लक्ष्योन्मुख प्रक्रिया है *(UPTET-I–2018)*

138. अधिगम का पठार है—
(a) अधिगम में अवरुद्ध वर्धन (b) अधिगम में दोष
(c) अधिगम की समाप्ति (d) अधिगम में अवरोध *(UPPET-II–2018)*

139. इनमें से कौन सूक्ष्म-शिक्षण की विचारधारा से संबन्धित नहीं है?
(a) बुश *(Bush)* (b) डेविड ह्यूम *(David Hume)*
(c) डी. डब्ल्यू एलेन *(D.W. Allen)* (d) एचीसन *(Achison)*
(UPPET-II–2018)

140. निम्न में से कौन-सा शिक्षण अधिगम का स्तर नहीं है?
(a) अवबोध स्तर *(Understanding Level)*
(b) परावर्ती स्तर *(Reflective Level)*
(c) स्मृति स्तर *(Memory Level)*
(d) दूरवर्ती स्तर *(Distance Level)* *(UPPET-II–2018)*

141. निम्न में कौन-सी कक्षा शिक्षण में जनतांत्रिक शिक्षण नीति नहीं है?
(a) व्याख्यान (b) योजना
(c) अन्वेषण *(Heuristic)* (d) मस्तिष्क उद्वेलन *(Brainsforming)*
(UPPET-II–2018)

142. ''हम करके सीखते हैं'' किसने कहा था?
(a) योकम (b) सिम्पसन (c) डॉ. मेस (d) कोलेसनिक
(UPPET-II–2018)

143. निम्न में से कौन-सा शिक्षण का स्तर नहीं है?
(a) बोध (b) चिन्तन (c) स्मृति (d) वर्णन
(UPPET-II–2018)

144. शिक्षण की अन्तः क्रियात्मक अवस्था में मुख्य संक्रिया होती है—
(a) निदान की (b) प्रत्यक्षीकरण की
(c) क्रिया और प्रतिक्रिया की (d) उपर्युक्त सभी *(UPPET-II–2018)*

145. एक बालक काली गाय, काला कुत्ता तथा काली वस्तुओं को देखकर डरने लगता है। इस प्रकार के अनुबंधन में निहित है—
(a) अनुक्रिया अनुबंधन *(Response Conditioning)*
(b) उद्दीपक सामान्यीकरण *(Stimulus Generalization)*
(c) अनुक्रिया सामान्यीकरण *(Response Generalization)*
(d) उपर्युक्त में से कोई नहीं *(UPPET-II–2018)*

146. शिक्षण विधि का चयन करते समय निम्न में से किसको ध्यान में रखने की आवश्यकता नहीं है?
(a) व्यक्तिगत भेद (b) अभिभावकों की पृष्ठभूमि
(c) विद्यार्थियों का मानसिक स्तर (d) विषय की विशिष्ट प्रकृति
(UPPET-II–2018)

147. विद्यालय का प्रजातांत्रिक संगठन अधिगम को प्रभावित करता है, अधिगम का यह कारक सम्बन्धित है—
(a) विधि विज्ञान पक्ष से (b) सामाजिक पक्ष से
(c) कार्यिकी पक्ष से (d) मनोवैज्ञानिक पक्ष से
(HTET Level-III–2019)

148. अधिगमकर्त्ता *(शिक्षु)* केन्द्रित अनुदेशनात्मक योजना जिसमें विद्यार्थी अध्यापक के प्रश्नों और निर्देशों की सहायता से अपनी समझ को निर्मित करने के लिए प्रोत्साहित होते हैं, वह है—
(a) अन्वेषी अधिगम (b) मार्गदर्शित अन्वेषी अधिगम
(c) समस्या आधारित अधिगम (d) प्रायोजना आधारित अधिगम
(HTET Level-III–2019)

149. जब विद्यार्थी अधिगम विषयवस्तु का अर्थ निकालकर उसे समझने के अधिगम उपागम का उपयोग करते हैं तो यह अधिगम शैली निम्नलिखित में से कौन-सी है ?

(a) व्यावहारिक शैली (b) आवेगी शैली

(c) सतही शैली (d) गहन शैली *(HTET Level-III–2019)*

150. एक शिक्षक को चाहिए कि—

(a) वह विद्यार्थियों के बीच तुलना को अधिकतम करें

(b) वह विशेष संस्कृतियों/समुदाय के बच्चों को बढ़ावा दें

(c) वह विद्यार्थियों के बीच सांस्कृतिक विभिन्नताओं तथा विविधता की अनदेखी करें

(d) यह सम्प्रेषित करें कि वह कक्षाकक्ष में सभी संस्कृतियों का सम्मान करती है एवं महत्व देती है *(CTET-I–2019)*

151. बच्चे प्रभावी रूप से सीखते हैं जब—

(a) शिक्षक कक्षा में होनेवाली सभी घटनाओं व बच्चों को पूर्ण रूप से नियंत्रित करता है

(b) वे पाठ्यपुस्तक में दिए गए तथ्यों को याद करते हैं

(c) वे श्यामपट्ट पर अध्यापक के द्वारा लिखे गए उत्तरों की नकल करते हैं

(d) वे विभिन्न गतिविधियों एवं कार्यों में सक्रिय रूप से भाग लेते हैं *(CTET-I–2019)*

152. निम्नलिखित में से कौन-सी एक मुख्य प्रक्रिया नहीं है जिसके द्वारा सार्थक अधिगम घटित होता है ?

(a) कंठस्थीकरण एवं स्मरण (b) पुनरावृत्ति एवं अभ्यास

(c) निर्देश एवं संचालन (d) अन्वेषण एवं पारस्परिक क्रिया *(CTET-I–2019)*

153. जब शिक्षक को विद्यार्थियों एवं उनकी योग्यताओं के बारे में सकारात्मक विश्वास होता है तब विद्यार्थी—

(a) सीखने के लिए उत्सुक एवं प्रेरित होते हैं

(b) निश्चिन्त हो जाते हैं तथा सीखने के लिए किसी भी तरह का प्रयास करना बंद कर देते हैं

(c) का उत्साह भंग हो जाता है तथा वे दबाव में आ जाते हैं

(d) किसी भी रूप में प्रभावित नहीं होते हैं *(CTET-I–2019)*

154. वह विधियाँ जिनके प्रयोग में विद्यार्थियों की स्वपहल व प्रयास शामिल हैं, निम्न में से किसका उदाहरण है ?

(a) अन्तवैयक्तिक बुद्धि (b) नियमनात्मक विधि

(c) अधिगमकर्त्ता केंद्रित विधि (d) परम्परागत विधि *(CTET-I–2019)*

155. निम्नलिखित में से कौन-सा अधिगम के सार्थक सरलीकरण के रूप में परिणत नहीं होता है ?

(a) पहले से विद्यमान ज्ञान से नए ज्ञान को जोड़ना

(b) दोहराने एवं स्मरण करने को बढ़ावा देना

(c) उदाहरणों एवं गैर-उदाहरणों का प्रयोग करना

(d) एक समस्या पर अनेक तरीकों से विचार करने के लिए प्रोत्साहित करना *(CTET-II–2019)*

156. एक शिक्षक को विद्यार्थियों को ...... निर्धारित करने के लिए प्रोत्साहित करना चाहिए बजाय ...... के।
(a) अधिगम लक्ष्य ; प्रदर्शन लक्ष्य
(b) प्रदर्शन लक्ष्य ; अधिगम लक्ष्य
(c) असफलता से बचने के लिए लक्ष्य; अंक लेने के लिए लक्ष्य
(d) अंक लेने के लिए लक्ष्य; असफलता से बचने के लिए लक्ष्य *(CTET-II–2019)*

157. निम्नलिखित में से कौन प्रभावी अधिगम रणनीतियों के उदाहरण हैं?
(i) लक्ष्य एवं समय-सारणी निर्धारित करना।
(ii) संगठनात्मक चार्टों एवं अवधारणात्मक नक्शे बनाना।
(iii) उदाहरणों एवं गैर उदाहरणों के बारे में सोचना।
(iv) हमउम्र साथी को समझाना।
(v) स्वयं से प्रश्न करना।
(a) i, ii, iii (b) i, iv, v (c) i, ii, iii, iv (d) i, ii, iii, iv, v

158. बच्चों की गलतियाँ एवं भ्रांत-धारणाएँ ......
(a) शिक्षण-अधिगम प्रक्रिया में एक महत्वपूर्ण कदम है
(b) शिक्षण-अधिगम प्रक्रिया के लिए रुकावट एवं विघ्न है
(c) शिक्षण-अधिगम प्रक्रिया में अनदेखी करनी चाहिए
(d) सूचित करते हैं कि बच्चों की क्षमताएँ वयस्कों की तुलना में निम्न स्तर की हैं *(CTET-II–2019)*

159. अपनी कक्षा में सहयोगात्मक अधिगम का प्रयोग करते समय एक शिक्षक की भूमिका किस प्रकार की होती है?
(a) एक मूक दर्शक होना तथा बच्चे जो करना चाहते हैं उन्हें करने देना
(b) कक्षा को छोड़ देना तथा बच्चे को स्वयं कार्य करने देना
(c) सहयोगात्मक होना तथा प्रत्येक समूह की निगरानी करना
(d) उस समूह का सहयोग करना जिसमें होनहार एवं प्रतिभाशाली बच्चे हैं *(CTET-II–2019)*

160. संरचनावादी ढाँचे में अधिगम प्राथमिक रूप से—
(a) यंत्रवत् याद करने पर आधारित है (b) प्रबलन पर केंद्रित है
(c) अनुबंधन द्वारा अर्जित है (d) अवबोधन की प्रक्रिया पर केंद्रित है *(CTET-I–2019)*

161. अनेक घटनाओं के बारे में बच्चों के द्वारा बनाए गए 'सहजानुभूति सिद्धांतों' के संदर्भ में एक शिक्षिका को क्या करना चाहिए?
(a) बच्चों के इन सिद्धांतों को अनदेखा करना चाहिए
(b) बच्चों को दंडित करना चाहिए
(c) बार-बार याद करने के द्वारा एक सही सिद्धांत से 'बदल' देना चाहिए
(d) प्रतिकूल प्रमाण एवं उदाहरणों को प्रस्तुत करके बच्चों के इन सिद्धान्तों को चुनौती देनी चाहिए *(CTET-I–2019)*

162. संरचनावादी सिद्धान्तों के अनुसार अधिगम के बारे में निम्नलिखित कथनों में से कौन-सा सही है?
(a) अधिगम पुनरुत्पादन एवं स्मरण की प्रक्रिया है
(b) अधिगम यंत्रवत् याद करने की प्रक्रिया है

(c) अधिगम आवृत्तीय संबंध के द्वारा व्यवहारों का अनुबंधन है
(d) अधिगम सक्रिय विनियोजन के द्वारा ज्ञान की संरचना की प्रक्रिया है *(CTET-I–2019)*

163. निम्नलिखित में से कौन-सा कारक कक्षा में सार्थक अधिगम का पक्ष लेता है?
(a) बच्चों को पढ़ने के लिए अभिप्रेरित करने हेतु परीक्षणों की संख्या को बढ़ाना
(b) बच्चों को पढ़ने के लिए अभिप्रेरित करने हेतु पुरस्कारों को बढ़ावा देना
(c) निर्देश के लिए केवल व्याख्यान विधि को अपनाना
(d) विषयवस्तु तथा बच्चों के संपूर्ण कुशलक्षेम एवं अधिगम के प्रति सच्चा सरोकार रखना *(CTET-II–2019)*

164. निम्नलिखित में से कौन-सी शिक्षण-अधिगम के लिए एक प्रभावशाली शिक्षण प्रणाली नहीं है?
(a) बच्चों को अंतर्दृष्टि के द्वारा अनुमान लगाने के लिए प्रोत्साहित करना
(b) प्रयोग एवं पर्यवेक्षण
(c) संवाद एवं परिचर्चा
(d) दिए गए ज्ञान को दोहराने पर ध्यान केंद्रित करना *(CTET-II–2019)*

165. बच्चे अनेक घटनाओं के बारे में 'सहजानुभूत सिद्धांत' *(Naive Theories)* की संरचना करते हैं। इस पृष्ठभूमि में एक शिक्षक को क्या करना चाहिए?
(a) संवाद के द्वारा बच्चों की इन अवधारणाओं को चुनौती देनी चाहिए
(b) बच्चों के इन विचारों को खारिज करना चाहिए
(c) बच्चों के विचारों एवं सिद्धातों को अनदेखा करना चाहिए
(d) बच्चों को इन विचारों के लिए डाँटना चाहिए क्योंकि ये विचार उनके शिक्षण में हस्तक्षेप करते हैं *(CTET-II–2019)*

166. निम्नलिखित में से कौन-से कारक अधिगम को प्रभावित करते हैं?
(i) विद्यार्थी की अभिरुचि
(ii) विद्यार्थी का सांवेगिक स्वास्थ्य
(iii) शिक्षाशास्त्रीय रणनीतियाँ
(iv) विद्यार्थी का सामाजिक एवं सांस्कृतिक संदर्भ
(a) i, ii (b) ii, iii (c) i, ii, iii (d) i, ii, iii, iv
(CTET-II–2019)

167. निम्नलिखित में से क्या ज्ञान के सार्थक संरचना की प्रक्रिया का एक महत्वपूर्ण पहलू है?
(a) सामाजिक पारस्परिक क्रियाएँ
(b) लगातार अभ्यास तथा बार-बार स्मरण करना
(c) पुरस्कार एवं दंड
(d) उद्दीपन-प्रतिक्रिया संबंध *(CTET-II–2019)*

168. निम्न में से कौन-सा अधिगम का वक्र नहीं है?
(a) मिश्रित (b) नतोदर
(c) उन्नतोदर *(उत्तल)* (d) लम्बवत् *(UPTET-I–2020)*

169. मॉरीशन ने बोध स्तर के शिक्षण प्रतिमान में पाँच पदों का वर्णन किया है, वे हैं—
I. प्रस्तुतीकरण II. खोज
III. संगठन/व्यवस्था IV. वचन
V. अभिव्यक्तिकरण

इनका सही क्रम है—

(a) II, I, IV, III, V (b) IV, V, III, I, II
(c) I, II, III, IV, V (d) I, II, III, IV, V

170. सूक्ष्म शिक्षण के भारतीय प्रतिमान में कुल कितना समय लगता है?

(a) 40 मिनट (b) 36 मिनट (c) 30 मिनट (d) 45 मिनट

171. थार्नडाइक के उद्दीपक-अनुक्रिया सिद्धान्त *(S-R थ्योरी)* में सीखने की प्रक्रिया में क्या महत्वपूर्ण नहीं है?

(a) क्रिया प्रसूत व्यवहार (b) उद्दीपक
(c) अभिप्रेरक (d) अन्तर्नोद *(UPTET-II–2020)*

172. निम्नलिखित में से किस प्रकार के अधिगम को गैग्ने ने अपनी अधिगम सोपानिकी में सर्वाधिक निम्न स्थान पर रखा है?

(a) प्रत्यय अधिगम (b) शृंखला अधिगम
(c) संकेत अधिगम (d) शाब्दिक अधिगम *(UPTET-II–2020)*

173. सूक्ष्म-शिक्षण है—

(a) मूल्यांकन शिक्षण (b) प्रभावशाली शिक्षण
(c) अवश्रेणीयन शिक्षण (d) वास्तविक शिक्षण *(UPTET-II–2020)*

174. स्कूटर चलाने वाले व्यक्ति द्वारा कार चलाना सीखते समय उसके पूर्व अनुभवों का सहायक होना, किस प्रकार के अधिगम अन्तरण का उदाहरण है?

(a) क्षैतिज अन्तरण (b) द्वि-पार्श्विक अन्तरण
(c) ऊर्ध्व अन्तरण (d) धनात्मक अन्तरण *(UPTET-II–2020)*

175. निम्न में से कौन-सी शिक्षण विधि प्रजातान्त्रिक नहीं है?

(a) प्रोजेक्ट विधि (b) सामूहिक परिचर्चा
(c) व्याख्यान विधि (d) सहभागी विधि *(UPTET-II–2020)*

176. निम्न में से कौन-सी शिक्षण विधि प्रजातान्त्रिक नहीं है?

(a) प्रोजेक्ट विधि (b) सामूहिक परिचर्चा
(c) व्याख्यान विधि (d) सहभागी विधि *(UPTET-II–2020)*

177. शैक्षिक उद्देश्यों के ब्लूम के वर्गीकरण के भावात्मक पक्ष से निम्न में से कौन-सा स्तर सम्बन्धित नहीं है?

(a) व्यवस्थापन (b) ज्ञान (c) आग्रहण (d) अनुक्रिया
(UPTET-II–2020)

178. निम्न में से कौन-सा शिक्षण का स्तर नहीं है?

(a) परावर्ती स्तर (b) अवबोध स्तर (c) स्मृति स्तर (d) अभिप्रेरण स्तर
(UPTET-II–2020)

179. निम्न में से कौन-सी शिक्षण विधि प्रगतिवादी सिद्धान्तों पर आधारित है?

(a) आगमन (b) निगमन (c) प्रश्नोत्तर (d) समस्या समाधान
(UPTET-II–2020)

180. निम्न में से अध्यापन-अधिगम का सबसे प्रभावशाली माध्यम कौन-सा है?

(a) विषय-वस्तु को यंत्रवत याद करना (b) संकल्पनाओं के बीच संबंध खोजना
(c) बिना विश्लेषण के अवलोकन करना (d) अनुकरण/नकल और दोहराना
(CTET-I–2021)

181. अधिगम की सर्वोत्तम अवस्था कौन-सी है ?

(a) उच्च उत्तेजना, उच्च भय
(b) निम्न उत्तेजना, उच्च भय
(c) संतुलित उत्तेजना, कोई भय नहीं
(d) कोई उत्तेजना नहीं, कोई भय नहीं

(CTET-I–2021)

182. अधिगम के लिए निम्न में से कौन-सी धारणा उपयुक्त है ?

(a) योग्यता सुधार्य है
(b) योग्यता अटल है
(c) प्रयासों से कोई फर्क नहीं पड़ता
(d) असफलता अनियंत्रित है

(CTET-I–2021)

183. अपनी कक्षा में अर्थपूर्ण अधिगम को सुसाध्य बनाने के लिए अध्यापिका को अपनी कक्षा में सामाजिक, सांस्कृतिक, धार्मिक, भाषायी विविधता को ...... चाहिए।

(a) टालना
(b) उपेक्षित करना
(c) समझना
(d) अनदेखा करना

(CTET-II–2021)

184. कक्षा में प्रभावशाली अधिगम के लिए ...... वातावरण की रचना करनी चाहिए बजाए .... वातावरण के।

(a) सहयोगिक; प्रतिस्पर्द्धिक
(b) प्रतिस्पर्द्धिक; सहयोगिक
(c) भयावह; सुसाध्यक
(d) प्रतिस्पर्द्धिक; सुसाध्यक

(CTET-II–2021)

185. निम्न में से कौन से कारकों द्वारा विद्यालयों में बच्चों का अधिगम से जुड़ाव प्रभावित होता है ?

(i) पारिवारिक समाजीकरण
(ii) समकक्षी संबंधों
(iii) सांस्कृतिक मूल्य
(iv) बच्चों का आत्म-सम्मान

(a) (iv)
(b) (ii) और (iv)
(c) (i), (ii), (iii) और (iv)
(d) (i) और (iii)

(CTET–2022)

186. एक कक्षा में बच्चों के 'असफलता के भय' को दूर करना क्यों जरूरी है ?

(a) एक कक्षा में अध्यापक बच्चों के भय को संभाल नहीं सकता
(b) विद्यालय बच्चों के भावात्मक जीवन की जिम्मेदारी नहीं ले सकता
(c) असफलता और त्रुटियां, बच्चे के अधिगम का स्वाभाविक हिस्सा है
(d) भय का अहसास करने वाले बच्चे, विकासात्मक रूप से विफल होते हैं

(CTET–2022)

187. शिक्षिका कक्षा में सकारात्मक रूप से सीखने का वातावरण किस प्रकार सुनिश्चित कर सकती है ?

(a) एक तय एवं निर्धारित समय-सारणी का अनुपालन करके
(b) पुरस्कार एवं सजा का प्रयोग कर बच्चों को अनुशासित रखकर
(c) बच्चों के संवेगों को सीखने की प्रक्रिया का हिस्सा बनकर
(d) बच्चों की क्षमता के आधार पर उनका विभेदीकरण करके एवं अलग-अलग समूह बनाकर

(CTET–2022)

188. क्या एक शिक्षक को कक्षा में एक सत्ताधारी व्यक्ति के रूप में देखा जाना चाहिए जिससे कोई चुनौती न दे सके ?

(a) हाँ, इससे विद्यार्थियों को शिक्षकों के आज्ञापालन एवं आदर करने के मूल्यों की सीख मिलती है

(b) हाँ, केवल ऐसा शिक्षक ही विद्यार्थियों को स्पष्ट मार्गदर्शन एवं यथार्तिक संज्ञानात्मक स्पष्टता प्रदान कर सकता है
(c) नहीं, विद्यार्थी ऐसे शिक्षकों से प्रश्न पूछने में हिचकते हैं जिसे उनकी संप्रत्यायिक स्पष्टता में कमी रह जाती है
(d) नहीं, आज के तकनीकी युग में शिक्षक विद्यार्थियों की अधिगम प्रक्रिया में अप्रासंगिक है *(CTET–2022)*

189. कक्षा में परिचर्चा के दौरान क्या एक शिक्षिका को विद्यार्थियों के 'गलत उत्तर' सही करने चाहिए ?
(a) हाँ, बच्चों की त्रुटियों को तुरंत संशोधन करना चाहिए
(b) नहीं, बच्चों को अभिव्यक्ति करने के लिए प्रोत्साहित करना चाहिए, बिना गलत होने के भय के
(c) गलत उत्तर हमेशा संज्ञानात्मक स्पष्टता की कमी को दर्शाते हैं एवं इन्हें हमेशा सुधारना चाहिए
(d) बच्चे स्कूल में सही जानकारी प्राप्त करने के लिए आते हैं, इसलिए उनके उत्तरों को तुरन्त सुधारना चाहिए *(CTET–2022)*

190. बच्चे किस शिक्षाशास्त्र द्वारा सबसे अधिक अर्थपूर्ण अधिगम करते हैं ?
(a) व्याख्यान और प्रत्यक्ष अनुदेश द्वारा
(b) पुनरावृत्त यंत्रवत अभ्यास द्वारा
(c) जब वे कार्यों और क्रिया-कलापों में क्रियाशीलता से भाग लेते हैं
(d) कार्य को पूर्ण करने में विभिन्न चरणों पर उपयुक्त इनाम दिए जाते हैं *(CTET–2022)*

191. छात्रों को विभिन्न प्रकार की सामग्री का प्रावधान करवाना और उन्हें अपने अधिगम को स्व-निर्देशित करने की स्वतंत्रता देना .... को बढ़ावा देने की एक विधि है।
(a) यंत्रवत अधिगम (b) प्रतिस्पर्द्धात्मक अधिगम
(c) अन्वेषित अधिगम (d) निर्देशात्मक अधिगम *(CTET–2022)*

192. निम्नलिखित में से कौन-सा अध्यापक द्वारा पाड़ का उदाहरण नहीं है ?
(a) अनुकरण के लिए कौशलों का प्रदर्शन करना
(b) रटना
(c) इशारे एवं संकेत
(d) सहपाठियों संग साझा शिक्षण *(CTET–2022)*

193. एक शिक्षिका अपनी प्राथमिक कक्षा में अर्थपूर्ण अधिगम को कैसे बढ़ावा दे सकती है ?
(a) वेधन तथा अभ्यास द्वारा
(b) प्रतिस्पर्द्धा को बढ़ावा देकर
(c) विषयवस्तु का विद्यार्थियों के जीवन के साथ संबंध स्थापित करके
(d) अधिगम की छोटी-छोटी उपलब्धियों के लिए पुरस्कार देकर *(CTET–2022)*

194. शिक्षिका की अपने विद्यार्थियों से अपेक्षाएँ/अपेक्षाओं—
(a) उनके अधिगम पर महत्वपूर्ण प्रभाव डालती है
(b) का विद्यार्थियों के अधिगम से कोई सह-संबंध नहीं है

(c) विद्यार्थियों के अधिगम और उनकी स्वयं की क्षमता पर किसी प्रकार का प्रभाव नहीं डालती है

(d) बच्चों के अधिगम के लिए एकमात्र निर्धारक है *(CTET–2022)*

195. निम्नलिखित में से कौन-सी एक सहगामी अधिगम युक्ति है?

(a) टालना (b) क्रमबद्धता

(c) सामाजिक पृथक्कीकरण (d) पारस्परिक रूप से प्रश्न करना

(CTET–2022)

196. **अभिकथन (A) :** प्रभावी शिक्षक खुद को शिक्षार्थियों के दैनिक जीवन और उनकी सामाजिक-सांस्कृतिक पृष्ठभूमि से परिचित कराते हैं।

कारण (R) : सीखना एक सामाजिक संदर्भ में होता है।

कूट :

(a) A सही है, किन्तु R गलत है

(b) A और R दोनों गलत हैं

(c) A और R दोनों सही हैं तथा R, A की सही व्याख्या करता है।

(d) A और R दोनों सही हैं, परन्तु R, A की सही व्याख्या नहीं करता है।

(CTET–2024)

197. अर्थपूर्ण अधिगम मुख्य रूप से किसके बारे में नहीं है?

(a) जानकारी को रटना (b) अवधारणाओं को समझना

(c) ज्ञान का निर्माण (d) कौशलों का विकास *(CTET–2024)*

198. गतिसंवेदी शिक्षार्थी ……… के माध्यम से सीखना पसन्द करते हैं।

(a) देखने (b) छूने

(c) करने और चलने-फिरने (d) सुनने *(CTET–2024)*

199. **अभिकथन (A) :** शिक्षकों को छात्रों से दूरी बनाकर रखनी चाहिए और अधिगम की प्राथमिक जिम्मेदारी उन्हीं पर डालनी चाहिए।

कारण (R) : अधिगम एक लोकतांत्रिक वातावरण के बजाय एक एकाधिकारवादी वातावरण में प्रभावी ढंग से होता है।

कूट :

(a) A सही है, किन्तु R गलत है

(b) A और R दोनों गलत हैं

(c) A और R दोनों सही हैं तथा R, A की सही व्याख्या करता है।

(d) A और R दोनों सही हैं, परन्तु R, A की सही व्याख्या नहीं करता है।

(CTET–2024)

200. शिक्षार्थी अधिगम प्रक्रिया में व्यस्त और सक्रिय रूप से शामिल महसूस करते हैं, जब—

(a) उनके पूर्व ज्ञान को पृथक किया जाता है और नकारा जाता है।

(b) गतिविधियाँ उनके संदर्भ से संबंधित होती हैं।

(c) अधिगम का बल दोहराव और रटने पर होता है।

(d) शिक्षार्थियों को सामाजिक-भावनात्मक आवश्यकताओं की उपेक्षा की जाती है।

(CTET–2024)

201. कक्षा पाँचवीं के बच्चों को तैरने और डूबने की अवधारणाओं को पढ़ाने के लिए संरचनावाद में दृढ़ विश्वास रखने वाले शिक्षकों द्वारा कौन-सा शैक्षणिक दृष्टिकोण अपनाया जाएगा ?

(a) निर्देशित खोज (b) व्याख्यान विधि

(c) विडियो दिखाना (d) पावर प्वाइंट प्रस्तुतीकरण दिखाना

(CTET–2024)

202. निम्नलिखित में से कौन-सी सार्थक सीखने के लिए एक प्रभावी स्मृति तकनीक नहीं है ?

(a) विस्तृत दोहराव (b) रटने व दोहराव

(c) स्मृति सहायक विधि (d) संकल्पना चित्रण *(CTET–2024)*

203. निम्नलिखित में से कौन-सा कथन अधिगम के बारे में सही नहीं है ?

(a) अधिगम शिक्षार्थी के पूर्व ज्ञान पर निर्भर करता है।

(b) अधिगम का तात्पर्य पूर्व वैचारिक स्कीम्स के पुनर्गठन से है।

(c) अधिगम सामाजिक क्रिया द्वारा संसाधित होता है।

(d) अधिगम एक प्रक्रिया नहीं, अपितु एक उत्पाद है। *(CTET–2024)*

204. अभिकथन (A) : विद्यालयी पाठ्यक्रम में विद्यार्थियों के सांस्कृतिक ज्ञान को उचित स्थान और मूल्य देना चाहिए।

कारण (R) : विद्यार्थियों को उनकी सांस्कृतिक पहचान को बनाए रखने के लिए समर्थन प्रदान करना, सीखने की प्रक्रिया को सुगम बनाता है।

कूट :

(a) A और R दोनों सही हैं तथा R, A की सही व्याख्या करता है।

(b) A और R दोनों सही हैं, परन्तु R, A की सही व्याख्या नहीं करता है।

(c) A सही है, किन्तु R गलत है।

(d) A और R दोनों गलत हैं। *(CTET–2023)*

205. अनुभवात्मक अधिगम किस पर बल देता है ?

(a) बच्चों के अधिगम पर शिक्षक के नियन्त्रण पर

(b) सीखने में पुनर्बलन की भूमिका पर

(c) आलोचनात्मक प्रतिबिम्बन के महत्व पर

(d) एक प्रक्रिया के बजार अधिगम को एक उत्पाद के रूप में देखने पर

(CTET–2023)

206. बच्चों में समस्या समाधान कौशल को बढ़ाने के लिए निम्नलिखित में से कौन-सा प्रभावी तरीका है ?

(a) स्वतंत्र चिन्तन को हतोत्साहित करना और घोषणात्मक ज्ञान पर ध्यान केन्द्रित करना।

(b) कठिन समस्या से बचने के लिए उन्हें प्रोत्साहित करना

(c) उन्हें समस्याओं का तैयार समाधान उपलब्ध करना

(d) उन्हें बुद्धि मंथन करने और सहज अनुमान लगाने के अवसर देना।

(CTET–2023)

207. निम्नलिखित में से अधिगम का प्राथमिक लक्ष्य कौन-सा होना चाहिए ?
(a) तथ्यों को रटना
(b) यन्त्रवत याद करने के पूर्वाभ्यास में उत्कृष्ट बनना।
(c) समकक्षियों के साथ प्रतिस्पर्द्धा
(d) समालोचनात्मक चिन्तन का विकास *(CTET–2023)*

उत्तरमाला

1. (a)	2. (c)	3. (a)	4. (d)	5. (a)	6. (a)	7. (c)	8. (a)
9. (c)	10. (d)	11. (c)	12. (d)	13. (d)	14. (d)	15. (d)	16. (c)
17. (a)	18. (b)	19. (d)	20. (b)	21. (b)	22. (d)	23. (d)	24. (c)
25. (a)	26. (a)	27. (c)	28. (c)	29. (b)	30. (b)	31. (c)	32. (b)
33. (a)	34. (c)	35. (c)	36. (b)	37. (b)	38. (a)	39. (a)	40. (a)
41. (b)	42. (a)	43. (d)	44. (a)	45. (a)	46. (b)	47. (d)	48. (a)
49. (a)	50. (b)	51. (a)	52. (b)	53. (d)	54. (c)	55. (d)	56. (a)
57. (c)	58. (d)	59. (b)	60. (b)	61. (a)	62. (c)	63. (a)	64. (a)
65. (a)	66. (c)	67. (d)	68. (d)	69. (c)	70. (a)	71. (d)	72. (a)
73. (d)	74. (d)	75. (d)	76. (b)	77. (c)	78. (d)	79. (c)	80. (a)
81. (a)	82. (c)	83. (a)	84. (b)	85. (a)	86. (c)	87. (a)	88. (c)
89. (a)	90. (a)	91. (b)	92. (b)	93. (b)	94. (d)	95. (b)	96. (b)
97. (a)	98. (a)	99. (b)	100. (d)	101. (c)	102. (b)	103. (c)	104. (c)
105. (d)	106. (b)	107. (c)	108. (d)	109. (c)	110. (b)	111. (b)	112. (b)
113. (a)	114. (c)	115. (c)	116. (a)	117. (b)	118. (c)	119. (a)	120. (c)
121. (d)	122. (d)	123. (b)	124. (a)	125. (d)	126. (a)	127. (b)	128. (b)
129. (b)	130. (d)	131. (c)	132. (d)	133. (b)	134. (b)	135. (d)	136. (b)
137. (c)	138. (a)	139. (b)	140. (d)	141. (a)	142. (c)	143. (d)	144. (c)
145. (b)	146. (b)	147. (b)	148. (b)	149. (d)	150. (d)	151. (d)	152. (a)
153. (a)	154. (c)	155. (b)	156. (a)	157. (d)	158. (a)	159. (c)	160. (d)
161. (d)	162. (d)	163. (d)	164. (d)	165. (a)	166. (d)	167. (d)	168. (d)
169. (a)	170. (b)	171. (a)	172. (c)	173. (c)	174. (d)	175. (c)	176. (c)
177. (b)	178. (d)	179. (d)	180. (b)	181. (c)	182. (a)	183. (c)	184. (a)
185. (c)	186. (c)	187. (c)	188. (c)	189. (b)	190. (c)	191. (c)	192. (b)
193. (c)	194. (a)	195. (d)	196. (c)	197. (a)	198. (c)	199. (b)	200. (b)
201. (a)	202. (b)	203. (d)	204. (a)	205. (c)	206. (d)	207. (d)	

★★★

24

बच्चा : एक समस्या-समाधक तथा वैज्ञानिक अन्वेषक के रूप में

➢ समस्या समाधान का अभिप्राय है—कठिनाइयों पर विजय प्राप्त करके लक्ष्य को प्राप्त करना। स्किनर के अनुसार, "समस्या-समाधान किसी लक्ष्य की प्राप्ति में बाधा डालती प्रतीत होती कठिनाइयों पर विजय पाने की प्रक्रिया है। यह बाधाओं के बावजूद सामंजस्य करने की विधि है।"

बच्चा : एक समस्या-समाधक के रूप में

➢ बच्चे विद्यालय में अपने समक्ष अनेक समस्याओं का सामना करते हैं जैसे कक्षा से संबंधित, पाठ्यक्रम से संबंधित इत्यादि।

क्रो एवं क्रो के अनुसार, "शिक्षकों को समस्या-समाधान की वैज्ञानिक विधि में प्रशिक्षण दिया जाना चाहिए ताकि वे शुद्ध, स्पष्ट और निष्पक्ष चिन्तन का विकास करने के लिए छात्रों का पथ-प्रदर्शन कर सकेंगे।

➢ शिक्षा का यह दायित्व होता है कि वह बालक का उस स्तर तक विकास करने में सहायक हो जिससे बालक अपने व्यक्तित्व का विकास कर सके तथा सभी प्रकार की परिस्थितियों में अपने-आपको ढाल सके।

➢ बालक वैज्ञानिक पद्धति से समस्या का समाधान चरणबद्ध तरीके से करता है, जो इस प्रकार है—

★ बालक को सर्वप्रथम समस्या का चयन करना पड़ता है कि उसकी वास्तविक समस्या क्या है?

★ समस्या के चयन के बाद समस्या का कारण क्या है? इसका पता लगाना होता है।

★ इसके बाद समस्या से संबंधित उपयुक्त समाधान खोजने का प्रयत्न करता है।

★ जो समाधान खोजता है उसे सिद्ध करता है कि यह प्रमाणित और परिलक्षित तथ्यों पर आधारित है।

समस्या समाधान की वैज्ञानिक विधि

स्किनर (*Skinner*) के अनुसार, वैज्ञानिक विधि से समस्या समाधान में छह चरणों का अनुसरण किया जाता है। जो इस प्रकार हैं—

1. समस्या को समझना : बालक इस चरण में यह जानने का प्रयास करता है कि समस्या क्या है, उसके समाधान में क्या कठिनाइयाँ हैं या हो सकती हैं और उनका समाधान किस प्रकार किया जा सकता है।

2. जानकारी का संग्रह : इस चरण में बालक समस्या से संबंधित जानकारी का संग्रह करता है।

3. संभावित समाधानों का निर्माण : बालक इस चरण में संग्रह की गयी जानकारी की सहायता से समस्या का समाधान करने के लिए कुछ विधियों को निर्धारित करता है। इस चरण में सृजनात्मक चिंतन प्रायः सक्रिय रहता है।

समस्या को समझना
↓
जानकारी का संग्रह
↓
संभावित समाधानों का निर्माण
↓
संभावित समाधानों का मूल्यांकन
↓
संभावित समाधानों का परीक्षण
↓
निष्कर्षों का निर्णय/समाधान का प्रयोग

4. संभावित समाधानों का मूल्यांकन : इस चरण में बालक प्रत्येक विधि के प्रयोग के परिणामों पर विचार करता है। इस कार्य में उसकी सफलता आंशिक रूप से उसकी बुद्धि और संग्रह की गयी जानकारी के आधार पर निर्धारित की जाने वाली विधियों पर निर्भर करती है।

5. संभावित समाधानों का परीक्षण : इस चरण में बालक उक्त विधियों का प्रयोगशाला में या उसके बाहर परीक्षण करता है।

6. निष्कर्षों का निर्णय/समाधान का प्रयोग : इस चरण में बच्चे अपने द्वारा समायोजित की गई सर्वोतम विधि को समस्या का समाधान करने के लिए प्रयोग करता है।

बालक एक वैज्ञानिक अन्वेषक के रूप में

बालक जब अधिगम द्वारा सीखे हुए तथ्य को वैज्ञानिक दृष्टिकोण से अपने जीवन में प्रयोग करने की कोशिश करता है तो एक अन्वेषक के रूप में बालक अपनी समस्याओं की खोज निम्नलिखित रूप से करता है—

★ निरीक्षण : बालक सर्वप्रथम अपने विषय-वस्तु की परिस्थितियों का निरीक्षण करता है।

★ तुलना : विषय-वस्तु की तुलना परिस्थितियों के साथ करता है।

★ प्रयोग : निरीक्षण तुलना के आधार पर विचारों का प्रयोग करता है।

★ प्रदर्शन : निरीक्षण तुलना के आधार पर प्राप्त प्रयोग का प्रदर्शन करता है।

★ सामान्यीकरण : प्रयोग द्वारा उत्पन्न तथ्यों का परिणाम के रूप में सिद्धांत निर्मित करता है।

★ प्रमाणीकरण : प्रयोग द्वारा पुनः समस्या का प्रमाणीकरण करता है।

बालकों में अन्वेषणात्मक से होने वाले लाभ निम्नलिखित हैं—

1. शोधकर्ता एवं वैज्ञानिकों के कार्य को गहनता से समझना तथा उनके प्रति सम्मान एवं प्रशंसा की भावना विकसित होती है।

2. शोध एवं खोज के प्रति जिज्ञासा उत्पन्न करना।

3. अधिगम अधिक स्पष्ट एवं स्थायी होता है।

4. बालक स्वाध्याय की ओर ध्यान केंद्रित करता है। इससे बालकों में उच्च अध्ययन के प्रति उत्साह और जिज्ञासा उत्पन्न होती है।

बच्चों को समस्या समाधक बनाने हेतु आवश्यक उपाय : बच्चों को समस्या समाधक बनाने के लिए निम्नलिखित गुणों का विकास में होना आवश्यक है—

1. बालकों को स्वावलंबी बनाने के लिए प्रोत्साहित करके : बालकों को स्वावलंबी बनाने के लिए उन्हें हमेशा प्रोत्साहित करते रहना चाहिए। उन्हें चुनौतीपूर्ण तथा उत्तरदायित्व वाला काम सौंपना चाहिए, जिससे कि वह समस्याओं के समाधान का सही हल निकाल सके। बालकों को समय-समय पर कहानी सुनानी चाहिए, नाटक दिखाने चाहिए इत्यादि।

2. बालकों में आत्म-पहचान का गुण विकसित करना चाहिए : बालकों में आत्मविश्वास बढ़ाने के लिए उसे ऐसे कार्य देने चाहिए जिसमें उसकी सफलता निश्चित हो। समय-समय पर बालकों के काम की प्रशंसा करनी चाहिए तथा उन्हें पुरस्कृत भी करना चाहिए ताकि बच्चे का मनोबल उत्साह के साथ बना रहे।

3. बालकों को बार-बार प्रयास करना चाहिए : यदि बालकों को समस्याओं के समाधान को स्वयं हल करने के लिए बार-बार प्रेरित किया जाये तो एक दिन वह अपनी समस्याएँ स्वयं हल कर लेगा।

4. अपनी कमियों को स्वीकार करना तथा उन्हें दूर करना सिखाकर : बालकों में अपनी कमियों को स्वीकार करने की भावना उत्पन्न करनी चाहिए तथा उन्हें दूर करने का प्रयत्न करना चाहिए।

परीक्षोपयोगी तथ्य

- शिक्षा का दायित्व होता है कि वह बालक का उस स्तर तक विकास करने में सहायक हो जिससे बालक अपने व्यक्तित्व का विकास कर सके तथा सभी प्रकार की परिस्थितियों में अपने आपको ढाल सके।
- स्किनर ने वैज्ञानिक विधि से समस्या-समाधान में छह चरणों का अनुसरण किया।
- बालक एक अन्वेषक के रूप में समस्याओं की खोज निम्नलिखित रूप से करता है—निरीक्षण, तुलना, प्रयोग, प्रदर्शन, सामान्यीकरण और प्रमाणीकरण।
- स्पीयरमैन (1909) के अनुसार तर्क करने की क्षमता और समस्या समाधान करने की क्षमता 'g' कारक कहलाती है।

वस्तुनिष्ठ प्रश्न

1. निम्नलिखित में से कौन-सी समस्या समाधान की वैज्ञानिक पद्धति का पहला चरण है ?

(a) परिकल्पना का निर्माण करना *(Formation of Hypothesis)*

(b) परिकल्पना का परीक्षण करना *(Verification of Hypothesis)*

(c) समस्या के प्रति जागरुकता *(Problem Awareness)*

(d) प्रासंगिक जानकारी को एकत्र करना *(Collection of Relevant Information)*

(RTET–2011)

2. संवेग क्या है ?

(a) प्यार व स्नेह (b) क्रोध व भय

(c) उत्तेजना या भावों में परिवर्तन (d) उपर्युक्त में से कोई नहीं *(BTET–2011)*

3. यदि एक विद्यार्थी कक्षा में भाग लेने से संकोच करता है, तो आप—
(a) उससे प्रश्न नहीं पूछेंगे
(b) जिन प्रश्नों का उत्तर वह दे सकता है, केवल उन्हीं प्रश्नों को पूछेंगे
(c) उन प्रश्नों को नहीं पूछेंगे जिनके उत्तर उसके सामर्थ्य से बाहर है जिसके कारण वह कक्षा में उपहास का पात्र बन सकता है
(d) उससे केवल तब प्रश्न पूछेंगे जब वह उनके उत्तर देने के लिए उत्साहित हो
(UPTET–2011)

4. निम्न में से कौन-सा 'वाद' बच्चों को अपना ज्ञान स्वयं निर्माण करने का अवसर प्रदान करता है?
(a) व्यवहारवाद (b) संज्ञावाद (c) रचनावाद (d) ज्ञानवाद
(BTET–2011)

5. शिक्षक ...... के अलावा निम्नलिखित सभी कार्य को करते हुए समस्या-समाधान को विद्यार्थियों के लिए मजेदार बना सकता है।
(a) जब विद्यार्थी स्वयं से कोई कार्य करने की कोशिश कर रहे हैं तो उनसे परिपूर्णता की अपेक्षा करने
(b) मुक्त अंत वाली सामग्री उपलब्ध कराने
(c) मुक्त खेल के लिए समय देने
(d) सृजनात्मक चिंतन के लिए असीमित अवसर उपलब्ध कराने *(CTET–2012)*

6. ...... के अतिरिक्त निम्नलिखित समस्या समाधान की प्रक्रिया के चरण हैं।
(a) परिणामों की आशा करना *(Anticipate Outcomes)*
(b) समस्या की पहचान *(Identification of Problem)*
(c) समस्या को छोटे हिस्सों में बाँटना
(d) संभावित युक्तियों *(Possible Strategies)* को खोजना *(CTET–2013)*

7. ......के अलावा निम्नलिखित घटना/रिकॉर्ड की विशेषताएँ हैं।
(a) यह पर्याप्त विस्तार से पूर्ण तथ्यात्मक प्रतिवेदन है
(b) यह व्यवहार का व्यक्तिनिष्ठ साक्ष्य है और इसलिए यह शैक्षणिक क्षेत्र के लिए प्रतिपुष्टि *(Feedback)* उपलब्ध नहीं कराता
(c) यह घटनाओं का सही वर्णन है
(d) यह बच्चे के व्यक्तिगत विकास अथवा सामाजिक अंतःक्रियाओं को वर्णित करता है *(CTET–2012)*

8. निम्न में से कौन-सा लक्षण किसी मापक उपकरण के लिए सर्वाधिक वांछनीय है?
(a) विश्वसनीयता *(Reliability)* (b) वैधता *(Validity)*
(c) वस्तुनिष्ठता *(Objectivity)* (d) मानक *(Standard)* *(UPTET–2013)*

9. ...... के अतिरिक्त निम्नलिखित समस्या समाधान की प्रक्रिया के चरण हैं।
(a) परिणामों की आशा करना (b) समस्या की पहचान
(c) समस्या को छोटे हिस्सों में बाँटना (d) संभावित युक्तियों को खोजना
(UPTET–2013)

10. अध्यापिका ने ध्यान दिया कि पुष्पा अपने-आप किसी एक समस्या का समाधान नहीं कर सकती है। फिर भी वह एक वयस्क या साथी के मार्गदर्शन की उपस्थिति में ऐसा करती है। इस मार्गदर्शन को कहते हैं—

(a) पार्श्वकरण (b) पूर्व क्रियात्मक चिंतन

(c) समीपस्थ विकास का क्षेत्र (d) सहारा देना *(CTET–2015)*

11. किस प्रकार से एक अध्यापिका बच्चों को बेहतर समस्या समाधानकर्ता बनने में सहायता कर सकती है?

(a) बच्चों को विविध प्रकार की समस्याओं का समाधान करने के मौके देना तथा उनका हल करते समय सहयोग देना

(b) समस्याओं का समाधान करने के लिए वस्तु रूप में पुरस्कार देना

(c) बच्चों को पाठ्य-पुस्तक में समस्याओं का उत्तर देखने के लिए प्रोत्साहित करना

(d) विद्यार्थियों के सामने प्रस्तुत सभी समस्याओं के सही समाधान उपलब्ध कराना *(CTET–2015)*

12. क्रियात्मक अनुसंधान के महत्व के बारे में निम्न में से कौन-सा कथन सही नहीं हैं?

(a) उपभोक्ता ही अनुसंधानकर्ता है

(b) समस्याओं का हल शीघ्रता से प्राप्त हो जाता है

(c) समस्याओं का हल अभ्यास में लिया जाता है और उसका मूल्यांकन नहीं किया जाता है

(d) उपरोक्त में से कोई नहीं *(RTET-I–2016)*

13. मैत्र और जैनिस के अनुसार, निर्णय लेने वाले बच्चे समस्या का विश्लेषण करते हैं, विकल्पों की सूची बनाते हैं और इसके फायदे और नुकसान के प्रत्येक पहलू पर विचार करते हैं। उसका व्यवहार प्रस्तुत करता है—

(a) निवर्त्तमान (b) निरंकुश (c) चौकस (d) सतर्क *(CTET-II–2018)*

14. एक समस्या सुधारक बच्चा .... विचार के आधार पर कथनों की सच्चाई या संभावना का मूल्यांकन करता है।

(a) अमूर्त (b) तार्किक (c) सृजनात्मक (d) सौंदर्यबोध *(CTET-II–2018)*

15. एक तीन साल का बच्चा बताता है कि दूध बूथ पर एक मशीन द्वारा दूध का उत्पादन होता है।

निम्नलिखित में से कौन-सा बच्चे की समझ का सबसे अच्छा स्पष्टीकरण प्रदान करता है?

(a) बच्चे को दुनिया का बहुत सीमित अनावरण/ज्ञान है

(b) बच्चे का जबाव दूध बूथ से दूध खरीदने के अपने अनुभव पर आधारित है

(c) बच्चे ने गायों को कभी नहीं देखा है

(d) बच्चे का परिवार बच्चे को प्रेरक वातावरण प्रदान नहीं करता *(CTET–2018)*

16. अपने अनुभवों और लक्षणों के आधार पर उपकरण खराबी के कारण ही परिकल्पना का परीक्षण उपकरणों की मरम्मत करता है। वह उपयोग करता है—
(a) मानसिक दृढ़ता का (b) अनुमानी विधि का
(c) अंतर्दृष्टि का (d) कलन-विधि का *(CTET–2018)*

17. पश्च अन्वेषण तथा साधन-साक्ष्य विश्लेषण निम्न में से किसके उदाहरण हैं?
(a) एल्गोरिद्म (b) मानसिक वृत्ति
(c) स्वतः शोध (d) प्रकार्यात्मक स्थिरता *(UPTET-I–2018)*

18. समस्या समाधान में 'लक्ष्य प्रवणता' ('Goal Gradient') के सम्प्रत्यय को किसने प्रस्तावित किया था?
(a) हल *(Hull)* (b) केन्डलर *(Kendler)*
(c) कोहलर *(Kohler)* (d) ब्रिक *(Brich)* *(UPPET-II–2018)*

19. किशोर विद्यार्थियों के साथ कार्य करते समय एक अध्यापक के लिए सर्वाधिक उपयुक्त कार्य योजना है—
(a) विद्यार्थियों से तुलना करने के लिए कहना
(b) एक समस्या प्रस्तुत कर विद्यार्थियों से परिकल्पनाओं का निर्माण करवाना
(c) बालकों को क्रमवार संक्रियाओं में अनुभव प्रदान करना
(d) एक झुका हुआ समतल अथवा पहाड़ी को बनाना/निर्माण करना *(HTET Level-III–2019)*

20. निम्नलिखित में से कौन-सी योजना विद्यार्थियों के समस्या समाधान में सुधार करने के लिए उपयुक्त नहीं है?
(a) विद्यार्थियों की प्रकार्यात्मक नियतता
(b) वास्तविक-विश्व समस्याओं के समाधान के लिए व्यापक अवसर देना
(c) बालकों के समस्या समाधान में माता-पिता को सम्मिलित करना
(d) विद्यार्थियों की समस्या समाधान की प्रभावी और अप्रभावी योजनाओं को मॉनीटर करना *(HTET Level-III–2019)*

21. बच्चों की गलतियाँ—
(a) प्रदर्शित करती हैं कि बच्चे कितने लापरवाह हैं
(b) बार-बार अभ्यास करने के लिए कह कर तुरंत सुधार देनी चाहिए
(c) अधिगम का एक भाग हैं तथा उनके विचारों में एक अंतर्दृष्टि देती हैं
(d) शिक्षण अधिगम प्रक्रिया में महत्वहीन हैं *(CTET-I–2019)*

22. एक शिक्षक बच्चों को प्रभावी रूप से समस्या का समाधान करने में सक्षम बनने के लिए किस तरह से प्रोत्साहित कर सकती है?
(a) पाठ्यपुस्तक के सभी प्रश्नों के व्यवस्थित तरीके से समाधान लिखकर
(b) पाठ्यपुस्तक से एक ही प्रकार के प्रश्नों के उत्तर के अभ्यास के लिए उन्हें पर्याप्त मात्रा में अवसर प्रदान करके
(c) पाठ्यपुस्तक में दी गई सूचनाओं के कंठस्थीकरण करने पर बल देकर
(d) बच्चों के समस्या के बारे में सहजानुभूत अनुमान लगाने एवं बहु-विकल्पों को देखने के लिए प्रोत्साहित करके *(CTET-I–2019)*

23. संरचनात्मक ढाँचे में बच्चे को किस रूप में देखा जाता है ?

(a) 'लघु वयस्क' के रूप में जो सभी पक्षों जैसे आकार, संज्ञान तथा संवेग में वयस्क की तुलना में कम है

(b) 'कोरी पटिया' या 'खाली स्लेट' जिसके जीवन को अनुभव के द्वारा पूर्ण रूप से आकार दिया जाता है

(c) एक 'निष्क्रिय प्राणी' जिसे अनुबंधन के द्वारा किसी भी रूप में आकार दिया जा सकता है तथा ढाला जा सकता है

(d) एक 'समस्या-समाधान करने वाला' तथा 'वैज्ञानिक-अन्वेषक' के रूप में

(CTET-II–2019)

24. विद्यार्थियों को स्पष्ट उदाहरण एवं गैर उदाहरण देने के क्या परिणाम हैं ?

(a) अवधारणात्मक परिवर्त्तनों को प्रोत्साहित करने के लिए यह एक प्रभावशाली तरीका है

(b) यह विद्यार्थियों के दिमाग में भ्रांतियाँ उत्पन्न करता है

(c) यह अवधारणाओं की समझ में अभाव पैदा करता है

(d) यह अवधारणात्मक समझ के बजाय कार्यविधिक/प्रक्रियात्मक ज्ञान पर ध्यान केंद्रित करता है *(CTET-I–2019)*

25. शिक्षक बच्चों की जटिल अवधारणाओं की समझ को किस प्रकार सहज कर सकते हैं ?

(a) एक व्याख्यान दे करके

(b) प्रतियोगितात्मक अवसरों की व्यवस्था करके

(c) बार-बार यांत्रिक अभ्यास के द्वारा

(d) अन्वेषण एवं परिचर्चा के लिए अवसर उपलब्ध करके *(CTET-I–2019)*

26. एक प्राथमिक विद्यालय की अध्यापिका बच्चों को एक प्रभावशाली समस्या-समाधानकर्ता बनने के लिए किस प्रकार से प्रोत्साहित कर सकती है ?

(a) प्रत्येक छोटे कार्य के लिए भौतिक पुरस्कार देकर

(b) केवल प्रक्रियात्मक ज्ञान पर बल/महत्व देकर

(c) 'गलत उत्तरों' को अस्वीकार करके एवं दंडित करके

(d) बच्चों को सहजानुभूत अनुमान लगने के लिए प्रोत्साहित करके तथा उसी पर आधारित विचार मंथन करके *(CTET-I–2019)*

27. यदि शिक्षक कक्षा में एक छात्र को समस्यात्मक बालक के रूप में पाता है, उस—

(a) बच्चे को नजरअन्दाज कर देना चाहिए

(b) बच्चे को दण्ड देना चाहिए

(c) तत्काल घर वापस भेज देना चाहिए

(d) बच्चे को परामर्श देना चाहिए *(UPTET-I–2020)*

28. समस्या समाधान का प्रथम चरण है—

(a) समस्या की पहचान (b) आँकड़ा संग्रहण

(c) परिकल्पना का निर्माण (d) परिकल्पना का परीक्षण

(UPTET-I–2020)

29. निम्न में से कौन-सा एक संवेग है ?
(a) उद्दीपक (b) ध्यान (c) आमोद (d) स्मृति
(UPTET-II-2020)

30. निम्नांकित में से कौन-सा समस्या समाधान में बाधक नहीं है ?
(a) सूझ (b) नकारात्मक मानसिक वृत्ति
(c) चिन्ता (d) भग्नाशा (UPTET-II-2020)

31. समस्या-समाधान क्षमताओं को किस प्रकार सुसाध्य किया जा सकता है ?
(a) लगातार अभ्यास और कार्यान्वयन पर जोर देकर
(b) समस्याओं के हल हेतु अटल प्रक्रिया के इस्तेमाल को बढ़ावा देकर
(c) समरूपों के इस्तेमाल को बढ़ावा देकर
(d) विद्यार्थियों में डर की भावना पैदा कर (CTET-I-2021)

32. निम्न में से कौन-सी परिपाटी, विद्यार्थियों में संकल्पनात्मक समझ में बढ़ोतरी करने में सहायक है ?
(a) प्रतिस्पर्द्धी आधारित प्रतिस्पर्द्धाएँ (b) पाठ्य पुस्तक केंद्रित शिक्षाशास्त्र
(c) बारंबार परीक्षाएँ (d) अन्वेषण और संवाद (CTET-I-2021)

33. निम्न में से अभिलक्षणों का कौन-सा दल, उत्तम समस्या समाधानकर्त्ताओं को इंगित करता है ?
(a) सृजनात्मकता, प्रतिक्रियात्मक, अनम्यता की कमी, अपसारी चिंतन
(b) क्रियात्मक, जड़ता, सृजनात्मकता, अभिसारी चिंतन
(c) प्रतिक्रियात्मक अनम्यता की कमी, अभिसारी चिंतन, सृजनात्मकता
(d) अपसारी चिंतन, क्रियात्मक जड़ता, प्रतिक्रियात्मक अनम्यता (CTET-2022)

34. कथन (A) : शिक्षा असफल हो जाती है जब बच्चों से यह अपेक्षा की जाती है कि वे प्राप्त ज्ञान को ज्यों-का-त्यों पुनः उत्पादित करें।
कारक (R) : जानकारी का पुनः उत्पादन बच्चों को सीखने का अर्थपूर्ण द्योतक है।
सही विकल्प चुनें :
(a) (A) और (R) दोनों सही हैं और (R) सही व्याख्या करता है (A) की
(b) (A) और (R) दोनों सही हैं, लेकिन (R) सही व्याख्या नहीं करता है (A) की
(c) (A) सही है, लेकिन (R) गलत है
(d) (A) और (R) दोनों गलत हैं (CTET-2022)

35. अच्छे समस्या-समाधानकर्ता बनने में विद्यार्थियों की सहायता करने के लिए, एक शिक्षक को निम्नलिखित में से किस प्रक्रिया पर बल देना चाहिए ?
(a) ऐसी जानकारी पर ध्यान देना, जो पहले से मौजूद विश्वासों और पूर्वाग्रहों की पुष्टि करें।
(b) समस्याओं को एक विशिष्ट निर्धारित तरीके से हल करना
(c) बड़ी और जटिल समस्याओं को छोटी प्रबन्धनीय समस्याओं में विभाजित करना
(d) समस्या से सम्बन्धित जानकारी के केवल एक ही पहलू पर ध्यान केन्द्रित करना
(CTET-2024)

36. बच्चे प्रायः अपने आस पास की घटनाओं की अपनी व्याख्या लेकर आते हैं। बारिश क्यों होती है ? यह पूछे जाने पर सिया कहती है—''भगवान अपने कन्धों पर पानी की बाल्टियाँ ढो-ढोकर थक चुके थे।'' ऐसी व्याख्याएँ—

(a) चित्रित करती हैं कि बच्चों का एक आत्मकेन्द्रित दृष्टिकोण है और वे दूसरे के दृष्टिकोण पर विचार नहीं कर सकते।

(b) स्पष्ट करती है कि बच्चे तर्क करने में सक्षम नहीं है।

(c) साबित करती हैं कि बच्चों की सोच वयस्कों की तुलना में मात्रात्मक रूप से बहुमत कम है।

(d) संकेत देती हैं कि बच्चों में अपने सांस्कृतिक परिवेश के अनुकूल 'सहज' समझ होती है जिससे वे घटनाओं को समझने की कोशिश करते हैं।

(CTET–2024)

37. अभिकथन (A) : शिक्षकों को बच्चों के साथ कार्य करते समय लगातार अपने स्वयं के दृष्टिकोण और पूर्वाग्रहों की जाँच करनी चाहिए।

कारण (R) : समस्या समाधान की प्रक्रिया कार्यात्मक स्थिरता से बाधित है।

सही विकल्प चुनें :

कूट :

(a) A और R दोनों गलत हैं।

(b) A और R दोनों सही हैं तथा A की R सही व्याख्या करता है।

(c) A और R दोनों सही हैं, परन्तु A की R सही व्याख्या नहीं करता है।

(d) A सही है, परन्तु R गलत है।

(CTET–2024)

38. 'अधिगम के लिए आकलन' का मुख्य लक्ष्य क्या है ?

(a) उन विद्यार्थियों की पहचान करना, जिन्हें धीमें सीखने वालों' के रूप में वर्गीकृत किया जा सकता है।

(b) विद्यार्थी के प्रदर्शन का मूल्यांकन करना और ग्रेड देना।

(c) विद्यार्थियों को प्रतिपुष्टि प्रदान करना, जिसका उपयोग उनके अधिगम में सुधार के लिए किया जा सकता है।

(d) विद्यार्थी के प्रदर्शन की तुलना एक मानक या तय पैमाने से करना।

(CTET–2023)

उत्तरमाला

1. (c)	**2.** (c)	**3.** (d)	**4.** (c)	**5.** (a)	**6.** (c)	**7.** (b)	**8.** (a)
9. (c)	**10.** (d)	**11.** (a)	**12.** (d)	**13.** (d)	**14.** (b)	**15.** (b)	**16.** (b)
17. (c)	**18.** (a)	**19.** (b)	**20.** (a)	**21.** (c)	**22.** (d)	**23.** (d)	**24.** (a)
25. (d)	**26.** (d)	**27.** (d)	**28.** (a)	**29.** (c)	**30.** (a)	**31.** (c)	**32.** (d)
33. (a)	**34.** (c)	**35.** (c)	**36.** (d)	**37.** (c)	**38.** (c)		

★★★

25

संज्ञान तथा संवेग

संज्ञान *(Cognition)*: संज्ञान से तात्पर्य एक ऐसी प्रक्रिया से है जिसमें संवेदन (*Sensation*), प्रत्यक्षण (*Perception*), प्रतिमा (*Imagery*), धारणा, तर्कणा जैसी मानसिक प्रक्रियाएँ सम्मिलित होती हैं।

- ➢ संज्ञान से तात्पर्य संवेदी सूचनाओं को ग्रहण करके उसका रूपांतरण, विस्तारण, संग्रहण, पुनर्लाभ तथा उसका समुचित प्रयोग करने से होता है।
- ➢ संज्ञानात्मक विकास से तात्पर्य बालकों में किसी संवेदी सूचनाओं को ग्रहण करके उसपर चिंतन करने तथा क्रमिक रूप से उसे इस लायक बना देने से होता है जिसका प्रयोग विभिन्न परिस्थितियों में करके वे तरह-तरह की समस्याओं का समाधान आसानी से कर लेते हैं।

संज्ञानात्मक विकास के क्षेत्र में तीन सिद्धांत महत्वपूर्ण हैं—

(a) पियाजे का सिद्धांत

(b) वाइगोट्स्की *(Vygostsky)* का सिद्धांत

(c) ब्रुनर *(Bruner)* का सिद्धांत

पियाजे के संज्ञानात्मक विकास का सिद्धांत *(Piaget's Theory of Cognitive Development)*: पियाजे ने बालकों के संज्ञानात्मक विकास की व्याख्या करने के लिए चार अवस्था *(Four Stage)* सिद्धांत का प्रतिपादन किया है। इस सिद्धांत में पियाजे ने संज्ञानात्मक विकास की व्याख्या निम्नलिखित 4 अवस्थाओं में की है—

1. संवेदी-पेशीय अवस्था *(Sensory Motor Stage)*: यह अवस्था जन्म से दो साल तक की होती है। इस अवस्था में शिशुओं में शारीरिक रूप से चीजों को इधर-उधर करना, वस्तुओं की पहचान करने की कोशिश करना, किसी चीज को पकड़ना और प्रायः उसे मुँह में डालकर उसका अध्ययन करना प्रमुख है। पियाजे के अनुसार इस अवस्था में शिशुओं का विकास छः उपअवस्थाओं से होकर गुजरता है—

(a) प्रतिवर्त क्रियाओं की अवस्था: यह पहली अवस्था है जो जन्म से 30 दिन तक की होती है। इस अवस्था में बालक मात्र प्रतिवर्त क्रियाएँ *(Reflex Activities)* करता है। इन प्रतिवर्त क्रियाओं में चूसने का प्रतिवर्त *(Sucking Reflex)* सबसे प्रबल होता है।

(b) प्रमुख वृतीय प्रतिक्रियाओं की अवस्था *(Stage of Primary Circular Reactions)*: दूसरी अवस्था 1 महीने से 4 महीने की अवधि की होती है। इस अवस्था में शिशुओं की प्रतिवर्त क्रियाएँ *(Reflex Activities)* उनकी अनुभूतियों द्वारा कुछ हद तक परिवर्तित होती हैं, दुहराई जाती हैं और एक-दूसरे के साथ अधिक समन्वित हो जाती हैं।

(c) गौण वृतीय प्रतिक्रियाओं की अवस्था *(Stage of Secondary Circular Reactions)*: यह तृतीय अवस्था है जो 4 से 8 महीने तक की अवधि की होती है। इस अवस्था में शिशु वस्तुओं को उलटने-पुलटने *(Manipulation)* तथा छूने पर अपना अधिक ध्यान देता है। बच्चे जान-बूझकर कुछ ऐसी अनुक्रियाओं *(Responses)* को दुहराता है जो उसे सुनने या करने में रोचक एवं मानेरंजक लगता है।

(d) गौण स्कीमैटा के समन्वय की अवस्था: यह चौथी प्रमुख अवस्था है जो 8 महीने से 12 महीने की अवधि की होती है। इस अवधि में बालक उद्देश्य तथा उस पर पहुँचने के साधन में अंतर करना प्रारंभ कर देता है। जैसे—यदि खिलौना को छिपा दिया जाता है तो वह वस्तुओं को इधर-उधर हटाते हुए खोज जारी रखता है।

(e) तृतीय वृतीय प्रतिक्रियाओं की अवस्था: यह 12 महीने से 18 महीने की होती है। इस अवस्था में बालक वस्तुओं के गुणों को प्रयास एवं त्रुटि *(Trial and Error)* विधि से सीखने की कोशिश करता है।

(f) मानसिक संयोग द्वारा नये साधनों की खोज की अवस्था *(Stage of the Invention of New Means Through Mental Condition)*: यह अंतिम अवस्था है जो 18 महीने से 24 महीने की अवधि तक की होती है। यह ऐसी अवस्था है जिसमें बालक वस्तुओं के बारे में चिंतन प्रारंभ कर देता है। इस अवधि में बालक उन वस्तुओं के प्रति भी अनुक्रिया करना प्रारंभ कर देता है, जो सीधे दृष्टिगोचर नहीं होती है। इस गुण को वस्तु स्थायित्व *(Object Performance)* कहा जाता है।

2. प्राक्-संक्रियात्मक अवस्था *(Pre-Operational Stage)*: यह अवस्था 2 से 7 साल की होती है अर्थात् प्रारंभिक बाल्यावस्था इस अवस्था को पियाजे ने दो भागों में बाँटा है—प्राक्संप्रत्ययात्मक अवधि तथा अंतर्दर्शी अवधि।

(a) प्राक्संप्रत्ययात्मक अवधि *(Pre-conceptual Period)*: यह अवधि 2 से 4 साल की होती है। इस अवस्था में बालक सूचकता *(Signifiers)* विकसित कर लेता है। सूचकता का तात्पर्य इस बात से है कि बालक यह समझने लगता है कि वस्तु, शब्द प्रतिमा तथा चिंतन किसी चीज के लिए किया जाता है।

➢ पियाजे ने संकेत *(Symbols)* तथा चिह्न *(Sign)* को प्राक्संक्रियात्मक चिंतन का महत्वपूर्ण साधन माना है। इस अवस्था में बालकों को इन सूचकता का अर्थ समझना होता है तथा अपने चिंतन एवं कार्य में उसका प्रयोग सीखना पड़ता है। इसे पियाजे ने लाक्षणिक कार्य की संज्ञा दी है।

➢ बालकों में लाक्षणिक कार्य मूलतः दो तरह की क्रियाओं—अनुकरण *(Imitation)* एवं खेल *(Play)* के द्वारा होता है। अनुकरण *(Imitation)* की प्रक्रिया द्वारा बालक सूचकता को सीखता है।

उदाहरण के लिए : बालक जब माँ के ''फल'' को कहने का अनुकरण करता है तो वह धीरे-धीरे फल एवं उसके अर्थ को समझता है।

(b) अंतर्दर्शी अवधि *(Intuitive period)*: यह अवधि 4 से 7 साल की होती है। इस अवधि में बालकों का चिंतन एवं तर्कणा *(Reasoning)* पहले से अधिक परिपक्व

(Mature) हो जाती हैं जिसके परिणामस्वरूप बालकों की साधारण मानसिक प्रक्रियाएँ जोड़, घटाव, गुणा तथा भाग आदि में सम्मिलित होती है, उन्हें वह कर पाता है। परंतु इस मानसिक क्रियाओं के पीछे छिपे नियमों को वह नहीं समझ पाता है।

उदाहरण के लिए—बालक यह समझता है कि $3 \times 3 = 9$ हुआ परंतु $9 \div 3 = 3$ कैसे हुआ, यही नहीं समझ पाता है।

3. ठोस संक्रिया की अवस्था *(Stage of Concrete Operation)*: यह अवस्था 7 साल से प्रारंभ होकर 12 साल तक चलती है। इस अवस्था की विशेषता यह है कि बालक ठोस वस्तुओं के आधार पर आसानी से मानसिक संक्रियाएँ करके समस्या का समाधान कर लेता है। जैसे—बालक $3 \times 3 = 9$ तथा $9 \div 3 = 3$ होगा यह समझ विकसित कर लेता है।

➢ इस अवस्था में बालकों में तीन महत्वपूर्ण संप्रत्यय विकसित हो जाते हैं। संरक्षण *(Conservation),* संबंध *(Relation)* तथा वर्गीकरण *(Classification)*। इस अवस्था में बालक तरल *(Liquid),* लंबाई, भार तथा तत्व के संरक्षण से संबंधित समस्याओं का समाधान कर पाता है। वे क्रमिक संबंधों *(Ordinal Relations)* से संबंधित समस्याओं का भी समाधान करते पाये जाते हैं।

4. औपचारिक संक्रिया की अवस्था *(Stage of Formal Operation)*: यह अवस्था 11 साल से प्रारंभ होकर वयस्कावस्था तक चलती है। इस अवस्था में किशोरों का चिंतन अधिक लचीला *(Flexible)* तथा प्रभावी हो जाता है। उसके चिंतन में पूर्ण क्रमबद्धता आ जाती है।

➢ इस अवस्था में बालकों के चिंतन में वस्तुनिष्ठता *(Objectivity)* तथा वास्तविकता *(Reality)* की भूमिका अधिक बढ़ जाती है अर्थात् बालकों में विकेंद्रण पूर्णतः विकसित हो जाता है।

➢ यह अवस्था किशोरों के शिक्षा के स्तर *(Level of Education)* से सीधे प्रभावित होती है।

ब्रुनर के संज्ञानात्मक विकास का सिद्धांत

Bruner's Theory of Cognitive Development

ब्रुनर *(Bruner)* ने संज्ञानात्मक विकास के अध्ययन में मुख्य रूप से दो प्रश्नों के उत्तर खोजने का प्रयास किया—

★ शिशु किस ढंग से अपनी अनुभूतियों *(Experiences)* को मानसिक रूप से बताते हैं?

★ शैशवावस्था तथा बाल्यावस्था में बालकों का मानसिक चिंतन कैसे होता है?

➢ ब्रुनर ने शिशु अनुभूतियों के मानसिक रूप को तीन तरीकों द्वारा बताया है—

(a) संक्रियता *(Enactive),* (b) दृश्य-प्रतिमा *(Iconic),* (c) सांकेतिक *(Symbolic)*

➢ संक्रियता *(Enactive)* एक ऐसा तरीका है जिसमें शिशु अपनी अनुभूतियों को क्रिया द्वारा व्यक्त करता है। उदाहरण के लिए दूध का बोतल देखकर शिशु द्वारा मुँह चलाना, हाथ पैर फेंकना इत्यादि जिसके द्वारा वह दूध पीने की इच्छा की अभिव्यक्ति कर रहा है।

➢ दृश्य-प्रतिमा विधि *(Iconic Mode)* में बालक अपने मन में कुछ दृश्य-प्रतिमाएँ बनाकर अपनी अनुभूतियों की अभिव्यक्ति करता है।

➢ सांकेतिक विधि *(Symbolic Mode)* में बालक भाषा के व्यवहार द्वारा अपनी अनुभूतियों की अभिव्यक्ति करता है।

➢ ब्रुनर के अनुसार इन तीनों के संप्रत्यय का विकास एक क्रम में होता है। जन्म से करीब 18 महीनों तक संक्रियता *(Enactive)* विधि की प्रधानता देखी गयी है। $1\frac{1}{2}$ या 2 वर्ष की उम्र में दृश्य-प्रतिमा विधि की प्रधानता होती है और करीब 7 वर्ष की उम्र में सांकेतिक विधि की प्रधानता होती है।

ब्रुनर एवं पियाजे के संज्ञानात्मक सिद्धांत में अंतर

ब्रुनर ने भी पियाजे के समान ही संज्ञानात्मक विकास को एक क्रमिक प्रक्रिया माना है तथा बालकों के चिंतन में संकेत *(Symbol)* तथा प्रतिमा *(Images)* को महत्वपूर्ण माना है।

➢ ब्रुनर के सिद्धांत की व्याख्या पियाजे के सिद्धांत की प्रथम तीन अवस्थाओं के समानांतर है। परंतु ब्रुनर ने संज्ञानात्मक विकास में भाषा को पियाजे की तुलना में अधिक महत्वपूर्ण बताया है। उनके अनुसार बालकों के चिंतन में भाषा की अहमियत अधिक होती है।

➢ पियाजे के सिद्धांत में बालकों के चिंतन में उनकी परिपक्वता एवं अनुभूतियाँ तुलनात्मक रूप से अधिक महत्वपूर्ण होती हैं।

वाइगोट्स्की के संज्ञानात्मक विकास का सिद्धांत
Vygotsky Theory of Cognitive Development

➢ वाइगोट्स्की ने बच्चों के संज्ञानात्मक विकास में सामाजिक कारकों *(Social Factors)* एवं भाषा *(Language)* को महत्वपूर्ण बतलाया है। इसलिए वाइगोट्स्की के संज्ञानात्मक विकास के सिद्धांत को सामाजिक-सांस्कृतिक सिद्धांत भी कहा जाता है।

➢ पियाजे के अनुसार बच्चों के संज्ञानात्मक विकास में संस्कृति तथा शिक्षा की भूमिका महत्वपूर्ण नहीं होती है। वाइगोट्स्की ने इसे अस्वीकृत कर दिया और यह बात कही कि बच्चे जिस उम्र में भी किसी संज्ञानात्मक कौशल को सीखते हैं; उनपर इस बात का अधिक प्रभाव पड़ता है कि क्या संस्कृति से उन्हें संगत सूचना तथा निर्देश प्राप्त हो रहा है या नहीं।

➢ वाइगोट्स्की के अनुसार संज्ञानात्मक विकास एक अंतर्वैयक्तिक सामाजिक परिस्थिति में संपन्न होता है जिसमें बच्चों को अपने वास्तविक विकास के स्तर *(Level of Actual Development)* तथा उनके संभाव्य विकास के स्तर *(Level of Potential Development)* के तरफ ले जाने की कोशिश की जाती है।

➢ इन दोनों स्तरों के बीच के अंतर को वाइगोट्स्की ने समीपस्थ विकास का क्षेत्र *(Zone of Proximal Development or ZPD)* कहा है।

➢ समीपस्थ विकास के क्षेत्र *(ZPD)* का तात्पर्य बच्चों के लिए एक ऐसे कठिन कार्यों के परास *(Range)* से होता है जिसे वह अकेले नहीं कर सकता है, लेकिन अन्य वयस्कों तथा कुशल सहयोगियों की मदद से उसे करना संभव है।

संज्ञानात्मक विकास के नवीनतम सिद्धांत

(a) बच्चों के मन का सिद्धांत *(Children's Theory of Mind)* : बच्चों के मन का सिद्धांत से तात्पर्य उनमें अपनी सामाजिक अवस्थाओं तथा दूसरों की अवस्थाओं के बारे में उत्पन्न समझ से होता है।

(b) सूचना संसाधन उपागम *(Information Processing Zone)* : यह उपागम संज्ञानात्मक विकास की व्याख्या, बच्चों में संज्ञान के मौलिक पहलू जैसे अवधान *(Attention)*, स्मृति तथा मेटासंज्ञान से संबंधित वर्द्धित क्षमताओं के रूप में करता है। संज्ञान के इन सभी क्षेत्रों में प्रायः देखा जाता है कि उम्र बीतने से बच्चों में क्षमताएँ विकसित एवं मजबूत होती हैं क्योंकि उनमें सूचनाओं को संसाधित करने की क्षमता तीव्र होती है। यह इस प्रकार है—

★ संसाधन की गति, अवधान तथा अनुक्रिया अवरोध
★ स्मृति *(Memory)*
★ मेटासंज्ञान *(Metacognition)*

संवेग
Emotion

➢ संवेग पद का अंग्रेजी रूपांतर *'Emotion'* जो लैटिन शब्द *'Emovere'* से बना है। संवेग व्यक्ति की उत्तेजित अवस्था का दूसरा नाम है।

➢ गेलडार्ड *(Geldard)* के अनुसार, "संवेग क्रियाओं का उत्तेजक है।"

➢ इंग्लिश तथा इंग्लिश *(English & English)* के अनुसार, "संवेग एक जटिल भाव की अवस्था होती है, जिसमें कुछ खास-खास शारीरिक एवं ग्रंथीय क्रियाएँ होती हैं।"

➢ बेरान, बर्न तथा कैंटोविज *(Baron, Byrne and Kantowitz)* के अनुसार, "संवेग से तात्पर्य एक ऐसी आत्मनिष्ठ भाव की अवस्था से होता है, जिसमें कुछ शारीरिक उत्तेजना पैदा होती है और जिसमें कुछ खास-खास व्यवहार होते हैं।"

बालकों के संवेगों का महत्व अग्रलिखित है—

(a) बालकों के प्रत्येक दिन के अनुभवों में संवेगों से आनंद जुड़ जाता है। बालकों को जिज्ञासा, स्नेह, हर्ष इत्यादि से सुखानुभूति प्राप्त होती है तथा क्रोध एवं भय जैसे संवेगों की अभिव्यक्ति कर बालक तनावमुक्त हो जाता है।

(b) जब बालक में संवेगात्मक अनुक्रियाओं की बार-बार पुनरावृति होती है तो ये संवेगात्मक अनुक्रियाएँ बालकों में आदत के रूप में परिवर्तित होती हैं।

(c) बालकों के संवेग और संवेगात्मक अनुक्रियाएँ उसकी सामाजिक अंतःक्रियाओं को प्रभावित करती हैं।

(d) बालक का जीवन के प्रति दृष्टिकोण संवेगों से प्रभावित होता है।

(e) बच्चे संवेगों द्वारा आत्म-मूल्यांकन और सामाजिक मूल्यांकन करते हैं।

(f) संवेग बालक को क्रियाशील बनाते हैं।

(g) बालकों में संवेगों के कारण बढ़ी हुई क्रियाशीलता यदि व्यक्त नहीं हो पाती है, तो उनमें वाणी संबंधी दोष उत्पन्न हो सकते हैं।

(h) संवेगों में शारीरिक परिवर्तन होते हैं। इन परिवर्तनों से बालक के बारे में यह ज्ञान प्राप्त किया जा सकता है कि बालक क्या और कैसा अनुभव कर रहा है।

(i) बालकों के संवेग, वह जिस वातावरण में रहता है, इसके मनोवैज्ञानिक वातावरण को प्रभावित करते हैं, जो बदले में बालक के व्यवहार को प्रभावित करता है।

संवेगात्मक विकास की विशेषताएँ
Characteristics of Emotional Development

संवेगात्मक विकास की विशेषताएँ निम्नलिखित हैं—

★ संवेगात्मक विकास एक क्रम से होता है।
★ संवेगात्मक विकास साधारण से जटिल की ओर होता है।
★ संवेगात्मक विकास में परिपक्वता का अनुभव वृद्धि से आती है।
★ प्रशिक्षण द्वारा संवेगों का परिमार्जन किया जा सकता है।
★ संवेगात्मक विकास और मानव व्यवहारों में सह-संबंध पाया जाता है।

बालकों के संवेगों की विशेषताएँ

★ बालकों के संवेग तीव्र होते हैं।
★ बालकों के संवेग क्षणिक होते हैं।
★ बालकों की संवेगात्मक अनुभूतियाँ बार-बार अभिव्यक्त होती हैं।
★ बालकों की संवेगात्मक अभिव्यक्तियों में व्यक्तिगत भिन्नता पायी जाती है।
★ बालकों के संवेगों की शक्ति परिवर्तित होती रहती है।
★ बालकों के संवेगों को उनके व्यवहार के लक्षणों द्वारा आसानी से पहचाना जा सकता है।
★ बालकों के संवेग मूर्त वस्तुओं तथा परिस्थितियों से संबंधित होते हैं।

संवेगों का विकास

Age	संवेगों का विकास
Birth	Excitement *(उत्तेजना)*
3 Months	Excitement → Distress Excitement → Delight
6 Months	Excitement ↓ Distress → Fear, Disgust, Anger Delight
1 Year	Excitement ↓ Distress → Fear, Disgust, Anger Delight → Elation, Affection for Adults

संवेगों का विकास

Age	संवेगों का विकास
1.1/2 Year	Excitement Distress → Fear, Disgust, Anger, Jealousy Delight → Elation, Affection for Adults, Affection for Children
2 Year	Excitement Distress → ★ Fear, ★ Disgust, ★ Anger, ★ Jealousy Delight → ★ Elation, ★ Affection for Adults, ★ Affection for Children, ★ Joy

अति संवेगात्मक के कारण
Causes of Heightened Emotionality

1. शारीरिक कारण *(Physical Causes)*: शारीरिक कारणों में तीन कारण प्रमुख हैं—शरीर में विकासात्मक परिवर्तन, थकान और दुर्बल स्वास्थ्य। इन तीनों ही कारणों के कारण बालक की संवेगात्मकता बढ़ सकती है।

2. मनोवैज्ञानिक कारण *(Psychological Causes)*: मनोवैज्ञानिक कारणों में बुद्धि और आकांक्षा स्तर अधिक महत्वपूर्ण है। समान आयु के बालकों में जिन बालकों की बुद्धि कम होती है, उनमें संवेगात्मक नियंत्रण भी कम मात्रा में होता है।

➢ उच्च आकांक्षा स्तर की उपस्थिति में बालकों को कई बार असफलता का सामना करना पड़ता है। इस अवस्था में चिंता के लक्षण उत्पन्न हो जाते हैं।

3. वातावरण संबंधी कारण*(Environmental Causes)*: बच्चों को उसके परिवार तथा अन्य लोग किस प्रकार संभालते हैं, बच्चों के आपसी लड़ाई-झगड़े, माता-पिता का अधिक लाड़-प्यार, माता-पिता का बच्चों की ओर ध्यान देना इत्यादि कुछ ऐसे वातावरण संबंधी कारक हैं, जो बालकों के मनोवैज्ञानिक वातावरण से संबंधित होते हैं। ये सभी कारक बालक की अति संवेगात्मक को भी महत्वपूर्ण ढंग से प्रभावित करते हैं।

बालक संवेगात्मक को प्रभावित करने वाले कारक
Factors Affecting Child Emotionality

★ शारीरिक स्वास्थ्य *(Physical Health)*
★ सामाजिक वातावरण *(Social Environment)*
★ पारिवारिक वातावरण *(Family Environment)*
★ सामाजिक-आर्थिक स्तर

- ★ परिवार का आकार
- ★ लिंग
- ★ थकान और भूख
- ★ बालक अभिभावक संबंध
- ★ बुद्धि *(Intelligence)*
- ★ आत्मविश्वास *(Self Confidence)*
- ★ व्यक्तित्व *(Personality)*

संवेगों का नियंत्रण
Control of Emotions

संवेगों का नियंत्रण करने का अर्थ है उनका उपयोग ठीक दिशा में होना। संवेगों के नियंत्रण के कुछ प्रकार निम्नलिखित हैं—

1. अध्यवसाय *(Industriousness)*: बालकों में संवेगों के उत्पन्न होने और व्यक्त करने का समय ही नहीं देना चाहिए, क्योंकि जब बच्चे अपनी रुचि के अनुसार कुछ कार्यों को करने में व्यस्त रहते हैं तब उनमें संवेग कम उत्पन्न होता है।

2. शमन *(Repression)*: यह एक प्रकार की मानसिक रचना है जिसके द्वारा व्यक्ति अप्रिय, दुखद और कष्टकारी घटनाओं, विचारों, इच्छाओं और प्रेरणाओं इत्यादि को चेतना से जान-बूझकर निकाल देता है।

3. विस्थापन *(Displacement)*: यह एक रचना है जिसमें किसी वस्तु या विचार से सम्बन्धित संवेग किसी अन्य वस्तु या विचार में स्थानांतरित हो जाते हैं।

4. संवेगात्मक शक्ति को समाज द्वारा स्वीकृत ढंग से व्यक्त करना: इसमें बालक को इस प्रकार प्रशिक्षित किया जाता है कि वह अपने संवेगों का प्रकाशन इस ढंग से करता है कि लोग उसे पसंद करने लगते हैं।

5. प्रतिगमन *(Regression)*: अहम, एकता और संगठन को बनाये रखने के लिए तथा तनाव को दूर करने के लिए, जब व्यक्ति कम परिपक्व जवाब *(Reply)* का सहारा लेते हैं तो यह रचना प्रतिगमन कहलाता है।

6. संवेगात्मक रेचन *(Emotional Catharsis)*: रेचन का अर्थ है दबाये गये संवेगों को समय-समय पर उभरने का अवसर देना। संवेगात्मक रेचन दो प्रकार के होते हैं—

- ➢ शारीरिक रेचन *(Physical Catharsis)*
- ★ मानसिक रेचन *(Mental Catharsis)*

7. शोध *(Sublimation)*: शोध वह क्रिया है जिसके द्वारा संवेगों का रूप इतना परिवर्तित हो जाता है कि हम उसे पहचान नहीं पाते।

बालकों तथा प्रौढ़ों के संवेगों में भिन्नता
Difference Between Children's and Adult's Emotions

1. बालकों के संवेग क्षणिक और अल्पकालीन होते हैं जबकि प्रौढ़ों के संवेग तीव्र और दीर्घकालीन होते हैं।

2. बालक विभिन्न संवेगों जैसे—क्रोध, घृणा, भय, प्रसन्नता इत्यादि का प्रदर्शन शीघ्रता से कर देते हैं परंतु वयस्क व्यक्ति संवेगों का प्रदर्शन परिस्थिति के अनुसार करते हैं।

3. प्रौढ़ों में संवेगों का प्रकाशन सामान्यतः एक ही रूप में होता है जबकि बालकों में संवेगों का प्रकाशन भिन्न-भिन्न रूपों में होता है।

4. बालकों के संवेग की संख्या प्रौढ़ों से अधिक होती है।

5. बालकों के संवेग स्पष्ट होते हैं लेकिन प्रौढ़ों के संवेग अस्पष्ट होते हैं।

6. बालकों के संवेग प्रौढ़ों की अपेक्षा तीव्र होते हैं।

7. बालकों के संवेग मूर्त वस्तुओं से संबंधित होते हैं। इसके विपरीत वयस्कों के संवेग मूर्त तथा अमूर्त दोनों से ही संबंधित होते हैं।

परीक्षोपयोगी तथ्य

➢ संज्ञान से तात्पर्य संवेदी सूचनाओं को ग्रहण करके उसका रूपांतरण, विस्तारण, संग्रहण, पुनर्लभ तथा उसका समुचित प्रयोग करने से होता है।

➢ संज्ञानात्मक विकास के तीन सिद्धांत महत्वपूर्ण हैं—पियाजे, वाइगोट्स्की तथा ब्रुनर का सिद्धांत।

➢ पियाजे ने संज्ञानात्मक विकास को चार भागों में बाँटा है।

➢ ब्रुनर ने शिशु अनुभूतियों के मानसिक रूप को तीन तरीकों द्वारा बताया है—संक्रियता, दृश्य प्रतिमा और सांकेतिक।

➢ वाइगोट्स्की ने बच्चों के संज्ञानात्मक विकास में सामाजिक कारकों एवं भाषा को महत्वपूर्ण बताया है।

➢ वाइगोट्स्की के संज्ञानात्मक विकास के सिद्धांत को सामाजिक-सांस्कृतिक सिद्धांत कहा जाता है।

➢ जेम्स लैंग *(James Lange)* का सिद्धांत संवेगात्मक अनुभव तथा व्यवहार पर आधारित है। इनके अनुसार, पहले संवेगात्मक व्यवहार होता है, और तब संवेगात्मक अनुभूति होती है। अर्थात् संवेगात्मक अनुभूति का होना संवेगात्मक व्यवहार पर निर्भर करता है।

➢ अमेरिकी मनोवैज्ञानिक अल्बर्ट बंडूरा, सामाजिक संज्ञानात्मक अधिगम सिद्धांत से संबंधित हैं। बंडूरा का मानना है कि व्यक्ति समाज में रहता है, और समाज में रहकर ही अधिगम प्राप्त करता है।

➢ पियाजे के सिद्धांत को संज्ञानात्मक विकास तक ले जाने वाले को रचनात्मक मार्ग कहा जाता है। पियाजे मुख्य रूप से संज्ञानात्मक विकास के लिए जाने जाते हैं। पियाजे द्वारा प्रतिपादित संज्ञानात्मक विकास सिद्धांत मानव बुद्धि की प्रकृति एवं उसके विकास से संबंधित एक विवाद सिद्धांत है। पियाजे का मानना है कि बच्चे अपनी दुनिया के लगभग सभी ज्ञान को अपनी गतिविधियों के द्वारा खोजते या निर्मित करते हैं।

➢ संज्ञानात्मक मनोविज्ञानी बंडूरा ने प्रेक्षणात्मक अधिगम संप्रत्यय सिद्धांत का प्रतिपादन किया, जिसमें व्यक्ति के व्यवहार को जानना तथा उसका प्रत्यक्षण करना *(Attending and Perceiving Behaviour)* पर विशेष जोर दिया गया। बंडूरा के नाम पर ही इसके सिद्धांत को बंडूरा का सामाजिक अधिगम सिद्धांत कहा जाता है।

➢ वुडवर्थ—''संवेग व्यक्ति के गति में अथवा आवेश में आने की स्थिति है।''

➢ पी. टी. भुंग—''संवेग व्यक्ति का कुल तीव्र उपद्रव है, जो मनोवैज्ञानिक कारणों से उत्पन्न होता है, तथा इसके अंतर्गत व्यवहार चेतन, अनुभव तथा अंतरंग क्रियाएँ सम्मिलित रहती हैं।''

वस्तुनिष्ठ प्रश्न

1. वह कौन-सा स्थान है जहाँ बच्चे के 'संज्ञानात्मक' विकास को सबसे बेहतर तरीके से परिभाषित किया जा सकता है?
(a) खेल का मैदान (b) विद्यालय एवं कक्षा पर्यावरण
(c) सभासागर (d) घर *(CTET–2011)*

2. मैक्डूगल के अनुसार मूल प्रवृत्ति 'जिज्ञासा' *(Curiosity)* का संबंध कौन संवेग से है?
(a) भय (b) घृणा
(c) आश्चर्य (d) भूख *(CgTET–2011)*

3. व्यवहार का 'करना' पक्ष ...... में आता है।
(a) सीखने के गतिक क्षेत्र (b) सीखने के मनोवैज्ञानिक क्षेत्र
(c) सीखने के संज्ञानात्क क्षेत्र (d) सीखने के भावात्मक क्षेत्र *(CTET-2012)*

4. पियाजे के अनुसार संज्ञानात्मक विकास की द्वितीय अवस्था है—
(a) ज्ञानेन्द्रिय अवस्था (b) औपचारिक संक्रिया की अवस्था
(c) पूर्व संक्रिया की अवस्था (d) मूर्त-संक्रिया की अवस्था
(UPTET-II–2011)

5. रॉस *(Ross)* ने संवेग *(Emotion)* को कितने प्रकार में बाँटा है?
(a) 2 (b) 3
(c) 4 (d) 5 *(BTET–2011)*

6. ''संवेग व्यक्ति की उत्तेजित दशा है''—यह कथन निम्नांकित में से किसका है?
(a) पियाजे *(Piaget)* (b) वुडवर्थ *(Woodworth)*
(c) वैलेन्टाइन *(Valentine)* (d) रॉस *(Ross)* *(UPTET–2012)*

7. ब्लूम *(Bloom)* की टैक्सोनॉमी *(Taxonomy)* ......की पदानुक्रमिक व्यवस्था है।
(a) उपलब्धि लक्ष्यों (b) पाठ्यचर्या संबंधी घोषणाओं
(c) पठन-कौशल (d) संज्ञानात्मक उद्देश्यों *(CTET–2013)*

8. ...... के अतिरिक्त निम्नलिखित सभी तथ्य संकेत करते हैं कि बच्चा कक्षा में संवेगात्मक और सामाजिक रूप से समायोजित है।
(a) हमउम्र साथियों के साथ मधुर संबंधों का विकास
(b) चुनौतीपूर्ण कार्यों पर ध्यान केंद्रित करना और उन्हें दृढ़तापूर्वक करते रहना
(c) क्रोध तथा हर्ष दोनों को प्रभावी रूप से प्रबंधित करना
(d) हमउम्र साथियों के साथ प्रतियोगिता पर दृढ़तापूर्वक ध्यान केंद्रित करना
(CTET–2013)

9. संवेग व्यक्ति की उत्तेजित दशा है यह कथन निम्नांकित में से किसका है ?
(a) पियाजे (b) वुडवर्थ (c) वैलेन्टाइन (d) रॉस
(UPTET–2013)

10. संज्ञानात्मक विकास के चार चरणों .... संवेदी पेशीय, पूर्व-संक्रियात्मक *(Pre Operational),* स्थूल मूर्त *(Concrete),* संक्रियात्मक और औपचारिक *(Formal)* संक्रियात्मक की पहचान की गई है।
(a) हिलगार्ड द्वारा (b) स्टॉट द्वारा (c) हरलॉक द्वारा (d) पियाजे द्वारा
(UPTET–2013)

11. निम्नलिखित में कौन-सी संज्ञानात्मक क्रिया दी गयी सूचना के विश्लेषण के लिए प्रयोग में लायी जाती है ?
(a) वर्णन करना (b) पहचान करना (c) अंतर करना (d) वर्गीकृत करना
(UPTET–2013)

12. सीमा परीक्षा में A+ ग्रेड प्राप्त करने के लिए अति इच्छुक है। जब वह परीक्षा भवन में दाखिल होती है तथा परीक्षा प्रारम्भ होती है, वह अत्यधिक नर्वस हो जाती है। उसके पाँव ठण्डे पड़ जाते हैं, उसके हृदय की धड़कन बहुत तेज हो जाती है और वह उचित तरीके से उत्तर नहीं दे पाती। इसका मुख्य कारण हो सकता है—
(a) शायद वह अकस्मात् संवेगात्मक आवेग का सामना नहीं कर सकती
(b) शायद वह अपनी तैयारी के बारे में बहुत आत्मविश्वासी नहीं है
(c) शायद वह इस परीक्षा के परिणाम के बारे में बहुत अधिक सोचती है
(d) निरीक्षक शिक्षिका जो ड्यूटी पर है, वह उसकी कक्षा अध्यापिका हो सकती है और वह स्वभाव में बहुत कठोर है *(UPTET–2013)*

13. निम्नलिखित में से कौन-सा अधिगम को अधिकतम करने के लिए सर्वाधिक उचित है ?
(a) शिक्षिका को अपनी संज्ञानात्मक शैली के साथ-साथ अपने शिक्षार्थियों की संज्ञानात्मक शैली की पहचान करनी चाहिए
(b) शिक्षार्थियों में वैयक्तिक भिन्नता को सहज बनाने के लिए समान शिक्षार्थियों के जोड़ बनाये जा सकते हैं
(c) अधिकतम परिणाम लाने के लिए शिक्षक केवल एक अधिगम शैली पर ध्यान केंद्रित करता है
(d) समान सांस्कृतिक पृष्ठभूमि वाले शिक्षार्थियों को एक कक्षा में रखना चाहिए ताकि मत *(Opinion)* वैभिन्य से बचा जा सके *(CTET–2013)*

14. ''बच्चे फिल्मों में दिखाये गये हिसांत्मक व्यवहार को सीख सकते हैं।'' यह निष्कर्ष निम्नलिखित में से किस मनोवैज्ञानिक द्वारा किये गये कार्य पर आधारित हो सकता है ?
(a) एडवर्ड एल. थॉर्नडाइक (b) जे. बी. वाटसन
(c) एल्बर्ट बंडूरा (d) जीन पियाजे *(CTET–2013)*

15. .... के अतिरिक्त निम्नलिखित सभी तथ्य संकेत करते हैं कि बच्चा कक्ष में संवेगात्मक और सामाजिक रूप से *(Emotionally & Socially)* समायोजित है।
(a) हमउम्र साथियों के साथ मधुर संबंधों का विकास
(b) चुनौतीपूर्ण कार्यों पर ध्यान केंद्रित
(c) क्रोध तथा हर्ष दोनों को प्रभावी रूप से प्रतिबंधित करना
(d) हमउम्र साथियों के साथ प्रतियोगिता पर दृढ़तापूर्वक *(Presistently)* केंद्रित करना *(CTET–2013)*

16. एक विद्यार्थी उच्च स्तरीय सृजनशील रंगमंचीय कलाकार बनना चाहता है। उसके लिए निम्नलिखित में से कौन-सा उपाय सबसे कम प्रेरक होगा?

(a) संसार के श्रेष्ठ रंगमंचीय कलाकारों की निष्पत्ति से संबद्ध साहित्य पढ़ने के लिए तथा उससे सीखने के प्रयास के लिए कहना
(b) राज्यस्तरीय प्रतियोगिताओं को जीतने का प्रयास करना ताकि छात्रवृत्ति पायी जा सके
(c) अपने रंगमंचीय कलाकार साथियों के साथ समानुभूतिपूर्ण स्नेही तथा सहयोगी संबंध विकसित करना
(d) उन रंगमंचीय कौशलों को अधिक समय देना जिनसे वह प्रफुल्लित होता है *(CTET–2014)*

17. निम्न में से कौन-सा कौशल संवेगात्मक बुद्धि से संबंधित है?

(a) याद करना (b) गतिक प्रक्रमण
(c) विचार करना (d) सहानुभूति देना *(CTET–2014)*

18. संवेग के मनोविज्ञान में निम्नलिखित में से किस तथ्य पर सबसे कम ध्यान दिया गया है?

(a) संवेग विषयनिष्ठ भावना है और वह अलग-अलग व्यक्तियों में अलग-अलग होती है
(b) संवेग न केवल वैयक्तिक शिक्षार्थियों में बल्कि पूरी कक्षा में भी उत्पन्न होते हैं
(c) संवेग उत्तेजना और संज्ञानात्मक व्याख्या के जटिल पैटर्न होते हैं
(d) संवेगात्मक प्रक्रिया में शारीरिक के साथ-साथ मनोवैज्ञानिक प्रतिक्रियाएँ शामिल होती है *(CTET–2014)*

19. बंडूरा के सामाजिक अवलोकन पर आधारित अधिगम सिद्धांत में निम्नलिखित में से कौन-सी प्रक्रिया होती है?

(a) स्वचिंतन (b) प्रतिधारण
(c) पुनरावृत्ति (d) सार को दोहराना *(CTET–2014)*

20. निम्नलिखित में से कौन-सा बच्चों के संवेगात्मक विकास के लिए सर्वाधिक उपयुक्त है?

(a) कक्षा-कक्ष का प्रजातांत्रिक परिवेश
(b) अध्यापकों की कोई भी सहभागिता नहीं, क्योंकि यह माता-पिता का कार्य है
(c) कक्षा-कक्ष का नियंत्रित परिवेश
(d) कक्षा-कक्ष का अधिकारवादी परिवेश *(CTET–2015)*

21. बच्चों के अधिगम को सुगम बनाने के लिए अध्यापकों को एक अच्छे कक्षायी परिवेश का सृजन करने की आवश्यकता होती है। इस प्रकार के अधिगम परिवेश का सृजन करने के लिए नीचे दिये गये कथनों में से कौन-सा नहीं है?

(a) बच्चों के प्रयासों को स्वीकृति (b) अध्यापकों के अनुसार कार्य करना
(c) बच्चों को स्वीकार करना (d) अध्यापक का सकारात्मक रुख *(CTET–2015)*

22. कोई भी नाराज हो सकता है—यह आसान है, परन्तु सही व्यक्ति के ऊपर, सही मात्रा में, सही समय पर, सही उद्देश्य के लिए तथा सही तरीके से नाराज होना आसान नहीं है। यह संबंधित है—

(a) संवेगात्मक विकास से (b) सामाजिक विकास से
(c) संज्ञानात्मक विकास से (d) शारीरिक विकास से *(CTET–2015)*

23. पियाजे के सिद्धांत के अनुसार, निम्नलिखित में से कौन-सा व्यक्ति के संज्ञानात्मक विकास को प्रभावित नहीं करेगा ?
(a) भाषा (b) सामाजिक अनुभव
(c) परिपक्वन (d) क्रियाकलाप *(CTET–2015)*

24. एक बच्चे को सहारा देने की मात्रा एवं प्रकार में परिवर्तन इस बात पर निर्भर करता है—
(a) अध्यापिका की मनोदशा (b) बच्चे की नैसर्गिक योग्यताएँ
(c) कार्य के लिए प्रस्तावित पुरस्कार (d) बच्चे के निष्पादन का स्तर
(CTET–2015)

25. इन कथनों में से आप किससे सहमत है ?
(a) एक बच्चा अनुतीर्ण होता है क्योंकि सरकार विद्यालयों में पर्याप्त प्रौद्योगिकीय संसाधन प्रदान नहीं कर रही है
(b) एक बच्चे की असफलता मुख्य रूप से माता-पिता की शिक्षा तथा आर्थिक स्तर में कमी के कारण है
(c) एक बच्चे की असफलता व्यवस्था तथा बच्चे के प्रति प्रतिक्रिया करने में इसकी असमर्थता का एक प्रतिबिम्ब है
(d) उपर्युक्त में से कोई नहीं *(CTET–2015)*

26. पियाजे के अनुसार 2 से 7 वर्ष के बीच का एक बच्चा संज्ञानात्मक विकास की ...... अवस्था में है।
(a) पूर्व संक्रियात्मक (b) औपचारिक संक्रियात्मक
(c) मूर्त संक्रियात्मक (d) संवेदी-गतिक *(CTET–2015)*

27. पियाजे के अनुसार, संज्ञानात्मक विकास के किस चरण पर बच्चा 'वस्तु-स्थायित्व' को प्रदर्शित करता है ?
(a) संवेदी प्रेरक चरण (b) पूर्व संक्रियात्मक चरण
(c) मूर्त-संक्रियात्मक चरण (d) औपचारिक संक्रियात्मक चरण
(UTET-I-2015)

28. शिक्षार्थियों में बहुत विभिन्नताएँ होती हैं। इनमें से किसके/किनके लिए शिक्षकों को संवेदनशील होने की आवश्यकता है ?
I. संज्ञानात्मक क्षमताओं और सीखने के स्तरों पर आधारित भिन्नताएँ
II. भाषा, जाति, लिंग, धर्म, समुदाय की विविधता पर आधारित भिन्नताएँ
नीचे दिए गए कूट के आधार पर सही उत्तर चुनिए—
(a) न तो I नहीं II (b) केवल I
(c) केवल II (d) I और II दोनों *(CTET–2016)*

29. ...... ने सामूहिक अचेतन *(Collective Unconscious)* का संप्रत्यय दिया था।
(a) युंग (b) फ्रायड (c) एडलर (d) सलीवन
(UPTET–2016)

30. पियाजे के संज्ञानात्मक विकास सिद्धांत में अमूर्त तर्क एवं परिपक्व नैतिक चिंतन किस अवस्था की विशेषताएँ हैं ?
(a) संवेदनात्मक गामक अवस्था (b) पूर्व संक्रियावस्था
(c) औपचारिक संक्रियावस्था (d) मूर्त संक्रियावस्था *(UPTET–2016)*

31. संज्ञानात्मक सम्प्राप्ति का न्यूनतम स्तर है—
(a) ज्ञान (b) बोध (c) अनुप्रयोग (d) विश्लेषण
(UPTET-I–2017)

32. जीन पियाजे ने संज्ञानात्मक विकास की कितनी अवस्थाओं की व्याख्या की है ?
(a) आठ अवस्थाएँ (b) पाँच अवस्थाएँ (c) छः अवस्थाएँ (d) चार अवस्थाएँ
(HTET-I–2017)

33. निम्न में से कौन-सा संवेग का तत्व नहीं है ?
(a) दैहिक *(Physical)* (b) संज्ञानात्मक *(Cognitive)*
(c) व्यवहारात्मक *(Behavioural)* (d) संवेदी *(Sensory)* *(CTET-I–2018)*

34. निम्नलिखित में से कौन-सा एक संवेग है ?
(a) स्मृति (b) डर (c) ध्यान (d) उत्तेजना
(CTET–2018)

35. स्वजागरूकता एवं संज्ञानात्मक क्षमताओं का नियंत्रण जैसे योजना बनाना, समीक्षा करना और संशोधन करना इत्यादि ……… में अंतर्निहित हैं।
(a) संज्ञान (b) समायोजन (c) केंद्रीकरण (d) संज्ञानबोध
(CTET–2018)

36. जजोंक का यह मानना है कि संज्ञान और भाव ……… होते हैं।
(a) अंतर्संबंधित (b) एकीकृत (c) अन्योन्याश्रित (d) स्वतंत्र
(CTET–2018)

37. संज्ञानात्मक क्षेत्र का सही क्रम है—
(a) मूल्यांकन-अनुप्रयोग-विश्लेषण-संश्लेषण-अवबोध-ज्ञान
(b) मूल्यांकन-संश्लेषण-विश्लेषण-अनुप्रयोग-अवबोध-ज्ञान
(c) ज्ञान-अनुप्रयोग-अवबोध-विश्लेषण-संश्लेषण-मूल्यांकन
(d) ज्ञान-अवबोध-अनुप्रयोग-विश्लेषण-संश्लेषण-मूल्यांकन *(UPTET-I–2018)*

38. पियाजे के अनुसार संज्ञानात्मक विकास की तृतीय अवस्था निम्न में से कौन-सा है ?
(a) पूर्व-संक्रिया अवस्था (b) मूर्त संक्रिया अवस्था
(c) औपचारिक संक्रिया अवस्था (d) संवेदनात्मक गामक अवस्था
(UPTET-I–2018)

39. संज्ञान एवं संवेग एक-दूसरे से …… है।
(a) पूर्णतया अलग (b) स्वतंत्र
(c) सन्निहित (d) संबंधित नहीं *(CTET-I–2019)*

40. …… सामाजिक संज्ञान सिद्धान्त से उसी प्रकार संबन्धित हैं, जिस प्रकार वाइगोट्स्की सामाजिक निर्मितवाद सिद्धान्त से सम्बन्धित हैं।
(a) स्किनर (b) सैग्लर
(c) पियाजे (d) बण्डूरा *(HTET Level-III–2019)*

41. नीचे लिखी हुई स्थिति किस सिद्धांत को दर्शाती है ?
''जो विद्यार्थी अच्छा प्रदर्शन नहीं कर पाते हैं, वे महसूस करते हैं कि वे 'पर्याप्त रूप से अच्छे' नहीं हैं और हतोत्साहित महसूस करते हैं, तब उनमें बिना प्रयास के कार्य को आसानी से छोड़ देने की संभावना है।''

(a) संज्ञान एवं संवेग अलग नहीं हैं
(b) संज्ञान एवं संवेग संबंधित नहीं हैं
(c) आनुवंशिकता एवं पर्यावरण अलग नहीं हैं
(d) आनुवंशिकता एवं पर्यावरण संबंधित नहीं हैं *(CTET-I–2019)*

42. बच्चों के संज्ञानात्मक विकास के संदर्भ में निम्नलिखित में से कौन-सी पियाजे की संरचना है ?
(a) स्कीमा (b) अवलोकन अधिगम
(c) अनुबंधन (d) प्रबलन *(CTET-I–2019)*

43. संवेगों की प्रकृति के बारे में निम्नलिखित में से कौन-सा कथन सही है ?
(a) संवेगों की अभिव्यक्ति अधिगम द्वारा परिवर्तित हो जाती है
(b) संवेग जीव की स्थायी अवस्था है
(c) संवेग आन्तरिक उद्दीपनों द्वारा जागृत होते हैं
(d) संवेगों की निशिचत भावभिव्यक्ति भिन्न-भिन्न अर्थ लिए होती है
(HTET Level-III–2019)

44. निम्नलिखित में से कौन-सा प्रभावशाली समस्या समाधान रणनीति का एक उदाहरण है?
(a) समाधान के मूल्यांकन पर बिल्कुल ध्यान नहीं देना
(b) क्रियात्मक अनम्यता-एक वस्तु के केवल परंपरागत कार्य पर ध्यान देना
(c) प्रतिक्रिया निर्धारण-समस्या प्रस्तुतीकरण के एक ही आयाम में सीमित रहना
(d) साधन-साध्य विश्लेषण-समस्या को अनेक उपलक्ष्यों में विभाजित करना
(CTET-II–2019)

45. संज्ञान एवं संवेग के बीच किस प्रकार संबंध होता है ?
(a) एक-दूसरे से स्वतंत्र हैं
(b) एक दिशीय–संवेग संज्ञान को प्रभावित करते हैं
(c) एक दिशीय–संज्ञान संवेगों को प्रभावित करता है
(d) द्विदिशीय–दोनों के बीच एक गतिशील पारस्परिक क्रिया होती है
(CTET-II–2019)

46. निम्न में से कौन-सी अवस्था ब्रुनर के संज्ञानात्मक विकास सिद्धान्त का अंग नहीं है ?
(a) प्रतिबिम्बात्मक अवस्था (b) आन्त प्रज्ञ अवस्था
(c) क्रियात्मक अवस्था (d) संकेतात्मक अवस्था *(UPTET-I–2020)*

47. निम्न में से कौन-सा संज्ञानात्मक क्षेत्र से संबंधित नहीं है ?
(a) अनुप्रयोग (b) अनुमूल्यन
(c) ज्ञान (d) बोध *(UPTET-I–2020)*

48. बालकों का अधिगम सर्वाधिक प्रभावशाली होगा जब—
(a) बालकों को संज्ञानात्मक, भावात्मक तथा मनोचलक पक्षों का विकास होगा
(b) पढ़ने लिखने एवं गणितीय कुशलताओं पर ही बल होगा
(c) शिक्षक अधिगम प्रक्रिया में आगे होकर बालकों को निष्क्रिय रखेगा
(d) शिक्षण व्यवस्था एकाधिकारवादी होगी *(UPTET-I–2020)*

49. शर्मिंदगी ....।
(a) का संज्ञान से कोई संबंध नहीं है
(b) का संज्ञान पर नकारात्मक प्रभाव पड़ सकता है

(c) बच्चों को अधिगम हेतु अभिप्रेरित करने के लिए बहुत प्रभावशाली है
(d) के भाव को अध्यापन-अधिगम प्रक्रिया में बारंबार पैदा करना चाहिए *(CTET-I–2021)*

50. बच्चों के अधिगम में शारीरिक स्वास्थ्य और सांवेगिक अवस्था—
(a) का कोई प्रभाव नहीं होता है (b) की एक महत्वपूर्ण भूमिका है
(c) का कोई आपसी संबंध नहीं है (d) की भूमिका नगण्य है *(CTET-II–2022)*

51. समूह में एक-दूसरे को पढ़ाने और सहायता करने से—
(a) बच्चे स्वयं की चिंतन प्रक्रिया पर आक्षेप *(Reflect)* कर सकते हैं और संज्ञानात्मक क्रियाकलाप के उच्च स्तर पर पहुँच सकते हैं
(b) बच्चों में भ्रांति उत्पन्न हो सकती है, जो उनके अधिगम में हस्तक्षेप करती है
(c) बच्चों का ध्यान भंग हो सकता है और यह एक प्रभावशाली शैक्षिक पद्धति नहीं है
(d) बच्चों में प्रतिस्पर्द्धात्मक प्रवृत्ति उत्पन्न होती है, जो कि अधिगम में विघ्न रुकावट पैदा करती है *(CTET-II–2021)*

52. एक संरचनात्मक कक्षा में बच्चों की संज्ञानात्मक सहभागिता को किस प्रकार सुसाधित किया जा सकता है?
(i) बच्चों के वार्तालाप द्वारा
(ii) अध्यापक के संवेगों द्वारा
(iii) बच्चों के सकारात्मक परस्पर संबंधों द्वारा
(iv) बाह्य रूप से अधिरोपित अनुशासन द्वारा
विकल्प :
(a) (iii) (b) (iv)
(c) (i), (ii), (iii) (d) (i), (ii), (iv) *(CTET–2022)*

53. ''बच्चों की असफलता अक्सर विद्यालय की असफलता होती है।'' निम्न में से कौन-सा कथन इस वाक्य का समर्थन करता है?
(a) स्कूलों का अस्तित्व विद्यार्थियों के सामर्थ्य में विभेदीकरण करने हेतु है
(b) बच्चे इसलिए असफल होते हैं, क्योंकि विद्यालय बच्चों के सीखने की विविध गतियों का संज्ञान नहीं करते
(c) बच्चे इसलिए असफल होते हैं, क्योंकि वह विद्यालय की जरूरतों का पालन नहीं करते हैं
(d) बच्चे योग्यता की कमी और निम्न बुद्धि-लब्धि की वजह से असफल होते हैं *(CTET–2022)*

54. मीना अब शब्दों का प्रयोग करने लगी है तथा यह समझने लगी है कि शब्द वस्तुओं के प्रतीक हैं। अब तर्क करने लगी है परन्तु प्रत्ययों का संरक्षण और क्रमबद्धता नहीं कर पाती। मीना, पियाजे के संज्ञानात्मक विकास की किस अवस्था पर है?
(a) पूर्व संक्रियात्मक (b) अमूर्त संक्रियात्मक
(c) संवेगी-गामक (d) मूर्त संक्रियात्मक *(CTET–2022)*

55. निम्नलिखित में से कौन-सा विकास-सिद्धांत इस बात का समर्थन करता है कि बच्चे में संज्ञानात्मक विकास सांकेतिक भाषा विकास का पूर्वगामी है?

(a) पियाजे का संज्ञानात्मक-विकास सिद्धांत
(b) वाइगोट्स्की का सामाजिक-सांस्कृतिक सिद्धांत
(c) इरिक्सन का मनोवैज्ञानिक-सामाजिक सिद्धांत
(d) बंडूरा का सामाजिक अधिगम सिद्धांत *(CTET–2022)*

56. 9 वर्षीय लीला ने बटनों के संग्रह को उनके माप के अनुसार वर्गीकृत किया, फिर उसने सभी समूहों के बटनों को एकत्रित किया। फिर उन्हें उनके छेदों के आधार पर दोबारा वितरित किया। जीन पियाजे के संज्ञानात्मक विकास के सिद्धांत के अनुसार लीला विकास के .... चरण पर है।
(a) पूर्व संक्रियात्मक (b) अमूर्त संक्रियात्मक
(c) मूर्त संक्रियात्मक (d) संवेदी चालक *(CTET–2022)*

57. कथन (A) : शिक्षा ढांचे में शैक्षणिक अवबोध के अतिरिक्त छात्रों के सामाजिक संवेगात्मक आवश्यकताओं पर ध्यान दिया जाना चाहिए।
करण (R) : संज्ञान में संवेग महत्वपूर्ण भूमिका रखते हैं।
सही विकल्प चुनें :
(a) (A) और (R) दोनों सही हैं और (R) सही व्याख्या करता है (A) की
(b) (A) और (R) दोनों सही हैं, लेकिन (R) सही व्याख्या नहीं करता है (A) की
(c) (A) सही है, लेकिन (R) गलत है
(d) (A) और (R) दोनों गलत हैं *(CTET–202)*

58. अभिकथन (A) : शिक्षकों को कक्षा में प्रभावी संज्ञान सुनिश्चित करने के लिए बच्चों को संवेगात्मक सहारा देना चाहिए।
कारण (R) : संवेग व संज्ञान एक दूसरे से जटिल रूप से सम्बन्धित है।
सही विकल्प चुनें :
कूट :
(a) A और R दोनों गलत हैं।
(b) A और R दोनों सही हैं तथा A की R सही व्याख्या करता है।
(c) A और R दोनों सही हैं, परन्तु A की R सही व्याख्या नहीं करता है।
(d) A सही है, किन्तु R गलत है। *(CTET–2024)*

59. निम्नलिखित में से अवधारणा के निरूपण का कौन-सा क्रम बच्चों की संज्ञानात्मक क्षमताओं के उतरोत्तर विकास के अनुसार है?
(a) संकेत आधारित, छवि आधारित, क्रिया आधारित
(b) क्रिया आधारित, छवि आधारित, संकेत आधारित
(c) छवि आधारित, संकेत आधारित, क्रिया आधारित
(d) संकेत आधारित, क्रिया आधारित, छवि आधारित *(CTET–2024)*

60. जागृति को पता चल गया है कि उसका कुत्ता रस्टी एक गोल्डन रिट्रीवर है, जब वह एक और कुत्ते को देखती है, जो रस्टी जैसा दिखता है, लेकिन एक अलग नस्ल का है, तो वह उसे भी कुत्ता ही समझती है। जीन पियाजे के संज्ञानात्मक विकास के सिद्धांत के अनुसार यह किस अवधारणा को प्रदर्शित करता है?
(a) समायोजन (b) अंहकेन्द्रित (c) वस्तु स्थायित्व (d) संरक्षण
(CTET–2024)

61. विकास के किस पहलू में तर्क, चिन्तन और समस्या समाधान की जाती है?
(a) सामाजिक विकास (b) संज्ञानात्मक विकास
(c) नैतिक विकास (d) गतिक विकास *(CTET–2024)*

62. जीन पियाजे के संज्ञानात्मक विकास के सिद्धान्त के अनुसार, निम्नलिखित में से कौन-सी क्षमता मूर्त संक्रियात्मक सोच को पूर्व संक्रियात्मक सोच से अलग करती है?
(a) इन्द्रियों का समन्वय (b) विकेन्द्रण
(c) परिकल्पित तार्किकता (d) वस्तु स्थायित्व *(CTET–2024)*

63. रस्सी कूदते समय पैर में रस्सी फँसने के कारण 'आउट' होने के बाद अरू कहती है कि उसे रस्सी ने जान-बुझकर आउट किया है। जीन पियाजे के संज्ञानात्मक विकास सिद्धान्त को किस अवस्था में बच्चे इस तरह के तर्क देते हैं?
(a) मूर्त संक्रियात्मक अवस्था (b) औपचारिक संक्रियात्मक अवस्था
(c) संवेदी चालक अवस्था (d) पूर्व-चलन अवस्था *(CTET–2024)*

64. पियाजे ने संज्ञानात्मक विकास का किस प्रकार वर्णन किया है?
(a) एक सतत् निरन्तरता के रूप में
(b) चार अतिव्यापी संस्कृति विशिष्ट चरण में
(c) चार गुणात्मक रूप से विभिन्न चरण में
(d) तीन प्रगतिशील स्तर में *(CTET–2024)*

उत्तरमाला

1. (b)	2. (c)	3. (c)	4. (c)	5. (b)	6. (b)	7. (d)	8. (d)
9. (b)	10. (d)	11. (c)	12. (a)	13. (a)	14. (c)	15. (d)	16. (b)
17. (d)	18. (b)	19. (b)	20. (a)	21. (b)	22. (a)	23. (b)	24. (d)
25. (c)	26. (a)	27. (a)	28. (d)	29. (a)	30. (c)	31. (a)	32. (d)
33. (d)	34. (b)	35. (d)	36. (d)	37. (d)	38. (b)	39. (c)	40. (d)
41. (a)	42. (a)	43. (a)	44. (d)	45. (d)	46. (b)	47. (b)	48. (a)
49. (b)	50. (b)	51. (a)	52. (c)	53. (b)	54. (a)	55. (a)	56. (c)
57. (a)	58. (b)	59. (b)	60. (a)	61. (b)	62. (b)	63. (d)	64. (c)

★★★

26

अभिप्रेरण और अधिगम

अभिप्रेरण

Motivation

➢ रिली एवं लेविस *(Reilly and Lewis)* के अनुसार, अभिप्रेरण एक ऐसा बल है जो व्यक्ति के अंदर उत्पन्न होता है न कि कुछ ऐसी चीज जिसे शिक्षक छात्र में अपनी ओर से पैदा करते हैं।

➢ ब्लेयर, जोंस एवं सिम्प्सन *(Blair, Jones & Simpson)* के अनुसार, अभिप्रेरण एक ऐसी प्रक्रिया है जिसमें शिक्षार्थी की आंतरिक शक्ति वातावरण के विभिन्न लक्ष्य वस्तुओं की ओर निर्देशित होती है।

अभिप्रेरण का वर्गीकरण

मनोवैज्ञानिकों ने अभिप्रेरण को दो भागों में बाँटा है—

1. शारीरिक या जैविक अभिप्रेरण *(Physical or Biogenic Motives)* : शारीरिक अभिप्रेरण वैसे अभिप्रेरण को कहा जाता है जो व्यक्ति को जीवित रहने के लिए आवश्यक है और यह जन्म से ही बालक में मौजूद रहता है।

➢ ये अभिप्रेरण सार्विक *(Universal)* होते हैं, क्योंकि ये सभी व्यक्तियों में एक ही रूप में पाये जाते हैं। इनमें भूख, प्यास, नींद, दर्द-परिवर्जन इत्यादि प्रमुख हैं तथा यह सभी देश एवं काल के लोगों में एक ही रूप में पाये जाते हैं।

➢ शारीरिक अभिप्रेरण से बालकों में समस्थिति *(Homeostasis)* अर्थात् शरीर के भीतर संतुलन बनाये रखने का गुण होता है। जैसे जब व्यक्ति को भूख लगती है, तो उसके भीतर एक तनाव उत्पन्न होता है, जिसके फलस्वरूप व्यक्ति भोजन की खोज करता है और भोजन मिलने पर तनाव कम हो जाता है।

2. अर्जित या सीखा हुआ अभिप्रेरण *(Acquired or Learned Motives)* : अर्जित अभिप्रेरण ऐसे अभिप्रेरण को कहा जाता है, जिसमें निम्नलिखित विशेषताएँ होती हैं—

★ ऐसे अभिप्रेरण जन्मजात नहीं होते अर्थात् ऐसे अभिप्रेरकों को व्यक्ति अपने जन्म के बाद सीखता है।

★ ऐसे अभिप्रेरण सार्विक *(Universal)* नहीं होते हैं अर्थात् ऐसे अभिप्रेरण सभी व्यक्तियों में नहीं होते तथा उनका रूप भी अक्सर भिन्न-भिन्न होता है।

★ ऐसे अभिप्रेरण व्यक्तियों के जीवित *(Survival)* रहने के लिए आवश्यक नहीं होते हैं।

★ ऐसे अभिप्रेरणों का समस्थिति *(Homeostasis)* से भी कोई संबंध नहीं होता है।

शिक्षा के दृष्टिकोण से अर्जित अभिप्रेरण निम्नलिखित हैं—

1. उपलब्धि अभिप्रेरण *(Achievement Motivation)* : उपलब्धि अभिप्रेरण से तात्पर्य एक ऐसे अभिप्रेरण से होता है जिससे प्रेरित होकर बालक अपने कार्य को इस ढंग से करता है कि उसे अधिक-से-अधिक सफलता मिल सके।

➢ रिली एवं लेविस *(Reilly and Lewis)* के अनुसार, *किसी चीज को अपने से करने, उसे अच्छे-से-अच्छे ढंग से करने तथा उसमें विशिष्टता दिखाने की स्वीकारात्मक इच्छा को उपलब्धि अभिप्रेरण कहा जाता है।*

2. संबंधन अभिप्रेरण *(Affiliation motivation)*: अपने साथियों एवं अन्य लोगों के समूह में मान्यता प्राप्त करने की प्रवृति को संबंधन अभिप्रेरण कहा जाता है। यह अभिप्रेरण सभी उम्र के व्यक्तियों में होता है, परंतु प्रारंभिक किशोरावस्था में यानी 13-15 वर्ष की उम्र का अभिप्रेरण सबसे अधिक स्पष्ट एवं विशिष्ट होता है। इस अवस्था में किशोरों में अपने साथियों का समर्थन पाने तथा माता-पिता एवं शिक्षकों की प्रशंसा पाने की इच्छा तीव्रतम होती है।

3. चिंता ह्रास *(Anxiety Reduction)*: चिंता ह्रास का अभिप्राय बालकों में सीखे जाने वाले पाठ के प्रति तनाव तथा चिंता को बिल्कुल ही समाप्त करने से नहीं; बल्कि चिंता के स्तर को इस लायक बनाकर रखने से होता है जो उसे पाठ को सीखने में मदद कर सके।

➢ शिक्षकों के लिए चिंता ह्रास का आशय है उन्हें वर्ग में छात्रों के चिंता स्तर को संतुलित बिंदु पर रखना चाहिए ताकि वे उनके शिक्षण से अधिकतम लाभ उठा सकें।

4. सत्ता अभिप्रेरण *(Power motivation)*: सत्ता अभिप्रेरण मानव के बहुत से व्यवहारों का आधार होता है। उनके अनुसार व्यक्ति हीनता के भाव को नहीं बर्दाश्त कर सकता है, बल्कि उसके स्थान पर श्रेष्ठता का भाव विकसित कर लेता है।

➢ इसी भावना के कारण वह उन सभी कार्यों को करने के लिए अभिप्रेरित हो उठता है, जिनसे उसमें नियंत्रण करने, प्रभुत्व दिखाने एवं सत्ता में रहने के भाव की उत्पत्ति होती है। बालक तीव्रता से उन क्रियाओं को करना सीख लेता है, जिनसे उनमें श्रेष्ठता, सत्ता एवं दूसरों को नियंत्रित करने का भाव उत्पन्न होता है। उन कार्यों से दूर रहना सीख लेता है, जिनसे उनमें हीनता या लाचारी का भाव उत्पन्न होता है।

➢ वीराफ्फ *(Veroff, 1957)* ने इस अभिप्रेरक को परिभाषित करते हुए कहा है कि ऐसी प्रवृत्ति जिससे अभिप्रेरित व्यक्ति अन्य व्यक्तियों के व्यवहारों को प्रभावित करने वाले साधनों पर नियन्त्रण कर सन्तुष्टि प्राप्त करता है।

➢ समाज के सभी लोगों में यह प्रवृत्ति कम या अधिक मात्रा में पायी जाती है। इस प्रवृत्ति से प्रेरित व्यक्ति में कई प्रकार की विशेषताएँ देखी जाती है—

- ★ दूसरे लोगों को नियन्त्रण में रखने सन्तुष्टि का अनुभव।
- ★ दूसरे लोगों से अपनी इच्छानुसार कार्य करा लेने पर सन्तुष्टि का अभाव।
- ★ दूसरों के भाग्य का निर्धारक समझ कर सन्तुष्टि का अनुभव करता है।
- ★ इस प्रवृत्ति से अभिप्रेरित व्यक्ति प्रभुत्व जमाकर तर्क, प्रार्थना या अनुनय-विनय के साथ या रोना दूसरे व्यक्ति को नियन्त्रित करने का प्रयास करता है।

5. आक्रमणशीलता का अभिप्रेरण *(Motive of aggressiveness)*: आक्रमणशीलता भी एक प्रमुख अर्जित अभिप्रेरक हैं, जिसमें एक व्यक्ति दूसरे व्यक्ति को शाब्दिक रूप से या शारीरिक रूप से चोट पहुँचाने या आघात पहुँचाने की कोशिश करता है।

➢ बंडूरा *(A. Bandura)* ने इस संबंध में एक प्रयोग नर्सरी स्कूल के बच्चों पर किया। बंडूरा ने नर्सरी स्कूल के बच्चों को तीन प्रकार की फिल्म दिखाई—

(a) पहली फिल्म वह दिखाई गई जिसमें मॉडल व्यक्ति आक्रामक व्यवहार करता था और पुरस्कार भी पाता था।

(b) दूसरी फिल्म वह दिखाई गई जिसमें मॉडल व्यक्ति आक्रामक व्यवहार करता था परन्तु इस व्यवहार के लिए दण्ड पाता था।

(c) तीसरी फिल्म वह दिखाई गई जिसमें मॉडल व्यक्ति न आक्रामक व्यवहार करता था और न दण्ड अथवा पुरस्कार ही पाता था।

★ बंडूरा ने अपने इस प्रयोग में देखा कि नर्सरी के इन बच्चों ने पहली फिल्म को अन्य दो फिल्मों की अपेक्षा अधिक सीखा। इससे बंडूरा ने यह निष्कर्ष निकाला कि जब व्यक्ति आक्रामक व्यवहार को पुरस्कृत होते देखता है तो वह उसे सीख लेता है।

6. अनुमोदन अभिप्रेरण *(Approval motivation)*: अनुमोदन अभिप्रेरण से तात्पर्य व्यक्ति द्वारा धनात्मक मूल्यांकन यानी प्रतिष्ठा, प्रशंसा इत्यादि पाने की उम्मीद से होता है। 6 वर्ष से कम उम्र के बालकों में माता-पिता का अनुमोदन पाने की तीव्र इच्छा होती है। जब बालक स्कूल में प्रवेश करते हैं तब वे शिक्षक, साथियों तथा अपने से अधिक उम्र के बालकों से अनुमोदन के लिए प्रयत्नशील रहते हैं।

मैसलो का अभिप्रेरणा सिद्धांत
Maslow's Law of Motivation

मैसलो के अभिप्रेरणा सिद्धांत को आवश्यकता का सिद्धांत कहा जाता है। मैसलो ने आवश्यकता के सिद्धांत को 5 शृंखलाबद्ध क्रम में विभाजित किया है।

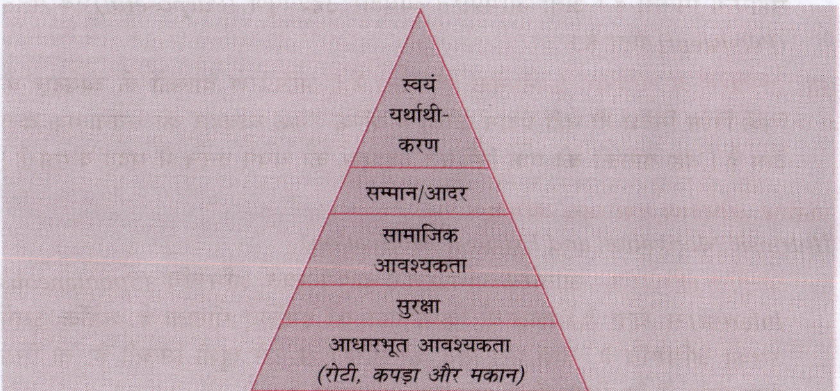

सीखने में अभिप्रेरण का महत्व
Importance of Motivation in Learning

➢ मेल्टन *(Melton)* के अनुसार, ''अभिप्रेरण सीखने की एक आवश्यक शर्त्त है।''

➢ एण्डरसन *(Anderson)* के अनुसार, ''सीखने की प्रक्रिया अच्छी तरह तभी होगी जबकि अभिप्रेरण होगा।''

➢ शिक्षा मनोवैज्ञानिकों ने अभिप्रेरण को राजकीय मार्ग कहा है। अभिप्रेरण का प्रभाव सीखने की प्रक्रिया को प्रभावित करता है। जो इस प्रकार है—

★ सीखने का उद्देश्य *(Purpose to Learn)*
★ पुरस्कार एवं दंड *(Reward and Punishment)*
★ प्रगति तथा परिणाम का ज्ञान *(Knowledge of Progress and Results)*
★ प्रशंसा एवं निंदा *(Praise and Reproof)*
★ स्पर्धा, प्रतियोगिता तथा सहयोगिता *(Rivalry, Competition and Operation)*
★ लक्ष्य निर्धारण व्यवहार या आकांक्षा स्तर
★ प्रोत्साहन के रूप में सामाजिक अनुमोदन
★ प्रोत्साहन के रूप में व्यावसायिक लक्ष्य

सीखने की प्रक्रिया में अभिप्रेरण का कार्य
(Function of Motives in Learning Process)

अभिप्रेरण सीखने की प्रक्रिया में तीन तरह का कार्य करता है, जो इस प्रकार है—

(i) अभिप्रेरण व्यवहारों को शक्ति प्रदान करता है। अभिप्रेरण बालकों में शक्ति *(Energy)* उत्पन्न करता है तथा उसे क्रियाशील बना देता है। शारीरिक अभिप्रेरक जैसे भूख, प्यास, काम बालकों में क्रियाशीलता उत्पन्न कर देते हैं।

(ii) अभिप्रेरण व्यवहार को एक निश्चित दिशा प्रदान करता है। अभिप्रेरण बालकों के व्यवहार के एक खास दिशा में निदेशित करता है। वह बालकों के व्यवहार को लक्ष्य की ओर निदेशित करता है। इससे बालक को अपने अंतिम लक्ष्य पर पहुँचने में सहायता मिलती है। अतः अभिप्रेरित व्यवहार उद्देश्यपूर्ण *(Purposeful)* एवं सतत *(Persistent)* होता है।

(iii) अभिप्रेरण में व्यवहार चयनात्मक हो जाता है। अभिप्रेरण बालकों के व्यवहार के सिर्फ दिशा निर्देश ही नहीं प्रदान करता है बल्कि उनके व्यवहार को चयनात्मक बना देता है। यह बालकों को एक निश्चित व्यवहार का चयन करने में मदद करता है।

आंतरिक अभिप्रेरण तथा बाह्य अभिप्रेरण
(Intrinsic Motivation and Extrinsic Motivation)

आंतरिक अभिप्रेरण—आंतरिक अभिप्रेरण से तात्पर्य 'स्वतः अभिरूचि' *(Spontaneous Interest)* से होता है। शिक्षार्थी किसी पाठ को इसलिए सीखता है क्योंकि उसमें उसकी अभिरूचि है, तथा उस पाठ को सीखने से उसे खुशी मिलती है, तो ऐसा कहा जाता है कि शिक्षार्थी में आंतरिक अभिप्रेरण है।

➢ स्वार्ज *(Schwartz)* के अनुसार, आंतरिक अभिप्रेरण से तात्पर्य व्यक्ति के भीतर से उत्पन्न उस दबाव से होता है जो उसे एक निश्चित दिशा में व्यवहार करने के लिए प्रेरित करता है।

➢ आंतरिक अभिप्रेरण व्यक्ति को भीतर से प्रेरणा प्रदान करता है। चिंता *(Anixiety)*, उपलब्धि की आवश्यकता *(Need for Achievement)*, संबंधन की आवश्यकता *(Need for Affiliation)*, आकांक्षा स्तर *(Level of Aspiration)* आंतरिक अभिप्रेरण के कुछ उदाहरण हैं।

बाह्य अभिप्रेरण *(Extrinsic Motivation)*—बाह्य अभिप्रेरण से तात्पर्य एक ऐसे प्रोत्साहन से होता है जो शिक्षार्थी को बाहरी वातावरण में दिया जाता है तथा उसके व्यवहार को एक निश्चित दिशा में मोड़ा जाता है।

➢ स्वार्ज *(Schwartz)* के अनुसार, ''बाह्य अभिप्रेरण वह प्रोत्साहन होता है, जो व्यक्ति को बाहर से उस व्यक्ति द्वारा दिया जाता है, जो एक निश्चित दिशा में व्यवहार करने के लिए प्रेरित करता है।''

➢ जब किसी शिक्षार्थी को कोई पाठ सीखने के लिए 10 रुपये का पुरस्कार दिया जाता है या काफी प्रशंसा की जाती है, तो यहाँ 10 रुपये तथा प्रशंसा दोनों ही बाह्य अभिप्रेरण के उदाहरण होंगे।

➢ ग्रीनी एवं लेपर *(Greene & Lepper)* के प्रयोगात्मक तथ्य का शैक्षिक आशय यह है कि शिक्षक को वर्ग में आंतरिक अभिप्रेरक *(Intrinsic Motivation)* तथा बाह्य अभिप्रेरक *(Extrinsic Motivation)* दोनों पर संतुलित बल डालना चाहिए।

➢ रिली तथा लेविस, के अनुसार—''कार्य पूरा कराने के लिए शिक्षक को प्रायः आंतरिक अभिप्रेरण एवं बाह्य अभिप्रेरण दोनों को ही प्रोत्साहित करने की जरूरत होगी, परंतु उन्हें इन दोनों के बीच एक अच्छा संतुलन बनाकर रखना चाहिए।

वर्ग में बालकों को प्रेरित करने की यथोचित प्रविधियाँ
(Reasonable Techniques For Motivating Children In Class)

1. सर्वप्रथम छात्रों में सीखने की आवश्यकता उत्पन्न की जानी चाहिए। इसके लिए शिक्षक अपनी विशेष सूझ-बूझ एवं कौशल *(Skills)* का उपयोग कर छात्रों को यह महसूस करने के लिए बाध्य कर सकते हैं कि उन्हें विषय या पाठ को सीखने के लिए तीव्र आवश्यकता है।
2. शिक्षकों को छात्रों के आकांक्षा स्तर *(Level of Aspiration)* को उनकी क्षमता एवं पूर्व उपलब्धियों के आलोक में विकसित करने का सुझाव देना चाहिए।
3. पाठ्यविषय को मनोरंजक तथा छात्रों की क्षमता, अभिक्षमता एवं मनोवृत्ति के अनुकूल होना चाहिए।
4. शिक्षार्थी को इस बात का पूरा-पूरा प्रयास करना चाहिए कि शिक्षार्थी वर्ग शिक्षा एवं शिक्षण में अपनी अभिरूचि नहीं खोए।
5. शिक्षक को समय-समय पर वर्ग में उच्च शैक्षिक उपलब्धियों के लिए पुरस्कार की घोषणा करनी चाहिए।

6. शिक्षकों को दंड जैसे हथकंडे का प्रयोग प्रायः न करके सिर्फ तभी करना चाहिए जब उसका प्रयोग नितांत आवश्यक हो।
7. शिक्षकों को छात्रों के लिए कुछ पाठ्येतर कार्यक्रमों की भी यथासंभव व्यवस्था करनी चाहिए।
8. शिक्षकों को छात्रों के सांवेगिक स्तर पर भी ध्यान देना चाहिए।
9. शिक्षकों को वैज्ञानिक विधियों द्वारा छात्रों की शैक्षिक प्रगति को मापना चाहिए तथा परिणाम का ज्ञान उन्हें देते रहना चाहिए।
10. शिक्षकों को छात्रों के बीच स्वस्थ प्रतियोगिता का भाव उत्पन्न करना चाहिए ताकि उनमें विषय को सीखने में काफी अभिरूचि जग सके तथा उनकी शैक्षिक उपलब्धि का स्तर भी ऊँचा उठ सके।

परीक्षोपयोगी तथ्य

- अभिप्रेरण एक ऐसी प्रक्रिया है जिसमें शिक्षार्थी की आंतरिक शक्ति वातावरण के विभिन्न लक्ष्य वस्तुओं की ओर निर्देशित होती है।
- शारीरिक अभिप्रेरण जन्म से ही बालक में मौजूद रहते हैं जैसे नींद, भूख, प्यास, दर्द-परिवर्जन इत्यादि।
- शारीरिक अभिप्रेरण से बालकों में समस्थिति *(Homeostasis)* अर्थात् शरीर के अंदर संतुलन बनाये रखने का गुण होता है।
- अर्जित अभिप्रेरण जन्म के बाद बालक सीखता है।
- मैसले के अभिप्रेरणा के सिद्धांत को आवश्यकता का सिद्धांत भी कहा जाता है।
- ड्राइव रिडक्शन प्रेरणा संबंधी सिद्धांत हैं।
- शिक्षा एक जीवन पर्यंत चलने वाली प्रक्रिया है, तथा प्रत्येक क्रिया के पीछे एक बल कार्य करता है, जिसे हम प्रेरक बल कहते हैं। अर्थात् प्रेरणा एक बल है, जो प्राणी को निश्चित व्यवहार या दिशा में चलने के लिए बाध्य करती है।
- प्रेरणा से तात्पर्य छात्र में रूचि उत्पन्न करने की कला से है, क्योंकि यह एक ऐसी परिकल्पनात्मक प्रक्रिया है, जो प्राणी के व्यवहार को प्रारंभ, अनुप्रेरित, सक्रिय बनाए रखती है।
- प्रेरणा वह प्रक्रिया है, जिसमें सीखने वाले व्यक्ति की आंतरिक ऊर्जाएं अथवा आवश्यकताएं उसके वातावरण के विभिन्न लक्ष्यों की ओर निर्देशित करती है।
- एक कार्य को सीखने का आगामी कार्यों को सीखने अथवा करने पर पड़ने वाले प्रभाव को अंतरण कहते हैं। अर्थात् एक परिस्थिति में अर्जित ज्ञान का दूसरी परिस्थिति में उपयोग सीखने में स्थानांतरण कहलाता है।
- सीखने के स्थानांतरण को मनोवैज्ञानिकों द्वारा तीन भागों में वर्गीकृत किया गया है—सकारात्मक प्रभाव, नकारात्मक प्रभाव और शून्य प्रभाव।

वस्तुनिष्ठ प्रश्न

1. ......को एक अभिप्रेरित शिक्षण का संकेतक माना जाता है।
   (a) कक्षा में अधिकतम उपस्थिति
   (b) शिक्षक द्वारा किया गया उपचारात्मक कार्य
   (c) विद्यार्थियों द्वारा प्रश्न पूछना
   (d) कक्षा में एकदम खामोशी *(CTET–2011)*
2. पुरस्कार एवं दण्ड है—
   (a) सकारात्मक प्रेरक (b) स्वाभाविक प्रेरक
   (c) कृत्रिम प्रेरक (d) अर्जित प्रेरक *(CTET–2011)*
3. निम्नलिखित में से कौन-सी विशेषता आंतरिक रूप से अभिप्रेरित बच्चों के लिए सही नहीं है?
   (a) उन्हें कार्य करने में आनन्द आता है
   (b) वे कार्य करते समय उच्च स्तर की ऊर्जा प्रदर्शित करते हैं
   (c) वे चुनौती भरे कार्यों को पसन्द करते हैं
   (d) वे हमेशा सफल होते हैं *(CTET–2011)*
4. अधिगम के प्रक्रम में अभिप्रेरण—
   (a) सीखने वालों की स्मृति को तेज बनाता है
   (b) पुराने अधिगम से नये अधिगम को विभेदित *(Differentiate)* करता है
   (c) एक दिशीय रूप *(Unidirectional)* से सोचने में सीखने वालों को प्रस्तुत करता है
   (d) नये सीखने वालों में अधिगम के लिए रुचि का सृजन करता है *(CTET, UPTET–2011)*
5. एक अभिभावक आपसे विद्यालय में मिलने के लिए कभी नहीं आता है। आप—
   (a) बच्चों की उपेक्षा करेंगे *(Ignore the child)*
   (b) अभिभावक को लिखेंगे
   (c) आप स्वयं उनसे मिलने जायेंगे
   (d) बच्चे को दण्ड देना शुरू कर करेंगे *(UPTET–2011)*
6. बच्चे की जिज्ञासा *(Curiosity)* शान्त करनी चाहिए—
   (a) जब शिक्षक फुर्सत में हो
   (b) जब विद्यार्थी फुर्सत में हो
   (c) कुछ समय के पश्चात्
   (d) तत्काल, जब विद्यार्थी द्वारा जिज्ञासा की गयी है *(UPTET–2011)*
7. अभिप्रेरणा के सिद्धांतों के अनुसार, एक शिक्षक ...... के द्वारा सीखने को संवर्द्धित *(Accelerate)* कर सकता है।
   (a) विद्यार्थियों से वास्तविक अपेक्षाएँ रखने
   (b) अपेक्षाओं का एकरूप स्तर रखने
   (c) विद्यार्थियों से किसी प्रकार की अपेक्षाएँ न रखने
   (d) विद्यार्थियों से बहुत अपेक्षाएँ रखने *(UPTET–2011)*
8. सकारात्मक दण्ड *(Positive Punishment)* का निम्न में से कौन-सा उदाहरण है?
   (a) मित्रों के द्वारा उपहास (b) मित्रों के साथ समय बर्बाद करना
   (c) मीनमेख निकालना बन्द करना (d) उपर्युक्त सभी *(RTET–2011)*

9. निम्न में से कौन-सा कथन अभिप्रेरणा एक प्रक्रिया के सन्दर्भ में उपयुक्त नहीं है?
(a) यह व्यक्ति को लक्ष्य की ओर ले जाता है
(b) यह व्यक्ति की शारीरिक आवश्यकताओं की सन्तुष्टि करता है
(c) यह मनोवैज्ञानिक आकांक्षा को प्राप्त करने में सहायता करता है
(d) यह व्यक्ति को अप्रिय स्थिति से दूर रखता है *(RTET–2011)*

10. बाह्य अभिप्रेरणा में समावेशित किया जायेगा—
I. प्रशंसा एवं दोषारोपण II. प्रतिद्वन्द्विता
III. पुरस्कार एवं दण्ड IV. परिणाम का ज्ञान
इनमें से—
(a) I और II (b) I, II और III (c) केवल II (d) ये सभी *(RTET–2011)*

11. अक्सर यह तर्क दिया जाता है कि पुरस्कार देना, अधिगमकर्ताओं को अभिप्रेरित करने का उत्तम तरीका नहीं है, क्योंकि—
(a) इससे आंतरिक अभिप्रेरणा क्षीण होती है
(b) इससे आंतरिक अभिप्रेरणा बढ़ जाती है
(c) इससे बाह्य अभिप्रेरणा क्षीण होती है
(d) इससे आंतरिक और बाह्य अभिप्रेरणा दोनों ही क्षीण होती है *(CTET–2021)*

12. अभिप्रेरणा की व्याख्या जन्मजात मूल प्रवृत्तियों के आधार पर की जा सकती है। किसने कहा है?
(a) मैक्डूगल ने (b) कर्ट लेविन ने (c) फ्रायड ने (d) स्किनर ने *(BTET–2011)*

13. निम्न में से कौन जन्मजात प्रेरक नहीं है?
(a) भूख (b) प्यास (c) आदत (d) नींद *(BTET–2011)*

14. ''एक महिला ने भोजन प्राप्त करने के लिए अपने बच्चे को बेच दिया।'' इस खबर को...... आधार पर अच्छी तरह समझा जा सकता है।
(a) मनोसामाजिक सिद्धांत *(Psychosocial Theory)*
(b) पुनर्बलित आकस्मिकताओं *(Reinforced Contingencies)* का सिद्धांत
(c) मनोविश्लेषणात्मक सिद्धांत *(Psychoanalytical Theory)*
(d) पदानुक्रमिक आवश्यकताओं *(Hierarchial Needs)* का सिद्धांत *(CTET–2012)*

15. एक विद्यार्थी मेडिकल कॉलेज में दाखिला लेने के लिए कठिन परिश्रम करता है ताकि वह उत्तीर्ण हो सके। यह विद्यार्थी ....रूप से अभिप्रेरित है।
(a) वैयक्तिक (b) आनुभविक (c) आंतरिक (d) बाह्य *(CTET–2012)*

16. हम सभी में आवश्यकतानुसार अभिप्रेरणा की शुरुआत होती है, छात्र की वह आवश्यकता जिसे उसको सर्वप्रथम पूरा करना चाहिए, संबंधित है—
(a) सम्मान *(Esteem)* (b) शारीरिक
(c) सामाजिक (d) आत्म-अनुभूतिकरण *(CTET–2012)*

17. आंतरिक रूप से *(Intrinsically)* अभिप्रेरित विद्यार्थी—
(a) का बाह्य रूप से अभिप्रेरित विद्यार्थी की तुलना में अभिप्रेरणा-स्तर कम होता है
(b) के लिए औपचारिक शिक्षा *(Formal Education)* की आवश्यकता नहीं है

(c) के लिए पुरस्कार की बिल्कुल भी आवश्यकता नहीं है

(d) के लिए बाह्य पुरस्कार उसकी अभिप्रेरणा को बनाये रखने के लिए पर्याप्त नहीं है *(CTET–2012)*

18. उपलब्धि अभिप्रेरणा है—

(a) सफलता व असफलता को समान रूप से स्वीकारने की तत्परता

(b) बिना विचारे जल्दबाजी में कार्य करने की प्रवृति

(c) चुनौतीपूर्ण कार्य करने में डटे रहने की प्रवृति

(d) असफलता से बचे रहने की प्रवृति *(CTET–2012)*

19. निम्नलिखित व्यक्तियों में से कौन अपने बच्चे/बच्चों को आंतरिक प्रेरणा *(Internal Motivation)* दे रहा है?

(a) फादर रॉबर्ट अपनी कक्षा के उन बच्चों को चॉकलेट देते हैं जो अच्छा व्यवहार करते हैं

(b) अगली कक्षा में कक्षोन्नति पाने पर नंद कुमार अपने पुत्र को कहानी की पुस्तकें देते हैं

(c) अपने पुत्र के जन्मदिन पर गिरिजेश कुमार दावत देते हैं

(d) विज्ञान विषयों में सर्वोच्च अंक पाने पर राकेश अपने पुत्र की प्रशंसा करते हैं *(UPTET–2012)*

20. राजेश अति लोलुप पाठक है। वह अपने कोर्स की पुस्तकें पढ़ने के अतिरिक्त प्रायः पुस्तकालय जाता है और भिन्न प्रकरणों पर पुस्तकें पढ़ता है। इतना ही नहीं, राजेश भोजन-अवकाश में अपने कार्य करता है। उसे परीक्षाओं में पढ़ने के लिए अपने शिक्षकों अथवा अभिभावकों द्वारा कभी भी कहने की जरूरत नहीं है और वह वास्तव में सीखने का आंनद लेता नजर आता है। उसे .... के रूप में सर्वाधिक बेहतर रूप में वर्जित किया जा सकता है।

(a) आंतरिक रूप से अभिप्रेरित शिक्षार्थी *(Intrinsically Motivated Learner)*

(b) तथ्य आधारित शिक्षार्थी *(Fact Centered Learner)*

(c) शिक्षक अभिप्रेरित शिक्षार्थी *(Teacher Motivated Learner)*

(d) आकलन आधारित शिक्षार्थी *(Assessment Centered Learner)* *(CTET–2013)*

21. बालकों के सीखने में प्रेरणा को किस रूप में उपयोगी माना जाता है?

(a) बालक की वैयक्तिकता का आदर (b) पुरस्कार एवं दण्ड

(c) प्रशंसा एवं भर्त्सना (d) उपर्युक्त सभी *(UPTET–2013)*

22. कक्षा में विद्यार्थियों को अधिगम के लिए प्रेरित करने हेतु किस युक्ति का अनुप्रयोग आप नहीं करते हैं?

(a) छात्रों में स्वस्थ प्रतिस्पर्धा स्थापित करना

(b) उन्हें आत्म गौरव की अनुभूति कराना

(c) उनकी अत्यधिक प्रशंसा करना

(d) गतिविधि आधारित शिक्षण-अधिगम विधियों का अनुपयोग करना *(UPTET–2013)*

23. किसी अध्यापक को अपने विद्यार्थियों को किसी कार्य के लिए आंतरिक रूप से प्रेरित करने के लिए क्या कहकर प्रोत्साहित करना चाहिए?

(a) जो विद्यार्थी सबसे पहले कार्य खत्म कर लेंगे उन्हें पाँच सितारे मिलेंगे

(b) मैं देखती हूँ कि कौन प्रथम आता है/आती है? कौन सबसे अधिक स्मार्ट है?

(c) इस पर काम करना कितना मजेदार है, चलो देखते हैं कि हम इस गतिविधि से क्या-क्या सीखते हैं

(d) वे विद्यार्थी जो जल्दी इस काम को पूरा नहीं करते हैं, उन्हें खेल के सत्र में खेलने नहीं जाने दूंगी। *(CTET–2022)*

24. अभिप्रेरणा के स्रोत कौन-कौन-से हैं?

(a) आवश्यकता (b) चालक (c) प्रेरक (d) इच्छा *(UPTET–2013)*

25. मैसलो के अभिप्रेरणा सिद्धांत को कहा जाता है—

(a) आवश्यकता का सिद्धांत (b) शारीरिक सिद्धांत

(c) दृढ़,इच्छा शक्ति सिद्धांत (d) अंतर्नोद का सिद्धांत *(UPTET–2013, 2016)*

26. एक आंतरिक बल जो प्रोत्साहित करता है और व्यवहारपरक प्रतिक्रिया के लिए बाध्य करता है एवं उस प्रतिक्रिया को विशिष्ट दिशा उपलब्ध कराता है—

(a) अभिप्रेरण (b) अध्यवसाय (c) संवेग (d) वचनबद्धता *(CTET–2014)*

27. निम्न में से कौन-सी शब्दावली प्रायः अभिप्रेरणा के साथ अंतःबदलाव के साथ इस्तेमाल की जाती है?

(a) पुरस्कार (b) संवेग (c) आवश्यकता (d) उत्प्रेरणा *(CTET–2014)*

28. ...... प्रेरणाएँ अनुभूतियों के संतुष्टिकरण की अवस्थाओं तक पहुँचने और वैयक्तिक लक्ष्यों को प्राप्त करने की आवश्यकता को संबोधित करती हैं।

(a) प्रभावी (b) भावात्मक (c) संरक्षण उन्मुखी (d) सुरक्षा उन्मुखी *(CTET–2014)*

29. सीखने के लिए आकलन—

(a) अभिप्रेरणा को बढ़ावा देता है

(b) अलग करने और रैंक देने के प्रयोजन के लिए किया जाता है

(c) ग्रेड्स को पूरी तरह से महत्व देने पर बल देता है

(d) विशिष्ट होता है और अपने-आप में की गई आकलन गतिविधि है *(CTET–2014)*

30. राजेश गणित की समस्या को हल करने के लिए पूरी तरह से संघर्ष कर रहा है। उसका आंतरिक बल जो उसे उस समस्या को पूरी तरह से हल करने के लिए विवश करता है, ... के रूप में जाना जाता है।

(a) प्रेरक (b) व्यक्तित्व विशेषक

(c) संवेग (d) प्रत्यक्षण *(CTET–2014)*

31. अभिप्रेरणा चक्र के संबंध में निम्नलिखित में से कौन-सा सही क्रम है?

(a) उत्तेजना, प्रबल प्रेरणा, आवश्यकता, उपलब्धि, लक्ष्य उन्मुखी व्यवहार, उत्तेजना में कमी

(b) प्रबल प्रेरणा, आवश्यकता, उत्तेजना, लक्ष्य उन्मुखी व्यवहार, उपलब्धि उत्तेजना में कमी

(c) आवश्यकता, लक्ष्य उन्मुखी व्यवहार, प्रबल प्रेरणा, उत्तेजना, उपलब्धि, उत्तेजना में कमी

(d) आवश्यकता, प्रबल प्रेरणा, उत्तेजना, लक्ष्य उन्मुखी व्यवहार, उपलब्धि उत्तेजना में कमी *(CTET–2014)*

32. एक अध्यापिका यह सुनिश्चित करना चाहती है कि उसके विद्यार्थी आंतरिक रूप से प्रेरित है। इस संदर्भ में वह करेगी—

(a) सभी बच्चों के लिए उपलब्धि के एकसमान मानकों को उल्लिखित करना

(b) इस प्रकार की अधिगम गतिविधियों की योजना बनाना जो अभिसारी चिंतन को प्रोत्साहन देती है

(c) अंतिम परिणाम पर ध्यान देने के बजाय व्यक्तिगत रूप से बच्चों की अधिगम की प्रक्रियाओं पर ध्यान देना

(d) वस्तु रूप में पुरस्कार प्रस्तुत करना *(CTET–2015)*

33. प्राथमिक विद्यालय शिक्षक को अपने शिक्षार्थियों को अभिप्रेरित करने के लिए निम्नलिखित में से किस रणनीति को अपनाना चाहिए?

(a) प्रत्येक शिक्षार्थी में अंक लाने के लिए स्पर्धा को प्रोत्साहित करना

(b) प्रत्येक गतिविधि के प्रेरक के रूप में प्रोत्साहन, पुरस्कार और दंड का उपयोग करना

(c) बच्चों को उनकी रुचियों के अनुसार अपने लक्ष्य निर्धारित करने और उन्हें पाने के उद्यम में सहायता करना

(d) पूरी कक्षा के लिए मानक लक्ष्य निर्धारित करना और उनकी उपलब्धि के आकलन के लिए कठोर मानदंड निर्धारित करना *(CTET–2015)*

34. विद्यार्थियों को स्वच्छता के लिए प्रेरित करने हेतु उन्हें स्वच्छता समिति का सदस्य बनाना, प्रतिबिम्बित करता है—

(a) प्रेरणा की सामाजिक-सांस्कृतिक संकल्पनाएँ

(b) प्रेरणा का व्यवहारवादी उपागम

(c) प्रेरणा का मानवतावादी उपागम

(d) प्रेरणा का संज्ञानात्मक उपागम *(CTET–2015)*

35. अधिगम में आकलन किसलिए आवश्यक होता है?

(a) ग्रेड एवं अंकों के लिए

(b) जाँच परीक्षण के लिए

(c) प्रेरणा के लिए

(d) पृथक्करण और श्रेणीकरण के उद्देश्यों को प्रोत्साहन देने के लिए *(CTET–2015)*

36. ''...... छात्र में रूचि उत्पन्न करने की कला है।''

(a) शिक्षण (b) सहानुभूति

(c) समदृष्टि (d) प्रेरणा

(UPTET-I–2015)

37. अभिप्रेरणा और अधिगम के बारे में निम्नलिखित में से कौन-सा एक कथन सही है?

(a) अधिगम में प्रेरणा की कोई भूमिका नहीं होती

(b) अधिगम केवल तभी प्रभावी होता है जब शिक्षार्थी बाहरी पुरस्कारों का उपयोग करने से प्रेरित हों

(c) अधिगम केवल तभी प्रभावी होता है जब शिक्षार्थियों में भीतरी प्रेरणा हो— सीखने की अंतर्निहित इच्छा हो

(d) अधिगम केवल तभी प्रभावी होता है जब शिक्षार्थी बाहरी रूप से प्रेरित हों— बाहरी कारणों से प्रेरित हों *(CTET–2016)*

38. आवश्यकता का पदानुक्रम सिद्धांत ...... द्वारा प्रतिपादित किया गया था।
(a) वाटसन (b) मैसलो (c) कोहलर (d) पावलोव
(UPTET–2016)

39. निम्न में से कौन-सा उदाहरण अर्जित प्रेरक का है?
(a) भूख (b) पुरस्कार (c) रूचि (d) विश्राम
(RTET-I–2016)

40. अभिप्रेरणा वर्णित होती है—
(a) ज्ञानात्मक जागृति द्वारा (b) भावात्मक जागृति द्वारा
(c) a और b दोनों (d) उपर्युक्त में से कोई नहीं *(RTET-I–2016)*

41. निम्न में कौन शेष से भिन्न है?
(a) अधिगम के लिए अधिगम का सिद्धांत (b) समान अवयवों का सिद्धांत
(c) ड्राइव रिडक्शन सिद्धांत (d) सामान्यीकरण का सिद्धांत
(UPTET-I–2017)

42. निम्नलिखित में से कौन-सा आंतरिक अभिप्रेरणा का उदाहरण है?
(a) विद्यालय फुटबॉल टीम में चयन होना
(b) स्वयं के लिए समस्या का समाधान होना
(c) जन्मदिन पर पोशाक मिलना
(d) सभी विकल्प सही है *(HTET-I–2017)*

43. कक्षा में बच्चों को प्रेरित समझा जा सकता है, यदि—
(a) यदि वे अच्छी तरह से वर्दी पहने स्कूल में आते हैं
(b) वे कक्षा में अनुशासन बनाए रखते हैं
(c) वे सभी उपस्थिति में नियमित है
(d) वे शिक्षक से स्पष्टीकरण प्राप्त करने के लिए प्रश्न पूछते हैं *(CTET–2018)*

44. अभिप्रेरणा का प्रत्याशा सिद्धांत किसके द्वारा किया गया है?
(a) मैसलो (b) हर्जबर्ग (c) विक्टर ब्रूम (d) स्किनर
(UPTET I–2018)

45. अधिगम की वह अवस्था जिसमें एक से अधिक साथी एक-दूसरे को प्रेरित और प्रोत्साहित करते हैं, कहलाती है—
(a) दल *(टीम)* शिक्षण (b) अभिक्रमित अनुदेशन
(c) सहयोगी अधिगम (d) अनवेषण अधिगम
(HTET Level-III–2019)

46. रोहन बाहुबली की नवीनतम चित्र कथा पुस्तक पढ़ रहा है, क्योंकि वह इस बात का इन्तजार नहीं कर सकता कि बाहुबली और उसके परिवार के साथ क्या हुआ, यह सही उदाहरण है—
(a) केवल आन्तरिक अभिप्रेरणा का
(b) केवल बाह्य अभिप्रेरणा का
(c) आन्तरिक और बाह्य दोनों प्रकार की अभिप्रेरणा का
(d) न तो आन्तरिक और न ही बाह्य अभिप्रेरणा का *(HTET Level-III–2019)*

47. इनमें से कौन-सा बाह्य अभिप्रेरणा का एक उदाहण है?
(a) "मैं अपना गृहकार्य करना पसंद करती हूँ क्योंकि यह बहुत आनन्दायक है"
(b) "मैं बहुत अधिक सीखती हूँ जब मैं अपना गृहकार्य करती हूँ"

(c) ''गृहकार्य करने से मैं अपनी अवधारणाओं को अच्छी तरह से समझ पाती हूँ''
(d) ''मैं अपनी गृहकार्य पूरा करती हूँ क्योंकि शिक्षक प्रत्येक नियत कार्य के लिए हमें अंक देते हैं'' *(CTET-II–2019)*

48. बच्चों के अधिगम गतिविधियों में भागीदारी करने के लिए लगातार पुरस्कार देना व एवं का प्रयोग करने से क्या प्रभाव पड़ता है?
(a) बाहरी अभिप्रेरणा कम होती है
(b) आंतरिक अभिप्रेरणा बढ़ती है
(c) यह बच्चों को प्रदर्शन आधारित लक्ष्यों के बजाय निपुणता पर ध्यान देने के लिए प्रोत्साहित करेगा
(d) अधिगम में बच्चों की स्वाभाविक अभिरुचि तथा जिज्ञासा कम होती है *(CTET-I–2019)*

49. जब विद्यार्थी पुरस्कार पाने की इच्छा से बार-बार किसी गतिविधि को करने का निर्णय लेते हैं *(जैसा कि एक प्रयोग का नियोजन एवं संचालन करना)* जो कि प्रत्यक्ष रूप से उस गतिविधि से संबंधित नहीं है *(जैसा कि एक 'स्टार' या 'बैज' प्राप्त करना)*, ऐसी स्थिति में क्या संभावना उत्पन्न होती है?
(a) अधिगम के प्रति भौतिकवादी अभिवृत्ति का विकास
(b) समझने के लिए अधिगम से आनंद प्राप्त करना
(c) पुरस्कार के बिना भी उस गतिविधि में लगे रहना
(d) अन्य लोगों को खुश करने के लिए कार्य करने के बजाय स्वयं की निपुणता के लिए उद्देश्य निर्धारित करना *(CTET-II–2019)*

50. अभिप्रेरणा के मूल-प्रवृति सिद्धान्त के प्रतिपादक थे—
(a) अब्राह्म मैसलो (b) मैक्डूगल (c) विलियम जेम्स (d) सिम्प्सन *(UPTET-I–2020)*

51. अधिगम के अभिप्रेरणा को किस प्रकार कायम रखा जा सकता है?
(a) बच्चों को दंड देकर
(b) प्रवीणता-अभिमुखी लक्ष्यों पर जोर देकर
(c) बच्चों को बहुत आसान क्रियाकलाप देकर
(d) यंत्रवत याद करने पर जोर देकर *(CTET-I–2021)*

52. कक्षा में अर्थपूर्ण अधिगम को प्रोत्साहित करने के लिए अध्यापिक को—
(i) विद्यार्थियों की सहायता करनी चाहिए कि वे अपने मनोभावों और अभिप्रेरणाओं को सुव्यवस्थित कर पायें।
(ii) विद्यार्थियों को उनके प्रदर्शन के आधार पर वर्गीकृत और नामांकित करके उनके योग्यता-आधारित समूह बनाने चाहिए।
(iii) विद्यार्थियों में संवाद और परिचर्चा को प्रोत्साहित करना चाहिए, जिससे वे बहुपरिप्रेक्ष्य करने में सशक्त हों।
(iv) कक्षा में विविधता की उपेक्षा करके शिक्षण की मानक विधि को अपनाना चाहिए।
(a) (i), (iii) (b) (ii), (iii)
(c) (i), (iii), (iv) (d) (i), (ii), (iii), (iv) *(CTET-II–2021)*

53. निम्नलिखित में से कौन-सा उदाहरण विद्यार्थियों को अधिगम के लिए अभिप्रेरित करने के लिए प्रभावशाली पद्धति है ?
(a) पाड़ उपलब्ध कराना विशेषकर जब विद्यार्थी कोई नया कौशल सीख रहे हों
(b) सीखने से ज्यादा कार्य पूर्ण करने पर बल देना
(c) वे कार्य देना जो कि बहुत सरल हों
(d) प्रतियोगिता के लिए बहुत से अवसर उत्पन्न कराना *(CTET-II–2021)*

54. किस प्रकार की प्रेरणा उन गतिविधियों से जुड़ी है जो अपने-आप में आनंदायक व संतोषजनक है ?
(a) आंतरिक अभिप्रेरणा
(b) गुण विषयक अभिप्रेरणा
(c) बाह्य अभिप्रेरणा
(d) स्थिति विषयक अभिप्रेरणा
(CTET–2022)

55. उस उदाहरण को चुनिए जो आंतरिक प्रेरणा को दर्शाता है—
(a) रोशनी परीक्षा में अच्छे अंक के लिए परिश्रम कर रही है क्योंकि उसके माता-पिता ने उसे 90% से ऊपर अंक लाने पर घड़ी दिलाने का वादा किया है
(b) रूमी अपना गृह कार्य पूरा कर रहा है, क्योंकि उसके माता-पिता फिर उसे टी.वी. देखने देंगे
(c) रोमा बहुत-सी पुस्तक पढ़ रही है, क्योंकि रीडिंग स्टार बोर्ड पर अपना नाम ऊपर ला कर वह अध्यापिका की प्रशंसा पाना चाहती है
(d) अपनी परियोजना कार्य के लिए रवि विभिन्न स्रोत तलाश कर रहा है, क्योंकि नई जानकारी लेने में रुचि रखता है *(CTET–2022)*

56. निम्न में से कौन-सा बाहरी अभिप्रेरणा का सही वर्णन करता है ?
(a) अभिप्रेरणा, जो वातावरणीय परिणामों से आती है।
(b) अभिप्रेरणा, जो व्यक्तिगत संतुष्टि की भावना से आती है।
(c) अभिप्रेरण, जो कार्य के व्यक्तिगत आनन्द से आती है।
(d) अभिप्रेरणा, जो आन्तरिक कारकों से आती है। *(CTET–2024)*

57. निम्नलिखित में से कौन आंतरिक अभिप्रेरणा का सही वर्णन करता है ?
(a) अभिप्रेरणा, जो बाहरी पुरस्कारों से आती है।
(b) अभिप्रेरणा, जो कार्य के व्यक्तिगत आनन्द से आती है।
(c) अभिप्रेरणा, जो दूसरों के साथ प्रतिस्पर्धा से आती है।
(d) अभिप्रेरणा, जो दण्ड के भय से आती है। *(CTET–2024)*

उत्तरमाला

1. (c)	**2.** (c)	**3.** (d)	**4.** (d)	**5.** (c)	**6.** (d)	**7.** (a)	**8.** (a)
9. (c)	**10.** (d)	**11.** (a)	**12.** (a)	**13.** (c)	**14.** (d)	**15.** (c)	**16.** (b)
17. (d)	**18.** (c)	**19.** (d)	**20.** (a)	**21.** (d)	**22.** (c)	**23.** (c)	**24.** (c)
25. (a)	**26.** (a)	**27.** (c)	**28.** (b)	**29.** (a)	**30.** (a)	**31.** (d)	**32.** (c)
33. (c)	**34.** (a)	**35.** (c)	**36.** (d)	**37.** (c)	**38.** (b)	**39.** (c)	**40.** (b)
41. (c)	**42.** (b)	**43.** (d)	**44.** (c)	**45.** (c)	**46.** (a)	**47.** (d)	**48.** (d)
49. (a)	**50.** (b)	**51.** (b)	**52.** (a)	**53.** (a)	**54.** (a)	**55.** (d)	**56.** (a)
57. (b)							

★★★